Grundstücksrecht Ost

Grundstücksrecht Ost

u. a. mit BGB (Auszug)
Einführungsgesetz zum BGB (Auszug)
Sachenrechtsbereinigungsgesetz
Erbbaurechtsverordnung
Bodensonderungsgesetz
Grundbuchbereinigungsgesetz
Hofraumverordnung
Grundbuchordnung (Auszug)
Schuldrechtsanpassungsgesetz
Erholungsnutzungsrechtsgesetz
Nutzungsentgeltverordnung
Vermögensgesetz (Auszug)
Hypothekenablöseverordnung
Grundstücksverkehrsordnung
Schuldbuchbereinigungsgesetz
Vermögenszuordnungsgesetz
Landwirtschaftsanpassungsgesetz

Textausgabe mit ausführlichem Sachregister und einer Einführung
von Notar Dr. Ernst Etzbach

Stand: 31. Januar 1995

Deutscher
Taschenbuch
Verlag

Sonderausgabe unter redaktioneller Verantwortung
des Verlages C. H. Beck, München
Umschlaggestaltung: Celestino Piatti
Gesamtherstellung: C. H. Beck'sche Buchdruckerei, Nördlingen
ISBN 3423055804 (dtv)
ISBN 3406391885 (C. H. Beck)

Inhaltsverzeichnis

Einführung von Notar Dr. Ernst Etzbach, Köln XI

I. Allgemeine Bestimmungen

1. **Bürgerliches Gesetzbuch** vom 18. August 1896 (Auszug) . 1
2. **Einführungsgesetz zum Bürgerlichen Gesetzbuche** in der Fassung vom 21. September 1994 (Auszug) 119

II. Sachenrechtsbereinigung

3. Gesetz zur Sachenrechtsbereinigung im Beitrittsgebiet **(Sachenrechtsbereinigungsgesetz-SachenRBerG)** vom 27. September 1994 149
4. **Verordnung über das Erbbaurecht** vom 15. Januar 1919 . . 219
5. Gesetz über die Sonderung vermessener und überbauter Grundstücke nach der Karte **(Bodensonderungsgesetz BoSoG)** vom 20. Dezember 1993 231
5a. **Sonderungsplanverordnung (SPV)** vom 2. Dezember 1994 244
6. **Grundbuchbereinigungsgesetz (GBBerG)** vom 20. Dezember 1993 249
6a. Verordnung über des Grundbuchbereinigungsgesetzes und anderer Vorschriften auf dem Gebiet des Sachenrechts **(Sachenrechts-Durchführungsverordnung – SachenR-DV)** vom 20. Dezember 1994 260
7. Verordnung über die grundbuchmäßige Behandlung von Anteilen an ungetrennten Hofräumen **(Hofraumverordnung – HofV)** vom 24. September 1993 268
8. Gesetz zur Vereinfachung und Beschleunigung registerrechtlicher und anderer Verfahren **(Registerverfahrenbeschleunigungsgesetz – RegVBG)** vom 20. Dezember 1993 (Auszug) 270
9. (unbelegt)

III. Schuldrechtsanpassung

10. Gesetz zur Anpassung schuldrechtlicher Nutzungsverhältnisse an Grundstücken im Beitrittsgebiet **(Schuldrechtsanpassungsgesetz – SchuldRAnpG)** vom 21. September 1994 275

Inhalt

11. Gesetz zur Bereinigung der im Beitrittsgebiet zu Erholungszwecken verliehenen Nutzungsrechte (**Erholungsnutzungsrechtsgesetz – ErholNutzG**) vom 21. September 1994 296

12. Gesetz zur Regelung der Rechtsverhältnisse an Meliorationsanlagen (**Meliorationsanlagengesetz – MeAnlG**) vom 21. September 1994 298

13. Verordnung über eine angemessene Gestaltung von Nutzungsentgelten (**Nutzungsentgeltverordnung – NutzEV**) vom 22. Juli 1993 303

14. **Gesetz zur Regelung der Miethöhe** vom 18. Dezember 1974 306

IV. Offene Vermögensfragen

15. Gesetz zur Regelung offener Vermögensfragen (**Vermögensgesetz – VermG**) in der Fassung vom 2. Dezember 1994 (Auszug) 317

16. Verordnung über die Ablösung früherer Rechte und andere vermögensrechtliche Fragen (**Hypothekenablöseverordnung – HypAblV**) vom 16. Juni 1994 345

17. **Grundstücksverkehrsordnung (GVO)** in der Fassung vom 20. Dezember 1993 351

18. Gesetz zur Behandlung von Schuldbuchforderungen gegen die ehemalige Deutsche Demokratische Republik (**DDR-Schuldbuchbereinigungsgesetz**) vom 27. September 1994 . 357

19. Gesetz über die Entschädigung nach dem Gesetz zur Regelung offener Vermögensfragen (**Entschädigungsgesetz – EntschG**) vom 27. September 1994 (Auszug) 360

20. Gesetz über staatliche Ausgleichsleistungen für Enteignungen auf besatzungsrechtlicher oder besatzungshoheitlicher Grundlage, die nicht mehr rückgängig gemacht werden können (**Ausgleichsleistungsgesetz – AusglLeistG**) vom 27. September 1994 (Auszug) 369

21. Gesetz über die Feststellung der Zuordnung von ehemals volkseigenem Vermögen (**Vermögenszuordnungsgesetz – VZOG**) in der Fassung vom 29. März 1994 376

21a. Verordnung zur Verlängerung der Frist für die Stellung von Anträgen nach § 1 Abs. 4 sowie § 10 des Vermögenszuordnungsgesetzes (**Antragsfristverordnung – AnFrV**) vom 14. Juni 1994 394

22. Gesetz über den Vorrang von Investitionen bei Rückübertragungsansprüchen nach dem Vermögensgesetz (**Investitionsvorranggesetz – InVorG**) vom 14. Juli 1992 395

Inhalt

V. Landwirtschaftsanpassung

23. **Landwirtschaftsanpassungsgesetz (LwAnpG)** vom 3. Juli 1991 411
24. Gesetz zur Regelung des Eigentums an den landwirtschaftlichen Produktionsgenossenschaften vorgenommenen Anpflanzungen **(Anpflanzungseigentumsgesetz – AnpflEigentG)** vom 21. September 1994 435

VI. Bodenrecht

25. **Baugesetzbuch (BauGB)** in der Fassung vom 8. Dezember 1986 (Auszug) 437
26. **Maßnahmegesetz zum Baugesetzbuch (BauGB-MaßnahmenG)** in der Fassung vom 28. April 1993 (Auszug) 448
27. (unbelegt)

VII. Grundbuchrecht

28. **Grundbuchordnung** in der Fassung vom 26. Mai 1994 (Auszug) 451
29. Verordnung über die vorrangige Bearbeitung investiver Grundbuchsachen **(Grundbuchvorrangverordnung – GBVorV)** vom 3. Oktober 1994 454

Anhang

I. Zivilgesetzbuch der Deutschen Demokratischen Republik vom 19. Juni 1975 (Auszug) 457
II. Einführungsgesetz zum Zivilgesetzbuch der Deutschen Demokratischen Republik vom 19. Juni 1975 487

Sachverzeichnis 491

Abkürzungsverzeichnis

Abs.	Absatz
Anm.	Anmerkung
AnpflEigentG	Anpflanzungseigentumsgesetz
AnFrV	Antragsfristverordnung
Art.	Artikel
AusglLeistG	Ausgleichsleistungsgesetz
AVO	Ausführungsverordnung
BauGB	Baugesetzbuch
BauGB-MaßnahmenG	Baugesetzbuch-Maßnahmengesetz
ber.	berichtigt
BGB	Bürgerliches Gesetzbuch
BGBl.	Bundesgesetzblatt
BoSoG	Bodensonderungsgesetz
DVO	Durchführungsverordnung
EGBGB	Einführungsgesetz zum Bürgerlichen Gesetzbuch
EGZGB	Einführungsgesetz zum Zivilgesetzbuch
EntschG	Entschädigungsgesetz
ErbbauVO	Erbbaurechtsverordnung
ErholNutzG	Erholungsnutzungsgesetz
GBBerG	Grundbuchbereinigungsgesetz
GBl.	Gesetzblatt (der DDR)
GBO	Grundbuchordnung
GVO	Grundstücksverkehrsordnung
HofV	Hofraumverordnung
HypAblV	Hypothekenablöseverordnung
LwAnpG	Landwirtschaftsanpassungsgesetz
MeAnlG	Meliorationsanlagengesetz
Nr.	Nummer
NutzEVO	Nutzungsentgeltverordnung
RegVBG	Registerverfahrensbeschleunigungsgesetz
RGBl.	Reichsgesetzblatt
S.	Seite
SachenRBerG	Sachenrechtsbereinigungsgesetz
SachenR-DV	Sachenrechts-Durchführungsverordnung
SchuldBBerG	Schuldbuchbereinigungsgesetz
SchuldRAnpG	Schuldrechtsanpassungsgesetz
SPV	Sonderplanverordnung
VermG	Vermögensgesetz
VO	Verordnung
VZOG	Vermögenszuordnungsgesetz
ZGB	Zivilgesetzbuch

Einführung

Von Notar Dr. Ernst Etzbach, Köln

I. Vorbemerkung

Vae victis! – Wehe dem Besiegten. In diesem altrömischen Ausruf mag zum Ausdruck kommen, was viele Eigenheimnutzer im Bereich der früheren DDR gefühlt haben mögen, als das Vermögensgesetz früheren Alteigentümern scheinbar den Anspruch gewährte, die Rechtssituation an Grund und Boden des Beitrittsgebietes wieder auf frühere Verhältnisse zurückzudrehen. Die Entwicklung im Grundstücksrecht seit dem 3. 10. 1990 zeigt gleichwohl, daß den fundamentalen Lebensinteressen der Ostbürger demgegenüber Rechnung getragen worden ist (vgl. nur Art. 231, 233, EGBGB, Sachenrechtsänderungsgesetz).

Mit dem Inkrafttreten des Sachenrechtsbereinigungsgesetzes vom 27. 9. 1994 am 1. 10. 1994 hat die kompulsive Entwicklung im Bereich des Grundstücksrechts im Beitrittsgebiet ihren vorläufigen Abschluß gefunden. Dies betrifft vor allem den politischen und soziologisch sensiblen Bereich der Wohneigenheime, den der Gesetzgeber im Interesse der bisherigen Nutzungsberechtigten zu regeln gedacht hat. Das Sachenrechtsbereinigungsgesetz versucht den zwischenzeitlich zum Vorschein gekommenen Flickenteppich unterschiedlicher Rechtstatsachen auf diesem Gebiet neu zu knüpfen und verleiht durch das sogenannte *„Halbwertprinzip"* den Interessen der Eigenheimnutzer Vorrang vor denen, die volle Restitution begehren. In der ersten Phase des seit dem 3. 10. 1990 anlaufenden Einigungsprozesses waren das Justizministerium sowie die Rechtspraxis davon ausgegangen, daß es sich bei dem Immobiliarrrecht der früheren DDR um ein überschaubares und aufgrund des früher geltenden diktatorischen Durchgriffsprinzips einfaches und in klaren Strukturen regelndes Recht handelt, das mit wenigen juristischen Eingriffen mit dem System des BGB konkordant gemacht werden könnte. Die umfänglichen rechtstatsächlichen Erhebungen des Gesetzgebers seit dem Beitritt führten also zu der Erkenntnis, daß die Rechtssituation wesentlich differenzierter und komplizierter war als zu vermuten war. Das lag einerseits daran, daß das alte BGB-Privateigentum – wenn auch im Kleide des ZGB – weitergalt, andererseits das System des Volkseigentums mit den lehensartig ausgeprägten Nutzungsrechten und der Rechtsträgerschaft im Vordringen begriffen war und sich das daran anknüpfende Nutzungsrechtssystem mit Nutzungsverleihung und -zuordnung sowie einer regional teilweise unterschiedlichen verwaltungstechnischen Handhabung der Rechtsverordnungen zu einem Ergebnis führte, das vollkommen konträr zur

Einführung

Simplizität des hoheitlich durchstrukturierten Beherrschungsapparates stand.

Insbesondere wurde auch weithin entgegen den eigenen Rechtsvorschriften Grund und Boden-Politik betrieben. Beispielsweise wurden DDR-Bürgern Nutzungsrechte an Grundstücken verliehen, die nicht enteignet worden waren und daher nach wie vor im Privateigentum des regelmäßig in Westdeutschland oder außerhalb der DDR lebenden Grundstückseigentümers stand (sogenanntes „Kleinmachnow-Syndrom"). Auch die unterschiedliche Handhabung des vom Grundstückseigentum gelösten selbständigen Gebäudeeigentums vor allem im landwirtschaftlichen Bereich aufgrund des LPG-Nutzungsrechtes gemäß § 27 LPG-Gesetz führte nach dem 3. 10. 1990 zu erheblichen Anpassungsproblemen.

Den Problemen der Rechtszuordnung vornehmlich im Bereich gewerblicher und öffentlicher Immobilien versuchte man zwischenzeitlich mit dem Vermögenszuordnungsgesetz VZOG (hier: Nr. 21) Herr zu werden. Die Überführung der in der früheren DDR geltenden dinglichen Rechtsinstitute durch den Einigungsvertrag in Art. 233 EGBGB erwies sich sehr schnell als unzulänglich, was zu einer Flut von Einzelgesetzen, insbesondere zur Moratoriumsregelung in Art. 233 §§ 2 a ff. EGBGB führte. Das Moratorium war das Ergebnis erheblichen politischen und sozialen Drucks. Aber auch das Sachenrechtsbereinigungsgesetz selbst stand unter dem zeitlichen und politischen Zwang, die Vorläufigkeit der bisherigen Regelungen endgültig zugunsten der Rechtssicherheit und des Rechtsfriedens zu beseitigen. Insofern ist nicht auszuschließen, daß der gesetzgeberische Schlußpunkt des Sachenrechtsbereinigungsgesetzes sich möglicherweise in verschiedener Hinsicht als vorläufig erweisen könnte.

Ähnliches gilt für die schuldrechtliche Bereinigung, insbesondere die Anpassung schuldrechtlicher Nutzungsverhältnisse, die von ihrem soziologischen Befund her eigentlich dem Grundstücksrecht zuzuordnen wäre. Rund 53% aller Haushalte der früheren DDR besaßen Erholungsgrundstücke, „Datschen", die nunmehr den Regelungen der Schuldrechtsanpassung unterliegen. Insofern stellt die Schuldrechtsanpassung nicht lediglich eine flankierende, sondern eine ebenso zentrale Maßnahme wie die Sachenrechtsbereinigung auf dem Grundstückssektor dar.

Offen wird bleiben, in welchem Umfang das Sachenrechtsbereinigungsgesetz und die Schuldrechtsanpassung sich den Vorgaben des Gesetzgebers unterwerfen werden. Viel spricht dafür, daß sich die Beteiligten außerhalb des vom Gesetz angebotenen Lösungsweges förmlicher Art frei und nach eigenem Geschmack einigen werden.

Einführung

II. Sachenrechtsbereinigung

1. Sachenrechtsbereinigungsgesetz

a) Ausgangslage und Ziele. Am 21. 9. 1994 beschloß der Bundestag das Sachenrechtsänderungsgesetz, dessen Schwerpunkt das in Art. 1 enthaltene Sachenrechtsbereinigungsgesetz darstellt (hier: Nr. 3). Ziel dieses Gesetzes ist es, den Bestand der bisherigen Nutzungsverhältnisse zum Erhalt des Rechtsfriedens zu sichern sowie an das Bürgerliche Gesetzbuch anzupassen, also BGB-konforme Rechte zu begründen. Die für das DDR-Recht markanten Rechtsinstitute des Gebäudeeigentums, der verliehenen oder zugewiesenen Nutzungsrechte, der Überlassungsverträge usw. werden durch Erbbaurechte oder Erwerb des Grundeigentums mit der Aufhebung des selbständigen Gebäudeeigentums ersetzt. Dabei ist bewußt davon Abstand genommen worden, eine starre generalisierende gesetzliche Regelung zu finden. Vielmehr soll ein Freiraum für privatautonome Regelungen geschaffen werden, der zu einem privatrechtlich gestalteten Interessenausgleich zwischen dem Grundstückseigentümer und dem Nutzer führt. Vergangenes Unrecht wird hierbei nicht entschädigt; der Grundstückseigentümer bekommt keinen Ausgleich dafür, daß er das Grundstück über Jahre hinweg in der Vergangenheit nicht hat nutzen können. Der Grundsatz des Interessenausgleichs beruht auf dem Grundsatz der Teilung der durch den Beitritt entstandenen Bodenwerte. Grob gesagt entspricht die rechtliche Lösung der bisherigen tatsächlichen Nutzung, indem dem Grundstückseigentümer das Eigentum an Grund und Boden verbleibt und dem Nutzer ein Erbbaurecht zugeordnet wird oder gegen Zahlung des Kaufpreises der Nutzer das Grundstück erwerben kann.

b) Regelungsgegenstände. Der wichtigste Regelungsgegenstand des Gesetzes dürfte das *Gebäudeeigentum* auf der Grundlage verliehener oder zugewiesener dinglicher Nutzungsrechte sein. Regelmäßig wurden diese Nutzungsrechte zu Lasten des im Volkseigentum befindlichen Grund und Boden oder im Bereich LPG-genutzter, nicht im Volkseigentum stehenden Grundstücke begründet. Als weitere wichtige Fallgruppe ist das *LPG-Gebäudeeigentum* zu nennen, welches aufgrund des allumfassenden und uneingeschränkten gesetzlich begründeten *Bodennutzungsrechts* an allen der LPG zur Nutzung überlassenen Flächen bestand. Dieses Bodennutzungsrecht ist zwar schon durch Gesetz vom 28. 6. 1990 aufgehoben worden, jedoch ist das Gebäudeeigentum bestehen geblieben, auf welches auch nach dem 3. 10. 1990 das Grundstücksrecht des BGB nicht angewendet werden konnte, so daß dieses LPG-Gebäudeeigentum extra commercio verblieb. Eine weitere Fallgruppe ist das *Gebäudeeigentum nach § 459 ZGB*, das entstand, indem ehemals volkseigene Betriebe, Kombinate oder andere staatliche Stellen aufgrund eines Nutzungsvertrages

Einführung

private Grundstücke zur Nutzung übernahmen und hierauf Gebäude errichteten. Schließlich sind der *staatliche und genossenschaftliche Wohnungsbau* und die von der DDR an ausländische Staaten verliehenen Nutzungsrechte zu nennen, für die das Gesetz Lösungen anbietet. Als der wohl emotional am stärksten belastete Bereich ist die Fallgruppe der faktischen Bebauung zu nennen. Hierbei handelt es sich um die Ausgabe von Nutzungsrechten auf gesetzwidrige Weise, also zu Lasten von Grundstücken, Grundstücke, die nicht in Volkseigentum überführt worden waren. So waren nicht nur zahlreiche eigene Wohnheime, sondern auch Stadtviertel im komplexen Siedlungsbau auf fremdem Grund und Boden errichtet worden, ohne daß die erforderliche Überführung des Grund und Bodens im Volkseigentum stattgefunden hätte und Gebäudegrundbuchblätter angelegt worden wären. Diese Fälle sowie die Gruppe der sog. „hängenden Bauten", bei denen trotz Bauerlaubnis die Begründung eines Nutzungsrechtes weiter unterblieb, werden jetzt ebenfalls bereinigt. Man schätzt allgemein, daß ca. 350000 Fälle der Sachenrechtsbereinigung unterliegen.

c) Bestandsschutz. Der Gesetzgeber knüpft bei seiner Regelung an die Verhältnisse zu der Zeit an, in welcher die Nutzer die baulichen Investitionen zur Zeit der früheren DDR vorgenommen haben. Die Errichtung z. B. eines Eigenheimes oder eines genossenschaftlichen Wohnungsbaus war weitgehend durch staatliche Einflußnahme charakterisiert, gegen die sich der einzelne nicht schützen konnte. Da sich der Nutzer eines von ihm errichteten Gebäudes in viel größerem Umfang als der Eigentümer des blanken Grund und Bodens seine Lebensverhältnisse auf die Nutzung einrichtete und er wegen der staatlichen Verleihung und Zuweisung im Grunde dauernd auf die Beständigkeit seiner Investition vertrauen konnte, verlieh der Gesetzgeber dem Gebot von Bestands- und Vertrauensschutz Vorrang vor der Eigentumsposition des Grundstückseigentümers. Dieser Gedanke mußte auch in den Fällen gelten, in denen Nutzungsrechte selbst nach altem DDR-Recht fehlerhaft oder gar nicht begründet, jedoch tatsächlich installiert worden waren. Dem hat schon die Moratoriumsregelung in Art. 233 § 2a Rechnung getragen.

d) Halbwertprinzip. Dem Konflikt zwischen den berechtigten Interessen des Nutzers und den durch das nunmehr im Beitrittsgebiet herrschenden Grundsatz „superficis solo cedit" hat der Gesetzgeber dadurch Rechnung getragen, daß die nach den heutigen Verkehrswerten zu bemessenden Bodenwerte im Verhältnis 50:50 geteilt werden. Insofern wird weder der Stellung des Nutzers noch der des Grund- und Bodeneigentümers ein Übergewicht verliehen. Demnach berechnet sich der Preis für den Grund und Boden im Falle des Ankaufs nach dem halben Verkehrswert (§ 68 SachenR-BerG); im Falle der Bestellung eines Erbbaurechtes beläuft sich der Erbbauzins auf die Hälfte des üblichen Zinses (§ 43 SachenR-BerG). Dieser fi-

Einführung

nanzielle Ausgleich auf der Basis des Teilungsprinzips durchzieht die gesamte gesetzgeberische Lösung wie ein roter Faden. Es wird sich herausstellen, daß die Zahl echter Konfliktfälle zwischen den etwa im Westen lebenden Grundstückseigentümern und dem im Osten existierenden Nutzer überschätzt wird. Zwar partizipiert nunmehr der Nutzer an einer erheblichen Steigerung des Bodenwertes durch die Einführung des westlichen Systems, so daß man einwenden könnte, der Gesetzgeber habe in einer unzutreffenden Weise einem Nutzungsrecht, also einem Gebrauchsrecht, einen Teil des Sachwertes zugeordnet; dem wird man aber entgegenhalten müssen, daß eine solche Denkweise der ungewöhnlichen politischen Situation nicht gerecht geworden wäre.

e) Anspruchsmodell. Der Gesetzgeber hat wohlweislich davon abgesehen, die bestehenden Nutzungsrechte kraft Gesetzes in Erbbaurechte oder Volleigentum mit einem bestimmten Stichtag umzuwandeln. In der Auseinandersetzung mit dieser Frage hat er sich davon leiten lassen, daß zweifelsohne umwandlungsfähige Rechtspositionen z. B. bei der faktischen Bebauung gar nicht bestanden hätten. Hier hätte es einer verwaltungsmäßigen Zuordnung von Rechtspositionen im vorhinein etwa ähnlich einem Instrument des VZOG bedurft. Darüber hinaus wäre eine auf einen Stichtag vorzunehmende Umwandlung per legem zu starr. Die gefundene Anspruchslösung ist schmiegsamer, weil sie den Einigungsmöglichkeiten der Beteiligten einen weiten Spielraum gibt. Zunächst ist die Möglichkeit nicht ausgeschlossen, daß sich Grundstückseigentümer und Nutzer unabhängig von den Vorgaben des Gesetzes auf irgendeine Lösung einigen. Im Rahmen des gesetzlichen Verfahrens ist ebenfalls hinreichend Spielraum für eigene Wünsche der Beteiligten gegeben. Die einfachere Variante ist die in §§ 61 ff. SachenRBerG geregelte Möglichkeit, daß die Nutzer vom Grundstückseigentümer den Abschluß eines Grundstückskaufvertrages über den Grund und Boden verlangen können. Anstelle des Abschlusses eines Kaufvertrages kann der Nutzer auch den Abschluß eines Erbbaurechtsbestellungsvertrages verlangen, wenn der Bodenwert mehr als DM 100000,– oder im Falle der Bebauung mit einem Eigenheim nicht mehr als DM 30.000,– beträgt. Das vorgenannte Halbwertprinzip zeigt sich nun darin, daß der nach heutigen Verkehrswerten anzusetzende Bodenwert nur zur Hälfte bzw. der für das Erbbaurecht übliche Zins nur hälftig angesetzt werden darf. Hierbei ist der Zeitpunkt des Angebotes für den Vertragsschluß maßgebend, um den Nutzer zu veranlassen, sich möglichst schnell für die eine oder andere Alternative zu entscheiden. Der Schutz des Halbwertprinzips entfällt jedoch, wenn in Fällen durch Veräußerung des Grundbesitzes nach kurzer Zeit oder Änderung der Nutzung bei Erbbaurechten der bisher geschützte Nutzer seine schützenswerte Position aufgibt oder erheblich verändert.

Einführung

Der Gesetzgeber hat versucht, in Abschnitt 2 und 3 des Sachenrechtsbereinigungsgesetzes detailliert den Inhalt des abzuschließenden Erbbaurechtsvertrages sowie des Grundstückskaufvertrages festzulegen, quasi Kautelarjurisprudenz per legem betrieben. Beides ist indes nicht so gelungen, wie es einem versierten Praktiker gelingt, die Interessen zweier Vertragsparteien durch sachkundige Regelung zu fixieren. Insbesondere die Durchführung des Gegenseitigkeitsverhältnisses durch eine in der Praxis übliche Fälligkeitsregelung ist mißlungen. Hier wird der Praktiker gefragt sein, Vertragsparteien zu veranlassen, sich außerhalb des gesetzlichen Anspruchssystems einvernehmlich zu einigen.

Als weise müssen die Regelungen über die Einführung eines notariellen Vermittlungsverfahrens (§§ 87 ff. SachenRBerG) bezeichnet werden. Denn einerseits hat es der Gesetzgeber vermieden, die Lösung streitiger Fälle von vornherein einer verwaltungsrechtlichen, also sehr starren und zeitraubenden Regelung zuzuordnen oder den Richter damit zu beauftragen, der regelmäßig nicht in vertraglichen Lösungsbahnen denkt. In der Position des Notars treffen durchaus hoheitliche Kompetenz, welche einem verwaltungsmäßigen Handeln des Staates entspricht, richterliche Unabhängigkeit und flexible Gestaltung von Rechtsverhältnissen durch tägliche Vertragspraxis zusammen. Darüber hinaus konnten so erheblichen Personalmängeln bei Gerichten und Verwaltung Rechnung getragen und vom Staat Kosten erspart werden. Nicht zu vermeiden war jedoch – egal bei welcher Lösung –, daß in den nächsten Jahren rund 300.000–400.000 zusätzliche Grundbuchanträge bei Bestellung von Erbbaurechten und der Durchführung von Eigentumsumschreibungen anfallen, so daß sich hier eine erhebliche Mehrbelastung der Grundbuchämter ergeben wird.

2. Verhältnis der Sachenrechtsbereinigung zu anderen Vorschriften

Das Zuordnungsrecht VZOG und 5. DVO zum Treuhandgesetz verdrängen regelmäßig das Sachenrechtsbereinigungsgesetz.

Im Verhältnis zum *Vermögensgesetz* werden sich nur wenige Konflikte ergeben. Bei Redlichkeit des Nutzers nach § 4 Abs. 2 VermG ist die Restitution nicht anwendbar. Bei Unredlichkeit ist nach § 16 Abs. 3 Vermögensgesetz das Nutzungsrecht zu entziehen, so daß das Sachenrechtsbereinigungsgesetz nicht mehr einschlägig ist. Sofern bei faktischen Bebauungsfällen der Grundbesitz im ehemaligen Volkseigentum stand, ist die Sachenrechtsbereinigung zunächst auszusetzen und das Rückübertragungsverfahren nach dem Vermögensgesetz durchzuführen. Erst im letzten Akt wird die Sachenrechtsbereinigung klare Rechtsverhältnisse in diesen Fällen herbeiführen. Auch im Verhältnis zu den Vorschriften der Art. 231, 233 EGBGB ergibt sich kein Konflikt. Das EGBGB regelt die sachenrechtlichen Rechtsverhältnisse zu der Zeit, die solange fortbestehen, als ein Sachenrechtsbereinigungsverfahren nicht durchgeführt wird.

Einführung

Die Möglichkeit des *Bodensonderungsgesetzes* wird sicher in vielen Fällen als Voraussetzung für die Geltendmachung eines Anspruchs nach dem Sachenrechtsbereinigungsgesetz zu sehen sein. Vor allem in ländlichen Gegenden dürfte ein Sonderungsplan oder eine vertragliche Festlegung durch einen Sonderungsbescheid die zwingende und zweckmäßige Vorstufe für die Begründung von Erbbaurechten oder Ankauf von Grundstücken sein.

3. Verordnungen auf dem Gebiet der Sachenrechtsbereinigung

Die Sachenrechtsbereinigung wird abgerundet durch eine Reihe von Verordnungen, die teils in offengebliebenen Fragen, teils zu ergänzungsbedürftigen Punkten Stellung nehmen. Die *Sachenrechtsdurchführungsverordnung* (hier: Nr. 6a) regelt im Bereich der Grundbuchbereinigung und der Bodensonderung vor allem die Leitungsrechte, die gemäß § 9 Abs. 1 GBBereinigungsgesetz per legem begründet worden sind, in dem einerseits der Inhalt der beschränkten persönlichen Dienstbarkeit näher geregelt wird. Darüber hinaus werden die Leitungsrechte in das System des bürgerlichen Grundstücksrechtes, also des BGB und der GBO eingebettet. Die Bestimmungen sollen sichern, daß eine ordnungsgemäße Eintragung der Dienstbarkeiten in die Grundbücher erfolgt. Von besonderer Bedeutung wird die *Sonderplanverordnung* (hier: Nr. 5a) sein, welche sich vor allem mit der Frage der Umringsgrenze unvermessener Grundstücke befaßt, die aufgrund des Bodensonderungsgesetzes im Rechtsverkehr erschlossen werden sollen. Die Sachenrechtsbereinigung wird weiter garniert durch die *Gebäudegrundbuchverfügung* (hier: Nr. 2a). Hierbei geht es im wesentlichen um die Überführung anzulegender Gebäudegrundbücher in das System der GBO, damit das Gebäudeeigentum technisch verkehrsfähig wird. Als wichtig für die Praxis wird sich erweisen, daß nunmehr einheitlich die *Grundbuchvorrangverordnung* (hier: Nr. 3a) für alle neuen Länder mit Ausnahme des Landes Berlin die Beschleunigung von Eintragungsverfahren bewirkt. Die bisherigen Einzelverwaltungsvorschriften der Länder sind überwiegend am 31. 12. 1993 ausgelaufen und auch teilweise nicht in der Praxis berücksichtigt worden.

Im Rahmen der dritten Verordnung zur Änderung der Schiffsregisterverordnung soll u. a. das Grundbuchrecht dahingehend geändert werden, daß Notare Urkunden möglichst doppelseitig beschrieben einzureichen haben und daß nach Möglichkeit in den Urkunden nur solche Erklärungen aufgenommen werden, die für den Grundbuchvollzug von Bedeutung sind. Hier soll der anschwellenden Flut des Papiers in den Grundbuchämtern entgegengearbeitet werden, was sich letztlich als ausichtslos erweisen wird. Es erscheint jedoch nicht ausgeschlossen, daß Notare ihre Urkunde für grundbuchliche Zwecke in auszugsweiser Form vorlegen.

Einführung

III. Schuldrechtanpassung

Das Schuldrechtsanpassungsgesetz (hier: Nr. 10) flankiert die Sachenrechtsbereinigung in einem politisch brisanten Bereich, welcher Gegenstand lebhafter öffentlicher Auseinandersetzung in den neuen Bundesländern gewesen ist, nämlich den Erholungsgrundstücken, im Volksmund „Datschen" genannt. Nach Schätzungen dürften sicherlich die Hälfte aller Haushalte in den neuen Bundesländern über ein Wochenendhaus oder ein Erholungsgrundstück verfügen. Durch die Zuordnung der Erholungsgrundstücke als schuldrechtliche Nutzungsverhältnisse gemäß §§ 312–315 ZGB-DDR (hier: Anhang I) blieb die Materie auch nach der Einigung dem Schuldrecht und nicht dem Sachenrecht zugeordnet. Dies mag einerseits zufällig erscheinen, andererseits dem typischen Sachverhalt einer durch Miete oder Pacht situierten Nutzung eines Grundstücks entsprechen. Für die Erholungsgrundstücke war ursprünglich nur eine Schutzfrist von 7 Jahren vorgesehen, was zu erheblichen Widerständen geführt hatte. Grundsätzlich gewährt das Gesetz nunmehr einen auf 25 Jahre ausgedehnten Kündigungsschutz.

Gegenstand der Schuldrechtsanpassung sind in erster Linie die Nutzungsverträge über Grundstücke zur Erholung, Freizeitgestaltung und kleingärtnerischen Bewirtschaftung, alsdann die in Art. 232 § 1a EGBGB geregelten Überlassungsverträge zu Wohn- und gewerblichen Zwecken. Abgrenzungskriterium zur Sachenrechtsbereinigung ist hier der Umfang der von dem Nutzer vorgenommenen Investition auf dem Grundstück. Schließlich werden Miet-, Pacht- und sonstige Nutzungsverträge geregelt, aufgrund derer ein Nutzer mit Billigung staatlicher Stellen ein Wohn- oder gewerblichen Zwecken dienendes Bauwerk errichtet hat. Für diese Rechtsverhältnisse ist zukünftig das Miet- und Pachtrecht des BGB anwendbar, was eine Ausnahme von dem Grundsatz der Unwandelbarkeit des Vertragsstatuts bedeutet.

Entsprechend den Regelungen im Sachenrechtsbereinigungsgesetz wird den Nutzern von Erholungsgrundstücken ein differenzierter Bestandsschutz gewährt, der eine abgestufte Kündigungsmöglichkeit ab dem Jahre 2000 bzw. 2005 und 2015 in § 23 vorsieht. Den wirtschaftlichen Interessen des Grundstückseigentümers wird in gewissem Umfang Rechnung getragen, indem für diesen ein Entgelt vorgesehen ist, was es in den Zeiten der früheren DDR nicht gab bzw. in zu vernachlässigendem Umfang. Die 1993 erlassene Nutzungsgeldverordnung (hier: Nr. 13) wird im Schuldrechtsanpassungsgesetz, § 20, weiter ausgebaut. Die sachenrechtliche Zuordnung der Baulichkeit wird erst allmählich in das System des BGB eingepaßt. Zunächst bleibt die Baulichkeit selbständiges Eigentum des Nutzers. Erst mit Beendigung des Vertragsverhältnisses geht das Eigentum an der Baulichkeit auf den Grundstückseigentümer über

Einführung

und zwar geht das selbständige Eigentum unter – die Baulichkeit wird wesentlicher Bestandteil des Grundstücks i. S. des § 94 BGB. Das Gesetz regelt demgemäß auch die Entschädigungsansprüche des bisherigen Nutzers. § 57 räumt den Nutzern ein schuldrechtliches Vorkaufsrecht ein, durch welches die Rechtsstellung des Nutzers gegen den Grundstückseigentümer gestärkt wird. Insofern stellt die Neuregelung eine Verlängerung des früheren ZGB-DDR-Nutzungsrechts im Kleide des Miet- und Pachtrechtes des BGB dar.

I. Allgemeine Bestimmungen

1. Bürgerliches Gesetzbuch

Vom 18. August 1896 (RGBl. I S. 195)

(BGBl. III 400–2)

zuletzt geändert durch Registerverfahrenbeschleunigungsgesetz vom 20. 12. 1993 (BGBl. I S. 2182), Nachhaftungsbegrenzungsgesetz vom 18. 3. 1994 (BGBl. I S. 560), Pflegeversicherungsgesetz vom 26. 5. 1994 (BGBl. I S. 1014), Gesetz zur Durchführung der Richtlinie des Rates vom 13. Juni 1990 über Pauschalreisen vom 24. 6. 1994 (BGBl. I S. 1322), Zweites Gleichberechtigungsgesetz vom 24. 6. 1994 (BGBl. I S. 1406)

(Auszug)

Erstes Buch. Allgemeiner Teil

Erster Abschnitt. Personen

§§ 1–89. *(Vom Abdruck wurde abgesehen)*

Zweiter Abschnitt. Sachen. Tiere

§ 90 [Begriff]. Sachen im Sinne des Gesetzes sind nur körperliche Gegenstände.

§§ 90a–92. *(Vom Abdruck wurde abgesehen)*

§ 93 [Wesentliche Bestandteile]. Bestandteile einer Sache, die voneinander nicht getrennt werden können, ohne daß der eine oder der andere zerstört oder in seinem Wesen verändert wird (wesentliche Bestandteile), können nicht Gegenstand besonderer Rechte sein.

§ 94[1]) [Wesentliche Bestandteile eines Grundstücks oder Gebäudes]. (1) ¹Zu den wesentlichen Bestandteilen eines Grundstücks gehören die mit dem Grund und Boden festverbundenen Sachen, insbesondere Gebäude, sowie die Erzeugnisse des Grundstücks, solange sie mit dem Boden zusammenhängen. ²Samen wird mit dem Aussäen, eine Pflanze wird mit dem Einpflanzen wesentlicher Bestandteil des Grundstücks.

(2) Zu den wesentlichen Bestandteilen eines Gebäudes gehören die zur Herstellung des Gebäudes eingefügten Sachen.

---

[1]) Wegen des für das Gebiet der ehem. DDR geltenden Übergangsrechts zu § 94 beachte Art. 231 § 5 EGBGB (abgedruckt unter Nr. **2**).

§ 95 [Scheinbestandteile]. (1) ¹Zu den Bestandteilen eines Grundstücks gehören solche Sachen nicht, die nur zu einem vorübergehenden Zwecke mit dem Grund und Boden verbunden sind. ²Das gleiche gilt von einem Gebäude oder anderen Werke, das in Ausübung eines Rechtes an einem fremden Grundstücke von dem Berechtigten mit dem Grundstücke verbunden worden ist.

(2) Sachen, die nur zu einem vorübergehenden Zwecke in ein Gebäude eingefügt sind, gehören nicht zu den Bestandteilen des Gebäudes.

§ 96 [Rechte als Bestandteile eines Grundstücks]. Rechte, die mit dem Eigentum an einem Grundstücke verbunden sind, gelten als Bestandteile des Grundstücks.

§ 97 [Zubehör]. (1) ¹Zubehör sind bewegliche Sachen, die, ohne Bestandteile der Hauptsache zu sein, dem wirtschaftlichen Zwecke der Hauptsache zu dienen bestimmt sind und zu ihr in einem dieser Bestimmung entsprechenden räumlichen Verhältnisse stehen. ²Eine Sache ist nicht Zubehör, wenn sie im Verkehre nicht als Zubehör angesehen wird.

(2) ¹Die vorübergehende Benutzung einer Sache für den wirtschaftlichen Zweck einer anderen begründet nicht die Zubehöreigenschaft. ²Die vorübergehende Trennung eines Zubehörstücks von der Hauptsache hebt die Zubehöreigenschaft nicht auf.

§ 98 [Gewerbliches und landwirtschaftliches Inventar]. Dem wirtschaftlichen Zwecke der Hauptsache sind zu dienen bestimmt:

1. bei einem Gebäude, das für einen gewerblichen Betrieb dauernd eingerichtet ist, insbesondere bei einer Mühle, einer Schmiede, einem Brauhaus, einer Fabrik, die zu dem Betriebe bestimmten Maschinen und sonstigen Gerätschaften;
2. bei einem Landgute das zum Wirtschaftsbetriebe bestimmte Gerät und Vieh, die landwirtschaftlichen Erzeugnisse, soweit sie zur Fortführung der Wirtschaft bis zu der Zeit erforderlich sind, zu welcher gleiche oder ähnliche Erzeugnisse voraussichtlich gewonnen werden, sowie der vorhandene, auf dem Gute gewonnene Dünger.

§ 99 [Früchte]. (1) Früchte einer Sache sind die Erzeugnisse der Sache und die sonstige Ausbeute, welche aus der Sache ihrer Bestimmung gemäß gewonnen wird.

(2) Früchte eines Rechtes sind die Erträge, welche das Recht seiner Bestimmung gemäß gewährt, insbesondere bei einem Rechte auf Gewinnung von Bodenbestandteilen die gewonnenen Bestandteile.

(3) Früchte sind auch die Erträge, welche eine Sache oder ein Recht vermöge eines Rechtsverhältnisses gewährt.

§ 100 [Nutzungen]. Nutzungen sind die Früchte einer Sache oder eines Rechtes sowie die Vorteile, welche der Gebrauch der Sache oder des Rechtes gewährt.

§ 101 [Verteilung der Früchte]. Ist jemand berechtigt, die Früchte einer Sache oder eines Rechtes bis zu einer bestimmten Zeit oder von einer bestimmten Zeit an zu beziehen, so gebühren ihm, sofern nicht ein anderes bestimmt ist:
1. die im § 99 Abs. 1 bezeichneten Erzeugnisse und Bestandteile, auch wenn er sie als Früchte eines Rechtes zu beziehen hat, insoweit, als sie während der Dauer der Berechtigung von der Sache getrennt werden;
2. andere Früchte insoweit, als sie während der Dauer der Berechtigung fällig werden; bestehen jedoch die Früchte in der Vergütung für die Überlassung des Gebrauchs oder des Fruchtgenusses, in Zinsen, Gewinnanteilen oder anderen regelmäßig wiederkehrenden Erträgen, so gebührt dem Berechtigten ein der Dauer seiner Berechtigung entsprechender Teil.

§ 102 [Ersatz der Gewinnungskosten]. Wer zur Herausgabe von Früchten verpflichtet ist, kann Ersatz der auf die Gewinnung der Früchte verwendeten Kosten insoweit verlangen, als sie einer ordnungsmäßigen Wirtschaft entsprechen und den Wert der Früchte nicht übersteigen.

§ 103 [Verteilung der Lasten]. Wer verpflichtet ist, die Lasten einer Sache oder eines Rechtes bis zu einer bestimmten Zeit oder von einer bestimmten Zeit an zu tragen, hat, sofern nicht ein anderes bestimmt ist, die regelmäßig wiederkehrenden Lasten nach dem Verhältnisse der Dauer seiner Verpflichtung, andere Lasten insoweit zu tragen, als sie während der Dauer seiner Verpflichtung zu entrichten sind.

Dritter Abschnitt. Rechtsgeschäfte

§§ 104–185. *(Vom Abdruck wurde abgesehen)*

Vierter Abschnitt. Fristen, Termine

§§ 186–193. *(Vom Abdruck wurde abgesehen)*

Fünfter Abschnitt. Verjährung

§§ 194–225. *(Vom Abdruck wurde abgesehen)*

Sechster Abschnitt. Ausübung der Rechte. Selbstverteidigung

§§ 226–231. *(Vom Abdruck wurde abgesehen)*

Siebenter Abschnitt. Sicherheitsleistung

§§ 232–240. *(Vom Abdruck wurde abgesehen)*

Zweites Buch. Recht der Schuldverhältnisse

Erster Abschnitt. Inhalt der Schuldverhältnisse

§§ 241–304. *(Vom Abdruck wurde abgesehen)*

Zweiter Abschnitt. Schuldverhältnisse aus Verträgen

§§ 305–312. *(Vom Abdruck wurde abgesehen)*

§ 313 [Form der Verpflichtung zur Veräußerung oder zum Erwerb eines Grundstücks]. ¹Ein Vertrag, durch den sich der eine Teil verpflichtet, das Eigentum an einem Grundstück zu übertragen oder zu erwerben, bedarf der notariellen Beurkundung. ²Ein ohne Beobachtung dieser Form geschlossener Vertrag wird seinem ganzen Inhalte nach gültig, wenn die Auflassung und die Eintragung in das Grundbuch erfolgen.

§ 314 [Erstreckung auf Zubehör]. Verpflichtet sich jemand zur Veräußerung oder Belastung einer Sache, so erstreckt sich die Verpflichtung im Zweifel auch auf das Zubehör der Sache.

§§ 315–361. *(Vom Abdruck wurde abgesehen)*

Dritter Abschnitt. Erlöschen der Schuldverhältnisse

§§ 362–397. *(Vom Abdruck wurde abgesehen)*

Vierter Abschnitt. Übertragung der Forderung

§§ 398–413. *(Vom Abdruck wurde abgesehen)*

Fünfter Abschnitt. Schuldübernahme

§§ 414–419. *(Vom Abdruck wurde abgesehen)*

Sechster Abschnitt. Mehrheit von Schuldnern und Gläubigern

§§ 420–432. *(Vom Abdruck wurde abgesehen)*

Siebenter Abschnitt. Einzelne Schuldverhältnisse

Erster Titel. Kauf. Tausch
I. Allgemeine Vorschriften

§ 433 [Grundpflichten des Verkäufers und des Käufers]. (1) ¹Durch den Kaufvertrag wird der Verkäufer einer Sache verpflichtet, dem Käufer die Sache zu übergeben und das Eigentum an der Sache zu verschaffen. ²Der Verkäufer eines Rechtes ist verpflichtet, dem Käufer das Recht zu verschaffen und, wenn das Recht zum Besitz einer Sache berechtigt, die Sache zu übergeben.

(2) Der Käufer ist verpflichtet, dem Verkäufer den vereinbarten Kaufpreis zu zahlen und die gekaufte Sache abzunehmen.

§ 434 [Gewährleistung wegen Rechtsmängel]. Der Verkäufer ist verpflichtet, dem Käufer den verkauften Gegenstand frei von Rechten zu verschaffen, die von Dritten gegen den Käufer geltend gemacht werden können.

§ 435 [Nicht bestehende Buchbelastungen]. (1) Der Verkäufer eines Grundstücks oder eines Rechtes an einem Grundstück ist verpflichtet, im Grundbuch eingetragene Rechte, die nicht bestehen, auf seine Kosten zur Löschung zu bringen, wenn sie im Falle ihres Bestehens das dem Käufer zu verschaffende Recht beeinträchtigen würden.

(2) Das gleiche gilt beim Verkauf eines eingetragenen Schiffs oder Schiffsbauwerks oder einer Schiffshypothek für die im Schiffsregister eingetragenen Rechte.

§ 436 [Öffentliche Lasten bei Grundstücken]. Der Verkäufer eines Grundstücks haftet nicht für die Freiheit des Grundstücks von öffentlichen Abgaben und von anderen öffentlichen Lasten, die zur Eintragung in das Grundbuch nicht geeignet sind.

§ 437 [Gewährleistung bei Rechtskauf]. (1) Der Verkäufer einer Forderung oder eines sonstigen Rechtes haftet für den rechtlichen Bestand der Forderung oder des Rechtes.

(2) Der Verkäufer eines Wertpapiers haftet auch dafür, daß es nicht zum Zwecke der Kraftloserklärung aufgeboten ist.

§ 438 [Haftung für Zahlungsfähigkeit]. Übernimmt der Verkäufer einer Forderung die Haftung für die Zahlungsfähigkeit des Schuldners, so ist die Haftung im Zweifel nur auf die Zahlungsfähigkeit zur Zeit der Abtretung zu beziehen.

§ 439 [Kenntnis des Käufers vom Rechtsmangel]. (1) Der Verkäufer hat einen Mangel im Rechte nicht zu vertreten, wenn der Käufer den Mangel bei dem Abschlusse des Kaufes kennt.

(2) ¹Eine Hypothek, eine Grundschuld, eine Rentenschuld, eine Schiffshypothek oder ein Pfandrecht hat der Verkäufer zu beseitigen, auch wenn der Käufer die Belastung kennt. ²Das gleiche gilt von einer Vormerkung zur Sicherung des Anspruchs auf Bestellung eines dieser Rechte.

§ 440 [Rechte des Käufers]. (1) Erfüllt der Verkäufer die ihm nach den §§ 433 bis 437, 439 obliegenden Verpflichtungen nicht, so bestimmen sich die Rechte des Käufers nach den Vorschriften der §§ 320 bis 327.

(2) Ist eine bewegliche Sache verkauft und dem Käufer zum Zwecke der Eigentumsübertragung übergeben worden, so kann der Käufer wegen des Rechtes eines Dritten, das zum Besitze der Sache berechtigt, Schadensersatz wegen Nichterfüllung nur verlangen, wenn er die Sache dem Dritten mit Rücksicht auf dessen Recht herausgegeben hat oder sie dem Verkäufer zurückgewährt oder wenn die Sache untergegangen ist.

(3) Der Herausgabe der Sache an den Dritten steht es gleich, wenn der Dritte den Käufer oder dieser den Dritten beerbt oder wenn der Käufer das Recht des Dritten anderweit erwirbt oder den Dritten abfindet.

(4) Steht dem Käufer ein Anspruch auf Herausgabe gegen einen anderen zu, so genügt anstelle der Rückgewähr die Abtretung des Anspruchs.

§ 441 [Weitere Rechte des Käufers]. Die Vorschriften des § 440 Abs. 2 bis 4 gelten auch dann, wenn ein Recht an einer beweglichen Sache verkauft ist, das zum Besitze der Sache berechtigt.

§ 442 [Beweislast für Rechtsmängel]. Bestreitet der Verkäufer den vom Käufer geltend gemachten Mangel im Rechte, so hat der Käufer den Mangel zu beweisen.

§ 443 [Vertraglicher Ausschluß der Gewährleistung]. Eine Vereinbarung, durch welche die nach den §§ 433 bis 437, 439 bis 442 wegen eines Mangels im Rechte dem Verkäufer obliegende Verpflichtung zur Gewährleistung erlassen oder beschränkt wird, ist nichtig, wenn der Verkäufer den Mangel arglistig verschweigt.

§ 444 [Auskunftspflicht; Urkundenherausgabe]. ¹Der Verkäufer ist verpflichtet, dem Käufer über die den verkauften Gegenstand betreffenden rechtlichen Verhältnisse, insbesondere im Falle des Verkaufs eines Grundstücks über die Grenzen, Gerechtsame und Lasten, die nötige Auskunft zu erteilen und ihm die zum Beweise des Rechtes dienenden Urkunden, soweit sie sich in seinem Besitze befinden, auszuliefern. ²Erstreckt sich der Inhalt einer solchen Urkunde auch auf andere Angelegenheiten, so ist der Verkäufer nur zur Erteilung eines öffentlich beglaubigten Auszugs verpflichtet.

§ 445 [Kaufähnliche Verträge]. Die Vorschriften der §§ 433 bis 444 finden auf andere Verträge, die auf Veräußerung oder Belastung eines Gegenstandes gegen Entgelt gerichtet sind, entsprechende Anwendung.

§ 446 [Gefahrübergang; Nutzungen; Lasten]. (1) ¹Mit der Übergabe der verkauften Sache geht die Gefahr des zufälligen Unterganges und einer zufälligen Verschlechterung auf den Käufer über. ²Von der Übergabe an gebühren dem Käufer die Nutzungen und trägt er die Lasten der Sache.

(2) Wird der Käufer eines Grundstücks oder eines eingetragenen Schiffs oder Schiffsbauwerks vor der Übergabe als Eigentümer in das Grundbuch, das Schiffsregister oder das Schiffsbauregister eingetragen, so treten diese Wirkungen mit der Eintragung ein.

§ 447 [Gefahrübergang bei Versendungskauf]. (1) Versendet der Verkäufer auf Verlangen des Käufers die verkaufte Sache nach einem anderen Orte als dem Erfüllungsorte, so geht die Gefahr auf den Käufer über, sobald der Verkäufer die Sache dem Spediteur, dem Frachtführer oder der sonst zur Ausführung der Versendung bestimmten Person oder Anstalt ausgeliefert hat.

(2) Hat der Käufer eine besondere Anweisung über die Art der Versendung erteilt und weicht der Verkäufer ohne dringenden Grund von der Anweisung ab, so ist der Verkäufer dem Käufer für den daraus entstehenden Schaden verantwortlich.

§ 448 [Kosten]. (1) Die Kosten der Übergabe der verkauften Sache, insbesondere die Kosten des Messens und Wägens, fallen dem Verkäufer, die Kosten der Abnahme und der Versendung der Sache nach einem anderen Orte als dem Erfüllungsorte fallen dem Käufer zur Last.

(2) Ist ein Recht verkauft, so fallen die Kosten der Begründung oder Übertragung des Rechtes dem Verkäufer zur Last.

§ 449 [Grundbuch- und Schiffsregisterkosten]. (1) ¹Der Käufer eines Grundstücks hat die Kosten der Auflassung und der Eintragung, der Käufer eines Rechtes an einem Grundstücke hat die Kosten der zur Begründung oder Übertragung des Rechtes nötigen Eintragung in das Grundbuch, mit Einschluß der Kosten der zu der Eintragung erforderlichen Erklärungen, zu tragen. ²Dem Käufer fallen in beiden Fällen auch die Kosten der Beurkundung des Kaufes zur Last.

(2) Der Käufer eines eingetragenen Schiffs oder Schiffsbauwerks hat die Kosten der Eintragung des Eigentumsübergangs, der Käufer eines Rechts an einem eingetragenen Schiff oder Schiffsbauwerk hat die Kosten einer zur Begründung oder Übertragung nötigen Eintragung in das Schiffsregister oder das Schiffsbauregister mit Einschluß der Kosten der zur Eintragung erforderlichen Erklärungen zu tragen.

§ 450 [Ersatz von Verwendungen]. (1) Ist vor der Übergabe der verkauften Sache die Gefahr auf den Käufer übergegangen und macht der Verkäufer vor der Übergabe Verwendungen auf die Sache, die nach dem Übergange der Gefahr notwendig geworden sind, so kann er von dem Käufer Ersatz verlangen, wie wenn der Käufer ihn mit der Verwaltung der Sache beauftragt hätte.

(2) Die Verpflichtung des Käufers zum Ersatze sonstiger Verwendungen bestimmt sich nach den Vorschriften über die Geschäftsführung ohne Auftrag.

§ 451 [Gefahrübergang und Kosten bei Rechtskauf]. Ist ein Recht an einer Sache verkauft, das zum Besitze der Sache berechtigt, so finden die Vorschriften der §§ 446 bis 450 entsprechende Anwendung.

§ 452 [Verzinsung des Kaufpreises]. Der Käufer ist verpflichtet, den Kaufpreis von dem Zeitpunkt an zu verzinsen, von welchem an die Nutzungen des gekauften Gegenstandes ihm gebühren, sofern nicht der Kaufpreis gestundet ist.

§ 453 [Marktpreis]. Ist als Kaufpreis der Marktpreis bestimmt, so gilt im Zweifel der für den Erfüllungsort zur Erfüllungszeit maßgebende Marktpreis als vereinbart.

§ 454 [Ausschluß des Rücktrittsrechts]. Hat der Verkäufer den Vertrag erfüllt und den Kaufpreis gestundet, so steht ihm das im § 325 Abs. 2 und im § 326 bestimmte Rücktrittsrecht nicht zu.

§ 455 [Eigentumsvorbehalt]. Hat sich der Verkäufer einer beweglichen Sache das Eigentum bis zur Zahlung des Kaufpreises vorbehalten, so ist im Zweifel anzunehmen, daß die Übertragung des Eigentums unter der aufschiebenden Bedingung vollständiger Zahlung des Kaufpreises erfolgt und daß der Verkäufer zum Rücktritte von dem Vertrage berechtigt ist, wenn der Käufer mit der Zahlung in Verzug kommt.

§ 456 [Ausgeschlossene Käufer bei Zwangsvollstreckung]. Bei einem Verkauf im Wege der Zwangsvollstreckung dürfen der mit der Vornahme oder Leitung des Verkaufs Beauftragte und die von ihm zugezogenen Gehilfen, mit Einschluß des Protokollführers, den zum Verkaufe gestellten Gegenstand weder für sich persönlich oder durch einen anderen noch als Vertreter eines anderen kaufen.

§ 457 [Ausgeschlossene Käufer bei Pfandverkauf]. Die Vorschrift des § 456 gilt auch bei einem Verkauf außerhalb der Zwangsvollstreckung, wenn der Auftrag zu dem Verkauf auf Grund einer gesetzlichen Vorschrift erteilt worden ist, die den Auftraggeber ermächtigt, den Gegenstand für Rechnung eines anderen verkaufen zu

Kauf. Tausch §§ 458–463 BGB 1

lassen, insbesondere in den Fällen des Pfandverkaufs und des in den §§ 383, 385 zugelassenen Verkaufs, sowie bei einem Verkaufe durch den Konkursverwalter.

§ 458 [Kauf trotz Kaufverbots]. (1) ¹Die Wirksamkeit eines den Vorschriften der §§ 456, 457 zuwider erfolgten Kaufes und der Übertragung des gekauften Gegenstandes hängt von der Zustimmung der bei dem Verkauf als Schuldner, Eigentümer oder Gläubiger Beteiligten ab. ²Fordert der Käufer einen Beteiligten zur Erklärung über die Genehmigung auf, so finden die Vorschriften des § 177 Abs. 2 entsprechende Anwendung.

(2) Wird infolge der Verweigerung der Genehmigung ein neuer Verkauf vorgenommen, so hat der frühere Käufer für die Kosten des neuen Verkaufs sowie für einen Mindererlös aufzukommen.

II. Gewährleistung wegen Mängel der Sache

§ 459 [Haftung für Sachmängel]. (1) ¹Der Verkäufer einer Sache haftet dem Käufer dafür, daß sie zu der Zeit, zu welcher die Gefahr auf den Käufer übergeht, nicht mit Fehlern behaftet ist, die den Wert oder die Tauglichkeit zu dem gewöhnlichen oder dem nach dem Vertrage vorausgesetzten Gebrauch aufheben oder mindern. ²Eine unerhebliche Minderung des Wertes oder der Tauglichkeit kommt nicht in Betracht.

(2) Der Verkäufer haftet auch dafür, daß die Sache zur Zeit des Überganges der Gefahr die zugesicherten Eigenschaften hat.

§ 460 [Kenntnis des Käufers]. ¹Der Verkäufer hat einen Mangel der verkauften Sache nicht zu vertreten, wenn der Käufer den Mangel bei dem Abschlusse des Kaufes kennt. ²Ist dem Käufer ein Mangel der im § 459 Abs. 1 bezeichneten Art infolge grober Fahrlässigkeit unbekannt geblieben, so haftet der Verkäufer, sofern er nicht die Abwesenheit des Fehlers zugesichert hat, nur, wenn er den Fehler arglistig verschwiegen hat.

§ 461 [Pfandverkauf]. Der Verkäufer hat einen Mangel der verkauften Sache nicht zu vertreten, wenn die Sache auf Grund eines Pfandrechts in öffentlicher Versteigerung unter der Bezeichnung als Pfand verkauft wird.

§ 462 [Wandelung; Minderung]. Wegen eines Mangels, den der Verkäufer nach den Vorschriften der §§ 459, 460 zu vertreten hat, kann der Käufer Rückgängigmachung des Kaufes (Wandelung) oder Herabsetzung des Kaufpreises (Minderung) verlangen.

§ 463 [Schadensersatz wegen Nichterfüllung]. ¹Fehlt der verkauften Sache zur Zeit des Kaufes eine zugesicherte Eigenschaft, so kann der Käufer statt der Wandelung oder der Minderung Schadensersatz wegen Nichterfüllung verlangen. ²Das gleiche gilt, wenn der Verkäufer einen Fehler arglistig verschwiegen hat.

§ 464 [Vorbehalt bei Annahme]. Nimmt der Käufer eine mangelhafte Sache an, obschon er den Mangel kennt, so stehen ihm die in den §§ 462, 463 bestimmten Ansprüche nur zu, wenn er sich seine Rechte wegen des Mangels bei der Annahme vorbehält.

§ 465 [Vollziehung der Wandelung oder Minderung]. Die Wandelung oder die Minderung ist vollzogen, wenn sich der Verkäufer auf Verlangen des Käufers mit ihr einverstanden erklärt.

§ 466 [Ausschlußfrist für Wandelung]. ¹Behauptet der Käufer dem Verkäufer gegenüber einen Mangel der Sache, so kann der Verkäufer ihn unter dem Erbieten zur Wandelung und unter Bestimmung einer angemessenen Frist zur Erklärung darüber auffordern, ob er Wandelung verlange. ²Die Wandelung kann in diesem Falle nur bis zum Ablaufe der Frist verlangt werden.

§ 467 [Durchführung der Wandelung]. ¹Auf die Wandelung finden die für das vertragsmäßige Rücktrittsrecht geltenden Vorschriften der §§ 346 bis 348, 350 bis 354, 356 entsprechende Anwendung; im Falle des § 352 ist jedoch die Wandelung nicht ausgeschlossen, wenn der Mangel sich erst bei der Umgestaltung der Sache gezeigt hat. ²Der Verkäufer hat dem Käufer auch die Vertragskosten zu ersetzen.

§ 468 [Zusicherung der Grundstücksgröße]. ¹Sichert der Verkäufer eines Grundstücks dem Käufer eine bestimmte Größe des Grundstücks zu, so haftet er für die Größe wie für eine zugesicherte Eigenschaft. ²Der Käufer kann jedoch wegen Mangels der zugesicherten Größe Wandelung nur verlangen, wenn der Mangel so erheblich ist, daß die Erfüllung des Vertrags für den Käufer kein Interesse hat.

§ 469 [Wandelung bei Verkauf mehrerer Sachen]. ¹Sind von mehreren verkauften Sachen nur einzelne mangelhaft, so kann nur in Ansehung dieser Wandelung verlangt werden, auch wenn ein Gesamtpreis für alle Sachen festgesetzt ist. ²Sind jedoch die Sachen als zusammengehörend verkauft, so kann jeder Teil verlangen, daß die Wandelung auf alle Sachen erstreckt wird, wenn die mangelhaften Sachen nicht ohne Nachteil für ihn von den übrigen getrennt werden können.

§ 470 [Erstreckung der Wandelung auf Nebensache]. ¹Die Wandelung wegen eines Mangels der Hauptsache erstreckt sich auch auf die Nebensache. ²Ist die Nebensache mangelhaft, so kann nur in Ansehung dieser Wandelung verlangt werden.

§ 471 [Wandelung bei Gesamtpreis]. Findet im Falle des Verkaufs mehrerer Sachen für einen Gesamtpreis die Wandelung nur in Ansehung einzelner Sachen statt, so ist der Gesamtpreis in dem Verhältnisse herabzusetzen, in welchem zur Zeit des Verkaufs der Gesamtwert der Sachen in mangelfreiem Zustande zu dem Werte der von der Wandelung nicht betroffenen Sachen gestanden haben würde.

§ 472 [Berechnung der Minderung]. (1) Bei der Minderung ist der Kaufpreis in dem Verhältnisse herabzusetzen, in welchem zur Zeit des Verkaufs der Wert der Sache in mangelfreiem Zustande zu dem wirklichen Werte gestanden haben würde.

(2) Findet im Falle des Verkaufs mehrerer Sachen für einen Gesamtpreis die Minderung nur wegen einzelner Sachen statt, so ist bei der Herabsetzung des Preises der Gesamtwert aller Sachen zugrunde zu legen.

§ 473 [Sachleistungen als Kaufpreis]. [1]Sind neben dem in Geld festgesetzten Kaufpreise Leistungen bedungen, die nicht vertretbare Sachen zum Gegenstande haben, so sind diese Leistungen in den Fällen der §§ 471, 472 nach dem Werte zur Zeit des Verkaufs in Geld zu veranschlagen. [2]Die Herabsetzung der Gegenleistung des Käufers erfolgt an dem in Geld festgesetzten Preise; ist dieser geringer als der abzusetzende Betrag, so hat der Verkäufer den überschießenden Betrag dem Käufer zu vergüten.

§ 474 [Mehrere Beteiligte]. (1) Sind auf der einen oder der anderen Seite mehrere beteiligt, so kann von jedem und gegen jeden Minderung verlangt werden.

(2) Mit der Vollziehung der von einem der Käufer verlangten Minderung ist die Wandelung ausgeschlossen.

§ 475 [Mehrmalige Gewährleistung]. Durch die wegen eines Mangels erfolgte Minderung wird das Recht des Käufers, wegen eines anderen Mangels Wandelung oder von neuem Minderung zu verlangen, nicht ausgeschlossen.

§ 476 [Vertraglicher Ausschluß der Gewährleistung]. Eine Vereinbarung, durch welche die Verpflichtung des Verkäufers zur Gewährleistung wegen Mängel der Sache erlassen oder beschränkt wird, ist nichtig, wenn der Verkäufer den Mangel arglistig verschweigt.

§ 476a [Recht auf Nachbesserung]. [1]Ist an Stelle des Rechts des Käufers auf Wandlung oder Minderung ein Recht auf Nachbesserung vereinbart, so hat der zur Nachbesserung verpflichtete Verkäufer auch die zum Zwecke der Nachbesserung erforderlichen Aufwendungen, insbesondere Transport-, Wege-, Arbeits- und Materialkosten, zu tragen. [2]Dies gilt nicht, soweit die Aufwendungen sich erhöhen, weil die gekaufte Sache nach der Lieferung an einen anderen Ort als den Wohnsitz oder die gewerbliche Niederlassung des Empfängers verbracht worden ist, es sei denn, das Verbringen entspricht dem bestimmungsgemäßen Gebrauch der Sache.

§ 477 [Verjährung der Gewährleistungsansprüche]. (1) ¹Der Anspruch auf Wandelung oder auf Minderung sowie der Anspruch auf Schadensersatz wegen Mangels einer zugesicherten Eigenschaft verjährt, sofern nicht der Verkäufer den Mangel arglistig verschwiegen hat, bei beweglichen Sachen in sechs Monaten von der Ablieferung, bei Grundstücken in einem Jahre von der Übergabe an. ²Die Verjährungsfrist kann durch Vertrag verlängert werden.

(2) ¹Beantragt der Käufer das selbständige Beweisverfahren nach der Zivilprozeßordnung, so wird die Verjährung unterbrochen. ²Die Unterbrechung dauert bis zur Beendigung des Verfahrens fort. ³Die Vorschriften des § 211 Abs. 2 und des § 212 finden entsprechende Anwendung.

(3) Die Hemmung oder Unterbrechung der Verjährung eines der im Absatz 1 bezeichneten Ansprüche bewirkt auch die Hemmung oder Unterbrechung der Verjährung der anderen Ansprüche.

§ 478 [Erhaltung der Mängeleinrede]. (1) ¹Hat der Käufer den Mangel dem Verkäufer angezeigt oder die Anzeige an ihn abgesendet, bevor der Anspruch auf Wandelung oder auf Minderung verjährt war, so kann er auch nach der Vollendung der Verjährung die Zahlung des Kaufpreises insoweit verweigern, als er auf Grund der Wandelung oder der Minderung dazu berechtigt sein würde. ²Das gleiche gilt, wenn der Käufer vor der Vollendung der Verjährung das selbständige Beweisverfahren nach der Zivilprozeßordnung beantragt oder in einem zwischen ihm und einem späteren Erwerber der Sache wegen des Mangels anhängigen Rechtsstreite dem Verkäufer den Streit verkündet hat.

(2) Hat der Verkäufer den Mangel arglistig verschwiegen, so bedarf es der Anzeige oder einer ihr nach Absatz 1 gleichstehenden Handlung nicht.

§ 479 [Erhaltung des Aufrechnungsrechts]. ¹Der Anspruch auf Schadensersatz kann nach der Vollendung der Verjährung nur aufgerechnet werden, wenn der Käufer vorher eine der im § 478 bezeichneten Handlungen vorgenommen hat. ²Diese Beschränkung tritt nicht ein, wenn der Verkäufer den Mangel arglistig verschwiegen hat.

§§ 480–493. *(Vom Abdruck wurde abgesehen)*

III. Besondere Arten des Kaufes

1. Kauf nach Probe. Kauf auf Probe

§ 494 [Kauf nach Probe]. Bei einem Kaufe nach Probe oder nach Muster sind die Eigenschaften der Probe oder des Musters als zugesichert anzusehen.

§ 495 [Kauf auf Probe]. (1) Bei einem Kaufe auf Probe oder auf Besicht steht die Billigung des gekauften Gegenstandes im Belieben des Käufers. Der Kauf ist im Zweifel unter der aufschiebenden Bedingung der Billigung geschlossen.

(2) Der Verkäufer ist verpflichtet, dem Käufer die Untersuchung des Gegenstandes zu gestatten.

§ 496 [Billigungsfrist]. [1]Die Billigung eines auf Probe oder auf Besicht gekauften Gegenstandes kann nur innerhalb der vereinbarten Frist und in Ermangelung einer solchen nur bis zum Ablauf einer dem Käufer von dem Verkäufer bestimmten angemessenen Frist erklärt werden. [2]War die Sache dem Käufer zum Zwecke der Probe oder der Besichtigung übergeben, so gilt sein Schweigen als Billigung.

2. Wiederkauf

§ 497 [Zustandekommen des Wiederkaufs]. (1) [1]Hat sich der Verkäufer in dem Kaufvertrage das Recht des Wiederkaufs vorbehalten, so kommt der Wiederkauf mit der Erklärung des Verkäufers gegenüber dem Käufer, daß er das Wiederkaufsrecht ausübe, zustande. [2]Die Erklärung bedarf nicht der für den Kaufvertrag bestimmten Form.

(2) Der Preis, zu welchem verkauft worden ist, gilt im Zweifel auch für den Wiederkauf.

§ 498 [Haftung des Wiederverkäufers]. (1) Der Wiederverkäufer ist verpflichtet, dem Wiederkäufer den gekauften Gegenstand nebst Zubehör herauszugeben.

(2) [1]Hat der Wiederverkäufer vor der Ausübung des Wiederkaufsrechts eine Verschlechterung, den Untergang oder eine aus einem anderen Grunde eingetretene Unmöglichkeit der Herausgabe des gekauften Gegenstandes verschuldet oder den Gegenstand wesentlich verändert, so ist er für den daraus entstehenden Schaden verantwortlich. [2]Ist der Gegenstand ohne Verschulden des Wiederverkäufers verschlechtert oder ist er nur unwesentlich verändert, so kann der Wiederkäufer Minderung des Kaufpreises nicht verlangen.

§ 499 [Beseitigung von Rechten Dritter]. [1]Hat der Wiederverkäufer vor der Ausübung des Wiederkaufsrechts über den gekauften Gegenstand verfügt, so ist er verpflichtet, die dadurch begründeten

Rechte Dritter zu beseitigen. ²Einer Verfügung des Wiederverkäufers steht eine Verfügung gleich, die im Wege der Zwangsvollstreckung oder der Arrestvollziehung oder durch den Konkursverwalter erfolgt.

§ 500 [Ersatz von Verwendungen]. ¹Der Wiederverkäufer kann für Verwendungen, die er auf den gekauften Gegenstand vor dem Wiederkaufe gemacht hat, insoweit Ersatz verlangen, als der Wert des Gegenstandes durch die Verwendungen erhöht ist. ²Eine Einrichtung, mit der er die herauszugebende Sache versehen hat, kann er wegnehmen.

§ 501 [Wiederkauf zum Schätzungswert]. Ist als Wiederkaufpreis der Schätzungswert vereinbart, den der gekaufte Gegenstand zur Zeit des Wiederkaufs hat, so ist der Wiederverkäufer für eine Verschlechterung, den Untergang oder die aus einem anderen Grunde eingetretene Unmöglichkeit der Herausgabe des Gegenstandes nicht verantwortlich, der Wiederkäufer zum Ersatze von Verwendungen nicht verpflichtet.

§ 502 [Mehrere Wiederkaufsberechtigte]. ¹Steht das Wiederkaufsrecht mehreren gemeinschaftlich zu, so kann es nur im ganzen ausgeübt werden. ²Ist es für einen der Berechtigten erloschen oder übt einer von ihnen sein Recht nicht aus, so sind die übrigen berechtigt, das Wiederkaufsrecht im ganzen auszuüben.

§ 503 [Ausschlußfrist]. ¹Das Wiederkaufsrecht kann bei Grundstücken nur bis zum Ablaufe von dreißig, bei anderen Gegenständen nur bis zum Ablaufe von drei Jahren nach der Vereinbarung des Vorbehalts ausgeübt werden. ²Ist für die Ausübung eine Frist bestimmt, so tritt diese an die Stelle der gesetzlichen Frist.

3. Vorkauf

§ 504 [Voraussetzung der Ausübung]. Wer in Ansehung eines Gegenstandes zum Vorkaufe berechtigt ist, kann das Vorkaufsrecht ausüben, sobald der Verpflichtete mit einem Dritten einen Kaufvertrag über den Gegenstand geschlossen hat.

§ 505 [Ausübung des Vorkaufsrechts]. (1) ¹Die Ausübung des Vorkaufsrechts erfolgt durch Erklärung gegenüber dem Verpflichteten. ²Die Erklärung bedarf nicht der für den Kaufvertrag bestimmten Form.

(2) Mit der Ausübung des Vorkaufsrechts kommt der Kauf zwischen dem Berechtigten und dem Verpflichteten unter den Bestimmungen zustande, welche der Verpflichtete mit dem Dritten vereinbart hat.

§ 506 [Unwirksame Vereinbarungen]. Eine Vereinbarung des Verpflichteten mit dem Dritten, durch welche der Kauf von der Nichtausübung des Vorkaufsrechts abhängig gemacht oder dem Verpflichteten für den Fall der Ausübung des Vorkaufsrechts der Rücktritt vorbehalten wird, ist dem Vorkaufsberechtigten gegenüber unwirksam.

§ 507 [Nebenleistungen]. [1]Hat sich der Dritte in dem Vertrage zu einer Nebenleistung verpflichtet, die der Vorkaufsberechtigte zu bewirken außerstande ist, so hat der Vorkaufsberechtigte statt der Nebenleistung ihren Wert zu entrichten. [2]Läßt sich die Nebenleistung nicht in Geld schätzen, so ist die Ausübung des Vorkaufsrechts ausgeschlossen; die Vereinbarung der Nebenleistung kommt jedoch nicht in Betracht, wenn der Vertrag mit dem Dritten auch ohne sie geschlossen sein würde.

§ 508 [Gesamtpreis]. [1]Hat der Dritte den Gegenstand, auf den sich das Vorkaufsrecht bezieht, mit anderen Gegenständen zu einem Gesamtpreise gekauft, so hat der Vorkaufsberechtigte einen verhältnismäßigen Teil des Gesamtpreises zu entrichten. [2]Der Verpflichtete kann verlangen, daß der Vorkauf auf alle Sachen erstreckt wird, die nicht ohne Nachteil für ihn getrennt werden können.

§ 509 [Stundung des Kaufpreises]. (1) Ist dem Dritten in dem Vertrage der Kaufpreis gestundet worden, so kann der Vorkaufsberechtigte die Stundung nur in Anspruch nehmen, wenn er für den gestundeten Betrag Sicherheit leistet.

(2) [1]Ist ein Grundstück Gegenstand des Vorkaufs, so bedarf es der Sicherheitsleistung insoweit nicht, als für den gestundeten Kaufpreis die Bestellung einer Hypothek an dem Grundstücke vereinbart oder in Anrechnung auf den Kaufpreis eine Schuld, für die eine Hypothek an dem Grundstücke besteht, übernommen worden ist. [2]Entsprechendes gilt, wenn ein eingetragenes Schiff oder Schiffsbauwerk Gegenstand des Vorkaufs ist.

§ 510 [Mitteilungspflicht; Frist zur Ausübung]. (1) [1]Der Verpflichtete hat dem Vorkaufsberechtigten den Inhalt des mit dem Dritten geschlossenen Vertrags unverzüglich mitzuteilen. [2]Die Mitteilung des Verpflichteten wird durch die Mitteilung des Dritten ersetzt.

(2) [1]Das Vorkaufsrecht kann bei Grundstücken nur bis zum Ablaufe von zwei Monaten, bei anderen Gegenständen nur bis zum Ablauf einer Woche nach dem Empfange der Mitteilung ausgeübt werden. [2]Ist für die Ausübung eine Frist bestimmt, so tritt diese an die Stelle der gesetzlichen Frist.

§ 511 [Keine Ausübung bei Verkauf an Erben]. Das Vorkaufsrecht erstreckt sich im Zweifel nicht auf einen Verkauf, der mit

Rücksicht auf ein künftiges Erbrecht an einen gesetzlichen Erben erfolgt.

§ 512 [Ausschluß bei Zwangsvollstreckung und Konkurs]. Das Vorkaufsrecht ist ausgeschlossen, wenn der Verkauf im Wege der Zwangsvollstreckung oder durch den Konkursverwalter erfolgt.

§ 513 [Mehrere Berechtigte]. [1]Steht das Vorkaufsrecht mehreren gemeinschaftlich zu, so kann es nur im ganzen ausgeübt werden. [2]Ist es für einen der Berechtigten erloschen oder übt einer von ihnen sein Recht nicht aus, so sind die übrigen berechtigt, das Vorkaufsrecht im ganzen auszuüben.

§ 514 [Unübertragbarkeit]. [1]Das Vorkaufsrecht ist nicht übertragbar und geht nicht auf die Erben des Berechtigten über, sofern nicht ein anderes bestimmt ist. [2]Ist das Recht auf eine bestimmte Zeit beschränkt, so ist es im Zweifel vererblich.

IV. Tausch

§ 515 [Tausch]. Auf den Tausch finden die Vorschriften über den Kauf entsprechende Anwendung.

Zweiter Titel. Schenkung

§ 516 [Begriff]. (1) Eine Zuwendung, durch die jemand aus seinem Vermögen einen anderen bereichert, ist Schenkung, wenn beide Teile darüber einig sind, daß die Zuwendung unentgeltlich erfolgt.

(2) [1]Ist die Zuwendung ohne den Willen des anderen erfolgt, so kann ihn der Zuwendende unter Bestimmung einer angemessenen Frist zur Erklärung über die Annahme auffordern. [2]Nach dem Ablaufe der Frist gilt die Schenkung als angenommen, wenn nicht der andere sie vorher abgelehnt hat. [3]Im Falle der Ablehnung kann die Herausgabe des Zugewendeten nach den Vorschriften über die Herausgabe einer ungerechtfertigten Bereicherung gefordert werden.

§ 517 [Unterlassen eines Vermögenserwerbs]. Eine Schenkung liegt nicht vor, wenn jemand zum Vorteil eines anderen einen Vermögenserwerb unterläßt oder auf ein angefallenes, noch nicht endgültig erworbenes Recht verzichtet oder eine Erbschaft oder ein Vermächtnis ausschlägt.

§ 518 [Form des Schenkungsversprechens]. (1) [1]Zur Gültigkeit eines Vertrags, durch den eine Leistung schenkweise versprochen wird, ist die notarielle Beurkundung des Versprechens erforderlich. [2]Das gleiche gilt, wenn ein Schuldversprechen oder ein Schuldanerkenntnis der in den §§ 780, 781 bezeichneten Art schenkweise erteilt wird, von dem Versprechen oder der Anerkennungserklärung.

Schenkung

(2) Der Mangel der Form wird durch die Bewirkung der versprochenen Leistung geheilt.

§ 519 [Einrede des Notbedarfs]. (1) Der Schenker ist berechtigt, die Erfüllung eines schenkweise erteilten Versprechens zu verweigern, soweit er bei Berücksichtigung seiner sonstigen Verpflichtungen außerstande ist, das Versprechen zu erfüllen, ohne daß sein angemessener Unterhalt oder die Erfüllung der ihm kraft Gesetzes obliegenden Unterhaltspflichten gefährdet wird.

(2) Treffen die Ansprüche mehrerer Beschenkten zusammen, so geht der früher entstandene Anspruch vor.

§ 520 [Erlöschen eines Rentenversprechens]. Verspricht der Schenker eine in wiederkehrenden Leistungen bestehende Unterstützung, so erlischt die Verbindlichkeit mit seinem Tode, sofern nicht aus dem Versprechen sich ein anderes ergibt.

§ 521 [Haftung des Schenkers]. Der Schenker hat nur Vorsatz und grobe Fahrlässigkeit zu vertreten.

§ 522 [Keine Verzugszinsen]. Zur Entrichtung von Verzugszinsen ist der Schenker nicht verpflichtet.

§ 523 [Haftung für Rechtsmängel]. (1) Verschweigt der Schenker arglistig einen Mangel im Rechte, so ist er verpflichtet, dem Beschenkten den daraus entstehenden Schaden zu ersetzen.

(2) [1]Hatte der Schenker die Leistung eines Gegenstandes versprochen, den er erst erwerben sollte, so kann der Beschenkte wegen eines Mangels im Rechte Schadensersatz wegen Nichterfüllung verlangen, wenn der Mangel dem Schenker bei dem Erwerbe der Sache bekannt gewesen oder infolge grober Fahrlässigkeit unbekannt geblieben ist. [2]Die für die Gewährleistungspflicht des Verkäufers geltenden Vorschriften des § 433 Abs. 1, der §§ 434 bis 437, des § 440 Abs. 2 bis 4 und der §§ 441 bis 444 finden entsprechende Anwendung.

§ 524 [Haftung für Sachmängel]. (1) Verschweigt der Schenker arglistig einen Fehler der verschenkten Sache, so ist er verpflichtet, dem Beschenkten den daraus entstehenden Schaden zu ersetzen.

(2) [1]Hatte der Schenker die Leistung einer nur der Gattung nach bestimmten Sache versprochen, die er erst erwerben sollte, so kann der Beschenkte, wenn die geleistete Sache fehlerhaft und der Mangel dem Schenker bei dem Erwerbe der Sache bekannt gewesen oder infolge grober Fahrlässigkeit unbekannt geblieben ist, verlangen, daß ihm anstelle der fehlerhaften Sache eine fehlerfreie geliefert wird. [2]Hat der Schenker den Fehler arglistig verschwiegen, so kann der Beschenkte statt der Lieferung einer fehlerfreien Sache Schadensersatz wegen Nichterfüllung verlangen. [3]Auf diese Ansprüche finden

die für die Gewährleistung wegen Fehler einer verkauften Sache geltenden Vorschriften entsprechende Anwendung.

§ 525 [Schenkung unter Auflage]. (1) Wer eine Schenkung unter einer Auflage macht, kann die Vollziehung der Auflage verlangen, wenn er seinerseits geleistet hat.

(2) Liegt die Vollziehung der Auflage im öffentlichen Interesse, so kann nach dem Tode des Schenkers auch die zuständige Behörde die Vollziehung verlangen.

§ 526 [Verweigerung der Vollziehung der Auflage]. [1]Soweit infolge eines Mangels im Rechte oder eines Mangels der verschenkten Sache der Wert der Zuwendung die Höhe der zur Vollziehung der Auflage erforderlichen Aufwendungen nicht erreicht, ist der Beschenkte berechtigt, die Vollziehung der Auflage zu verweigern, bis der durch den Mangel entstandene Fehlbetrag ausgeglichen wird. [2]Vollzieht der Beschenkte die Auflage ohne Kenntnis des Mangels, so kann er von dem Schenker Ersatz der durch die Vollziehung verursachten Aufwendungen insoweit verlangen, als sie infolge des Mangels den Wert der Zuwendung übersteigen.

§ 527 [Nichtvollziehung der Auflage]. (1) Unterbleibt die Vollziehung der Auflage, so kann der Schenker die Herausgabe des Geschenkes unter den für das Rücktrittsrecht bei gegenseitigen Verträgen bestimmten Voraussetzungen nach den Vorschriften über die Herausgabe einer ungerechtfertigten Bereicherung insoweit fordern, als das Geschenk zur Vollziehung der Auflage hätte verwendet werden müssen.

(2) Der Anspruch ist ausgeschlossen, wenn ein Dritter berechtigt ist, die Vollziehung der Auflage zu verlangen.

§ 528 [Rückforderung wegen Verarmung des Schenkers]. (1) [1]Soweit der Schenker nach der Vollziehung der Schenkung außerstande ist, seinen angemessenen Unterhalt zu bestreiten und die ihm seinen Verwandten, seinem Ehegatten oder seinem früheren Ehegatten gegenüber gesetzlich obliegende Unterhaltspflicht zu erfüllen, kann er von dem Beschenkten die Herausgabe des Geschenkes nach den Vorschriften über die Herausgabe einer ungerechtfertigten Bereicherung fordern. [2]Der Beschenkte kann die Herausgabe durch Zahlung des für den Unterhalt erforderlichen Betrags abwenden. [3]Auf die Verpflichtung des Beschenkten finden die Vorschriften des § 760 sowie die für die Unterhaltspflicht der Verwandten geltende Vorschrift des § 1613 und im Falle des Todes des Schenkers auch die Vorschriften des § 1615 entsprechende Anwendung.

(2) Unter mehreren Beschenkten haftet der früher Beschenkte nur insoweit, als der später Beschenkte nicht verpflichtet ist.

Schenkung §§ 529–534 BGB 1

§ 529 [Ausschluß des Rückforderungsanspruches]. (1) Der Anspruch auf Herausgabe des Geschenkes ist ausgeschlossen, wenn der Schenker seine Bedürftigkeit vorsätzlich oder durch grobe Fahrlässigkeit herbeigeführt hat oder wenn zur Zeit des Eintritts seiner Bedürftigkeit seit der Leistung des geschenkten Gegenstandes zehn Jahre verstrichen sind.

(2) Das gleiche gilt, soweit der Beschenkte bei Berücksichtigung seiner sonstigen Verpflichtungen außerstande ist, das Geschenk herauszugeben, ohne daß sein standesmäßiger Unterhalt oder die Erfüllung der ihm kraft Gesetzes obliegenden Unterhaltspflichten gefährdet wird.

§ 530 [Widerruf der Schenkung]. (1) Eine Schenkung kann widerrufen werden, wenn sich der Beschenkte durch eine schwere Verfehlung gegen den Schenker oder einen nahen Angehörigen des Schenkers groben Undankes schuldig macht.

(2) Dem Erben des Schenkers steht das Recht des Widerrufs nur zu, wenn der Beschenkte vorsätzlich und widerrechtlich den Schenker getötet oder am Widerrufe gehindert hat.

§ 531 [Widerrufserklärung]. (1) Der Widerruf erfolgt durch Erklärung gegenüber dem Beschenkten.

(2) Ist die Schenkung widerrufen, so kann die Herausgabe des Geschenkes nach den Vorschriften über die Herausgabe einer ungerechtfertigten Bereicherung gefordert werden.

§ 532 [Ausschluß des Widerrufs]. [1]Der Widerruf ist ausgeschlossen, wenn der Schenker dem Beschenkten verziehen hat oder wenn seit dem Zeitpunkt, in welchem der Widerrufsberechtigte von dem Eintritte der Voraussetzungen seines Rechtes Kenntnis erlangt hat, ein Jahr verstrichen ist. [2]Nach dem Tode des Beschenkten ist der Widerruf nicht mehr zulässig.

§ 533 [Verzicht auf Widerrufsrecht]. Auf das Widerrufsrecht kann erst verzichtet werden, wenn der Undank dem Widerrufsberechtigten bekannt geworden ist.

§ 534 [Pflicht- und Anstandsschenkungen]. Schenkungen, durch die einer sittlichen Pflicht oder einer auf den Anstand zu nehmenden Rücksicht entsprochen wird, unterliegen nicht der Rückforderung und dem Widerrufe.

Dritter Titel. Miete. Pacht

I. Miete[1)]

§ 535 [Wesen des Mietvertrags]. ¹Durch den Mietvertrag wird der Vermieter verpflichtet, dem Mieter den Gebrauch der vermieteten Sache während der Mietzeit zu gewähren. ²Der Mieter ist verpflichtet, dem Vermieter den vereinbarten Mietzins zu entrichten.

§ 536 [Pflichten des Vermieters]. Der Vermieter hat die vermietete Sache dem Mieter in einem zu dem vertragsmäßigen Gebrauche geeigneten Zustande zu überlassen und sie während der Mietzeit in diesem Zustande zu erhalten.

§ 537 [Mängel der Mietsache]. (1) ¹Ist die vermietete Sache zur Zeit der Überlassung an den Mieter mit einem Fehler behaftet, der ihre Tauglichkeit zu dem vertragsmäßigen Gebrauch aufhebt oder mindert, oder entsteht im Laufe der Miete ein solcher Fehler, so ist der Mieter für die Zeit, während deren die Tauglichkeit aufgehoben ist, von der Entrichtung des Mietzinses befreit, für die Zeit, während deren die Tauglichkeit gemindert ist, nur zur Entrichtung eines nach den §§ 472, 473 zu bemessenden Teiles des Mietzinses verpflichtet. ²Eine unerhebliche Minderung der Tauglichkeit kommt nicht in Betracht.

(2) ¹Absatz 1 Satz 1 gilt auch, wenn eine zugesicherte Eigenschaft fehlt oder später wegfällt. ²Bei der Vermietung eines Grundstücks steht die Zusicherung einer bestimmten Größe der Zusicherung einer Eigenschaft gleich.

(3) Bei einem Mietverhältnis über Wohnraum ist eine zum Nachteil des Mieters abweichende Vereinbarung unwirksam.

§ 538 [Schadensersatzpflicht des Vermieters]. (1) Ist ein Mangel der im § 537 bezeichneten Art bei dem Abschluß des Vertrages vorhanden oder entsteht ein solcher Mangel später infolge eines Umstandes, den der Vermieter zu vertreten hat, oder kommt der Vermieter mit der Beseitigung eines Mangels in Verzug, so kann der Mieter unbeschadet der im § 537 bestimmten Rechte Schadensersatz wegen Nichterfüllung verlangen.

(2) Im Falle des Verzugs des Vermieters kann der Mieter den Mangel selbst beseitigen und Ersatz der erforderlichen Aufwendungen verlangen.

§ 539 [Kenntnis des Mieters vom Mangel]. ¹Kennt der Mieter bei dem Abschlusse des Vertrags den Mangel der gemieteten Sache, so stehen ihm die in den §§ 537, 538 bestimmten Rechte nicht zu. ²Ist

---

[1)] Wegen des für das Gebiet der ehem. DDR zur Miete geltenden Übergangsrechts beachte Art. 232 § 2 EGBGB (abgedruckt unter Nr. **2**).

Miete **§§ 540–541b BGB 1**

dem Mieter ein Mangel der im § 537 Abs. 1 bezeichneten Art infolge grober Fahrlässigkeit unbekannt geblieben oder nimmt er eine mangelhafte Sache an, obschon er den Mangel kennt, so kann er diese Rechte nur unter den Voraussetzungen geltend machen, unter welchen dem Käufer einer mangelhaften Sache nach den §§ 460, 464 Gewähr zu leisten ist.

§ 540 [Vertraglicher Ausschluß der Gewährleistung]. Eine Vereinbarung, durch welche die Verpflichtung des Vermieters zur Vertretung von Mängeln der vermieteten Sache erlassen oder beschränkt wird, ist nichtig, wenn der Vermieter den Mangel arglistig verschweigt.

§ 541 [Haftung für Rechtsmängel]. Wird durch das Recht eines Dritten dem Mieter der vertragsmäßige Gebrauch der gemieteten Sache ganz oder zum Teil entzogen, so finden die Vorschriften der §§ 537, 538, des § 539 Satz 1 und des § 540 entsprechende Anwendung.

§ 541a [Maßnahmen zur Erhaltung]. Der Mieter von Räumen hat Einwirkungen auf die Mietsache zu dulden, die zur Erhaltung der Miträume oder des Gebäudes erforderlich sind.

§ 541b [Maßnahmen zur Verbesserung, Einsparung und zur Schaffung neuen Wohnraums]. (1) ¹Maßnahmen zur Verbesserung der gemieteten Räume oder sonstiger Teile des Gebäudes, zur Einsparung von Heizenergie oder Wasser oder zur Schaffung neuen Wohnraums hat der Mieter zu dulden, es sei denn, daß die Maßnahme für ihn oder seine Familie eine Härte bedeuten würde, die auch unter Würdigung der berechtigten Interessen des Vermieters und anderer Mieter in dem Gebäude nicht zu rechtfertigen ist. ²Dabei sind insbesondere die vorzunehmenden Arbeiten, die baulichen Folgen, vorausgegangene Verwendungen des Mieters und die zu erwartende Erhöhung des Mietzinses zu berücksichtigen. ³Die Erhöhung des Mietzinses bleibt außer Betracht, wenn die gemieteten Räume oder sonstigen Teile des Gebäudes lediglich in einen Zustand versetzt werden, wie er allgemein üblich ist.

(2) ¹Der Vermieter hat dem Mieter zwei Monate vor dem Beginn der Maßnahme deren Art, Umfang, Beginn und voraussichtliche Dauer sowie die zu erwartende Erhöhung des Mietzinses schriftlich mitzuteilen. ²Der Mieter ist berechtigt, bis zum Ablauf des Monats, der auf den Zugang der Mitteilung folgt, für den Ablauf des nächsten Monats zu kündigen. ³Hat der Mieter gekündigt, ist die Maßnahme bis zum Ablauf der Mietzeit zu unterlassen. ⁴Diese Vorschriften gelten nicht bei Maßnahmen, die mit keiner oder nur mit einer unerheblichen Einwirkung auf die vermieteten Räume verbunden sind und zu keiner oder nur zu einer unerheblichen Erhöhung des Mietzinses führen.

1 BGB §§ 542–545 Zweites Buch. Schuldverhältnisse

(3) Aufwendungen, die der Mieter infolge der Maßnahme machen mußte, hat der Vermieter in einem den Umständen nach angemessenen Umfang zu ersetzen; auf Verlangen hat der Vermieter Vorschuß zu leisten.

(4) Bei einem Mietverhältnis über Wohnraum ist eine zum Nachteil des Mieters abweichende Vereinbarung unwirksam.

§ 542 [Fristlose Kündigung wegen Nichtgewährung des Gebrauchs]. (1) ¹Wird dem Mieter der vertragsmäßige Gebrauch der gemieteten Sache ganz oder zum Teil nicht rechtzeitig gewährt oder wieder entzogen, so kann der Mieter ohne Einhaltung einer Kündigungsfrist das Mietverhältnis kündigen. ²Die Kündigung ist erst zulässig, wenn der Vermieter eine ihm von dem Mieter bestimmte angemessene Frist hat verstreichen lassen, ohne Abhilfe zu schaffen. ³Der Bestimmung einer Frist bedarf es nicht, wenn die Erfüllung des Vertrags infolge des die Kündigung rechtfertigenden Umstandes für den Mieter kein Interesse hat.

(2) Wegen einer unerheblichen Hinderung oder Vorenthaltung des Gebrauchs ist die Kündigung nur zulässig, wenn sie durch ein besonderes Interesse des Mieters gerechtfertigt wird.

(3) Bestreitet der Vermieter die Zulässigkeit der erfolgten Kündigung, weil er den Gebrauch der Sache rechtzeitig gewährt oder vor dem Ablaufe der Frist die Abhilfe bewirkt habe, so trifft ihn die Beweislast.

§ 543 [Bei fristloser Kündigung anzuwendende Vorschriften]. ¹Auf das dem Mieter nach § 542 zustehende Kündigungsrecht finden die Vorschriften der §§ 539 bis 541 sowie die für die Wandelung bei dem Kaufe geltenden Vorschriften der §§ 469 bis 471 entsprechende Anwendung. ²Bei einem Mietverhältnis über Wohnraum ist eine Vereinbarung, durch die das Kündigungsrecht ausgeschlossen oder eingeschränkt wird, unwirksam.

§ 544 [Fristlose Kündigung wegen Gesundheitsgefährdung]. Ist eine Wohnung oder ein anderer zum Aufenthalte von Menschen bestimmter Raum so beschaffen, daß die Benutzung mit einer erheblichen Gefährdung der Gesundheit verbunden ist, so kann der Mieter das Mietverhältnis ohne Einhaltung einer Kündigungsfrist kündigen, auch wenn er die gefahrbringende Beschaffenheit bei dem Abschlusse des Vertrags gekannt oder auf die Geltendmachung der ihm wegen dieser Beschaffenheit zustehenden Rechte verzichtet hat.

§ 545 [Mängelanzeige]. (1) ¹Zeigt sich im Laufe der Miete ein Mangel der gemieteten Sache oder wird eine Vorkehrung zum Schutze der Sache gegen eine nicht vorhergesehene Gefahr erforderlich, so hat der Mieter dem Vermieter unverzüglich Anzeige zu machen. ²Das gleiche gilt, wenn sich ein Dritter ein Recht an der Sache anmaßt.

Miete **§§ 546–549 BGB 1**

(2) Unterläßt der Mieter die Anzeige, so ist er zum Ersatze des daraus entstehenden Schadens verpflichtet; er ist, soweit der Vermieter infolge der Unterlassung der Anzeige Abhilfe zu schaffen außerstande war, nicht berechtigt, die im § 537 bestimmten Rechte geltend zu machen oder nach § 542 Abs. 1 Satz 3 ohne Bestimmung einer Frist zu kündigen oder Schadensersatz wegen Nichterfüllung zu verlangen.

§ 546 [Lasten der Mietsache]. Die auf der vermieteten Sache ruhenden Lasten hat der Vermieter zu tragen.

§ 547 [Ersatz von Verwendungen]. (1) [1]Der Vermieter ist verpflichtet, dem Mieter die auf die Sache gemachten notwendigen Verwendungen zu ersetzen. [2]Der Mieter eines Tieres hat jedoch die Fütterungskosten zu tragen.

(2) Die Verpflichtung des Vermieters zum Ersatze sonstiger Verwendungen bestimmt sich nach den Vorschriften über die Geschäftsführung ohne Auftrag.

§ 547a [Wegnahme von Einrichtungen]. (1) Der Mieter ist berechtigt, eine Einrichtung, mit der er die Sache versehen hat, wegzunehmen.

(2) Der Vermieter von Räumen kann die Ausübung des Wegnahmerechts des Mieters durch Zahlung einer angemessenen Entschädigung abwenden, es sei denn, daß der Mieter ein berechtigtes Interesse an der Wegnahme hat.

(3) Eine Vereinbarung, durch die das Wegnahmerecht des Mieters von Wohnraum ausgeschlossen wird, ist nur wirksam, wenn ein angemessener Ausgleich vorgesehen ist.

§ 548 [Abnutzung durch vertragsmäßigen Gebrauch]. Veränderungen oder Verschlechterungen der gemieteten Sache, die durch den vertragsmäßigen Gebrauch herbeigeführt werden, hat der Mieter nicht zu vertreten.

§ 549 [Untermiete]. (1) [1]Der Mieter ist ohne die Erlaubnis des Vermieters nicht berechtigt, den Gebrauch der gemieteten Sache einem Dritten zu überlassen, insbesondere die Sache weiter zu vermieten. [2]Verweigert der Vermieter die Erlaubnis, so kann der Mieter das Mietverhältnis unter Einhaltung der gesetzlichen Frist kündigen, sofern nicht in der Person des Dritten ein wichtiger Grund vorliegt.

(2) [1]Entsteht für den Mieter von Wohnraum nach dem Abschluß des Mietvertrages ein berechtigtes Interesse, einen Teil des Wohnraums einem Dritten zum Gebrauch zu überlassen, so kann er von dem Vermieter die Erlaubnis hierzu verlangen; dies gilt nicht, wenn in der Person des Dritten ein wichtiger Grund vorliegt, der Wohnraum übermäßig belegt würde oder sonst dem Vermieter die Über-

lassung nicht zugemutet werden kann. ²Ist dem Vermieter die Überlassung nur bei einer angemessenen Erhöhung des Mietzinses zuzumuten, so kann er die Erlaubnis davon abhängig machen, daß der Mieter sich mit einer solchen Erhöhung einverstanden erklärt. ³Eine zum Nachteil des Mieters abweichende Vereinbarung ist unwirksam.

(3) Überläßt der Mieter den Gebrauch einem Dritten, so hat er ein dem Dritten bei dem Gebrauche zur Last fallendes Verschulden zu vertreten, auch wenn der Vermieter die Erlaubnis zur Überlassung erteilt hat.

§ 549a [Gewerbliche Zwischenmiete]. (1) ¹Soll der Mieter nach dem Inhalt des Mietvertrages den gemieteten Wohnraum gewerblich einem Dritten weitervermieten, so tritt der Vermieter bei der Beendigung des Mietverhältnisses in die Rechte und Pflichten aus dem Mietverhältnis zwischen dem Mieter und dem Dritten ein. ²Schließt der Vermieter erneut einen Mietvertrag zum Zwecke der gewerblichen Weitervermietung ab, so tritt der Mieter anstelle des bisherigen Vertragspartners in die Rechte und Pflichten aus dem Mietverhältnis mit dem Dritten ein.

(2) Die §§ 572 bis 576 gelten entsprechend.

(3) Eine zum Nachteil des Dritten abweichende Vereinbarung ist unwirksam.

§ 550 [Vertragswidriger Gebrauch]. Macht der Mieter von der gemieteten Sache einen vertragswidrigen Gebrauch und setzt er den Gebrauch ungeachtet einer Abmahnung des Vermieters fort, so kann der Vermieter auf Unterlassung klagen.

§ 550a [Keine Vertragsstrafe]. Eine Vereinbarung, durch die sich der Vermieter von Wohnraum eine Vertragsstrafe vom Mieter versprechen läßt, ist unwirksam.

§ 550b[1]) [Mietkaution]. (1) ¹Hat bei einem Mietverhältnis über Wohnraum der Mieter dem Vermieter für die Erfüllung seiner Verpflichtungen Sicherheit zu leisten, so darf diese das Dreifache des auf einen Monat entfallenden Mietzinses vorbehaltlich der Regelung in Absatz 2 Satz 3 nicht übersteigen. ²Nebenkosten, über die gesondert abzurechnen ist, bleiben unberücksichtigt. ³Ist eine Geldsumme bereitzustellen, so ist der Mieter zu drei gleichen monatlichen Teilleistungen berechtigt; die erste Teilleistung ist zu Beginn des Mietverhältnisses fällig.

---

[1]) § 550b Abs. 2 Satz 1 ist hinsichtlich der Verzinsung nicht anzuwenden, wenn die Sicherheit auf Grund einer Vereinbarung zu leisten ist, die vor dem 1. Juli 1993 getroffen worden ist. Insoweit verbleibt es bei den bis dahin geltenden Vorschriften; vgl. Art. 6 Abs. 3 G v. 21. 7. 1993 (BGBl. I S. 1257).

Miete **§§ 551–553 BGB 1**

(2) ¹Ist bei einem Mietverhältnis über Wohnraum eine als Sicherheit bereitzustellende Geldsumme dem Vermieter zu überlassen, so hat er sie von seinem Vermögen getrennt bei einem Kreditinstitut zu dem für Spareinlagen mit dreimonatiger Kündigungsfrist üblichen Zinssatz anzulegen. ²Die Zinsen stehen dem Mieter zu. ³Sie erhöhen die Sicherheit.

(3) Eine zum Nachteil des Mieters abweichende Vereinbarung ist unwirksam.

(4) Bei Wohnraum, der Teil eines Studenten- oder Jugendwohnheims ist, besteht für den Vermieter keine Verpflichtung, die Sicherheitsleistung zu verzinsen.

§ 551[1]) **[Entrichtung des Mietzinses].** (1) ¹Der Mietzins ist am Ende der Mietzeit zu entrichten. ²Ist der Mietzins nach Zeitabschnitten bemessen, so ist er nach dem Ablaufe der einzelnen Zeitabschnitte zu entrichten.

(2) Der Mietzins für ein Grundstück ist, sofern er nicht nach kürzeren Zeitabschnitten bemessen ist, nach dem Ablaufe je eines Kalendervierteljahrs am ersten Werktage des folgenden Monats zu entrichten.

§ 552 [Persönliche Verhinderung]. ¹Der Mieter wird von der Entrichtung des Mietzinses nicht dadurch befreit, daß er durch einen in seiner Person liegenden Grund an der Ausübung des ihm zustehenden Gebrauchsrechts verhindert wird. ²Der Vermieter muß sich jedoch den Wert der ersparten Aufwendungen sowie derjenigen Vorteile anrechnen lassen, welche er aus einer anderweitigen Verwertung des Gebrauchs erlangt. ³Solange der Vermieter infolge der Überlassung des Gebrauchs an einen Dritten außerstande ist, dem Mieter den Gebrauch zu gewähren, ist der Mieter zur Entrichtung des Mietzinses nicht verpflichtet.

§ 552a [Aufrechnungs- und Zurückbehaltungsrecht]. Der Mieter von Wohnraum kann entgegen einer vertraglichen Bestimmung gegen eine Mietzinsforderung mit einer Forderung auf Grund des § 538 aufrechnen oder wegen einer solchen Forderung ein Zurückbehaltungsrecht ausüben, wenn er seine Absicht dem Vermieter mindestens einen Monat vor der Fälligkeit des Mietzinses schriftlich angezeigt hat.

§ 553 [Fristlose Kündigung bei vertragswidrigem Gebrauch]. Der Vermieter kann ohne Einhaltung einer Kündigungsfrist das Mietverhältnis kündigen, wenn der Mieter oder derjenige, welchem der Mieter den Gebrauch der gemieteten Sache überlassen hat, unge-

---

[1]) Vgl. hierzu auch Gesetz zur Regelung der Miethöhe vom 18. 12. 1974 (BGBl. I S. 3603, 3604); abgedruckt unter Nr. **6**.

1 BGB §§ 554–554b   Zweites Buch. Schuldverhältnisse

achtet einer Abmahnung des Vermieters einen vertragswidrigen Gebrauch der Sache fortsetzt, der die Rechte des Vermieters in erheblichem Maße verletzt, insbesondere einem Dritten den ihm unbefugt überlassenen Gebrauch beläßt, oder die Sache durch Vernachlässigung der dem Mieter obliegenden Sorgfalt erheblich gefährdet.

§ 554 [Fristlose Kündigung bei Zahlungsverzug]. (1) ¹Der Vermieter kann das Mietverhältnis ohne Einhaltung einer Kündigungsfrist kündigen, wenn der Mieter

1. für zwei aufeinanderfolgende Termine mit der Entrichtung des Mietzinses oder eines nicht unerheblichen Teils des Mietzinses im Verzug ist, oder
2. in einem Zeitraum, der sich über mehr als zwei Termine erstreckt, mit der Entrichtung des Mietzinses in Höhe eines Betrages in Verzug gekommen ist, der den Mietzins für zwei Monate erreicht.

²Die Kündigung ist ausgeschlossen, wenn der Vermieter vorher befriedigt wird. ³Sie wird unwirksam, wenn sich der Mieter von seiner Schuld durch Aufrechnung befreien konnte und unverzüglich nach der Kündigung die Aufrechnung erklärt.

(2) Ist Wohnraum vermietet, so gelten ergänzend die folgenden Vorschriften:

1. Im Falle des Absatzes 1 Satz 1 Nr. 1 ist der rückständige Teil des Mietzinses nur dann als nicht unerheblich anzusehen, wenn er den Mietzins für einen Monat übersteigt; dies gilt jedoch nicht, wenn der Wohnraum zu nur vorübergehendem Gebrauch vermietet ist.
2. ¹Die Kündigung wird auch dann unwirksam, wenn bis zum Ablauf eines Monats nach Eintritt der Rechtshängigkeit des Räumungsanspruchs hinsichtlich des fälligen Mietzinses und der fälligen Entschädigung nach § 557 Abs. 1 Satz 1 der Vermieter befriedigt wird oder eine öffentliche Stelle sich zur Befriedigung verpflichtet. ²Dies gilt nicht, wenn der Kündigung vor nicht länger als zwei Jahren bereits eine nach Satz 1 unwirksame Kündigung vorausgegangen ist.
3. Eine zum Nachteil des Mieters abweichende Vereinbarung ist unwirksam.

§ 554a [Fristlose Kündigung bei unzumutbarem Mietverhältnis]. ¹Ein Mietverhältnis über Räume kann ohne Einhaltung einer Kündigungsfrist gekündigt werden, wenn ein Vertragsteil schuldhaft in solchem Maße seine Verpflichtungen verletzt, insbesondere den Hausfrieden so nachhaltig stört, daß dem anderen Teil die Fortsetzung des Mietverhältnisses nicht zugemutet werden kann. ²Eine entgegenstehende Vereinbarung ist unwirksam.

§ 554b [Vereinbarung über fristlose Kündigung]. Eine Vereinbarung, nach welcher der Vermieter von Wohnraum zur Kündigung ohne Einhaltung einer Kündigungsfrist aus anderen als den im Gesetz genannten Gründen berechtigt sein soll, ist unwirksam.

§ 555. *(aufgehoben)*

§ 556[1]) **[Rückgabe der Mietsache].** (1) Der Mieter ist verpflichtet, die gemietete Sache nach der Beendigung des Mietverhältnisses zurückzugeben.

(2) Dem Mieter eines Grundstücks steht wegen seiner Ansprüche gegen den Vermieter ein Zurückbehaltungsrecht nicht zu.

(3) Hat der Mieter den Gebrauch der Sache einem Dritten überlassen, so kann der Vermieter die Sache nach der Beendigung des Mietverhältnisses auch von dem Dritten zurückfordern.

§ 556a[2]) **[Widerspruch des Mieters gegen Kündigung].** (1) [1]Der Mieter kann der Kündigung eines Mietverhältnisses über Wohnraum widersprechen und vom Vermieter die Fortsetzung des Mietverhältnisses verlangen, wenn die vertragsmäßige Beendigung des Mietverhältnisses für den Mieter oder seine Familie eine Härte bedeuten würde, die auch unter Würdigung der berechtigten Interessen des Vermieters nicht zu rechtfertigen ist. [2]Eine Härte liegt auch vor, wenn angemessener Ersatzwohnraum zu zumutbaren Bedingungen nicht beschafft werden kann. [3]Bei der Würdigung der berechtigten Interessen des Vermieters werden nur die in dem Kündigungsschreiben nach § 564b Abs. 1 Satz 2 angegebenen Gründe berücksichtigt, soweit nicht die Gründe nachträglich entstanden sind.

(2) [1]Im Falle des Absatzes 1 kann der Mieter verlangen, daß das Mietverhältnis solange fortgesetzt wird, wie dies unter Berücksichtigung aller Umstände angemessen ist. [2]Ist dem Vermieter nicht zuzumuten, das Mietverhältnis nach den bisher geltenden Vertragsbedingungen fortzusetzen, so kann der Mieter nur verlangen, daß es unter einer angemessenen Änderung der Bedingungen fortgesetzt wird.

(3) [1]Kommt keine Einigung zustande, so wird über eine Fortsetzung des Mietverhältnisses und über deren Dauer sowie über die Bedingungen, nach denen es fortgesetzt wird, durch Urteil Bestimmung getroffen. [2]Ist ungewiß, wann voraussichtlich die Umstände wegfallen, auf Grund deren die Beendigung des Mietverhältnisses für den Mieter oder seine Familie eine Härte bedeutet, so kann bestimmt werden, daß das Mietverhältnis auf unbestimmte Zeit fortgesetzt wird.

---

[1]) Beachte auch Art. VI Gesetz zur Änderung des Zweiten Wohnungsbaugesetzes, anderer wohnungsbaurechtlicher Vorschriften und über die Rückerstattung von Baukostenzuschüssen vom 21. 7. 1961 (BGBl. I S. 1041), geändert durch Gesetz vom 14. 7. 1964 (BGBl. I S. 457) und Gesetz vom 24. 8. 1965 (BGBl. I S. 969).
[2]) Vgl. hierzu auch Gesetz zur Regelung der Miethöhe vom 18. 12. 1974 (BGBl. I S. 3603, 3604).

(4) Der Mieter kann eine Fortsetzung des Mietverhältnisses nicht verlangen,

1. wenn er das Mietverhältnis gekündigt hat;
2. wenn ein Grund vorliegt, aus dem der Vermieter zur Kündigung ohne Einhaltung einer Kündigungsfrist berechtigt ist.

(5) ¹Die Erklärung des Mieters, mit der er der Kündigung widerspricht und die Fortsetzung des Mietverhältnisses verlangt, bedarf der schriftlichen Form. ²Auf Verlangen des Vermieters soll der Mieter über die Gründe des Widerspruchs unverzüglich Auskunft erteilen.

(6) ¹Der Vermieter kann die Fortsetzung des Mietverhältnisses ablehnen, wenn der Mieter den Widerspruch nicht spätestens zwei Monate vor der Beendigung des Mietverhältnisses dem Vermieter gegenüber erklärt hat. ²Hat der Vermieter nicht rechtzeitig vor Ablauf der Widerspruchsfrist den in § 564a Abs. 2 bezeichneten Hinweis erteilt, so kann der Mieter den Widerspruch noch im ersten Termin des Räumungsrechtsstreits erklären.

(7) Eine entgegenstehende Vereinbarung ist unwirksam.

(8) Diese Vorschriften gelten nicht für Mietverhältnisse der in § 564b Abs. 7 Nr. 1, 2, 4 und 5 genannten Art.

§ 556b [Fortsetzung befristeter Mietverhältnisse]. (1) ¹Ist ein Mietverhältnis über Wohnraum auf bestimmte Zeit eingegangen, so kann der Mieter die Fortsetzung des Mietverhältnisses verlangen, wenn sie auf Grund des § 556a im Falle einer Kündigung verlangt werden könnte. ²Im übrigen gilt § 556a sinngemäß.

(2) Hat der Mieter die Umstände, welche das Interesse des Vermieters an der fristgemäßen Rückgabe des Wohnraums begründen, bei Abschluß des Mietvertrages gekannt, so sind zugunsten des Mieters nur Umstände zu berücksichtigen, die nachträglich eingetreten sind.

§ 556c [Weitere Fortsetzung des Mietverhältnisses]. (1) Ist auf Grund der §§ 556a, 556b durch Einigung oder Urteil bestimmt worden, daß das Mietverhältnis auf bestimmte Zeit fortgesetzt wird, so kann der Mieter dessen weitere Fortsetzung nach diesen Vorschriften nur verlangen, wenn dies durch eine wesentliche Änderung der Umstände gerechtfertigt ist oder wenn Umstände nicht eingetreten sind, deren vorgesehener Eintritt für die Zeitdauer der Fortsetzung bestimmend gewesen war.

(2) ¹Kündigt der Vermieter ein Mietverhältnis, dessen Fortsetzung auf unbestimmte Zeit durch Urteil bestimmt worden ist, so kann der Mieter der Kündigung widersprechen und vom Vermieter verlangen, das Mietverhältnis auf unbestimmte Zeit fortzusetzen. ²Haben sich Umstände, die für die Fortsetzung bestimmend gewesen waren,

verändert, so kann der Mieter eine Fortsetzung des Mietverhältnisses nur nach § 556a verlangen; unerhebliche Veränderungen bleiben außer Betracht.

§ 557 [Ansprüche bei verspäteter Rückgabe]. (1) ¹Gibt der Mieter die gemietete Sache nach der Beendigung des Mietverhältnisses nicht zurück, so kann der Vermieter für die Dauer der Vorenthaltung als Entschädigung den vereinbarten Mietzins verlangen; bei einem Mietverhältnis über Räume kann er anstelle dessen als Entschädigung den Mietzins verlangen, der für vergleichbare Räume ortsüblich ist. ²Die Geltendmachung eines weiteren Schadens ist nicht ausgeschlossen.

(2) ¹Der Vermieter von Wohnraum kann jedoch einen weiteren Schaden nur geltend machen, wenn die Rückgabe infolge von Umständen unterblieben ist, die der Mieter zu vertreten hat; der Schaden ist nur insoweit zu ersetzen, als den Umständen nach die Billigkeit eine Schadloshaltung erfordert. ²Dies gilt nicht, wenn der Mieter gekündigt hat.

(3) Wird dem Mieter von Wohnraum nach § 721 oder 794a der Zivilprozeßordnung eine Räumungsfrist gewährt, so ist er für die Zeit von der Beendigung des Mietverhältnisses bis zum Ablauf der Räumungsfrist zum Ersatz eines weiteren Schadens nicht verpflichtet.

(4) Eine Vereinbarung, die zum Nachteil des Mieters von den Absätzen 2 oder 3 abweicht, ist unwirksam.

§ 557a [Im voraus entrichteter Mietzins]. (1) Ist der Mietzins für eine Zeit nach der Beendigung des Mietverhältnisses im voraus entrichtet, so hat ihn der Vermieter nach Maßgabe des § 347 oder, wenn die Beendigung wegen eines Umstandes erfolgt, den er nicht zu vertreten hat, nach den Vorschriften über die Herausgabe einer ungerechtfertigten Bereicherung zurückzuerstatten.

(2) Bei einem Mietverhältnis über Wohnraum ist eine zum Nachteil des Mieters abweichende Vereinbarung unwirksam.

§ 558 [Verjährung]. (1) Die Ersatzansprüche des Vermieters wegen Veränderungen oder Verschlechterungen der vermieteten Sache sowie die Ansprüche des Mieters auf Ersatz von Verwendungen oder auf Gestattung der Wegnahme einer Einrichtung verjähren in sechs Monaten.

(2) Die Verjährung der Ersatzansprüche des Vermieters beginnt mit dem Zeitpunkt, in welchem er die Sache zurückerhält, die Verjährung der Ansprüche des Mieters beginnt mit der Beendigung des Mietverhältnisses.

(3) Mit der Verjährung des Anspruchs des Vermieters auf Rückgabe der Sache verjähren auch die Ersatzansprüche des Vermieters.

§ 559 [Vermieterpfandrecht]. ¹Der Vermieter eines Grundstücks hat für seine Forderungen aus dem Mietverhältnis ein Pfandrecht an den eingebrachten Sachen des Mieters. ²Für künftige Entschädigungsforderungen und für den Mietzins für eine spätere Zeit als das laufende und das folgende Mietjahr kann das Pfandrecht nicht geltend gemacht werden. ³Es erstreckt sich nicht auf die der Pfändung nicht unterworfenen Sachen.

§ 560 [Erlöschen des Pfandrechts]. ¹Das Pfandrecht des Vermieters erlischt mit der Entfernung der Sachen von dem Grundstück, es sei denn, daß die Entfernung ohne Wissen oder unter Widerspruch des Vermieters erfolgt. ²Der Vermieter kann der Entfernung nicht widersprechen, wenn sie im regelmäßigen Betriebe des Geschäfts des Mieters oder den gewöhnlichen Lebensverhältnissen entsprechend erfolgt oder wenn die zurückbleibenden Sachen zur Sicherung des Vermieters offenbar ausreichen.

§ 561 [Selbsthilferecht]. (1) Der Vermieter darf die Entfernung der seinem Pfandrecht unterliegenden Sachen, soweit er ihr zu widersprechen berechtigt ist, auch ohne Anrufen des Gerichts verhindern und, wenn der Mieter auszieht, die Sachen in seinen Besitz nehmen.

(2) ¹Sind die Sachen ohne Wissen oder unter Widerspruch des Vermieters entfernt worden, so kann er die Herausgabe zum Zwecke der Zurückschaffung in das Grundstück und, wenn der Mieter ausgezogen ist, die Überlassung des Besitzes verlangen. ²Das Pfandrecht erlischt mit dem Ablauf eines Monats, nachdem der Vermieter von der Entfernung der Sachen Kenntnis erlangt hat, wenn nicht der Vermieter diesen Anspruch vorher gerichtlich geltend gemacht hat.

§ 562 [Sicherheitsleistung]. Der Mieter kann die Geltendmachung des Pfandrechts des Vermieters durch Sicherheitsleistung abwenden; er kann jede einzelne Sache dadurch von dem Pfandrechte befreien, daß er in Höhe ihres Wertes Sicherheit leistet.

§ 563 [Pfändungspfandrecht]. Wird eine dem Pfandrechte des Vermieters unterliegende Sache für einen anderen Gläubiger gepfändet, so kann diesem gegenüber das Pfandrecht nicht wegen des Mietzinses für eine frühere Zeit als das letzte Jahr vor der Pfändung geltend gemacht werden.

§ 564[1] [Ende des Mietverhältnisses]. (1) Das Mietverhältnis endigt mit dem Ablaufe der Zeit, für die es eingegangen ist.

(2) Ist die Mietzeit nicht bestimmt, so kann jeder Teil das Mietverhältnis nach den Vorschriften des § 565 kündigen.

---

[1]) Vgl. hierzu auch Gesetz zur Regelung der Miethöhe vom 18. 12. 1974 (BGBl. I S. 3603, 3604).

Miete **§§ 564a, 564b BGB 1**

§ 564a[1] **[Schriftform der Kündigung].** (1) ¹Die Kündigung eines Mietverhältnisses über Wohnraum bedarf der schriftlichen Form. ²In dem Kündigungsschreiben sollen die Gründe der Kündigung angegeben werden.

(2) Der Vermieter von Wohnraum soll den Mieter auf die Möglichkeit des Widerspruchs nach § 556a sowie auf die Form und die Frist des Widerspruchs rechtzeitig hinweisen.

(3) Die Absätze 1 und 2 gelten nicht für Mietverhältnisse der in § 564b Abs. 7 Nr. 1 und 2 genannten Art. Absatz 1 Satz 2 und Absatz 2 gelten nicht für Mietverhältnisse der in § 564b Abs. 7 Nr. 4 und 5 genannten Art.

§ 564b[1] **[Berechtigtes Interesse des Vermieters an der Kündigung].** (1) Ein Mietverhältnis über Wohnraum kann der Vermieter vorbehaltlich der Regelung in Absatz 4 nur kündigen, wenn er ein berechtigtes Interesse an der Beendigung des Mietverhältnisses hat.

(2)[2] ¹Als ein berechtigtes Interesse des Vermieters an der Beendigung des Mietverhältnisses ist es insbesondere anzusehen, wenn

1. der Mieter seine vertraglichen Verpflichtungen schuldhaft nicht unerheblich verletzt hat;
2. der Vermieter die Räume als Wohnung für sich, die zu seinem Hausstand gehörenden Personen oder seine Familienangehörigen benötigt. ²Ist an den vermieteten Wohnräumen nach der Überlassung an den Mieter Wohnungseigentum begründet und das Wohnungseigentum veräußert worden, so kann sich der Erwerber auf berechtigte Interessen im Sinne des Satzes 1 nicht vor Ablauf von drei Jahren seit der Veräußerung an ihn berufen. ³Ist die ausreichende Versorgung der Bevölkerung mit Mietwohnungen zu angemessenen Bedingungen in einer Gemeinde oder einem Teil einer Gemeinde besonders gefährdet, so verlängert sich die Frist nach Satz 2 auf fünf Jahre. ⁴Diese Gebiete werden durch Rechtsverordnung der Landesregierungen für die Dauer von jeweils höchstens fünf Jahren bestimmt;
3. der Vermieter durch die Fortsetzung des Mietverhältnisses an einer angemessenen wirtschaftlichen Verwertung des Grundstücks gehindert und dadurch erhebliche Nachteile erleiden würde. ²Die Möglichkeit, im Falle einer anderweitigen Vermietung als Wohnraum eine höhere Miete zu erzielen, bleibt dabei außer Betracht.

---

¹) Wegen des für das Gebiet der ehem. DDR geltenden Übergangsrechts zu § 564b Abs. 2 Nr. 2 Satz 1, Nr. 3 sowie Abs. 4 Satz 1 beachte Art. 232 § 2 Abs. 2 bis 6 EGBGB (abgedruckt unter Nr. **2**).

²) Gemäß Art. 2 Gesetz vom 20. 7. 1990 (BGBl. I S. 1456) ist § 564b Abs. 2 Nr. 2 Satz 3 und Nr. 3 Satz 4 nicht anzuwenden, wenn der auf die Veräußerung des Wohnungseigentums gerichtete Vertrag vor dem Inkrafttreten dieses Gesetzes (1. 8. 1990) abgeschlossen worden ist.

³Der Vermieter kann sich auch nicht darauf berufen, daß er die Mieträume im Zusammenhang mit einer beabsichtigten oder nach Überlassung an den Mieter erfolgten Begründung von Wohnungseigentum veräußern will. ⁴Ist an den vermieteten Wohnräumen nach der Überlassung an den Mieter Wohnungseigentum begründet und das Wohnungseigentum veräußert worden, so kann sich der Erwerber in Gebieten, die die Landesregierung nach Nummer 2 Satz 4 bestimmt hat, nicht vor Ablauf von fünf Jahren seit der Veräußerung an ihn darauf berufen, daß er die Mieträume veräußern will;

4. der Vermieter nicht zum Wohnen bestimmte Nebenräume oder Teile eines Grundstücks dazu verwenden will,
   a) Wohnraum zum Zwecke der Vermietung zu schaffen oder
   b) den neu zu schaffenden und den vorhandenen Wohnraum mit Nebenräumen und Grundstücksteilen auszustatten,

die Kündigung auf diese Räume oder Grundstücksteile beschränkt und sie dem Mieter vor dem 1. Juni 1995 mitteilt. ²Die Kündigung ist spätestens am dritten Werktag eines Kalendermonats für den Ablauf des übernächsten Monats zulässig. ³Der Mieter kann eine angemessene Senkung des Mietzinses verlangen. ⁴Verzögert sich der Beginn der Bauarbeiten, so kann der Mieter eine Verlängerung des Mietverhältnisses um einen entsprechenden Zeitraum verlangen.

(3) Als berechtigte Interessen des Vermieters werden nur die Gründe berücksichtigt, die in dem Kündigungsschreiben angegeben sind, soweit sie nicht nachträglich entstanden sind.

(4) ¹Ein Mietverhältnis über eine Wohnung in einem vom Vermieter selbst bewohnten Wohngebäude

1. mit nicht mehr als zwei Wohnungen oder
2. mit drei Wohnungen, wenn mindestens eine der Wohnungen durch Ausbau oder Erweiterung eines vom Vermieter selbst bewohnten Wohngebäudes nach dem 31. Mai 1990 und vor dem 1. Juni 1995 fertiggestellt worden ist,

kann der Vermieter kündigen, auch wenn die Voraussetzungen des Absatzes 1 nicht vorliegen, im Falle der Nummer 2 beim Abschluß eines Mietvertrages nach Fertigstellung der Wohnung jedoch nur, wenn er den Mieter bei Vertragsschluß auf diese Kündigungsmöglichkeit hingewiesen hat. ²Die Kündigungsfrist verlängert sich in diesem Fall um drei Monate. ³Dies gilt entsprechend für Mietverhältnisse über Wohnraum innerhalb der vom Vermieter selbst bewohnten Wohnung, sofern der Wohnraum nicht nach Absatz 7 von der Anwendung dieser Vorschriften ausgenommen ist. ⁴In dem Kündigungsschreiben ist anzugeben, daß die Kündigung nicht auf die Voraussetzungen des Absatzes 1 gestützt wird.

(5) Weitergehende Schutzrechte des Mieters bleiben unberührt.

Miete § 564c BGB 1

(6) Eine zum Nachteil des Mieters abweichende Vereinbarung ist unwirksam.

(7) Diese Vorschriften gelten nicht für Mietverhältnisse:
1. über Wohnraum, der zu nur vorübergehendem Gebrauch vermietet ist,
2. über Wohnraum, der Teil der vom Vermieter selbst bewohnten Wohnung ist und den der Vermieter ganz oder überwiegend mit Einrichtungsgegenständen auszustatten hat, sofern der Wohnraum nicht zum dauernden Gebrauch für eine Familie überlassen ist,
3. über Wohnraum, der Teil eines Studenten- oder Jugendwohnheims ist,
4. über Wohnraum in Ferienhäusern und Ferienwohnungen in Ferienhausgebieten, der vor dem 1. Juni 1995 dem Mieter überlassen worden ist, wenn der Vermieter den Mieter bei Vertragsschluß auf die Zweckbestimmung des Wohnraums und die Ausnahme von den Absätzen 1 bis 6 hingewiesen hat,
5. über Wohnraum, den eine juristische Person des öffentlichen Rechts im Rahmen der ihr durch Gesetz zugewiesenen Aufgaben angemietet hat, um ihn Personen mit dringendem Wohnungsbedarf oder in Ausbildung befindlichen Personen zu überlassen, wenn sie den Wohnraum dem Mieter vor dem 1. Juni 1995 überlassen und ihn bei Vertragsschluß auf die Zweckbestimmung des Wohnraums und die Ausnahme von den Absätzen 1 bis 6 hingewiesen hat.

§ 564c [Fortsetzung befristeter Mietverhältnisse]. (1) [1]Ist ein Mietverhältnis über Wohnraum auf bestimmte Zeit eingegangen, so kann der Mieter spätestens zwei Monate vor der Beendigung des Mietverhältnisses durch schriftliche Erklärung gegenüber dem Vermieter die Fortsetzung des Mietverhältnisses auf unbestimmte Zeit verlangen, wenn nicht der Vermieter ein berechtigtes Interesse an der Beendigung des Mietverhältnisses hat. [2]§ 564b gilt entsprechend.

(2) [1]Der Mieter kann keine Fortsetzung des Mietverhältnisses nach Absatz 1 oder nach § 556b verlangen, wenn
1. das Mietverhältnis für nicht mehr als fünf Jahre eingegangen worden ist,
2. der Vermieter nach Ablauf der Mietzeit
   a) die Räume als Wohnung für sich, die zu seinem Hausstand gehörenden Personen oder seine Familienangehörigen nutzen will oder
   b) in zulässiger Weise die Räume beseitigen oder so wesentlich verändern oder instandsetzen will, daß die Maßnahmen durch eine Fortsetzung des Mietverhältnisses erheblich erschwert würden, oder

c) Räume, die mit Rücksicht auf das Bestehen eines Dienstverhältnisses vermietet worden sind, an einen anderen zur Dienstleistung Verpflichteten vermieten will und

3. der Vermieter dem Mieter diese Absicht bei Vertragsschluß schriftlich mitgeteilt hat.

²Verzögert sich die vom Vermieter beabsichtigte Verwendung der Räume ohne sein Verschulden, oder teilt der Vermieter dem Mieter nicht drei Monate vor Ablauf der Mietzeit schriftlich mit, daß seine Verwendungsabsicht noch besteht, so kann der Mieter eine Verlängerung des Mietverhältnisses um einen entsprechenden Zeitraum verlangen.

§ 565 [Kündigungsfristen]. (1) Bei einem Mietverhältnis über Grundstücke, Räume oder im Schiffsregister eingetragene Schiffe ist die Kündigung zulässig,

1. wenn der Mietzins nach Tagen bemessen ist, an jedem Tag für den Ablauf des folgenden Tages;
2. wenn der Mietzins nach Wochen bemessen ist, spätestens am ersten Werktag einer Woche für den Ablauf des folgenden Sonnabends;
3. wenn der Mietzins nach Monaten oder längeren Zeitabschnitten bemessen ist, spätestens am dritten Werktag eines Kalendermonats für den Ablauf des übernächsten Monats, bei einem Mietverhältnis über gewerblich genutzte unbebaute Grundstücke oder im Schiffsregister eingetragene Schiffe jedoch nur für den Ablauf eines Kalendervierteljahres.

(1a) Bei einem Mietverhältnis über Geschäftsräume ist die Kündigung spätestens am dritten Werktag eines Kalendervierteljahres für den Ablauf des nächsten Kalendervierteljahres zulässig.

(2) ¹Bei einem Mietverhältnis über Wohnraum ist die Kündigung spätestens am dritten Werktag eines Kalendermonats für den Ablauf des übernächsten Monats zulässig. ²Nach fünf, acht und zehn Jahren seit der Überlassung des Wohnraums verlängert sich die Kündigungsfrist um jeweils drei Monate. ³Eine Vereinbarung, nach welcher der Vermieter zur Kündigung unter Einhaltung einer kürzeren Frist berechtigt sein soll, ist nur wirksam, wenn der Wohnraum zu nur vorübergehendem Gebrauch vermietet ist. ⁴Eine Vereinbarung, nach der die Kündigung nur für den Schluß bestimmter Kalendermonate zulässig sein soll, ist unwirksam.

(3) Ist Wohnraum, den der Vermieter ganz oder überwiegend mit Einrichtungsgegenständen auszustatten hat, Teil der vom Vermieter selbst bewohnten Wohnung, jedoch nicht zum dauernden Gebrauch für eine Familie überlassen, so ist die Kündigung zulässig,

1. wenn der Mietzins nach Tagen bemessen ist, an jedem Tag für den Ablauf des folgenden Tages;

2. wenn der Mietzins nach Wochen bemessen ist, spätestens am ersten Werktag einer Woche für den Ablauf des folgenden Sonnabends;
3. wenn der Mietzins nach Monaten oder längeren Zeitabschnitten bemessen ist, spätestens am Fünfzehnten eines Monats für den Ablauf dieses Monats.

(4) Bei einem Mietverhältnis über bewegliche Sachen ist die Kündigung zulässig,
1. wenn der Mietzins nach Tagen bemessen ist, an jedem Tag für den Ablauf des folgenden Tages;
2. wenn der Mietzins nach längeren Zeitabschnitten bemessen ist, spätestens am dritten Tag vor dem Tag, mit dessen Ablauf das Mietverhältnis endigen soll.

(5) Absatz 1 Nr. 3, Absatz 2 Satz 1, Absatz 3 Nr. 3, Absatz 4 Nr. 2 sind auch anzuwenden, wenn ein Mietverhältnis unter Einhaltung der gesetzlichen Frist vorzeitig gekündigt werden kann.

§ 565a [Verlängerung befristeter oder bedingter Mietverhältnisse]. (1) Ist ein Mietverhältnis über Wohnraum auf bestimmte Zeit eingegangen und ist vereinbart, daß es sich mangels Kündigung verlängert, so tritt die Verlängerung ein, wenn es nicht nach den Vorschriften des § 565 gekündigt wird.

(2) [1]Ist ein Mietverhältnis über Wohnraum unter einer auflösenden Bedingung geschlossen, so gilt es nach Eintritt der Bedingung als auf unbestimmte Zeit verlängert. [2]Kündigt der Vermieter nach Eintritt der Bedingung und verlangt der Mieter auf Grund des § 556a die Fortsetzung des Mietverhältnisses, so sind zu seinen Gunsten nur Umstände zu berücksichtigen, die nach Abschluß des Mietvertrages eingetreten sind.

(3) Eine zum Nachteil des Mieters abweichende Vereinbarung ist nur wirksam, wenn der Wohnraum zu nur vorübergehendem Gebrauch vermietet ist oder es sich um ein Mietverhältnis der in § 565 Abs. 3 genannten Art handelt.

§ 565b [Werkmietwohnungen]. Ist Wohnraum mit Rücksicht auf das Bestehen eines Dienstverhältnisses vermietet, so gelten die besonderen Vorschriften der §§ 565c und 565d.

§ 565c [Kündigung von Werkmietwohnungen]. [1]Ist das Mietverhältnis auf unbestimmte Zeit eingegangen, so ist nach Beendigung des Dienstverhältnisses eine Kündigung des Vermieters zulässig
1. bei Wohnraum, der weniger als zehn Jahre überlassen war, spätestens am dritten Werktag eines Kalendermonats für den Ablauf des
   a) übernächsten Monats, wenn der Wohnraum für einen anderen zur Dienstleistung Verpflichteten benötigt wird,

b) nächsten Monats, wenn das Mietverhältnis vor dem 1. September 1993 eingegangen worden ist und der Wohnraum für einen anderen zur Dienstleistung Verpflichteten dringend benötigt wird;
2. spätestens am dritten Werktag eines Kalendermonats für den Ablauf dieses Monats, wenn das Dienstverhältnis seiner Art nach die Überlassung des Wohnraums, der in unmittelbarer Beziehung oder Nähe zur Stätte der Dienstleistung steht, erfordert hat und der Wohnraum aus dem gleichen Grunde für einen anderen zur Dienstleistung Verpflichteten benötigt wird.

²Im übrigen bleibt § 565 unberührt.

§ 565 d [Sozialklausel bei Werkmietwohnungen]. (1) Bei Anwendung der §§ 556a, 556b sind auch die Belange des Dienstberechtigten zu berücksichtigen.

(2) Hat der Vermieter nach § 565c Satz 1 Nr. 1 gekündigt, so gilt § 556a mit der Maßgabe, daß der Vermieter die Einwilligung zur Fortsetzung des Mietverhältnisses verweigern kann, wenn der Mieter den Widerspruch nicht spätestens einen Monat vor der Beendigung des Mietverhältnisses erklärt hat.

(3) Die §§ 556a, 556b gelten nicht, wenn
1. der Vermieter nach § 565c Satz 1 Nr. 2 gekündigt hat;
2. der Mieter das Dienstverhältnis gelöst hat, ohne daß ihm von dem Dienstberechtigten gesetzlich begründeter Anlaß gegeben war, oder der Mieter durch sein Verhalten dem Dienstberechtigten gesetzlich begründeten Anlaß zur Auflösung des Dienstverhältnisses gegeben hat.

§ 565 e [Werksdienstwohnungen]. Ist Wohnraum im Rahmen eines Dienstverhältnisses überlassen, so gelten für die Beendigung des Rechtsverhältnisses hinsichtlich des Wohnraums die Vorschriften über die Miete entsprechend, wenn der zur Dienstleistung Verpflichtete den Wohnraum ganz oder überwiegend mit Einrichtungsgegenständen ausgestattet hat oder in dem Wohnraum mit seiner Familie einen eigenen Hausstand führt.

§ 566 [Schriftform des Mietvertrags]. ¹Ein Mietvertrag über ein Grundstück, der für längere Zeit als ein Jahr geschlossen wird, bedarf der schriftlichen Form. ²Wird die Form nicht beobachtet, so gilt der Vertrag als für unbestimmte Zeit geschlossen; die Kündigung ist jedoch nicht für eine frühere Zeit als für den Schluß des ersten Jahres zulässig.

§ 567 [Vertrag über mehr als 30 Jahre]. ¹Wird ein Mietvertrag für eine längere Zeit als dreißig Jahre geschlossen, so kann nach dreißig Jahren jeder Teil das Mietverhältnis unter Einhaltung der gesetzlichen Frist kündigen. ²Die Kündigung ist unzulässig, wenn der Ver-

Miete **§§ 568–569a BGB 1**

trag für die Lebenszeit des Vermieters oder des Mieters geschlossen ist.

§ 568 [Stillschweigende Verlängerung]. ¹Wird nach dem Ablaufe der Mietzeit der Gebrauch der Sache von dem Mieter fortgesetzt, so gilt das Mietverhältnis als auf unbestimmte Zeit verlängert, sofern nicht der Vermieter oder der Mieter seinen entgegenstehenden Willen binnen einer Frist von zwei Wochen dem anderen Teile gegenüber erklärt. ²Die Frist beginnt für den Mieter mit der Fortsetzung des Gebrauchs, für den Vermieter mit dem Zeitpunkt, in welchem er von der Fortsetzung Kenntnis erlangt.

§ 569 [Kündigung bei Tod des Mieters]. (1) ¹Stirbt der Mieter, so ist sowohl der Erbe als der Vermieter berechtigt, das Mietverhältnis unter Einhaltung der gesetzlichen Frist zu kündigen. ²Die Kündigung kann nur für den ersten Termin erfolgen, für den sie zulässig ist.

(2) Die Vorschriften des Absatzes 1 gelten nicht, wenn die Voraussetzungen für eine Fortsetzung des Mietverhältnisses nach den §§ 569a oder 569b gegeben sind.

§ 569a [Eintritt von Familienangehörigen in das Mietverhältnis]. (1) ¹In ein Mietverhältnis über Wohnraum, in dem der Mieter mit seinem Ehegatten einen gemeinsamen Hausstand führt, tritt mit dem Tode des Mieters der Ehegatte ein. ²Erklärt der Ehegatte binnen eines Monats, nachdem er von dem Tode des Mieters Kenntnis erlangt hat, dem Vermieter gegenüber, daß er das Mietverhältnis nicht fortsetzen will, so gilt sein Eintritt in das Mietverhältnis als nicht erfolgt; § 206 gilt entsprechend.

(2) ¹Wird in dem Wohnraum ein gemeinsamer Hausstand mit einem oder mehreren anderen Familienangehörigen geführt, so treten diese mit dem Tode des Mieters in das Mietverhältnis ein. ²Das gleiche gilt, wenn der Mieter einen gemeinsamen Hausstand mit seinem Ehegatten und einem oder mehreren anderen Familienangehörigen geführt hat und der Ehegatte in das Mietverhältnis nicht eintritt. ³Absatz 1 Satz 2 gilt entsprechend; bei mehreren Familienangehörigen kann jeder die Erklärung für sich abgeben. ⁴Sind mehrere Familienangehörige in das Mietverhältnis eingetreten, so können sie die Rechte aus dem Mietverhältnis nur gemeinsam ausüben. ⁵Für die Verpflichtungen aus dem Mietverhältnis haften sie als Gesamtschuldner.

(3) Der Ehegatte oder die Familienangehörigen haften, wenn sie in das Mietverhältnis eingetreten sind, neben dem Erben für die bis zum Tode des Mieters entstandenen Verbindlichkeiten als Gesamtschuldner; im Verhältnis zu dem Ehegatten oder den Familienangehörigen haftet der Erbe allein.

(4) Hat der Mieter den Mietzins für einen nach seinem Tode liegenden Zeitraum im voraus entrichtet und treten sein Ehegatte oder Familienangehörige in das Mietverhältnis ein, so sind sie verpflichtet, dem Erben dasjenige herauszugeben, was sie infolge der Vorausentrichtung des Mietzinses ersparen oder erlangen.

(5) [1]Der Vermieter kann das Mietverhältnis unter Einhaltung der gesetzlichen Frist kündigen, wenn in der Person des Ehegatten oder Familienangehörigen, der in das Mietverhältnis eingetreten ist, ein wichtiger Grund vorliegt; die Kündigung kann nur für den ersten Termin erfolgen, für den sie zulässig ist. [2]§ 556a ist entsprechend anzuwenden.

(6) [1]Treten in ein Mietverhältnis über Wohnraum der Ehegatte oder andere Familienangehörige nicht ein, so wird es mit dem Erben fortgesetzt. [2]Sowohl der Erbe als der Vermieter sind berechtigt, das Mietverhältnis unter Einhaltung der gesetzlichen Frist zu kündigen; die Kündigung kann nur für den ersten Termin erfolgen, für den sie zulässig ist.

(7) Eine von den Absätzen 1, 2 oder 5 abweichende Vereinbarung ist unwirksam.

§ 569b [Gemeinsamer Mietvertrag von Ehegatten]. [1]Ein Mietverhältnis über Wohnraum, den Eheleute gemeinschaftlich gemietet haben und in dem sie den gemeinsamen Hausstand führen, wird beim Tode eines Ehegatten mit dem überlebenden Ehegatten fortgesetzt. [2]§ 569a Abs. 3, 4 gilt entsprechend. [3]Der überlebende Ehegatte kann das Mietverhältnis unter Einhaltung der gesetzlichen Frist kündigen; die Kündigung kann nur für den ersten Termin erfolgen, für den sie zulässig ist.

§ 570 [Versetzung des Mieters]. [1]Militärpersonen, Beamte, Geistliche und Lehrer an öffentlichen Unterrichtsanstalten können im Falle der Versetzung nach einem anderen Orte das Mietverhältnis in Ansehung der Räume, welche sie für sich oder ihre Familie an dem bisherigen Garnison- oder Wohnorte gemietet haben, unter Einhaltung der gesetzlichen Frist kündigen. [2]Die Kündigung kann nur für den ersten Termin erfolgen, für den sie zulässig ist.

§ 570a [Vereinbartes Rücktrittsrecht]. Bei einem Mietverhältnis über Wohnraum gelten, wenn der Wohnraum an den Mieter überlassen ist, für ein vereinbartes Rücktrittsrecht die Vorschriften dieses Titels über die Kündigung und ihre Folgen entsprechend.

§ 570b[1] [Vorkaufsrecht des Mieters]. (1) [1]Werden vermietete Wohnräume, an denen nach der Überlassung an den Mieter Woh-

---

[1] § 570b ist nicht anzuwenden, wenn der Kaufvertrag mit dem Dritten vor dem 1. September 1993 abgeschlossen worden ist; vgl. Art. 6 Abs. 4 G v. 21. 7. 1993 (BGBl. I S. 1257).

Miete **§§ 571–573 BGB 1**

nungseigentum begründet worden ist oder begründet werden soll, an einen Dritten verkauft, so ist der Mieter zum Vorkauf berechtigt. ²Dies gilt nicht, wenn der Vermieter die Wohnräume an eine zu seinem Hausstand gehörende Person oder an einen Familienangehörigen verkauft.

(2) Die Mitteilung des Verkäufers oder des Dritten über den Inhalt des Kaufvertrages ist mit einer Unterrichtung des Mieters über sein Vorkaufsrecht zu verbinden.

(3) Stirbt der Mieter, so geht das Vorkaufsrecht auf denjenigen über, der das Mietverhältnis nach § 569a Abs. 1 oder 2 fortsetzt.

(4) Eine zum Nachteil des Mieters abweichende Vereinbarung ist unwirksam.

§ 571 [Veräußerung bricht nicht Miete]. (1) Wird das vermietete Grundstück nach der Überlassung an den Mieter von dem Vermieter an einen Dritten veräußert, so tritt der Erwerber an Stelle des Vermieters in die sich während der Dauer seines Eigentums aus dem Mietverhältnis ergebenden Rechte und Verpflichtungen ein.

(2) ¹Erfüllt der Erwerber die Verpflichtungen nicht, so haftet der Vermieter für den von dem Erwerber zu ersetzenden Schaden wie ein Bürge, der auf die Einrede der Vorausklage verzichtet hat. ²Erlangt der Mieter von dem Übergange des Eigentums durch Mitteilung des Vermieters Kenntnis, so wird der Vermieter von der Haftung befreit, wenn nicht der Mieter das Mietverhältnis für den ersten Termin kündigt, für den die Kündigung zulässig ist.

§ 572 [Sicherheitsleistung des Mieters]. ¹Hat der Mieter des veräußerten Grundstücks dem Vermieter für die Erfüllung seiner Verpflichtungen Sicherheit geleistet, so tritt der Erwerber in die dadurch begründeten Rechte ein. ²Zur Rückgewähr der Sicherheit ist er nur verpflichtet, wenn sie ihm ausgehändigt wird oder wenn er dem Vermieter gegenüber die Verpflichtung zur Rückgewähr übernimmt.

§ 573[1]) [Vorausverfügung über den Mietzins]. ¹Hat der Vermieter vor dem Übergang des Eigentums über den Mietzins, der auf die Zeit der Berechtigung des Erwerbers entfällt, verfügt, so ist die Verfügung insoweit wirksam, als sie sich auf den Mietzins für den zur Zeit des Übergangs des Eigentums laufenden Kalendermonat bezieht; geht das Eigentum nach dem fünfzehnten Tage des Monats über, so ist die Verfügung auch insoweit wirksam, als sie sich auf den Mietzins für den folgenden Kalendermonat bezieht. ²Eine Verfügung über den Mietzins für eine spätere Zeit muß der Erwerber

---

[1]) Zu § 573 vgl. ferner das Gesetz über die Pfändung von Miet- und Pachtzinsforderungen wegen Ansprüche aus öffentlichen Grundstückslasten vom 9. 3. 1934 (RGBl. I S. 181).

gegen sich gelten lassen, wenn er sie zur Zeit des Überganges des Eigentums kennt.

§ 574[1] **[Rechtsgeschäfte über Entrichtung des Mietzinses].** [1]Ein Rechtsgeschäft, das zwischen dem Mieter und dem Vermieter in Ansehung der Mietzinsforderung vorgenommen wird, insbesondere die Entrichtung des Mietzinses, ist dem Erwerber gegenüber wirksam, soweit es sich nicht auf den Mietzins für eine spätere Zeit als den Kalendermonat bezieht, in welchem der Mieter von dem Übergang des Eigentums Kenntnis erlangt; erlangt der Mieter die Kenntnis nach dem fünfzehnten Tage des Monats, so ist das Rechtsgeschäft auch insoweit wirksam, als es sich auf den Mietzins für den folgenden Kalendermonat bezieht. [2]Ein Rechtsgeschäft, das nach dem Übergange des Eigentums vorgenommen wird, ist jedoch unwirksam, wenn der Mieter bei der Vornahme des Rechtsgeschäfts von dem Übergange des Eigentums Kenntnis hat.

§ 575 [Aufrechnungsbefugnis]. [1]Soweit die Entrichtung des Mietzinses an den Vermieter nach § 574 dem Erwerber gegenüber wirksam ist, kann der Mieter gegen die Mietzinsforderung des Erwerbers eine ihm gegen den Vermieter zustehende Forderung aufrechnen. [2]Die Aufrechnung ist ausgeschlossen, wenn der Mieter die Gegenforderung erworben hat, nachdem er von dem Übergange des Eigentums Kenntnis erlangt hat, oder wenn die Gegenforderung erst nach der Erlangung der Kenntnis und später als der Mietzins fällig geworden ist.

§ 576 [Anzeige des Eigentumsübergangs]. (1) Zeigt der Vermieter dem Mieter an, daß er das Eigentum an dem vermieteten Grundstück auf einen Dritten übertragen habe, so muß er in Ansehung der Mietzinsforderung die angezeigte Übertragung dem Mieter gegenüber gegen sich gelten lassen, auch wenn sie nicht erfolgt oder nicht wirksam ist.

(2) Die Anzeige kann nur mit Zustimmung desjenigen zurückgenommen werden, welcher als der neue Eigentümer bezeichnet worden ist.

§ 577 [Belastung des Mietgrundstücks]. [1]Wird das vermietete Grundstück nach der Überlassung an den Mieter von dem Vermieter mit dem Rechte eines Dritten belastet, so finden die Vorschriften der §§ 571 bis 576 entsprechende Anwendung, wenn durch die Ausübung des Rechtes dem Mieter der vertragsmäßige Gebrauch entzogen wird. [2]Hat die Ausübung des Rechtes nur eine Beschränkung des Mieters in dem vertragsmäßigen Gebrauche zur Folge, so ist der

---

[1]) Zu § 574 vgl. ferner das Gesetz über die Pfändung von Miet- und Pachtzinsforderungen wegen Ansprüche aus öffentlichen Grundstückslasten vom 9. 3. 1934 (RGBl. I S. 181).

Dritte dem Mieter gegenüber verpflichtet, die Ausübung zu unterlassen, soweit sie den vertragsmäßigen Gebrauch beeinträchtigen würde.

§ 578 [Veräußerung vor Überlassung]. Hat vor der Überlassung des vermieteten Grundstücks an den Mieter der Vermieter das Grundstück an einen Dritten veräußert oder mit einem Rechte belastet, durch dessen Ausübung der vertragsmäßige Gebrauch dem Mieter entzogen oder beschränkt wird, so gilt das gleiche wie in den Fällen des § 571 Abs. 1 und des § 577, wenn der Erwerber dem Vermieter gegenüber die Erfüllung der sich aus dem Mietverhältnis ergebenden Verpflichtungen übernommen hat.

§ 579 [Weiterveräußerung]. [1]Wird das vermietete Grundstück von dem Erwerber weiterveräußert oder belastet, so finden die Vorschriften des § 571 Abs. 1 und der §§ 572 bis 578 entsprechende Anwendung. [2]Erfüllt der neue Erwerber die sich aus dem Mietverhältnis ergebenden Verpflichtungen nicht, so haftet der Vermieter dem Mieter nach § 571 Abs. 2.

§ 580 [Raummiete]. Die Vorschriften über die Miete von Grundstücken gelten, soweit nicht ein anderes bestimmt ist, auch für die Miete von Wohnräumen und anderen Räumen.

§ 580a [Schiffsmiete]. (1) Die Vorschriften der §§ 571, 572, 576 bis 579 gelten im Fall der Veräußerung oder Belastung eines im Schiffsregister eingetragenen Schiffs sinngemäß.

(2) [1]Eine Verfügung, die der Vermieter vor dem Übergang des Eigentums über den auf die Zeit der Berechtigung des Erwerbers entfallenden Mietzins getroffen hat, ist dem Erwerber gegenüber wirksam. [2]Das gleiche gilt von einem Rechtsgeschäft, das zwischen dem Mieter und dem Vermieter über die Mietzinsforderung vorgenommen wird, insbesondere von der Entrichtung des Mietzinses; ein Rechtsgeschäft, das nach dem Übergang des Eigentums vorgenommen wird, ist jedoch unwirksam, wenn der Mieter bei der Vornahme des Rechtsgeschäfts von dem Übergang des Eigentums Kenntnis hat. [3]§ 575 gilt sinngemäß.

II. Pacht[1)]

§ 581 [Wesen des Pachtvertrags; Anwendbarkeit des Mietrechts].
(1) [1]Durch den Pachtvertrag wird der Verpächter verpflichtet, dem Pächter den Gebrauch des verpachteten Gegenstandes und den Genuß der Früchte, soweit sie nach den Regeln einer ordnungsmäßigen Wirtschaft als Ertrag anzusehen sind, während der Pachtzeit zu ge-

---

[1)] Wegen des für das Gebiet der ehem. DDR geltenden Übergangsrechts zu §§ 581 bis 597 beachte Art. 232 § 3 EGBGB (abgedruckt unter Nr. **2**).

währen. ²Der Pächter ist verpflichtet, dem Verpächter den vereinbarten Pachtzins zu entrichten.

(2) Auf die Pacht mit Ausnahme der Landpacht sind, soweit sich nicht aus den §§ 582 bis 584b etwas anderes ergibt, die Vorschriften über die Miete entsprechend anzuwenden.

§ 582 [**Verpachtung von Grundstücken mit Inventar**]. (1) Wird ein Grundstück mit Inventar verpachtet, so obliegt dem Pächter die Erhaltung der einzelnen Inventarstücke.

(2) ¹Der Verpächter ist verpflichtet, Inventarstücke zu ersetzen, die infolge eines vom Pächter nicht zu vertretenden Umstandes in Abgang kommen. ²Der Pächter hat jedoch den gewöhnlichen Abgang der zum Inventar gehörenden Tiere insoweit zu ersetzen, als dies einer ordnungsmäßigen Wirtschaft entspricht.

§ 582a [**Inventarübernahme zum Schätzwert**]. (1) ¹Übernimmt der Pächter eines Grundstücks das Inventar zum Schätzwert mit der Verpflichtung, es bei Beendigung der Pacht zum Schätzwert zurückzugewähren, so trägt er die Gefahr des zufälligen Untergangs und der zufälligen Verschlechterung des Inventars. ²Innerhalb der Grenzen einer ordnungsmäßigen Wirtschaft kann er über die einzelnen Inventarstücke verfügen.

(2) ¹Der Pächter hat das Inventar in dem Zustand zu erhalten und in dem Umfang laufend zu ersetzen, der den Regeln einer ordnungsmäßigen Wirtschaft entspricht. ²Die von ihm angeschafften Stücke werden mit der Einverleibung in das Inventar Eigentum des Verpächters.

(3) ¹Bei Beendigung der Pacht hat der Pächter das vorhandene Inventar dem Verpächter zurückzugewähren. ²Der Verpächter kann die Übernahme derjenigen von dem Pächter angeschafften Inventarstücke ablehnen, welche nach den Regeln einer ordnungsmäßigen Wirtschaft für das Grundstück überflüssig oder zu wertvoll sind; mit der Ablehnung geht das Eigentum an den abgelehnten Stücken auf den Pächter über. ³Besteht zwischen dem Gesamtschätzwert des übernommenen und dem des zurückzugewährenden Inventars ein Unterschied, so ist dieser in Geld auszugleichen. ⁴Den Schätzwerten sind die Preise im Zeitpunkt der Beendigung der Pacht zugrunde zu legen.

§ 583 [**Pächterpfandrecht**]. (1) Dem Pächter eines Grundstücks steht für die Forderungen gegen den Verpächter, die sich auf das mitgepachtete Inventar beziehen, ein Pfandrecht an den in seinen Besitz gelangten Inventarstücken zu.

(2) ¹Der Verpächter kann die Geltendmachung des Pfandrechts des Pächters durch Sicherheitsleistung abwenden. ²Er kann jedes einzelne Inventarstück dadurch von dem Pfandrecht befreien, daß er in Höhe des Wertes Sicherheit leistet.

§ 583a [Verfügungsbeschränkungen]. Vertragsbestimmungen, die den Pächter eines Betriebes verpflichten, nicht oder nicht ohne Einwilligung des Verpächters über Inventarstücke zu verfügen oder Inventar an den Verpächter zu veräußern, sind nur wirksam, wenn sich der Verpächter verpflichtet, das Inventar bei der Beendigung des Pachtverhältnisses zum Schätzwert zu erwerben.

§ 584 [Kündigungsfrist]. (1) Ist bei der Pacht eines Grundstücks oder eines Rechts die Pachtzeit nicht bestimmt, so ist die Kündigung nur für den Schluß eines Pachtjahres zulässig; sie hat spätestens am dritten Werktag des halben Jahres zu erfolgen, mit dessen Ablauf die Pacht enden soll.

(2) Diese Vorschriften gelten bei der Pacht eines Grundstücks oder eines Rechts auch für die Fälle, in denen das Pachtverhältnis unter Einhaltung der gesetzlichen Frist vorzeitig gekündigt werden kann.

§ 584a [Ausschluß mietrechtlicher Kündigungsbestimmungen]. (1) Dem Pächter steht das in § 549 Abs. 1 bestimmte Kündigungsrecht nicht zu.

(2) Der Verpächter ist nicht berechtigt, das Pachtverhältnis nach § 569 zu kündigen.

(3) Eine Kündigung des Pachtverhältnisses nach § 570 findet nicht statt.

§ 584b [Verspätete Rückgabe]. [1]Gibt der Pächter den gepachteten Gegenstand nach der Beendigung des Pachtverhältnisses nicht zurück, so kann der Verpächter für die Dauer der Vorenthaltung als Entschädigung den vereinbarten Pachtzins nach dem Verhältnis verlangen, in dem die Nutzungen, die der Pächter während dieser Zeit gezogen hat oder hätte ziehen können, zu den Nutzungen des ganzen Pachtjahres stehen. [2]Die Geltendmachung eines weiteren Schadens ist nicht ausgeschlossen.

III. Landpacht

§ 585 [Wesen des Landpachtvertrags]. (1) [1]Durch den Landpachtvertrag wird ein Grundstück mit den seiner Bewirtschaftung dienenden Wohn- oder Wirtschaftsgebäuden (Betrieb) oder ein Grundstück ohne solche Gebäude überwiegend zur Landwirtschaft verpachtet. [2]Landwirtschaft sind die Bodenbewirtschaftung und die mit der Bodennutzung verbundene Tierhaltung, um pflanzliche oder tierische Erzeugnisse zu gewinnen, sowie die gartenbauliche Erzeugung.

(2) Für Landpachtverträge gelten § 581 Abs. 1 und die §§ 582 bis 583a sowie die nachfolgenden besonderen Vorschriften.

(3) Die Vorschriften über Landpachtverträge gelten auch für die Pacht forstwirtschaftlicher Grundstücke, wenn die Grundstücke zur Nutzung in einem überwiegend landwirtschaftlichen Betrieb verpachtet werden.

§ 585a [Schriftform]. [1]Ein Landpachtvertrag, der für länger als zwei Jahre geschlossen wird, bedarf der schriftlichen Form. [2]Wird die Form nicht beachtet, so gilt der Vertrag als für unbestimmte Zeit geschlossen.

§ 585b [Beschreibung der Pachtsache]. (1) [1]Der Verpächter und der Pächter sollen bei Beginn des Pachtverhältnisses gemeinsam eine Beschreibung der Pachtsache anfertigen, in der ihr Umfang sowie der Zustand, in dem sie sich bei der Überlassung befindet, festgestellt werden. [2]Dies gilt für die Beendigung des Pachtverhältnisses entsprechend. [3]Die Beschreibung soll mit der Angabe des Tages der Anfertigung versehen werden und ist von beiden Teilen zu unterschreiben.

(2) [1]Weigert sich ein Vertragsteil, bei der Anfertigung einer Beschreibung mitzuwirken, oder ergeben sich bei der Anfertigung Meinungsverschiedenheiten tatsächlicher Art, so kann jeder Vertragsteil verlangen, daß eine Beschreibung durch einen Sachverständigen angefertigt wird, es sei denn, daß seit der Überlassung der Pachtsache mehr als neun Monate oder seit der Beendigung des Pachtverhältnisses mehr als drei Monate verstrichen sind; der Sachverständige wird auf Antrag durch das Landwirtschaftsgericht ernannt. [2]Die insoweit entstehenden Kosten trägt jeder Vertragsteil zur Hälfte.

(3) Ist eine Beschreibung der genannten Art angefertigt, so wird im Verhältnis der Vertragsteile zueinander vermutet, daß sie richtig ist.

§ 586 [Pflichten des Verpächters und des Pächters; Mängel der Pachtsache]. (1) [1]Der Verpächter hat die Pachtsache dem Pächter in einem zu der vertragsmäßigen Nutzung geeigneten Zustand zu überlassen und sie während der Pachtzeit in diesem Zustand zu erhalten. [2]Der Pächter hat jedoch die gewöhnlichen Ausbesserungen der Pachtsache, insbesondere die der Wohn- und Wirtschaftsgebäude, der Wege, Gräben, Dränungen und Einfriedigungen, auf seine Kosten durchzuführen. [3]Er ist zur ordnungsmäßigen Bewirtschaftung der Pachtsache verpflichtet.

(2) Für die Haftung des Verpächters für Sach- und Rechtsmängel der Pachtsache sowie für die Rechte und Pflichten des Pächters wegen solcher Mängel gelten die Vorschriften des § 537 Abs. 1 und 2, der §§ 538 bis 541 sowie des § 545 entsprechend.

Landpacht **§§ 586a–589 BGB 1**

§ 586a [**Lasten der Pachtsache**]. Der Verpächter hat die auf der Pachtsache ruhenden Lasten zu tragen.

§ 587 [**Entrichtung des Pachtzinses**]. (1) ¹Der Pachtzins ist am Ende der Pachtzeit zu entrichten. ²Ist der Pachtzins nach Zeitabschnitten bemessen, so ist er am ersten Werktag nach dem Ablauf der einzelnen Zeitabschnitte zu entrichten.

(2) ¹Der Pächter wird von der Entrichtung des Pachtzinses nicht dadurch befreit, daß er durch einen in seiner Person liegenden Grund an der Ausübung des ihm zustehenden Nutzungsrechts verhindert wird. ²Die Vorschriften des § 552 Satz 2 und 3 gelten entsprechend.

§ 588 [**Maßnahmen zur Erhaltung oder Verbesserung**]. (1) Der Pächter hat Einwirkungen auf die Pachtsache zu dulden, die zu ihrer Erhaltung erforderlich sind.

(2) ¹Maßnahmen zur Verbesserung der Pachtsache hat der Pächter zu dulden, es sei denn, daß die Maßnahme für ihn eine Härte bedeuten würde, die auch unter Würdigung der berechtigten Interessen des Verpächters nicht zu rechtfertigen ist. ²Der Verpächter hat die dem Pächter durch die Maßnahme entstandenen Aufwendungen und entgangenen Erträge in einem den Umständen nach angemessenen Umfang zu ersetzen. ³Auf Verlangen hat der Verpächter Vorschuß zu leisten.

(3) Soweit der Pächter infolge von Maßnahmen nach Absatz 2 Satz 1 höhere Erträge erzielt oder bei ordnungsmäßiger Bewirtschaftung erzielen könnte, kann der Verpächter verlangen, daß der Pächter in eine angemessene Erhöhung des Pachtzinses einwilligt, es sei denn, daß dem Pächter eine Erhöhung des Pachtzinses nach den Verhältnissen des Betriebes nicht zugemutet werden kann.

(4) ¹Über Streitigkeiten nach den Absätzen 1 und 2 entscheidet auf Antrag das Landwirtschaftsgericht. ²Verweigert der Pächter in den Fällen des Absatzes 3 seine Einwilligung, so kann sie das Landwirtschaftsgericht auf Antrag des Verpächters ersetzen.

§ 589 [**Nutzungsüberlassung an Dritte**]. (1) Der Pächter ist ohne Erlaubnis des Verpächters nicht berechtigt,
1. die Nutzung der Pachtsache einem Dritten zu überlassen, insbesondere die Sache weiter zu verpachten,
2. die Pachtsache ganz oder teilweise einem landwirtschaftlichen Zusammenschluß zum Zwecke der gemeinsamen Nutzung zu überlassen.

(2) Überläßt der Pächter die Nutzung der Pachtsache einem Dritten, so hat er ein Verschulden, das dem Dritten bei der Nutzung zur Last fällt, zu vertreten, auch wenn der Verpächter die Erlaubnis zur Überlassung erteilt hat.

§ 590 [Änderung der landwirtschaftlichen Bestimmung oder der bisherigen Nutzung]. (1) Der Pächter darf die landwirtschaftliche Bestimmung der Pachtsache nur mit vorheriger Erlaubnis des Verpächters ändern.

(2) ¹Zur Änderung der bisherigen Nutzung der Pachtsache ist die vorherige Erlaubnis des Verpächters nur dann erforderlich, wenn durch die Änderung die Art der Nutzung über die Pachtzeit hinaus beeinflußt wird. ²Der Pächter darf Gebäude nur mit vorheriger Erlaubnis des Verpächters errichten. ³Verweigert der Verpächter die Erlaubnis, so kann sie auf Antrag des Pächters durch das Landwirtschaftsgericht ersetzt werden, soweit die Änderung zur Erhaltung oder nachhaltigen Verbesserung der Rentabilität des Betriebes geeignet erscheint und dem Verpächter bei Berücksichtigung seiner berechtigten Interessen zugemutet werden kann. ⁴Dies gilt nicht, wenn der Pachtvertrag gekündigt ist oder das Pachtverhältnis in weniger als drei Jahren endet. ⁵Das Landwirtschaftsgericht kann die Erlaubnis unter Bedingungen und Auflagen ersetzen, insbesondere eine Sicherheitsleistung anordnen sowie Art und Umfang der Sicherheit bestimmen. ⁶Ist die Veranlassung für die Sicherheitsleistung weggefallen, so entscheidet auf Antrag das Landwirtschaftsgericht über die Rückgabe der Sicherheit; § 109 der Zivilprozeßordnung gilt entsprechend.

(3) Hat der Pächter das nach § 582a zum Schätzwert übernommene Inventar im Zusammenhang mit einer Änderung der Nutzung der Pachtsache wesentlich vermindert, so kann der Verpächter schon während der Pachtzeit einen Geldausgleich in entsprechender Anwendung des § 582a Abs. 3 verlangen, es sei denn, daß der Erlös der veräußerten Inventarstücke zu einer zur Höhe des Erlöses in angemessenem Verhältnis stehenden Verbesserung der Pachtsache nach § 591 verwendet worden ist.

§ 590a [Vertragswidriger Gebrauch]. Macht der Pächter von der Pachtsache einen vertragswidrigen Gebrauch und setzt er den Gebrauch ungeachtet einer Abmahnung des Verpächters fort, so kann der Verpächter auf Unterlassung klagen.

§ 590b [Notwendige Verwendungen]. Der Verpächter ist verpflichtet, dem Pächter die notwendigen Verwendungen auf die Pachtsache zu ersetzen.

§ 591 [Wertverbessernde Verwendungen]. (1) Andere als notwendige Verwendungen, denen der Verpächter zugestimmt hat, hat er dem Pächter bei Beendigung des Pachtverhältnisses zu ersetzen, soweit die Verwendungen den Wert der Pachtsache über die Pachtzeit hinaus erhöhen (Mehrwert).

(2) ¹Weigert sich der Verpächter, den Verwendungen zuzustimmen, so kann die Zustimmung auf Antrag des Pächters durch das

Landwirtschaftsgericht ersetzt werden, soweit die Verwendungen zur Erhaltung oder nachhaltigen Verbesserung der Rentabilität des Betriebes geeignet sind und dem Verpächter bei Berücksichtigung seiner berechtigten Interessen zugemutet werden können. ²Dies gilt nicht, wenn der Pachtvertrag gekündigt ist oder das Pachtverhältnis in weniger als drei Jahren endet. ³Das Landwirtschaftsgericht kann die Zustimmung unter Bedingungen und Auflagen ersetzen.

(3) ¹Das Landwirtschaftsgericht kann auf Antrag auch über den Mehrwert Bestimmung treffen und ihn festsetzen. ²Es kann bestimmen, daß der Verpächter den Mehrwert nur in Teilbeträgen zu ersetzen hat, und kann Bedingungen für die Bewilligung solcher Teilzahlungen festsetzen. ³Ist dem Verpächter ein Ersatz des Mehrwerts bei Beendigung des Pachtverhältnisses auch in Teilbeträgen nicht zuzumuten, so kann der Pächter nur verlangen, daß das Pachtverhältnis zu den bisherigen Bedingungen so lange fortgesetzt wird, bis der Mehrwert der Pachtsache abgegolten ist. ⁴Kommt keine Einigung zustande, so entscheidet auf Antrag das Landwirtschaftsgericht über eine Fortsetzung des Pachtverhältnisses.

§ 591a [Wegnahme von Einrichtungen]. ¹Der Pächter ist berechtigt, eine Einrichtung, mit der er die Sache versehen hat, wegzunehmen. ²Der Verpächter kann die Ausübung des Wegnahmerechts durch Zahlung einer angemessenen Entschädigung abwenden, es sei denn, daß der Pächter ein berechtigtes Interesse an der Wegnahme hat. ³Eine Vereinbarung, durch die das Wegnahmerecht des Pächters ausgeschlossen wird, ist nur wirksam, wenn ein angemessener Ausgleich vorgesehen ist.

§ 591b [Verjährung]. (1) Die Ersatzansprüche des Verpächters wegen Veränderung oder Verschlechterung der verpachteten Sache sowie die Ansprüche des Pächters auf Ersatz von Verwendungen oder auf Gestattung der Wegnahme einer Einrichtung verjähren in sechs Monaten.

(2) ¹Die Verjährung der Ersatzansprüche des Verpächters beginnt mit dem Zeitpunkt, in welchem er die Sache zurückerhält. ²Die Verjährung der Ansprüche des Pächters beginnt mit der Beendigung des Pachtverhältnisses.

(3) Mit der Verjährung des Anspruchs des Verpächters auf Rückgabe der Sache verjähren auch die Ersatzansprüche des Verpächters.

§ 592 [Verpächterpfandrecht]. ¹Der Verpächter hat für seine Forderungen aus dem Pachtverhältnis ein Pfandrecht an den eingebrachten Sachen des Pächters sowie an den Früchten der Pachtsache. ²Für künftige Entschädigungsforderungen kann das Pfandrecht nicht geltend gemacht werden. ³Mit Ausnahme der in § 811 Nr. 4 der Zivilprozeßordnung genannten Sachen erstreckt sich das Pfandrecht nicht auf Sachen, die der Pfändung nicht unterworfen sind. ⁴Die Vorschriften der §§ 560 bis 562 gelten entsprechend.

§ 593 [Änderung von Landpachtverträgen]. (1) ¹Haben sich nach Abschluß des Pachtvertrages die Verhältnisse, die für die Festsetzung der Vertragsleistungen maßgebend waren, nachhaltig so geändert, daß die gegenseitigen Verpflichtungen in ein grobes Mißverhältnis zueinander geraten sind, so kann jeder Vertragsteil eine Änderung des Vertrages mit Ausnahme der Pachtdauer verlangen. ²Verbessert oder verschlechtert sich infolge der Bewirtschaftung der Pachtsache durch den Pächter deren Ertrag, so kann, soweit nichts anderes vereinbart ist, eine Änderung des Pachtzinses nicht verlangt werden.

(2) ¹Eine Änderung kann frühestens zwei Jahre nach Beginn der Pacht oder nach dem Wirksamwerden der letzten Änderung der Vertragsleistungen verlangt werden. ²Dies gilt nicht, wenn verwüstende Naturereignisse, gegen die ein Versicherungsschutz nicht üblich ist, das Verhältnis der Vertragsleistungen grundlegend und nachhaltig verändert haben.

(3) Die Änderung kann nicht für eine frühere Zeit als für das Pachtjahr verlangt werden, in dem das Änderungsverlangen erklärt wird.

(4) Weigert sich ein Vertragsteil, in eine Änderung des Vertrages einzuwilligen, so kann der andere Teil die Entscheidung des Landwirtschaftsgerichts beantragen.

(5) ¹Auf das Recht, eine Änderung des Vertrages nach den Absätzen 1 bis 4 zu verlangen, kann nicht verzichtet werden. ²Eine Vereinbarung, daß einem Vertragsteil besondere Nachteile oder Vorteile erwachsen sollen, wenn er die Rechte nach den Absätzen 1 bis 4 ausübt oder nicht ausübt, ist unwirksam.

§ 593a [Betriebsübergabe]. ¹Wird bei der Übergabe eines Betriebes im Wege der vorweggenommenen Erbfolge ein zugepachtetes Grundstück, das der Landwirtschaft dient, mit übergeben, so tritt der Übernehmer anstelle des Pächters in den Pachtvertrag ein. ²Der Verpächter ist von der Betriebsübergabe jedoch unverzüglich zu benachrichtigen. ³Ist die ordnungsmäßige Bewirtschaftung der Pachtsache durch den Übernehmer nicht gewährleistet, so ist der Verpächter berechtigt, das Pachtverhältnis unter Einhaltung der gesetzlichen Kündigungsfrist zu kündigen.

§ 593b [Veräußerung oder Belastung des verpachteten Grundstücks]. Wird das verpachtete Grundstück veräußert oder mit dem Recht eines Dritten belastet, so gelten die §§ 571 bis 579 entsprechend.

§ 594 [Ende und Verlängerung des Pachtverhältnisses]. ¹Das Pachtverhältnis endet mit dem Ablauf der Zeit, für die es eingegangen ist. ²Es verlängert sich bei Pachtverträgen, die auf mindestens drei Jahre geschlossen worden sind, auf unbestimmte Zeit, wenn auf die Anfrage eines Vertragsteils, ob der andere Teil zur Fortsetzung des Pachtverhältnisses bereit ist, dieser nicht binnen einer Frist von drei Monaten die Fortsetzung ablehnt. ³Die Anfrage und die Ablehnung bedürfen der schriftlichen Form. ⁴Die Anfrage ist ohne Wirkung, wenn in ihr nicht auf die Folge der Nichtbeachtung ausdrücklich hingewiesen wird und wenn sie nicht innerhalb des drittletzten Pachtjahres gestellt wird.

§ 594a [Kündigungsfristen]. (1) ¹Ist die Pachtzeit nicht bestimmt, so kann jeder Vertragsteil das Pachtverhältnis spätestens am dritten Werktag eines Pachtjahres für den Schluß des nächsten Pachtjahres kündigen. ²Im Zweifel gilt das Kalenderjahr als Pachtjahr. ³Die Vereinbarung einer kürzeren Frist bedarf der Schriftform.

(2) Für die Fälle, in denen das Pachtverhältnis unter Einhaltung der gesetzlichen Frist vorzeitig gekündigt werden kann, ist die Kündigung nur für den Schluß eines Pachtjahres zulässig; sie hat spätestens am dritten Werktag des halben Jahres zu erfolgen, mit dessen Ablauf die Pacht enden soll.

§ 594b [Vertrag über mehr als 30 Jahre]. ¹Wird ein Pachtvertrag für eine längere Zeit als dreißig Jahre geschlossen, so kann nach dreißig Jahren jeder Vertragsteil das Pachtverhältnis spätestens am dritten Werktag eines Pachtjahres für den Schluß des nächsten Pachtjahres kündigen. ²Die Kündigung ist nicht zulässig, wenn der Vertrag für die Lebenszeit des Verpächters oder des Pächters geschlossen ist.

§ 594c [Kündigung bei Berufsunfähigkeit des Pächters]. ¹Ist der Pächter berufsunfähig im Sinne der Vorschriften der gesetzlichen Rentenversicherung geworden, so kann er das Pachtverhältnis unter Einhaltung der gesetzlichen Kündigungsfrist kündigen, wenn der Verpächter der Überlassung der Pachtsache zur Nutzung an einen Dritten, der eine ordnungsmäßige Bewirtschaftung gewährleistet, widerspricht. ²Eine abweichende Vereinbarung ist unwirksam.

§ 594d [Tod des Pächters]. (1) ¹Stirbt der Pächter, so sind sowohl seine Erben als auch der Verpächter berechtigt, das Pachtverhältnis mit einer Frist von sechs Monaten zum Ende eines Kalendervierteljahres zu kündigen. ²Die Kündigung kann nur für den ersten Termin erfolgen, für den sie zulässig ist.

(2) ¹Die Erben können der Kündigung des Verpächters widersprechen und die Fortsetzung des Pachtverhältnisses verlangen, wenn die ordnungsmäßige Bewirtschaftung der Pachtsache durch sie oder durch einen von ihnen beauftragten Miterben oder Dritten gewährleistet erscheint. ²Der Verpächter kann die Fortsetzung des Pachtverhältnisses ablehnen, wenn die Erben den Widerspruch nicht späte-

stens drei Monate vor Ablauf des Pachtverhältnisses erklärt und die Umstände mitgeteilt haben, nach denen die weitere ordnungsmäßige Bewirtschaftung der Pachtsache gewährleistet erscheint. ³Die Widerspruchserklärung und die Mitteilung bedürfen der schriftlichen Form. ⁴Kommt keine Einigung zustande, so entscheidet auf Antrag das Landwirtschaftsgericht.

(3) Gegenüber einer Kündigung des Verpächters nach Absatz 1 ist ein Fortsetzungsverlangen des Erben nach § 595 ausgeschlossen.

§ 594e [Fristlose Kündigung]. (1) Ohne Einhaltung einer Kündigungsfrist ist die Kündigung des Pachtverhältnisses in entsprechender Anwendung der §§ 542 bis 544, 553 und 554a zulässig.

(2) ¹Der Verpächter kann das Pachtverhältnis ohne Einhaltung einer Kündigungsfrist auch kündigen, wenn der Pächter mit der Entrichtung des Pachtzinses oder eines nicht unerheblichen Teiles des Pachtzinses länger als drei Monate in Verzug ist. ²Ist der Pachtzins nach Zeitabschnitten von weniger als einem Jahr bemessen, so ist die Kündigung erst zulässig, wenn der Pächter für zwei aufeinanderfolgende Termine mit der Entrichtung des Pachtzinses oder eines nicht unerheblichen Teiles des Pachtzinses in Verzug ist. ³Die Kündigung ist ausgeschlossen, wenn der Verpächter vorher befriedigt wird. ⁴Sie wird unwirksam, wenn sich der Pächter durch Aufrechnung von seiner Schuld befreien konnte und die Aufrechnung unverzüglich nach der Kündigung erklärt.

§ 594f [Schriftform der Kündigung]. Die Kündigung bedarf der schriftlichen Form.

§ 595 [Fortsetzung des Pachtverhältnisses]. (1) ¹Der Pächter kann vom Verpächter die Fortsetzung des Pachtverhältnisses verlangen, wenn

1. bei der Betriebspacht der Betrieb seine wirtschaftliche Lebensgrundlage bildet,
2. bei der Pacht eines Grundstücks der Pächter auf dieses Grundstück zur Aufrechterhaltung seines Betriebes, der seine wirtschaftliche Lebensgrundlage bildet, angewiesen ist

und die vertragsmäßige Beendigung des Pachtverhältnisses für den Pächter oder seine Familie eine Härte bedeuten würde, die auch unter Würdigung der berechtigten Interessen des Verpächters nicht zu rechtfertigen ist. ²Die Fortsetzung kann unter diesen Voraussetzungen wiederholt verlangt werden.

(2) ¹Im Falle des Absatzes 1 kann der Pächter verlangen, daß das Pachtverhältnis so lange fortgesetzt wird, wie dies unter Berücksichtigung aller Umstände angemessen ist. ²Ist dem Verpächter nicht zuzumuten, das Pachtverhältnis nach den bisher geltenden Vertragsbedingungen fortzusetzen, so kann der Pächter nur verlangen, daß es

unter einer angemessenen Änderung der Bedingungen fortgesetzt wird.

(3) Der Pächter kann die Fortsetzung des Pachtverhältnisses nicht verlangen, wenn
1. er das Pachtverhältnis gekündigt hat;
2. der Verpächter zur Kündigung ohne Einhaltung einer Kündigungsfrist oder im Falle des § 593a zur vorzeitigen Kündigung unter Einhaltung der gesetzlichen Frist berechtigt ist;
3. die Laufzeit des Vertrages bei der Pacht eines Betriebes, der Zupacht von Grundstücken, durch die ein Betrieb entsteht, oder bei der Pacht von Moor- und Ödland, das vom Pächter kultiviert worden ist, auf mindestens achtzehn Jahre, bei der Pacht anderer Grundstücke auf mindestens zwölf Jahre vereinbart ist;
4. der Verpächter die nur vorübergehend verpachtete Sache in eigene Nutzung nehmen oder zur Erfüllung gesetzlicher oder sonstiger öffentlicher Aufgaben verwenden will.

(4) [1]Die Erklärung des Pächters, mit der er die Fortsetzung des Pachtverhältnisses verlangt, bedarf der schriftlichen Form. [2]Auf Verlangen des Verpächters soll der Pächter über die Gründe des Fortsetzungsverlangens unverzüglich Auskunft erteilen.

(5) [1]Der Verpächter kann die Fortsetzung des Pachtverhältnisses ablehnen, wenn der Pächter die Fortsetzung nicht mindestens ein Jahr vor Beendigung des Pachtverhältnisses vom Verpächter verlangt oder auf eine Anfrage des Verpächters nach § 594 die Fortsetzung abgelehnt hat. [2]Ist eine zwölfmonatige oder kürzere Kündigungsfrist vereinbart, so genügt es, wenn das Verlangen innerhalb eines Monats nach Zugang der Kündigung erklärt wird.

(6) [1]Kommt keine Einigung zustande, so entscheidet auf Antrag das Landwirtschaftsgericht über eine Fortsetzung und über die Dauer des Pachtverhältnisses sowie über die Bedingungen, zu denen es fortgesetzt wird. [2]Das Gericht kann die Fortsetzung des Pachtverhältnisses jedoch nur bis zu einem Zeitpunkt anordnen, der die in Absatz 3 Nr. 3 genannten Fristen, ausgehend vom Beginn des laufenden Pachtverhältnisses, nicht übersteigt. [3]Die Fortsetzung kann auch auf einen Teil der Pachtsache beschränkt werden.

(7) [1]Der Pächter hat den Antrag auf gerichtliche Entscheidung spätestens neun Monate vor Beendigung des Pachtverhältnisses und im Falle einer zwölfmonatigen oder kürzeren Kündigungsfrist zwei Monate nach Zugang der Kündigung bei dem Landwirtschaftsgericht zu stellen. [2]Das Gericht kann den Antrag nachträglich zulassen, wenn es zur Vermeidung einer unbilligen Härte geboten erscheint und der Pachtvertrag noch nicht abgelaufen ist.

(8) [1]Auf das Recht, die Verlängerung eines Pachtverhältnisses nach den Absätzen 1 bis 7 zu verlangen, kann nur verzichtet werden,

wenn der Verzicht zur Beilegung eines Pachtstreits vor Gericht oder vor einer berufsständischen Pachtschlichtungsstelle erklärt wird. ²Eine Vereinbarung, daß einem Vertragsteil besondere Nachteile oder besondere Vorteile erwachsen sollen, wenn er die Rechte nach den Absätzen 1 bis 7 ausübt oder nicht ausübt, ist unwirksam.

§ 595a [Vorzeitige Kündigung von Landpachtverträgen].
(1) Soweit die Vertragsteile zur vorzeitigen Kündigung eines Landpachtvertrages berechtigt sind, steht ihnen dieses Recht auch nach Verlängerung des Landpachtverhältnisses oder Änderung des Landpachtvertrages zu.

(2) ¹Auf Antrag eines Vertragsteiles kann das Landwirtschaftsgericht Anordnungen über die Abwicklung eines vorzeitig beendeten oder eines teilweise beendeten Landpachtvertrages treffen. ²Wird die Verlängerung eines Landpachtvertrages auf einen Teil der Pachtsache beschränkt, kann das Landwirtschaftsgericht den Pachtzins für diesen Teil festsetzen.

(3) ¹Der Inhalt von Anordnungen des Landwirtschaftsgerichts gilt unter den Vertragsteilen als Vertragsinhalt. ²Über Streitigkeiten, die diesen Vertragsinhalt betreffen, entscheidet auf Antrag das Landwirtschaftsgericht.

§ 596 [Rückgabe der Pachtsache].
(1) Der Pächter ist verpflichtet, die Pachtsache nach Beendigung des Pachtverhältnisses in dem Zustand zurückzugeben, der einer bis zur Rückgabe fortgesetzten ordnungsmäßigen Bewirtschaftung entspricht.

(2) Dem Pächter steht wegen seiner Ansprüche gegen den Verpächter ein Zurückbehaltungsrecht am Grundstück nicht zu.

(3) Hat der Pächter die Nutzung der Pachtsache einem Dritten überlassen, so kann der Verpächter die Sache nach Beendigung des Pachtverhältnisses auch von dem Dritten zurückfordern.

§ 596a [Halmtaxe].
(1) ¹Endet das Pachtverhältnis im Laufe eines Pachtjahres, so hat der Verpächter dem Pächter den Wert der noch nicht getrennten, jedoch nach den Regeln einer ordnungsmäßigen Bewirtschaftung vor dem Ende des Pachtjahres zu trennenden Früchte zu ersetzen. ²Dabei ist das Ernterisiko angemessen zu berücksichtigen.

(2) Läßt sich der in Absatz 1 bezeichnete Wert aus jahreszeitlich bedingten Gründen nicht feststellen, so hat der Verpächter dem Pächter die Aufwendungen auf diese Früchte insoweit zu ersetzen, als sie einer ordnungsmäßigen Bewirtschaftung entsprechen.

(3) ¹Absatz 1 gilt auch für das zum Einschlag vorgesehene, aber noch nicht eingeschlagene Holz. ²Hat der Pächter mehr Holz eingeschlagen, als bei ordnungsmäßiger Nutzung zulässig war, so hat er dem Verpächter den Wert der die normale Nutzung übersteigenden

Holzmenge zu ersetzen. ³Die Geltendmachung eines weiteren Schadens ist nicht ausgeschlossen.

§ 596b [Zurücklassung von landwirtschaftlichen Erzeugnissen]. (1) Der Pächter eines Betriebes hat von den bei Beendigung des Pachtverhältnisses vorhandenen landwirtschaftlichen Erzeugnissen so viel zurückzulassen, wie zur Fortführung der Wirtschaft bis zur nächsten Ernte nötig ist, auch wenn er bei Antritt der Pacht solche Erzeugnisse nicht übernommen hat.

(2) Soweit der Pächter nach Absatz 1 Erzeugnisse in größerer Menge oder besserer Beschaffenheit zurückzulassen verpflichtet ist, als er bei Antritt der Pacht übernommen hat, kann er vom Verpächter Ersatz des Wertes verlangen.

§ 597 [Verspätete Rückgabe]. ¹Gibt der Pächter die Pachtsache nach Beendigung des Pachtverhältnisses nicht zurück, so kann der Verpächter für die Dauer der Vorenthaltung als Entschädigung den vereinbarten Pachtzins verlangen. ²Die Geltendmachung eines weiteren Schadens ist nicht ausgeschlossen.

§§ 598–853. *(Vom Abdruck wurde abgesehen)*

Drittes Buch. Sachenrecht

Erster Abschnitt. Besitz

§§ 854–872. *(Vom Abdruck wurde abgesehen)*

Zweiter Abschnitt. Allgemeine Vorschriften über Rechte an Grundstücken

§ 873[1] [Erwerb durch Einigung und Eintragung]. (1) Zur Übertragung des Eigentums an einem Grundstücke, zur Belastung eines Grundstücks mit einem Rechte sowie zur Übertragung oder Belastung eines solchen Rechtes ist die Einigung des Berechtigten und des anderen Teiles über den Eintritt der Rechtsänderung und die Eintragung der Rechtsänderung in das Grundbuch erforderlich, soweit nicht das Gesetz ein anderes vorschreibt.

(2) Vor der Eintragung sind die Beteiligten an die Einigung nur gebunden, wenn die Erklärungen notariell beurkundet oder vor dem Grundbuchamt abgegeben oder bei diesem eingereicht sind oder wenn der Berechtigte dem anderen Teile eine den Vorschriften der Grundbuchordnung entsprechende Eintragungsbewilligung ausgehändigt hat.

---

[1] Wegen des für das Gebiet der ehem. DDR geltenden Übergangsrechts zu § 873 beachte Art. 233 § 7 EGBGB (abgedruckt unter Nr. **2**).

§ 874 [Bezugnahme auf die Eintragungsbewilligung]. Bei der Eintragung eines Rechtes, mit dem ein Grundstück belastet wird, kann zur näheren Bezeichnung des Inhalts des Rechtes auf die Eintragungsbewilligung Bezug genommen werden, soweit nicht das Gesetz ein anderes vorschreibt.

§ 875 [Aufhebung eines Rechtes]. (1) ¹Zur Aufhebung eines Rechtes an einem Grundstück ist, soweit nicht das Gesetz ein anderes vorschreibt, die Erklärung des Berechtigten, daß er das Recht aufgebe, und die Löschung des Rechtes im Grundbuch erforderlich. ²Die Erklärung ist dem Grundbuchamt oder demjenigen gegenüber abzugeben, zu dessen Gunsten sie erfolgt.

(2) Vor der Löschung ist der Berechtigte an seine Erklärung nur gebunden, wenn er sie dem Grundbuchamte gegenüber abgegeben oder demjenigen, zu dessen Gunsten sie erfolgt, eine den Vorschriften der Grundbuchordnung entsprechende Löschungsbewilligung ausgehändigt hat.

§ 876 [Aufhebung eines belasteten Rechtes]. ¹Ist ein Recht an einem Grundstücke mit dem Rechte eines Dritten belastet, so ist zur Aufhebung des belasteten Rechtes die Zustimmung des Dritten erforderlich. ²Steht das aufzuhebende Recht dem jeweiligen Eigentümer eines anderen Grundstücks zu, so ist, wenn dieses Grundstück mit dem Rechte eines Dritten belastet ist, die Zustimmung des Dritten erforderlich, es sei denn, daß dessen Recht durch die Aufhebung nicht berührt wird. ³Die Zustimmung ist dem Grundbuchamt oder demjenigen gegenüber zu erklären, zu dessen Gunsten sie erfolgt; sie ist unwiderruflich.

§ 877 [Rechtsänderungen]. Die Vorschriften der §§ 873, 874, 876 finden auch auf Änderungen des Inhalts eines Rechtes an einem Grundstück Anwendung.

§ 878 [Nachträgliche Verfügungsbeschränkungen]. Eine von dem Berechtigten in Gemäßheit der §§ 873, 875, 877 abgegebene Erklärung wird nicht dadurch unwirksam, daß der Berechtigte in der Verfügung beschränkt wird, nachdem die Erklärung für ihn bindend geworden und der Antrag auf Eintragung bei dem Grundbuchamte gestellt worden ist.

§ 879 [Rangverhältnis mehrerer Rechte]. (1) ¹Das Rangverhältnis unter mehreren Rechten, mit denen ein Grundstück belastet ist, bestimmt sich, wenn die Rechte in derselben Abteilung des Grundbuchs eingetragen sind, nach der Reihenfolge der Eintragungen. ²Sind die Rechte in verschiedenen Abteilungen eingetragen, so hat das unter Angabe eines früheren Tages eingetragene Recht den Vorrang; Rechte, die unter Angabe desselben Tages eingetragen sind, haben gleichen Rang.

Allg. Vorschr. über Rechte an Grundstücken **§§ 880–882 BGB 1**

(2) Die Eintragung ist für das Rangverhältnis auch dann maßgebend, wenn die nach § 873 zum Erwerbe des Rechtes erforderliche Einigung erst nach der Eintragung zustande gekommen ist.

(3) Eine abweichende Bestimmung des Rangverhältnisses bedarf der Eintragung in das Grundbuch.

§ 880 [Rangänderung]. (1) Das Rangverhältnis kann nachträglich geändert werden.

(2) ¹Zu der Rangänderung ist die Einigung des zurücktretenden und des vortretenden Berechtigten und die Eintragung der Änderung in das Grundbuch erforderlich; die Vorschriften des § 873 Abs. 2 und des § 878 finden Anwendung. ²Soll eine Hypothek, eine Grundschuld oder eine Rentenschuld zurücktreten, so ist außerdem die Zustimmung des Eigentümers erforderlich. ³Die Zustimmung ist dem Grundbuchamt oder einem der Beteiligten gegenüber zu erklären; sie ist unwiderruflich.

(3) Ist das zurücktretende Recht mit dem Rechte eines Dritten belastet, so finden die Vorschriften des § 876 entsprechende Anwendung.

(4) Der dem vortretenden Rechte eingeräumte Rang geht nicht dadurch verloren, daß das zurücktretende Recht durch Rechtsgeschäft aufgehoben wird.

(5) Rechte, die den Rang zwischen dem zurücktretenden und dem vortretenden Rechte haben, werden durch die Rangänderung nicht berührt.

§ 881 [Rangvorbehalt]. (1) Der Eigentümer kann sich bei der Belastung des Grundstücks mit einem Rechte die Befugnis vorbehalten, ein anderes, dem Umfange nach bestimmtes Recht mit dem Range vor jenem Rechte eintragen zu lassen.

(2) Der Vorbehalt bedarf der Eintragung in das Grundbuch; die Eintragung muß bei dem Rechte erfolgen, das zurücktreten soll.

(3) Wird das Grundstück veräußert, so geht die vorbehaltene Befugnis auf den Erwerber über.

(4) Ist das Grundstück vor der Eintragung des Rechtes, dem der Vorrang beigelegt ist, mit einem Rechte ohne einen entsprechenden Vorbehalt belastet worden, so hat der Vorrang insoweit keine Wirkung, als das mit dem Vorbehalt eingetragene Recht infolge der inzwischen eingetretenen Belastung eine über den Vorbehalt hinausgehende Beeinträchtigung erleiden würde.

§ 882 [Höchstbetrag des Wertersatzes]. ¹Wird ein Grundstück mit einem Rechte belastet, für welches nach den für die Zwangsversteigerung geltenden Vorschriften dem Berechtigten im Falle des Erlöschens durch den Zuschlag der Wert aus dem Erlöse zu ersetzen ist, so kann der Höchstbetrag des Ersatzes bestimmt werden. ²Die Bestimmung bedarf der Eintragung in das Grundbuch.

§ 883 [Wesen und Wirkung der Vormerkung]. (1) ¹Zur Sicherung des Anspruchs auf Einräumung oder Aufhebung eines Rechtes an einem Grundstück oder an einem das Grundstück belastenden Rechte oder auf Änderung des Inhalts oder des Ranges eines solchen Rechtes kann eine Vormerkung in das Grundbuch eingetragen werden. ²Die Eintragung einer Vormerkung ist auch zur Sicherung eines künftigen oder eines bedingten Anspruchs zulässig.

(2) ¹Eine Verfügung, die nach der Eintragung der Vormerkung über das Grundstück oder das Recht getroffen wird, ist insoweit unwirksam, als sie den Anspruch vereiteln oder beeinträchtigen würde. ²Dies gilt auch, wenn die Verfügung im Wege der Zwangsvollstreckung oder der Arrestvollziehung oder durch den Konkursverwalter erfolgt.

(3) Der Rang des Rechtes, auf dessen Einräumung der Anspruch gerichtet ist, bestimmt sich nach der Eintragung der Vormerkung.

§ 884 [Haftung des Erben]. Soweit der Anspruch durch die Vormerkung gesichert ist, kann sich der Erbe des Verpflichteten nicht auf die Beschränkung seiner Haftung berufen.

§ 885 [Eintragung der Vormerkung]. (1) ¹Die Eintragung einer Vormerkung erfolgt auf Grund einer einstweiligen Verfügung oder auf Grund der Bewilligung desjenigen, dessen Grundstück oder dessen Recht von der Vormerkung betroffen wird. ²Zur Erlassung der einstweiligen Verfügung ist nicht erforderlich, daß eine Gefährdung des zu sichernden Anspruchs glaubhaft gemacht wird.

(2) Bei der Eintragung kann zur näheren Bezeichnung des zu sichernden Anspruchs auf die einstweilige Verfügung oder die Eintragungsbewilligung Bezug genommen werden.

§ 886 [Beseitigungsanspruch]. Steht demjenigen, dessen Grundstück oder dessen Recht von der Vormerkung betroffen wird, eine Einrede zu, durch welche die Geltendmachung des durch die Vormerkung gesicherten Anspruchs dauernd ausgeschlossen wird, so kann er von dem Gläubiger die Beseitigung der Vormerkung verlangen.

§ 887 [Aufgebot des Vormerkungsgläubigers]. ¹Ist der Gläubiger, dessen Anspruch durch die Vormerkung gesichert ist, unbekannt, so kann er im Wege des Aufgebotsverfahrens mit seinem Rechte ausgeschlossen werden, wenn die im § 1170 für die Ausschließung eines Hypothekengläubigers bestimmten Voraussetzungen vorliegen. ²Mit der Erlassung des Ausschlußurteils erlischt die Wirkung der Vormerkung.

§ 888 [Anspruch des Vormerkungsberechtigten]. (1) Soweit der Erwerb eines eingetragenen Rechtes oder eines Rechtes an einem

Allg. Vorschr. über Rechte an Grundstücken **§§ 889–893 BGB 1**

solchen Rechte gegenüber demjenigen, zu dessen Gunsten die Vormerkung besteht, unwirksam ist, kann dieser von dem Erwerber die Zustimmung zu der Eintragung oder der Löschung verlangen, die zur Verwirklichung des durch die Vormerkung gesicherten Anspruchs erforderlich ist.

(2) Das gleiche gilt, wenn der Anspruch durch ein Veräußerungsverbot gesichert ist.

§ 889 [Keine Konsolidation]. Ein Recht an einem fremden Grundstück erlischt nicht dadurch, daß der Eigentümer des Grundstücks das Recht oder der Berechtigte das Eigentum an dem Grundstück erwirbt.

§ 890 [Vereinigung von Grundstücken; Zuschreibung]. (1) Mehrere Grundstücke können dadurch zu einem Grundstücke vereinigt werden, daß der Eigentümer sie als ein Grundstück in das Grundbuch eintragen läßt.

(2) Ein Grundstück kann dadurch zum Bestandteil eines anderen Grundstücks gemacht werden, daß der Eigentümer es diesem im Grundbuche zuschreiben läßt.

§ 891 [Gesetzliche Vermutung]. (1) Ist im Grundbuche für jemand ein Recht eingetragen, so wird vermutet, daß ihm das Recht zustehe.

(2) Ist im Grundbuch ein eingetragenes Recht gelöscht, so wird vermutet, daß das Recht nicht bestehe.

§ 892 [Öffentlicher Glaube des Grundbuchs]. (1) [1]Zugunsten desjenigen, welcher ein Recht an einem Grundstück oder ein Recht an einem solchen Rechte durch Rechtsgeschäft erwirbt, gilt der Inhalt des Grundbuchs als richtig, es sei denn, daß ein Widerspruch gegen die Richtigkeit eingetragen oder die Unrichtigkeit dem Erwerber bekannt ist. [2]Ist der Berechtigte in der Verfügung über ein im Grundbuch eingetragenes Recht zugunsten einer bestimmten Person beschränkt, so ist die Beschränkung dem Erwerber gegenüber nur wirksam, wenn sie aus dem Grundbuch ersichtlich oder dem Erwerber bekannt ist.

(2) Ist zu dem Erwerbe des Rechtes die Eintragung erforderlich, so ist für die Kenntnis des Erwerbers die Zeit der Stellung des Antrags auf Eintragung oder, wenn die nach § 873 erforderliche Einigung erst später zustande kommt, die Zeit der Einigung maßgebend.

§ 893 [Rechtsgeschäft mit dem Eingetragenen]. Die Vorschriften des § 892 finden entsprechende Anwendung, wenn an denjenigen, für welchen ein Recht im Grundbuch eingetragen ist, auf Grund dieses Rechtes eine Leistung bewirkt oder wenn zwischen ihm und einem anderen in Ansehung dieses Rechtes ein nicht unter die Vorschriften des § 892 fallendes Rechtsgeschäft vorgenommen wird, das eine Verfügung über das Recht enthält.

§ 894 [Berichtigung des Grundbuchs]. Steht der Inhalt des Grundbuchs in Ansehung eines Rechtes an dem Grundstück, eines Rechtes an einem solchen Rechte oder einer Verfügungsbeschränkung der in § 892 Abs. 1 bezeichneten Art mit der wirklichen Rechtslage nicht im Einklange, so kann derjenige, dessen Recht nicht oder nicht richtig eingetragen oder durch die Eintragung einer nicht bestehenden Belastung oder Beschränkung beeinträchtigt ist, die Zustimmung zu der Berichtigung des Grundbuchs von demjenigen verlangen, dessen Recht durch die Berichtigung betroffen wird.

§ 895 [Voreintragung des Verpflichteten]. Kann die Berichtigung des Grundbuchs erst erfolgen, nachdem das Recht des nach § 894 Verpflichteten eingetragen worden ist, so hat dieser auf Verlangen sein Recht eintragen zu lassen.

§ 896 [Vorlegung des Briefes]. Ist zur Berichtigung des Grundbuchs die Vorlegung eines Hypotheken-, Grundschuld- oder Rentenschuldbriefs erforderlich, so kann derjenige, zu dessen Gunsten die Berichtigung erfolgen soll, von dem Besitzer des Briefes verlangen, daß der Brief dem Grundbuchamte vorgelegt wird.

§ 897 [Kosten der Berichtigung]. Die Kosten der Berichtigung des Grundbuchs und der dazu erforderlichen Erklärungen hat derjenige zu tragen, welcher die Berichtigung verlangt, sofern nicht aus einem zwischen ihm und dem Verpflichteten bestehenden Rechtsverhältnisse sich ein anderes ergibt.

§ 898 [Unverjährbarkeit der Berichtigungsansprüche]. Die in den §§ 894 bis 896 bestimmten Ansprüche unterliegen nicht der Verjährung.

§ 899 [Eintragung eines Widerspruchs]. (1) In den Fällen des § 894 kann ein Widerspruch gegen die Richtigkeit des Grundbuchs eingetragen werden.

(2) [1]Die Eintragung erfolgt auf Grund einer einstweiligen Verfügung oder auf Grund einer Bewilligung desjenigen, dessen Recht durch die Berichtigung des Grundbuchs betroffen wird. [2]Zur Erlassung der einstweiligen Verfügung ist nicht erforderlich, daß eine Gefährdung des Rechtes des Widersprechenden glaubhaft gemacht wird.

§ 900 [Buchersitzung]. (1) [1]Wer als Eigentümer eines Grundstücks im Grundbuch eingetragen ist, ohne daß er das Eigentum erlangt hat, erwirbt das Eigentum, wenn die Eintragung dreißig Jahre bestanden und er während dieser Zeit das Grundstück im Eigenbesitze gehabt hat. ²Die dreißigjährige Frist wird in derselben Weise berechnet wie die Frist für die Ersitzung einer beweglichen Sache. ³Der Lauf der Frist ist gehemmt, solange ein Widerspruch gegen die Richtigkeit der Eintragung im Grundbuch eingetragen ist.

(2) ¹Diese Vorschriften finden entsprechende Anwendung, wenn für jemand ein ihm nicht zustehendes anderes Recht im Grundbuch eingetragen ist, das zum Besitze des Grundstücks berechtigt oder dessen Ausübung nach den für den Besitz geltenden Vorschriften geschützt ist. ²Für den Rang des Rechtes ist die Eintragung maßgebend.

§ 901 [Erlöschen nicht eingetragener Rechte]. ¹Ist ein Recht an einem fremden Grundstück im Grundbuche mit Unrecht gelöscht, so erlischt es, wenn der Anspruch des Berechtigten gegen den Eigentümer verjährt ist. ²Das gleiche gilt, wenn ein kraft Gesetzes entstandenes Recht an einem fremden Grundstücke nicht in das Grundbuch eingetragen worden ist.

§ 902 [Unverjährbarkeit eingetragener Rechte]. (1) ¹Die Ansprüche aus eingetragenen Rechten unterliegen nicht der Verjährung. ²Dies gilt nicht für Ansprüche, die auf Rückstände wiederkehrender Leistungen oder auf Schadensersatz gerichtet sind.

(2) Ein Recht, wegen dessen ein Widerspruch gegen die Richtigkeit des Grundbuchs eingetragen ist, steht einem eingetragenen Rechte gleich.

Dritter Abschnitt.[1] Eigentum

Erster Titel. Inhalt des Eigentums

§ 903 [Befugnisse des Eigentümers]. ¹Der Eigentümer einer Sache kann, soweit nicht das Gesetz oder Rechte Dritter entgegenstehen, mit der Sache nach Belieben verfahren und andere von jeder Einwirkung ausschließen. ²Der Eigentümer eines Tieres hat bei der Ausübung seiner Befugnisse die besonderen Vorschriften zum Schutz der Tiere zu beachten.

§ 904 [Notstand]. ¹Der Eigentümer einer Sache ist nicht berechtigt, die Einwirkung eines anderen auf die Sache zu verbieten, wenn die Einwirkung zur Abwendung einer gegenwärtigen Gefahr notwendig und der drohende Schaden gegenüber dem aus der Einwirkung dem Eigentümer entstehenden Schaden unverhältnismäßig groß ist. ²Der Eigentümer kann Ersatz des ihm entstehenden Schadens verlangen.

---

[1] Wegen des für das Gebiet der ehem. DDR geltenden Übergangsrechts zu §§ 903 ff. beachte Art. 233 § 2 EGBGB (abgedruckt unter Nr. **2**).

1 BGB §§ 905–909 Drittes Buch. Sachenrecht

§ 905 [**Begrenzung des Eigentums**]. ¹Das Recht des Eigentümers eines Grundstücks erstreckt sich auf den Raum über der Oberfläche und auf den Erdkörper unter der Oberfläche. ²Der Eigentümer kann jedoch Einwirkungen nicht verbieten, die in solcher Höhe oder Tiefe vorgenommen werden, daß er an der Ausschließung kein Interesse hat.

§ 906 [**Zuführung unwägbarer Stoffe**]. (1) Der Eigentümer eines Grundstücks kann die Zuführung von Gasen, Dämpfen, Gerüchen, Rauch, Ruß, Wärme, Geräusch, Erschütterungen und ähnliche von einem anderen Grundstück ausgehende Einwirkungen insoweit nicht verbieten, als die Einwirkung die Benutzung seines Grundstücks nicht oder nur unwesentlich beeinträchtigt.

(2) ¹Das gleiche gilt insoweit, als eine wesentliche Beeinträchtigung durch eine ortsübliche Benutzung des anderen Grundstücks herbeigeführt wird und nicht durch Maßnahmen verhindert werden kann, die Benutzern dieser Art wirtschaftlich zumutbar sind. ²Hat der Eigentümer hiernach eine Einwirkung zu dulden, so kann er von dem Benutzer des anderen Grundstücks einen angemessenen Ausgleich in Geld verlangen, wenn die Einwirkung eine ortsübliche Benutzung seines Grundstücks oder dessen Ertrag über das zumutbare Maß hinaus beeinträchtigt.

(3) Die Zuführung durch eine besondere Leitung ist unzulässig.

§ 907 [**Gefahrdrohende Anlagen**]. (1) ¹Der Eigentümer eines Grundstücks kann verlangen, daß auf den Nachbargrundstücken nicht Anlagen hergestellt oder gehalten werden, von denen mit Sicherheit vorauszusehen ist, daß ihr Bestand oder ihre Benutzung eine unzulässige Einwirkung auf sein Grundstück zur Folge hat. ²Genügt eine Anlage den landesgesetzlichen Vorschriften, die einen bestimmten Abstand von der Grenze oder sonstige Schutzmaßregeln vorschreiben, so kann die Beseitigung der Anlage erst verlangt werden, wenn die unzulässige Einwirkung tatsächlich hervortritt.

(2) Bäume und Sträucher gehören nicht zu den Anlagen im Sinne dieser Vorschriften.

§ 908 [**Drohender Gebäudeeinsturz**]. Droht einem Grundstücke die Gefahr, daß es durch den Einsturz eines Gebäudes oder eines anderen Werkes, das mit einem Nachbargrundstücke verbunden ist, oder durch die Ablösung von Teilen des Gebäudes oder des Werkes beschädigt wird, so kann der Eigentümer von demjenigen, welcher nach dem § 836 Abs. 1 oder den §§ 837, 838 für den eintretenden Schaden verantwortlich sein würde, verlangen, daß er die zur Abwendung der Gefahr erforderliche Vorkehrung trifft.

§ 909 [**Vertiefung**]. Ein Grundstück darf nicht in der Weise vertieft werden, daß der Boden des Nachbargrundstücks die erforderli-

Inhalt des Eigentums §§ 910–915 BGB 1

che Stütze verliert, es sei denn, daß für eine genügende anderweitige Befestigung gesorgt ist.

§ 910 [Überhang]. (1) ¹Der Eigentümer eines Grundstücks kann Wurzeln eines Baumes oder eines Strauches, die von einem Nachbargrundstück eingedrungen sind, abschneiden und behalten. ²Das gleiche gilt von herüberragenden Zweigen, wenn der Eigentümer dem Besitzer des Nachbargrundstücks eine angemessene Frist zur Beseitigung bestimmt hat und die Beseitigung nicht innerhalb der Frist erfolgt.

(2) Dem Eigentümer steht dieses Recht nicht zu, wenn die Wurzeln oder die Zweige die Benutzung des Grundstücks nicht beeinträchtigen.

§ 911 [Hinüberfall]. ¹Früchte, die von einem Baume oder einem Strauche auf ein Nachbargrundstück hinüberfallen, gelten als Früchte dieses Grundstücks. ²Diese Vorschrift findet keine Anwendung, wenn das Nachbargrundstück dem öffentlichen Gebrauche dient.

§ 912 [Überbau; Duldungspflicht]. (1) Hat der Eigentümer eines Grundstücks bei der Errichtung eines Gebäudes über die Grenze gebaut, ohne daß ihm Vorsatz oder grobe Fahrlässigkeit zur Last fällt, so hat der Nachbar den Überbau zu dulden, es sei denn, daß er vor oder sofort nach der Grenzüberschreitung Widerspruch erhoben hat.

(2) ¹Der Nachbar ist durch eine Geldrente zu entschädigen. ²Für die Höhe der Rente ist die Zeit der Grenzüberschreitung maßgebend.

§ 913 [Zahlung der Überbaurente]. (1) Die Rente für den Überbau ist dem jeweiligen Eigentümer des Nachbargrundstücks von dem jeweiligen Eigentümer des anderen Grundstücks zu entrichten.

(2) Die Rente ist jährlich im voraus zu entrichten.

§ 914 [Rang, Eintragung und Erlöschen der Rente]. (1) ¹Das Recht auf die Rente geht allen Rechten an dem belasteten Grundstück, auch den älteren, vor. ²Es erlischt mit der Beseitigung des Überbaues.

(2) ¹Das Recht wird nicht in das Grundbuch eingetragen. ²Zum Verzicht auf das Recht sowie zur Feststellung der Höhe der Rente durch Vertrag ist die Eintragung erforderlich.

(3) Im übrigen finden die Vorschriften Anwendung, die für eine zugunsten des jeweiligen Eigentümers eines Grundstücks bestehende Reallast gelten.

§ 915 [Abkauf]. (1) ¹Der Rentenberechtigte kann jederzeit verlangen, daß der Rentenpflichtige ihm gegen Übertragung des Eigentums an dem überbauten Teile des Grundstücks den Wert ersetzt, den dieser Teil zur Zeit der Grenzüberschreitung gehabt hat. ²Macht er von dieser Befugnis Gebrauch, so bestimmen sich die Rechte und Verpflichtungen beider Teile nach den Vorschriften über den Kauf.

(2) Für die Zeit bis zur Übertragung des Eigentums ist die Rente fortzuentrichten.

§ 916 [Beeinträchtigung von Erbbaurecht oder Dienstbarkeit]. Wird durch den Überbau ein Erbbaurecht oder eine Dienstbarkeit an dem Nachbargrundstücke beeinträchtigt, so finden zugunsten des Berechtigten die Vorschriften der §§ 912 bis 914 entsprechende Anwendung.

§ 917 [Notweg]. (1) ¹Fehlt einem Grundstücke die zur ordnungsmäßigen Benutzung notwendige Verbindung mit einem öffentlichen Wege, so kann der Eigentümer von den Nachbarn verlangen, daß sie bis zur Hebung des Mangels die Benutzung ihrer Grundstücke zur Herstellung der erforderlichen Verbindung dulden. ²Die Richtung des Notwegs und der Umfang des Benutzungsrechts werden erforderlichen Falles durch Urteil bestimmt.

(2) ¹Die Nachbarn, über deren Grundstücke der Notweg führt, sind durch eine Geldrente zu entschädigen. ²Die Vorschriften des § 912 Abs. 2 Satz 2 und der §§ 913, 914, 916 finden entsprechende Anwendung.

§ 918 [Ausschluß des Notwegrechts]. (1) Die Verpflichtung zur Duldung des Notwegs tritt nicht ein, wenn die bisherige Verbindung des Grundstücks mit dem öffentlichen Wege durch eine willkürliche Handlung des Eigentümers aufgehoben wird.

(2) ¹Wird infolge der Veräußerung eines Teiles des Grundstücks der veräußerte oder der zurückbehaltene Teil von der Verbindung mit dem öffentlichen Wege abgeschnitten, so hat der Eigentümer desjenigen Teiles, über welchen die Verbindung bisher stattgefunden hat, den Notweg zu dulden. ²Der Veräußerung eines Teiles steht die Veräußerung eines von mehreren demselben Eigentümer gehörenden Grundstücken gleich.

§ 919 [Grenzabmarkung]. (1) Der Eigentümer eines Grundstücks kann von dem Eigentümer eines Nachbargrundstücks verlangen, daß dieser zur Errichtung fester Grenzzeichen und, wenn ein Grenzzeichen verrückt oder unkenntlich geworden ist, zur Wiederherstellung mitwirkt.

(2) Die Art der Abmarkung und das Verfahren bestimmen sich nach den Landesgesetzen; enthalten diese keine Vorschriften, so entscheidet die Ortsüblichkeit.

(3) Die Kosten der Abmarkung sind von den Beteiligten zu gleichen Teilen zu tragen, sofern nicht aus einem zwischen ihnen bestehenden Rechtsverhältnisse sich ein anderes ergibt.

Inhalt des Eigentums §§ 920–923 BGB 1

§ 920 [Grenzverwirrung]. (1) ¹Läßt sich im Falle einer Grenzverwirrung die richtige Grenze nicht ermitteln, so ist für die Abgrenzung der Besitzstand maßgebend. ²Kann der Besitzstand nicht festgestellt werden, so ist jedem der Grundstücke ein gleich großes Stück der streitigen Fläche zuzuteilen.

(2) Soweit eine diesen Vorschriften entsprechende Bestimmung der Grenze zu einem Ergebnisse führt, das mit den ermittelten Umständen, insbesondere mit der feststehenden Größe der Grundstücke, nicht übereinstimmt, ist die Grenze so zu ziehen, wie es unter Berücksichtigung dieser Umstände der Billigkeit entspricht.

§ 921 [Gemeinschaftliche Benutzung von Grenzanlagen]. Werden zwei Grundstücke durch einen Zwischenraum, Rain, Winkel, einen Graben, eine Mauer, Hecke, Planke oder eine andere Einrichtung, die zum Vorteile beider Grundstücke dient, voneinander geschieden, so wird vermutet, daß die Eigentümer der Grundstücke zur Benutzung der Einrichtung gemeinschaftlich berechtigt seien, sofern nicht äußere Merkmale darauf hinweisen, daß die Einrichtung einem der Nachbarn allein gehört.

§ 922 [Art der Benutzung und Unterhaltung]. ¹Sind die Nachbarn zur Benutzung einer der im § 921 bezeichneten Einrichtungen gemeinschaftlich berechtigt, so kann jeder sie zu dem Zwecke, der sich aus ihrer Beschaffenheit ergibt, insoweit benutzen, als nicht die Mitbenutzung des anderen beeinträchtigt wird. ²Die Unterhaltungskosten sind von den Nachbarn zu gleichen Teilen zu tragen. ³Solange einer der Nachbarn an dem Fortbestande der Einrichtung ein Interesse hat, darf sie nicht ohne seine Zustimmung beseitigt oder geändert werden. ⁴Im übrigen bestimmt sich das Rechtsverhältnis zwischen den Nachbarn nach den Vorschriften über die Gemeinschaft.

§ 923 [Grenzbaum]. (1) Steht auf der Grenze ein Baum, so gebühren die Früchte und, wenn der Baum gefällt wird, auch der Baum den Nachbarn zu gleichen Teilen.

(2) ¹Jeder der Nachbarn kann die Beseitigung des Baumes verlangen. ²Die Kosten der Beseitigung fallen den Nachbarn zu gleichen Teilen zur Last. ³Der Nachbar, der die Beseitigung verlangt, hat jedoch die Kosten allein zu tragen, wenn der andere auf sein Recht an dem Baume verzichtet; er erwirbt in diesem Falle mit der Trennung das Alleineigentum. ⁴Der Anspruch auf die Beseitigung ist ausgeschlossen, wenn der Baum als Grenzzeichen dient und den Umständen nach nicht durch ein anderes zweckmäßiges Grenzzeichen ersetzt werden kann.

(3) Diese Vorschriften gelten auch für einen auf der Grenze stehenden Strauch.

§ 924 [Unverjährbarkeit nachbarrechtlicher Ansprüche]. Die Ansprüche, die sich aus den §§ 907 bis 909, 915, dem § 917 Abs. 1, dem § 918 Abs. 2, den §§ 919, 920 und dem § 923 Abs. 2 ergeben, unterliegen nicht der Verjährung.

Zweiter Titel. Erwerb und Verlust des Eigentums an Grundstücken

§ 925 [Auflassung]. (1) [1]Die zur Übertragung des Eigentums an einem Grundstück nach § 873 erforderliche Einigung des Veräußerers und des Erwerbers (Auflassung) muß bei gleichzeitiger Anwesenheit beider Teile vor einer zuständigen Stelle erklärt werden. [2]Zur Entgegennahme der Auflassung ist, unbeschadet der Zuständigkeit weiterer Stellen, jeder Notar zuständig. [3]Eine Auflassung kann auch in einem gerichtlichen Vergleich erklärt werden.

(2) Eine Auflassung, die unter einer Bedingung oder einer Zeitbestimmung erfolgt, ist unwirksam.

§ 925a [Urkunde über Grundgeschäft]. Die Erklärung einer Auflassung soll nur entgegengenommen werden, wenn die nach § 313 Satz 1 erforderliche Urkunde über den Vertrag vorgelegt oder gleichzeitig errichtet wird.

§ 926 [Zubehör]. (1) [1]Sind der Veräußerer und der Erwerber darüber einig, daß sich die Veräußerung auf das Zubehör des Grundstücks erstrecken soll, so erlangt der Erwerber mit dem Eigentum an dem Grundstück auch das Eigentum an den zur Zeit des Erwerbes vorhandenen Zubehörstücken, soweit sie dem Veräußerer gehören. [2]Im Zweifel ist anzunehmen, daß sich die Veräußerung auf das Zubehör erstrecken soll.

(2) Erlangt der Erwerber auf Grund der Veräußerung den Besitz von Zubehörstücken, die dem Veräußerer nicht gehören oder mit Rechten Dritter belastet sind, so finden die Vorschriften der §§ 932 bis 936 Anwendung; für den guten Glauben des Erwerbers ist die Zeit der Erlangung des Besitzes maßgebend.

§ 927 [Aufgebotsverfahren]. (1) [1]Der Eigentümer eines Grundstücks kann, wenn das Grundstück seit dreißig Jahren im Eigenbesitz eines anderen ist, im Wege des Aufgebotsverfahrens mit seinem Rechte ausgeschlossen werden. [2]Die Besitzzeit wird in gleicher Weise berechnet wie die Frist für die Ersitzung einer beweglichen Sache. [3]Ist der Eigentümer im Grundbuch eingetragen, so ist das Aufgebotsverfahren nur zulässig, wenn er gestorben oder verschollen ist und eine Eintragung in das Grundbuch, die der Zustimmung des Eigentümers bedurfte, seit dreißig Jahren nicht erfolgt ist.

(2) Derjenige, welcher das Ausschlußurteil erwirkt hat, erlangt das Eigentum dadurch, daß er sich als Eigentümer in das Grundbuch eintragen läßt.

(3) Ist vor der Erlassung des Ausschlußurteils ein Dritter als Eigentümer oder wegen des Eigentums eines Dritten ein Widerspruch gegen die Richtigkeit des Grundbuchs eingetragen worden, so wirkt das Urteil nicht gegen den Dritten.

§ 928 [Aufgabe des Eigentums]. (1) Das Eigentum an einem Grundstücke kann dadurch aufgegeben werden, daß der Eigentümer den Verzicht dem Grundbuchamte gegenüber erklärt und der Verzicht in das Grundbuch eingetragen wird.

(2) Das Recht zur Aneignung des aufgegebenen Grundstücks steht dem Fiskus des *Bundesstaats* zu, in dessen Gebiete das Grundstück liegt. Der Fiskus erwirbt das Eigentum dadurch, daß er sich als Eigentümer in das Grundbuch eintragen läßt.

Dritter Titel. Erwerb und Verlust des Eigentums an beweglichen Sachen

I. Übertragung

§ 929 [Einigung und Übergabe]. [1]Zur Übertragung des Eigentums an einer beweglichen Sache ist erforderlich, daß der Eigentümer die Sache dem Erwerber übergibt und beide darüber einig sind, daß das Eigentum übergehen soll. [2]Ist der Erwerber im Besitze der Sache, so genügt die Einigung über den Übergang des Eigentums.

§ 929a [Einigung bei nicht eingetragenem Seeschiff]. (1) Zur Übertragung des Eigentums an einem Seeschiff, das nicht im Schiffsregister eingetragen ist, oder an einem Anteil an einem solchen Schiff ist die Übergabe nicht erforderlich, wenn der Eigentümer und der Erwerber darüber einig sind, daß das Eigentum sofort übergehen soll.

(2) Jeder Teil kann verlangen, daß ihm auf seine Kosten eine öffentlich beglaubigte Urkunde über die Veräußerung erteilt wird.

§ 930 [Besitzkonstitut]. Ist der Eigentümer im Besitze der Sache, so kann die Übergabe dadurch ersetzt werden, daß zwischen ihm und dem Erwerber ein Rechtsverhältnis vereinbart wird, vermöge dessen der Erwerber den mittelbaren Besitz erlangt.

§ 931 [Abtretung des Herausgabeanspruchs]. Ist ein Dritter im Besitze der Sache, so kann die Übergabe dadurch ersetzt werden, daß der Eigentümer dem Erwerber den Anspruch auf Herausgabe der Sache abtritt.

§ 932 [Gutgläubiger Erwerb vom Nichtberechtigten].
(1) ¹Durch eine nach § 929 erfolgte Veräußerung wird der Erwerber auch dann Eigentümer, wenn die Sache nicht dem Veräußerer gehört, es sei denn, daß er zu der Zeit, zu der er nach diesen Vorschriften das Eigentum erwerben würde, nicht in gutem Glauben ist. ²In dem Falle des § 929 Satz 2 gilt dies jedoch nur dann, wenn der Erwerber den Besitz von dem Veräußerer erlangt hatte.

(2) Der Erwerber ist nicht in gutem Glauben, wenn ihm bekannt oder infolge grober Fahrlässigkeit unbekannt ist, daß die Sache nicht dem Veräußerer gehört.

§ 932a [Gutgläubiger Erwerb nicht eingetragener Seeschiffe]. Gehört ein nach § 929a veräußertes Schiff nicht dem Veräußerer, so wird der Erwerber Eigentümer, wenn ihm das Schiff vom Veräußerer übergeben wird, es sei denn, daß er zu dieser Zeit nicht in gutem Glauben ist; ist ein Anteil an einem Schiff Gegenstand der Veräußerung, so tritt an die Stelle der Übergabe die Einräumung des Mitbesitzes an dem Schiff.

§ 933 [Gutgläubiger Erwerb bei Besitzkonstitut]. Gehört eine nach § 930 veräußerte Sache nicht dem Veräußerer, so wird der Erwerber Eigentümer, wenn ihm die Sache von dem Veräußerer übergeben wird, es sei denn, daß er zu dieser Zeit nicht in gutem Glauben ist.

§ 934 [Gutgläubiger Erwerb bei Vindikationszession]. Gehört eine nach § 931 veräußerte Sache nicht dem Veräußerer, so wird der Erwerber, wenn der Veräußerer mittelbarer Besitzer der Sache ist, mit der Abtretung des Anspruchs, anderenfalls dann Eigentümer, wenn er den Besitz der Sache von dem Dritten erlangt, es sei denn, daß er zur Zeit der Abtretung oder des Besitzerwerbes nicht in gutem Glauben ist.

§ 935 [Kein gutgläubiger Erwerb von abhanden gekommenen Sachen]. (1) ¹Der Erwerb des Eigentums auf Grund der §§ 932 bis 934 tritt nicht ein, wenn die Sache dem Eigentümer gestohlen worden, verlorengegangen oder sonst abhanden gekommen war. ²Das gleiche gilt, falls der Eigentümer nur mittelbarer Besitzer war, dann, wenn die Sache dem Besitzer abhanden gekommen war.

(2) Diese Vorschriften finden keine Anwendung auf Geld oder Inhaberpapiere sowie auf Sachen, die im Wege öffentlicher Versteigerung veräußert werden.

§ 936 [Erlöschen von Rechten Dritter]. (1) ¹Ist eine veräußerte Sache mit dem Rechte eines Dritten belastet, so erlischt das Recht mit dem Erwerbe des Eigentums. ²In dem Falle des § 929 Satz 2 gilt dies jedoch nur dann, wenn der Erwerber den Besitz von dem Veräußerer erlangt hatte. ³Erfolgt die Veräußerung nach § 929a oder

§ 930 oder war die nach § 931 veräußerte Sache nicht im mittelbaren Besitze des Veräußerers, so erlischt das Recht des Dritten erst dann, wenn der Erwerber auf Grund der Veräußerung den Besitz der Sache erlangt.

(2) Das Recht des Dritten erlischt nicht, wenn der Erwerber zu der nach Absatz 1 maßgebenden Zeit in Ansehung des Rechtes nicht in gutem Glauben ist.

(3) Steht im Falle des § 931 das Recht dem dritten Besitzer zu, so erlischt es auch dem gutgläubigen Erwerber gegenüber nicht.

II. Ersitzung

§ 937 [Voraussetzungen]. (1) Wer eine bewegliche Sache zehn Jahre im Eigenbesitze hat, erwirbt das Eigentum (Ersitzung).

(2) Die Ersitzung ist ausgeschlossen, wenn der Erwerber bei dem Erwerbe des Eigenbesitzes nicht in gutem Glauben ist oder wenn er später erfährt, daß ihm das Eigentum nicht zusteht.

§ 938 [Vermutung des Eigenbesitzes]. Hat jemand eine Sache am Anfang und am Ende eines Zeitraums im Eigenbesitze gehabt, so wird vermutet, daß sein Eigenbesitz auch in der Zwischenzeit bestanden habe.

§ 939 [Hemmung der Ersitzung]. Die Ersitzung kann nicht beginnen und, falls sie begonnen hat, nicht fortgesetzt werden, solange die Verjährung des Eigentumsanspruchs gehemmt ist oder ihrer Vollendung die Vorschriften der §§ 206, 207 entgegenstehen.

§ 940 [Unterbrechung durch Besitzverlust]. (1) Die Ersitzung wird durch den Verlust des Eigenbesitzes unterbrochen.

(2) Die Unterbrechung gilt als nicht erfolgt, wenn der Eigenbesitzer den Eigenbesitz ohne seinen Willen verloren und ihn binnen Jahresfrist oder mittels einer innerhalb dieser Frist erhobenen Klage wiedererlangt hat.

§ 941 [Unterbrechung durch Geltendmachung des Eigentumsanspruchs]. [1]Die Ersitzung wird unterbrochen, wenn der Eigentumsanspruch gegen den Eigenbesitzer oder im Falle eines mittelbaren Eigenbesitzes gegen den Besitzer gerichtlich geltend gemacht wird, der sein Recht zum Besitze von dem Eigenbesitzer ableitet; die Unterbrechung tritt jedoch nur zugunsten desjenigen ein, welcher sie herbeiführt. [2]Die für die Verjährung geltenden Vorschriften der §§ 209 bis 212, 216, 219, 220 finden entsprechende Anwendung.

§ 942 [Wirkung der Unterbrechung]. Wird die Ersitzung unterbrochen, so kommt die bis zur Unterbrechung verstrichene Zeit nicht in Betracht; eine neue Ersitzung kann erst nach der Beendigung der Unterbrechung beginnen.

§ 943 [Rechtsnachfolge]. Gelangt die Sache durch Rechtsnachfolge in den Eigenbesitz eines Dritten, so kommt die während des Besitzes des Rechtsvorgängers verstrichene Ersitzungszeit dem Dritten zustatten.

§ 944 [Erbschaftsbesitzer]. Die Ersitzungszeit, die zugunsten eines Erbschaftsbesitzers verstrichen ist, kommt dem Erben zustatten.

§ 945 [Erlöschen von Rechten Dritter]. [1] Mit dem Erwerbe des Eigentums durch Ersitzung erlöschen die an der Sache vor dem Erwerbe des Eigenbesitzes begründeten Rechte Dritter, es sei denn, daß der Eigenbesitzer bei dem Erwerbe des Eigenbesitzes in Ansehung dieser Rechte nicht in gutem Glauben ist oder ihr Bestehen später erfährt. [2] Die Ersitzungsfrist muß auch in Ansehung des Rechtes des Dritten verstrichen sein; die Vorschriften der §§ 939 bis 944 finden entsprechende Anwendung.

III. Verbindung. Vermischung. Verarbeitung

§ 946 [Verbindung mit einem Grundstück]. Wird eine bewegliche Sache mit einem Grundstücke dergestalt verbunden, daß sie wesentlicher Bestandteil des Grundstücks wird, so erstreckt sich das Eigentum an dem Grundstück auf diese Sache.

§ 947 [Verbindung mit beweglichen Sachen]. (1) Werden bewegliche Sachen miteinander dergestalt verbunden, daß sie wesentliche Bestandteile einer einheitlichen Sache werden, so werden die bisherigen Eigentümer Miteigentümer dieser Sache; die Anteile bestimmen sich nach dem Verhältnisse des Wertes, den die Sachen zur Zeit der Verbindung haben.

(2) Ist eine der Sachen als die Hauptsache anzusehen, so erwirbt ihr Eigentümer das Alleineigentum.

§ 948 [Vermischung]. (1) Werden bewegliche Sachen miteinander untrennbar vermischt oder vermengt, so finden die Vorschriften des § 947 entsprechende Anwendung.

(2) Der Untrennbarkeit steht es gleich, wenn die Trennung der vermischten oder vermengten Sachen mit unverhältnismäßigen Kosten verbunden sein würde.

§ 949 [Erlöschen von Rechten Dritter]. [1] Erlischt nach den §§ 946 bis 948 das Eigentum an einer Sache, so erlöschen auch die sonstigen an der Sache bestehenden Rechte. [2] Erwirbt der Eigentümer der belasteten Sache Miteigentum, so bestehen die Rechte an dem Anteile fort, der an die Stelle der Sache tritt. [3] Wird der Eigentümer der belasteten Sache Alleineigentümer, so erstrecken sich die Rechte auf die hinzutretende Sache.

§ 950 [Verarbeitung]. (1) ¹Wer durch Verarbeitung oder Umbildung eines oder mehrerer Stoffe eine neue bewegliche Sache herstellt, erwirbt das Eigentum an der neuen Sache, sofern nicht der Wert der Verarbeitung oder der Umbildung erheblich geringer ist als der Wert des Stoffes. ²Als Verarbeitung gilt auch das Schreiben, Zeichnen, Malen, Drucken, Gravieren oder eine ähnliche Bearbeitung der Oberfläche.

(2) Mit dem Erwerbe des Eigentums an der neuen Sache erlöschen die an dem Stoffe bestehenden Rechte.

§ 951 [Entschädigung für Rechtsverlust]. (1) ¹Wer infolge der Vorschriften der §§ 946 bis 950 einen Rechtsverlust erleidet, kann von demjenigen, zu dessen Gunsten die Rechtsänderung eintritt, Vergütung in Geld nach den Vorschriften über die Herausgabe einer ungerechtfertigten Bereicherung fordern. ²Die Wiederherstellung des früheren Zustandes kann nicht verlangt werden.

(2) ¹Die Vorschriften über die Verpflichtung zum Schadensersatze wegen unerlaubter Handlungen sowie die Vorschriften über den Ersatz von Verwendungen und über das Recht zur Wegnahme einer Einrichtung bleiben unberührt. ²In den Fällen der §§ 946, 947 ist die Wegnahme nach den für das Wegnahmerecht des Besitzers gegenüber dem Eigentümer geltenden Vorschriften auch dann zulässig, wenn die Verbindung nicht von dem Besitzer der Hauptsache bewirkt worden ist.

§ 952 [Eigentum an Schuldurkunden]. (1) ¹Das Eigentum an dem über eine Forderung ausgestellten Schuldscheine steht dem Gläubiger zu. ²Das Recht eines Dritten an der Forderung erstreckt sich auf den Schuldschein.

(2) Das gleiche gilt für Urkunden über andere Rechte, kraft deren eine Leistung gefordert werden kann, insbesondere für Hypotheken-, Grundschuld- und Rentenschuldbriefe.

IV. Erwerb von Erzeugnissen und sonstigen Bestandteilen einer Sache

§ 953 [Grundsatz]. Erzeugnisse und sonstige Bestandteile einer Sache gehören auch nach der Trennung dem Eigentümer der Sache, soweit sich nicht aus den §§ 954 bis 957 ein anderes ergibt.

§ 954 [Erwerb durch dinglich Berechtigten]. Wer vermöge eines Rechtes an einer fremden Sache befugt ist, sich Erzeugnisse oder sonstige Bestandteile der Sache anzueignen, erwirbt das Eigentum an ihnen, unbeschadet der Vorschriften der §§ 955 bis 957, mit der Trennung.

§ 955 [Erwerb durch gutgläubigen Eigenbesitzer]. (1) ¹Wer eine Sache im Eigenbesitze hat, erwirbt das Eigentum an den Erzeugnissen und sonstigen zu den Früchten der Sache gehörenden Bestandteilen, unbeschadet der Vorschriften der §§ 956, 957, mit der Trennung. ²Der Erwerb ist ausgeschlossen, wenn der Eigenbesitzer nicht zum Eigenbesitz oder ein anderer vermöge eines Rechtes an der Sache zum Fruchtbezuge berechtigt ist und der Eigenbesitzer bei dem Erwerbe des Eigenbesitzes nicht in gutem Glauben ist oder vor der Trennung den Rechtsmangel erfährt.

(2) Dem Eigenbesitzer steht derjenige gleich, welcher die Sache zum Zwecke der Ausübung eines Nutzungsrechts an ihr besitzt.

(3) Auf den Eigenbesitz und den ihm gleichgestellten Besitz findet die Vorschrift des § 940 Abs. 2 entsprechende Anwendung.

§ 956 [Erwerb durch persönlich Berechtigten]. (1) ¹Gestattet der Eigentümer einem anderen, sich Erzeugnisse oder sonstige Bestandteile der Sache anzueignen, so erwirbt dieser das Eigentum an ihnen, wenn der Besitz der Sache ihm überlassen ist, mit der Trennung, anderenfalls mit der Besitzergreifung. ²Ist der Eigentümer zu der Gestattung verpflichtet, so kann er sie nicht widerrufen, solange sich der andere in dem ihm überlassenen Besitze der Sache befindet.

(2) Das gleiche gilt, wenn die Gestattung nicht von dem Eigentümer, sondern von einem anderen ausgeht, dem Erzeugnisse oder sonstige Bestandteile einer Sache nach der Trennung gehören.

§ 957 [Gestattung durch den Nichtberechtigten]. Die Vorschriften des § 956 finden auch dann Anwendung, wenn derjenige, welcher die Aneignung einem anderen gestattet, hierzu nicht berechtigt ist, es sei denn, daß der andere, falls ihm der Besitz der Sache überlassen wird, bei der Überlassung, anderenfalls bei der Ergreifung des Besitzes der Erzeugnisse oder der sonstigen Bestandteile nicht in gutem Glauben ist oder vor der Trennung den Rechtsmangel erfährt.

V. Aneignung

§ 958 [Grundsatz]. (1) Wer eine herrenlose bewegliche Sache in Eigenbesitz nimmt, erwirbt das Eigentum an der Sache.

(2) Das Eigentum wird nicht erworben, wenn die Aneignung gesetzlich verboten ist oder wenn durch die Besitzergreifung das Aneignungsrecht eines anderen verletzt wird.

§ 959 [Aufgabe des Eigentums]. Eine bewegliche Sache wird herrenlos, wenn der Eigentümer in der Absicht, auf das Eigentum zu verzichten, den Besitz der Sache aufgibt.

§ 960 [Wilde Tiere]. (1) ¹Wilde Tiere sind herrenlos, solange sie sich in der Freiheit befinden. ²Wilde Tiere in Tiergärten und Fische in Teichen oder anderen geschlossenen Privatgewässern sind nicht herrenlos.

(2) Erlangt ein gefangenes wildes Tier die Freiheit wieder, so wird es herrenlos, wenn nicht der Eigentümer das Tier unverzüglich verfolgt oder wenn er die Verfolgung aufgibt.

(3) Ein gezähmtes Tier wird herrenlos, wenn es die Gewohnheit ablegt, an den ihm bestimmten Ort zurückzukehren.

§ 961 [Herrenloswerden eines Bienenschwarmes]. Zieht ein Bienenschwarm aus, so wird er herrenlos, wenn nicht der Eigentümer ihn unverzüglich verfolgt oder wenn der Eigentümer die Verfolgung aufgibt.

§ 962 [Verfolgungsrecht des Eigentümers]. [1]Der Eigentümer des Bienenschwarms darf bei der Verfolgung fremde Grundstücke betreten. [2]Ist der Schwarm in eine fremde nicht besetzte Bienenwohnung eingezogen, so darf der Eigentümer des Schwarmes zum Zwecke des Einfangens die Wohnung öffnen und die Waben herausnehmen oder herausbrechen. [3]Er hat den entstehenden Schaden zu ersetzen.

§ 963 [Vereinigung von Bienenschwärmen]. Vereinigen sich ausgezogene Bienenschwärme mehrerer Eigentümer, so werden die Eigentümer, welche ihre Schwärme verfolgt haben, Miteigentümer des eingefangenen Gesamtschwarmes; die Anteile bestimmen sich nach der Zahl der verfolgten Schwärme.

§ 964 [Einzug in eine fremde besetzte Bienenwohnung]. [1]Ist ein Bienenschwarm in eine fremde besetzte Bienenwohnung eingezogen, so erstrecken sich das Eigentum und die sonstigen Rechte an den Bienen, mit denen die Wohnung besetzt war, auf den eingezogenen Schwarm. [2]Das Eigentum und die sonstigen Rechte an dem eingezogenen Schwarme erlöschen.

VI. Fund

§ 965 [Anzeigepflicht des Finders]. (1) Wer eine verlorene Sache findet und an sich nimmt, hat dem Verlierer oder dem Eigentümer oder einem sonstigen Empfangsberechtigten unverzüglich Anzeige zu machen.

(2) [1]Kennt der Finder die Empfangsberechtigten nicht oder ist ihm ihr Aufenthalt unbekannt, so hat er den Fund und die Umstände, welche für die Ermittlung der Empfangsberechtigten erheblich sein können, unverzüglich der zuständigen Behörde anzuzeigen. [2]Ist die Sache nicht mehr als zehn Deutsche Mark wert, so bedarf es der Anzeige nicht.

§ 966 [Verwahrungspflicht]. (1) Der Finder ist zur Verwahrung der Sache verpflichtet.

(2) ¹Ist der Verderb der Sache zu besorgen oder ist die Aufbewahrung mit unverhältnismäßigen Kosten verbunden, so hat der Finder die Sache öffentlich versteigern zu lassen. ²Vor der Versteigerung ist der zuständigen Behörde Anzeige zu machen. ³Der Erlös tritt an die Stelle der Sache.

§ 967 [Ablieferungspflicht]. Der Finder ist berechtigt und auf Anordnung der zuständigen Behörde verpflichtet, die Sache oder den Versteigerungserlös an die zuständige Behörde abzuliefern.

§ 968 [Umfang der Haftung]. Der Finder hat nur Vorsatz und grobe Fahrlässigkeit zu vertreten.

§ 969 [Herausgabe an den Verlierer]. Der Finder wird durch die Herausgabe der Sache an den Verlierer auch den sonstigen Empfangsberechtigten gegenüber befreit.

§ 970 [Ersatz von Aufwendungen]. Macht der Finder zum Zwecke der Verwahrung oder Erhaltung der Sache oder zum Zwecke der Ermittelung eines Empfangsberechtigten Aufwendungen, die er den Umständen nach für erforderlich halten darf, so kann er von dem Empfangsberechtigten Ersatz verlangen.

§ 971 [Finderlohn]. (1) ¹Der Finder kann von dem Empfangsberechtigten einen Finderlohn verlangen. ²Der Finderlohn beträgt von dem Wert der Sache bis zu eintausend Deutsche Mark fünf vom Hundert, von dem Mehrwert drei vom Hundert, bei Tieren drei vom Hundert. ³Hat die Sache nur für den Empfangsberechtigten einen Wert, so ist der Finderlohn nach billigem Ermessen zu bestimmen.

(2) Der Anspruch ist ausgeschlossen, wenn der Finder die Anzeigepflicht verletzt oder den Fund auf Nachfrage verheimlicht.

§ 972 [Zurückbehaltungsrecht des Finders]. Auf die in den §§ 970, 971 bestimmten Ansprüche finden die für die Ansprüche des Besitzers gegen den Eigentümer wegen Verwendungen geltenden Vorschriften der §§ 1000 bis 1002 entsprechende Anwendung.

§ 973 [Eigentumserwerb des Finders]. (1) ¹Mit dem Ablauf von sechs Monaten nach der Anzeige des Fundes bei der zuständigen Behörde erwirbt der Finder das Eigentum an der Sache, es sei denn, daß vorher ein Empfangsberechtigter dem Finder bekannt geworden ist oder sein Recht bei der zuständigen Behörde angemeldet hat. ²Mit dem Erwerbe des Eigentums erlöschen die sonstigen Rechte an der Sache.

(2) ¹Ist die Sache nicht mehr als zehn Deutsche Mark wert, so beginnt die sechsmonatige Frist mit dem Fund. ²Der Finder erwirbt das Eigentum nicht, wenn er den Fund auf Nachfrage verheimlicht.

Eigentumserwerb an beweglichen Sachen §§ 974–978 BGB 1

³Die Anmeldung eines Rechtes bei der zuständigen Behörde steht dem Erwerbe des Eigentums nicht entgegen.

§ 974 [Eigentumserwerb nach Verschweigung]. ¹Sind vor dem Ablauf der sechsmonatigen Frist Empfangsberechtigte dem Finder bekannt geworden oder haben sie bei einer Sache, die mehr als zehn Deutsche Mark wert ist, ihre Rechte bei der zuständigen Behörde rechtzeitig angemeldet, so kann der Finder die Empfangsberechtigten nach den Vorschriften des § 1003 zur Erklärung über die ihm nach den §§ 970 bis 972 zustehenden Ansprüche auffordern. ²Mit dem Ablaufe der für die Erklärung bestimmten Frist erwirbt der Finder das Eigentum und erlöschen die sonstigen Rechte an der Sache, wenn nicht die Empfangsberechtigten sich rechtzeitig zu der Befriedigung der Ansprüche bereit erklären.

§ 975 [Rechte des Finders nach Ablieferung]. ¹Durch die Ablieferung der Sache oder des Versteigerungserlöses an die zuständige Behörde werden die Rechte des Finders nicht berührt. ²Läßt die zuständige Behörde die Sache versteigern, so tritt der Erlös an die Stelle der Sache. ³Die zuständige Behörde darf die Sache oder den Erlös nur mit Zustimmung des Finders einem Empfangsberechtigten herausgeben.

§ 976 [Eigentumserwerb der Gemeinde]. (1) Verzichtet der Finder der zuständigen Behörde gegenüber auf das Recht zum Erwerbe des Eigentums an der Sache, so geht sein Recht auf die Gemeinde des Fundorts über.

(2) Hat der Finder nach der Ablieferung der Sache oder des Versteigerungserlöses an die zuständige Behörde auf Grund der Vorschriften der §§ 973, 974 das Eigentum erworben, so geht es auf die Gemeinde des Fundorts über, wenn nicht der Finder vor dem Ablauf einer ihm von der zuständigen Behörde bestimmten Frist die Herausgabe verlangt.

§ 977 [Bereicherungsanspruch]. ¹Wer infolge der Vorschriften der §§ 973, 974, 976 einen Rechtsverlust erleidet, kann in den Fällen der §§ 973, 974 von dem Finder, in den Fällen des § 976 von der Gemeinde des Fundorts die Herausgabe des durch die Rechtsänderung Erlangten nach den Vorschriften über die Herausgabe einer ungerechtfertigten Bereicherung fordern. ²Der Anspruch erlischt mit dem Ablaufe von drei Jahren nach dem Übergange des Eigentums auf den Finder oder die Gemeinde, wenn nicht die gerichtliche Geltendmachung vorher erfolgt.

§ 978 [Fund in öffentlicher Behörde oder Verkehrsanstalt]. (1) ¹Wer eine Sache in den Geschäftsräumen oder den Beförderungsmitteln einer öffentlichen Behörde oder einer dem öffentlichen Verkehre dienenden Verkehrsanstalt findet und an sich nimmt, hat die

1 BGB §§ 979–981 Drittes Buch. Sachenrecht

Sache unverzüglich an die Behörde oder die Verkehrsanstalt oder an einen ihrer Angestellten abzuliefern. ²Die Vorschriften der §§ 965 bis 967 und 969 bis 977 finden keine Anwendung.

(2) ¹Ist die Sache nicht weniger als einhundert Deutsche Mark wert, so kann der Finder von dem Empfangsberechtigten einen Finderlohn verlangen. ²Der Finderlohn besteht in der Hälfte des Betrages, der sich bei Anwendung des § 971 Abs. 1 Satz 2, 3 ergeben würde. ³Der Anspruch ist ausgeschlossen, wenn der Finder Bediensteter der Behörde oder der Verkehrsanstalt ist oder der Finder die Ablieferungspflicht verletzt. ⁴Die für die Ansprüche des Besitzers gegen den Eigentümer wegen Verwendungen geltende Vorschrift des § 1001 findet auf den Finderlohnanspruch entsprechende Anwendung. ⁵Besteht ein Anspruch auf Finderlohn, so hat die Behörde oder die Verkehrsanstalt dem Finder die Herausgabe der Sache an einen Empfangsberechtigten anzuzeigen.

(3) ¹Fällt der Versteigerungserlös oder gefundenes Geld an den nach § 981 Abs. 1 Berechtigten, so besteht ein Anspruch auf Finderlohn nach Absatz 2 Satz 1 bis 3 gegen diesen. ²Der Anspruch erlischt mit dem Ablauf von drei Jahren nach seiner Entstehung gegen den in Satz 1 bezeichneten Berechtigten.

§ 979 [Öffentliche Versteigerung]. (1) ¹Die Behörde oder die Verkehrsanstalt kann die an sie abgelieferte Sache öffentlich versteigern lassen. ²Die öffentlichen Behörden und die Verkehrsanstalten des *Reichs,* der *Bundesstaaten* und der Gemeinden können die Versteigerung durch einen ihrer Beamten vornehmen lassen.

(2) Der Erlös tritt an die Stelle der Sache.

§ 980. [Öffentliche Bekanntmachung des Fundes]. (1) Die Versteigerung ist erst zulässig, nachdem die Empfangsberechtigten in einer öffentlichen Bekanntmachung des Fundes zur Anmeldung ihrer Rechte unter Bestimmung einer Frist aufgefordert worden sind und die Frist verstrichen ist; sie ist unzulässig, wenn eine Anmeldung rechtzeitig erfolgt ist.

(2) Die Bekanntmachung ist nicht erforderlich, wenn der Verderb der Sache zu besorgen oder die Aufbewahrung mit unverhältnismäßigen Kosten verbunden ist.

§ 981. [Empfang des Versteigerungserlöses]. (1) Sind seit dem Ablaufe der in der öffentlichen Bekanntmachung bestimmten Frist drei Jahre verstrichen, so fällt der Versteigerungserlös, wenn nicht ein Empfangsberechtigter sein Recht angemeldet hat, bei *Reichsbehörden* und *Reichsanstalten* an den *Reichsfiskus,* bei Landesbehörden und Landesanstalten an den Fiskus des *Bundesstaats,* bei Gemeindebehörden und Gemeindeanstalten an die Gemeinde, bei Verkehrsanstalten, die von einer Privatperson betrieben werden, an diese.

Ansprüche aus dem Eigentume **§§ 982–987 BGB 1**

(2) ¹Ist die Versteigerung ohne die öffentliche Bekanntmachung erfolgt, so beginnt die dreijährige Frist erst, nachdem die Empfangsberechtigten in einer öffentlichen Bekanntmachung des Fundes zur Anmeldung ihrer Rechte aufgefordert worden sind. ²Das gleiche gilt, wenn gefundenes Geld abgeliefert worden ist.

(3) Die Kosten werden von dem herauszugebenden Betrag abgezogen.

§ 982 [Ausführungsvorschriften]. Die in den §§ 980, 981 vorgeschriebene Bekanntmachung erfolgt bei *Reichsbehörden* und *Reichsanstalten* nach den von dem *Bundesrat*, in den übrigen Fällen nach den von der Zentralbehörde des *Bundesstaats* erlassenen Vorschriften.

§ 983 [Unanbringbare Sachen bei Behörden]. Ist eine öffentliche Behörde im Besitz einer Sache, zu deren Herausgabe sie verpflichtet ist, ohne daß die Verpflichtung auf Vertrag beruht, so finden, wenn der Behörde der Empfangsberechtigte oder dessen Aufenthalt unbekannt ist, die Vorschriften der §§ 979 bis 982 entsprechende Anwendung.

§ 984 [Schatzfund]. Wird eine Sache, die so lange verborgen gelegen hat, daß der Eigentümer nicht mehr zu ermitteln ist (Schatz), entdeckt und infolge der Entdeckung in Besitz genommen, so wird das Eigentum zur Hälfte von dem Entdecker, zur Hälfte von dem Eigentümer der Sache erworben, in welcher der Schatz verborgen war.

Vierter Titel. Ansprüche aus dem Eigentume

§ 985 [Herausgabeanspruch]. Der Eigentümer kann von dem Besitzer die Herausgabe der Sache verlangen.

§ 986 [Einwendungen des Besitzers]. (1) ¹Der Besitzer kann die Herausgabe der Sache verweigern, wenn er oder der mittelbare Besitzer, von dem er sein Recht zum Besitz ableitet, dem Eigentümer gegenüber zum Besitze berechtigt ist. ²Ist der mittelbare Besitzer dem Eigentümer gegenüber zur Überlassung des Besitzes an den Besitzer nicht befugt, so kann der Eigentümer von dem Besitzer die Herausgabe der Sache an den mittelbaren Besitzer oder, wenn dieser den Besitz nicht wieder übernehmen kann oder will, an sich selbst verlangen.

(2) Der Besitzer einer Sache, die nach § 931 durch Abtretung des Anspruchs auf Herausgabe veräußert worden ist, kann dem neuen Eigentümer die Einwendungen entgegensetzen, welche ihm gegen den abgetretenen Anspruch zustehen.

§ 987 [Nutzungen nach Rechtshängigkeit]. (1) Der Besitzer hat dem Eigentümer die Nutzungen herauszugeben, die er nach dem Eintritte der Rechtshängigkeit zieht.

(2) Zieht der Besitzer nach dem Eintritte der Rechtshängigkeit Nutzungen nicht, die er nach den Regeln einer ordnungsmäßigen Wirtschaft ziehen könnte, so ist er dem Eigentümer zum Ersatze verpflichtet, soweit ihm ein Verschulden zur Last fällt.

§ 988 [Nutzungen des unentgeltlichen Besitzers]. Hat ein Besitzer, der die Sache als ihm gehörig oder zum Zwecke der Ausübung eines ihm in Wirklichkeit nicht zustehenden Nutzungsrechts an der Sache besitzt, den Besitz unentgeltlich erlangt, so ist er dem Eigentümer gegenüber zur Herausgabe der Nutzungen, die er vor dem Eintritte der Rechtshängigkeit zieht, nach den Vorschriften über die Herausgabe einer ungerechtfertigten Bereicherung verpflichtet.

§ 989 [Schadensersatz nach Rechtshängigkeit]. Der Besitzer ist von dem Eintritte der Rechtshängigkeit an dem Eigentümer für den Schaden verantwortlich, der dadurch entsteht, daß infolge seines Verschuldens die Sache verschlechtert wird, untergeht oder aus einem anderen Grunde von ihm nicht herausgegeben werden kann.

§ 990 [Bösgläubiger Besitzer]. (1) [1]War der Besitzer bei dem Erwerbe des Besitzes nicht in gutem Glauben, so haftet er dem Eigentümer von der Zeit des Erwerbes an nach den §§ 987, 989. [2]Erfährt der Besitzer später, daß er zum Besitze nicht berechtigt ist, so haftet er in gleicher Weise von der Erlangung der Kenntnis an.

(2) Eine weitergehende Haftung des Besitzers wegen Verzugs bleibt unberührt.

§ 991 [Haftung des Besitzmittlers]. (1) Leitet der Besitzer das Recht zum Besitze von einem mittelbaren Besitzer ab, so finden die Vorschriften des § 990 in Ansehung der Nutzungen nur Anwendung, wenn die Voraussetzungen des § 990 auch bei dem mittelbaren Besitzer vorliegen oder diesem gegenüber die Rechtshängigkeit eingetreten ist.

(2) War der Besitzer bei dem Erwerbe des Besitzes in gutem Glauben, so hat er gleichwohl von dem Erwerb an den im § 989 bezeichneten Schaden dem Eigentümer gegenüber insoweit zu vertreten, als er dem mittelbaren Besitzer verantwortlich ist.

§ 992 [Haftung des deliktischen Besitzers]. Hat sich der Besitzer durch verbotene Eigenmacht oder durch eine Straftat den Besitz verschafft, so haftet er dem Eigentümer nach den Vorschriften über den Schadensersatz wegen unerlaubter Handlungen.

§ 993 [Haftung des redlichen Besitzers]. (1) Liegen die in den §§ 987 bis 992 bezeichneten Voraussetzungen nicht vor, so hat der Besitzer die gezogenen Früchte, soweit sie nach den Regeln einer ordnungsmäßigen Wirtschaft nicht als Ertrag der Sache anzusehen sind, nach den Vorschriften über die Herausgabe einer ungerechtfer-

Ansprüche aus dem Eigentume §§ 994–998 BGB 1

tigten Bereicherung herauszugeben; im übrigen ist er weder zur Herausgabe von Nutzungen noch zum Schadensersatze verpflichtet.

(2) Für die Zeit, für welche dem Besitzer die Nutzungen verbleiben, finden auf ihn die Vorschriften des § 101 Anwendung.

§ 994 [Notwendige Verwendungen]. (1) ¹Der Besitzer kann für die auf die Sache gemachten notwendigen Verwendungen von dem Eigentümer Ersatz verlangen. ²Die gewöhnlichen Erhaltungskosten sind ihm jedoch für die Zeit, für welche ihm die Nutzungen verbleiben, nicht zu ersetzen.

(2) Macht der Besitzer nach dem Eintritte der Rechtshängigkeit oder nach dem Beginne der im § 990 bestimmten Haftung notwendige Verwendungen, so bestimmt sich die Ersatzpflicht des Eigentümers nach den Vorschriften über die Geschäftsführung ohne Auftrag.

§ 995 [Lasten]. ¹Zu den notwendigen Verwendungen im Sinne des § 994 gehören auch die Aufwendungen, die der Besitzer zur Bestreitung von Lasten der Sache macht. ²Für die Zeit, für welche dem Besitzer die Nutzungen verbleiben, sind ihm nur die Aufwendungen für solche außerordentliche Lasten zu ersetzen, die als auf den Stammwert der Sache gelegt anzusehen sind.

§ 996 [Nützliche Verwendungen]. Für andere als notwendige Verwendungen kann der Besitzer Ersatz nur insoweit verlangen, als sie vor dem Eintritte der Rechtshängigkeit und vor dem Beginne der im § 990 bestimmten Haftung gemacht werden und der Wert der Sache durch sie noch zu der Zeit erhöht ist, zu welcher der Eigentümer die Sache wiedererlangt.

§ 997 [Wegnahmerecht]. (1) ¹Hat der Besitzer mit der Sache eine andere Sache als wesentlichen Bestandteil verbunden, so kann er sie abtrennen und sich aneignen. ²Die Vorschriften des § 258 finden Anwendung.

(2) Das Recht zur Abtrennung ist ausgeschlossen, wenn der Besitzer nach § 994 Abs. 1 Satz 2 für die Verwendung Ersatz nicht verlangen kann oder die Abtrennung für ihn keinen Nutzen hat oder ihm mindestens der Wert ersetzt wird, den der Bestandteil nach der Abtrennung für ihn haben würde.

§ 998 [Bestellungskosten bei landwirtschaftlichem Grundstück]. Ist ein landwirtschaftliches Grundstück herauszugeben, so hat der Eigentümer die Kosten, die der Besitzer auf die noch nicht getrennten, jedoch nach den Regeln einer ordnungsmäßigen Wirtschaft vor dem Ende des Wirtschaftsjahrs zu trennenden Früchte verwendet hat, insoweit zu ersetzen, als sie einer ordnungsmäßigen Wirtschaft entsprechen und den Wert dieser Früchte nicht übersteigen.

1 BGB §§ 999–1003 Drittes Buch. Sachenrecht

§ 999 [Ersatz von Verwendungen des Rechtsvorgängers]. (1) Der Besitzer kann für die Verwendungen eines Vorbesitzers, dessen Rechtsnachfolger er geworden ist, in demselben Umfang Ersatz verlangen, in welchem ihn der Vorbesitzer fordern könnte, wenn er die Sache herauszugeben hätte.

(2) Die Verpflichtung des Eigentümers zum Ersatze von Verwendungen erstreckt sich auch auf die Verwendungen, die gemacht worden sind, bevor er das Eigentum erworben hat.

§ 1000 [Zurückbehaltungsrecht des Besitzers]. [1]Der Besitzer kann die Herausgabe der Sache verweigern, bis er wegen der ihm zu ersetzenden Verwendungen befriedigt wird. [2]Das Zurückbehaltungsrecht steht ihm nicht zu, wenn er die Sache durch eine vorsätzlich begangene unerlaubte Handlung erlangt hat.

§ 1001 [Klage auf Verwendungsersatz]. [1]Der Besitzer kann den Anspruch auf den Ersatz der Verwendungen nur geltend machen, wenn der Eigentümer die Sache wiedererlangt oder die Verwendungen genehmigt. [2]Bis zur Genehmigung der Verwendungen kann sich der Eigentümer von dem Ansprüche dadurch befreien, daß er die wiedererlangte Sache zurückgibt. [3]Die Genehmigung gilt als erteilt, wenn der Eigentümer die ihm von dem Besitzer unter Vorbehalt des Anspruchs angebotene Sache annimmt.

§ 1002 [Erlöschen des Verwendungsanspruchs]. (1) Gibt der Besitzer die Sache dem Eigentümer heraus, so erlischt der Anspruch auf den Ersatz der Verwendungen mit dem Ablauf eines Monats, bei einem Grundstücke mit dem Ablaufe von sechs Monaten nach der Herausgabe, wenn nicht vorher die gerichtliche Geltendmachung erfolgt oder der Eigentümer die Verwendungen genehmigt.

(2) Auf diese Fristen finden die für die Verjährung geltenden Vorschriften der §§ 203, 206, 207 entsprechende Anwendung.

§ 1003 [Befriedigungsrecht des Besitzers]. (1) [1]Der Besitzer kann den Eigentümer unter Angabe des als Ersatz verlangten Betrags auffordern, sich innerhalb einer von ihm bestimmten angemessenen Frist darüber zu erklären, ob er die Verwendungen genehmige. [2]Nach dem Ablaufe der Frist ist der Besitzer berechtigt, Befriedigung aus der Sache nach den Vorschriften über den Pfandverkauf, bei einem Grundstücke nach den Vorschriften über die Zwangsvollstreckung in das unbewegliche Vermögen zu suchen, wenn nicht die Genehmigung rechtzeitig erfolgt.

(2) Bestreitet der Eigentümer den Anspruch vor dem Ablaufe der Frist, so kann sich der Besitzer aus der Sache erst dann befriedigen, wenn er nach rechtskräftiger Feststellung des Betrags der Verwendungen den Eigentümer unter Bestimmung einer angemessenen Frist zur Erklärung aufgefordert hat und die Frist verstrichen ist; das

Ansprüche aus dem Eigentume §§ 1004–1007 BGB 1

Recht auf Befriedigung aus der Sache ist ausgeschlossen, wenn die Genehmigung rechtzeitig erfolgt.

§ 1004 [Beseitigungs- und Unterlassungsanspruch]. (1) [1]Wird das Eigentum in anderer Weise als durch Entziehung oder Vorenthaltung des Besitzes beeinträchtigt, so kann der Eigentümer von dem Störer die Beseitigung der Beeinträchtigung verlangen. [2]Sind weitere Beeinträchtigungen zu besorgen, so kann der Eigentümer auf Unterlassung klagen.

(2) Der Anspruch ist ausgeschlossen, wenn der Eigentümer zur Duldung verpflichtet ist.

§ 1005 [Verfolgungsrecht]. Befindet sich eine Sache auf einem Grundstücke, das ein anderer als der Eigentümer der Sache besitzt, so steht diesem gegen den Besitzer des Grundstücks der im § 867 bestimmte Anspruch zu.

§ 1006 [Eigentumsvermutung für Besitzer]. (1) [1]Zugunsten des Besitzers einer beweglichen Sache wird vermutet, daß er Eigentümer der Sache sei. [2]Dies gilt jedoch nicht einem früheren Besitzer gegenüber, dem die Sache gestohlen worden, verloren gegangen oder sonst abhanden gekommen ist, es sei denn, daß es sich um Geld oder Inhaberpapiere handelt.

(2) Zugunsten eines früheren Besitzers wird vermutet, daß er während der Dauer seines Besitzes Eigentümer der Sache gewesen sei.

(3) Im Falle eines mittelbaren Besitzes gilt die Vermutung für den mittelbaren Besitzer.

§ 1007 [Ansprüche des früheren Besitzers]. (1) Wer eine bewegliche Sache im Besitze gehabt hat, kann von dem Besitzer die Herausgabe der Sache verlangen, wenn dieser bei dem Erwerbe des Besitzes nicht in gutem Glauben war.

(2) [1]Ist die Sache dem früheren Besitzer gestohlen worden, verloren gegangen oder sonst abhanden gekommen, so kann er die Herausgabe auch von einem gutgläubigen Besitzer verlangen, es sei denn, daß dieser Eigentümer der Sache ist oder die Sache ihm vor der Besitzzeit des früheren Besitzers abhanden gekommen war. [2]Auf Geld und Inhaberpapiere findet diese Vorschrift keine Anwendung.

(3) [1]Der Anspruch ist ausgeschlossen, wenn der frühere Besitzer bei dem Erwerbe des Besitzes nicht in gutem Glauben war oder wenn er den Besitz aufgegeben hat. [2]Im übrigen finden die Vorschriften der §§ 986 bis 1003 entsprechende Anwendung.

Fünfter Titel. Miteigentum

§ 1008 [**Miteigentum nach Bruchteilen**]. Steht das Eigentum an einer Sache mehreren nach Bruchteilen zu, so gelten die Vorschriften der §§ 1009 bis 1011.

§ 1009 [**Belastung zugunsten eines Miteigentümers**]. (1) Die gemeinschaftliche Sache kann auch zugunsten eines Miteigentümers belastet werden.

(2) Die Belastung eines gemeinschaftlichen Grundstücks zugunsten des jeweiligen Eigentümers eines anderen Grundstücks sowie die Belastung eines anderen Grundstücks zugunsten der jeweiligen Eigentümer des gemeinschaftlichen Grundstücks wird nicht dadurch ausgeschlossen, daß das andere Grundstück einem Miteigentümer des gemeinschaftlichen Grundstücks gehört.

§ 1010 [**Sondernachfolger eines Miteigentümers**]. (1) Haben die Miteigentümer eines Grundstücks die Verwaltung und Benutzung geregelt oder das Recht, die Aufhebung der Gemeinschaft zu verlangen, für immer oder auf Zeit ausgeschlossen oder eine Kündigungsfrist bestimmt, so wirkt die getroffene Bestimmung gegen den Sondernachfolger eines Miteigentümers nur, wenn sie als Belastung des Anteils im Grundbuch eingetragen ist.

(2) Die in den §§ 755, 756 bestimmten Ansprüche können gegen den Sondernachfolger eines Miteigentümers nur geltend gemacht werden, wenn sie im Grundbuch eingetragen sind.

§ 1011 [**Ansprüche aus dem Miteigentum**]. Jeder Miteigentümer kann die Ansprüche aus dem Eigentume Dritten gegenüber in Ansehung der ganzen Sache geltend machen, den Anspruch auf Herausgabe jedoch nur in Gemäßheit des § 432.

Vierter Abschnitt. Erbbaurecht[1)]

§ 1012. Ein Grundstück kann in der Weise belastet werden, daß demjenigen, zu dessen Gunsten die Belastung erfolgt, das veräußerliche und vererbliche Recht zusteht, auf oder unter der Oberfläche des Grundstücks ein Bauwerk zu haben (Erbbaurecht).

§ 1013. Das Erbbaurecht kann auf die Benutzung eines für das Bauwerk nicht erforderlichen Teiles des Grundstücks erstreckt werden, wenn sie für die Benutzung des Bauwerkes Vorteil bietet.

[1)] Der Vierte Abschnitt wurde durch § 35 der VO über das Erbbaurecht vom 15. 1. 1919 (RGBl. S. 72, ber. S. 122), abgedruckt unter Nr. 4, außer Kraft gesetzt; er bleibt aber nach § 38 dieser VO für die zu dieser Zeit bereits begründeten Erbbaurechte noch maßgebend.

Grunddienstbarkeiten **§§ 1014–1021 BGB 1**

§ 1014. *Die Beschränkung des Erbbaurechts auf einen Teil eines Gebäudes, insbesondere ein Stockwerk, ist unzulässig.*

§ 1015. *Die zur Bestellung des Erbbaurechts nach § 873 erforderliche Einigung des Eigentümers und des Erwerbers muß bei gleichzeitiger Anwesenheit beider Teile vor dem Grundbuchamt erklärt werden.*

§ 1016. *Das Erbbaurecht erlischt nicht dadurch, daß das Bauwerk untergeht.*

§ 1017. (1) *Für das Erbbaurecht gelten die sich auf Grundstücke beziehenden Vorschriften.*

(2) *Die für den Erwerb des Eigentums und die Ansprüche aus dem Eigentume geltenden Vorschriften finden auf das Erbbaurecht entsprechende Anwendung.*

Fünfter Abschnitt. Dienstbarkeiten

Erster Titel. Grunddienstbarkeiten

§ 1018 [Begriff]. Ein Grundstück kann zugunsten des jeweiligen Eigentümers eines anderen Grundstücks in der Weise belastet werden, daß dieser das Grundstück in einzelnen Beziehungen benutzen darf oder daß auf dem Grundstücke gewisse Handlungen nicht vorgenommen werden dürfen oder daß die Ausübung eines Rechtes ausgeschlossen ist, das sich aus dem Eigentum an dem belasteten Grundstücke dem anderen Grundstücke gegenüber ergibt (Grunddienstbarkeit).

§ 1019 [Vorteil für herrschendes Grundstück]. ¹Eine Grunddienstbarkeit kann nur in einer Belastung bestehen, die für die Benutzung des Grundstücks des Berechtigten Vorteil bietet. ²Über das sich hieraus ergebende Maß hinaus kann der Inhalt der Dienstbarkeit nicht erstreckt werden.

§ 1020 [Schonende Ausübung]. ¹Bei der Ausübung einer Grunddienstbarkeit hat der Berechtigte das Interesse des Eigentümers des belasteten Grundstücks tunlichst zu schonen. ²Hält er zur Ausübung der Dienstbarkeit auf dem belasteten Grundstück eine Anlage, so hat er sie in ordnungsmäßigem Zustande zu erhalten, soweit das Interesse des Eigentümers es erfordert.

§ 1021 [Vereinbarte Unterhaltungspflicht]. (1) ¹Gehört zur Ausübung einer Grunddienstbarkeit eine Anlage auf dem belasteten Grundstücke, so kann bestimmt werden, daß der Eigentümer dieses Grundstücks die Anlage zu unterhalten hat, soweit das Interesse des Berechtigten es erfordert. ²Steht dem Eigentümer das Recht zur Mitbenutzung der Anlage zu, so kann bestimmt werden, daß der Be-

1 BGB §§ 1022–1026 Drittes Buch. Sachenrecht

rechtigte die Anlage zu unterhalten hat, soweit es für das Benutzungsrecht des Eigentümers erforderlich ist.

(2) Auf eine solche Unterhaltungspflicht finden die Vorschriften über die Reallasten entsprechende Anwendung.

§ 1022 [**Anlagen auf baulichen Anlagen**]. ¹Besteht die Grunddienstbarkeit in dem Rechte, auf einer baulichen Anlage des belasteten Grundstücks eine bauliche Anlage zu halten, so hat, wenn nicht ein anderes bestimmt ist, der Eigentümer des belasteten Grundstücks seine Anlage zu unterhalten, soweit das Interesse des Berechtigten es erfordert. ²Die Vorschrift des § 1021 Abs. 2 gilt auch für diese Unterhaltungspflicht.

§ 1023 [**Verlegung der Ausübung**]. (1) ¹Beschränkt sich die jeweilige Ausübung einer Grunddienstbarkeit auf einen Teil des belasteten Grundstücks, so kann der Eigentümer die Verlegung der Ausübung auf eine andere, für den Berechtigten ebenso geeignete Stelle verlangen, wenn die Ausübung an der bisherigen Stelle für ihn besonders beschwerlich ist; die Kosten der Verlegung hat er zu tragen und vorzuschießen. ²Dies gilt auch dann, wenn der Teil des Grundstücks, auf den sich die Ausübung beschränkt, durch Rechtsgeschäft bestimmt ist.

(2) Das Recht auf die Verlegung kann nicht durch Rechtsgeschäft ausgeschlossen oder beschränkt werden.

§ 1024 [**Zusammentreffen mehrerer Nutzungsrechte**]. Trifft eine Grunddienstbarkeit mit einer anderen Grunddienstbarkeit oder einem sonstigen Nutzungsrecht an dem Grundstücke dergestalt zusammen, daß die Rechte nebeneinander nicht oder nicht vollständig ausgeübt werden können, und haben die Rechte gleichen Rang, so kann jeder Berechtigte eine den Interessen aller Berechtigten nach billigem Ermessen entsprechende Regelung der Ausübung verlangen.

§ 1025 [**Teilung des herrschenden Grundstücks**]. ¹Wird das Grundstück des Berechtigten geteilt, so besteht die Grunddienstbarkeit für die einzelnen Teile fort; die Ausübung ist jedoch im Zweifel nur in der Weise zulässig, daß sie für den Eigentümer des belasteten Grundstücks nicht beschwerlicher wird. ²Gereicht die Dienstbarkeit nur einem der Teile zum Vorteile, so erlischt sie für die übrigen Teile.

§ 1026 [**Teilung des dienenden Grundstücks**]. Wird das belastete Grundstück geteilt, so werden, wenn die Ausübung der Grunddienstbarkeit auf einen bestimmten Teil des belasteten Grundstücks beschränkt ist, die Teile, welche außerhalb des Bereichs der Ausübung liegen, von der Dienstbarkeit frei.

§ 1027 [Beeinträchtigung der Grunddienstbarkeit]. Wird eine Grunddienstbarkeit beeinträchtigt, so stehen dem Berechtigten die im § 1004 bestimmten Rechte zu.

§ 1028 [Verjährung]. (1) [1]Ist auf dem belasteten Grundstück eine Anlage, durch welche die Grunddienstbarkeit beeinträchtigt wird, errichtet worden, so unterliegt der Anspruch des Berechtigten auf Beseitigung der Beeinträchtigung der Verjährung, auch wenn die Dienstbarkeit im Grundbuch eingetragen ist. [2]Mit der Verjährung des Anspruchs erlischt die Dienstbarkeit, soweit der Bestand der Anlage mit ihr in Widerspruch steht.

(2) Die Vorschriften des § 892 finden keine Anwendung.

§ 1029 [Besitzschutz des Rechtsbesitzers]. Wird der Besitzer eines Grundstücks in der Ausübung einer für den Eigentümer im Grundbuch eingetragenen Grunddienstbarkeit gestört, so finden die für den Besitzschutz geltenden Vorschriften entsprechende Anwendung, soweit die Dienstbarkeit innerhalb eines Jahres vor der Störung, sei es auch nur einmal, ausgeübt worden ist.

Zweiter Titel. Nießbrauch

I. Nießbrauch an Sachen

§ 1030 [Begriff]. (1) Eine Sache kann in der Weise belastet werden, daß derjenige, zu dessen Gunsten die Belastung erfolgt, berechtigt ist, die Nutzungen der Sache zu ziehen (Nießbrauch).

(2) Der Nießbrauch kann durch den Ausschluß einzelner Nutzungen beschränkt werden.

§ 1031 [Erstreckung auf Zubehör]. Mit dem Nießbrauch an einem Grundstück erlangt der Nießbraucher den Nießbrauch an dem Zubehöre nach den für den Erwerb des Eigentums geltenden Vorschriften des § 926.

§ 1032 [Bestellung an beweglichen Sachen]. [1]Zur Bestellung des Nießbrauchs an einer beweglichen Sache ist erforderlich, daß der Eigentümer die Sache dem Erwerber übergibt und beide darüber einig sind, daß diesem Nießbrauch zustehen soll. [2]Die Vorschriften des § 929 Satz 2, der §§ 930 bis 932 und der §§ 933 bis 936 finden entsprechende Anwendung; in den Fällen des § 936 tritt nur die Wirkung ein, daß der Nießbrauch dem Rechte des Dritten vorgeht.

§ 1033 [Erwerb durch Ersitzung]. [1]Der Nießbrauch an einer beweglichen Sache kann durch Ersitzung erworben werden. [2]Die für den Erwerb des Eigentums durch Ersitzung geltenden Vorschriften finden entsprechende Anwendung.

1 BGB §§ 1034–1039 Drittes Buch. Sachenrecht

§ 1034 [Feststellung des Zustandes]. ¹Der Nießbraucher kann den Zustand der Sache auf seine Kosten durch Sachverständige feststellen lassen. ²Das gleiche Recht steht dem Eigentümer zu.

§ 1035 [Nießbrauch an Inbegriff von Sachen; Verzeichnis]. ¹Bei dem Nießbrauch an einem Inbegriffe von Sachen sind der Nießbraucher und der Eigentümer einander verpflichtet, zur Aufnahme eines Verzeichnisses der Sachen mitzuwirken. ²Das Verzeichnis ist mit der Angabe des Tages der Aufnahme zu versehen und von beiden Teilen zu unterzeichnen; jeder Teil kann verlangen, daß die Unterzeichnung öffentlich beglaubigt wird. ³Jeder Teil kann auch verlangen, daß das Verzeichnis durch die zuständige Behörde oder durch einen zuständigen Beamten oder Notar aufgenommen wird. ⁴Die Kosten hat derjenige zu tragen und vorzuschießen, welcher die Aufnahme oder die Beglaubigung verlangt.

§ 1036 [Besitzrecht; Ausübung des Nießbrauchs]. (1) Der Nießbraucher ist zum Besitze der Sache berechtigt.

(2) Er hat bei der Ausübung des Nutzungsrechts die bisherige wirtschaftliche Bestimmung der Sache aufrechtzuerhalten und nach den Regeln einer ordnungsmäßigen Wirtschaft zu verfahren.

§ 1037 [Umgestaltung]. (1) Der Nießbraucher ist nicht berechtigt, die Sache umzugestalten oder wesentlich zu verändern.

(2) Der Nießbraucher eines Grundstücks darf neue Anlagen zur Gewinnung von Steinen, Kies, Sand, Lehm, Ton, Mergel, Torf und sonstigen Bodenbestandteilen errichten, sofern nicht die wirtschaftliche Bestimmung des Grundstücks dadurch wesentlich verändert wird.

§ 1038 [Wirtschaftsplan für Wald und Bergwerk]. (1) ¹Ist ein Wald Gegenstand des Nießbrauchs, so kann sowohl der Eigentümer als der Nießbraucher verlangen, daß das Maß der Nutzung und die Art der wirtschaftlichen Behandlung durch einen Wirtschaftsplan festgestellt werden. ²Tritt eine erhebliche Änderung der Umstände ein, so kann jeder Teil eine entsprechende Änderung des Wirtschaftsplans verlangen. ³Die Kosten hat jeder Teil zur Hälfte zu tragen.

(2) Das gleiche gilt, wenn ein Bergwerk oder eine andere auf Gewinnung von Bodenbestandteilen gerichtete Anlage Gegenstand des Nießbrauchs ist.

§ 1039 [Übermäßige Fruchtziehung]. (1) ¹Der Nießbraucher erwirbt das Eigentum auch an solchen Früchten, die er den Regeln einer ordnungsmäßigen Wirtschaft zuwider oder die er deshalb im Übermaße zieht, weil dies infolge eines besonderen Ereignisses notwendig geworden ist. ²Er ist jedoch, unbeschadet seiner Verantwortlichkeit für ein Verschulden, verpflichtet, den Wert der Früchte dem Eigentümer bei der Beendigung des Nießbrauchs zu ersetzen und für die Erfüllung dieser Verpflichtung Sicherheit zu leisten. ³Sowohl der Eigentümer als der Nießbraucher kann verlangen, daß der zu ersetzende Betrag zur Wiederherstellung der Sache insoweit verwendet wird, als es einer ordnungsmäßigen Wirtschaft entspricht.

(2) Wird die Verwendung zur Wiederherstellung der Sache nicht verlangt, so fällt die Ersatzpflicht weg, soweit durch den ordnungswidrigen oder den übermäßigen Fruchtbezug die dem Nießbraucher gebührenden Nutzungen beeinträchtigt werden.

§ 1040 [Schatz]. Das Recht des Nießbrauchers erstreckt sich nicht auf den Anteil des Eigentümers an einem Schatze, der in der Sache gefunden wird.

§ 1041 [Erhaltung der Sache]. ¹Der Nießbraucher hat für die Erhaltung der Sache in ihrem wirtschaftlichen Bestande zu sorgen. ²Ausbesserungen und Erneuerungen liegen ihm nur insoweit ob, als sie zu der gewöhnlichen Unterhaltung der Sache gehören.

§ 1042 [Anzeigepflicht des Nießbrauchers]. ¹Wird die Sache zerstört oder beschädigt oder wird eine außergewöhnliche Ausbesserung oder Erneuerung der Sache oder eine Vorkehrung zum Schutze der Sache gegen eine nicht vorhergesehene Gefahr erforderlich, so hat der Nießbraucher dem Eigentümer unverzüglich Anzeige zu machen. ²Das gleiche gilt, wenn sich ein Dritter ein Recht an der Sache anmaßt.

§ 1043 [Ausbesserung oder Erneuerung]. Nimmt der Nießbraucher eines Grundstücks eine erforderlich gewordene außergewöhnliche Ausbesserung oder Erneuerung selbst vor, so darf er zu diesem Zwecke innerhalb der Grenzen einer ordnungsmäßigen Wirtschaft auch Bestandteile des Grundstücks verwenden, die nicht zu den ihm gebührenden Früchten gehören.

§ 1044 [Duldung von Ausbesserungen]. Nimmt der Nießbraucher eine erforderlich gewordene Ausbesserung oder Erneuerung der Sache nicht selbst vor, so hat er dem Eigentümer die Vornahme und, wenn ein Grundstück Gegenstand des Nießbrauchs ist, die Verwendung der im § 1043 bezeichneten Bestandteile des Grundstücks zu gestatten.

§ 1045 [Versicherungspflicht des Nießbrauchers]. (1) ¹Der Nießbraucher hat die Sache für die Dauer des Nießbrauchs gegen Brandschaden und sonstige Unfälle auf seine Kosten unter Versicherung zu bringen, wenn die Versicherung einer ordnungsmäßigen Wirtschaft entspricht. ²Die Versicherung ist so zu nehmen, daß die Forderung gegen den Versicherer dem Eigentümer zusteht.

(2) Ist die Sache bereits versichert, so fallen die für die Versicherung zu leistenden Zahlungen dem Nießbraucher für die Dauer des Nießbrauchs zur Last, soweit er zur Versicherung verpflichtet sein würde.

§ 1046 [**Nießbrauch an der Versicherungsforderung**]. (1) An der Forderung gegen den Versicherer steht dem Nießbraucher der Nießbrauch nach den Vorschriften zu, die für den Nießbrauch an einer auf Zinsen ausstehenden Forderung gelten.

(2) ¹Tritt ein unter die Versicherung fallender Schaden ein, so kann sowohl der Eigentümer als der Nießbraucher verlangen, daß die Versicherungssumme zur Wiederherstellung der Sache oder zur Beschaffung eines Ersatzes insoweit verwendet wird, als es einer ordnungsmäßigen Wirtschaft entspricht. ²Der Eigentümer kann die Verwendung selbst besorgen oder dem Nießbraucher überlassen.

§ 1047 [**Lastentragung**]. Der Nießbraucher ist dem Eigentümer gegenüber verpflichtet, für die Dauer des Nießbrauchs die auf der Sache ruhenden öffentlichen Lasten mit Ausschluß der außerordentlichen Lasten, die als auf den Stammwert der Sache gelegt anzusehen sind, sowie diejenigen privatrechtlichen Lasten zu tragen, welche schon zur Zeit der Bestellung des Nießbrauchs auf der Sache ruhten, insbesondere die Zinsen der Hypothekenforderungen und Grundschulden sowie die auf Grund einer Rentenschuld zu entrichtenden Leistungen.

§ 1048 [**Nießbrauch an Grundstück mit Inventar**]. (1) ¹Ist ein Grundstück samt Inventar Gegenstand des Nießbrauchs, so kann der Nießbraucher über die einzelnen Stücke des Inventars innerhalb der Grenzen einer ordnungsmäßigen Wirtschaft verfügen. ²Er hat für den gewöhnlichen Abgang sowie für die nach den Regeln einer ordnungsmäßigen Wirtschaft ausscheidenden Stücke Ersatz zu beschaffen; die von ihm angeschafften Stücke werden mit der Einverleibung in das Inventar Eigentum desjenigen, welchem das Inventar gehört.

(2) Übernimmt der Nießbraucher das Inventar zum Schätzwert mit der Verpflichtung, es bei der Beendigung des Nießbrauchs zum Schätzwert zurückzugewähren, so finden die Vorschriften des § 582a entsprechende Anwendung.

§ 1049 [**Ersatz von Verwendungen**]. (1) Macht der Nießbraucher Verwendungen auf die Sache, zu denen er nicht verpflichtet ist, so bestimmt sich die Ersatzpflicht des Eigentümers nach den Vorschriften über die Geschäftsführung ohne Auftrag.

(2) Der Nießbraucher ist berechtigt, eine Einrichtung, mit der er die Sache versehen hat, wegzunehmen.

§ 1050 [Abnutzung]. Veränderungen oder Verschlechterungen der Sache, welche durch die ordnungsmäßige Ausübung des Nießbrauchs herbeigeführt werden, hat der Nießbraucher nicht zu vertreten.

§ 1051 [Sicherheitsleistung]. Wird durch das Verhalten des Nießbrauchers die Besorgnis einer erheblichen Verletzung der Rechte des Eigentümers begründet, so kann der Eigentümer Sicherheitsleistung verlangen.

§ 1052 [Gerichtliche Verwaltung mangels Sicherheitsleistung]. (1) [1]Ist der Nießbraucher zur Sicherheitsleistung rechtskräftig verurteilt, so kann der Eigentümer statt der Sicherheitsleistung verlangen, daß die Ausübung des Nießbrauchs für Rechnung des Nießbrauchers einem von dem Gerichte zu bestellenden Verwalter übertragen wird. [2]Die Anordnung der Verwaltung ist nur zulässig, wenn dem Nießbraucher auf Antrag des Eigentümers von dem Gericht eine Frist zur Sicherheitsleistung bestimmt worden und die Frist verstrichen ist; sie ist unzulässig, wenn die Sicherheit vor dem Ablaufe der Frist geleistet wird.

(2) [1]Der Verwalter steht unter der Aufsicht des Gerichts wie ein für die Zwangsverwaltung eines Grundstücks bestellter Verwalter. [2]Verwalter kann auch der Eigentümer sein.

(3) Die Verwaltung ist aufzuheben, wenn die Sicherheit nachträglich geleistet wird.

§ 1053 [Unterlassungsklage bei unbefugtem Gebrauch]. Macht der Nießbraucher einen Gebrauch von der Sache, zu dem er nicht befugt ist, und setzt er den Gebrauch ungeachtet einer Abmahnung des Eigentümers fort, so kann der Eigentümer auf Unterlassung klagen.

§ 1054 [Gerichtliche Verwaltung wegen Pflichtverletzung]. Verletzt der Nießbraucher die Rechte des Eigentümers in erheblichem Maße und setzt er das verletzende Verhalten ungeachtet einer Abmahnung des Eigentümers fort, so kann der Eigentümer die Anordnung einer Verwaltung nach § 1052 verlangen.

§ 1055 [Rückgabepflicht des Nießbrauchers]. (1) Der Nießbraucher ist verpflichtet, die Sache nach der Beendigung des Nießbrauchs dem Eigentümer zurückzugeben.

(2) Bei dem Nießbrauch an einem landwirtschaftlichen Grundstück finden die Vorschriften des § 596 Abs. 1 und des § 596a, bei dem Nießbrauch an einem Landgut finden die Vorschriften des § 596 Abs. 1 und der §§ 596a, 596b entsprechende Anwendung.

§ 1056 [Miet- und Pachtverhältnisse bei Beendigung des Nießbrauchs]. (1) Hat der Nießbraucher ein Grundstück über die Dauer des Nießbrauchs hinaus vermietet oder verpachtet, so finden nach der Beendigung des Nießbrauchs die für den Fall der Veräußerung geltenden Vorschriften der §§ 571, 572, des § 573 Satz 1 und der §§ 574 bis 576, 579 entsprechende Anwendung.

(2) ¹Der Eigentümer ist berechtigt, das Miet- oder Pachtverhältnis unter Einhaltung der gesetzlichen Kündigungsfrist zu kündigen. ²Verzichtet der Nießbraucher auf den Nießbrauch, so ist die Kündigung erst von der Zeit an zulässig, zu welcher der Nießbrauch ohne den Verzicht erlöschen würde.

(3) ¹Der Mieter oder der Pächter ist berechtigt, den Eigentümer unter Bestimmung einer angemessenen Frist zur Erklärung darüber aufzufordern, ob er von dem Kündigungsrechte Gebrauch mache. ²Die Kündigung kann nur bis zum Ablaufe der Frist erfolgen.

§ 1057 [Verjährung der Ersatzansprüche]. ¹Die Ersatzansprüche des Eigentümers wegen Veränderungen oder Verschlechterungen der Sache sowie die Ansprüche des Nießbrauchers auf Ersatz von Verwendungen oder auf Gestattung der Wegnahme einer Einrichtung verjähren in sechs Monaten. ²Die Vorschriften des § 558 Abs. 2, 3 finden entsprechende Anwendung.

§ 1058 [Besteller als Eigentümer]. Im Verhältnisse zwischen dem Nießbraucher und dem Eigentümer gilt zugunsten des Nießbrauchers der Besteller als Eigentümer, es sei denn, daß der Nießbraucher weiß, daß der Besteller nicht Eigentümer ist.

§ 1059 [Unübertragbarkeit; Überlassung der Ausübung]. ¹Der Nießbrauch ist nicht übertragbar. ²Die Ausübung des Nießbrauchs kann einem anderen überlassen werden.

§ 1059a [Übertragbarkeit bei juristischer Person]. ¹Steht ein Nießbrauch einer juristischen Person zu, so ist er nach Maßgabe der folgenden Vorschriften übertragbar:

1. Geht das Vermögen der juristischen Person auf dem Wege der Gesamtrechtsnachfolge auf einen anderen über, so geht auch der Nießbrauch auf den Rechtsnachfolger über, es sei denn, daß der Übergang ausdrücklich ausgeschlossen ist.
2. ¹Wird sonst ein von einer juristischen Person betriebenes Unternehmen oder ein Teil eines solchen Unternehmens auf einen anderen übertragen, so kann auf den Erwerber auch ein Nießbrauch übertragen werden, sofern er den Zwecken des Unternehmens oder des Teiles des Unternehmens zu dienen geeignet ist. ²Ob diese Voraussetzungen gegeben sind, wird durch eine Erklärung der obersten Landesbehörde oder der von ihr ermächtigten Behörde festgestellt. ³Die Erklärung bindet die Gerichte und die Verwaltungsbehörden.

§ 1059 b [Unpfändbarkeit]. Ein Nießbrauch kann auf Grund der Vorschriften des § 1059a weder gepfändet noch verpfändet noch mit einem Nießbrauch belastet werden.

§ 1059 c [Übergang oder Übertragung des Nießbrauchs]. (1) ¹Im Falle des Übergangs oder der Übertragung des Nießbrauchs tritt der Erwerber an Stelle des bisherigen Berechtigten in die mit dem Nießbrauch verbundenen Rechte und Verpflichtungen gegenüber dem Eigentümer ein. ²Sind in Ansehung dieser Rechte und Verpflichtungen Vereinbarungen zwischen dem Eigentümer und dem Berechtigten getroffen worden, so wirken sie auch für und gegen den Erwerber.

(2) Durch den Übergang oder die Übertragung des Nießbrauchs wird ein Anspruch auf Entschädigung weder für den Eigentümer noch für sonstige dinglich Berechtigte begründet.

§ 1059 d [Miet- und Pachtverhältnisse bei Übertragung des Nießbrauchs]. Hat der bisherige Berechtigte das mit dem Nießbrauch belastete Grundstück über die Dauer des Nießbrauchs hinaus vermietet oder verpachtet, so sind nach der Übertragung des Nießbrauchs die für den Fall der Veräußerung geltenden Vorschriften der §§ 571 bis 576, 578 und 579 entsprechend anzuwenden.

§ 1059 e [Anspruch auf Einräumung des Nießbrauchs]. Steht ein Anspruch auf Einräumung eines Nießbrauchs einer juristischen Person zu, so gelten die Vorschriften der §§ 1059a bis 1059d entsprechend.

§ 1060 [Zusammentreffen mehrerer Nutzungsrechte]. Trifft ein Nießbrauch mit einem anderen Nießbrauch oder mit einem sonstigen Nutzungsrecht an der Sache dergestalt zusammen, daß die Rechte nebeneinander nicht oder nicht vollständig ausgeübt werden können, und haben die Rechte gleichen Rang, so findet die Vorschrift des § 1024 Anwendung.

§ 1061 [Tod des Nießbrauchers]. ¹Der Nießbrauch erlischt mit dem Tode des Nießbrauchers. ²Steht der Nießbrauch einer juristischen Person zu, so erlischt er mit dieser.

§ 1062 [Erstreckung der Aufhebung auf das Zubehör]. Wird der Nießbrauch an einem Grundstücke durch Rechtsgeschäft aufgehoben, so erstreckt sich die Aufhebung im Zweifel auf den Nießbrauch an dem Zubehöre.

§ 1063 [Zusammentreffen mit dem Eigentum]. (1) Der Nießbrauch an einer beweglichen Sache erlischt, wenn er mit dem Eigentum in derselben Person zusammentrifft.

(2) Der Nießbrauch gilt als nicht erloschen, soweit der Eigentümer ein rechtliches Interesse an dem Fortbestehen des Nießbrauchs hat.

§ 1064 [**Aufhebung des Nießbrauchs an beweglichen Sachen**]. Zur Aufhebung des Nießbrauchs an einer beweglichen Sache durch Rechtsgeschäft genügt die Erklärung des Nießbrauchers gegenüber dem Eigentümer oder dem Besteller, daß er den Nießbrauch aufgebe.

§ 1065 [**Beeinträchtigung des Nießbrauchsrechts**]. Wird das Recht des Nießbrauchers beeinträchtigt, so finden auf die Ansprüche des Nießbrauchers die für die Ansprüche aus dem Eigentume geltenden Vorschriften entsprechende Anwendung.

§ 1066 [**Nießbrauch am Anteil eines Miteigentümers**]. (1) Besteht ein Nießbrauch an dem Anteil eines Miteigentümers, so übt der Nießbraucher die Rechte aus, die sich aus der Gemeinschaft der Miteigentümer in Ansehung der Verwaltung der Sache und der Art ihrer Benutzung ergeben.

(2) Die Aufhebung der Gemeinschaft kann nur von dem Miteigentümer und dem Nießbraucher gemeinschaftlich verlangt werden.

(3) Wird die Gemeinschaft aufgehoben, so gebührt dem Nießbraucher der Nießbrauch an den Gegenständen, welche an die Stelle des Anteils treten.

§ 1067 [**Nießbrauch an verbrauchbaren Sachen**]. (1) [1]Sind verbrauchbare Sachen Gegenstand des Nießbrauchs, so wird der Nießbraucher Eigentümer der Sachen; nach der Beendigung des Nießbrauchs hat er dem Besteller den Wert zu ersetzen, den die Sachen zur Zeit der Bestellung hatten. [2]Sowohl der Besteller als der Nießbraucher kann den Wert auf seine Kosten durch Sachverständige feststellen lassen.

(2) Der Besteller kann Sicherheitsleistung verlangen, wenn der Anspruch auf Ersatz des Wertes gefährdet ist.

II. Nießbrauch an Rechten

§ 1068 [**Grundsatz**]. (1) Gegenstand des Nießbrauchs kann auch ein Recht sein.

(2) Auf den Nießbrauch an Rechten finden die Vorschriften über den Nießbrauch an Sachen entsprechende Anwendung, soweit sich nicht aus den §§ 1069 bis 1084 ein anderes ergibt.

§ 1069 [**Bestellung**]. (1) Die Bestellung des Nießbrauchs an einem Rechte erfolgt nach den für die Übertragung des Rechtes geltenden Vorschriften.

Nießbrauch §§ 1070–1075 BGB 1

(2) An einem Rechte, das nicht übertragbar ist, kann ein Nießbrauch nicht bestellt werden.

§ 1070 [Nießbrauch an Recht auf Leistung]. (1) Ist ein Recht, kraft dessen eine Leistung gefordert werden kann, Gegenstand des Nießbrauchs, so finden auf das Rechtsverhältnis zwischen dem Nießbraucher und dem Verpflichteten die Vorschriften entsprechende Anwendung, welche im Falle der Übertragung des Rechtes für das Rechtsverhältnis zwischen dem Erwerber und dem Verpflichteten gelten.

(2) [1]Wird die Ausübung des Nießbrauchs nach § 1052 einem Verwalter übertragen, so ist die Übertragung dem Verpflichteten gegenüber erst wirksam, wenn er von der getroffenen Anordnung Kenntnis erlangt oder wenn ihm eine Mitteilung von der Anordnung zugestellt wird. [2]Das gleiche gilt von der Aufhebung der Verwaltung.

§ 1071 [Aufhebung oder Änderung des belasteten Rechts]. (1) [1]Ein dem Nießbrauch unterliegendes Recht kann durch Rechtsgeschäft nur mit Zustimmung des Nießbrauchers aufgehoben werden. [2]Die Zustimmung ist demjenigen gegenüber zu erklären, zu dessen Gunsten sie erfolgt; sie ist unwiderruflich. [3]Die Vorschrift des § 876 Satz 3 bleibt unberührt.

(2) Das gleiche gilt im Falle einer Änderung des Rechtes, sofern sie den Nießbrauch beeinträchtigt.

§ 1072 [Beendigung des Nießbrauchs]. Die Beendigung des Nießbrauchs tritt nach den Vorschriften der §§ 1063, 1064 auch dann ein, wenn das dem Nießbrauch unterliegende Recht nicht ein Recht an einer beweglichen Sache ist.

§ 1073 [Nießbrauch an einer Leibrente]. Dem Nießbraucher einer Leibrente, eines Auszugs oder eines ähnlichen Rechtes gebühren die einzelnen Leistungen, die auf Grund des Rechtes gefordert werden können.

§ 1074 [Nießbrauch an einer Forderung; Kündigung und Einziehung]. [1]Der Nießbraucher einer Forderung ist zur Einziehung der Forderung und, wenn die Fälligkeit von einer Kündigung des Gläubigers abhängt, zur Kündigung berechtigt. [2]Er hat für die ordnungsmäßige Einziehung zu sorgen. [3]Zu anderen Verfügungen über die Forderung ist er nicht berechtigt.

§ 1075 [Wirkung der Leistung]. (1) Mit der Leistung des Schuldners an den Nießbraucher erwirbt der Gläubiger den geleisteten Gegenstand und der Nießbraucher den Nießbrauch an dem Gegenstande.

(2) Werden verbrauchbare Sachen geleistet, so erwirbt der Nießbraucher das Eigentum; die Vorschriften des § 1067 finden entsprechende Anwendung.

§ 1076 [**Nießbrauch an verzinslicher Forderung**]. Ist eine auf Zinsen ausstehende Forderung Gegenstand des Nießbrauchs, so gelten die Vorschriften der §§ 1077 bis 1079.

§ 1077 [**Kündigung und Zahlung**]. (1) ¹Der Schuldner kann das Kapital nur an den Nießbraucher und den Gläubiger gemeinschaftlich zahlen. ²Jeder von beiden kann verlangen, daß an sie gemeinschaftlich gezahlt wird; jeder kann statt der Zahlung die Hinterlegung für beide fordern.

(2) ¹Der Nießbraucher und der Gläubiger können nur gemeinschaftlich kündigen. ²Die Kündigung des Schuldners ist nur wirksam, wenn sie dem Nießbraucher und dem Gläubiger erklärt wird.

§ 1078 [**Mitwirkung zur Einziehung**]. ¹Ist die Forderung fällig, so sind der Nießbraucher und der Gläubiger einander verpflichtet, zur Einziehung mitzuwirken. ²Hängt die Fälligkeit von einer Kündigung ab, so kann jeder Teil die Mitwirkung des anderen zur Kündigung verlangen, wenn die Einziehung der Forderung wegen Gefährdung ihrer Sicherheit nach den Regeln einer ordnungsmäßigen Vermögensverwaltung geboten ist.

§ 1079 [**Anlegung des Kapitals**]. ¹Der Nießbraucher und der Gläubiger sind einander verpflichtet, dazu mitzuwirken, daß das eingezogene Kapital nach den für die Anlegung von Mündelgeld geltenden Vorschriften verzinslich angelegt und gleichzeitig dem Nießbraucher der Nießbrauch bestellt wird. ²Die Art der Anlegung bestimmt der Nießbraucher.

§ 1080 [**Nießbrauch an Grund- oder Rentenschuld**]. Die Vorschriften über den Nießbrauch an einer Forderung gelten auch für den Nießbrauch an einer Grundschuld und an einer Rentenschuld.

§ 1081 [**Nießbrauch an Inhaber- oder Orderpapieren; gemeinschaftlicher Besitz**]. (1) ¹Ist ein Inhaberpapier oder ein Orderpapier, das mit Blankoindossament versehen ist, Gegenstand des Nießbrauchs, so steht der Besitz des Papiers und des zu dem Papiere gehörenden Erneuerungsscheins dem Nießbraucher und dem Eigentümer gemeinschaftlich zu. ²Der Besitz der zu dem Papiere gehörenden Zins-, Renten- oder Gewinnanteilscheine steht dem Nießbraucher zu.

(2) Zur Bestellung des Nießbrauchs genügt anstelle der Übergabe des Papiers die Einräumung des Mitbesitzes.

§ 1082 [**Hinterlegung**]. ¹Das Papier ist nebst dem Erneuerungsschein auf Verlangen des Nießbrauchers oder des Eigentümers bei einer Hinterlegungsstelle mit der Bestimmung zu hinterlegen, daß die Herausgabe nur von dem Nießbraucher und dem Eigentümer gemeinschaftlich verlangt werden kann. ²Der Nießbraucher kann auch Hinterlegung bei der *Reichsbank,* bei der *Deutschen Zentralgenossenschaftskasse*[1]) oder bei der Deutschen Girozentrale (Deutschen Kommunalbank) verlangen.

§ 1083 [Mitwirkung zur Einziehung]. (1) Der Nießbraucher und der Eigentümer des Papiers sind einander verpflichtet, zur Einziehung des fälligen Kapitals, zur Beschaffung neuer Zins-, Renten- oder Gewinnanteilscheine sowie zu sonstigen Maßnahmen mitzuwirken, die zur ordnungsmäßigen Vermögensverwaltung erforderlich sind.

(2) [1]Im Falle der Einlösung des Papiers finden die Vorschriften des § 1079 Anwendung. [2]Eine bei der Einlösung gezahlte Prämie gilt als Teil des Kapitals.

§ 1084 [Verbrauchbare Sachen]. Gehört ein Inhaberpapier oder ein Orderpapier, das mit Blankoindossament versehen ist, nach § 92 zu den verbrauchbaren Sachen, so bewendet es bei den Vorschriften des § 1067.

III. Nießbrauch an einem Vermögen

§ 1085 [Bestellung an den einzelnen Gegenständen]. [1]Der Nießbrauch an dem Vermögen einer Person kann nur in der Weise bestellt werden, daß der Nießbraucher den Nießbrauch an den einzelnen zu dem Vermögen gehörenden Gegenständen erlangt. [2]Soweit der Nießbrauch bestellt ist, gelten die Vorschriften der §§ 1086 bis 1088.

§ 1086 [Rechte der Gläubiger des Bestellers]. [1]Die Gläubiger des Bestellers können, soweit ihre Forderungen vor der Bestellung entstanden sind, ohne Rücksicht auf den Nießbrauch Befriedigung aus den dem Nießbrauch unterliegenden Gegenständen verlangen. [2]Hat der Nießbraucher das Eigentum an verbrauchbaren Sachen erlangt, so tritt an die Stelle der Sachen der Anspruch des Bestellers auf Ersatz des Wertes; der Nießbraucher ist den Gläubigern gegenüber zum sofortigen Ersatze verpflichtet.

§ 1087 [Verhältnis zwischen Nießbraucher und Besteller]. (1) [1]Der Besteller kann, wenn eine vor der Bestellung entstandene Forderung fällig ist, von dem Nießbraucher Rückgabe der zur Befriedigung des Gläubigers erforderlichen Gegenstände verlangen. [2]Die Auswahl steht ihm zu; er kann jedoch nur die vorzugsweise geeigneten Gegenstände auswählen. [3]Soweit die zurückgegebenen Gegenstände ausreichen, ist der Besteller dem Nießbraucher gegenüber zur Befriedigung des Gläubigers verpflichtet.

(2) [1]Der Nießbraucher kann die Verbindlichkeit durch Leistung des geschuldeten Gegenstandes erfüllen. [2]Gehört der geschuldete

---

[1]) Jetzt „Deutsche Genossenschaftsbank".

1 BGB §§ 1088–1092 Drittes Buch. Sachenrecht

Gegenstand nicht zu dem Vermögen, das dem Nießbrauch unterliegt, so ist der Nießbraucher berechtigt, zum Zwecke der Befriedigung des Gläubigers einen zu dem Vermögen gehörenden Gegenstand zu veräußern, wenn die Befriedigung durch den Besteller nicht ohne Gefahr abgewartet werden kann. ³Er hat einen vorzugsweise geeigneten Gegenstand auszuwählen. ⁴Soweit er zum Ersatze des Wertes verbrauchbarer Sachen verpflichtet ist, darf er eine Veräußerung nicht vornehmen.

§ 1088 [Haftung des Nießbrauchers]. (1) ¹Die Gläubiger des Bestellers, deren Forderungen schon zur Zeit der Bestellung verzinslich waren, können die Zinsen für die Dauer des Nießbrauchs auch von dem Nießbraucher verlangen. ²Das gleiche gilt von anderen wiederkehrenden Leistungen, die bei ordnungsmäßiger Verwaltung aus den Einkünften des Vermögens bestritten werden, wenn die Forderung vor der Bestellung des Nießbrauchs entstanden ist.

(2) Die Haftung des Nießbrauchers kann nicht durch Vereinbarung zwischen ihm und dem Besteller ausgeschlossen oder beschränkt werden.

(3) ¹Der Nießbraucher ist dem Besteller gegenüber zur Befriedigung der Gläubiger wegen der im Absatz 1 bezeichneten Ansprüche verpflichtet. ²Die Rückgabe von Gegenständen zum Zwecke der Befriedigung kann der Besteller nur verlangen, wenn der Nießbraucher mit der Erfüllung dieser Verbindlichkeit in Verzug kommt.

§ 1089 [Nießbrauch an einer Erbschaft]. Die Vorschriften der §§ 1085 bis 1088 finden auf den Nießbrauch an einer Erbschaft entsprechende Anwendung.

Dritter Titel. Beschränkte persönliche Dienstbarkeiten

§ 1090 [Begriff]. (1) Ein Grundstück kann in der Weise belastet werden, daß derjenige, zu dessen Gunsten die Belastung erfolgt, berechtigt ist, das Grundstück in einzelnen Beziehungen zu benutzen, oder daß ihm eine sonstige Befugnis zusteht, die den Inhalt einer Grunddienstbarkeit bilden kann (beschränkte persönliche Dienstbarkeit).

(2) Die Vorschriften der §§ 1020 bis 1024, 1026 bis 1029, 1061 finden entsprechende Anwendung.

§ 1091 [Umfang]. Der Umfang einer beschränkten persönlichen Dienstbarkeit bestimmt sich im Zweifel nach dem persönlichen Bedürfnisse des Berechtigten.

§ 1092 [Übertragbarkeit; Überlassung der Ausübung]. (1) ¹Eine beschränkte persönliche Dienstbarkeit ist nicht übertragbar. ²Die

Ausübung der Dienstbarkeit kann einem anderen nur überlassen werden, wenn die Überlassung gestattet ist.

(2) Steht eine beschränkte persönliche Dienstbarkeit oder der Anspruch auf Einräumung einer beschränkten persönlichen Dienstbarkeit einer juristischen Person zu, so gelten die Vorschriften der §§ 1059a bis 1059d entsprechend.

§ 1093 [Wohnungsrecht]. (1) [1]Als beschränkte persönliche Dienstbarkeit kann auch das Recht bestellt werden, ein Gebäude oder einen Teil eines Gebäudes unter Ausschluß des Eigentümers als Wohnung zu benutzen. [2]Auf dieses Recht finden die für den Nießbrauch geltenden Vorschriften der §§ 1031, 1034, 1036, des § 1037 Abs. 1 und der §§ 1041, 1042, 1044, 1049, 1050, 1057, 1062 entsprechende Anwendung.

(2) Der Berechtigte ist befugt, seine Familie sowie die zur standesmäßigen Bedienung und zur Pflege erforderlichen Personen in die Wohnung aufzunehmen.

(3) Ist das Recht auf einen Teil des Gebäudes beschränkt, so kann der Berechtigte die zum gemeinschaftlichen Gebrauche der Bewohner bestimmten Anlagen und Einrichtungen mitbenutzen.

Sechster Abschnitt. Vorkaufsrecht

§ 1094 [Begriff; subjektiv-dingliches Vorkaufsrecht]. (1) Ein Grundstück kann in der Weise belastet werden, daß derjenige, zu dessen Gunsten die Belastung erfolgt, dem Eigentümer gegenüber zum Vorkaufe berechtigt ist.

(2) Das Vorkaufsrecht kann auch zugunsten des jeweiligen Eigentümers eines anderen Grundstücks bestellt werden.

§ 1095 [Belastung eines Bruchteils]. Ein Bruchteil eines Grundstücks kann mit dem Vorkaufsrecht nur belastet werden, wenn er in dem Anteil eines Miteigentümers besteht.

§ 1096 [Erstreckung auf Zubehör]. [1]Das Vorkaufsrecht kann auf das Zubehör erstreckt werden, das mit dem Grundstücke verkauft wird. [2]Im Zweifel ist anzunehmen, daß sich das Vorkaufsrecht auf dieses Zubehör erstrecken soll.

§ 1097 [Bestellung für einen oder mehrere Verkaufsfälle]. Das Vorkaufsrecht beschränkt sich auf den Fall des Verkaufs durch den Eigentümer, welchem das Grundstück zur Zeit der Bestellung gehört, oder durch dessen Erben; es kann jedoch auch für mehrere oder für alle Verkaufsfälle bestellt werden.

§ 1098 [Wirkung des Vorkaufsrechts]. (1) [1]Das Rechtsverhältnis zwischen dem Berechtigten und dem Verpflichteten bestimmt sich nach den Vorschriften der §§ 504 bis 514. ²Das Vorkaufsrecht kann auch dann ausgeübt werden, wenn das Grundstück von dem Konkursverwalter aus freier Hand verkauft wird.

(2) Dritten gegenüber hat das Vorkaufsrecht die Wirkung einer Vormerkung zur Sicherung des durch die Ausübung des Rechtes entstehenden Anspruchs auf Übertragung des Eigentums.

(3) Steht ein nach § 1094 Abs. 1 begründetes Vorkaufsrecht einer juristischen Person zu, so gelten, wenn seine Übertragbarkeit nicht vereinbart ist, für die Übertragung des Rechts die Vorschriften der §§ 1059a bis 1059d entsprechend.

§ 1099 [Mitteilungen]. (1) Gelangt das Grundstück in das Eigentum eines Dritten, so kann dieser in gleicher Weise wie der Verpflichtete dem Berechtigten den Inhalt des Kaufvertrags mit der im § 510 Abs. 2 bestimmten Wirkung mitteilen.

(2) Der Verpflichtete hat den neuen Eigentümer zu benachrichtigen, sobald die Ausübung des Vorkaufsrechts erfolgt oder ausgeschlossen ist.

§ 1100 [Rechte des Käufers]. ¹Der neue Eigentümer kann, wenn er der Käufer oder ein Rechtsnachfolger des Käufers ist, die Zustimmung zur Eintragung des Berechtigten als Eigentümer und die Herausgabe des Grundstücks verweigern, bis ihm der zwischen dem Verpflichteten und dem Käufer vereinbarte Kaufpreis, soweit er berichtigt ist, erstattet wird. ²Erlangt der Berechtigte die Eintragung als Eigentümer, so kann der bisherige Eigentümer von ihm die Erstattung des berichtigten Kaufpreises gegen Herausgabe des Grundstücks fordern.

§ 1101 [Befreiung des Berechtigten]. Soweit der Berechtigte nach § 1100 dem Käufer oder dessen Rechtsnachfolger den Kaufpreis zu erstatten hat, wird er von der Verpflichtung zur Zahlung des aus dem Vorkaufe geschuldeten Kaufpreises frei.

§ 1102 [Befreiung des Käufers]. Verliert der Käufer oder sein Rechtsnachfolger infolge der Geltendmachung des Vorkaufsrechts das Eigentum, so wird der Käufer, soweit der von ihm geschuldete Kaufpreis noch nicht berichtigt ist, von seiner Verpflichtung frei; den berichtigten Kaufpreis kann er nicht zurückfordern.

§ 1103 [Subjektiv-dingliches und subjektiv-persönliches Vorkaufsrecht]. (1) Ein zugunsten des jeweiligen Eigentümers eines Grundstücks bestehendes Vorkaufsrecht kann nicht von dem Eigentum an diesem Grundstücke getrennt werden.

(2) Ein zugunsten einer bestimmten Person bestehendes Vorkaufsrecht kann nicht mit dem Eigentum an einem Grundstücke verbunden werden.

§ 1104 [Ausschluß unbekannter Berechtigter]. (1) ¹Ist der Berechtigte unbekannt, so kann er im Wege des Aufgebotsverfahrens mit seinem Rechte ausgeschlossen werden, wenn die im § 1170 für die Ausschließung eines Hypothekengläubigers bestimmten Voraussetzungen vorliegen. ²Mit der Erlassung des Ausschlußurteils erlischt das Vorkaufsrecht.

(2) Auf ein Vorkaufsrecht, das zugunsten des jeweiligen Eigentümers eines Grundstücks besteht, finden diese Vorschriften keine Anwendung.

Siebenter Abschnitt. Reallasten

§ 1105 [Begriff; subjektiv-dingliche Reallast]. (1) Ein Grundstück kann in der Weise belastet werden, daß an denjenigen, zu dessen Gunsten die Belastung erfolgt, wiederkehrende Leistungen aus dem Grundstücke zu entrichten sind (Reallast).

(2) Die Reallast kann auch zugunsten des jeweiligen Eigentümers eines anderen Grundstücks bestellt werden.

§ 1106 [Belastung eines Bruchteils]. Ein Bruchteil eines Grundstücks kann mit einer Reallast nur belastet werden, wenn er in dem Anteil eines Miteigentümers besteht.

§ 1107 [Einzelleistungen]. Auf die einzelnen Leistungen finden die für die Zinsen einer Hypothekenforderung geltenden Vorschriften entsprechende Anwendung.

§ 1108 [Persönliche Haftung des Eigentümers]. (1) Der Eigentümer haftet für die während der Dauer seines Eigentums fällig werdenden Leistungen auch persönlich, soweit nicht ein anderes bestimmt ist.

(2) Wird das Grundstück geteilt, so haften die Eigentümer der einzelnen Teile als Gesamtschuldner.

§ 1109 [Teilung des herrschenden Grundstücks]. (1) ¹Wird das Grundstück des Berechtigten geteilt, so besteht die Reallast für die einzelnen Teile fort. ²Ist die Leistung teilbar, so bestimmen sich die Anteile der Eigentümer nach dem Verhältnisse der Größe der Teile; ist sie nicht teilbar, so finden die Vorschriften des § 432 Anwendung. ³Die Ausübung des Rechtes ist im Zweifel nur in der Weise zulässig, daß sie für den Eigentümer des belasteten Grundstücks nicht beschwerlicher wird.

(2) ¹Der Berechtigte kann bestimmen, daß das Recht nur mit einem der Teile verbunden sein soll. ²Die Bestimmung hat dem Grundbuchamte gegenüber zu erfolgen und bedarf der Eintragung in das Grundbuch; die Vorschriften der §§ 876, 878 finden entsprechende Anwendung. ³Veräußert der Berechtigte einen Teil des Grund-

stücks, ohne eine solche Bestimmung zu treffen, so bleibt das Recht mit dem Teile verbunden, den er behält.

(3) Gereicht die Reallast nur einem der Teile zum Vorteile, so bleibt sie mit diesem Teile allein verbunden.

§ 1110 [Subjektiv-dingliche Reallast]. Eine zugunsten des jeweiligen Eigentümers eines Grundstücks bestehende Reallast kann nicht von dem Eigentum an diesem Grundstücke getrennt werden.

§ 1111 [Subjektiv-persönliche Reallast]. (1) Eine zugunsten einer bestimmten Person bestehende Reallast kann nicht mit dem Eigentum an einem Grundstücke verbunden werden.

(2) Ist der Anspruch auf die einzelne Leistung nicht übertragbar, so kann das Recht nicht veräußert oder belastet werden.

§ 1112 [Ausschluß unbekannter Berechtigter]. Ist der Berechtigte unbekannt, so finden auf die Ausschließung seines Rechtes die Vorschriften des § 1104 entsprechende Anwendung.

Achter Abschnitt.[1)] Hypothek. Grundschuld. Rentenschuld

Erster Titel. Hypothek

§ 1113 [Begriff]. (1) Ein Grundstück kann in der Weise belastet werden, daß an denjenigen, zu dessen Gunsten die Belastung erfolgt, eine bestimmte Geldsumme zur Befriedigung wegen einer ihm zustehenden Forderung aus dem Grundstücke zu zahlen ist (Hypothek).

(2) Die Hypothek kann auch für eine künftige oder eine bedingte Forderung bestellt werden.

§ 1114 [Belastung eines Bruchteils]. Ein Bruchteil eines Grundstücks kann außer in den in § 3 Abs. 6 der Grundbuchordnung bezeichneten Fällen mit einer Hypothek nur belastet werden, wenn er in dem Anteil eines Miteigentümers besteht.

§ 1115 [Eintragung der Hypothek]. (1) Bei der Eintragung der Hypothek müssen der Gläubiger, der Geldbetrag der Forderung und, wenn die Forderung verzinslich ist, der Zinssatz, wenn andere Nebenleistungen zu entrichten sind, ihr Geldbetrag im Grundbuch angegeben werden; im übrigen kann zur Bezeichnung der Forderung auf die Eintragungsbewilligung Bezug genommen werden.

(2) Bei der Eintragung der Hypothek für ein Darlehen einer Kreditanstalt, deren Satzung von der zuständigen Behörde öffentlich

---

[1)] Wegen des für das Gebiet der ehem. DDR geltenden Übergangsrechts zu §§ 1113 ff. beachte Art. 233 § 6 EGBGB (abgedruckt unter Nr. 2).

bekannt gemacht worden ist, genügt zur Bezeichnung der außer den Zinsen satzungsgemäß zu entrichtenden Nebenleistungen die Bezugnahme auf die Satzung.

§ 1116 [Brief- und Buchhypothek]. (1) Über die Hypothek wird ein Hypothekenbrief erteilt.

(2) ¹Die Erteilung des Briefes kann ausgeschlossen werden. ²Die Ausschließung kann auch nachträglich erfolgen. ³Zu der Ausschließung ist die Einigung des Gläubigers und des Eigentümers sowie die Eintragung in das Grundbuch erforderlich; die Vorschriften des § 873 Abs. 2 und der §§ 876, 878 finden entsprechende Anwendung.

(3) Die Ausschließung der Erteilung des Briefes kann aufgehoben werden; die Aufhebung erfolgt in gleicher Weise wie die Ausschließung.

§ 1117 [Erwerb der Briefhypothek]. (1) ¹Der Gläubiger erwirbt, sofern nicht die Erteilung des Hypothekenbriefs ausgeschlossen ist, die Hypothek erst, wenn ihm der Brief von dem Eigentümer des Grundstücks übergeben wird. ²Auf die Übergabe finden die Vorschriften des § 929 Satz 2 und der §§ 930, 931 Anwendung.

(2) Die Übergabe des Briefes kann durch die Vereinbarung ersetzt werden, daß der Gläubiger berechtigt sein soll, sich den Brief von dem Grundbuchamt aushändigen zu lassen.

(3) Ist der Gläubiger im Besitze des Briefes, so wird vermutet, daß die Übergabe erfolgt sei.

§ 1118 [Haftung für Nebenforderungen]. Kraft der Hypothek haftet das Grundstück auch für die gesetzlichen Zinsen der Forderung sowie für die Kosten der Kündigung und der die Befriedigung aus dem Grundstücke bezweckenden Rechtsverfolgung.

§ 1119 [Erweiterung der Haftung für Zinsen]. (1) Ist die Forderung unverzinslich oder ist der Zinssatz niedriger als fünf vom Hundert, so kann die Hypothek ohne Zustimmung der im Range gleich- oder nachstehenden Berechtigten dahin erweitert werden, daß das Grundstück für Zinsen bis zu fünf vom Hundert haftet.

(2) Zu einer Änderung der Zahlungszeit und des Zahlungsorts ist die Zustimmung dieser Berechtigten gleichfalls nicht erforderlich.

§ 1120 [Erstreckung auf Erzeugnisse, Bestandteile und Zubehör]. Die Hypothek erstreckt sich auf die von dem Grundstücke getrennten Erzeugnisse und sonstigen Bestandteile, soweit sie nicht mit der Trennung nach den §§ 954 bis 957 in das Eigentum eines anderen als des Eigentümers oder des Eigenbesitzers des Grundstücks gelangt sind, sowie auf das Zubehör des Grundstücks mit Ausnahme der Zubehörstücke, welche nicht in das Eigentum des Eigentümers des Grundstücks gelangt sind.

§ 1121 [**Enthaftung durch Veräußerung und Entfernung**]. (1) Erzeugnisse und sonstige Bestandteile des Grundstücks sowie Zubehörstücke werden von der Haftung frei, wenn sie veräußert und von dem Grundstück entfernt werden, bevor sie zugunsten des Gläubigers in Beschlag genommen worden sind.

(2) ¹Erfolgt die Veräußerung vor der Entfernung, so kann sich der Erwerber dem Gläubiger gegenüber nicht darauf berufen, daß er in Ansehung der Hypothek in gutem Glauben gewesen sei. ²Entfernt der Erwerber die Sache von dem Grundstücke, so ist eine vor der Entfernung erfolgte Beschlagnahme ihm gegenüber nur wirksam, wenn er bei der Entfernung in Ansehung der Beschlagnahme nicht in gutem Glauben ist.

§ 1122 [**Enthaftung ohne Veräußerung**]. (1) Sind die Erzeugnisse oder Bestandteile innerhalb der Grenzen einer ordnungsmäßigen Wirtschaft von dem Grundstücke getrennt worden, so erlischt ihre Haftung auch ohne Veräußerung, wenn sie vor der Beschlagnahme von dem Grundstück entfernt werden, es sei denn, daß die Entfernung zu einem vorübergehenden Zwecke erfolgt.

(2) Zubehörstücke werden ohne Veräußerung von der Haftung frei, wenn die Zubehöreigenschaft innerhalb der Grenzen einer ordnungsmäßigen Wirtschaft vor der Beschlagnahme aufgehoben wird.

§ 1123 [**Erstreckung auf Miet- oder Pachtzinsforderung**]. (1) Ist das Grundstück vermietet oder verpachtet, so erstreckt sich die Hypothek auf die Miet- oder Pachtzinsforderung.

(2) ¹Soweit die Forderung fällig ist, wird sie mit dem Ablauf eines Jahres nach dem Eintritte der Fälligkeit von der Haftung frei, wenn nicht vorher die Beschlagnahme zugunsten des Hypothekengläubigers erfolgt. ²Ist der Miet- oder Pachtzins im voraus zu entrichten, so erstreckt sich die Befreiung nicht auf den Miet- oder Pachtzins für eine spätere Zeit als den zur Zeit der Beschlagnahme laufenden Kalendermonat; erfolgt die Beschlagnahme nach dem fünfzehnten Tage des Monats, so erstreckt sich die Befreiung auch auf den Miet- oder Pachtzins für den folgenden Kalendermonat.

§ 1124 [**Vorausverfügung über Miet- oder Pachtzins**]. (1) ¹Wird der Miet- oder Pachtzins eingezogen, bevor er zugunsten des Hypothekengläubigers in Beschlag genommen worden ist, oder wird vor der Beschlagnahme in anderer Weise über ihn verfügt, so ist die Verfügung dem Hypothekengläubiger gegenüber wirksam. ²Besteht die Verfügung in der Übertragung der Forderung auf einen Dritten, so erlischt die Haftung der Forderung; erlangt ein Dritter ein Recht an der Forderung, so geht es der Hypothek im Range vor.

(2) Die Verfügung ist dem Hypothekengläubiger gegenüber unwirksam, soweit sie sich auf den Miet- oder Pachtzins für eine späte-

re Zeit als den zur Zeit der Beschlagnahme laufenden Kalendermonat bezieht; erfolgt die Beschlagnahme nach dem fünfzehnten Tage des Monats, so ist die Verfügung jedoch insoweit wirksam, als sie sich auf den Miet- oder Pachtzins für den folgenden Kalendermonat bezieht.

(3) Der Übertragung der Forderung auf einen Dritten steht es gleich, wenn das Grundstück ohne die Forderung veräußert wird.

§ 1125 [Aufrechnung gegen Miet- oder Pachtzins]. Soweit die Einziehung des Miet- oder Pachtzinses dem Hypothekengläubiger gegenüber unwirksam ist, kann der Mieter oder der Pächter nicht eine ihm gegen den Vermieter oder den Verpächter zustehende Forderung gegen den Hypothekengläubiger aufrechnen.

§ 1126 [Erstreckung auf wiederkehrende Leistungen]. [1]Ist mit dem Eigentum an dem Grundstück ein Recht auf wiederkehrende Leistungen verbunden, so erstreckt sich die Hypothek auf die Ansprüche auf diese Leistungen. [2]Die Vorschriften des § 1123 Abs. 2 Satz 1, des § 1124 Abs. 1, 3 und des § 1125 finden entsprechende Anwendung. [3]Eine vor der Beschlagnahme erfolgte Verfügung über den Anspruch auf eine Leistung, die erst drei Monate nach der Beschlagnahme fällig wird, ist dem Hypothekengläubiger gegenüber unwirksam.

§ 1127 [Erstreckung auf die Versicherungsforderung]. (1) Sind Gegenstände, die der Hypothek unterliegen, für den Eigentümer oder den Eigenbesitzer des Grundstücks unter Versicherung gebracht, so erstreckt sich die Hypothek auf die Forderung gegen den Versicherer.

(2) Die Haftung der Forderung gegen den Versicherer erlischt, wenn der versicherte Gegenstand wiederhergestellt oder Ersatz für ihn beschafft ist.

§ 1128 [Gebäudeversicherung]. (1) [1]Ist ein Gebäude versichert, so kann der Versicherer die Versicherungssumme mit Wirkung gegen den Hypothekengläubiger an den Versicherten erst zahlen, wenn er oder der Versicherte den Eintritt des Schadens dem Hypothekengläubiger angezeigt hat und seit dem Empfange der Anzeige ein Monat verstrichen ist. [2]Der Hypothekengläubiger kann bis zum Ablaufe der Frist dem Versicherer gegenüber der Zahlung widersprechen. [3]Die Anzeige darf unterbleiben, wenn sie untunlich ist; in diesem Falle wird der Monat von dem Zeitpunkt an berechnet, in welchem die Versicherungssumme fällig wird.

(2) Hat der Hypothekengläubiger seine Hypothek dem Versicherer angemeldet, so kann der Versicherer mit Wirkung gegen den Hypothekengläubiger an den Versicherten nur zahlen, wenn der Hypothekengläubiger der Zahlung schriftlich zugestimmt hat.

(3) Im übrigen finden die für eine verpfändete Forderung geltenden Vorschriften Anwendung; der Versicherer kann sich jedoch nicht darauf berufen, daß er eine aus dem Grundbuch ersichtliche Hypothek nicht gekannt habe.

§ 1129 [Sonstige Schadensversicherung]. Ist ein anderer Gegenstand als ein Gebäude versichert, so bestimmt sich die Haftung der Forderung gegen den Versicherer nach den Vorschriften des § 1123 Abs. 2 Satz 1 und des § 1124 Abs. 1, 3.

§ 1130 [Wiederherstellungsklausel]. Ist der Versicherer nach den Versicherungsbestimmungen nur verpflichtet, die Versicherungssumme zur Wiederherstellung des versicherten Gegenstandes zu zahlen, so ist eine diesen Bestimmungen entsprechende Zahlung an den Versicherten dem Hypothekengläubiger gegenüber wirksam.

§ 1131 [Zuschreibung eines Grundstücks]. ¹Wird ein Grundstück nach § 890 Abs. 2 einem anderen Grundstück im Grundbuche zugeschrieben, so erstrecken sich die an diesem Grundstücke bestehenden Hypotheken auf das zugeschriebene Grundstück. ²Rechte, mit denen das zugeschriebene Grundstück belastet ist, gehen diesen Hypotheken im Range vor.

§ 1132 [Gesamthypothek]. (1) ¹Besteht für die Forderung eine Hypothek an mehreren Grundstücken (Gesamthypothek), so haftet jedes Grundstück für die ganze Forderung. ²Der Gläubiger kann die Befriedigung nach seinem Belieben aus jedem der Grundstücke ganz oder zu einem Teile suchen.

(2) ¹Der Gläubiger ist berechtigt, den Betrag der Forderung auf die einzelnen Grundstücke in der Weise zu verteilen, daß jedes Grundstück nur für den zugeteilten Betrag haftet. ²Auf die Verteilung finden die Vorschriften der §§ 875, 876, 878 entsprechende Anwendung.

§ 1133 [Gefährdung der Sicherheit der Hypothek]. ¹Ist infolge einer Verschlechterung des Grundstücks die Sicherheit der Hypothek gefährdet, so kann der Gläubiger dem Eigentümer eine angemessene Frist zur Beseitigung der Gefährdung bestimmen. ²Nach dem Ablaufe der Frist ist der Gläubiger berechtigt, sofort Befriedigung aus dem Grundstücke zu suchen, wenn nicht die Gefährdung durch Verbesserung des Grundstücks oder durch anderweitige Hypothekenbestellung beseitigt worden ist. ³Ist die Forderung unverzinslich und noch nicht fällig, so gebührt dem Gläubiger nur die Summe, welche mit Hinzurechnung der gesetzlichen Zinsen für die Zeit von der Zahlung bis zur Fälligkeit dem Betrage der Forderung gleichkommt.

§ 1134 [Unterlassungsklage]. (1) Wirkt der Eigentümer oder ein Dritter auf das Grundstück in solcher Weise ein, daß eine die Sicherheit der Hypothek gefährdende Verschlechterung des Grundstücks zu besorgen ist, so kann der Gläubiger auf Unterlassung klagen.

(2) ¹Geht die Einwirkung von dem Eigentümer aus, so hat das Gericht auf Antrag des Gläubigers die zur Abwendung der Gefährdung erforderlichen Maßregeln anzuordnen. ²Das gleiche gilt, wenn die Verschlechterung deshalb zu besorgen ist, weil der Eigentümer die erforderlichen Vorkehrungen gegen Einwirkungen Dritter oder gegen andere Beschädigungen unterläßt.

§ 1135 [Verschlechterung des Zubehörs]. Einer Verschlechterung des Grundstücks im Sinne der §§ 1133, 1134 steht es gleich, wenn Zubehörstücke, auf die sich die Hypothek erstreckt, verschlechtert oder den Regeln einer ordnungsmäßigen Wirtschaft zuwider von dem Grundstück entfernt werden.

§ 1136 [Rechtsgeschäftliche Verfügungsbeschränkung]. Eine Vereinbarung, durch die sich der Eigentümer dem Gläubiger gegenüber verpflichtet, das Grundstück nicht zu veräußern oder nicht weiter zu belasten, ist nichtig.

§ 1137 [Einreden des Eigentümers]. (1) ¹Der Eigentümer kann gegen die Hypothek die dem persönlichen Schuldner gegen die Forderung sowie die nach § 770 einem Bürgen zustehenden Einreden geltend machen. ²Stirbt der persönliche Schuldner, so kann sich der Eigentümer nicht darauf berufen, daß der Erbe für die Schuld nur beschränkt haftet.

(2) Ist der Eigentümer nicht der persönliche Schuldner, so verliert er eine Einrede nicht dadurch, daß dieser auf sie verzichtet.

§ 1138 [Öffentlicher Glaube des Grundbuchs]. Die Vorschriften der §§ 891 bis 899 gelten für die Hypothek auch in Ansehung der Forderung und der dem Eigentümer nach § 1137 zustehenden Einreden.

§ 1139 [Widerspruch bei Darlehensbuchhypothek]. ¹Ist bei der Bestellung einer Hypothek für ein Darlehen die Erteilung des Hypothekenbriefs ausgeschlossen worden, so genügt zur Eintragung eines Widerspruchs, der sich darauf gründet, daß die Hingabe des Darlehens unterblieben sei, der von dem Eigentümer an das Grundbuchamt gerichtete Antrag, sofern er vor dem Ablauf eines Monats nach der Eintragung der Hypothek gestellt wird. ²Wird der Widerspruch innerhalb des Monats eingetragen, so hat die Eintragung die gleiche Wirkung, wie wenn der Widerspruch zugleich mit der Hypothek eingetragen worden wäre.

§ 1140 [Hypothekenbrief und Unrichtigkeit des Grundbuchs]. ¹Soweit die Unrichtigkeit des Grundbuchs aus dem Hypothekenbrief oder einem Vermerk auf dem Briefe hervorgeht, ist die Beru-

1 BGB §§ 1141–1145 Drittes Buch. Sachenrecht

fung auf die Vorschriften der §§ 892, 893 ausgeschlossen. ²Ein Widerspruch gegen die Richtigkeit des Grundbuchs, der aus dem Briefe oder einem Vermerk auf dem Briefe hervorgeht, steht einem im Grundbuch eingetragenen Widerspruche gleich.

§ 1141 [Kündigung der Hypothek]. (1) ¹Hängt die Fälligkeit der Forderung von einer Kündigung ab, so ist die Kündigung für die Hypothek nur wirksam, wenn sie von dem Gläubiger dem Eigentümer oder von dem Eigentümer dem Gläubiger erklärt wird. ²Zugunsten des Gläubigers gilt derjenige, welcher im Grundbuch als Eigentümer eingetragen ist, als der Eigentümer.

(2) Hat der Eigentümer keinen Wohnsitz im Inland oder liegen die Voraussetzungen des § 132 Abs. 2 vor, so hat auf Antrag des Gläubigers das Amtsgericht, in dessen Bezirke das Grundstück liegt, dem Eigentümer einen Vertreter zu bestellen, dem gegenüber die Kündigung des Gläubigers erfolgen kann.

§ 1142 [Befriedigungsrecht des Eigentümers]. (1) Der Eigentümer ist berechtigt, den Gläubiger zu befriedigen, wenn die Forderung ihm gegenüber fällig geworden oder wenn der persönliche Schuldner zur Leistung berechtigt ist.

(2) Die Befriedigung kann auch durch Hinterlegung oder durch Aufrechnung erfolgen.

§ 1143 [Übergang der Forderung]. (1) ¹Ist der Eigentümer nicht der persönliche Schuldner, so geht, soweit er den Gläubiger befriedigt, die Forderung auf ihn über. ²Die für einen Bürgen geltenden Vorschriften des § 774 Abs. 1 finden entsprechende Anwendung.

(2) Besteht für die Forderung eine Gesamthypothek, so gelten für diese die Vorschriften des § 1173.

§ 1144 [Aushändigung der Urkunden]. Der Eigentümer kann gegen Befriedigung des Gläubigers die Aushändigung des Hypothekenbriefs und der sonstigen Urkunden verlangen, die zur Berichtigung des Grundbuchs oder zur Löschung der Hypothek erforderlich sind.

§ 1145 [Teilweise Befriedigung]. (1) ¹Befriedigt der Eigentümer den Gläubiger nur teilweise, so kann er die Aushändigung des Hypothekenbriefs nicht verlangen. ²Der Gläubiger ist verpflichtet, die teilweise Befriedigung auf dem Briefe zu vermerken und den Brief zum Zwecke der Berichtigung des Grundbuchs oder der Löschung dem Grundbuchamt oder zum Zwecke der Herstellung eines Teilhypothekenbriefs für den Eigentümer der zuständigen Behörde oder einem zuständigen Notare vorzulegen.

(2) ¹Die Vorschrift des Absatzes 1 Satz 2 gilt für Zinsen und andere Nebenleistungen nur, wenn sie später als in dem Kalendervierteljahr

jahr, in welchem der Gläubiger befriedigt wird, oder dem folgenden Vierteljahre fällig werden. ²Auf Kosten, für die das Grundstück nach § 1118 haftet, findet die Vorschrift keine Anwendung.

§ 1146 [Verzugszinsen]. Liegen dem Eigentümer gegenüber die Voraussetzungen vor, unter denen ein Schuldner in Verzug kommt, so gebühren dem Gläubiger Verzugszinsen aus dem Grundstücke.

§ 1147 [Befriedigung durch Zwangsvollstreckung]. Die Befriedigung des Gläubigers aus dem Grundstück und den Gegenständen, auf die sich die Hypothek erstreckt, erfolgt im Wege der Zwangsvollstreckung.

§ 1148 [Eigentumsfiktion]. ¹Bei der Verfolgung des Rechtes aus der Hypothek gilt zugunsten des Gläubigers derjenige, welcher im Grundbuch als Eigentümer eingetragen ist, als der Eigentümer. ²Das Recht des nicht eingetragenen Eigentümers, die ihm gegen die Hypothek zustehenden Einwendungen geltend zu machen, bleibt unberührt.

§ 1149 [Unzulässige Befriedigungsabreden]. Der Eigentümer kann, solange nicht die Forderung ihm gegenüber fällig geworden ist, dem Gläubiger nicht das Recht einräumen, zum Zwecke der Befriedigung die Übertragung des Eigentums an dem Grundstücke zu verlangen oder die Veräußerung des Grundstücks auf andere Weise als im Wege der Zwangsvollstreckung zu bewirken.

§ 1150 [Ablösungsrecht Dritter]. Verlangt der Gläubiger Befriedigung aus dem Grundstücke, so finden die Vorschriften der §§ 268, 1144, 1145 entsprechende Anwendung.

§ 1151 [Rangänderung bei Teilhypotheken]. Wird die Forderung geteilt, so ist zur Änderung des Rangverhältnisses der Teilhypotheken untereinander die Zustimmung des Eigentümers nicht erforderlich.

§ 1152 [Teilhypothekenbrief]. ¹Im Falle einer Teilung der Forderung kann, sofern nicht die Erteilung des Hypothekenbriefs ausgeschlossen ist, für jeden Teil ein Teilhypothekenbrief hergestellt werden; die Zustimmung des Eigentümers des Grundstücks ist nicht erforderlich. ²Der Teilhypothekenbrief tritt für den Teil, auf den er sich bezieht, an die Stelle des bisherigen Briefes.

§ 1153 [Übertragung von Hypothek und Forderung]. (1) Mit der Übertragung der Forderung geht die Hypothek auf den neuen Gläubiger über.

(2) Die Forderung kann nicht ohne die Hypothek, die Hypothek kann nicht ohne die Forderung übertragen werden.

§ 1154 [Abtretung der Forderung]. (1) ¹Zur Abtretung der Forderung ist Erteilung der Abtretungserklärung in schriftlicher Form und Übergabe des Hypothekenbriefs erforderlich; die Vorschriften des § 1117 finden Anwendung. ²Der bisherige Gläubiger hat auf Verlangen des neuen Gläubigers die Abtretungserklärung auf seine Kosten öffentlich beglaubigen zu lassen.

(2) Die schriftliche Form der Abtretungserklärung kann dadurch ersetzt werden, daß die Abtretung in das Grundbuch eingetragen wird.

(3) Ist die Erteilung des Hypothekenbriefs ausgeschlossen, so finden auf die Abtretung der Forderung die Vorschriften der §§ 873, 878 entsprechende Anwendung.

§ 1155 [Öffentlich beglaubigte Abtretungserklärungen]. ¹Ergibt sich das Gläubigerrecht des Besitzers des Hypothekenbriefs aus einer zusammenhängenden, auf einen eingetragenen Gläubiger zurückführenden Reihe von öffentlich beglaubigten Abtretungserklärungen, so finden die Vorschriften der §§ 891 bis 899 in gleicher Weise Anwendung, wie wenn der Besitzer des Briefes als Gläubiger im Grundbuch eingetragen wäre. ²Einer öffentlich beglaubigten Abtretungserklärung steht gleich ein gerichtlicher Überweisungsbeschluß und das öffentlich beglaubigte Anerkenntnis einer kraft Gesetzes erfolgten Übertragung der Forderung.

§ 1156 [Rechtsverhältnis zwischen Eigentümer und neuem Gläubiger]. ¹Die für die Übertragung der Forderung geltenden Vorschriften der §§ 406 bis 408 finden auf das Rechtsverhältnis zwischen dem Eigentümer und dem neuen Gläubiger in Ansehung der Hypothek keine Anwendung. ²Der neue Gläubiger muß jedoch eine dem bisherigen Gläubiger gegenüber erfolgte Kündigung des Eigentümers gegen sich gelten lassen, es sei denn, daß die Übertragung zur Zeit der Kündigung dem Eigentümer bekannt oder im Grundbuch eingetragen ist.

§ 1157 [Fortbestehen der Einreden gegen die Hypothek]. ¹Eine Einrede, die dem Eigentümer auf Grund eines zwischen ihm und dem bisherigen Gläubiger bestehenden Rechtsverhältnisses gegen die Hypothek zusteht, kann auch dem neuen Gläubiger entgegengesetzt werden. ²Die Vorschriften der §§ 892, 894 bis 899, 1140 gelten auch für diese Einrede.

§ 1158 [Künftige Nebenleistungen]. Soweit die Forderung auf Zinsen oder andere Nebenleistungen gerichtet ist, die nicht später als in dem Kalendervierteljahr, in welchem der Eigentümer von der Übertragung Kenntnis erlangt, oder dem folgenden Vierteljahre fällig werden, finden auf das Rechtsverhältnis zwischen dem Eigentümer und dem neuen Gläubiger die Vorschriften der §§ 406 bis 408

Anwendung; der Gläubiger kann sich gegenüber den Einwendungen, welche dem Eigentümer nach den §§ 404, 406 bis 408, 1157 zustehen, nicht auf die Vorschriften des § 892 berufen.

§ 1159 [Rückständige Nebenleistungen]. (1) ¹Soweit die Forderung auf Rückstände von Zinsen oder anderen Nebenleistungen gerichtet ist, bestimmt sich die Übertragung sowie das Rechtsverhältnis zwischen dem Eigentümer und dem neuen Gläubiger nach den für die Übertragung von Forderungen geltenden allgemeinen Vorschriften. ²Das gleiche gilt für den Anspruch auf Erstattung von Kosten, für die das Grundstück nach § 1118 haftet.

(2) Die Vorschriften des § 892 finden auf die im Absatz 1 bezeichneten Ansprüche keine Anwendung.

§ 1160 [Geltendmachung der Briefhypothek]. (1) Der Geltendmachung der Hypothek kann, sofern nicht die Erteilung des Hypothekenbriefs ausgeschlossen ist, widersprochen werden, wenn der Gläubiger nicht den Brief vorlegt; ist der Gläubiger nicht im Grundbuch eingetragen, so sind auch die im § 1155 bezeichneten Urkunden vorzulegen.

(2) Eine dem Eigentümer gegenüber erfolgte Kündigung oder Mahnung ist unwirksam, wenn der Gläubiger die nach Absatz 1 erforderlichen Urkunden nicht vorlegt und der Eigentümer die Kündigung oder die Mahnung aus diesem Grunde unverzüglich zurückweist.

(3) Diese Vorschriften gelten nicht für die im § 1159 bezeichneten Ansprüche.

§ 1161 [Geltendmachung der Forderung]. Ist der Eigentümer der persönliche Schuldner, so finden die Vorschriften des § 1160 auch auf die Geltendmachung der Forderung Anwendung.

§ 1162 [Aufgebot des Hypothekenbriefs]. Ist der Hypothekenbrief abhanden gekommen oder vernichtet, so kann er im Wege des Aufgebotsverfahrens für kraftlos erklärt werden.

§ 1163 [Eigentümerhypothek]. (1) ¹Ist die Forderung, für welche die Hypothek bestellt ist, nicht zur Entstehung gelangt, so steht die Hypothek dem Eigentümer zu. ²Erlischt die Forderung, so erwirbt der Eigentümer die Hypothek.

(2) Eine Hypothek, für welche die Erteilung des Hypothekenbriefs nicht ausgeschlossen ist, steht bis zur Übergabe des Briefes an den Gläubiger dem Eigentümer zu.

§ 1164 [Übergang der Hypothek auf den Schuldner]. (1) ¹Befriedigt der persönliche Schuldner den Gläubiger, so geht die Hypothek insoweit auf ihn über, als er von dem Eigentümer oder einem

Rechtsvorgänger des Eigentümers Ersatz verlangen kann. ²Ist dem Schuldner nur teilweise Ersatz zu leisten, so kann der Eigentümer die Hypothek, soweit sie auf ihn übergegangen ist, nicht zum Nachteile der Hypothek des Schuldners geltend machen.

(2) Der Befriedigung des Gläubigers steht es gleich, wenn sich Forderung und Schuld in einer Person vereinigen.

§ 1165 [Freiwerden des Schuldners]. Verzichtet der Gläubiger auf die Hypothek oder hebt er sie nach § 1183 auf oder räumt er einem anderen Rechte den Vorrang ein, so wird der persönliche Schuldner insoweit frei, als er ohne diese Verfügung nach § 1164 aus der Hypothek hätte Ersatz erlangen können.

§ 1166 [Benachrichtigung des Schuldners]. ¹Ist der persönliche Schuldner berechtigt, von dem Eigentümer Ersatz zu verlangen, falls er den Gläubiger befriedigt, so kann er, wenn der Gläubiger die Zwangsversteigerung des Grundstücks betreibt, ohne ihn unverzüglich zu benachrichtigen, die Befriedigung des Gläubigers wegen eines Ausfalls bei der Zwangsversteigerung insoweit verweigern, als er infolge der Unterlassung der Benachrichtigung einen Schaden erleidet. ²Die Benachrichtigung darf unterbleiben, wenn sie untunlich ist.

§ 1167 [Aushändigung der Berichtigungsurkunden]. Erwirbt der persönliche Schuldner, falls er den Gläubiger befriedigt, die Hypothek oder hat er im Falle der Befriedigung ein sonstiges rechtliches Interesse an der Berichtigung des Grundbuchs, so stehen ihm die in den §§ 1144, 1145 bestimmten Rechte zu.

§ 1168 [Verzicht auf die Hypothek]. (1) Verzichtet der Gläubiger auf die Hypothek, so erwirbt sie der Eigentümer.

(2) ¹Der Verzicht ist dem Grundbuchamt oder dem Eigentümer gegenüber zu erklären und bedarf der Eintragung in das Grundbuch. ²Die Vorschriften des § 875 Abs. 2 und der §§ 876, 878 finden entsprechende Anwendung.

(3) Verzichtet der Gläubiger für einen Teil der Forderung auf die Hypothek, so stehen dem Eigentümer die im § 1145 bestimmten Rechte zu.

§ 1169 [Rechtszerstörende Einrede]. Steht dem Eigentümer eine Einrede zu, durch welche die Geltendmachung der Hypothek dauernd ausgeschlossen wird, so kann er verlangen, daß der Gläubiger auf die Hypothek verzichtet.

§ 1170 [Ausschluß unbekannter Gläubiger]. (1) ¹Ist der Gläubiger unbekannt, so kann er im Wege des Aufgebotsverfahrens mit seinem Rechte ausgeschlossen werden, wenn seit der letzten sich auf die Hypothek beziehenden Eintragung in das Grundbuch zehn Jahre ver-

Hypothek **§§ 171–1173 BGB 1**

strichen sind und das Recht des Gläubigers nicht innerhalb dieser Frist von dem Eigentümer in einer nach § 208 zur Unterbrechung der Verjährung geeigneten Weise anerkannt worden ist. ²Besteht für die Forderung eine nach dem Kalender bestimmte Zahlungszeit, so beginnt die Frist nicht vor dem Ablaufe des Zahlungstags.

(2) ¹Mit der Erlassung des Ausschlußurteils erwirbt der Eigentümer die Hypothek. ²Der dem Gläubiger erteilte Hypothekenbrief wird kraftlos.

§ 1171 [Ausschluß durch Hinterlegung]. (1) ¹Der unbekannte Gläubiger kann im Wege des Aufgebotsverfahrens mit seinem Rechte auch dann ausgeschlossen werden, wenn der Eigentümer zur Befriedigung des Gläubigers oder zur Kündigung berechtigt ist und den Betrag der Forderung für den Gläubiger unter Verzicht auf das Recht zur Rücknahme hinterlegt. ²Die Hinterlegung von Zinsen ist nur erforderlich, wenn der Zinssatz im Grundbuch eingetragen ist; Zinsen für eine frühere Zeit als das vierte Kalenderjahr vor der Erlassung des Ausschlußurteils sind nicht zu hinterlegen.

(2) ¹Mit der Erlassung des Ausschlußurteils gilt der Gläubiger als befriedigt, sofern nicht nach den Vorschriften über die Hinterlegung die Befriedigung schon vorher eingetreten ist. ²Der dem Gläubiger erteilte Hypothekenbrief wird kraftlos.

(3) Das Recht des Gläubigers auf den hinterlegten Betrag erlischt mit dem Ablaufe von dreißig Jahren nach der Erlassung des Ausschlußurteils, wenn nicht der Gläubiger sich vorher bei der Hinterlegungsstelle meldet; der Hinterleger ist zur Rücknahme berechtigt, auch wenn er auf das Recht zur Rücknahme verzichtet hat.

§ 1172 [Eigentümer-Gesamthypothek]. (1) Eine Gesamthypothek steht in den Fällen des § 1163 den Eigentümern der belasteten Grundstücke gemeinschaftlich zu.

(2) ¹Jeder Eigentümer kann, sofern nicht ein anderes vereinbart ist, verlangen, daß die Hypothek an seinem Grundstück auf den Teilbetrag, der dem Verhältnisse des Wertes seines Grundstücks zu dem Werte der sämtlichen Grundstücke entspricht, nach § 1132 Abs. 2 beschränkt und in dieser Beschränkung ihm zugeteilt wird. ²Der Wert wird unter Abzug der Belastungen berechnet, die der Gesamthypothek im Range vorgehen.

§ 1173 [Befriedigung durch einen der Eigentümer]. (1) ¹Befriedigt der Eigentümer eines der mit einer Gesamthypothek belasteten Grundstücke den Gläubiger, so erwirbt er die Hypothek an seinem Grundstücke; die Hypothek an den übrigen Grundstücken erlischt. ²Der Befriedigung des Gläubigers durch den Eigentümer steht es gleich, wenn das Gläubigerrecht auf den Eigentümer über-

109

tragen wird oder wenn sich Forderung und Schuld in der Person des Eigentümers vereinigen.

(2) Kann der Eigentümer, der den Gläubiger befriedigt, von dem Eigentümer eines der anderen Grundstücke oder einem Rechtsvorgänger dieses Eigentümers Ersatz verlangen, so geht in Höhe des Ersatzanspruchs auch die Hypothek an dem Grundstücke dieses Eigentümers auf ihn über; sie bleibt mit der Hypothek an seinem eigenen Grundstücke Gesamthypothek.

§ 1174 [Befriedigung durch den persönlichen Schuldner].

(1) Befriedigt der persönliche Schuldner den Gläubiger, dem eine Gesamthypothek zusteht, oder vereinigen sich bei einer Gesamthypothek Forderung und Schuld in einer Person, so geht, wenn der Schuldner nur von dem Eigentümer eines der Grundstücke oder von einem Rechtsvorgänger des Eigentümers Ersatz verlangen kann, die Hypothek an diesem Grundstück auf ihn über; die Hypothek an den übrigen Grundstücken erlischt.

(2) Ist dem Schuldner nur teilweise Ersatz zu leisten und geht deshalb die Hypothek nur zu einem Teilbetrag auf ihn über, so hat sich der Eigentümer diesen Betrag auf den ihm nach § 1172 gebührenden Teil des übrigbleibenden Betrags der Gesamthypothek anrechnen zu lassen.

§ 1175 [Verzicht auf die Gesamthypothek].

(1) [1]Verzichtet der Gläubiger auf die Gesamthypothek, so fällt sie den Eigentümern der belasteten Grundstücke gemeinschaftlich zu; die Vorschriften des § 1172 Abs. 2 finden Anwendung. [2]Verzichtet der Gläubiger auf die Hypothek an einem der Grundstücke, so erlischt die Hypothek an diesem.

(2) Das gleiche gilt, wenn der Gläubiger nach § 1170 mit seinem Rechte ausgeschlossen wird.

§ 1176 [Eigentümerteilhypothek; Kollisionsklausel].

Liegen die Voraussetzungen der §§ 1163, 1164, 1168, 1172 bis 1175 nur in Ansehung eines Teilbetrags der Hypothek vor, so kann die auf Grund dieser Vorschriften dem Eigentümer oder einem der Eigentümer oder dem persönlichen Schuldner zufallende Hypothek nicht zum Nachteile der dem Gläubiger verbleibenden Hypothek geltend gemacht werden.

§ 1177 [Eigentümergrundschuld, Eigentümerhypothek].

(1) [1]Vereinigt sich die Hypothek mit dem Eigentum in einer Person, ohne daß dem Eigentümer auch die Forderung zusteht, so verwandelt sich die Hypothek in eine Grundschuld. [2]In Ansehung der Verzinslichkeit, des Zinssatzes, der Zahlungszeit, der Kündigung und des Zahlungsorts bleiben die für die Forderung getroffenen Bestimmungen maßgebend.

(2) Steht dem Eigentümer auch die Forderung zu, so bestimmen sich seine Rechte aus der Hypothek, solange die Vereinigung besteht, nach den für eine Grundschuld des Eigentümers geltenden Vorschriften.

§ 1178 [Hypothek für Nebenleistungen und Kosten]. (1) ¹Die Hypothek für Rückstände von Zinsen und anderen Nebenleistungen sowie für Kosten, die dem Gläubiger zu erstatten sind, erlischt, wenn sie sich mit dem Eigentum in einer Person vereinigt. ²Das Erlöschen tritt nicht ein, solange einem Dritten ein Recht an dem Anspruch auf eine solche Leistung zusteht.

(2) ¹Zum Verzicht auf die Hypothek für die im Absatz 1 bezeichneten Leistungen genügt die Erklärung des Gläubigers gegenüber dem Eigentümer. ²Solange einem Dritten ein Recht an dem Anspruch auf eine solche Leistung zusteht, ist die Zustimmung des Dritten erforderlich. ³Die Zustimmung ist demjenigen gegenüber zu erklären, zu dessen Gunsten sie erfolgt; sie ist unwiderruflich.

§ 1179 [Löschungsvormerkung]. Verpflichtet sich der Eigentümer einem anderen gegenüber, die Hypothek löschen zu lassen, wenn sie sich mit dem Eigentum in einer Person vereinigt, so kann zur Sicherung des Anspruchs auf Löschung eine Vormerkung in das Grundbuch eingetragen werden, wenn demjenigen, zu dessen Gunsten die Eintragung vorgenommen werden soll,

1. ein anderes gleichrangiges oder nachrangiges Recht als eine Hypothek, Grundschuld oder Rentenschuld am Grundstück zusteht oder

2. ein Anspruch auf Einräumung eines solchen anderen Rechts oder auf Übertragung des Eigentums am Grundstück zusteht; der Anspruch kann auch ein künftiger oder bedingter sein.

§ 1179 a[1]) **[Löschungsanspruch bei fremden Rechten].** (1) ¹Der Gläubiger einer Hypothek kann von dem Eigentümer verlangen, daß

---

[1]) Für die Rechtsverhältnisse, die vor dem 1. 1. 1978 eingetragen worden sind, beachte § 1179 BGB a. F. und Art. 8 § 1 Gesetz zur Änderung sachenrechtlicher, grundbuchrechtlicher und anderer Vorschriften vom 22. 6. 1977 (BGBl. I S. 998):
„**§ 1179 BGB [bis zum 31. 12. 1977 geltende Fassung].** Verpflichtet sich der Eigentümer einem anderen gegenüber, die Hypothek löschen zu lassen, wenn sie sich mit dem Eigentum in einer Person vereinigt, so kann zur Sicherung des Anspruchs auf Löschung eine Vormerkung in das Grundbuch eingetragen werden."
„**Art. 8. Übergangs- und Schlußbestimmungen. § 1.** (1) Ein Anspruch nach § 1179a oder § 1179b des Bürgerlichen Gesetzbuchs in der Fassung von Artikel 1 dieses Gesetzes besteht nicht für den als Gläubiger Eingetragenen oder den Gläubiger einer Hypothek, Grundschuld oder Rentenschuld, die vor Inkrafttreten dieses Gesetzes im Grundbuch eingetragen worden ist.
(2) Wird eine Hypothek, Grundschuld oder Rentenschuld auf Grund eines vor Inkrafttreten dieses Gesetzes gestellten Antrags oder Ersuchens nach Inkrafttreten dieses Gesetzes eingetragen oder ist ein solches nach Inkrafttreten dieses Gesetzes

1 BGB §§ 1179a Drittes Buch. Sachenrecht

dieser eine vorrangige oder gleichrangige Hypothek löschen läßt, wenn sie im Zeitpunkt der Eintragung der Hypothek des Gläubigers mit dem Eigentum in einer Person vereinigt ist oder eine solche Vereinigung später eintritt. ²Ist das Eigentum nach der Eintragung der nach Satz 1 begünstigten Hypothek durch Sondernachfolge auf einen anderen übergegangen, so ist jeder Eigentümer wegen der zur Zeit seines Eigentums bestehenden Vereinigungen zur Löschung verpflichtet. ³Der Löschungsanspruch ist in gleicher Weise gesichert, als wenn zu seiner Sicherung gleichzeitig mit der begünstigten Hypothek eine Vormerkung in das Grundbuch eingetragen worden wäre.

(2) ¹Die Löschung einer Hypothek, die nach § 1163 Abs. 1 Satz 1 mit dem Eigentum in einer Person vereinigt ist, kann nach Absatz 1 erst verlangt werden, wenn sich ergibt, daß die zu sichernde Forderung nicht mehr entstehen wird; der Löschungsanspruch besteht von diesem Zeitpunkt ab jedoch auch wegen der vorher bestehenden Vereinigungen. ²Durch die Vereinigung einer Hypothek mit dem Eigentum nach § 1163 Abs. 2 wird ein Anspruch nach Absatz 1 nicht begründet.

(3) Liegen bei der begünstigten Hypothek die Voraussetzungen des § 1163 vor, ohne daß das Recht für den Eigentümer oder seinen Rechtsnachfolger im Grundbuch eingetragen ist, so besteht der Löschungsanspruch für den eingetragenen Gläubiger oder seinen Rechtsnachfolger.

(4) Tritt eine Hypothek im Range zurück, so sind auf die Löschung der ihr infolge der Rangänderung vorgehenden oder gleichstehenden Hypothek die Absätze 1 bis 3 mit der Maßgabe entsprechend anzuwenden, daß an die Stelle des Zeitpunkts der Eintragung des zurückgetretenen Rechts der Zeitpunkt der Eintragung der Rangänderung tritt.

(5) ¹Als Inhalt einer Hypothek, deren Gläubiger nach den vorstehenden Vorschriften ein Anspruch auf Löschung zusteht, kann der Ausschluß dieses Anspruchs vereinbart werden; der Ausschluß kann auf einen bestimmten Fall der Vereinigung beschränkt werden. ²Der

---

einzutragendes Recht bereits vor Inkrafttreten dieses Gesetzes entstanden, so steht dem Gläubiger oder dem eingetragenen Gläubiger des Rechts ein Anspruch nach § 1179a oder § 1179b des Bürgerlichen Gesetzbuchs nicht zu. Dies ist von Amts wegen im Grundbuch einzutragen.

(3) Auf eine Löschungsvormerkung, die vor dem Inkrafttreten dieses Gesetzes in das Grundbuch eingetragen oder deren Eintragung vor diesem Zeitpunkt beantragt worden ist, ist § 1179 des Bürgerlichen Gesetzbuchs in der bisherigen Fassung anzuwenden. Wird die Eintragung einer Löschungsvormerkung zugunsten eines im Range gleich- oder nachstehenden Berechtigten oder des eingetragenen Gläubigers des betroffenen Rechts nach Inkrafttreten dieses Gesetzes beantragt, so gilt das gleiche, wenn dem Berechtigten wegen Absatz 1 oder 2 ein Löschungsanspruch nach den §§ 1179a und 1179b des Bürgerlichen Gesetzbuchs nicht zusteht."

Ausschluß ist unter Bezeichnung der Hypotheken, die dem Löschungsanspruch ganz oder teilweise nicht unterliegen, im Grundbuch anzugeben; ist der Ausschluß nicht für alle Fälle der Vereinigung vereinbart, so kann zur näheren Bezeichnung der erfaßten Fälle auf die Eintragungsbewilligung Bezug genommen werden. ³Wird der Ausschluß aufgehoben, so entstehen dadurch nicht Löschungsansprüche für Vereinigungen, die nur vor dieser Aufhebung bestanden haben.

§ 1179 b [Löschungsanspruch bei eigenem Recht]. (1) Wer als Gläubiger einer Hypothek im Grundbuch eingetragen oder nach Maßgabe des § 1155 als Gläubiger ausgewiesen ist, kann von dem Eigentümer die Löschung dieser Hypothek verlangen, wenn sie im Zeitpunkt ihrer Eintragung mit dem Eigentum in einer Person vereinigt ist oder eine solche Vereinigung später eintritt.

(2) § 1179a Abs. 1 Satz 2, 3, Abs. 2, 5 ist entsprechend anzuwenden.

§ 1180 [Auswechslung der Forderung]. (1) ¹An die Stelle der Forderung, für welche die Hypothek besteht, kann eine andere Forderung gesetzt werden. ²Zu der Änderung ist die Einigung des Gläubigers und des Eigentümers sowie die Eintragung in das Grundbuch erforderlich; die Vorschriften des § 873 Abs. 2 und der §§ 876, 878 finden entsprechende Anwendung.

(2) ¹Steht die Forderung, die an die Stelle der bisherigen Forderung treten soll, nicht dem bisherigen Hypothekengläubiger zu, so ist dessen Zustimmung erforderlich; die Zustimmung ist dem Grundbuchamt oder demjenigen gegenüber zu erklären, zu dessen Gunsten sie erfolgt. ²Die Vorschriften des § 875 Abs. 2 und des § 876 finden entsprechende Anwendung.

§ 1181 [Erlöschen durch Befriedigung aus dem Grundstück].
(1) Wird der Gläubiger aus dem Grundstücke befriedigt, so erlischt die Hypothek.

(2) Erfolgt die Befriedigung des Gläubigers aus einem der mit einer Gesamthypothek belasteten Grundstücke, so werden auch die übrigen Grundstücke frei.

(3) Der Befriedigung aus dem Grundstücke steht die Befriedigung aus den Gegenständen gleich, auf die sich die Hypothek erstreckt.

§ 1182 [Übergang bei Befriedigung aus der Gesamthypothek].
¹Soweit im Falle einer Gesamthypothek der Eigentümer des Grundstücks, aus dem der Gläubiger befriedigt wird, von dem Eigentümer eines der anderen Grundstücke oder einem Rechtsvorgänger dieses Eigentümers Ersatz verlangen kann, geht die Hypothek an dem Grundstücke dieses Eigentümers auf ihn über. ²Die Hypothek kann jedoch, wenn der Gläubiger nur teilweise befriedigt wird, nicht zum

Nachteile der dem Gläubiger verbleibenden Hypothek und, wenn das Grundstück mit einem im Range gleich- oder nachstehenden Rechte belastet ist, nicht zum Nachteile dieses Rechtes geltend gemacht werden.

§ 1183 [Aufhebung der Hypothek]. ¹Zur Aufhebung der Hypothek durch Rechtsgeschäft ist die Zustimmung des Eigentümers erforderlich. ²Die Zustimmung ist dem Grundbuchamt oder dem Gläubiger gegenüber zu erklären; sie ist unwiderruflich.

§ 1184 [Sicherungshypothek]. (1) Eine Hypothek kann in der Weise bestellt werden, daß das Recht des Gläubigers aus der Hypothek sich nur nach der Forderung bestimmt und der Gläubiger sich zum Beweise der Forderung nicht auf die Eintragung berufen kann (Sicherungshypothek).

(2) Die Hypothek muß im Grundbuch als Sicherungshypothek bezeichnet werden.

§ 1185 [Buchhypothek; unanwendbare Vorschriften]. (1) Bei der Sicherungshypothek ist die Erteilung des Hypothekenbriefs ausgeschlossen.

(2) Die Vorschriften der §§ 1138, 1139, 1141, 1156 finden keine Anwendung.

§ 1186 [Zulässige Umwandlungen]. ¹Eine Sicherungshypothek kann in eine gewöhnliche Hypothek, eine gewöhnliche Hypothek kann in eine Sicherungshypothek umgewandelt werden. ²Die Zustimmung der im Range gleich- oder nachstehenden Berechtigten ist nicht erforderlich.

§ 1187 [Sicherungshypothek für Inhaber- und Orderpapiere]. ¹Für die Forderung aus einer Schuldverschreibung auf den Inhaber, aus einem Wechsel oder aus einem anderen Papiere, das durch Indossament übertragen werden kann, kann nur eine Sicherungshypothek bestellt werden. ²Die Hypothek gilt als Sicherungshypothek, auch wenn sie im Grundbuche nicht als solche bezeichnet ist. ³Die Vorschrift des § 1154 Abs. 3 findet keine Anwendung. ⁴Ein Anspruch auf Löschung der Hypothek nach den §§ 1179a, 1179b besteht nicht.

§ 1188 [Sondervorschrift für Schuldverschreibungen auf den Inhaber]. (1) Zur Bestellung einer Hypothek für die Forderung aus einer Schuldverschreibung auf den Inhaber genügt die Erklärung des Eigentümers gegenüber dem Grundbuchamte, daß er die Hypothek bestelle, und die Eintragung in das Grundbuch; die Vorschrift des § 878 findet Anwendung.

(2) ¹Die Ausschließung des Gläubigers mit seinem Rechte nach § 1170 ist nur zulässig, wenn die im § 801 bezeichnete Vorlegungsfrist verstrichen ist. ²Ist innerhalb der Frist die Schuldverschreibung

vorgelegt oder der Anspruch aus der Urkunde gerichtlich geltend gemacht worden, so kann die Ausschließung erst erfolgen, wenn die Verjährung eingetreten ist.

§ 1189 [Bestellung eines Grundbuchvertreters]. (1) ¹Bei einer Hypothek der im § 1187 bezeichneten Art kann für den jeweiligen Gläubiger ein Vertreter mit der Befugnis bestellt werden, mit Wirkung für und gegen jeden späteren Gläubiger bestimmte Verfügungen über die Hypothek zu treffen und den Gläubiger bei der Geltendmachung der Hypothek zu vertreten. ²Zur Bestellung des Vertreters ist die Eintragung in das Grundbuch erforderlich.

(2) Ist der Eigentümer berechtigt, von dem Gläubiger eine Verfügung zu verlangen, zu welcher der Vertreter befugt ist, so kann er die Vornahme der Verfügung von dem Vertreter verlangen.

§ 1190 [Höchstbetragshypothek]. (1) Eine Hypothek kann in der Weise bestellt werden, daß nur der Höchstbetrag, bis zu dem das Grundstück haften soll, bestimmt, im übrigen die Feststellung der Forderung vorbehalten wird. ²Der Höchstbetrag muß in das Grundbuch eingetragen werden.

(2) Ist die Forderung verzinslich, so werden die Zinsen in den Höchstbetrag eingerechnet.

(3) Die Hypothek gilt als Sicherungshypothek, auch wenn sie im Grundbuche nicht als solche bezeichnet ist.

(4) ¹Die Forderung kann nach den für die Übertragung von Forderungen geltenden allgemeinen Vorschriften übertragen werden. ²Wird sie nach diesen Vorschriften übertragen, so ist der Übergang der Hypothek ausgeschlossen.

Zweiter Titel. Grundschuld. Rentenschuld

I. Grundschuld

§ 1191 [Begriff]. (1) Ein Grundstück kann in der Weise belastet werden, daß an denjenigen, zu dessen Gunsten die Belastung erfolgt, eine bestimmte Geldsumme aus dem Grundstücke zu zahlen ist (Grundschuld).

(2) Die Belastung kann auch in der Weise erfolgen, daß Zinsen von der Geldsumme sowie andere Nebenleistungen aus dem Grundstücke zu entrichten sind.

§ 1192 [Anwendbare Vorschriften]. (1) Auf die Grundschuld finden die Vorschriften über die Hypothek entsprechende Anwendung, soweit sich nicht daraus ein anderes ergibt, daß die Grundschuld nicht eine Forderung voraussetzt.

(2) Für Zinsen der Grundschuld gelten die Vorschriften über die Zinsen einer Hypothekenforderung.

§ 1193 [Kündigung]. (1) ¹Das Kapital der Grundschuld wird erst nach vorgängiger Kündigung fällig. ²Die Kündigung steht sowohl dem Eigentümer als dem Gläubiger zu. ³Die Kündigungsfrist beträgt sechs Monate.

(2) Abweichende Bestimmungen sind zulässig.

§ 1194 [Zahlungsort]. Die Zahlung des Kapitals sowie der Zinsen und anderen Nebenleistungen hat, soweit nicht ein anderes bestimmt ist, an dem Orte zu erfolgen, an dem das Grundbuchamt seinen Sitz hat.

§ 1195 [Inhabergrundschuld]. ¹Eine Grundschuld kann in der Weise bestellt werden, daß der Grundschuldbrief auf den Inhaber ausgestellt wird. ²Auf einen solchen Brief finden die Vorschriften über Schuldverschreibungen auf den Inhaber entsprechende Anwendung.

§ 1196 [Eigentümergrundschuld]. (1) Eine Grundschuld kann auch für den Eigentümer bestellt werden.

(2) Zu der Bestellung ist die Erklärung des Eigentümers gegenüber dem Grundbuchamte, daß die Grundschuld für ihn in das Grundbuch eingetragen werden soll, und die Eintragung erforderlich; die Vorschrift des § 878 findet Anwendung.

(3) Ein Anspruch auf Löschung der Grundschuld nach § 1179a oder § 1179b besteht nur wegen solcher Vereinigungen der Grundschuld mit dem Eigentum in einer Person, die eintreten, nachdem die Grundschuld einem anderen als dem Eigentümer zugestanden hat.

§ 1197 [Abweichungen von der Fremdgrundschuld]. (1) Ist der Eigentümer der Gläubiger, so kann er nicht die Zwangsvollstreckung zum Zwecke seiner Befriedigung betreiben.

(2) Zinsen gebühren dem Eigentümer nur, wenn das Grundstück auf Antrag eines anderen zum Zwecke der Zwangsverwaltung in Beschlag genommen ist, und nur für die Dauer der Zwangsverwaltung.

§ 1198 [Zulässige Umwandlungen]. ¹Eine Hypothek kann in eine Grundschuld, eine Grundschuld kann in eine Hypothek umgewandelt werden. ²Die Zustimmung der im Range gleich- oder nachstehenden Berechtigten ist nicht erforderlich.

II. Rentenschuld

§ 1199 [Begriff; Ablösungssumme]. (1) Eine Grundschuld kann in der Weise bestellt werden, daß in regelmäßig wiederkehrenden Terminen eine bestimmte Geldsumme aus dem Grundstücke zu zahlen ist (Rentenschuld).

(2) ¹Bei der Bestellung der Rentenschuld muß der Betrag bestimmt werden, durch dessen Zahlung die Rentenschuld abgelöst werden kann. ²Die Ablösungssumme muß im Grundbuch angegeben werden.

§ 1200 [Anwendbare Vorschriften]. (1) Auf die einzelnen Leistungen finden die für Hypothekenzinsen, auf die Ablösungssumme finden die für ein Grundschuldkapital geltenden Vorschriften entsprechende Anwendung.

(2) Die Zahlung der Ablösungssumme an den Gläubiger hat die gleiche Wirkung wie die Zahlung des Kapitals einer Grundschuld.

§ 1201 [Ablösungsrecht]. (1) Das Recht zur Ablösung steht dem Eigentümer zu.

(2) ¹Dem Gläubiger kann das Recht, die Ablösung zu verlangen, nicht eingeräumt werden. ²Im Falle des § 1133 Satz 2 ist der Gläubiger berechtigt, die Zahlung der Ablösungssumme aus dem Grundstücke zu verlangen.

§ 1202 [Kündigung]. (1) ¹Der Eigentümer kann das Ablösungsrecht erst nach vorgängiger Kündigung ausüben. ²Die Kündigungsfrist beträgt sechs Monate, wenn nicht ein anderes bestimmt ist.

(2) Eine Beschränkung des Kündigungsrechts ist nur soweit zulässig, daß der Eigentümer nach dreißig Jahren unter Einhaltung der sechsmonatigen Frist kündigen kann.

(3) Hat der Eigentümer gekündigt, so kann der Gläubiger nach dem Ablaufe der Kündigungsfrist die Zahlung der Ablösungssumme aus dem Grundstücke verlangen.

§ 1203 [Zulässige Umwandlungen]. ¹Eine Rentenschuld kann in eine gewöhnliche Grundschuld, eine gewöhnliche Grundschuld kann in eine Rentenschuld umgewandelt werden. ²Die Zustimmung der im Range gleich- oder nachstehenden Berechtigten ist nicht erforderlich.

Neunter Abschnitt. Pfandrecht an beweglichen Sachen und an Rechten

§§ 1204–1296. *(Vom Abdruck wurde abgesehen).*

Viertes Buch. Familienrecht

§§ 1297–1921. *(Vom Abdruck wurde abgesehen)*

Fünftes Buch. Erbrecht

§§ 1922–2385. *(Vom Abdruck wurde abgesehen)*

2. Einführungsgesetz zum Bürgerlichen Gesetzbuche[1)]

In der Fassung der Bekanntmachung vom 21. September 1994
(BGBl. I S. 2494)

Geändert durch Art. 32 Einführungsgesetz zur Insolvenzordnung vom 5. 10. 1994 (BGBl. I S. 2911, 2924)

(Auszug)

Sechster Teil. Inkrafttreten und Übergangsrecht aus Anlaß der Einführung des Bürgerlichen Gesetzbuchs und dieses Einführungsgesetzes in dem in Artikel 3 des Einigungsvertrages genannten Gebiet

Art. 230
Umfang der Geltung, Inkrafttreten

(1) Für das in Artikel 3 des Einigungsvertrages genannte Gebiet gelten die §§ 1706 bis 1710 des Bürgerlichen Gesetzbuchs nicht.

(2) Das Bürgerliche Gesetzbuch und dieses Einführungsgesetz treten im übrigen in diesem Gebiet am Tag des Wirksamwerdens des Beitritts nach Maßgabe der folgenden Übergangsvorschriften in Kraft.

Art. 231
Erstes Buch. Allgemeiner Teil des Bürgerlichen Gesetzbuchs

§§ 1–4 *(Vom Abdruck wurde abgesehen)*

§ 5 Sachen. (1) [1]Nicht zu den Bestandteilen eines Grundstücks gehören Gebäude, Baulichkeiten, Anlagen, Anpflanzungen oder Einrichtungen, die gemäß dem am Tag vor dem Wirksamwerden des Beitritts geltenden Recht vom Grundstückseigentum unabhängiges Eigentum sind. [2]Das gleiche gilt, wenn solche Gegenstände am Tag des Wirksamwerdens des Beitritts oder danach errichtet oder angebracht werden, soweit dies aufgrund eines vor dem Wirksamwerden des Beitritts begründeten Nutzungsrechts an dem Grundstück oder Nutzungsrechts nach den §§ 312 bis 315 des Zivilgesetzbuchs der Deutschen Demokratischen Republik zulässig ist.

(2) [1]Das Nutzungsrecht an dem Grundstück und die erwähnten Anlagen, Anpflanzungen oder Einrichtungen gelten als wesentliche

---

[1)] Neubekanntmachung des EGBGB vom 18. 8. 1896 (RGBl. S. 604) in der seit dem 1. 10. 1994 geltenden Fassung vom 21. 9. 1994 (BGBl. I S. 2494).

Bestandteile des Gebäudes. ²Artikel 233 § 4 Abs. 3 und 5 bleibt unberührt.

(3) ¹Das Gebäudeeigentum nach den Absätzen 1 und 2 erlischt, wenn nach dem 31. Dezember 1996 das Eigentum am Grundstück übertragen wird, es sei denn, daß das Nutzungsrecht oder das selbständige Gebäudeeigentum nach Artikel 233 § 2b Abs. 2 Satz 3 im Grundbuch des veräußerten Grundstücks eingetragen ist oder dem Erwerber das nicht eingetragene Recht bekannt war. ²Dem Inhaber des Gebäudeeigentums steht gegen den Veräußerer ein Anspruch auf Ersatz des Wertes zu, den das Gebäudeeigentum im Zeitpunkt seines Erlöschens hatte; an dem Gebäudeeigentum begründete Grundpfandrechte werden Pfandrechte an diesem Anspruch.

(4) ¹Wird nach dem 31. Dezember 1996 das Grundstück mit einem dinglichen Recht belastet oder ein solches Recht erworben, so gilt für den Inhaber des Rechts das Gebäude als Bestandteil des Grundstücks. ²Absatz 3 Satz 1 ist entsprechend anzuwenden.

(5) ¹Ist ein Gebäude auf mehreren Grundstücken errichtet, gelten die Absätze 3 und 4 nur in Ansehung des Grundstücks, auf dem sich der überwiegende Teil des Gebäudes befindet. ²Für den Erwerber des Grundstücks gelten in Ansehung des auf dem anderen Grundstück befindlichen Teils des Gebäudes die Vorschriften über den zu duldenden Überbau sinngemäß.

§ 6 Verjährung. (1) ¹Die Vorschriften des Bürgerlichen Gesetzbuchs über die Verjährung finden auf die am Tag des Wirksamwerdens des Beitritts bestehenden und noch nicht verjährten Ansprüche Anwendung. ²Der Beginn, die Hemmung und die Unterbrechung der Verjährung bestimmen sich jedoch für den Zeitraum vor dem Wirksamwerden des Beitritts nach den bislang für das in Artikel 3 des Einigungsvertrages genannte Gebiet geltenden Rechtsvorschriften.

(2) ¹Ist die Verjährungsfrist nach dem Bürgerlichen Gesetzbuch kürzer als nach den Rechtsvorschriften, die bislang für das in Artikel 3 des Einigungsvertrages genannte Gebiet galten, so wird die kürzere Frist von dem Tag des Wirksamwerdens des Betritts an berechnet. ²Läuft jedoch die in den Rechtsvorschriften, die bislang für das in Artikel 3 des Einigungsvertrages genannte Gebiet galten, bestimmte längere Frist früher als die im Bürgerlichen Gesetzbuch bestimmte kürzere Frist ab, so ist die Verjährung mit dem Ablauf der längeren Frist vollendet.

(3) Die Absätze 1 und 2 sind entsprechend auf Fristen anzuwenden, die für die Geltendmachung, den Erwerb oder den Verlust eines Rechts maßgebend sind.

§ 7 Beurkundungen und Beglaubigungen. (1) Eine vor dem Wirksamwerden des Beitritts erfolgte notarielle Beurkundung oder

zum Bürgerlichen Gesetzbuche **Art. 232 EGBGB 2**

Beglaubigung ist nicht deshalb unwirksam, weil die erforderliche Beurkundung oder Beglaubigung von einem Notar vorgenommen wurde, der nicht in dem in Artikel 3 des Einigungsvertrages genannten Gebiet berufen oder bestellt war, sofern dieser im Geltungsbereich des Grundgesetzes bestellt war.

(2) Absatz 1 gilt nicht, soweit eine rechtskräftige Entscheidung entgegensteht.

(3) Ein Vertrag, durch den sich der Beteiligte eines nach Absatz 1 wirksamen Rechtsgeschäfts vor Inkrafttreten des Zweiten Vermögensrechtsänderungsgesetzes gegenüber einem anderen Beteiligten zu weitergehenden Leistungen verpflichtet oder auf Rechte verzichtet hat, weil dieser die Nichtigkeit dieses Rechtsgeschäfts geltend gemacht hat, ist insoweit unwirksam, als die durch den Vertrag begründeten Rechte und Pflichten der Beteiligten von den Vereinbarungen in dem nach Absatz 1 wirksamen Rechtsgeschäft abweichen.

(4) Eine Veräußerung nach den §§ 17 bis 19 des Gesetzes über die Gründung und Tätigkeit privater Unternehmen und über Unternehmensbeteiligungen vom 7. März 1990 (GBl. I Nr. 17 S. 141), die ohne die in § 19 Abs. 5 Satz 2 dieses Gesetzes geforderte notarielle Beurkundung der Umwandlungserklärung erfolgt ist, wird ihrem ganzen Inhalt nach gültig, wenn die gegründete Gesellschaft in das Register eingetragen ist.

§ 8 Vollmachtsurkunden staatlicher Organe. [1]Eine von den in den §§ 2 und 3 der Siegelordnung der Deutschen Demokratischen Republik vom 29. November 1966 (GBl. 1967 II Nr. 9 S. 49) und in § 1 der Siegelordnung der Deutschen Demokratischen Republik vom 16. Juli 1981 (GBl. I Nr. 25 S. 309) bezeichneten staatlichen Organen erteilte Vollmachtsurkunde ist wirksam, wenn die Urkunde vom vertretungsberechtigten Leiter des Organs oder einer von diesem nach den genannten Bestimmungen ermächtigten Person unterzeichnet und mit einem ordnungsgemäßen Dienstsiegel versehen worden ist. [2]Die Beglaubigung der Vollmacht nach § 57 Abs. 2 Satz 2 des Zivilgesetzbuchs der Deutschen Demokratischen Republik wird durch die Unterzeichnung und Siegelung der Urkunde ersetzt.

Art. 232
Zweites Buch. Recht der Schuldverhältnisse

§ 1 Allgemeine Bestimmungen für Schuldverhältnisse. Für ein Schuldverhältnis, das vor dem Wirksamwerden des Beitritts entstanden ist, bleibt das bisherige für das in Artikel 3 des Einigungsvertrages genannte Gebiet geltende Recht maßgebend.

§ 1a Überlassungsverträge. Ein vor dem 3. Oktober 1990 geschlossener Vertrag, durch den ein bisher staatlich verwaltetes (§ 1 Abs. 4 des Vermögensgesetzes) Grundstück durch den staatlichen

Verwalter oder die von ihm beauftragte Stelle gegen Leistung eines Geldbetrages für das Grundstück sowie etwa aufstehende Gebäude und gegen Übernahme der öffentlichen Lasten einem anderen zur Nutzung überlassen wurde (Überlassungsvertrag), ist wirksam.

§ 2 Miete. (1) Mietverhältnisse aufgrund von Verträgen, die vor dem Wirksamwerden des Beitritts geschlossen worden sind, richten sich von diesem Zeitpunkt an nach den Vorschriften des Bürgerlichen Gesetzbuchs, soweit nicht in den folgenden Absätzen etwas anderes bestimmt ist.

(2) Auf berechtigte Interessen im Sinne des § 564b Abs. 2 Nr. 3 des Bürgerlichen Gesetzbuchs kann der Vermieter sich nicht berufen.

(3) [1] Auf berechtigte Interessen im Sinne des § 564b Abs. 2 Nr. 2 Satz 1 des Bürgerlichen Gesetzbuchs (Eigenbedarf) kann der Vermieter sich erst nach dem 31. Dezember 1995 berufen. [2] Dies gilt nicht,

1. wenn die Räume dem Vermieter durch nicht zu rechtfertigende Zwangsmaßnahmen oder durch Machtmißbrauch, Korruption, Nötigung oder Täuschung seitens staatlicher Stellen oder Dritter entzogen worden sind,
2. wenn der Mieter bei Abschluß des Vertrages nicht redlich im Sinne des § 4 Abs. 3 des Vermögensgesetzes gewesen ist oder
3. wenn der Ausschluß des Kündigungsrechts dem Vermieter angesichts seines Wohnbedarfs und seiner sonstigen berechtigten Interessen auch unter Würdigung der Interessen des Mieters nicht zugemutet werden kann.

[3] Vor dem 1. Januar 1996 kann der Vermieter ein Mietverhältnis nach § 564b Abs. 4 Satz 1 des Bürgerlichen Gesetzbuchs nur in den Fällen des Satzes 2 Nr. 1 oder 2 oder dann kündigen, wenn ihm die Fortsetzung des Mietverhältnisses wegen seines Wohn- oder Instandsetzungsbedarfs oder sonstiger Interessen nicht zugemutet werden kann.

(4) [1] In den Fällen des Absatzes 3 kann der Mieter der Kündigung widersprechen und vom Vermieter die Fortsetzung des Mietverhältnisses verlangen, wenn die vertragsmäßige Beendigung des Mietverhältnisses für den Mieter oder seine Familie eine Härte bedeuten würde, die auch unter Würdigung der berechtigten Interessen des Vermieters nicht zu rechtfertigen ist. [2] Eine Härte liegt auch vor, wenn angemessener Ersatzwohnraum zu zumutbaren Bedingungen nicht beschafft werden kann. [3] § 556a Abs. 1 Satz 3, Abs. 2, 3, 5 bis 7 und § 564a Abs. 2 des Bürgerlichen Gesetzbuchs sowie § 93b Abs. 1 bis 3, § 308a Abs. 1 Satz 1 und § 708 Nr. 7 der Zivilprozeßordnung, § 16 Abs. 3 und 4 des Gerichtskostengesetzes sind anzuwenden.

(5) [1] Der Mieter kann einer bis zum 31. Dezember 1994 erklärten Kündigung eines Mietverhältnisses über Geschäftsräume oder gewerblich genutzte unbebaute Grundstücke widersprechen und vom

Vermieter die Fortsetzung des Mietverhältnisses verlangen, wenn die Kündigung für ihn eine erhebliche Gefährdung seiner wirtschaftlichen Lebensgrundlage mit sich bringt. ²Dies gilt nicht,
1. wenn ein Grund vorliegt, aus dem der Vermieter zur Kündigung ohne Einhaltung einer Kündigungsfrist berechtigt ist, oder
2. wenn der Vermieter bei anderweitiger Vermietung eine höhere als die bisherige Miete erzielen könnte und der Mieter sich weigert, in eine angemessene Mieterhöhung von dem Zeitpunkt an einzuwilligen, zu dem die Kündigung wirksam war, oder
3. wenn der Mieter sich weigert, in eine Umlegung der Betriebskosten einzuwilligen, oder
4. wenn dem Vermieter die Fortsetzung des Mietverhältnisses aus anderen Gründen nicht zugemutet werden kann.

³Eine Mieterhöhung ist angemessen im Sinne des Satzes 2 Nr. 2, soweit die geforderte Miete die ortsübliche Miete, die sich für Geschäftsräume oder Grundstücke gleicher Art und Lage nach Wegfall der Preisbindungen bildet, nicht übersteigt. ⁴Willigt der Mieter in eine angemessene Mieterhöhung ein, so kann sich der Vermieter nicht darauf berufen, daß er bei anderweitiger Vermietung eine höhere als die ortsübliche Miete erzielen könnte.

(6) ¹Bei der Kündigung nach Absatz 5 werden nur die im Kündigungsschreiben angegebenen Gründe berücksichtigt, soweit nicht die Gründe nachträglich entstanden sind. ²Im übrigen gelten § 556a Abs. 2, 3 und 5 bis 7 und § 564a Abs. 2 des Bürgerlichen Gesetzbuchs, § 93b Abs. 1 bis 3, § 308a Abs. 1 Satz 1 und § 708 Nr. 7 der Zivilprozeßordnung sowie § 16 Abs. 3 und 4 des Gerichtskostengesetzes entsprechend.

(7) (weggefallen)

§ 3 Pacht. (1) Pachtverhältnisse aufgrund von Verträgen, die vor dem Wirksamwerden des Beitritts geschlossen worden sind, richten sich von diesem Zeitpunkt an nach den §§ 581 bis 597 des Bürgerlichen Gesetzbuchs.

(2) Die §§ 51 und 52 des Landwirtschaftsanpassungsgesetzes vom 29. Juni 1990 (GBl. I Nr. 42 S. 642) bleiben unberührt.

§ 4 Nutzung von Bodenflächen zur Erholung. (1) ¹Nutzungsverhältnisse nach den §§ 312 bis 315 des Zivilgesetzbuchs der Deutschen Demokratischen Republik aufgrund von Verträgen, die vor dem Wirksamwerden des Beitritts geschlossen worden sind, richten sich weiterhin nach den genannten Vorschriften des Zivilgesetzbuchs. ²Abweichende Regelungen bleiben einem besonderen Gesetz vorbehalten.

(2) ¹Die Bundesregierung wird ermächtigt, durch Rechtsverordnung mit Zustimmung des Bundesrates Vorschriften über eine ange-

messene Gestaltung der Nutzungsentgelte zu erlassen. ²Angemessen sind Entgelte bis zur Höhe des ortsüblichen Pachtzinses für Grundstücke, die auch hinsichtlich der Art und des Umfangs der Bebauung in vergleichbarer Weise genutzt werden. ³In der Rechtsverordnung können Bestimmungen über die Ermittlung des ortsüblichen Pachtzinses, über das Verfahren der Entgelterhöhung sowie über die Kündigung im Fall der Erhöhung getroffen werden.

(3) Für Nutzungsverhältnisse innerhalb von Kleingartenanlagen bleibt die Anwendung des Bundeskleingartengesetzes vom 28. Februar 1983 (BGBl. I S. 210) mit den in Anlage I Kapitel XIV Abschnitt II Nr. 4 zum Einigungsvertrag enthaltenen Ergänzungen unberührt.

(4) Die Absätze 1 bis 3 gelten auch für vor dem 1. Januar 1976 geschlossene Verträge, durch die land- oder forstwirtschaftlich nicht genutzte Bodenflächen Bürgern zum Zwecke der nicht gewerblichen kleingärtnerischen Nutzung, Erholung und Freizeitgestaltung überlassen wurden.

§ 4a Vertrags-Moratorium. (1) ¹Verträge nach § 4 können, auch soweit sie Garagen betreffen, gegenüber dem Nutzer bis zum Ablauf des 31. Dezember 1994 nur aus den in § 554 des Bürgerlichen Gesetzbuchs bezeichneten Gründen gekündigt oder sonst beendet werden. ²Sie verlängern sich, wenn nicht der Nutzer etwas Gegenteiliges mitteilt, bis zu diesem Zeitpunkt, wenn sie nach ihrem Inhalt vorher enden würden.

(2) Hat der Nutzer einen Vertrag nach § 4 nicht mit dem Eigentümer des betreffenden Grundstücks, sondern aufgrund des § 18 oder § 46 in Verbindung mit § 18 des Gesetzes über die landwirtschaftlichen Produktionsgenossenschaften – LPG-Gesetz – vom 2. Juli 1982 (GBl. I Nr. 25 S. 443) in der vor dem 1. Juli 1990 geltenden Fassung mit einer der dort genannten Genossenschaften oder Stellen geschlossen, so ist er nach Maßgabe des Vertrages und des Absatzes 1 bis zum Ablauf des 31. Dezember 1994 auch dem Grundstückseigentümer gegenüber zum Besitz berechtigt.

(3) ¹Die Absätze 1 und 2 gelten ferner, wenn ein Vertrag nach § 4 mit einer staatlichen Stelle abgeschlossen wurde, auch wenn diese hierzu nicht ermächtigt war. ²Dies gilt jedoch nicht, wenn der Nutzer Kenntnis von dem Fehlen einer entsprechenden Ermächtigung hatte.

(4) Die Absätze 1 und 2 gelten ferner auch, wenn ein Vertrag nach § 4 mit einer staatlichen Stelle abgeschlossen wurde und diese bei Vertragsschluß nicht ausdrücklich in fremdem Namen, sondern im eigenen Namen handelte, obwohl es sich nicht um ein volkseigenes, sondern ein von ihr verwaltetes Grundstück handelte, es sei denn, daß der Nutzer hiervon Kenntnis hatte.

zum Bürgerlichen Gesetzbuche **Art. 232 EGBGB 2**

(5) ¹In den Fällen der Absätze 2 bis 4 ist der Vertragspartner des Nutzers unbeschadet des § 51 des Landwirtschaftsanpassungsgesetzes verpflichtet, die gezogenen Entgelte unter Abzug der mit ihrer Erzielung verbundenen Kosten an den Grundstückseigentümer abzuführen. ²Entgelte, die in der Zeit von dem 1. Januar 1992 an bis zum Inkrafttreten dieser Vorschrift erzielt wurden, sind um 20 vom Hundert gemindert an den Grundstückseigentümer auszukehren; ein weitergehender Ausgleich für gezogene Entgelte und Aufwendungen findet nicht statt. ³Ist ein Entgelt nicht vereinbart, so ist das Entgelt, das für Verträge der betreffenden Art gewöhnlich zu erzielen ist, unter Abzug der mit seiner Erzielung verbundenen Kosten an den Grundstückseigentümer auszukehren. ⁴Der Grundstückseigentümer kann von dem Vertragspartner des Nutzers die Abtretung der Entgeltansprüche verlangen.

(6) ¹Die Absätze 1 bis 5 gelten auch, wenn der unmittelbare Nutzer Verträge mit einer Vereinigung von Kleingärtnern und diese mit einer der dort genannten Stellen den Hauptnutzungsvertrag geschlossen hat. ²Ist Gegenstand des Vertrages die Nutzung des Grundstücks für eine Garage, so kann der Eigentümer die Verlegung der Nutzung auf eine andere Stelle des Grundstücks oder ein anderes Grundstück verlangen, wenn die Nutzung ihn besonders beeinträchtigt, die andere Stelle für den Nutzer gleichwertig ist und die rechtlichen Voraussetzungen für die Nutzung geschaffen worden sind; die Kosten der Verlegung hat der Eigentümer zu tragen und vorzuschießen.

(7) Die Absätze 1 bis 6 finden keine Anwendung, wenn die Betroffenen nach dem 2. Oktober 1990 etwas Abweichendes vereinbart haben oder zwischen ihnen abweichende rechtskräftige Urteile ergangen sind.

§ 5 Arbeitsverhältnisse. (1) Für am Tag des Wirksamwerdens des Beitritts bestehende Arbeitsverhältnisse gelten unbeschadet des Artikels 230 von dieser Zeit an die Vorschriften des Bürgerlichen Gesetzbuchs.

(2) § 613a des Bürgerlichen Gesetzbuchs ist in dem in Artikel 3 des Einigungsvertrages vom 31. August 1990 (BGBl. 1990 II S. 885) genannten Gebiet vom Tage des Inkrafttretens dieses Gesetzes bis zum 31. Dezember 1998 mit folgenden Maßgaben anzuwenden:
1. Innerhalb des bezeichneten Zeitraums ist auf eine Betriebsübertragung im Gesamtvollstreckungsverfahren § 613a des Bürgerlichen Gesetzbuchs nicht anzuwenden.
2. Anstelle des Absatzes 4 Satz 2 gilt folgende Vorschrift:
   „Satz 1 läßt das Recht zur Kündigung aus wirtschaftlichen, technischen oder organisatorischen Gründen, die Änderungen im Bereich der Beschäftigung mit sich bringen, unberührt."

§ 6 Verträge über wiederkehrende Dienstleistungen. Für am Tag des Wirksamwerdens des Beitritts bestehende Pflege- und Wartungsverträge und Verträge über wiederkehrende persönliche Dienstleistungen gelten von dieser Zeit an die Vorschriften des Bürgerlichen Gesetzbuchs.

§ 7 Kontoverträge und Sparkontoverträge. [1]Das Kreditinstitut kann durch Erklärung gegenüber dem Kontoinhaber bestimmen, daß auf einen am Tag des Wirksamwerdens des Beitritts bestehenden Kontovertrag oder Sparkontovertrag die Vorschriften des Bürgerlichen Gesetzbuchs einschließlich der im bisherigen Geltungsbereich dieses Gesetzes für solche Verträge allgemein verwendeten, näher zu bezeichnenden allgemeinen Geschäftsbedingungen anzuwenden sind. [2]Der Kontoinhaber kann den Vertrag innerhalb eines Monats von dem Zugang der Erklärung an kündigen.

§ 8 Kreditverträge. Auf Kreditverträge, die nach dem 30. Juni 1990 abgeschlossen worden sind, ist § 609a des Bürgerlichen Gesetzbuchs anzuwenden.

§ 9 Bruchteilsgemeinschaften. Auf eine am Tag des Wirksamwerdens des Beitritts bestehende Gemeinschaft nach Bruchteilen finden von dieser Zeit an die Vorschriften des Bürgerlichen Gesetzbuchs Anwendung.

§ 10 Unerlaubte Handlungen. Die Bestimmungen der §§ 823 bis 853 des Bürgerlichen Gesetzbuchs sind nur auf Handlungen anzuwenden, die am Tag des Wirksamwerdens des Beitritts oder danach begangen werden.

Art. 233
Drittes Buch. Sachenrecht

Erster Abschnitt. Allgemeine Vorschriften

§ 1 Besitz. Auf ein am Tag des Wirksamwerdens des Beitritts bestehendes Besitzverhältnis finden von dieser Zeit an die Vorschriften des Bürgerlichen Gesetzbuchs Anwendung.

§ 2 Inhalt des Eigentums. (1) Auf das am Tag des Wirksamwerdens des Beitritts bestehende Eigentum an Sachen finden von dieser Zeit an die Vorschriften des Bürgerlichen Gesetzbuchs Anwendung, soweit nicht in den nachstehenden Vorschriften etwas anderes bestimmt ist.

(2) Wem bisheriges Volkseigentum zufällt oder wer die Verfügungsbefugnis über bisheriges Volkseigentum erlangt, richtet sich nach den besonderen Vorschriften über die Abwicklung des Volkseigentums.

zum Bürgerlichen Gesetzbuche **Art. 233 EGBGB 2**

(3) ¹Ist der Eigentümer eines Grundstücks oder sein Aufenthalt nicht festzustellen und besteht ein Bedürfnis, die Vertretung des Eigentümers sicherzustellen, so bestellt der Landkreis oder die kreisfreie Stadt, in dessen oder deren Gebiet sich das Grundstück befindet, auf Antrag der Gemeinde oder eines anderen, der ein berechtigtes Interesse daran hat, einen gesetzlichen Vertreter. ²Im Falle einer Gemeinschaft wird ein Mitglied der Gemeinschaft zum gesetzlichen Vertreter bestellt. ³Der Vertreter ist von den Beschränkungen des § 181 des Bürgerlichen Gesetzbuchs befreit. ⁴§ 16 Abs. 3 und 4 des Verwaltungsverfahrensgesetzes findet entsprechende Anwendung. ⁵Der Vertreter wird auf Antrag des Eigentümers abberufen. ⁶Diese Vorschrift tritt in ihrem räumlichen Anwendungsbereich und für die Dauer ihrer Geltung an die Stelle des § 119 des Flurbereinigungsgesetzes auch, soweit auf diese Bestimmung in anderen Gesetzen verwiesen wird. ⁷§ 11b des Vermögensgesetzes bleibt unberührt.

§ 2a Moratorium. (1) ¹Als zum Besitz eines in dem in Artikel 3 des Einigungsvertrages genannten Gebiet belegenen Grundstücks berechtigt gelten unbeschadet bestehender Nutzungsrechte und günstigerer Vereinbarungen und Regelungen:
a) wer das Grundstück bis zum Ablauf des 2. Oktober 1990 aufgrund einer bestandskräftigen Baugenehmigung oder sonst entsprechend den Rechtsvorschriften mit Billigung staatlicher oder gesellschaftlicher Organe mit Gebäuden oder Anlagen bebaut oder zu bebauen begonnen hat und bei Inkrafttreten dieser Vorschrift selbst nutzt,
b) Genossenschaften und ehemals volkseigene Betriebe der Wohnungswirtschaft, denen vor dem 3. Oktober 1990 aufgrund einer bestandskräftigen Baugenehmigung oder sonst entsprechend den Rechtsvorschriften mit Billigung staatlicher oder gesellschaftlicher Organe errichtete Gebäude und dazugehörige Grundstücksflächen und -teilflächen zur Nutzung sowie selbständigen Bewirtschaftung und Verwaltung übertragen worden waren und von diesen oder ihren Rechtsnachfolgern genutzt werden,
c) wer über ein bei Abschluß des Vertrages bereits mit einem Wohnhaus bebautes Grundstück, das bis dahin unter staatlicher oder treuhänderischer Verwaltung gestanden hat, einen Überlassungsvertrag geschlossen hat, sowie diejenigen, die mit diesem einen gemeinsamen Hausstand führen,
d) wer ein auf einem Grundstück errichtetes Gebäude gekauft oder den Kauf beantragt hat.

²Das Recht nach Satz 1 besteht bis zur Bereinigung der genannten Rechtsverhältnisse durch besonderes Gesetz längstens bis zum Ablauf des 31. Dezember 1994; die Frist kann durch Rechtsverordnung des Bundesministers der Justiz einmal verlängert werden. ³In den in § 3 Abs. 3 und den §§ 4 und 121 des Sachenrechtsbereinigungsgeset-

zes bezeichneten Fällen besteht das in Satz 1 bezeichnete Recht zum Besitz bis zur Bereinigung dieser Rechtsverhältnisse nach jenem Gesetz fort. [4]Erfolgte die Nutzung bisher unentgeltlich, kann der Grundstückseigentümer vom 1. Januar 1995 an vom Nutzer ein Entgelt bis zur Höhe des nach dem Sachenrechtsbereinigungsgesetz zu zahlenden Erbbauzinses verlangen, wenn ein Verfahren zur Bodenneuordnung nach dem Bodensonderungsgesetz eingeleitet wird, er ein notarielles Vermittlungsverfahren nach den §§ 87 bis 102 des Sachenrechtsbereinigungsgesetzes oder ein Bodenordnungsverfahren nach dem Achten Abschnitt des Landwirtschaftsanpassungsgesetzes beantragt oder sich in den Verfahren auf eine Verhandlung zur Begründung dinglicher Rechte oder eine Übereignung eingelassen hat. [5]Vertragliche oder gesetzliche Regelungen, die ein abweichendes Nutzungsentgelt oder einen früheren Beginn der Zahlungspflicht begründen, bleiben unberührt. [6]Umfang und Inhalt des Rechts bestimmen sich im übrigen nach der bisherigen Ausübung. [7]In den Fällen der in der Anlage II Kapitel II Sachgebiet A Abschnitt III des Einigungsvertrages vom 31. August 1990 (BGBl. 1990 II S. 885, 1150) aufgeführten Maßgaben kann das Recht nach Satz 1 allein von der Treuhandanstalt geltend gemacht werden.

(2) [1]Das Recht zum Besitz nach Absatz 1 wird durch eine Übertragung oder einen Übergang des Eigentums oder eine sonstige Verfügung über das Grundstück nicht berührt. [2]Das Recht kann übertragen werden; die Übertragung ist gegenüber dem Grundstückseigentümer nur wirksam, wenn sie diesem vom Veräußerer angezeigt wird.

(3) [1]Während des in Absatz 1 Satz 2 genannten Zeitraums kann Ersatz für gezogene Nutzungen oder vorgenommene Verwendungen nur auf einvernehmlicher Grundlage verlangt werden. [2]Der Eigentümer eines Grundstücks ist während der Dauer des Rechts zum Besitz nach Absatz 1 verpflichtet, das Grundstück nicht mit Rechten zu belasten, es sei denn, er ist zu deren Bestellung gesetzlich oder aufgrund der Entscheidung einer Behörde verpflichtet.

(4) Bis zu dem in Absatz 1 Satz 2 genannten Zeitpunkt findet auf Überlassungsverträge unbeschadet des Artikels 232 § 1 der § 78 des Zivilgesetzbuchs der Deutschen Demokratischen Republik keine Anwendung.

(5) [1]Das Vermögensgesetz, die in der Anlage II Kapitel II Sachgebiet A Abschnitt III des Einigungsvertrages aufgeführten Maßgaben sowie Verfahren nach dem Achten Abschnitt des Landwirtschaftsanpassungsgesetzes bleiben unberührt. [2]Ein Verfahren nach Abschnitt II des Vermögensgesetzes ist auszusetzen, wenn außer dem Recht zum Besitz nach Absatz 1 dingliche oder schuldrechtliche Rechte, die zum Besitz berechtigen, nicht bestehen oder dieses zweifelhaft ist, es sei denn, daß der Nutzer im Sinne des § 4 Abs. 3 des Vermögensgesetzes unredlich ist.

(6) ¹Bestehende Rechte des gemäß Absatz 1 Berechtigten werden nicht berührt. ²In Ansehung der Nutzung des Grundstücks getroffene Vereinbarungen bleiben außer in den Fällen des Absatzes 1 Satz 1 Buchstabe c unberührt. ³Sie sind in allen Fällen auch weiterhin möglich. ⁴Das Recht nach Absatz 1 kann ohne Einhaltung einer Frist durch einseitige Erklärung des Grundeigentümers beendet werden, wenn

a) der Nutzer
   aa) im Sinne der §§ 20a und 20b des Parteiengesetzes der Deutschen Demokratischen Republik eine Massenorganisation, eine Partei, eine ihr verbundene Organisation oder eine juristische Person ist und die treuhänderische Verwaltung über den betreffenden Vermögenswert beendet worden ist oder
   bb) dem Bereich der Kommerziellen Koordinierung zuzuordnen ist oder
b) die Rechtsverhältnisse des Nutzers an dem fraglichen Grund und Boden Gegenstand eines gerichtlichen Strafverfahrens gegen den Nutzer sind oder
c) es sich um ein ehemals volkseigenes Grundstück handelt und seine Nutzung am 2. Oktober 1990 auf einer Rechtsträgerschaft beruhte, es sei denn, der Nutzer ist eine landwirtschaftliche Produktionsgenossenschaft, ein ehemals volkseigener Betrieb der Wohnungswirtschaft, eine Arbeiter-Wohnungsbaugenossenschaft oder eine gemeinnützige Wohnungsgenossenschaft oder deren jeweiliger Rechtsnachfolger.

⁵In den Fällen des Satzes 4 Buchstabe a und c ist § 1000 des Bürgerlichen Gesetzbuchs nicht anzuwenden. ⁶Das Recht zum Besitz nach dieser Vorschrift erlischt, wenn eine Vereinbarung nach den Sätzen 2 und 3 durch den Nutzer gekündigt wird.

(7) ¹Die vorstehenden Regelungen gelten nicht für Nutzungen zur Erholung, Freizeitgestaltung oder zu ähnlichen persönlichen Bedürfnissen einschließlich der Nutzung innerhalb von Kleingartenanlagen. ²Ein Miet- oder Pachtvertrag ist nicht als Überlassungsvertrag anzusehen.

(8) ¹Für die Zeit bis zum Ablauf des 31. Dezember 1994 ist der nach Absatz 1 Berechtigte gegenüber dem Grundstückseigentümer sowie sonstigen dinglichen Berechtigten zur Herausgabe von Nutzungen nicht verpflichtet, es sei denn, daß die Beteiligten andere Abreden getroffen haben. ²Ist ein in Absatz 1 Satz 1 Buchstabe d bezeichneter Kaufvertrag unwirksam oder sind die Verhandlungen auf Abschluß des beantragten Kaufvertrages gescheitert, so ist der Nutzer von der Erlangung der Kenntnis der Unwirksamkeit des Vertrages oder der Ablehnung des Vertragsschlusses an nach § 987 des Bürgerlichen Gesetzbuchs zur Herausgabe von Nutzungen verpflichtet.

(9) ¹Für die Zeit vom 1. Januar 1995 bis zum 31. Dezember 1998 kann der Grundstückseigentümer von der öffentlichen Körperschaft, die das Grundstück zur Erfüllung ihrer öffentlichen Aufgaben nutzt oder im Falle der Widmung zum Gemeingebrauch für das Gebäude oder die Anlage unterhaltungspflichtig ist, nur ein Entgelt in Höhe von jährlich 0,8 vom Hundert des Bodenwerts eines in gleicher Lage belegenen unbebauten Grundstücks sowie die Freistellung von den Lasten des Grundstücks verlangen. ²Der Bodenwert ist nach den Bodenrichtwerten zu bestimmen; § 19 Abs. 5 des Sachenrechtsbereinigungsgesetzes gilt entsprechend. ³Der Anspruch aus Satz 1 entsteht von dem Zeitpunkt an, in dem der Grundstückseigentümer ihn gegenüber der Körperschaft schriftlich geltend macht. ⁴Abweichende vertragliche Vereinbarungen bleiben unberührt.

§ 2b Gebäudeeigentum ohne dingliches Nutzungsrecht. (1) ¹In den Fällen des § 2a Abs. 1 Satz 1 Buchstabe a und b sind Gebäude und Anlagen landwirtschaftlicher Produktionsgenossenschaften sowie Gebäude und Anlagen von Arbeiter-Wohnungsbaugenossenschaften und von gemeinnützigen Wohnungsgenossenschaften auf ehemals volkseigenen Grundstücken, auch soweit dies nicht gesetzlich bestimmt ist, unabhängig vom Eigentum am Grundstück Eigentum des Nutzers. ²Ein beschränkt dingliches Recht am Grundstück besteht nur, wenn dies besonders begründet worden ist. ³Dies gilt auch für Rechtsnachfolger der in Satz 1 bezeichneten Genossenschaften.

(2) ¹Für Gebäudeeigentum, das nach Absatz 1 entsteht oder nach § 27 des Gesetzes über die landwirtschaftlichen Produktionsgenossenschaften vom 2. Juli 1982 (GBl. I Nr. 25 S. 443), das zuletzt durch das Gesetz über die Änderung oder Aufhebung von Gesetzen der Deutschen Demokratischen Republik vom 28. Juni 1990 (GBl. I Nr. 38 S. 483) geändert worden ist, entstanden ist, ist auf Antrag des Nutzers ein Gebäudegrundbuchblatt anzulegen. ²Für die Anlegung und Führung des Gebäudegrundbuchblatts sind die vor dem Wirksamwerden des Beitritts geltenden sowie später erlassene Vorschriften entsprechend anzuwenden. ³Ist das Gebäudeeigentum nicht gemäß § 2c Abs. 1 wie eine Belastung im Grundbuch des betroffenen Grundstücks eingetragen, so ist diese Eintragung vor Anlegung des Gebäudegrundbuchblatts von Amts wegen vorzunehmen.

(3) ¹Ob Gebäudeeigentum entstanden ist und wem es zusteht, wird durch Bescheid des Präsidenten der Oberfinanzdirektion festgestellt, in dessen Bezirk das Gebäude liegt. ²Das Vermögenszuordnungsgesetz ist anzuwenden. ³Den Grundbuchämtern bleibt es unbenommen, Gebäudeeigentum und seinen Inhaber nach Maßgabe der Bestimmungen des Grundbuchrechts festzustellen; ein Antrag nach den Sätzen 1 und 2 darf nicht von der vorherigen Befassung der Grundbuchämter abhängig gemacht werden. ⁴Im Antrag an den

Präsidenten der Oberfinanzdirektion oder an das Grundbuchamt hat der Antragsteller zu versichern, daß bei keiner anderen Stelle ein vergleichbarer Antrag anhängig oder ein Antrag nach Satz 1 abschlägig beschieden worden ist.

(4) § 4 Abs. 1, 3 Satz 1 bis 3 und Abs. 6 ist entsprechend anzuwenden.

(5) [1]Ist ein Gebäude nach Absatz 1 vor Inkrafttreten dieser Vorschrift zur Sicherung übereignet worden, so kann der Sicherungsgeber die Rückübertragung Zug um Zug gegen Bestellung eines Grundpfandrechts an dem Gebäudeeigentum verlangen. [2]Bestellte Pfandrechte sind in Grundpfandrechte an dem Gebäudeeigentum zu überführen.

(6) [1]Eine bis zum Ablauf des 21. Juli 1992 vorgenommene Übereignung des nach § 27 des Gesetzes über die landwirtschaftlichen Produktionsgenossenschaften oder nach § 459 Abs. 1 Satz 1 des Zivilgesetzbuchs der Deutschen Demokratischen Republik entstandenen selbständigen Gebäudeeigentums ist nicht deshalb unwirksam, weil sie nicht nach den für die Übereignung von Grundstücken geltenden Vorschriften des Bürgerlichen Gesetzbuchs vorgenommen worden ist. [2]Gleiches gilt für das Rechtsgeschäft, mit dem die Verpflichtung zur Übertragung und zum Erwerb begründet worden ist. [3]Die Sätze 1 und 2 sind nicht anzuwenden, soweit eine rechtskräftige Entscheidung entgegensteht.

§ 2c Grundbucheintragung. (1) [1]Selbständiges Gebäudeeigentum nach § 2b ist auf Antrag (§ 13 Abs. 2 der Grundbuchordnung) im Grundbuch wie eine Belastung des betroffenen Grundstücks einzutragen. [2]Ist für das Gebäudeeigentum ein Gebäudegrundbuchblatt nicht vorhanden, so wird es bei der Eintragung in das Grundbuch von Amts wegen angelegt.

(2) [1]Zur Sicherung etwaiger Ansprüche aus dem Sachenrechtsbereinigungsgesetz ist auf Antrag des Nutzers ein Vermerk in der Zweiten Abteilung des Grundbuchs für das betroffene Grundstück einzutragen, wenn ein Besitzrecht nach § 2a besteht. [2]In den in § 121 Abs. 1 und 2 des Sachenrechtsbereinigungsgesetzes genannten Fällen kann die Eintragung des Vermerks auch gegenüber dem Verfügungsberechtigten mit Wirkung gegenüber dem Berechtigten erfolgen, solange das Rückübertragungsverfahren nach dem Vermögensgesetz nicht unanfechtbar abgeschlossen ist. [3]Der Vermerk hat die Wirkung einer Vormerkung zur Sicherung dieser Ansprüche. [4]§ 885 des Bürgerlichen Gesetzbuchs ist entsprechend anzuwenden.

(3) Der Erwerb selbständigen Gebäudeeigentums sowie dinglicher Rechte am Gebäude der in § 2b bezeichneten Art aufgrund der Vorschriften über den öffentlichen Glauben des Grundbuchs ist nur möglich, wenn das Gebäudeeigentum auch bei dem belasteten Grundstück eingetragen ist.

§ 3 Inhalt und Rang beschränkter dinglicher Rechte. (1) [1]Rechte, mit denen eine Sache oder ein Recht am Ende des Tages vor dem Wirksamwerden des Beitritts belastet ist, bleiben mit dem sich aus dem bisherigen Recht ergebenden Inhalt und Rang bestehen, soweit sich nicht aus den nachstehenden Vorschriften ein anderes ergibt. [2]§ 5 Abs. 2 Satz 2 und Abs. 3 des Gesetzes über die Verleihung von Nutzungsrechten an volkseigenen Grundstücken vom 14. Dezember 1970 (GBl. I Nr. 24 S. 372 – Nutzungsrechtsgesetz) sowie § 289 Abs. 2 und 3 und § 293 Abs. 1 Satz 2 des Zivilgesetzbuchs der Deutschen Demokratischen Republik sind nicht mehr anzuwenden. [3]Satz 2 gilt entsprechend für die Bestimmungen des Nutzungsrechtsgesetzes und des Zivilgesetzbuchs über den Entzug eines Nutzungsrechts.

(2) Die Aufhebung eines Rechts, mit dem ein Grundstück oder ein Recht an einem Grundstück belastet ist, richtet sich nach den bisherigen Vorschriften, wenn das Recht der Eintragung in das Grundbuch nicht bedurfte und nicht eingetragen ist.

(3) [1]Die Anpassung des vom Grundstückseigentum unabhängigen Eigentums am Gebäude und des in § 4 Abs. 2 bezeichneten Nutzungsrechts an das Bürgerliche Gesetzbuch und seine Nebengesetze und an die veränderten Verhältnisse sowie die Begründung von Rechten zur Absicherung der in § 2a bezeichneten Bebauungen erfolgen nach Maßgabe des Sachenrechtsbereinigungsgesetzes. [2]Eine Anpassung im übrigen bleibt vorbehalten.

(4) Auf Vorkaufsrechte, die nach den Vorschriften des Zivilgesetzbuchs der Deutschen Demokratischen Republik bestellt wurden, sind vom 1. Oktober 1994 an die Bestimmungen des Bürgerlichen Gesetzbuchs nach den §§ 1094 bis 1104 anzuwenden.

§ 4 Sondervorschriften für dingliche Nutzungsrechte und Gebäudeeigentum. (1) [1]Für das Gebäudeeigentum nach § 288 Abs. 4 oder § 292 Abs. 3 des Zivilgesetzbuchs der Deutschen Demokratischen Republik gelten von dem Wirksamwerden des Beitritts an die sich auf Grundstücke beziehenden Vorschriften des Bürgerlichen Gesetzbuchs mit Ausnahme der §§ 927 und 928 entsprechend. [2]Vor der Anlegung eines Gebäudegrundbuchblatts ist das dem Gebäudeeigentum zugrundeliegende Nutzungsrecht von Amts wegen im Grundbuch des belasteten Grundstücks einzutragen. [3]Der Erwerb eines selbständigen Gebäudeeigentums oder eines dinglichen Rechts am Gebäude der in Satz 1 genannten Art aufgrund der Vorschriften über den öffentlichen Glauben des Grundbuchs ist nur möglich, wenn auch das zugrundeliegende Nutzungsrecht bei dem belasteten Grundstück eingetragen ist.

(2) [1]Ein Nutzungsrecht nach den §§ 287 bis 294 des Zivilgesetzbuchs der Deutschen Demokratischen Republik, das nicht im Grundbuch des belasteten Grundstücks eingetragen ist, wird durch

die Vorschriften des Bürgerlichen Gesetzbuchs über den öffentlichen Glauben des Grundbuchs nicht beeinträchtigt, wenn ein aufgrund des Nutzungsrechts zulässiges Eigenheim oder sonstiges Gebäude in dem für den öffentlichen Glauben maßgebenden Zeitpunkt ganz oder teilweise errichtet ist und der dem Erwerb zugrundeliegende Eintragungsantrag vor dem 1. Januar 1997 gestellt worden ist. [2]Der Erwerber des Eigentums oder eines sonstigen Rechts an dem belasteten Grundstück kann in diesem Fall die Aufhebung oder Änderung des Nutzungsrechts gegen Ausgleich der dem Nutzungsberechtigten dadurch entstehenden Vermögensnachteile verlangen, wenn das Nutzungsrecht für ihn mit Nachteilen verbunden ist, welche erheblich größer sind als der dem Nutzungsberechtigten durch die Aufhebung oder Änderung seines Rechts entstehende Schaden; dies gilt nicht, wenn er beim Erwerb des Eigentums oder sonstigen Rechts in dem für den öffentlichen Glauben des Grundbuchs maßgeblichen Zeitpunkt das Vorhandensein des Nutzungsrechts kannte.

(3) [1]Der Untergang des Gebäudes läßt den Bestand des Nutzungsrechts unberührt. [2]Aufgrund des Nutzungsrechts kann ein neues Gebäude errichtet werden; Belastungen des Gebäudeeigentums setzen sich an dem Nutzungsrecht und dem neu errichteten Gebäude fort. [3]Ist ein Nutzungsrecht nur auf die Gebäudegrundfläche verliehen worden, so umfaßt das Nutzungsrecht auch die Nutzung des Grundstücks in dem für Gebäude der errichteten Art zweckentsprechenden ortsüblichen Umfang, bei Eigenheimen nicht mehr als eine Fläche von 500 qm. [4]Auf Antrag ist das Grundbuch entsprechend zu berichtigen. [5]Absatz 2 gilt entsprechend.

(4) Besteht am Gebäude selbständiges Eigentum nach § 288 Abs. 4 und § 292 Abs. 3 des Zivilgesetzbuchs der Deutschen Demokratischen Republik, so bleibt bei bis zum Ablauf des 31. Dezember 1996 angeordneten Zwangsversteigerungen ein nach jenem Recht begründetes Nutzungsrecht am Grundstück bei dessen Versteigerung auch dann bestehen, wenn es bei der Feststellung des geringsten Gebots nicht berücksichtigt ist.

(5) [1]War der Nutzer beim Erwerb des Nutzungsrechts unredlich im Sinne des § 4 des Vermögensgesetzes, kann der Grundstückseigentümer die Aufhebung des Nutzungsrechts durch gerichtliche Entscheidung verlangen. [2]Der Anspruch nach Satz 1 ist ausgeschlossen, wenn er nicht bis zum 31. Dezember 1996 rechtshängig geworden ist. [3]Ein Klageantrag auf Aufhebung ist unzulässig, wenn der Grundstückseigentümer zu einem Antrag auf Aufhebung des Nutzungsrechts durch Bescheid des Amtes zur Regelung offener Vermögensfragen berechtigt oder berechtigt gewesen ist. [4]Mit der Aufhebung des Nutzungsrechts erlischt das Eigentum am Gebäude nach § 288 Abs. 4 und § 292 Abs. 3 des Zivilgesetzbuchs der Deutschen Demokratischen Republik. [5]Das Gebäude wird Bestandteil des Grundstücks. [6]Der Nutzer kann für Gebäude, Anlagen und Anpflan-

zungen, mit denen er das Grundstück ausgestattet hat, Ersatz verlangen, soweit der Wert des Grundstücks hierdurch noch zu dem Zeitpunkt der Aufhebung des Nutzungsrechts erhöht ist. [7]Grundpfandrechte an einem aufgrund des Nutzungsrechts errichteten Gebäude setzen sich am Wertersatzanspruch des Nutzers gegen den Grundstückseigentümer fort. [8]§ 16 Abs. 3 Satz 5 des Vermögensgesetzes ist entsprechend anzuwenden.

(6) [1]Auf die Aufhebung eines Nutzungsrechts nach § 287 oder § 291 des Zivilgesetzbuchs der Deutschen Demokratischen Republik finden die §§ 875 und 876 des Bürgerlichen Gesetzbuchs Anwendung. [2]Ist das Nutzungsrecht nicht im Grundbuch eingetragen, so reicht die notariell beurkundete Erklärung des Berechtigten, daß er das Recht aufgebe, aus, wenn die Erklärung bei dem Grundbuchamt eingereicht wird. [3]Mit der Aufhebung des Nutzungsrechts erlischt das Gebäudeeigentum nach § 288 Abs. 4 oder § 292 Abs. 3 des Zivilgesetzbuchs der Deutschen Demokratischen Republik; das Gebäude wird Bestandteil des Grundstücks.

(7) Die Absätze 1 bis 5 gelten entsprechend, soweit aufgrund anderer Rechtsvorschriften Gebäudeeigentum, für das ein Gebäudegrundbuchblatt anzulegen ist, in Verbindung mit einem Nutzungsrecht an dem betroffenen Grundstück besteht.

§ 5 Mitbenutzungsrechte. (1) Mitbenutzungsrechte im Sinn des § 321 Abs. 1 bis 3 und des § 322 des Zivilgesetzbuchs der Deutschen Demokratischen Republik gelten als Rechte an dem belasteten Grundstück, soweit ihre Begründung der Zustimmung des Eigentümers dieses Grundstücks bedurfte.

(2) [1]Soweit die in Absatz 1 bezeichneten Rechte nach den am Tag vor dem Wirksamwerden des Beitritts geltenden Rechtsvorschriften gegenüber einem Erwerber des belasteten Grundstücks oder eines Rechts an diesem Grundstück auch dann wirksam bleiben, wenn sie nicht im Grundbuch eingetragen sind, behalten sie ihre Wirksamkeit auch gegenüber den Vorschriften des Bürgerlichen Gesetzbuchs über den öffentlichen Glauben des Grundbuchs, wenn der dem Erwerb zugrundeliegende Eintragungsantrag vor dem 1. Januar 1997 gestellt worden ist. [2]Der Erwerber des Eigentums oder eines sonstigen Rechts an dem belasteten Grundstück kann in diesem Fall jedoch die Aufhebung oder Änderung des Mitbenutzungsrechts gegen Ausgleich der dem Berechtigten dadurch entstehenden Vermögensnachteile verlangen, wenn das Mitbenutzungsrecht für ihn mit Nachteilen verbunden ist, welche erheblich größer sind als der durch die Aufhebung oder Änderung dieses Rechts dem Berechtigten entstehende Schaden; dies gilt nicht, wenn derjenige, der die Aufhebung oder Änderung des Mitbenutzungsrechts verlangt, beim Erwerb des Eigentums oder sonstigen Rechts an dem belasteten Grundstück in dem für den öffentlichen Glauben des Grundbuchs maßgeblichen

Zeitpunkt das Vorhandensein des Mitbenutzungsrechts kannte. ³In der Zwangsversteigerung des Grundstücks ist bei bis zum Ablauf des 31. Dezember 1996 angeordneten Zwangsversteigerungen auf die in Absatz 1 bezeichneten Rechte § 9 des Einführungsgesetzes zu dem Gesetz über die Zwangsversteigerung und die Zwangsverwaltung in der im Bundesgesetzblatt Teil III, Gliederungsnummer 310–13, veröffentlichten bereinigten Fassung, zuletzt geändert durch Artikel 7 Abs. 24 des Gesetzes vom 17. Dezember 1990 (BGBl. I S. 2847), entsprechend anzuwenden.

(3) ¹Ein nach Absatz 1 als Recht an einem Grundstück geltendes Mitbenutzungsrecht kann in das Grundbuch auch dann eingetragen werden, wenn es nach den am Tag vor dem Wirksamwerden des Beitritts geltenden Vorschriften nicht eintragungsfähig war. ²Bei Eintragung eines solchen Rechts ist der Zeitpunkt der Entstehung des Rechts zu vermerken, wenn der Antragsteller diesen in der nach der Grundbuchordnung für die Eintragung vorgesehenen Form nachweist. ³Kann der Entstehungszeitpunkt nicht nachgewiesen werden, so ist der Vorrang vor anderen Rechten zu vermerken, wenn dieser von den Betroffenen bewilligt wird.

(4) ¹Durch Landesgesetz kann bestimmt werden, daß ein Mitbenutzungsrecht der in Absatz 1 bezeichneten Art mit dem Inhalt in das Grundbuch einzutragen ist, der dem seit dem 3. Oktober 1990 geltenden Recht entspricht oder am ehesten entspricht. ²Ist die Verpflichtung zur Eintragung durch rechtskräftige Entscheidung festgestellt, so kann das Recht auch in den Fällen des Satzes 1 mit seinem festgestellten Inhalt eingetragen werden.

§ 6 Hypotheken. (1) ¹Für die Übertragung von Hypothekenforderungen nach dem Zivilgesetzbuch der Deutschen Demokratischen Republik, die am Tag des Wirksamwerdens des Beitritts bestehen, gelten die Vorschriften des Bürgerlichen Gesetzbuchs, welche bei der Übertragung von Sicherungshypotheken anzuwenden sind, entsprechend. ²Das gleiche gilt für die Aufhebung solcher Hypotheken mit der Maßgabe, daß § 1183 des Bürgerlichen Gesetzbuchs und § 27 der Grundbuchordnung nicht anzuwenden sind. ³Die Regelungen des Bürgerlichen Gesetzbuchs über den Verzicht auf eine Hypothek sind bei solchen Hypotheken nicht anzuwenden.

(2) Die Übertragung von Hypotheken, Grundschulden und Rentenschulden aus der Zeit vor Inkrafttreten des Zivilgesetzbuchs der Deutschen Demokratischen Republik und die sonstigen Verfügungen über solche Rechte richten sich nach den entsprechenden Vorschriften des Bürgerlichen Gesetzbuchs.

§ 7 Am Tag des Wirksamwerdens des Beitritts schwebende Rechtsänderungen. (1) ¹Die Übertragung des Eigentums an einem Grundstück richtet sich statt nach den Vorschriften des Bürgerlichen

Gesetzbuchs nach den am Tag vor dem Wirksamwerden des Beitritts geltenden Rechtsvorschriften, wenn der Antrag auf Eintragung in das Grundbuch vor dem Wirksamwerden des Beitritts gestellt worden ist. ²Dies gilt entsprechend für das Gebäudeeigentum. ³Wurde bei einem Vertrag, der vor dem 3. Oktober 1990 beurkundet worden ist, der Antrag nach diesem Zeitpunkt gestellt, so ist eine gesonderte Auflassung nicht erforderlich, wenn die am 2. Oktober 1990 geltenden Vorschriften des Zivilgesetzbuchs der Deutschen Demokratischen Republik über den Eigentumsübergang eingehalten worden sind.

(2) ¹Ein Recht nach den am Tag vor dem Wirksamwerden des Beitritts geltenden Vorschriften kann nach diesem Tage gemäß diesen Vorschriften noch begründet werden, wenn hierzu die Eintragung in das Grundbuch erforderlich ist und diese beim Grundbuchamt vor dem Wirksamwerden des Beitritts beantragt worden ist. ²Auf ein solches Recht ist § 3 Abs. 1 und 2 entsprechend anzuwenden. ³Ist die Eintragung einer Verfügung über ein Recht der in Satz 1 bezeichneten Art vor dem Wirksamwerden des Beitritts beim Grundbuchamt beantragt worden, so sind auf die Verfügung die am Tag vor dem Wirksamwerden des Beitritts geltenden Vorschriften anzuwenden.

§ 8 Rechtsverhältnisse nach § 459 des Zivilgesetzbuchs. ¹Soweit Rechtsverhältnisse und Ansprüche aufgrund des früheren § 459 des Zivilgesetzbuchs der Deutschen Demokratischen Republik und der dazu ergangenen Ausführungsvorschriften am Ende des Tages vor dem Wirksamwerden des Beitritts bestehen, bleiben sie vorbehaltlich des § 2 und der im Sachenrechtsbereinigungsgesetz getroffenen Bestimmungen unberührt. ²Soweit Gebäudeeigentum besteht, sind die §§ 2b und 2c entsprechend anzuwenden.

§ 9 Rangbestimmung. (1) Das Rangverhältnis der in § 3 Abs. 1 bezeichneten Rechte an Grundstücken bestimmt sich nach dem Zeitpunkt der Eintragung in das Grundbuch, soweit sich nicht im folgenden etwas anderes ergibt.

(2) Bei Rechten an Grundstücken, die nicht der Eintragung in das Grundbuch bedürfen und nicht eingetragen sind, bestimmt sich der Rang nach dem Zeitpunkt der Entstehung des Rechts, im Falle des § 5 Abs. 3 Satz 2 und 3 nach dem eingetragenen Vermerk.

(3) ¹Der Vorrang von Aufbauhypotheken gemäß § 456 Abs. 3 des Zivilgesetzbuchs der Deutschen Demokratischen Republik in Verbindung mit § 3 des Gesetzes zur Änderung und Ergänzung des Zivilgesetzbuchs der Deutschen Demokratischen Republik vom 28. Juni 1990 (GBl. I Nr. 39 S. 524) bleibt unberührt. ²Der Vorrang kann für Zinsänderungen bis zu einem Gesamtumfang von 13 vom Hundert in Anspruch genommen werden. ³Die Stundungswirkung

zum Bürgerlichen Gesetzbuche **Art. 233 EGBGB 2**

der Aufbauhypotheken gemäß § 458 des Zivilgesetzbuchs der Deutschen Demokratischen Republik in Verbindung mit § 3 des Gesetzes zur Änderung und Ergänzung des Zivilgesetzbuchs der Deutschen Demokratischen Republik vom 28. Juni 1990 (GBl. I Nr. 39 S. 524) entfällt. [4]Diese Bestimmungen gelten für Aufbaugrundschulden entsprechend.

§ 10 Vertretungsbefugnis für Personenzusammenschlüsse alten Rechts. (1) [1]Steht ein dingliches Recht an einem Grundstück einem Personenzusammenschluß zu, dessen Mitglieder nicht namentlich im Grundbuch aufgeführt sind, ist die Gemeinde, in der das Grundstück liegt, vorbehaltlich einer anderweitigen landesgesetzlichen Regelung gesetzliche Vertreterin des Personenzusammenschlusses und dessen Mitglieder in Ansehung des Gemeinschaftsgegenstandes. [2]Erstreckt sich das Grundstück auf verschiedene Gemeindebezirke, ermächtigt die Flurneuordnungsbehörde (§ 53 Abs. 4 des Landwirtschaftsanpassungsgesetzes) eine der Gemeinden zur Vertretung des Personenzusammenschlusses.

(2) [1]Im Rahmen der gesetzlichen Vertretung des Personenzusammenschlusses ist die Gemeinde zur Verfügung über das Grundstück befugt. [2]Verfügungsbeschränkungen, die sich aus den Bestimmungen ergeben, denen der Personenzusammenschluß unterliegt, stehen einer Verfügung durch die Gemeinde nicht entgegen. [3]Die Gemeinde übt die Vertretung des Personenzusammenschlusses so aus, wie es dem mutmaßlichen Willen der Mitglieder unter Berücksichtigung der Interessen der Allgemeinheit entspricht. [4]Hinsichtlich eines Veräußerungserlöses gelten die §§ 666 und 667 des Bürgerlichen Gesetzbuchs entsprechend.

(3) Die Rechte der Organe des Personenzusammenschlusses bleiben unberührt.

(4) [1]Die Vertretungsbefugnis der Gemeinde endet, wenn sie durch Bescheid der Flurneuordnungsbehörde aufgehoben wird und eine Ausfertigung hiervon zu den Grundakten des betroffenen Grundstücks gelangt. [2]Die Aufhebung der Vertretungsbefugnis kann von jedem Mitglied des Personenzusammenschlusses beantragt werden. [3]Die Flurneuordnungsbehörde hat dem Antrag zu entsprechen, wenn die anderweitige Vertretung des Personenzusammenschlusses sichergestellt ist.

(5) Die Absätze 1 bis 4 gelten entsprechend, wenn im Grundbuch das Grundstück ohne Angabe eines Eigentümers als öffentliches bezeichnet wird.

Zweiter Abschnitt. Abwicklung der Bodenreform

§ 11 Grundsatz. (1) [1]Eigentümer eines Grundstücks, das im Grundbuch als Grundstück aus der Bodenreform gekennzeichnet ist oder war, ist der aus einem bestätigten Übergabe-Übernahme-Protokoll oder einer Entscheidung über einen Besitzwechsel nach der (Ersten) Verordnung über die Durchführung des Besitzwechsels bei Bodenreformgrundstücken vom 7. August 1975 (GBl. I Nr. 35 S. 629) in der Fassung der Zweiten Verordnung über die Durchführung des Besitzwechsels bei Bodenreformgrundstücken vom 7. Januar 1988 (GBl. I Nr. 3 S. 25) Begünstigte, wenn vor dem Ablauf des 2. Oktober 1990 bei dem Grundbuchamt ein nicht erledigtes Ersuchen oder ein nicht erledigter Antrag auf Vornahme der Eintragung eingegangen ist. ²Grundstücke aus der Bodenreform, die in Volkseigentum überführt worden sind, sind nach der Dritten Durchführungsverordnung zum Treuhandgesetz vom 29. August 1990 (GBl. I Nr. 57 S. 1333) zu behandeln, wenn vor dem Ablauf des 2. Oktober 1990 ein Ersuchen oder ein Antrag auf Eintragung als Eigentum des Volkes bei dem Grundbuchamt eingegangen ist.

(2) ¹Das Eigentum an einem anderen als den in Absatz 1 bezeichneten Grundstücken, das im Grundbuch als Grundstück aus der Bodenreform gekennzeichnet ist oder war, wird mit dem Inkrafttreten dieser Vorschriften übertragen,
1. wenn bei Ablauf des 15. März 1990 eine noch lebende natürliche Person als Eigentümer eingetragen war, dieser Person,
2. wenn bei Ablauf des 15. März 1990 eine verstorbene natürliche Person als Eigentümer eingetragen war oder die in Nummer 1 genannte Person nach dem 15. März 1990 verstorben ist, derjenigen Person, die sein Erbe ist, oder eine Gemeinschaft, die aus den Erben des zuletzt im Grundbuch eingetragenen Eigentümers gebildet wird.

²Auf die Gemeinschaft sind die Vorschriften des Fünfzehnten Titels des Zweiten Buchs des Bürgerlichen Gesetzbuchs anzuwenden, die Bruchteile bestimmen sich jedoch nach den Erbteilen, sofern nicht die Teilhaber übereinstimmend eine andere Aufteilung der Bruchteile bewilligen.

(3) ¹Der nach § 12 Berechtigte kann von demjenigen, dem das Eigentum an einem Grundstück aus der Bodenreform nach Absatz 2 übertragen worden ist, Zug um Zug gegen Übernahme der Verbindlichkeiten nach § 15 Abs. 1 Satz 2 die unentgeltliche Auflassung des Grundstücks verlangen. ²Die Übertragung ist gebührenfrei. ³Jeder Beteiligte trägt seine Auslagen selbst; die Kosten einer Beurkundung von Rechtsgeschäften, zu denen der Eigentümer nach Satz 1 verpflichtet ist, trägt der Berechtigte. ⁴Als Ersatz für die Auflassung kann der Berechtigte auch Zahlung des Verkehrswertes des Grundstücks verlangen; maßgeblich ist der Zeitpunkt des Verlangens. ⁵Der Eigentümer nach Absatz 2 kann seine Verpflichtung zur Zahlung des Verkehrswertes durch das Angebot zur Auflassung des Grundstücks erfüllen.

zum Bürgerlichen Gesetzbuche **Art. 233 EGBGB 2**

(4) ¹Auf den Anspruch nach Absatz 3 sind die Vorschriften des Bürgerlichen Gesetzbuchs über Schuldverhältnisse anzuwenden. ²Der Eigentümer nach Absatz 2 gilt bis zum Zeitpunkt der Übereignung aufgrund eines Anspruchs nach Absatz 3 dem Berechtigten gegenüber als mit der Verwaltung des Grundstücks beauftragt.

(5) ¹Ist die in Absatz 1 Satz 1 oder in Absatz 2 Satz 1 bezeichnete Person in dem maßgeblichen Zeitpunkt verheiratet und unterlag die Ehe vor dem Wirksamwerden des Beitritts dem gesetzlichen Güterstand der Eigentums- und Vermögensgemeinschaft des Familiengesetzbuchs der Deutschen Demokratischen Republik, so sind diese Person und ihr Ehegatte zu gleichen Bruchteilen Eigentümer, wenn der Ehegatte den 22. Juli 1992 erlebt hat. ²Maßgeblich ist

1. in den Fällen des Absatzes 1 Satz 1 der Zeitpunkt der Bestätigung des Übergabe-Übernahme-Protokolls oder der Entscheidung,
2. in den Fällen des Absatzes 2 Satz 1 Nr. 1 und 2 Fall 2 der Ablauf des 15. März 1990 und
3. in den Fällen des Absatzes 2 Nr. 2 Fall 1 der Tod der als Eigentümer eingetragenen Person.

§ 12 Berechtigter. (1) Berechtigter ist in den Fällen des § 11 Abs. 2 Satz 1 Nr. 1 und Nr. 2 Fall 2 in nachfolgender Reihenfolge:

1. diejenige Person, der das Grundstück oder der Grundstücksteil nach den Vorschriften über die Bodenreform oder den Besitzwechsel bei Grundstücken aus der Bodenreform förmlich zugewiesen oder übergeben worden ist, auch wenn der Besitzwechsel nicht im Grundbuch eingetragen worden ist,
2. diejenige Person, die das Grundstück oder den Grundstücksteil auf Veranlassung einer staatlichen Stelle oder mit deren ausdrücklicher Billigung wie ein Eigentümer in Besitz genommen, den Besitzwechsel beantragt hat und zuteilungsfähig ist, sofern es sich um Häuser und die dazu gehörenden Gärten handelt.

(2) Berechtigter ist in den Fällen des § 11 Abs. 2 Satz 1 Nr. 2 Fall 1 in nachfolgender Reihenfolge:

1. bei nicht im wesentlichen gewerblich genutzten, zum Ablauf des 15. März 1990 noch vorhandenen Häusern und den dazugehörenden Gärten

    a) diejenige Person, der das Grundstück oder der Grundstücksteil, auf dem sie sich befinden, nach den Vorschriften über die Bodenreform oder den Besitzwechsel bei Grundstücken aus der Bodenreform förmlich zugewiesen oder übergeben worden ist, auch wenn der Besitzwechsel nicht im Grundbuch eingetragen worden ist,

    b) diejenige Person, die das Grundstück oder den Grundstücksteil, auf dem sie sich befinden, auf Veranlassung einer staatlichen Stelle oder mit deren ausdrücklicher Billigung wie ein

Eigentümer in Besitz genommen, den Besitzwechsel beantragt hat und zuteilungsfähig ist,

c) der Erbe des zuletzt im Grundbuch aufgrund einer Entscheidung nach den Vorschriften über die Bodenreform oder über die Durchführung des Besitzwechsels eingetragenen Eigentümers, der das Haus am Ende des 15. März 1990 bewohnte,

d) abweichend von den Vorschriften der Dritten Durchführungsverordnung zum Treuhandgesetz vom 29. August 1990 (GBl. I Nr. 57 S. 1333) der Fiskus des Landes, in dem das Hausgrundstück liegt, wenn dieses am 15. März 1990 weder zu Wohnzwecken noch zu gewerblichen Zwecken genutzt wurde;

2. bei für die Land- oder Forstwirtschaft genutzten Grundstücken (Schlägen)

a) diejenige Person, der das Grundstück oder der Grundstücksteil nach den Vorschriften über die Bodenreform oder den Besitzwechsel bei Grundstücken aus der Bodenreform förmlich zugewiesen oder übergeben worden ist, auch wenn der Besitzwechsel nicht im Grundbuch eingetragen worden ist,

b) der Erbe des zuletzt im Grundbuch aufgrund einer Entscheidung nach den Vorschriften über die Bodenreform oder über die Durchführung des Besitzwechsels eingetragenen Eigentümers, der zuteilungsfähig ist,

c) abweichend von den Vorschriften der Dritten Durchführungsverordnung zum Treuhandgesetz der Fiskus des Landes, in dem das Grundstück liegt.

(3) Zuteilungsfähig im Sinne der Absätze 1 und 2 ist, wer bei Ablauf des 15. März 1990 in dem in Artikel 3 des Einigungsvertrages genannten Gebiet in der Land-, Forst- oder Nahrungsgüterwirtschaft tätig war oder wer vor Ablauf des 15. März 1990 in dem in Artikel 3 des Einigungsvertrages genannten Gebiet in der Land-, Forst- oder Nahrungsgüterwirtschaft insgesamt mindestens zehn Jahre lang tätig war und im Anschluß an diese Tätigkeit keiner anderen Erwerbstätigkeit nachgegangen ist und einer solchen voraussichtlich auf Dauer nicht nachgehen wird.

(4) [1]Erfüllen mehrere Personen die in den Absätzen 1 und 2 genannten Voraussetzungen, so sind sie zu gleichen Teilen berechtigt. [2]Ist der nach Absatz 1 Nr. 1 oder Absatz 2 Nr. 1 Buchstabe a und b oder Nr. 2 Buchstabe a Berechtigte verheiratet und unterlag die Ehe vor dem Wirksamwerden des Beitritts dem gesetzlichen Güterstand der Eigentums- und Vermögensgemeinschaft des Familiengesetzbuchs der Deutschen Demokratischen Republik, so ist der Ehegatte zu einem gleichen Anteil berechtigt.

(5) [1]Wenn Ansprüche nach den Absätzen 1 und 2 nicht bestehen, ist der Eigentümer nach § 11 verpflichtet, einem Mitnutzer im Umfang seiner Mitnutzung Miteigentum einzuräumen. [2]Mitnutzer ist,

zum Bürgerlichen Gesetzbuche **Art. 233 EGBGB 2**

wem in einem Wohnzwecken dienenden Gebäude auf einem Grundstück aus der Bodenreform Wohnraum zur selbständigen, gleichberechtigten und nicht nur vorübergehenden Nutzung zugewiesen wurde. ³Für den Mitnutzer gilt Absatz 4 sinngemäß. ⁴Der Anspruch besteht nicht, wenn die Einräumung von Miteigentum für den Eigentümer eine insbesondere unter Berücksichtigung der räumlichen Verhältnisse und dem Umfang der bisherigen Nutzung unbillige Härte bedeuten würde.

§ 13[1]) **Verfügungen des Eigentümers.** (1) ¹Wird vor dem 31. Dezember 1996 die Eintragung einer Verfügung desjenigen beantragt, der nach § 11 Abs. 2 Eigentümer ist, so übersendet das Grundbuchamt der Gemeinde, in der das Grundstück belegen ist, und dem Fiskus des Landes, in dem das Grundstück liegt, jeweils eine Abschrift dieser Verfügung. ²Teilt eine dieser Stellen innerhalb eines Monats ab Zugang der Mitteilung des Grundbuchamts mit, daß der Verfügung widersprochen werde, so erfolgt die Eintragung unter Eintragung einer Vormerkung im Rang vor der beantragten Verfügung zugunsten des Berechtigten; seiner genauen Bezeichnung bedarf es nicht.

(2) Die Unterrichtung nach Absatz 1 unterbleibt, wenn

1. eine Freigabe nach Absatz 6 durch eine schriftliche Bescheinigung der Gemeinde, des Landesfiskus oder des Notars nachgewiesen wird,
2. das Eigentum an dem Grundstück bereits auf einen anderen als den in § 11 Abs. 2 bezeichneten Eigentümer übergegangen ist,
3. bereits eine Vormerkung auf einen Widerspruch der widersprechenden Stelle hin eingetragen worden ist.

(3) ¹Die Gemeinde, in der das Grundstück belegen ist, darf der Eintragung nur widersprechen, wenn einer der in § 12 Abs. 1 oder Abs. 2 Nr. 1 Buchstabe a oder b oder Nr. 2 Buchstabe a genannten Berechtigten vorhanden ist, sofern dieser nicht mit der Verfügung einverstanden ist. ²Der Widerspruch ist nur zu berücksichtigen, wenn er den Berechtigten bezeichnet. ³Der Fiskus des Landes, in dem das Grundstück liegt, darf nur in den Fällen des § 12 Abs. 2 Nr. 2 Buchstabe c widersprechen.

(4) ¹Die auf den Widerspruch der Gemeinde, in der das Grundstück belegen ist, oder des Fiskus des Landes, in dem das Grundstück liegt, hin eingetragene Vormerkung wird, sofern sie nicht erloschen ist (Absatz 5), von Amts wegen gelöscht, wenn die betreffende Stelle ihren Widerspruch zurücknimmt oder der Widerspruch durch das zuständige Verwaltungsgericht aufgehoben wird. ²Das gleiche gilt,

---

[1]) Wegen der zu Art. 233 § 13 geltenden Übergangsbestimmungen beachte Art. 19 Abs. 3 Registerverfahrenbeschleunigungsgesetz vom 20. 12. 1993 (BGBl. I S. 2182).

wenn sich der in dem Widerspruch der Gemeinde, in der das Grundstück belegen ist, bezeichnete Berechtigte einverstanden erklärt. ³Das Einverständnis ist in der in § 29 der Grundbuchordnung vorgeschriebenen Form nachzuweisen.

(5) ¹Die Vormerkung erlischt nach Ablauf von vier Monaten von der Eintragung an, wenn nicht der Berechtigte vor Ablauf dieser Frist Klage auf Erfüllung seines Anspruchs aus § 11 Abs. 3 erhoben hat und dies dem Grundbuchamt nachweist; auf den Nachweis findet § 29 der Grundbuchordnung keine Anwendung. ²Die Löschung der Vormerkung erfolgt auf Antrag des Eigentümers oder des aus der beantragten Verfügung Begünstigten.

(6) ¹Die Gemeinde, in der das Grundstück liegt, und der Landesfiskus können vor der Stellung des Antrags auf Eintragung oder vor Abschluß des Rechtsgeschäfts durch den Notar zur Freigabe des Grundstücks aufgefordert werden. ²Die Freigabe hat zu erfolgen, wenn die Voraussetzungen für einen Widerspruch nach Absatz 3 nicht vorliegen. ³Sie gilt als erteilt, wenn weder die Gemeinde noch der Landesfiskus innerhalb von vier Monaten ab Zugang der Aufforderung gegenüber dem Notar widerspricht; dies wird dem Grundbuchamt durch eine Bescheinigung des Notars nachgewiesen.

(7) ¹Die Gemeinde, in der das Grundstück belegen ist, unterrichtet den in ihrem Widerspruch bezeichneten Berechtigten von dem Widerspruch. ²Daneben bleibt jedem Berechtigten (§ 12) die selbständige Sicherung seiner Ansprüche (§ 11 Abs. 3) unbenommen.

§ 13a Vormerkung zugunsten des Fiskus. ¹Auf Ersuchen des Fiskus trägt das Grundbuchamt eine Vormerkung zur Sicherung von dessen Anspruch nach § 11 Abs. 3 ein. ²Die Vormerkung ist von Amts wegen zu löschen, wenn das Ersuchen durch das zuständige Verwaltungsgericht aufgehoben wird.

§ 14 Verjährung. Der Anspruch nach § 11 Abs. 3 Satz 1 verjährt innerhalb von sechs Monaten ab dem Zeitpunkt der Eintragung der Vormerkung, spätestens am 2. Oktober 2000.

§ 15 Verbindlichkeiten. (1) ¹Auf den Eigentümer nach § 11 Abs. 2 gehen mit Inkrafttreten dieser Vorschriften Verbindlichkeiten über, soweit sie für Maßnahmen an dem Grundstück begründet worden sind. ²Sind solche Verbindlichkeiten von einem anderen als dem Eigentümer getilgt worden, so ist der Eigentümer diesem zum Ersatz verpflichtet, soweit die Mittel aus der Verbindlichkeit für das Grundstück verwendet worden sind. ³Der Berechtigte hat die in Satz 1 bezeichneten Verbindlichkeiten und Verpflichtungen zu übernehmen.

(2) ¹Der Eigentümer nach § 11 Abs. 2 ist zur Aufgabe des Eigentums nach Maßgabe des § 928 Abs. 1 des Bürgerlichen Gesetzbuchs

zum Bürgerlichen Gesetzbuche **Art. 233 EGBGB 2**

berechtigt. ²Er kann die Erfüllung auf ihn gemäß Absatz 1 übergegangener Verbindlichkeiten von dem Wirksamwerden des Verzichts an bis zu ihrem Übergang nach Absatz 3 verweigern. ³Die Erklärung des Eigentümers bedarf der Zustimmung der Gemeinde, in der das Grundstück belegen ist, die sie nur zu erteilen hat, wenn ihr ein nach § 12 Berechtigter nicht bekannt ist.

(3) ¹Das Recht zur Aneignung steht im Fall des Absatzes 2 in dieser Reihenfolge dem nach § 12 Berechtigten, dem Fiskus des Landes, in dem das Grundstück liegt, und dem Gläubiger von Verbindlichkeiten nach Absatz 1 zu. ²Die Verbindlichkeiten gehen auf den nach § 12 Berechtigten oder den Fiskus des Landes, in dem das Grundstück liegt, über, wenn sie von ihren Aneignungsrechten Gebrauch machen. ³Der Gläubiger kann den nach § 12 Berechtigten und den Fiskus des Landes, in dem das Grundstück liegt, zum Verzicht auf ihr Aneignungsrecht auffordern. ⁴Der Verzicht gilt als erklärt, wenn innerhalb von drei Monaten ab Zugang eine Äußerung nicht erfolgt. ⁵Ist er wirksam, entfallen Ansprüche nach § 12. ⁶Ist der Verzicht erklärt oder gilt er als erklärt, so können andere Aneignungsberechtigte mit ihren Rechten im Wege des Aufgebotsverfahrens ausgeschlossen werden, wenn ein Jahr seit dem Verzicht verstrichen ist. ⁷Mit dem Erlaß des Ausschlußurteils wird der beantragende Aneignungsberechtigte Eigentümer. ⁸Mehrere Gläubiger können ihre Rechte nur gemeinsam ausüben.

§ 16 Verhältnis zu anderen Vorschriften, Übergangsvorschriften.
(1) ¹Die Vorschriften dieses Abschnitts lassen die Bestimmungen des Vermögensgesetzes sowie andere Vorschriften unberührt, nach denen die Aufhebung staatlicher Entscheidungen oder von Verzichtserklärungen oder die Rückübertragung von Vermögenswerten verlangt werden kann. ²Durch die Vorschriften dieses Abschnitts, insbesondere § 12 Abs. 2 Nr. 2 Buchstabe c, werden ferner nicht berührt die Vorschriften der Dritten Durchführungsverordnung zum Treuhandgesetz sowie Ansprüche nach Artikel 21 Abs. 3 und nach Artikel 22 Abs. 1 Satz 7 des Einigungsvertrages. ³Über die endgültige Aufteilung des Vermögens nach § 12 Abs. 2 Nr. 2 Buchstabe c wird durch besonderes Bundesgesetz entschieden.

(2) ¹Der durch Erbschein oder durch eine andere öffentliche oder öffentlich beglaubigte Urkunde ausgewiesene Erbe des zuletzt eingetragenen Eigentümers eines Grundstücks aus der Bodenreform, das als solches im Grundbuch gekennzeichnet ist, gilt als zur Vornahme von Verfügungen befugt, zu deren Vornahme er sich vor dem Inkrafttreten dieses Abschnitts verpflichtet hat, wenn vor diesem Zeitpunkt die Eintragung der Verfügung erfolgt oder die Eintragung einer Vormerkung zur Sicherung dieses Anspruchs oder die Eintragung dieser Verfügung beantragt worden ist. ²Der in § 11 bestimmte Anspruch richtet sich in diesem Falle gegen den Erben; dessen Haf-

tung beschränkt sich auf die in dem Vertrag zu seinen Gunsten vereinbarten Leistungen. ³Die Bestimmungen dieses Absatzes gelten sinngemäß, wenn der Erwerber im Grundbuch eingetragen ist oder wenn der Erwerb von der in § 11 Abs. 2 Satz 1 Nr. 1 bezeichneten Person erfolgt.

(3) Ein Vermerk über die Beschränkungen des Eigentümers nach den Vorschriften über die Bodenreform kann von Amts wegen gelöscht werden.

Art. 234
Viertes Buch. Familienrecht

§ 1 Grundsatz. Das Vierte Buch des Bürgerlichen Gesetzbuchs gilt für alle familienrechtlichen Verhältnisse, die am Tag des Wirksamwerdens des Beitritts bestehen, soweit im folgenden nichts anderes bestimmt ist.

§§ 2, 3 *(Vom Abdruck wurde abgesehen)*

§ 4 Eheliches Güterrecht. (1) Haben die Ehegatten am Tag des Wirksamwerdens des Beitritts im gesetzlichen Güterstand der Eigentums- und Vermögensgemeinschaft des Familiengesetzbuchs der Deutschen Demokratischen Republik gelebt, so gelten, soweit die Ehegatten nichts anderes vereinbart haben, von diesem Zeitpunkt an die Vorschriften über den gesetzlichen Güterstand der Zugewinngemeinschaft.

(2) ¹Jeder Ehegatte kann, sofern nicht vorher ein Ehevertrag geschlossen oder die Ehe geschieden worden ist, bis zum Ablauf von zwei Jahren nach Wirksamwerden des Beitritts dem Kreisgericht gegenüber erklären, daß für die Ehe der bisherige gesetzliche Güterstand fortgelten solle. ²§ 1411 des Bürgerlichen Gesetzbuchs gilt entsprechend. ³Wird die Erklärung abgegeben, so gilt die Überleitung als nicht erfolgt. ⁴Aus der Wiederherstellung des ursprünglichen Güterstandes können die Ehegatten untereinander und gegenüber einem Dritten Einwendungen gegen ein Rechtsgeschäft, das nach der Überleitung zwischen den Ehegatten oder zwischen einem von ihnen und dem Dritten vorgenommen worden ist, nicht herleiten.

(3) ¹Für die Entgegennahme der Erklärung nach Absatz 2 ist jedes Kreisgericht zuständig. ²Die Erklärung muß notariell beurkundet werden. ³Haben die Ehegatten die Erklärung nicht gemeinsam abgegeben, so hat das Kreisgericht sie dem anderen Ehegatten nach den für Zustellungen von Amts wegen geltenden Vorschriften der Zivilprozeßordnung bekanntzumachen. ⁴Für die Zustellung werden Auslagen nach § 137 Nr. 2 der Kostenordnung nicht erhoben. ⁵Wird mit der Erklärung ein Antrag auf Eintragung in das Güterrechtsregister verbunden, so hat das Kreisgericht den Antrag mit der Erklärung an das Registergericht weiterzuleiten. ⁶Der aufgrund der Erklärung fort-

zum Bürgerlichen Gesetzbuche **Art. 234 EGBGB 2**

geltende gesetzliche Güterstand ist, wenn einer der Ehegatten dies beantragt, in das Güterrechtsregister einzutragen. [7] Wird der Antrag nur von einem der Ehegatten gestellt, so soll das Registergericht vor der Eintragung den anderen Ehegatten hören. [8] Für das gerichtliche Verfahren gelten die Vorschriften des Gesetzes über die Angelegenheiten der freiwilligen Gerichtsbarkeit.

(4) In den Fällen des Absatzes 1 gilt für die Auseinandersetzung des bis zum Wirksamwerden des Beitritts erworbenen gemeinschaftlichen Eigentums und Vermögens § 39 des Familiengesetzbuchs der Deutschen Demokratischen Republik sinngemäß.

(5) Für Ehegatten, die vor dem Wirksamwerden des Beitritts geschieden worden sind, bleibt für die Auseinandersetzung des gemeinschaftlichen Eigentums und Vermögens und für die Entscheidung über die Ehewohnung das bisherige Recht maßgebend.

(6) Für die Beurkundung der Erklärung nach Absatz 2 und der Anmeldung zum Güterrechtsregister sowie für die Eintragung in das Güterrechtsregister beträgt der Geschäftswert 5000 Deutsche Mark.

§ 4a[1] Gemeinschaftliches Eigentum. (1) [1] Haben die Ehegatten keine Erklärung nach § 4 Abs. 2 Satz 1 abgegeben, so wird gemeinschaftliches Eigentum von Ehegatten Eigentum zu gleichen Bruchteilen. [2] Für Grundstücke und grundstücksgleiche Rechte können die Ehegatten andere Anteile bestimmen. [3] Die Bestimmung ist binnen sechs Monaten nach Inkrafttreten dieser Vorschrift möglich und erfolgt mit dem Antrag auf Berichtigung des Grundbuchs. [4] Dieser und die Bestimmung bedürfen nicht der in § 29 der Grundbuchordnung bestimmten Form. [5] Das Wahlrecht nach Satz 2 erlischt, unbeschadet des Satzes 3 im übrigen, wenn die Zwangsversteigerung oder Zwangsverwaltung des Grundstücks oder grundstücksgleichen Rechts angeordnet oder wenn bei dem Grundbuchamt die Eintragung einer Zwangshypothek beantragt wird.

(2) [1] Haben die Ehegatten eine Erklärung nach § 4 Abs. 2 Satz 1 abgegeben, so finden auf das bestehende und künftige gemeinschaftliche Eigentum die Vorschriften über das durch beide Ehegatten verwaltete Gesamtgut einer Gütergemeinschaft entsprechende Anwendung. [2] Für die Auflösung dieser Gemeinschaft im Falle der Scheidung sind jedoch die Vorschriften des Familiengesetzbuchs der Deutschen Demokratischen Republik nach Maßgabe des § 4 anzuwenden.

---

[1] Soweit vor dem 1. 10. 1994 Gebühren für die Berichtigung des Grundbuchs in den Fällen des Art. 234 § 4a EGBGB erhoben und gezahlt worden sind, bleibt es nach Art. 2 § 10 Abs. 2 Sachenrechtsänderungsgesetz vom 21. 9. 1994 (BGBl. I S. 2457, 2493) dabei. Erhobene, aber noch nicht gezahlte Gebühren werden niedergeschlagen. Noch nicht erhobene Gebühren werden auch dann nicht erhoben, wenn der Antrag vor dem 1. 10. 1994 gestellt worden ist.

(3) Es wird widerleglich vermutet, daß gemeinschaftliches Eigentum von Ehegatten nach dem Familiengesetzbuch der Deutschen Demokratischen Republik Bruchteilseigentum zu ein halb Anteilen ist, sofern sich nicht aus dem Grundbuch andere Bruchteile ergeben oder aus dem Güterrechtsregister ergibt, daß eine Erklärung nach § 4 Abs. 2 und 3 abgegeben oder Gütergemeinschaft vereinbart worden ist.

§§ 5–14 *(Vom Abdruck wurde abgesehen)*

§ 15 Pflegschaft. (1) ¹Am Tag des Wirksamwerdens des Beitritts werden die bestehenden Pflegschaften zu den entsprechenden Pflegschaften nach dem Bürgerlichen Gesetzbuch. ²Der Wirkungskreis entspricht dem bisher festgelegten Wirkungskreis.

(2) § 14 Abs. 2 bis 6 gilt entsprechend.

Artikel 235
Fünftes Buch. Erbrecht

§ 1 Erbrechtliche Verhältnisse. (1) Für die erbrechtlichen Verhältnisse bleibt das bisherige Recht maßgebend, wenn der Erblasser vor dem Wirksamwerden des Beitritts gestorben ist.

(2) Anstelle der §§ 1934a bis 1934e und 2338a des Bürgerlichen Gesetzbuchs gelten auch sonst, wenn das nichteheliche Kind vor dem Wirksamwerden des Beitritts geboren ist, die Vorschriften über das Erbrecht des ehelichen Kindes.

§ 2 Verfügungen von Todes wegen. ¹Die Errichtung oder Aufhebung einer Verfügung von Todes wegen vor dem Wirksamwerden des Beitritts wird nach dem bisherigen Recht beurteilt, auch wenn der Erblasser nach dem Wirksamwerden des Beitritts stirbt. ²Dies gilt auch für die Bindung des Erblassers bei einem gemeinschaftlichen Testament, sofern das Testament vor dem Wirksamwerden des Beitritts errichtet worden ist.

Artikel 236
Einführungsgesetz – Internationales Privatrecht

§ 1 Abgeschlossene Vorgänge. Auf vor dem Wirksamwerden des Beitritts abgeschlossene Vorgänge bleibt das bisherige Internationale Privatrecht anwendbar.

§ 2 Wirkungen familienrechtlicher Rechtsverhältnisse. Die Wirkungen familienrechtlicher Rechtsverhältnisse unterliegen von dem Wirksamwerden des Beitritts an den Vorschriften des Zweiten Kapitels des Ersten Teils.

§ 3 Güterstand. ¹Die güterrechtlichen Wirkungen von Ehen, die vor dem Wirksamwerden des Beitritts geschlossen worden sind, unterliegen von diesem Tag an dem Artikel 15; dabei tritt an die Stelle des Zeitpunkts der Eheschließung der Tag des Wirksamwerdens des Beitritts. ²Soweit sich allein aus einem Wechsel des anzuwendenden Rechts nach Satz 1 Ansprüche wegen der Beendigung des früheren Güterstandes ergeben würden, gelten sie bis zum Ablauf von zwei Jahren nach Wirksamwerden des Beitritts als gestundet.

II. Sachenrechtsbereinigung

3. Gesetz zur Sachenrechtsbereinigung im Beitrittsgebiet (Sachenrechtsbereinigungsgesetz – SachenRBerG)[1)]

Vom 21. September 1994

(BGBl. I S. 2457)

Inhaltsübersicht

	§§
Kapitel 1. Gegenstände der Sachenrechtsbereinigung	1, 2
Kapitel 2. Nutzung fremder Grundstücke durch den Bau oder den Erwerb von Gebäuden	3–111
Abschnitt 1. Allgemeine Bestimmungen	3–31
Unterabschnitt 1. Grundsätze	3
Unterabschnitt 2. Anwendungsbereich	4–8
Unterabschnitt 3. Begriffsbestimmungen	9–13
Unterabschnitt 4. Erbbaurecht und Ankauf	14–18
Unterabschnitt 5. Bodenwertermittlung	19, 20
Unterabschnitt 6. Erfaßte Flächen	21–27
Unterabschnitt 7. Einwendungen und Einreden	28–31
Abschnitt 2. Bestellung von Erbbaurechten	32–60
Unterabschnitt 1. Gesetzliche Ansprüche auf Erbbaurechtsbestellung	32
Unterabschnitt 2. Gesetzliche Ansprüche wegen dinglicher Rechte	33–37
Unterabschnitt 3. Überlassungsverträge	38
Unterabschnitt 4. Besondere Gestaltungen	39–41
Unterabschnitt 5. Gesetzlicher und vertragsmäßiger Inhalt des Erbbaurechts	42
Unterabschnitt 6. Bestimmungen zum Vertragsinhalt	43–58
Unterabschnitt 7. Folgen der Erbbaurechtsbestellung	59, 60
Abschnitt 3. Gesetzliches Ankaufsrecht	61–84
Unterabschnitt 1. Gesetzliche Ansprüche auf Vertragsschluß	61
Unterabschnitt 2. Gesetzliche Ansprüche wegen dinglicher Rechte	62–64
Unterabschnitt 3. Bestimmungen zum Inhalt des Vertrages	65–74
Unterabschnitt 4. Folgen des Ankaufs	75–78
Unterabschnitt 5. Leistungsstörungen	79, 80
Unterabschnitt 6. Besondere Bestimmungen für den Hinzuerwerb des Gebäudes durch den Grundstückseigentümer	81–84

[1)] Verkündet mit Wirkung vom 1. 10. 1994 als Art. 1 Sachenrechtsänderungsgesetz vom 21. 9. 1994 (BGBl. I S. 2457).

Abschnitt 4. Verfahrensvorschriften 85–108
  Unterabschnitt 1. Feststellung von Nutzungs- und Grundstücksgrenzen 85, 86
  Unterabschnitt 2. Notarielles Vermittlungsverfahren . . 87–102
  Unterabschnitt 3. Gerichtliches Verfahren 103–108
Abschnitt 5. Nutzungstausch 109
Abschnitt 6. Nutzungsrechte für ausländische Staaten 110
Abschnitt 7. Rechtsfolgen nach Wiederherstellung des öffentlichen Glaubens des Grundbuchs 111

Kapitel 3. Alte Erbbaurechte 112

Kapitel 4. Rechte aus Miteigentum nach § 459 des Zivilgesetzbuchs der Deutschen Demokratischen Republik 113–115

Kapitel 5. Ansprüche auf Bestellung von Dienstbarkeiten 116–119

Kapitel 6. Schlußvorschriften 120–123
Abschnitt 1. Behördliche Prüfung der Teilung 120
Abschnitt 2. Rückübertragung von Grundstücken und dinglichen Rechten 121, 122
Abschnitt 3. Übergangsregelung 123

Kapitel 1. Gegenstände der Sachenrechtsbereinigung

§ 1 Betroffene Rechtsverhältnisse. (1) Dieses Gesetz regelt Rechtsverhältnisse an Grundstücken in dem in Artikel 3 des Einigungsvertrages genannten Gebiet (Beitrittsgebiet),

1. a) an denen Nutzungsrechte verliehen oder zugewiesen wurden,
   b) auf denen vom Eigentum am Grundstück getrenntes selbständiges Eigentum an Gebäuden oder an baulichen Anlagen entstanden ist,
   c) die mit Billigung staatlicher Stellen von einem anderen als dem Grundstückseigentümer für bauliche Zwecke in Anspruch genommen wurden oder
   d) auf denen nach einem nicht mehr erfüllten Kaufvertrag ein vom Eigentum am Grundstück getrenntes selbständiges Eigentum am Gebäude oder an einer baulichen Anlage entstehen sollte,
2. die mit Erbbaurechten, deren Inhalt gemäß § 5 Abs. 2 des Einführungsgesetzes zum Zivilgesetzbuch der Deutschen Demokratischen Republik umgestaltet wurde, belastet sind,
3. an denen nach § 459 des Zivilgesetzbuchs der Deutschen Demokratischen Republik kraft Gesetzes ein Miteigentumsanteil besteht oder
4. auf denen andere natürliche oder juristische Personen als der Grundstückseigentümer bauliche Erschließungs-, Entsorgungs- oder Versorgungsanlagen, die nicht durch ein mit Zustimmung des Grundstückseigentümers begründetes Mitbenutzungsrecht gesichert sind, errichtet haben.

bereinigungsgesetz **§ 2 SachenRBerG 3**

(2) Ist das Eigentum an einem Grundstück dem Nutzer nach Maßgabe besonderer Gesetze zugewiesen worden oder zu übertragen, finden die Bestimmungen dieses Gesetzes keine Anwendung.

(3) [1]Die Übertragung des Eigentums an einem für den staatlichen oder genossenschaftlichen Wohnungsbau verwendeten Grundstück auf die Kommune erfolgt nach dem Einigungsvertrag und dem Vermögenszuordnungsgesetz und auf ein in § 9 Abs. 2 Nr. 2 genanntes Wohnungsunternehmen nach dem Wohnungsgenossenschafts-Vermögensgesetz, wenn das Eigentum am Grundstück
1. durch Inanspruchnahmeentscheidung nach dem Aufbaugesetz vom 6. September 1950 (GBl. Nr. 104 S. 965) und die zu seinem Vollzug erlassenen Vorschriften oder
2. durch bestandskräftigen Beschluß über den Entzug des Eigentumsrechts nach dem Baulandgesetz vom 15. Juni 1984 (GBl. I Nr. 17 S. 201) und die zu seinem Vollzug erlassenen Vorschriften

entzogen worden ist oder in sonstiger Weise Volkseigentum am Grundstück entstanden war. [2]Grundbucheintragungen, die abweichende Eigentumsverhältnisse ausweisen, sind unbeachtlich.

§ 2 Nicht einbezogene Rechtsverhältnisse. (1) [1]Dieses Gesetz ist nicht anzuwenden, wenn der Nutzer das Grundstück
1. am 2. Oktober 1990 aufgrund eines Vertrages oder eines verliehenen Nutzungsrechts zur Erholung, Freizeitgestaltung oder kleingärtnerischen Bewirtschaftung oder als Standort für ein persönlichen, jedoch nicht Wohnzwecken dienendes Gebäude genutzt hat,
2. aufgrund eines Miet-, Pacht- oder sonstigen Nutzungsvertrages zu anderen als den in Nummer 1 genannten Zwecken bebaut hat, es sei denn, daß der Nutzer auf vertraglicher Grundlage eine bauliche Investition vorgenommen hat,
   a) die in den §§ 5 bis 7 bezeichnet ist oder
   b) zu deren Absicherung nach den Rechtsvorschriften der Deutschen Demokratischen Republik das Grundstück hätte als Bauland bereitgestellt werden und eine der in § 3 Abs. 2 Satz 1 bezeichneten Rechtspositionen begründet werden müssen,
3. mit Anlagen zur Verbesserung der land- und forstwirtschaftlichen Bodennutzung (wie Anlagen zur Beregnung, Drainagen) bebaut hat,
4. mit Gebäuden, die öffentlichen Zwecken gewidmet sind und bestimmten Verwaltungsaufgaben dienen (insbesondere Dienstgebäude, Universitäten, Schulen), oder mit dem Gemeingebrauch gewidmeten Anlagen bebaut hat, es sei denn, daß die Grundstücke im komplexen Wohnungsbau oder Siedlungsbau verwendet wurden oder in einem anderen nach einer einheitlichen Bebauungskonzeption überbauten Gebiet liegen, oder
5. aufgrund öffentlich-rechtlicher Bestimmungen der Deutschen Demokratischen Republik, die nach dem Einigungsvertrag fortgelten, bebaut hat.

²Satz 1 Nr. 1 ist entsprechend anzuwenden auf die von den in § 459 Abs. 1 Satz 1 des Zivilgesetzbuchs der Deutschen Demokratischen Republik bezeichneten juristischen Personen auf vertraglich genutzten Grundstücken zur Erholung, Freizeitgestaltung oder kleingärtnerischen Bewirtschaftung errichteten Gebäude, wenn diese allein zur persönlichen Nutzung durch Betriebsangehörige oder Dritte bestimmt waren. ³Dies gilt auch für Gebäude und bauliche Anlagen, die innerhalb einer Ferienhaus- oder Wochenendhaus- oder anderen Erholungszwecken dienenden Siedlung belegen sind und dieser als gemeinschaftliche Einrichtung dienen oder gedient haben.

(2) Dieses Gesetz gilt ferner nicht, wenn der Nutzer

1. eine Partei, eine mit ihr verbundene Massenorganisation oder eine juristische Person im Sinne der §§ 20a und 20b des Parteiengesetzes der Deutschen Demokratischen Republik ist oder

2. ein Unternehmen oder ein Rechtsnachfolger eines Unternehmens ist, das bis zum 31. März 1990 oder zu einem früheren Zeitpunkt zum Bereich „Kommerzielle Koordinierung" gehört hat.

(3) Die Bestimmungen über die Ansprüche eines Mitglieds einer landwirtschaftlichen Produktionsgenossenschaft oder des Nachfolgeunternehmens nach den §§ 43 bis 50 und § 64b des Landwirtschaftsanpassungsgesetzes gehen den Regelungen dieses Gesetzes vor.

Kapitel 2. Nutzung fremder Grundstücke durch den Bau oder den Erwerb von Gebäuden

Abschnitt 1. Allgemeine Bestimmungen

Unterabschnitt 1. Grundsätze

§ 3 Regelungsinstrumente und Regelungsziele. (1) ¹In den in § 1 Abs. 1 Nr. 1 bezeichneten Fällen können Grundstückseigentümer und Nutzer (Beteiligte) zur Bereinigung der Rechtsverhältnisse an den Grundstücken Ansprüche auf Bestellung von Erbbaurechten oder auf Ankauf der Grundstücke oder der Gebäude nach Maßgabe dieses Kapitels geltend machen. ²Die Beteiligten können von den gesetzlichen Bestimmungen über den Vertragsinhalt abweichende Vereinbarungen treffen.

(2) ¹Die Bereinigung erfolgt zur

1. Anpassung der nach dem Recht der Deutschen Demokratischen Republik bestellten Nutzungsrechte an das Bürgerliche Gesetzbuch und seine Nebengesetze,

2. Absicherung aufgrund von Rechtsträgerschaften vorgenommener baulicher Investitionen, soweit den Nutzern nicht das Eigentum an den Grundstücken zugewiesen worden ist, und

3. Regelung der Rechte am Grundstück beim Auseinanderfallen von Grundstücks- und Gebäudeeigentum.

²Nach Absatz 1 sind auch die Rechtsverhältnisse zu bereinigen, denen bauliche Investitionen zugrunde liegen, zu deren Absicherung nach den Rechtsvorschriften der Deutschen Demokratischen Republik eine in Satz 1 bezeichnete Rechtsposition vorgesehen war, auch wenn die Absicherung nicht erfolgt ist.

(3) ¹Nach diesem Gesetz sind auch die Fälle zu bereinigen, in denen der Nutzer ein Gebäude oder eine bauliche Anlage gekauft hat, die Bestellung eines Nutzungsrechts aber ausgeblieben und selbständiges, vom Eigentum am Grundstück getrenntes Eigentum am Gebäude nicht entstanden ist, wenn der Nutzer aufgrund des Vertrags Besitz am Grundstück erlangt hat oder den Besitz ausgeübt hat. ²Dies gilt nicht, wenn der Vertrag

1. wegen einer Pflichtverletzung des Käufers nicht erfüllt worden ist,
2. wegen Versagung einer erforderlichen Genehmigung aus anderen als den in § 6 der Verordnung über die Anmeldung vermögensrechtlicher Ansprüche in der Fassung der Bekanntmachung vom 11. Oktober 1990 (BGBl. I S. 2162) genannten Gründen nicht durchgeführt werden konnte oder
3. nach dem 18. Oktober 1989 abgeschlossen worden ist und das Grundstück nach den Vorschriften des Vermögensgesetzes an den Grundstückseigentümer zurückzuübertragen ist oder zurückübertragen wurde; für diese Fälle gilt § 121.

Unterabschnitt 2. Anwendungsbereich

§ 4 Bauliche Nutzungen. Die Bestimmungen dieses Kapitels sind anzuwenden auf

1. den Erwerb oder den Bau eines Eigenheimes durch oder für natürliche Personen (§ 5),
2. den staatlichen oder genossenschaftlichen Wohnungsbau (§ 6),
3. den Bau von Wohngebäuden durch landwirtschaftliche Produktionsgenossenschaften sowie die Errichtung gewerblicher, landwirtschaftlicher oder öffentlichen Zwecken dienender Gebäude (§ 7) und
4. die von der Deutschen Demokratischen Republik an ausländische Staaten verliehenen Nutzungsrechte (§ 110).

§ 5 Erwerb oder Bau von Eigenheimen. (1) Auf den Erwerb oder den Bau von Eigenheimen ist dieses Gesetz anzuwenden, wenn

1. nach den Gesetzen der Deutschen Demokratischen Republik über den Verkauf volkseigener Gebäude vom 15. September 1954 (GBl. I Nr. 81 S. 784), vom 19. Dezember 1973 (GBl. I Nr. 58 S. 578) und vom 7. März 1990 (GBl. I Nr. 18 S. 157) Eigenheime

3 SachenRBerG § 5

verkauft worden sind und selbständiges Eigentum an den Gebäuden entstanden ist,
2. Nutzungsrechte verliehen oder zugewiesen worden sind (§§ 287, 291 des Zivilgesetzbuchs der Deutschen Demokratischen Republik) oder
3. Grundstücke mit Billigung staatlicher Stellen in Besitz genommen und mit einem Eigenheim bebaut worden sind. Dies ist insbesondere der Fall, wenn
   a) Wohn- und Stallgebäude für die persönliche Hauswirtschaft auf zugewiesenen, ehemals genossenschaftlich genutzten Grundstücken nach den Musterstatuten für die landwirtschaftlichen Produktionsgenossenschaften errichtet wurden,
   b) Eigenheime von einem Betrieb oder einer Produktionsgenossenschaft errichtet und anschließend auf einen Bürger übertragen wurden,
   c) Bebauungen mit oder an Eigenheimen aufgrund von Überlassungsverträgen erfolgten,
   d) Eigenheime aufgrund von Nutzungsverträgen auf Flächen gebaut wurden, die Gemeinden oder anderen staatlichen Stellen von einer landwirtschaftlichen Produktionsgenossenschaft als Bauland übertragen wurden,
   e) als Wohnhäuser geeignete und hierzu dienende Gebäude aufgrund eines Vertrages zur Nutzung von Bodenflächen zur Erholung (§§ 312 bis 315 des Zivilgesetzbuchs der Deutschen Demokratischen Republik) mit Billigung staatlicher Stellen errichtet wurden, es sei denn, daß der Überlassende dieser Nutzung widersprochen hatte,
   f) Eigenheime auf vormals volkseigenen, kohlehaltigen Siedlungsflächen, für die Bodenbenutzungsscheine nach den Ausführungsverordnungen zur Bodenreform ausgestellt wurden, mit Billigung staatlicher Stellen errichtet worden sind oder
   g) Eigenheime aufgrund einer die bauliche Nutzung des fremden Grundstücks gestattenden Zustimmung nach der Eigenheimverordnung der Deutschen Demokratischen Republik vom 31. August 1978 (GBl. I Nr. 40 S. 425) oder einer anderen Billigung staatlicher Stellen errichtet wurden, die Verleihung oder Zuweisung eines Nutzungsrechts jedoch ausblieb, die nach den Rechtsvorschriften der Deutschen Demokratischen Republik für diese Art der Bebauung vorgeschrieben war.

(2) [1]Eigenheime sind Gebäude, die für den Wohnbedarf bestimmt sind und eine oder zwei Wohnungen enthalten. [2]Die Bestimmungen über Eigenheime gelten auch für mit Billigung staatlicher Stellen errichtete Nebengebäude (wie Werkstätten, Lagerräume).

(3) [1]Gebäude, die bis zum Ablauf des 2. Oktober 1990 von den Nutzern zur persönlichen Erholung, Freizeitgestaltung oder zu

kleingärtnerischen Zwecken genutzt wurden, sind auch im Falle einer späteren Nutzungsänderung keine Eigenheime. ²Eine Nutzung im Sinne des Satzes 1 liegt auch vor, wenn der Nutzer in dem Gebäude zwar zeitweise gewohnt, dort jedoch nicht seinen Lebensmittelpunkt hatte.

§ 6 Staatlicher oder genossenschaftlicher Wohnungsbau. Auf den staatlichen oder genossenschaftlichen Wohnungsbau findet dieses Kapitel Anwendung, wenn

1. staatliche Investitionsauftraggeber oder ehemals volkseigene Betriebe der Wohnungswirtschaft mit privaten Grundstückseigentümern oder staatlichen Verwaltern Nutzungsverträge, die die Bebauung des Grundstücks gestattet haben, abgeschlossen und die Grundstücke bebaut haben oder
2. Grundstücke mit Billigung staatlicher Stellen ohne eine der Bebauung entsprechende Regelung der Eigentumsverhältnisse mit Gebäuden bebaut worden sind.

§ 7 Andere bauliche Nutzungen. (1) Dieses Kapitel regelt auch die bauliche Nutzung fremder Grundstücke für land-, forstwirtschaftlich, gewerblich (einschließlich industriell) genutzte oder öffentlichen Zwecken dienende Gebäude sowie für Wohnhäuser, die durch landwirtschaftliche Produktionsgenossenschaften errichtet oder erworben worden sind.

(2) Eine bauliche Nutzung im Sinne des Absatzes 1 liegt insbesondere dann vor, wenn

1. Genossenschaften mit gewerblichem oder handwerklichem Geschäftsgegenstand Nutzungsrechte auf volkseigenen Grundstücken verliehen worden sind,
2. den in Nummer 1 bezeichneten Genossenschaften Rechtsträgerschaften an Grundstücken übertragen worden sind, sie die Grundstücke bebaut und sie den Bau ganz oder überwiegend mit eigenen Mitteln finanziert haben,
3. Vereinigungen Nutzungsrechte verliehen worden sind oder sie Grundstücke als Rechtsträger bebaut und den Bau ganz oder überwiegend mit eigenen Mitteln finanziert haben,
4. vormals im Register der volkseigenen Wirtschaft eingetragene oder einzutragende Betriebe oder staatliche Stellen mit privaten Grundstückseigentümern oder staatlichen Verwaltern Nutzungsverträge geschlossen haben, die die Bebauung der Grundstücke gestattet haben, und sie die Grundstücke bebaut haben,
5. landwirtschaftliche Produktionsgenossenschaften ihrem vormaligen gesetzlich begründeten genossenschaftlichen Bodennutzungsrecht unterliegende Grundstücke bebaut oder auf ihnen stehende Gebäude erworben haben,

6. Handwerker oder Gewerbetreibende für die Ausübung ihres Berufes genutzte, vormals volkseigene Grundstücke mit Billigung staatlicher Stellen mit einem Gebäude oder einer baulichen Anlage bebaut haben oder
7. a) staatliche Stellen fremde, in Privateigentum stehende Grundstücke
    aa) mit Gebäuden oder baulichen Anlagen bebaut haben, die nicht öffentlichen Zwecken gewidmet sind und nicht unmittelbar Verwaltungsaufgaben dienen, oder
    bb) für den Bau von Gebäuden, baulichen Anlagen, Verkehrsflächen und für Zwecke des Gemeingebrauchs verwendet haben, wenn diese im komplexen Wohnungsbau oder im Siedlungsbau (§ 11) belegen sind,
  b) vormals volkseigene Betriebe im Sinne der Nummer 4 oder Genossenschaften im Sinne der Nummer 1 fremde, in Privateigentum stehende Grundstücke mit betrieblich genutzten Gebäuden oder baulichen Anlagen ohne einer der Bebauung entsprechende Regelung der Eigentumsverhältnisse oder ohne vertragliche Berechtigung bebaut haben.

§ 8 Zeitliche Begrenzung. Die Bestimmungen dieses Kapitels sind nur anzuwenden, wenn der Bau oder Erwerb des Gebäudes oder der baulichen Anlage nach dem 8. Mai 1945 erfolgt ist und
1. selbständiges Eigentum an einem Gebäude oder an einer baulichen Anlage entstanden ist,
2. ein Nutzungsrecht bis zum Ablauf des 30. Juni 1990 zugewiesen oder bis zum Ablauf des 2. Oktober 1990 verliehen worden ist oder
3. auf den Flächen, die dem aufgehobenen Bodennutzungsrecht der landwirtschaftlichen Produktionsgenossenschaften unterlagen, bis zum Ablauf des 30. Juni 1990, auf allen anderen Flächen bis zum Ablauf des 2. Oktober 1990, mit dem Bau eines Gebäudes oder einer baulichen Anlage begonnen worden ist.

Unterabschnitt 3. Begriffsbestimmungen

§ 9 Nutzer. (1) [1]Nutzer im Sinne dieses Gesetzes sind natürliche oder juristische Personen des privaten und des öffentlichen Rechts in nachstehender Reihenfolge:
1. der im Grundbuch eingetragene Eigentümer eines Gebäudes,
2. der Inhaber eines verliehenen oder zugewiesenen Nutzungsrechts,
3. der Eigentümer des Gebäudes oder der baulichen Anlage, wenn außerhalb des Grundbuchs selbständiges, vom Eigentum am Grundstück unabhängiges Eigentum entstanden ist,
4. der aus einem Überlassungsvertrag berechtigte Nutzer,

bereinigungsgesetz **§ 9 SachenRBerG 3**

5. derjenige, der mit Billigung staatlicher Stellen ein Gebäude oder eine bauliche Anlage errichtet hat,
6. derjenige, der ein Gebäude oder eine bauliche Anlage gekauft hat, wenn die Bestellung eines Nutzungsrechts ausgeblieben und selbständiges, vom Eigentum am Grundstück getrenntes Eigentum am Gebäude nicht entstanden ist,
7. der in § 121 bezeichnete Käufer eines Grundstücks, eines Gebäudes oder einer baulichen Anlage

oder deren Rechtsnachfolger. ²Satz 1 ist nicht anzuwenden, wenn eine andere Person rechtskräftig als Nutzer festgestellt und in dem Rechtstreit dem Grundstückseigentümer der Streit verkündet worden ist.

(2) Rechtsnachfolger sind auch

1. Käufer eines Gebäudes oder einer baulichen Anlage, wenn der Kaufvertrag bis zum Ablauf des 2. Oktober 1990 abgeschlossen wurde und nach den Rechtsvorschriften der Deutschen Demokratischen Republik selbständiges Gebäudeeigentum nicht entstanden war,
2. die aus den volkseigenen Betrieben der Wohnungswirtschaft oder Arbeiterwohnungsbaugenossenschaften, gemeinnützigen Wohnungsbaugenossenschaften und sonstigen Wohnungsgenossenschaften, denen Gebäude oder Gebäudeteile nach Durchführung eines Investitionsvorhabens des staatlichen oder genossenschaftlichen Wohnungsbaus zur Nutzung sowie zur selbständigen Bewirtschaftung und Verwaltung übertragen worden waren, hervorgegangenen kommunalen Wohnungsgesellschaften, Wohnungsunternehmen sowie Wohnungsgenossenschaften und die Kommunen oder
3. Genossenschaften mit gewerblichem oder handwerklichem Geschäftsgegenstand sowie Vereinigungen nach Absatz 3, wenn sie als Investitionsauftraggeber den Bau von Gebäuden oder baulichen Anlagen, die ihnen von staatlichen Hauptauftraggebern nach Errichtung zur Nutzung sowie zur selbständigen Bewirtschaftung und Verwaltung zur Verfügung gestellt worden sind, ganz oder überwiegend mit eigenen Mitteln finanziert haben.

(3) ¹Landwirtschaftliche Produktionsgenossenschaften im Sinne dieses Kapitels sind auch die in § 46 des Gesetzes über die landwirtschaftlichen Produktionsgenossenschaften vom 2. Juli 1982 – LPG-Gesetz – (GBl. I Nr. 25 S. 443), das zuletzt durch das Gesetz über die Änderung oder Aufhebung von Gesetzen der Deutschen Demokratischen Republik vom 28. Juni 1990 (GBl. I Nr. 38 S. 483) geändert worden ist, bezeichneten Genossenschaften und rechtsfähigen Kooperationsbeziehungen sowie die durch Umwandlung, Zusammenschluß oder Teilung entstandenen Nachfolgeunternehmen. ²Vereinigungen im Sinne dieses Kapitels sind auch gesellschaftliche Organi-

sationen nach § 18 Abs. 4 des Zivilgesetzbuchs der Deutschen Demokratischen Republik, die als rechtsfähige Vereine nach den §§ 21 und 22 des Bürgerlichen Gesetzbuchs fortbestehen und nicht Parteien, mit ihnen verbundene Organisationen, juristische Personen oder Massenorganisationen nach § 2 Abs. 2 Nr. 1 sind.

(4) Auf die Ausübung der in diesem Kapitel begründeten Ansprüche durch Ehegatten sind in den Fällen des Absatzes 1 Nr. 4 und 5 die Bestimmungen über das gemeinschaftliche Eigentum der Ehegatten in Artikel 234 § 4a des Einführungsgesetzes zum Bürgerlichen Gesetzbuche entsprechend anzuwenden, wenn der Vertragsschluß oder die Bebauung des Grundstücks vor Ablauf des 2. Oktober 1990 und während der Ehe erfolgte.

§ 10 Billigung staatlicher Stellen. (1) [1] Billigung staatlicher Stellen ist jede Handlung, insbesondere von Verwaltungsstellen, Vorständen landwirtschaftlicher Produktionsgenossenschaften oder sonstigen Organen, die nach in der Deutschen Demokratischen Republik üblicher Staats- oder Verwaltungspraxis die bauliche Nutzung fremder Grundstücke vor Klärung der Eigentumsverhältnisse oder ohne Bestellung eines Nutzungsrechts ausdrücklich anordnete oder gestattete. [2] Dies gilt auch, wenn die zu beachtenden Rechtsvorschriften nicht eingehalten worden sind.

(2) [1] Ist für die bauliche Maßnahme eine Bauzustimmung oder Baugenehmigung erteilt worden, ist zugunsten des Nutzers zu vermuten, daß die bauliche Nutzung des Grundstücks mit Billigung staatlicher Stellen erfolgt ist. [2] Das gleiche gilt, wenn in einem Zeitraum von fünf Jahren nach Fertigstellung des Gebäudes vor Ablauf des 2. Oktober 1990 eine behördliche Verfügung zum Abriß nicht ergangen ist.

§ 11 Komplexer Wohnungsbau oder Siedlungsbau. (1) [1] Komplexer Wohnungsbau im Sinne dieses Gesetzes sind Wohngebiete für den staatlichen oder genossenschaftlichen Wohnungsbau, die entsprechend den Rechtsvorschriften der Deutschen Demokratischen Republik im Zeitraum vom 7. Oktober 1949 bis zum Ablauf des 2. Oktober 1990 nach einer einheitlichen Bebauungskonzeption oder einem Bebauungsplan für die Gesamtbebauung des jeweiligen Bauvorhabens (Standort) vorbereitet und gebaut worden sind. [2] Wohngebiete im Sinne des Satzes 1 sind insbesondere großflächige Wohnanlagen in randstädtischen oder innerstädtischen Lagen sowie Wohnanlagen an Einzelstandorten in städtischen oder dörflichen Lagen jeweils einschließlich Nebenanlagen, Versorgungseinrichtungen und Infrastruktur.

(2) Siedlungsbau im Sinne dieses Gesetzes sind Wohngebiete für den Eigenheimbau, die entsprechend den Rechtsvorschriften der Deutschen Demokratischen Republik in dem in Absatz 1 genannten

Zeitraum nach einer einheitlichen Bebauungskonzeption oder einem Bebauungsplan für die Gesamtbebauung des jeweiligen Bauvorhabens (Standort) vorbereitet und neu bebaut worden sind.

§ 12 Bebauung. (1) Bebauungen im Sinne dieses Kapitels sind die Errichtung von Gebäuden sowie bauliche Maßnahmen an bestehenden Gebäuden, wenn

1. schwere Bauschäden vorlagen und die Nutzbarkeit des Gebäudes wiederhergestellt wurde (Rekonstruktion) oder

2. die Nutzungart des Gebäudes verändert wurde

und die baulichen Maßnahmen nach ihrem Umfang und Aufwand einer Neuerrichtung entsprechen.

(2) [1]Hat der Nutzer das Grundstück aufgrund eines Überlassungsvertrages vom staatlichen Verwalter erhalten, sind

1. Aus- und Umbauten, durch die die Wohn- oder Nutzfläche des Gebäudes um mehr als 50 vom Hundert vergrößert wurde, oder

2. Aufwendungen für bauliche Investitionen, deren Wert die Hälfte des Sachwerts des Gebäudes ohne Berücksichtigung der baulichen Investitionen des Nutzers zum Zeitpunkt der Vornahme der Aufwendungen überstiegen,

bauliche Maßnahmen im Sinne des Absatzes 1 gleichzustellen; für die Zeit vom Abschluß des Überlassungsvertrages bis zum Ablauf des 2. Oktober 1990 sind jährlich

a) zwei vom Hundert des Gebäuderestwertes in den ersten fünf Jahren nach dem Vertragsschluß,

b) einhalb vom Hundert des Gebäuderestwertes in den folgenden Jahren

für nicht nachweisbare bauliche Investitionen des Nutzers zusätzlich zu den nachgewiesenen Aufwendungen in Ansatz zu bringen. [2]Frühere Investitionen des Nutzers sind mit ihrem Restwert zu berücksichtigen. [3]Ist der Zeitpunkt der Aufwendungen nicht festzustellen, ist der 2. Oktober 1990 als Wertermittlungsstichtag zugrunde zu legen. [4]Hat der Nutzer nach Ablauf des 2. Oktober 1990 notwendige Verwendungen vorgenommen, sind die dadurch entstandenen Aufwendungen dem nach Satz 1 Nr. 2 zu ermittelnden Wert seiner baulichen Investitionen hinzuzurechnen. [5]Satz 4 ist nicht anzuwenden, wenn mit den Arbeiten nach dem 20. Juli 1993 begonnen wurde.

(3) [1]Der Bebauung eines Grundstücks mit einem Gebäude steht die Errichtung oder die bauliche Maßnahme an einer baulichen Anlage im Sinne des Satzes 2 gleich. [2]Bauliche Anlagen sind alle Bauwerke, die nicht Gebäude sind, wenn

1. deren bestimmungsgemäßer Gebrauch durch den Nutzer einen Ausschluß des Grundstückseigentümers von Besitz und Nutzung des Grundstücks voraussetzt,

2. die zur bestimmungsgemäßen Nutzung der baulichen Anlage erforderliche Fläche (Funktionsfläche) sich so über das gesamte Grundstück erstreckt, daß die Restfläche nicht baulich oder wirtschaftlich nutzbar ist, oder
3. die Funktionsfläche der baulichen Anlage nach den baurechtlichen Bestimmungen selbständig baulich nutzbar ist und vom Grundstück abgetrennt werden kann.

§ 13 Abtrennbare, selbständig nutzbare Teilfläche. (1) Eine Teilfläche ist abtrennbar, wenn sie nach Vermessung vom Stammgrundstück abgeschrieben werden kann.

(2) [1]Eine Teilfläche ist selbständig baulich nutzbar, wenn sie gegenwärtig oder nach der in absehbarer Zeit zu erwartenden städtebaulichen Entwicklung bebaut werden kann. [2]Sie ist auch dann selbständig baulich nutzbar, wenn sie zusammen mit einem anderen Grundstück oder mit einer von einem solchen Grundstück abtrennbaren Teilfläche ein erstmals selbständig bebaubares Grundstück ergibt.

(3) Abtrennbarkeit und selbständige bauliche Nutzbarkeit sind gegeben, wenn eine Teilungsgenehmigung nach § 120 erteilt worden ist.

Unterabschnitt 4. Erbbaurecht und Ankauf

§ 14 Berechtigte und Verpflichtete. (1) [1]Durch die in diesem Kapitel begründeten Ansprüche werden der jeweilige Nutzer und Grundstückseigentümer berechtigt und verpflichtet. [2]Kommen nach § 9 Abs. 1 Satz 1 mehrere Personen als Nutzer in Betracht, ist im Verhältnis zueinander derjenige Nutzer, der eine Bebauung nach § 12 vorgenommen hat.

(2) Die begründeten Ansprüche können nur mit dem Eigentum am Grundstück oder dem selbständigen Eigentum am Gebäude, dem Nutzungsrecht, den Rechten des Nutzers aus einem Überlassungsvertrag oder dem Besitz an dem mit Billigung staatlicher Stellen vom Nutzer errichteten oder erworbenen Gebäude übertragen werden, es sei denn, daß die Abtretung zu dem Zweck erfolgt, Grundstücke entsprechend der Bebauung zu bilden und an diesen Erbbaurechte zu bestellen oder die Grundstücke an die Nutzer zu veräußern.

(3) [1]Ein Vertrag, aus dem ein Teil verpflichtet wird, die Ansprüche auf Bestellung eines Erbbaurechts oder zum Ankauf des Grundstücks oder eines Gebäudes oder einer baulichen Anlage zu übertragen, bedarf vom 1. Oktober 1994 an der notariellen Beurkundung. [2]Ein ohne Beobachtung der Form geschlossener Vertrag wird seinem ganzen Inhalt nach gültig, wenn

1. der Erwerber als neuer Eigentümer des Grundstücks oder Gebäudes in das Grundbuch eingetragen wird,

2. ein die Rechte des Erwerbers sichernder Vermerk nach Artikel 233 § 2c Abs. 2 des Einführungsgesetzes zum Bürgerlichen Gesetzbuche oder nach § 92 Abs. 5 in das Grundbuch eingetragen wird oder
3. die in diesem Gesetz für den Grundstückseigentümer oder den Nutzer begründeten Ansprüche erfüllt worden sind.

§ 15 Verhältnis der Ansprüche. (1) Der Nutzer kann wählen, ob er die Bestellung eines Erbbaurechts verlangen oder das Grundstück ankaufen will.

(2) Die gesetzlichen Ansprüche des Nutzers beschränken sich auf den Ankauf des Grundstücks, wenn der nach § 19 in Ansatz zu bringende Bodenwert des Grundstücks nicht mehr als 100 000 Deutsche Mark oder im Falle der Bebauung mit einem Eigenheim nicht mehr als 30 000 Deutsche Mark beträgt.

(3) [1]Ist der Grundstückseigentümer eine juristische Person, die nach ihrem Statut ihr Grundvermögen nicht veräußern darf, so kann er den Nutzer auf die Bestellung eines Erbbaurechts verweisen. [2]Satz 1 ist nicht anzuwenden, wenn das Grundstück im komplexen Wohnungsbau oder Siedlungsbau bebaut oder für gewerbliche Zwecke in Anspruch genommen wurde, die Grenzen der Bebauung die Grundstücksgrenzen überschreiten und zur Absicherung der Bebauung neue Grundstücke gebildet werden müssen.

(4) [1]Der Grundstückseigentümer kann ein vom Nutzer errichtetes oder erworbenes Wirtschaftsgebäude oder eine bauliche Anlage ankaufen oder, sofern selbständiges Gebäudeeigentum nicht besteht, die aus der baulichen Investition begründeten Rechte des Nutzers ablösen, wenn die in § 81 Abs. 1 bezeichneten Voraussetzungen vorliegen. [2]Macht der Grundstückseigentümer von seinem Recht nach Satz 1 Gebrauch, so sind die in Absatz 1 bezeichneten Ansprüche des Nutzers ausgeschlossen.

§ 16 Ausübung des Wahlrechts. (1) [1]Die Wahl erfolgt durch schriftliche Erklärung gegenüber dem anderen Teil. [2]Mit der Erklärung erlischt das Wahlrecht.

(2) Auf Verlangen des Grundstückseigentümers hat der Nutzer innerhalb einer Frist von fünf Monaten die Erklärung über seine Wahl abzugeben.

(3) [1]Gibt der Nutzer eine Erklärung nicht ab, kann der Grundstückseigentümer eine angemessene Nachfrist setzen. [2]Eine Nachfrist von einem Monat ist angemessen, wenn nicht besondere Umstände eine längere Nachfrist erfordern. [3]Mit dem Ablauf der Nachfrist geht das Wahlrecht auf den Grundstückseigentümer über, wenn nicht der Nutzer rechtzeitig die Wahl vornimmt.

3 SachenRBerG § 17

§ 17 Pfleger für Grundstückseigentümer und Inhaber dinglicher Rechte. (1) Zur Verfolgung der Ansprüche des Nutzers ist auf dessen Antrag für den Grundstückseigentümer oder den Inhaber eines eingetragenen dinglichen Rechts ein Pfleger zu bestellen, wenn

1. nach den Eintragungen im Grundbuch das Eigentum oder das dingliche Recht an der mit einem Nutzungsrecht belasteten oder bebauten Fläche einer bestimmten Person nicht zugeordnet werden kann,
2. die Person des Berechtigten unbekannt ist,
3. der Aufenthaltsort des abwesenden Berechtigten unbekannt ist oder dessen Aufenthalt zwar bekannt, der Berechtigte jedoch an der Besorgung seiner Angelegenheiten verhindert ist,
4. die Beteiligung in Gesamthandsgemeinschaften, Miteigentümergemeinschaften nach Bruchteilen oder gleichartigen Berechtigungen an einem dinglichen Recht unbekannt ist und die Berechtigten einen gemeinsamen Vertreter nicht bestellt haben oder
5. das Grundstück herrenlos ist.

(2) ¹Für die Bestellung und die Tätigkeit des Pflegers sind die Vorschriften des Bürgerlichen Gesetzbuchs über die Pflegschaft entsprechend anzuwenden. ²Zuständig für die Bestellung des Pflegers ist das Vormundschaftsgericht, in dessen Bezirk das Grundstück ganz oder zum größten Teil belegen ist.

(3) ¹Der nach § 11b Abs. 1 des Vermögensgesetzes oder Artikel 233 § 2 Abs. 3 des Einführungsgesetzes zum Bürgerlichen Gesetzbuche bestellte Vertreter nimmt auch die Aufgaben eines Pflegers nach diesem Kapitel wahr. ²Er kann den Grundstückseigentümer jedoch nicht vertreten bei einem Vertragsschluß zwischen diesem und

1. ihm selbst, seinem Ehegatten oder einem seiner Verwandten in gerader Linie,
2. einer Gebietskörperschaft oder einer von ihr beherrschten juristischen Person, wenn der Vertreter bei dieser als Organ oder gegen Entgelt beschäftigt ist, oder
3. einer anderen juristischen Person des öffentlichen oder privaten Rechts, wenn der Vertreter bei dieser als Mitglied des Vorstands, Aufsichtsrats oder eines gleichartigen Organs tätig oder gegen Entgelt beschäftigt ist.

³Der Vertreter ist für den Abschluß von Erbbaurechtsverträgen oder Kaufverträgen über das Grundstück oder das Gebäude von den Beschränkungen des § 181 des Bürgerlichen Gesetzbuchs nicht befreit. ⁴Für die Erteilung der Genehmigung nach § 1821 des Bürgerlichen Gesetzbuchs ist statt des Landkreises das Vormundschaftsgericht zuständig.

§ 18 Aufgebotsverfahren gegen den Nutzer. (1) Liegen die in § 17 Abs. 1 Nr. 1, 2 oder 3 (erste Alternative) bezeichneten Umstände in der Person des Nutzers vor, ist der Grundstückseigentümer berechtigt, den Nutzer mit seinen Rechten am Grundstück und am Gebäude, seinen vertraglichen Ansprüchen gegen den Grundstückseigentümer und seinen Ansprüchen aus diesem Kapitel im Wege des Aufgebotsverfahrens auszuschließen.

(2) Das Aufgebotsverfahren ist nur zulässig, wenn der Nutzer den Besitz verloren oder zehn Jahre nicht ausgeübt hat und, wenn für den Nutzer ein Recht am Grundstück oder selbständiges Gebäudeeigentum eingetragen worden ist, zehn Jahre seit der letzten sich auf das Recht des Nutzers beziehenden Eintragung in das Grundbuch verstrichen sind.

(3) Für das Aufgebotsverfahren sind die Vorschriften der §§ 983 bis 986 der Zivilprozeßordnung entsprechend anzuwenden.

(4) [1]Mit dem Ausschlußurteil erlöschen die in Absatz 1 bezeichneten Ansprüche. [2]Das Gebäudeeigentum und das Nutzungsrecht gehen auf den Grundstückseigentümer über. [3]Der Nutzer kann von dem Grundstückseigentümer entsprechend § 818 des Bürgerlichen Gesetzbuchs eine Vergütung in Geld für den Rechtsverlust verlangen.

Unterabschnitt 5. Bodenwertermittlung

§ 19 Grundsätze. (1) Erbbauzins und Ankaufspreis sind nach dem Bodenwert in dem Zeitpunkt zu bestimmen, in dem ein Angebot zum Vertragsschluß nach diesem Kapitel abgegeben wird.

(2) [1]Der Bodenwert bestimmt sich nach dem um die Abzugsbeträge nach Satz 3 verminderten Wert eines baureifen Grundstücks. [2]Der Wert eines baureifen Grundstücks ist, vorbehaltlich der Regelung in § 20, der Verkehrswert im Sinne des § 194 des Baugesetzbuchs, der sich ergeben würde, wenn das Grundstück unbebaut wäre. [3]Der Wert des baureifen Grundstücks ist zu vermindern um

1. einen nach Absatz 3 zu bemessenden Abzug für die Erhöhung des Werts des baureifen Grundstücks durch Aufwendungen zur Erschließung, zur Vermessung und für andere Kosten zur Baureifmachung des Grundstücks, es sei denn, daß der Grundstückseigentümer diese Kosten getragen hat oder das Grundstück bereits während der Dauer seines Besitzes erschlossen und vermessen war, und
2. die gewöhnlichen Kosten des Abbruchs eines aufstehenden Gebäudes oder einer baulichen Anlage, wenn ein alsbaldiger Abbruch erforderlich und zu erwarten ist, soweit diese Kosten im gewöhnlichen Geschäftsverkehr berücksichtigt werden.

3 SachenRBerG § 20

(3) ¹Der Abzug nach Absatz 2 Satz 3 Nr. 1 beträgt

1. 25 DM/m² in Gemeinden mit mehr als 100000 Einwohnern,
2. 15 DM/m² in Gemeinden mit mehr als 10000 bis zu 100000 Einwohnern und
3. 10 DM/m² in Gemeinden bis zu 10000 Einwohnern.

²Als Bodenwert ist jedoch mindestens der Wert zugrunde zu legen, der sich für das Grundstück im Entwicklungszustand des Rohbaulandes ergeben würde.

(4) ¹Der Abzug nach Absatz 2 Satz 3 Nr. 2 darf nicht zu einer Minderung des Bodenwerts unter das Doppelte des in § 82 Abs. 5 bestimmten Entschädigungswertes führen. ²Der Abzug ist nicht vorzunehmen, wenn die Erforderlichkeit alsbaldigen Abbruchs auf unterlassener Instandhaltung des Gebäudes oder der baulichen Anlage durch den Nutzer beruht oder der Nutzer sich vertraglich zum Abbruch verpflichtet hat.

(5) ¹Soweit für das Grundstück Bodenrichtwerte nach § 196 des Baugesetzbuchs vorliegen, soll der Wert des baureifen Grundstücks hiernach bestimmt werden. ²Jeder Beteiligte kann eine hiervon abweichende Bestimmung verlangen, wenn

1. Anhaltspunkte dafür vorliegen, daß die Bodenrichtwerte nicht den tatsächlichen Marktverhältnissen entsprechen, oder
2. aufgrund untypischer Lage oder Beschaffenheit des Grundstücks die Bodenrichtwerte als Ermittlungsgrundlage ungeeignet sind.

§ 20 Bodenwertermittlung in besonderen Fällen. (1) Bei der Bemessung des Bodenwerts eines Grundstücks, das vor dem Ablauf des 2. Oktober 1990 im staatlichen oder genossenschaftlichen Wohnungsbau verwendet worden ist, ist nicht die im Gebiet baurechtlich zulässige Nutzung des Grundstücks, sondern die auf dem betreffenden Grundstück vorhandene Bebauung und Nutzung maßgeblich.

(2) ¹§ 19 Abs. 2 bis 4 ist auf die Grundstücke nicht anzuwenden, die im komplexen Wohnungsbau oder Siedlungsbau bebaut und für

1. den staatlichen oder genossenschaftlichen Wohnungsbau,
2. den Bau von Gebäuden oder baulichen Anlagen, die öffentlichen Zwecken gewidmet sind und unmittelbar Verwaltungaufgaben dienen, oder
3. die Errichtung der im Gebiet belegenen Maßnahmen der Infrastruktur

verwendet worden sind. ²Der Bodenwert dieser Grundstücke ist in der Weise zu bestimmen, daß von dem nach § 19 Abs. 2 Satz 2 ermittelten Wert des baureifen Grundstücks ein Betrag von einem Drittel für die Maßnahmen zur Baureifmachung des Grundstücks und anderer Maßnahmen zur Entwicklung des Gebiets sowie wegen der eingeschränkten oder aufgrund der öffentlichen Zweckbestimmung nicht vorhandenen Ertragsfähigkeit des Grundstücks abzuziehen ist.

(3) [1]In den Verfahren zur Bodenneuordnung nach § 5 des Bodensonderungsgesetzes ist für die Bestimmung der nach § 15 Abs. 1 jenes Gesetzes zu leistenden Entschädigungen der Bodenwert der Grundstücke im Plangebiet nach § 8 des Bodensonderungsgesetzes nach dem durchschnittlichen Bodenwert aller im Gebiet belegenen Grundstücke zu ermitteln. [2]Für die Bemessung der Entschädigung für den Rechtsverlust ist § 68 entsprechend anzuwenden.

(4) [1]Ein im Plangebiet belegenes nicht bebautes und selbständig baulich nutzbares Grundstück oder eine in gleicher Weise nutzbare Grundstücksteilfläche ist in die Ermittlung des durchschnittlichen Bodenwerts nach Absatz 3 nicht einzubeziehen, sondern gesondert zu bewerten. [2]Die Entschädigung für dieses Grundstück oder für diese Teilfläche ist nach § 15 Abs. 2 des Bodensonderungsgesetzes zu bestimmen.

(5) [1]Die den Erwerbern durch den Ansatz eines durchschnittlichen Bodenwerts nach Absatz 3 Satz 1 entstehenden Vor- und Nachteile sind zum Ausgleich zu bringen. [2]Vor- und Nachteile sind nach dem Verhältnis zwischen dem durchschnittlichen Bodenwert und dem Bodenwert, der sich nach den §§ 19 und 20 ergeben würde, in dem Zeitpunkt zu bemessen, in dem der Sonderungsbescheid bestandskräftig geworden ist. [3]Die Abgabe hat der Träger der Sonderungsbehörde von denjenigen zu erheben, die durch die gebietsbezogene Bodenwertbestimmung und die darauf bezogene Bemessung der Beträge für Entschädigungsleistungen nach § 15 Abs. 1 des Bodensonderungsgesetzes Vorteile erlangt haben. [4]Die Einnahme aus der Abgabe ist als Ausgleich an diejenigen auszukehren, die dadurch Nachteile erlitten haben. [5]Über Abgaben- und Ausgleichsleistungen kann auch außerhalb des Sonderungsbescheids entschieden werden. [6]Diese sind spätestens ein Jahr nach Eintritt der Bestandskraft des Sonderungsbescheids festzusetzen und einen Monat nach Bekanntgabe des Bescheids fällig.

(6) Liegt das Grundstück in einem städtebaulichen Sanierungsgebiet oder Entwicklungsbereich, bleiben § 153 Abs. 1 und § 169 Abs. 4 des Baugesetzbuchs unberührt.

Unterabschnitt 6. Erfaßte Flächen

§ 21 Vermessene Flächen. [1]Die Ansprüche auf Bestellung eines Erbbaurechts oder den Ankauf erstrecken sich auf das Grundstück insgesamt, wenn dessen Grenzen im Liegenschaftskataster nachgewiesen sind (vermessenes Grundstück) und die Nutzungsbefugnis aus einem Nutzungsrecht oder einem Vertrag mit den Grenzen des

3 SachenRBerG §§ 22–24

Grundstücks übereinstimmt. ²Im übrigen sind die §§ 22 bis 27 anzuwenden.

§ 22 Genossenschaftlich genutzte Flächen. (1) Soweit ein Nutzungsrecht für den Eigenheimbau zugewiesen worden ist oder ein Eigenheim von oder mit Billigung der landwirtschaftlichen Produktionsgenossenschaft oder aufgrund Nutzungsvertrages mit der Gemeinde errichtet worden ist, beziehen sich die gesetzlichen Ansprüche nach den §§ 32 und 61 auf die Fläche,
1. auf die sich nach der ehemaligen Liegenschaftsdokumentation das Nutzungsrecht erstreckt,
2. die in den Nutzungsverträgen mit den Gemeinden bezeichnet ist, soweit die Fläche für den Bau des Hauses überlassen worden ist, oder
3. die durch die landwirtschaftliche Produktionsgenossenschaft oder die Gemeinde dem Nutzer für den Bau des Eigenheimes oder im Zusammenhang mit dem Bau zugewiesen worden ist.

(2) Absatz 1 ist auf andere Bebauungen genossenschaftlich genutzter Flächen entsprechend anzuwenden, soweit die Errichtung des Gebäudes oder der baulichen Anlage aufgrund zugewiesenen Nutzungsrechts erfolgte.

(3) ¹Die Ansprüche des Nutzers beschränken sich auf die Funktionsfläche (§ 12 Abs. 3 Satz 2 Nr. 2) des Gebäudes oder der baulichen Anlage, wenn die Bebauung aufgrund des aufgehobenen gesetzlichen Nutzungsrechts der landwirtschaftlichen Produktionsgenossenschaften vorgenommen worden ist oder durch Einbringung des Bauwerks in die landwirtschaftliche Produktionsgenossenschaft selbständiges Gebäudeeigentum entstanden ist. ²Handelt es sich um Betriebsgebäude, so sind die Flächen einzubeziehen, die für die zweckentsprechende Nutzung des Gebäudes im Betrieb des Nutzers notwendig sind.

§ 23 Unvermessene volkseigene Grundstücke. Soweit Nutzungsrechte auf unvermessenen, vormals volkseigenen Grundstücken verliehen wurden, sind die Grenzen in folgender Reihenfolge zu bestimmen nach
1. einem Bescheid über die Vermögenszuordnung, soweit ein solcher ergangen ist und über die Grenzen der Nutzungsrechte Aufschluß gibt,
2. Vereinbarungen in Nutzungsverträgen oder
3. dem für ein Gebäude der entsprechenden Art zweckentsprechenden, ortsüblichen Umfang oder der Funktionsfläche der baulichen Anlage.

§ 24 Wohn-, Gewerbe- und Industriebauten ohne Klärung der Eigentumsverhältnisse. (1) Soweit im komplexen Wohnungsbau oder Siedlungsbau oder durch gewerbliche (einschließlich industrielle) Vorhaben Bebauungen ohne Klärung der Eigentumsverhältnisse über Grundstücksgrenzen hinweg vorgenommen worden sind, erstrecken sich die Ansprüche nach diesem Kapitel in folgender Reihenfolge auf die Flächen,

1. deren Grenzen in Aufteilungs- oder Vermessungsunterlagen als Grundstücksgrenzen bis zum Ablauf des 2. Oktober 1990 ausgewiesen worden sind,
2. die entsprechend den Festsetzungen in einem Zuordnungsplan für die in dem Gebiet belegenen vormals volkseigenen Grundstücke für die zweckentsprechende Nutzung der zugeordneten Grundstücke erforderlich sind oder
3. die für eine zweckentsprechende Nutzung einer Bebauung der entsprechenden Art ortsüblich sind.

(2) [1]Entstehen durch die Bestellung von Erbbaurechten oder den Ankauf von Grundstücksteilen Restflächen, die für den Grundstückseigentümer nicht in angemessenem Umfang baulich oder wirtschaftlich nutzbar sind, so kann dieser von der Gemeinde den Ankauf der Restflächen verlangen. [2]Der Kaufpreis ist nach den §§ 19, 20 und 68 zu bestimmen. [3]Der Anspruch nach Satz 1 kann nicht vor dem 1. Januar 2000 geltend gemacht werden. [4]Eine Bereinigung dieser Rechtsverhältnisse durch Enteignung, Umlegung oder Bodenneuordnung bleibt unberührt.

§ 25 Andere Flächen. Ergibt sich der Umfang der Flächen, auf die sich die Ansprüche des Nutzers erstrecken, nicht aus den vorstehenden Bestimmungen, so ist Artikel 233 § 4 Abs. 3 Satz 3 des Einführungsgesetzes zum Bürgerlichen Gesetzbuche entsprechend anzuwenden.

§ 26 Übergroße Flächen für den Eigenheimbau. (1) [1]Ist dem Nutzer ein Nutzungsrecht verliehen oder zugewiesen worden, das die für den Eigenheimbau vorgesehene Regelgröße von 500 Quadratmetern übersteigt, so können der Nutzer oder der Grundstückseigentümer verlangen, daß die Fläche, auf die sich die Nutzungsbefugnis des Erbbauberechtigten (§ 55) erstreckt oder die Gegenstand des Kaufvertrages (§ 65) ist, im Vertrag nach Satz 3 abweichend vom Umfang des Nutzungsrechts bestimmt wird. [2]Das gleiche gilt, wenn der Anspruch des Nutzers nach den §§ 21 bis 23 sich auf eine über die Regelgröße hinausgehende Fläche erstreckt. [3]Die Ansprüche aus den Sätzen 1 und 2 können nur geltend gemacht werden, soweit

1. eine über die Regelgröße von 500 Quadratmetern hinausgehende Fläche abtrennbar und selbständig baulich nutzbar oder
2. eine über die Größe von 1000 Quadratmetern hinausgehende Fläche abtrennbar und angemessen wirtschaftlich nutzbar ist.

(2) ¹Macht der Grundstückseigentümer den in Absatz 1 bestimmten Anspruch geltend, kann der Nutzer von dem Grundstückseigentümer die Übernahme der abzuschreibenden Teilfläche gegen Entschädigung nach dem Zeitwert für die aufstehenden Gebäude, Anlagen und Anpflanzungen verlangen, soweit der Nutzer diese erworben oder in anderer Weise veranlaßt hat. ²In anderen Fällen hat der Grundstückseigentümer in dem Umfang Entschädigung für die Gebäude, Anlagen und Anpflanzungen zu leisten, wie der Wert seines Grundstücks im Zeitpunkt der Räumung der abzuschreibenden Teilfläche noch erhöht ist. ³Der Grundstückseigentümer kann nach Bestellung des Erbbaurechts oder dem Ankauf durch den Nutzer von diesem die Räumung der in Absatz 1 bezeichneten Teilfläche gegen eine Entschädigung nach den Sätzen 1 und 2 verlangen.

(3) ¹Der Nutzer darf der Begrenzung seiner Ansprüche nach Absatz 1 widersprechen, wenn diese zu einer unzumutbaren Härte führte. ²Eine solche Härte liegt insbesondere dann vor, wenn

1. die abzutrennende Teilfläche mit einem Bauwerk (Gebäude oder bauliche Anlage) bebaut worden ist, das
   a) den Wert der Nutzung des Eigenheims wesentlich erhöht oder
   b) für den vom Nutzer ausgeübten Beruf unentbehrlich ist und für das in der Nähe mit einem für den Nutzer zumutbaren Aufwand kein Ersatz bereitgestellt werden kann, oder
2. durch die Abtrennung ein ungünstig geschnittenes und im Wert besonders vermindertes Grundstück entstehen würde.

³Auf Flächen, die über eine Gesamtgröße von 1000 Quadratmetern hinausgehen, ist Satz 1 in der Regel nicht anzuwenden.

(4) Der Nutzer kann den Anspruch des Grundstückseigentümers nach Absatz 1 abwenden, indem er diesem ein nach Lage, Bodenbeschaffenheit und Größe gleichwertiges Grundstück zur Verfügung stellt.

(5) Die Absätze 1 bis 4 sind entsprechend anzuwenden, wenn die Befugnis des Nutzers auf einem Vertrag beruht.

§ 27 Restflächen. (1) ¹Die Ansprüche nach den §§ 32 und 61 erfassen auch Restflächen. ²Restflächen sind Grundstücksteile, auf die sich der Anspruch des Nutzers nach den §§ 21 bis 23 und 25 nicht erstreckt, wenn diese nicht in angemessenem Umfang baulich oder wirtschaftlich nutzbar sind. ³Der Nutzer oder der Grundstückseigentümer ist berechtigt, eine Einbeziehung der Restflächen in den Erbbaurechts- oder Grundstückskaufvertrag zu verlangen, wenn hierdurch ein nach Lage, Form und Größe zweckmäßig gestaltetes Erbbaurecht oder Grundstück entsteht. ⁴Der Nutzer kann die Einbeziehung der Restflächen in den Erbbaurechts- oder Grundstückskaufvertrag verweigern, wenn sich dadurch eine für ihn unzumutbare Mehrbelastung ergäbe.

bereinigungsgesetz **§§ 28, 29 SachenRBerG 3**

(2) ¹Ist für eine dem Grundstückseigentümer verbleibende Fläche die zur ordnungsgemäßen Nutzung notwendige Verbindung zu einem öffentlichen Weg nicht vorhanden, kann der Grundstückseigentümer vom Nutzer die Bestellung eines Wege- oder Leitungsrechts und zu dessen Sicherung die Übernahme einer Baulast gegenüber der Bauaufsichtsbehörde sowie die Bewilligung einer an rangbereiter Stelle in das Grundbuch einzutragenden Grunddienstbarkeit verlangen. ²Der Grundstückseigentümer ist zur Löschung der Grunddienstbarkeit verpflichtet, sobald eine anderweitige Erschließung der ihm verbleibenden Fläche hergestellt werden kann. ³Für die Zeit bis zur Herstellung dieser Erschließung ist § 117 Abs. 2 entsprechend anzuwenden.

(3) ¹Kann ein Wege- oder Leitungsrecht nach Absatz 2 aus tatsächlichen Gründen nicht begründet werden, so hat der Grundstückseigentümer gegen den Nachbarn den in § 917 Abs. 1 des Bürgerlichen Gesetzbuchs bezeichneten Anspruch auf Duldung eines Notwegs. ²§ 918 Abs. 1 des Bürgerlichen Gesetzbuchs ist nicht anzuwenden, wenn das Restgrundstück wegen Abschreibung der mit dem Nutzungsrecht belasteten oder der bebauten und dem Nutzer zuzuordnenden Teilfläche die Verbindung zum öffentlichen Weg verliert.

(4) Für die in § 24 bezeichneten Bebauungen gelten die dort genannten besonderen Regelungen.

Unterabschnitt 7. Einwendungen und Einreden

§ 28 Anderweitige Verfahren und Entscheidungen. Die Beteiligten können Ansprüche nach diesem Kapitel nicht verfolgen, wenn

1. für das Gebiet, in dem das Grundstück belegen ist, ein Bodenneuordnungsverfahren nach dem Bodensonderungsgesetz eingeleitet worden ist, in dem über einen Ausgleich des Grundstückseigentümers für einen Rechtsverlust entschieden wird, oder
2. in einem Verfahren auf Zusammenführung des Grundstücks- und Gebäudeeigentums nach § 64 des Landwirtschschaftsanpassungsgesetzes Anordnungen zur Durchführung eines freiwilligen Landtausches oder eines Bodenordnungsverfahrens ergangen sind.

Nummer 2 ist nicht anzuwenden, wenn das Verfahren ohne einen Landtausch oder eine bestandskräftige Entscheidung zur Feststellung und Neuordnung der Eigentumsverhältnisse beendet worden ist.

§ 29 Nicht mehr nutzbare Gebäude und nicht ausgeübte Nutzungen. (1) ¹Der Grundstückseigentümer kann die Bestellung des Erbbaurechts oder den Verkauf des Grundstücks an den Nutzer verweigern, wenn das Gebäude oder die bauliche Anlage

1. nicht mehr nutzbar und mit einer Rekonstruktion durch den Nutzer nicht mehr zu rechnen ist, oder

2. nicht mehr genutzt wird und mit einem Gebrauch durch den Nutzer nicht mehr zu rechnen ist.

²Ist die Nutzung für mindestens ein Jahr aufgegeben worden, so ist zu vermuten, daß eine Nutzung auch in Zukunft nicht stattfinden wird.

(2) Ist ein Nutzungsrecht bestellt worden, steht dem Grundstückseigentümer die in Absatz 1 bezeichnete Einrede nur dann zu, wenn

1. die in Absatz 1 bezeichneten Voraussetzungen vorliegen oder der Nutzer das Grundstück nicht bebaut hat und
2. nach den persönlichen oder wirtschaftlichen Verhältnissen des Nutzers nur eine Verwertung durch Veräußerung zu erwarten ist oder das Gebäude oder die bauliche Anlage, für die das Nutzungsrecht bestellt wurde, an anderer Stelle errichtet wurde.

(3) ¹Der Grundstückseigentümer kann die Einreden aus den Absätzen 1 und 2 auch gegenüber dem Rechtsnachfolger des Nutzers erheben, wenn

1. der Nutzer bei Abschluß des der Veräußerung zugrunde liegenden Vertrages das Grundstück nicht bebaut hatte oder das Gebäude oder die bauliche Anlage nicht mehr nutzbar war,
2. das Eigentum am Gebäude aufgrund eines nach dem 20. Juli 1993 abgeschlossenen Vertrages übertragen worden ist und
3. der Rechtsnachfolger das Grundstück nicht bebaut oder das Gebäude oder die bauliche Anlage nicht wiederhergestellt hat.

²Hat der Rechtsnachfolger des Nutzers das Grundstück bebaut, so kann der Grundstückseigentümer die Bestellung eines Erbbaurechts oder den Ankauf des Grundstücks nicht verweigern. ³In diesem Fall bestimmen sich der Erbbauzins nach § 47 Abs. 3 und der Ankaufspreis nach § 70 Abs. 4.

(4) ¹Die Absätze 1 und 2 sind nicht anzuwenden, wenn

1. das Gebäude oder die bauliche Anlage noch nutzbar ist,
2. als Teil eines Unternehmens veräußert wird und
3. der Erwerber das Gebäude oder die bauliche Anlage nutzt und das Geschäft des Veräußerers fortführt.

²Satz 1 ist auf Veräußerungen von Unternehmen oder Unternehmensteilen durch einen Verwalter im Wege eines Verfahrens nach der Gesamtvollstreckungsordnung entsprechend anzuwenden.

(5) ¹Erhebt der Grundstückseigentümer die in den Absätzen 1 und 2 bezeichnete Einrede, kann der Nutzer vom Grundstückseigentümer den Ankauf des Gebäudes oder der baulichen Anlage oder die Ablösung der aus der baulichen Investition begründeten Rechte nach § 81 Abs. 1 Satz 1 Nr. 2 verlangen. ²Der Grundstückseigentümer kann den Anspruch des Nutzers aus Satz 1 abwenden, indem er das Grundstück oder die Teilfläche, auf die sich die Ansprüche nach diesem Kapitel erstrecken, zu einem Verkauf mit dem Gebäude oder

der baulichen Anlage bereitstellt. ³§ 79 Abs. 1, 2 Satz 2 und Abs. 3 ist entsprechend anzuwenden. ⁴Eine Versteigerung ist entsprechend den §§ 180 bis 185 des Gesetzes über die Zwangsversteigerung und die Zwangsverwaltung vorzunehmen.

§ 30 Unredlicher Erwerb. (1) ¹Der Grundstückseigentümer kann die Bestellung eines Erbbaurechts oder den Verkauf verweigern, wenn der Nutzer bei der Bestellung des Nutzungsrechts oder, falls ein Nutzungsrecht nicht bestellt wurde, der Nutzer bei der Erlangung des Besitzes am Grundstück unredlich im Sinne des § 4 des Vermögensgesetzes gewesen ist. ²Ist ein Nutzungsrecht begründet worden, kann der Grundstückseigentümer die Einrede nach Satz 1 nur dann erheben, wenn er auch die Aufhebung des Nutzungsrechts beantragt.

(2) Der Grundstückseigentümer, der die Aufhebung des Nutzungsrechts nicht innerhalb der gesetzlichen Ausschlußfristen beantragt hat, ist zur Erhebung der in Absatz 1 Satz 1 bezeichneten Einrede nicht berechtigt.

(3) ¹Die in Absatz 1 Satz 1 bezeichnete Einrede ist ausgeschlossen, wenn das Grundstück dem Gemeingebrauch gewidmet oder im komplexen Wohnungsbau oder Siedlungsbau verwendet wurde. ²Hatte die für die Entscheidung über den Entzug des Eigentumsrechts zuständige staatliche Stelle vor Baubeginn der Inanspruchnahme des Grundstücks widersprochen, so sind der Erbbauzins nach den für die jeweilige Nutzung üblichen Zinssätzen und der Ankaufspreis nach dem ungeteilten Bodenwert zu bestimmen. ³§ 51 ist nicht anzuwenden.

§ 31 Geringe Restnutzungsdauer. (1) Der Grundstückseigentümer kann den Abschluß eines Erbbaurechtsvertrages oder eines Grundstückskaufvertrages verweigern, wenn das vom Nutzer errichtete Gebäude oder die bauliche Anlage öffentlichen Zwecken dient oder land-, forstwirtschaftlich oder gewerblich genutzt wird, dem Nutzer ein Nutzungsrecht nicht bestellt wurde und die Restnutzungsdauer des Gebäudes oder der baulichen Anlage in dem Zeitpunkt, in dem der Nutzer Ansprüche nach diesem Kapitel geltend macht, weniger als 25 Jahre beträgt.

(2) Der Nutzer kann in diesem Fall vom Grundstückseigentümer den Abschluß eines Mietvertrages über die erforderliche Funktionsfläche (§ 12 Abs. 3 Satz 2 Nr. 2) verlangen, dessen Laufzeit nach der Restnutzungsdauer des Gebäudes zu bemessen ist.

(3) ¹Der Zins ist nach der Hälfte des ortsüblichen Entgelts zu bemessen, wenn für ein Erbbaurecht der regelmäßige Zinssatz nach § 43 in Ansatz zu bringen wäre; andernfalls ist der Zins nach dem ortsüblichen Entgelt zu bestimmen. ²Die §§ 47, 51 und 54 sind entsprechend anzuwenden.

(4) ¹Jede Vertragspartei kann eine Anpassung des Zinses verlangen, wenn

1. zehn Jahre seit dem Beginn der Zinszahlungspflicht oder bei späteren Anpassungen drei Jahre seit der letzten Zinsanpassung vergangen sind und
2. der ortsübliche Zins sich seit der letzten Anpassung um mehr als zehn vom Hundert verändert hat.

²Das Anpassungsverlangen ist gegenüber dem anderen Teil schriftlich geltend zu machen und zu begründen. ³Der angepaßte Zins wird von dem Beginn des dritten Kalendermonats an geschuldet, der auf den Zugang des Anpassungsverlangens folgt.

(5) ¹Nach Beendigung des Mietverhältnisses kann der Nutzer vom Grundstückseigentümer den Ankauf oder, wenn selbständiges Gebäudeeigentum nicht begründet worden ist, Wertersatz für das Gebäude oder die bauliche Anlage verlangen. ²Der Grundstückseigentümer kann den Anspruch dadurch abwenden, daß er dem Nutzer die Verlängerung des Mietvertrages für die restliche Standdauer des Gebäudes oder der baulichen Anlage anbietet; § 27 Abs. 4 der Verordnung über das Erbbaurecht ist entsprechend anzuwenden. ³Ist das Gebäude oder die bauliche Anlage nicht mehr nutzbar, bestimmen sich die Ansprüche des Grundstückseigentümers gegen den Nutzer nach § 82.

Abschnitt 2. Bestellung von Erbbaurechten

Unterabschnitt 1. Gesetzliche Ansprüche auf Erbbaurechtsbestellung

§ 32 Grundsatz. ¹Der Nutzer kann vom Grundstückseigentümer die Annahme eines Angebots auf Bestellung eines Erbbaurechts verlangen, wenn der Inhalt des Angebots den §§ 43 bis 58 entspricht. ²Dasselbe Recht steht dem Grundstückseigentümer gegen den Nutzer zu, wenn dieser eine entsprechende Wahl getroffen hat oder das Wahlrecht auf den Grundstückseigentümer übergegangen ist.

Unterabschnitt 2. Gesetzliche Ansprüche wegen dinglicher Rechte

§ 33 Verpflichtung zum Rangrücktritt. Die Inhaber dinglicher Rechte am Grundstück sind nach Maßgabe der nachfolgenden Bestimmungen auf Verlangen des Nutzers verpflichtet, im Rang hinter das Erbbaurecht zurückzutreten.

§ 34 Regelungen bei bestehendem Gebäudeeigentum. (1) ¹Soweit selbständiges Gebäudeeigentum besteht, können die Inhaber dinglicher Rechte am Grundstück eine Belastung des Erbbaurechts nicht verlangen. ²Belastungen des Gebäudes bestehen am Erbbaurecht fort.

(2) ¹Erstreckt sich die Nutzungsbefugnis aus dem zu bestellenden Erbbaurecht auf eine Teilfläche des Grundstücks, so kann der Inhaber des dinglichen Rechts vom Grundstückseigentümer die Abschreibung des mit dem Erbbaurecht belasteten Grundstücksteils verlangen. ²Dieser Anspruch kann gegenüber dem Verlangen des Nutzers auf Rangrücktritt einredeweise geltend gemacht werden.

(3) ¹Der Inhaber kann vom Grundstückseigentümer Ersatz der durch die Abschreibung entstandenen Kosten verlangen. ²Die Kosten sind den Kosten für die Vertragsdurchführung zuzurechnen. ³§ 60 Abs. 2 ist entsprechend anzuwenden.

§ 35 Dienstbarkeit, Nießbrauch, Wohnungsrecht. ¹Soweit selbständiges Gebäudeeigentum nicht besteht, können die Inhaber solcher dinglichen Rechte, die einen Anspruch auf Zahlung oder Befriedigung aus dem Grundstück nicht gewähren, eine der Belastung des Grundstücks entsprechende Belastung des Erbbaurechts verlangen, wenn diese zur Ausübung ihres Rechts erforderlich ist. ²Macht der jeweilige Erbbauberechtigte die in den §§ 27 und 28 der Verordnung über das Erbbaurecht bestimmten Ansprüche geltend, so darf er die Zwangsversteigerung des Grundstücks nur unter der Bedingung des Bestehenbleibens dieser Rechte am Grundstück betreiben.

§ 36 Hypothek, Grundschuld, Rentenschuld, Reallast. (1) ¹Soweit selbständiges Gebäudeeigentum nicht besteht, können die Inhaber solcher dinglichen Rechte, die Ansprüche auf Zahlung oder Befriedigung aus dem Grundstück gewähren, den Rangrücktritt hinter das Erbbaurecht verweigern, es sei denn, daß der Nutzer ihnen eine Belastung des Erbbaurechts mit einem dinglichen Recht an gleicher Rangstelle wie am Grundstück und in Höhe des Betrages bewilligt, der dem Verhältnis des Werts des Erbbaurechts zu dem Wert des belasteten Grundstücks nach den für die Wertermittlung maßgebenden Grundsätzen entspricht. ²Das in Satz 1 bestimmte Recht besteht nicht, wenn

1. der Antrag auf Eintragung der Belastung nach dem 21. Juli 1992 beim Grundbuchamt einging und dem Inhaber des dinglichen Rechts bekannt war, daß der Grundstückseigentümer vorsätzlich seiner Verpflichtung aus Artikel 233 § 2a Abs. 3 Satz 2 des Einführungsgesetzes zum Bürgerlichen Gesetzbuche zuwiderhandelte, das vom Nutzer bebaute Grundstück nicht zu belasten, oder

2. das vom Nutzer errichtete oder erworbene Gebäude oder dessen bauliche Anlage und die hierfür in Anspruch genommene Fläche nach den vertraglichen Regelungen nicht zum Haftungsverband gehören sollten oder deren Nichtzugehörigkeit zum Haftungsverband für den Inhaber des dinglichen Rechts bei dessen Begründung oder Erwerb erkennbar war.

Ist ein Darlehen für den Betrieb des Grunstückseigentümers gewährt worden, ist zu vermuten, daß ein vom Nutzer errichtetes oder erworbenes Eigenheim und die ihm zuzuordnende Fläche nicht als Sicherheit für das Darlehen dienen sollten.

(2) Der Nutzer ist berechtigt, das dingliche Recht nach Absatz 1 Satz 1 durch eine dem Umfang des Rechts entsprechende Befriedigung des Gläubigers zum nächstmöglichen Kündigungstermin abzulösen.

§ 37 Anspruch auf Befreiung von dinglicher Haftung. [1]Der Nutzer kann vom Grundstückseigentümer Befreiung von einer dinglichen Haftung verlangen, die er nach § 36 Abs. 1 zu übernehmen hat. [2]Ist eine grundpfandrechtlich gesicherte Kreditschuld noch nicht ablösbar, so hat der Grundstückseigentümer dem Nutzer statt der Befreiung auf Verlangen Sicherheit zu leisten.

Unterabschnitt 3. Überlassungsverträge

§ 38 Bestellung eines Erbbaurechts für einen Überlassungsvertrag. (1) [1]Ist dem Nutzer das Grundstück aufgrund eines Überlassungsvertrages übergeben worden, so kann der Grundstückseigentümer vom Nutzer verlangen, daß dieser auf seine vertraglichen Ansprüche für Werterhöhungen des Grundstücks verzichtet und die zur Absicherung dieser Forderung eingetragene Hypothek aufgibt. [2]Der Nutzer hat den Grundstückseigentümer freizustellen, wenn er den Anspruch auf Wertersatz und die Hypothek an einen Dritten abgetreten hat.

(2) [1]Der Grundstückseigentümer hat dem Nutzer die Beträge zu erstatten, die der staatliche Verwalter aus den vom Nutzer eingezahlten Beträgen zur Ablösung von Verbindlichkeiten des Grundstückseigentümers und Grundpfandrechten, die zu deren Sicherung bestellt wurden, verwendet hat. [2]Der Aufwendungsersatzanspruch des Nutzers nach Satz 1 gilt als erloschen, soweit aus der Zahlung des Nutzers Verbindlichkeiten und Grundpfandrechte getilgt wurden, die der Grundstückseigentümer nach § 16 Abs. 2 Satz 2, Abs. 5 bis 7 in Verbindung mit § 18 Abs. 2 des Vermögensgesetzes nicht übernehmen müßte, wenn diese im Falle der Aufhebung oder der Beendigung der staatlichen Verwaltung noch fortbestanden hätten. [3]Satz 2 ist auf eine zur Absicherung des Aufwendungsersatzanspruchs des Nutzers eingetragene Hypothek entsprechend anzuwenden. [4]Auf Abtretungen, die nach Ablauf des 31. Dezember 1996 erfolgen, sind die §§ 892 und 1157 Satz 2 des Bürgerlichen Gesetzbuchs entsprechend anzuwenden.

(3) Soweit Ansprüche und Rechte nach Absatz 2 Satz 2 und 3 erlöschen, ist § 16 Abs. 9 Satz 3 des Vermögensgesetzes entsprechend anzuwenden.

(4) ¹Der Nutzer ist berechtigt, die hinterlegten Beträge mit Ausnahme der aufgelaufenen Zinsen zurückzufordern. ²Der Grundstückseigentümer kann vom Nutzer die Zustimmung zur Auszahlung der aufgelaufenen Zinsen verlangen.

Unterabschnitt 4. Besondere Gestaltungen

§ 39 Mehrere Erbbaurechte auf einem Grundstück, Gesamterbbaurechte, Nachbarerbbaurechte. (1) ¹An einem Grundstück können mehrere Erbbaurechte bestellt werden, wenn jedes von ihnen nach seinem Inhalt nur an einer jeweils anderen Grundstücksteilfläche ausgeübt werden kann. ²In den Erbbaurechtsverträgen muß jeweils in einem Lageplan bestimmt sein, auf welche Teilfläche des Grundstücks sich die Nutzungsbefugnis des Erbbauberechtigten erstreckt. ³Der Lageplan hat den in § 8 Abs. 2 Satz 1 bis 3 des Bodensonderungsgesetzes genannten Anforderungen für eine nach jenem Gesetz aufzustellende Grundstückskarte zu entsprechen. ⁴Der Vertrag muß die Verpflichtung für die jeweiligen Erbbauberechtigten und Grundstückseigentümer enthalten, die Teilfläche nach Vermessung vom belasteten Grundstück abzuschreiben und der Eintragung als selbständiges Grundstück in das Grundbuch zuzustimmen. ⁵Mehrere nach Satz 1 bestellte Erbbaurechte haben untereinander Gleichrang, auch wenn sie zu unterschiedlichen Zeiten in das Grundbuch eingetragen werden. ⁶Der gleiche Rang ist im Grundbuch zu vermerken; einer Zustimmung der Inhaber der anderen Erbbaurechte wie der Inhaber dinglicher Rechte an diesen bedarf es nicht. ⁷Wird eines dieser Erbbaurechte zwangsweise versteigert, so sind die anderen im Gleichrang an erster Rangstelle bestellten Erbbaurechte wie Rechte an einem anderen Grundstück zu behandeln.

(2) ¹Das Erbbaurecht kann sich auf mehrere Grundstücke erstrecken (Gesamterbbaurecht). ²Die Belastung durch das Gesamterbbaurecht kann ein Grundstück einbeziehen, das nicht bebaut worden ist, wenn der Anspruch des Nutzers auf Erbbaurechtsbestellung sich nach den §§ 21 bis 27 auch auf dieses Grundstück erstreckt.

(3) ¹Erstreckt sich die Bebauung auf ein benachbartes Grundstück, so kann zu deren Absicherung ein Erbbaurecht bestellt werden (Nachbarerbbaurecht), wenn

1. der Nutzer Eigentümer des herrschenden Grundstücks und Inhaber eines auf dem benachbarten Grundstück bestellten Nachbarerbbaurechts wird,

2. die grundpfandrechtlichen Belastungen und die Reallast zur Absicherung des Erbbauzinses auf dem Grundstückseigentum und dem Erbbaurecht als Gesamtbelastung mit gleichem Rang eingetragen werden und

3. die Erbbaurechtsverträge keinen Anspruch auf den Erwerb des Erbbaurechts (Heimfall) enthalten oder das Heimfallrecht nur

dann ausgeübt werden kann, wenn das Grundstückseigentum und die sich auf das Gebäude beziehenden Erbbaurechte in einer Hand bleiben.
[2] Über das Erbbaurecht kann nur zusammen mit dem Eigentum am herrschenden Grundstück verfügt werden. [3] Das Erbbaurecht ist im Grundbuch als Nachbarerbbaurecht zu bezeichnen, im Gundbuch des belasteten Grundstücks als Belastung und im Grundbuch des herrschenden Grundstücks als Bestandteil einzutragen.

§ 40 Wohnungserbbaurecht. (1) [1] Der Anspruch ist auf die Erbbaurechtsbestellung und Begründung von Erbbaurechten nach § 30 des Wohnungseigentumsgesetzes zu richten, wenn

1. natürliche Personen Gebäude (Mehrfamilien- und zusammenhängende Siedlungshäuser) als Miteigentümer erworben oder gemeinsam errichtet haben und abgeschlossene Teile eines Gebäudes unter Ausschluß der anderen nutzen,
2. staatliche Stellen, Gemeinden oder Genossenschaften Gebäude gemeinsam errichtet haben und abgeschlossene Teile des Gebäudes unter Ausschluß der anderen nutzen.

[2] Ein Wohnungserbbaurecht ist auch dann zu bestellen, wenn die Genehmigung zu einer Teilung durch Abschreibung der mit den Erbbaurechten belasteten Grundstücke nach § 120 Abs. 1 versagt wird.

(2) [1] Jeder Nutzer kann von den anderen Nutzern und von dem Grundstückseigentümer den Abschluß der für die Begründung eines Erbbaurechts und die Bestellung von Wohnungserbbaurechten erforderlichen Verträge auch dann verlangen, wenn eine Teilung des Grundstücks wegen gemeinschaftlicher Erschließungsanlagen oder gemeinschaftlich genutzter Anbauten unzweckmäßig ist. [2] Eine Realteilung ist in der Regel unzweckmäßig, wenn zur Sicherung der Nutzung der Gebäude mehrere Dienstbarkeiten auf verschiedenen Grundstücken zu bestellen sind und Verträge über die Unterhaltung gemeinschaftlicher Anlagen und Anbauten zu schließen sind, die auch für Rechtsnachfolger verbindlich sein müssen.

(3) [1] Jeder Nutzer kann von den anderen Beteiligten den Abschluß einer Vereinbarung über den Erbbauzins verlangen, nach der die Nutzer nach der Größe ihrer Erbbaurechtsanteile dem Grundstückseigentümer allein zur Zahlung des bezeichneten Erbbauzinses verpflichtet sind. [2] Einer Zustimmung der Grundpfandrechtsgläubiger bedarf es nicht.

(4) [1] Nutzer und Grundstückseigentümer sind verpflichtet, an der Aufteilung und der Erlangung der in § 7 Abs. 4 des Wohnungseigentumsgesetzes bezeichneten Unterlagen mitzuwirken. [2] Die dadurch entstehenden Kosten habe die künftigen Inhaber der Wohnungserbbaurechte nach dem Verhältnis ihrer Anteile zu tragen.

§ 41 Bestimmung des Bauwerks. Ein Erbbaurechtsvertrag nach diesem Kapitel kann mit dem Inhalt abgeschlossen werden, daß der Erbbauberechtigte jede baurechtlich zulässige Zahl und Art von Gebäuden oder Bauwerken errichten darf.

Unterabschnitt 5. Gesetzlicher und vertragsmäßiger Inhalt des Erbbaurechts

§ 42 Bestimmungen zum Inhalt des Erbbaurechts. (1) Zum Inhalt eines nach diesem Kapitel begründeten Erbbaurechts gehören die Vereinbarungen im Erbbaurechtsvertrag über

1. die Dauer des Erbbaurechts (§ 53),
2. die vertraglich zulässige bauliche Nutzung (§ 54) und
3. die Nutzungsbefugnis des Erbbauberechtigten an den nicht überbauten Flächen (§ 55).

(2) Jeder Beteiligte kann verlangen, daß

1. die Vereinbarungen zur Errichtung und Unterhaltung von Gebäuden und zum Heimfallanspruch (§ 56),
2. die Abreden über ein Ankaufsrecht des Erbbauberechtigten (§ 57),
3. die Abreden darüber, wer die öffentlichen Lasten zu tragen hat (§ 58),
4. die Vereinbarung über eine Zustimmung des Grundstückseigentümers zur Veräußerung (§ 49) und
5. die Vereinbarung über die Sicherung künftig fällig werdender Erbbauzinsen (§ 52)

als Inhalt des Erbbaurechts bestimmt werden.

Unterabschnitt 6. Bestimmungen zum Vertragsinhalt

§ 43 Regelmäßiger Zins. (1) Der regelmäßige Zins beträgt die Hälfte des für die entsprechende Nutzung üblichen Zinses.

(2) [1] Als Zinssatz ist in Ansatz zu bringen

1. für Eigenheime
   a) zwei vom Hundert jährlich des Bodenwerts,
   b) vier vom Hundert jährlich des Bodenwerts, soweit die Größe des belasteten Grundstücks die gesetzliche Regelgröße von 500 Quadratmetern übersteigt und die darüber hinausgehende Fläche abtrennbar und selbständig baulich nutzbar ist oder soweit die Größe des belasteten Grundstücks 1000 Quadratmeter übersteigt und die darüber hinausgehende Fläche abtrennbar und angemessen wirtschaftlich nutzbar ist,
2. für im staatlichen oder genossenschaftlichen Wohnungsbau errichtete Gebäude zwei vom Hundert jährlich des Bodenwerts,

3 SachenRBerG §§ 44–46

3. für öffentliche Zwecke dienende oder land-, forstwirtschaftlich oder gewerblich genutzte Gebäude dreieinhalb vom Hundert jährlich des Bodenwerts.

²In den Fällen des Satzes 1 Nr. 3 kann jeder Beteiligte verlangen, daß ein anderer Zinssatz der Erbbauzinsberechnung zugrunde gelegt wird, wenn der für diese Nutzung übliche Zinssatz mehr oder weniger als sieben vom Hundert jährlich beträgt.

§ 44 Fälligkeit des Anspruchs auf den Erbbauzins. (1) Der Erbbauzins ist vierteljährlich nachträglich am 31. März, 30. Juni, 30. September und 31. Dezember eines Jahres zu zahlen.

(2) ¹Die Zahlungspflicht beginnt mit

1. der Ladung des Nutzers zum Termin im notariellen Vermittlungsverfahren auf Abschluß eines Erbbaurechtsvertrages, wenn der Grundstückseigentümer den Antrag gestellt hat oder sich auf eine Verhandlung über den Inhalt des Erbbaurechts einläßt, oder

2. einem § 32 entsprechenden Verlangen des Grundstückseigentümers zur Bestellung eines Erbbaurechts oder der Annahme eines entsprechenden Angebots des Nutzers.

²Der Nutzer hat auch dann ein Entgelt zu zahlen, wenn das Angebot von dem Inhalt des abzuschließenden Vertrages verhältnismäßig geringfügig abweicht. ³Bis zur Eintragung des Erbbaurechts in das Grundbuch hat der Nutzer an den Grundstückseigentümer ein Nutzungsentgelt in Höhe des Erbbauzinses zu zahlen.

§ 45 Verzinsung bei Überlassungsverträgen. (1) ¹Ist dem Nutzer aufgrund eines mit dem staatlichen Verwalter geschlossenen Vertrages ein Grundstück mit aufstehendem Gebäude überlassen worden, so ist auf Verlangen des Grundstückseigentümers über den Erbbauzins hinaus der Restwert des überlassenen Gebäudes und der überlassenen Grundstückseinrichtungen für die Zeit der üblichen Restnutzungsdauer zu verzinsen. ²Der Restwert bestimmt sich nach dem Sachwert des Gebäudes zum Zeitpunkt der Überlassung abzüglich der Wertminderung, die bis zu dem Zeitpunkt der Abgabe eines Angebots auf Abschluß eines Erbbaurechtsvertrages gewöhnlich eingetreten wäre. ³Er ist mit vier vom Hundert jährlich zu verzinsen.

(2) § 51 Abs. 1 ist auf die Verzinsung des Gebäuderestwerts entsprechend anzuwenden.

(3) Eine Zahlungspflicht nach Absatz 1 entfällt, wenn der Nutzer auf dem Grundstück anstelle des bisherigen ein neues Gebäude errichtet hat.

§ 46 Zinsanpassung an veränderte Verhältnisse. (1) ¹Nutzer und Grundstückseigentümer sind verpflichtet, in den Erbbaurechtsvertrag eine Bestimmung aufzunehmen, die eine Anpassung des Erbbauzinses an veränderte Verhältnisse vorsieht. ²Die Anpassung kann erstmals nach Ablauf von zehn Jahren seit Bestellung des Erbbaurechts verlangt werden. ³Bei einer zu Wohnzwecken dienenden Nutzung bestimmt sich die Anpassung nach dem in § 9a der Verordnung über das Erbbaurecht bestimmten Maßstab. ⁴Bei anderen Nutzungen ist die Anpassung nach

1. den Erzeugerpreisen für gewerbliche Güter bei gewerblicher oder industrieller Nutzung des Grundstücks,
2. den Erzeugerpreisen für landwirtschaftliche Produkte bei land- und forstwirtschaftlicher Bewirtschaftung des Grundstücks oder
3. den Preisen für die allgemeine Lebenshaltung in allen übrigen Fällen

vorzunehmen. ⁵Die Vereinbarung über die Anpassung des Erbbauzinses ist nur wirksam, wenn die Genehmigung nach § 3 des Währungsgesetzes oder entsprechenden währungsrechtlichen Vorschriften erteilt wird. ⁶Weitere Anpassungen des Erbbauzinses können frühestens nach Ablauf von drei Jahren seit der jeweils letzten Anpassung des Erbbauzinses geltend gemacht werden.

(2) ¹Die Anpassung nach Absatz 1 Satz 3 und 4 ist auf den Betrag zu begrenzen, der sich aus der Entwicklung der Grundstückspreise ergibt. ²Die Begrenzung ist auf der Grundlage der Bodenrichtwerte nach § 196 des Baugesetzbuchs, soweit diese vorliegen, andernfalls in folgender Reihenfolge nach der allgemeinen Entwicklung der Grundstückspreise in dem Land, in dem das Grundstück ganz oder zum größten Teil belegen ist, dem in § 1 bezeichneten Gebiet oder im gesamten Bundesgebiet zu bestimmen. ³Abweichende Vereinbarungen und Zinsanpassungen sind gegenüber den Inhabern dinglicher Rechte am Erbbaurecht, die einen Anspruch auf Zahlung oder Befriedigung gewähren, unwirksam, es sei denn, daß der Erbbauzins nur als schuldrechtliche Verpflichtung zwischen dem Grundstückseigentümer und dem Nutzer vereinbart wird.

§ 47 Zinsanpassung an Nutzungsänderungen.

(1) ¹Nutzungsänderungen, zu denen der Erbbauberechtigte nach § 54 Abs. 2 und 3 berechtigt ist, rechtfertigen keine Anpassung des Erbbauzinses. ²Für Nutzungsänderungen nach § 54 Abs. 1 und 4 kann die Aufnahme der folgenden Zinsanpassungen im Erbbaurechtsvertrag verlangt werden:

1. der Zinssatz ist heraufzusetzen,
    a) von zwei auf sieben vom Hundert jährlich des Bodenwerts, wenn ein zu Wohnzwecken errichtetes Gebäude zu gewerblichen, land-, forstwirtschaftlichen oder zu öffentlichen Zwecken genutzt wird,
    b) von dreieinhalb auf sieben vom Hundert jährlich des Bodenwerts, wenn land- oder forstwirtschaftlich genutzte Gebäude

gewerblich genutzt werden oder wenn ein anderer Wechsel in der bisherigen Art der Nutzung erfolgt;
2. der Zinssatz ist von dreieinhalb auf zwei vom Hundert jährlich des Bodenwerts herabzusetzen, wenn eine am 2. Oktober 1990 ausgeübte gewerbliche Nutzung nicht mehr ausgeübt werden kann und das Gebäude zu Wohnzwecken genutzt wird.

³In den Fällen des Satzes 2 Nr. 1 kann jeder Beteiligte verlangen, daß ein anderer Zinssatz zugrunde gelegt wird, wenn der für diese Nutzung übliche Zins mehr oder weniger als sieben vom Hundert jährlich beträgt. ⁴Wird in den Fällen des Satzes 2 Nr. 2 das Gebäude nunmehr zu land- oder forstwirtschaftlichen Zwecken genutzt, kann der Nutzer eine Anpassung des regelmäßigen Zinses verlangen, wenn der für diese Nutzung übliche Zins weniger als sieben vom Hundert jährlich beträgt.

(2) Der Grundstückseigentümer kann vom Erbbauberechtigten verlangen, daß sich dieser ihm gegenüber verpflichtet, in einem Vertrag über die Veräußerung des Erbbaurechts die in den Absätzen 1 und 2 bestimmten Pflichten zur Zinsanpassung seinem Rechtsnachfolger aufzuerlegen.

(3) ¹Der Erbbauzins ist nach den in Absatz 1 Satz 2 Nr. 1 Buchstabe a und b genannten Zinssätzen zu bemessen, wenn der Nutzer das Gebäude oder die bauliche Anlage nach dem Ablauf des 20. Juli 1993 erworben hat und zum Zeitpunkt des der Veräußerung zugrunde liegenden Rechtsgeschäfts die in § 29 Abs. 3 Satz 1 bezeichneten Voraussetzungen vorlagen. ²Satz 1 ist nicht anzuwenden, wenn das Gebäude oder die bauliche Anlage als Teil eines Unternehmens veräußert wird und der Nutzer das Geschäft seines Rechtsvorgängers fortführt.

§ 48 Zinserhöhung nach Veräußerung. (1) Der Grundstückseigentümer kann verlangen, daß in den Erbbaurechtsvertrag eine Bestimmung aufgenommen wird, in der sich der Erbbauberechtigte im Falle einer Veräußerung des Erbbaurechts in den ersten drei Jahren nach dessen Bestellung verpflichtet, einen Vertrag über die Veräußerung des Erbbaurechts in der Weise abzuschließen, daß der Erwerber des Erbbaurechts gegenüber dem Grundstückseigentümer zu einer Zinsanpassung nach Absatz 2 verpflichtet ist, wenn die in § 71 Abs. 1 Satz 1 Nr. 1 und 3 bezeichneten Voraussetzungen vorliegen.

(2) Der Zins erhöht sich von

1. zwei auf vier vom Hundert jährlich des Bodenwerts, wenn das Erbbaurecht für eine Nutzung des Gebäudes zu Wohnzwecken bestellt wurde, oder
2. dreieinhalb auf sieben vom Hundert jährlich bei land-, forstwirtschaftlicher oder gewerblicher Nutzung oder einer Nutzung des Erbbaurechts für öffentliche Zwecke.

(3) Im Falle einer Veräußerung in den folgenden drei Jahren kann der Grundstückseigentümer eine Absatz 1 entsprechende Verpflichtung des Erbbauberechtigten zur Anpassung des Erbbauzinses bis auf drei vom Hundert jährlich des Bodenwerts bei einer Nutzung zu Wohnzwecken und bis auf fünf und ein Viertel vom Hundert jährlich des Bodenwerts bei allen anderen Nutzungen verlangen.

(4) ¹Im Falle einer land-, forstwirtschaftlichen oder gewerblichen Nutzung oder einer Nutzung für öffentliche Zwecke kann der Nutzer eine Bemessung des Zinssatzes nach dem für die Nutzung üblichen Zins verlangen, wenn dieser mehr oder weniger als sieben vom Hundert beträgt. ²Maßgebender Zeitpunkt für die in den Absätzen 2 und 3 bestimmten Fristen ist der Zeitpunkt des Abschlusses des die Verpflichtung zur Übertragung des Erbbaurechts begründenden schuldrechtlichen Geschäfts.

(5) Der Grundstückseigentümer kann verlangen, daß der Nutzer sich im Erbbaurechtsvertrag ihm gegenüber verpflichtet, einen Vertrag über die Veräußerung des Erbbaurechts so abzuschließen, daß der Erwerber die Pflichten zur Zinsanpassung wegen der in § 70 Abs. 1 bezeichneten Nutzungsänderungen übernimmt.

§ 49 Zustimmungsvorbehalt. ¹Der Grundstückseigentümer kann verlangen, daß die Veräußerung nach § 5 Abs. 1 der Verordnung über das Erbbaurecht seiner Zustimmung bedarf. ²Der Grundstückseigentümer hat diese zu erteilen, wenn die in § 47 Abs. 1, § 48 Abs. 1 bis 3 und 5 bezeichneten Voraussetzungen erfüllt sind.

§ 50 Zinsanpassung wegen abweichender Grundstücksgröße. ¹Jeder Beteiligte kann verlangen, daß sich der andere Teil zu einer Zinsanpassung verpflichtet, wenn sich nach dem Ergebnis einer noch durchzuführenden Vermessung herausstellt, daß die tatsächliche Grundstücksgröße von der im Vertrag zugrunde gelegten mehr als geringfügig abweicht. ²§ 72 Abs. 2 und 3 ist entsprechend anzuwenden.

§ 51 Eingangsphase. (1) ¹Der Erbbauberechtigte kann vom Grundstückseigentümer eine Ermäßigung des Erbbauzinses in den ersten Jahren verlangen (Eingangsphase). ²Der ermäßigte Zins beträgt

1. ein Viertel in den ersten drei Jahren,
2. die Hälfte in den folgenden drei Jahren und
3. drei Viertel in den darauf folgenden drei Jahren

des sich aus den vorstehenden Bestimmungen ergebenden Erbbauzinses. ³Die Eingangsphase beginnt mit dem Eintritt der Zahlungspflicht nach § 44, spätestens am 1. Januar 1995.

(2) ¹Ist ein Erbbaurecht für ein Eigenheim (§ 5 Abs. 2) zu bestellen und beträgt der zu verzinsende Bodenwert mehr als 250000 Deut-

sche Mark, so verlängert sich der für die Stufen der Zinsanhebung in Absatz 1 Satz 2 genannte Zeitraum von jeweils drei auf vier Jahre.
²Der vom Nutzer zu zahlende Erbbauzins beträgt in diesem Falle mindestens

1. 104 Deutsche Mark monatlich in den ersten drei Jahren,
2. 209 Deutsche Mark monatlich in den folgenden drei Jahren,
3. 313 Deutsche Mark monatlich in den darauf folgenden drei Jahren und
4. 418 Deutsche Mark monatlich in den darauf folgenden drei Jahren.

(3) ¹Haben die Parteien ein vertragliches Nutzungsentgelt vereinbart, kann der Nutzer eine Ermäßigung nur bis zur Höhe des vereinbarten Entgelts verlangen. ²Übersteigt das vertraglich vereinbarte Entgelt den nach diesem Kapitel zu zahlenden Erbbauzins, kann der Nutzer nur eine Anpassung des Erbbauzinses auf den nach Ablauf der Eingangsphase zu zahlenden Betrag verlangen.

§ 52 Sicherung des Erbbauzinses. (1) Der Grundstückseigentümer kann die Absicherung des regelmäßigen Erbbauzinses durch Eintragung einer Reallast an rangbereiter Stelle sowie eine Vereinbarung über die Sicherung der Reallast nach § 9 Abs. 3 der Verordnung über das Erbbaurecht verlangen.

(2) Auf Verlangen des Nutzers ist in den Erbbaurechtsvertrag eine Bestimmung aufzunehmen, nach der sich der Grundstückseigentümer zu einem Rangrücktritt der Reallast zugunsten eines für Baumaßnahmen des Nutzers innerhalb des in den §§ 11 und 12 des Hypothekenbankgesetzes und § 21 der Verordnung über das Erbbaurecht bezeichneten Finanzierungsraums verpflichtet, wenn nach § 9 Abs. 3 der Verordnung über das Erbbaurecht das Bestehenbleiben des Erbbauzinses als Inhalt der Reallast vereinbart wird.

§ 53 Dauer des Erbbaurechts. (1) ¹Die regelmäßige Dauer des Erbbaurechts ist entsprechend der nach dem Inhalt des Nutzungsrechts zulässigen Bebauung zu bestimmen. ²Ist ein Nutzungsrecht nicht bestellt worden, so ist von der tatsächlichen Bebauung auszugehen, wenn sie nach den Rechtsvorschriften zulässig gewesen oder mit Billigung staatlicher Stellen erfolgt ist.

(2) Die regelmäßige Dauer des Erbbaurechts beträgt vom Vertragsschluß an
1. 90 Jahre
   a) für Ein- und Zweifamilienhäuser oder
   b) für die sozialen Zwecken dienenden Gebäude (insbesondere Schulen, Krankenhäuser, Kindergärten),
2. 80 Jahre für die im staatlichen oder genossenschaftlichen Wohnungsbau errichteten Gebäude sowie für Büro- und andere Dienstgebäude,

bereinigungsgesetz **§ 54 SachenRBerG 3**

3. 50 Jahre für die land-, forstwirtschaftlichen oder gewerblichen Zwecken dienenden Gebäude und alle anderen baulichen Anlagen.

(3) ¹Auf Verlangen des Grundstückseigentümers ist eine verkürzte Laufzeit nach der Restnutzungsdauer des Gebäudes zu vereinbaren, wenn diese weniger als 50, jedoch mehr als 25 Jahre beträgt, das Grundstück mit einem land-, forstwirtschaftlich, gewerblich genutzten oder einem öffentlichen Zwecken dienenden Gebäude oder einer baulichen Anlage bebaut worden ist und für die Bebauung ein dingliches Nutzungsrecht nicht bestellt oder ein unbefristeter Nutzungsvertrag, der nur aus besonderen Gründen gekündigt werden konnte, nicht geschlossen wurde. ²Ist ein Vertrag mit einer über die Restnutzungsdauer des Gebäudes hinausgehenden Laufzeit abgeschlossen worden, kann der Nutzer die Bestellung eines Erbbaurechts für den Zeitraum verlangen, der wenigstens der Restlaufzeit des Vertrages entspricht, jedoch nicht über den in Absatz 2 bestimmten Zeitraum hinaus. ³Beträgt die Restnutzungsdauer weniger als 25 Jahre, so ist § 31 Abs. 2 bis 5 anzuwenden.

§ 54 Vertraglich zulässige bauliche Nutzung. (1) ¹Die vertraglich zulässige bauliche Nutzung ist nach dem Inhalt des Nutzungsrechts oder, falls ein solches Recht nicht bestellt wurde, nach der Nutzung zu bestimmen, die auf genossenschaftlich genutzten Flächen am 30. Juni 1990, auf anderen Flächen am 2. Oktober 1990, ausgeübt wurde. ²Befand sich das Gebäude zu dem nach Satz 1 maßgebenden Zeitpunkt noch im Bau, so ist die vorgesehene Nutzung des im Bau befindlichen Gebäudes zugrunde zu legen.

(2) Ist ein Nutzungsrecht für den Bau eines Eigenheimes bestellt oder das Grundstück mit einem Eigenheim bebaut woren, so ist auf Verlangen des Nutzers zu vereinbaren, daß das Gebäude auch zur Ausübung freiberuflicher Tätigkeit, eines Handwerks-, Gewerbe- oder Pensionsbetriebes genutzt werden kann.

(3) ¹Für land-, forstwirtschaftlich oder gewerblich genutzte oder öffentlichen Zwecken dienende Gebäude oder bauliche Anlagen kann der Nutzer, der diese bereits bis zum Ablauf des 2. Oktober 1990 genutzt hat, die Bestellung eines Erbbaurechts unter Anpassung an veränderte Umstände verlangen, wenn sich die bauliche Nutzung des Grundstücks hierdurch nicht oder nur unwesentlich verändert hat. ²Unwesentliche Veränderungen der baulichen Nutzung des Grundstücks sind insbesondere kleine Aus- oder Anbauten an bestehenden Gebäuden.

(4) ¹Der Nutzer kann eine Vereinbarung beanspruchen, nach der Änderungen zulässig sein sollen, die über den in den Absätzen 2 und 3 benannten Umfang hinausgehen. ²Zulässig ist auch ein Wechsel der Nutzungsart nach § 70 Abs. 1, wenn dies für eine wirtschaftlich sinnvolle Nutzung der errichteten Gebäude erforderlich ist. ³Der Grundstückseigentümer kann dem widersprechen, wenn der Nutzer

nicht bereit ist, die in § 47 bezeichneten Verpflichtungen in den Vertrag aufzunehmen.

§ 55 Nutzungsbefugnis des Erbbauberechtigten, Grundstücksteilung. (1) ¹Die Befugnis des Erbbauberechtigten, über die Grundfläche des Gebäudes hinausgehende Teile des Grundstücks zu nutzen, ist nach den §§ 21 bis 27 zu bestimmen. ²Der Erbbauberechtigte ist berechtigt, auch die nicht bebauten Flächen des belasteten Grundstücks zu nutzen.

(2) ¹Grundstückseigentümer und Nutzer können eine Abschreibung des mit dem Erbbaurecht belasteten Grundstücks verlangen, wenn die Nutzungsbefugnis sich nicht auf das Grundstück insgesamt erstreckt, das Restgrundstück selbständig baulich nutzbar ist, eine Teilungsgenehmigung nach § 120 erteilt wird und eine Vermessung durchgeführt werden kann. ²Die Kosten der Vermessung sind zu teilen.

§ 56 Errichtung und Unterhaltung des Gebäudes, Heimfall.
(1) Der Grundstückseigentümer, der mit der Ausgabe von Erbbaurechten besondere öffentliche, soziale oder vergleichbare Zwecke in bezug auf die Bebauung des Grundstücks verfolgt, kann vom Nutzer die Zustimmung zu vertraglichen Bestimmungen verlangen, in denen sich dieser verpflichtet,
1. innerhalb von sechs Jahren nach Abschluß des Erbbaurechtsvertrages das Grundstück zu bebauen,
2. ein errichtetes Gebäude in gutem Zustand zu halten und die erforderlichen Reparaturen und Erneuerungen unverzüglich vorzunehmen.

(2) ¹Die in Absatz 1 Nr. 1 bestimmte Frist ist vom Grundstückseigentümer auf Verlangen des Erbbauberechtigten um weitere sechs Jahre zu verlängern, wenn dieser aus wirtschaftlichen Gründen innerhalb der ersten sechs Jahre nach Abschluß des Erbbaurechtsvertrages zur Bebauung des Grundstücks nicht in der Lage oder aus besonderen persönlichen Gründen daran gehindert war. ²Eine Veräußerung des Erbbaurechts führt nicht zur Verlängerung der in Satz 1 bezeichneten Fristen.

(3) Sind an dem Gebäude bei Abschluß des Erbbaurechtsvertrages erhebliche Bauschäden vorhanden, so kann im Falle des Absatzes 1 Nr. 2 die Frist zur Behebung dieser Bauschäden auf Verlangen des Erbbauberechtigten bis auf sechs Jahre erstreckt werden, wenn nicht eine sofortige Behebung der Schäden aus Gründen der Bausicherheit erforderlich ist.

(4) Der Grundstückseigentümer hat das Recht, vom Nutzer zu verlangen, daß dieser sich ihm gegenüber verpflichtet, das Erbbaurecht auf ihn zu übertragen, wenn der Erbbauberechtigte den in den

Absätzen 1 bis 3 bestimmten Pflichten auch nach einer vom Grundstückseigentümer zu setzenden angemessenen Nachfrist schuldhaft nicht nachgekommen ist (Heimfallklausel).

(5) Jeder Grundstückseigentümer kann verlangen, daß der Erbbauberechtigte sich zum Abschluß einer den Wert des Gebäudes deckenden Versicherung verpflichtet.

§ 57 Ankaufsrecht. (1) ¹Der Nutzer kann verlangen, daß in den Erbbaurechtsvertrag eine Verpflichtung des Grundstückseigentümers aufgenommen wird, das Grundstück an den jeweiligen Erbbauberechtigten zu verkaufen. ²Die Frist für das Ankaufsrecht ist auf zwölf Jahre von der Bestellung des Erbbaurechts an zu beschränken, wenn der Grundstückseigentümer eine Befristung verlangt.

(2) ¹Der Preis ist entsprechend den Vorschriften in Abschnitt 3 über das Ankaufsrecht zu vereinbaren. ²Der Bodenwert ist auf den Zeitpunkt festzustellen, in dem ein den Vereinbarungen im Erbbaurechtsvertrag entsprechendes Angebot zum Ankauf des Grundstücks abgegeben wird. ³Die Grundlagen der Bemessung des Preises sind in den Vertrag aufzunehmen.

(3) Im Falle einer Weiterveräußerung des Grundstücks nach dem Ankauf ist § 71 entsprechend anzuwenden.

§ 58 Öffentliche Lasten. ¹Der Grundstückseigentümer kann verlangen, daß der Erbbauberechtigte vom Tage der Bestellung des Erbbaurechts an die auf dem Grundstück ruhenden öffentlichen Lasten zu tragen hat, soweit diese dem Gebäude und der vom Erbbauberechtigten genutzten Fläche zuzurechnen sind. ²Die gesetzlichen und vertraglichen Regelungen über die entsprechenden Verpflichtungen des Nutzers bleiben bis zur Bestellung des Erbbaurechts unberührt.

Unterabschnitt 7. Folgen der Erbbaurechtsbestellung

§ 59 Erlöschen des Gebäudeeigentums und des Nutzungsrechts.
(1) ¹Das Gebäude wird Bestandteil des Erbbaurechts. ²Das selbständige Gebäudeeigentum erlischt mit dessen Entstehung.

(2) Mit der Bestellung des Erbbaurechts erlöschen zugleich ein nach bisherigem Recht begründetes Nutzungsrecht und etwaige vertragliche oder gesetzliche Besitzrechte des Nutzers.

§ 60 Anwendbarkeit der Verordnung über das Erbbaurecht, Kosten und Gewährleistung. (1) Auf die nach den Bestimmungen dieses Kapitels bestellten Erbbaurechte findet, soweit nicht Abweichendes gesetzlich angeordnet oder zugelassen ist, die Verordnung über das Erbbaurecht Anwendung.

(2) Die Kosten des Vertrages und seiner Durchführung sind zwischen den Vertragsparteien zu teilen.

(3) Der Grundstückseigentümer haftet nicht für Sachmängel des Grundstücks.

Abschnitt 3. Gesetzliches Ankaufsrecht

Unterabschnitt 1. Gesetzliche Ansprüche auf Vertragsschluß

§ 61 Grundsatz. (1) Der Nutzer kann vom Grundstückseigentümer die Annahme eines Angebots für einen Grundstückskaufvertrag verlangen, wenn der Inhalt des Angebots den Bestimmungen der §§ 65 bis 74 entspricht.

(2) Der Grundstückseigentümer kann vom Nutzer den Ankauf des Grundstücks verlangen, wenn

1. der in Ansatz zu bringende Bodenwert nicht mehr als 100 000 Deutsche Mark, im Falle der Bebauung mit einem Eigenheim nicht mehr als 30 000 Deutsche Mark, beträgt,
2. der Nutzer eine entsprechende Wahl getroffen hat oder
3. das Wahlrecht auf den Grundstückseigentümer übergegangen ist.

Unterabschnitt 2. Gesetzliche Ansprüche wegen dinglicher Rechte

§ 62 Dienstbarkeit, Nießbrauch, Wohnungsrecht. (1) [1]Dingliche Rechte am Grundstück, die einen Anspruch auf Zahlung oder Befriedigung aus dem Grundstück nicht gewähren, erlöschen auf den nach § 66 abzuschreibenden Teilflächen, die außerhalb der Ausübungsbefugnis des Inhabers des dinglichen Rechts liegen. [2]Dasselbe gilt, wenn diese Rechte seit ihrer Bestellung nur auf einer Teilfläche ausgeübt wurden. [3]Die Vertragsparteien können von den Inhabern dieser Rechte am Grundstück die Zustimmung zur Berichtigung des Grundbuchs verlangen.

(2) Für die nach dem 21. Juli 1992 beantragten Belastungen des Grundstücks ist § 63 Abs. 1 entsprechend anzuwenden.

§ 63 Hypothek, Grundschuld, Rentenschuld, Reallast. (1) [1]Der Nutzer kann von den Inhabern dinglicher Rechte, die einen Anspruch auf Zahlung oder Befriedigung aus dem Grundstück gewähren, verlangen, auf ihr Recht zu verzichten, wenn der Antrag auf Eintragung der Belastung nach dem 21. Juli 1992 beim Grundbuchamt einging und dem Inhaber des dinglichen Rechts bekannt war, daß der Grundstückseigentümer vorsätzlich seiner Verpflichtung aus Artikel 233 § 2a Abs. 3 Satz 2 des Einführungsgesetzes zum Bürgerlichen Gesetzbuche zuwiderhandelte, das vom Nutzer bebaute Grundstück nicht zu belasten. [2]Erwirbt der Nutzer eine Teilfläche, so beschränkt sich der Anspruch nach Satz 1 auf die Zustimmung zur lastenfreien Abschreibung.

(2) ¹Der Nutzer kann von dem Inhaber eines in Absatz 1 bezeichneten Rechts verlangen, einer lastenfreien Um- oder Abschreibung einer von ihm zu erwerbenden Teilfläche zuzustimmen, wenn das vom Nutzer errichtete oder erworbene Gebäude oder dessen bauliche Anlage und die hierfür in Anspruch genommene Fläche nach den vertraglichen Regelungen nicht zum Haftungsverband gehören sollten oder deren Nichtzugehörigkeit zum Haftungsverband für den Inhaber des dinglichen Rechts bei Bestellung oder Erwerb erkennbar war. ²Ist ein Darlehen für den Betrieb des Grundstückseigentümers gewährt worden, so ist zu vermuten, daß ein vom Nutzer bewohntes Eigenheim und die ihm zuzuordnende Fläche nicht als Sicherheit für das Darlehen haften sollen.

(3) ¹Liegen die in Absatz 2 genannten Voraussetzungen nicht vor, kann der Nutzer verlangen, daß der Inhaber des dinglichen Rechts die Mithaftung des Trennstücks auf den Betrag beschränkt, dessen Wert im Verhältnis zu dem beim Grundstückseigentümer verbleibenden Grundstück entspricht. ²§ 1132 Abs. 2 des Bürgerlichen Gesetzbuchs findet entsprechende Anwendung.

§ 64 Ansprüche gegen den Grundstückseigentümer. (1) ¹Der Grundstückseigentümer ist vorbehaltlich der nachfolgenden Bestimmungen verpflichtet, dem Nutzer das Grundstück frei von Rechten Dritter zu übertragen, die gegen den Nutzer geltend gemacht werden können. ²Satz 1 ist nicht anzuwenden auf

1. Vorkaufsrechte, die aufgrund gesetzlicher Bestimmungen oder aufgrund Überlassungsvertrags eingetragen worden sind, und
2. die in § 62 Abs. 1 bezeichneten Rechte, wenn
   a) das Grundstück bereits vor der Bestellung des Nutzungsrechts oder der Bebauung des Grundstücks belastet war,
   b) die Belastung vor Ablauf des 2. Oktober 1990 auf Veranlassung staatlicher Stellen erfolgt ist,
   c) der Grundstückseigentümer aufgrund gesetzlicher Bestimmungen zur Belastung seines Grundstücks mit einem solchen Recht verpflichtet gewesen ist oder
   d) der Nutzer der Belastung zugestimmt hat.

(2) ¹Übernimmt der Nutzer nach § 63 Abs. 3 eine dingliche Haftung für eine vom Grundstückseigentümer eingegangene Verpflichtung, so kann er von diesem Befreiung verlangen. ²Ist die gesicherte Forderung noch nicht fällig, so kann der Nutzer vom Grundstückseigentümer statt der Befreiung Sicherheit fordern.

(3) ¹Der Inhaber eines in § 63 Abs. 1 bezeichneten dinglichen Rechts, der einer lastenfreien Um- oder Abschreibung zuzustimmen verpflichtet ist, erwirbt im Range und Umfang seines Rechts am Grundstück ein Pfandrecht am Anspruch auf den vom Nutzer zu zahlenden Kaufpreis. ²Ist das Recht nicht auf Leistung eines Kapitals

gerichtet, sichert das Pfandrecht den Anspruch auf Wertersatz. ³Jeder Inhaber eines solchen Rechts kann vom Nutzer die Hinterlegung des Kaufpreises verlangen.

Unterabschnitt 3. Bestimmungen zum Inhalt des Vertrages

§ 65 Kaufgegenstand. (1) Kaufgegenstand ist das mit dem Nutzungsrecht belastete oder bebaute Grundstück oder eine abzuschreibende Teilfläche.

(2) Ist eine Teilung eines bebauten Grundstücks nicht möglich oder unzweckmäßig (§ 66 Abs. 2), ist als Kaufgegenstand ein Miteigentumsanteil am Grundstück in Verbindung mit dem Sondereigentum an Wohnungen oder dem Teileigentum an nicht zu Wohnzwecken dienenden Räumen eines Gebäudes zu bestimmen.

§ 66 Teilflächen. (1) ¹Die Bestimmung abzuschreibender Teilflächen ist nach den §§ 22 bis 27 vorzunehmen. ²Die Grenzen dieser Flächen sind in dem Vertrag zu bezeichnen nach

1. einem Sonderungsplan, wenn die Grenzen der Nutzungsrechte in einem Sonderungsbescheid festgestellt worden sind,
2. einem Lageplan oder
3. festen Merkmalen in der Natur.

(2) ¹Eine Abschreibung von Teilflächen ist nicht möglich, wenn mehrere Nutzer oder der Nutzer und der Grundstückseigentümer abgeschlossene Teile eines Gebäudes unter Ausschluß des anderen nutzen oder wenn die Teilungsgenehmigung nach § 120 zu einer Teilung des Grundstücks versagt wird. ²Eine Teilung ist unzweckmäßig, wenn gemeinschaftliche Erschließungsanlagen oder gemeinsame Anlagen und Anbauten genutzt werden und die Regelungen für den Gebrauch, die Unterhaltung der Anlagen sowie die Verpflichtung von Rechtsnachfolgern der Vertragsparteien einen außerordentlichen Aufwand verursachen würden. ³§ 40 Abs. 2 ist entsprechend anzuwenden.

§ 67 Begründung von Wohnungs- oder Teileigentum. (1) ¹In den Fällen des § 66 Abs. 2 kann jeder Beteiligte verlangen, daß anstelle einer Grundstücksteilung und Veräußerung einer Teilfläche Wohnungs- oder Teileigentum begründet und veräußert wird. ²Die Verträge sollen folgende Bestimmungen enthalten:

1. Sofern selbständiges Gebäudeeigentum besteht, ist Wohnungs- oder Teileigentum durch den Abschluß eines Vertrages nach § 3 des Wohnungseigentumsgesetzes über das Gebäude und eine Teilung des Grundstücks nach § 8 des Wohnungseigentumsgesetzes zu begründen und auf die Nutzer zu übertragen.
2. In anderen Fällen hat der Grundstückseigentümer eine Teilung entsprechend § 8 des Wohnungseigentumsgesetzes vorzunehmen

und Sondereigentum und Miteigentumsanteile an die Nutzer zu veräußern.

(2) Der Anspruch nach Absatz 1 besteht nicht, wenn

1. der von einem Nutzer zu zahlende Kaufpreis bei der Begründung von Wohnungseigentum nach § 1 Abs. 2 des Wohnungseigentumsgesetzes mehr als 30000 Deutsche Mark oder von Teileigentum nach § 1 Abs. 3 jenes Gesetzes mehr als 100000 Deutsche Mark betragen würde und
2. der betreffende Nutzer die Begründung von Wohnungserbbaurechten verlangt.

(3) Wird Wohnungs- oder Teileigentum begründet, so können die Nutzer eine Kaufpreisbestimmung verlangen, nach der sie dem Grundstückseigentümer gegenüber anteilig nach der Größe ihrer Miteigentumsanteile zur Zahlung des Kaufpreises verpflichtet sind.

(4) [1]Die Beteiligten sind verpflichtet, an der Erlangung der für die Aufteilung erforderlichen Unterlagen mitzuwirken. [2]§ 40 Abs. 4 ist entsprechend anzuwenden.

§ 68 Regelmäßiger Preis. (1) Der Kaufpreis beträgt die Hälfte des Bodenwerts, soweit nicht im folgenden etwas anderes bestimmt ist.

(2) [1]Macht der Nutzer dem Grundstückseigentümer im ersten Jahr nach dem 1. Oktober 1994 ein Angebot für einen Grundstückskaufvertrag oder beantragt er innerhalb dieser Zeit das notarielle Vermittlungsverfahren zum Abschluß eines solchen Vertrages, so kann er eine Ermäßigung des nach Absatz 1 ermittelten Kaufpreises um fünf vom Hundert für den Fall verlangen, daß der ermäßigte Kaufpreis innerhalb eines Monats gezahlt wird, nachdem der Notar dem Käufer mitgeteilt hat, daß alle zur Umschreibung erforderlichen Voraussetzungen vorliegen. [2]Wird das Angebot im zweiten Jahr nach dem 1. Oktober 1994 gemacht oder innerhalb dieser Zeit das notarielle Vermittlungsverfahren beantragt, so beträgt die Ermäßigung zweieinhalb vom Hundert. [3]Die Ermäßigung ist ausgeschlossen, wenn zuvor ein Erbbauzins an den Grundstückseigentümer zu zahlen war. [4]Die Ermäßigung fällt weg, wenn der Käufer den Vertragsschluß wider Treu und Glauben erheblich verzögert.

§ 69 Preisanhebung bei kurzer Restnutzungsdauer des Gebäudes.

(1) Der nach § 68 zu bestimmende Kaufpreis ist auf Verlangen des Grundstückseigentümers wegen kurzer Restnutzungsdauer des Gebäudes zu erhöhen, wenn

1. das Gebäude zu anderen als zu Wohnzwecken genutzt wird,
2. dem Nutzer ein Nutzungsrecht nicht verliehen oder nicht zugewiesen worden ist oder die Restlaufzeit eines Nutzungs- oder Überlassungsvertrages kürzer ist als die regelmäßige Dauer des Erbbaurechts und

3. die Restnutzungsdauer des Gebäudes zum Zeitpunkt des Ankaufverlangens kürzer ist als die regelmäßige Dauer eines Erbbaurechts.

(2) ¹Zur Bestimmung der Preisanhebung sind die Bodenwertanteile eines Erbbaurechts mit der Restnutzungsdauer des Gebäudes und eines Erbbaurechts mit der regelmäßigen Laufzeit nach § 53 zu errechnen. ²Der Bodenwertanteil des Nutzers ist nach dem Verhältnis der Bodenwertanteile der in Satz 1 bezeichneten Erbbaurechte zu ermitteln. ³Der angehobene Preis errechnet sich durch Abzug des Anteils des Nutzers vom Bodenwert.

§ 70 Preisbemessung nach dem ungeteilten Bodenwert. (1) ¹Der Kaufpreis ist nach dem ungeteilten Bodenwert zu bemessen, wenn die Nutzung des Grundstücks geändert wird. ²Eine Nutzungsänderung im Sinne des Satzes 1 liegt vor, wenn

1. ein Gebäude zu land-, forstwirtschaftlichen, gewerblichen oder öffentlichen Zwecken genutzt wird, obwohl das Nutzungsrecht zu Wohnzwecken bestellt oder das Gebäude am 2. Oktober 1990 zu Wohnzwecken genutzt wurde,

2. ein Gebäude oder eine bauliche Anlage gewerblichen Zwecken dient und das Gebäude auf den dem gesetzlichen Nutzungsrecht der landwirtschaftlichen Produktionsgenossenschaften unterliegenden Flächen errichtet und am 30. Juni 1990 land- oder forstwirtschaftlich genutzt wurde oder

3. ein Gebäude oder eine bauliche Anlage abweichend von der nach dem Inhalt des Nutzungsrechts vorgesehenen oder der am Ablauf des 2. Oktober 1990 ausgeübten Nutzungsart genutzt wird.

(2) Die Nutzung eines Eigenheimes für die Ausübung freiberuflicher Tätigkeit, eines Handwerks-, Gewerbe- oder Pensionsbetriebes sowie die Änderung der Art der Nutzung ohne verstärkte bauliche Ausnutzung des Grundstücks durch einen Nutzer, der das Grundstück bereits vor dem 3. Oktober 1990 in Anspruch genommen hatte (§ 54 Abs. 2 und 3), sind keine Nutzungsänderungen im Sinne des Absatzes 1.

(3) ¹Ist ein Nutzungsrecht für den Bau eines Eigenheims bestellt oder das Grundstück mit einem Eigenheim bebaut worden, ist der ungeteilte Bodenwert für den Teil des Grundstücks in Ansatz zu bringen, der die Regelgröße übersteigt, wenn dieser abtrennbar und selbständig baulich nutzbar ist. ²Gleiches gilt hinsichtlich einer über 1000 Quadratmeter hinausgehenden Fläche, wenn diese abtrennbar und angemessen wirtschaftlich nutzbar ist.

(4) ¹Der Kaufpreis ist auch dann nach dem ungeteilten Bodenwert zu bemessen, wenn der Nutzer das Gebäude oder die bauliche Anlage nach dem Ablauf des 20. Juli 1993 erworben hat und zum Zeitpunkt des der Veräußerung zugrunde liegenden Rechtsgeschäfts die

bereinigungsgesetz **§§ 71, 72 SachenRBerG 3**

in § 29 Abs. 3 bezeichneten Voraussetzungen vorlagen. ²Satz 1 ist nicht anzuwenden, wenn das Gebäude oder die bauliche Anlage als Teil eines Unternehmens veräußert wird und der Nutzer das Geschäft seines Rechtsvorgängers fortführt.

§ 71 Nachzahlungsverpflichtungen. (1) ¹Der Grundstückseigentümer kann im Falle des Verkaufs zum regelmäßigen Preis (§ 68) verlangen, daß sich der Nutzer ihm gegenüber verpflichtet, die Differenz zu dem ungeteilten Bodenwert (§ 70) zu zahlen, wenn innerhalb einer Frist von drei Jahren nach dem Erwerb

1. das Grundstück unbebaut oder mit einem nicht mehr nutzbaren, abbruchreifen Gebäude veräußert wird,
2. eine Nutzungsänderung nach § 70 erfolgt oder
3. der Nutzer das erworbene land-, forstwirtschaftlich oder gewerblich genutzte oder öffentlichen Zwecken dienende Grundstück an einen Dritten veräußert.

²Dies gilt nicht, wenn das Grundstück als Teil eines Unternehmens veräußert wird und der Erwerber das Geschäft des Veräußerers fortführt.

(2) Für Nutzungsänderungen oder Veräußerungen nach Absatz 1 in den folgenden drei Jahren kann der Grundstückseigentümer vom Nutzer die Begründung einer Verpflichtung in Höhe der Hälfte des in Absatz 1 bestimmten Differenzbetrags verlangen.

(3) Maßgebender Zeitpunkt für die in den Absätzen 1 und 2 bezeichneten Fristen ist der jeweilige Zeitpunkt des Abschlusses des die Verpflichtung zum Erwerb und zur Veräußerung begründenden schuldrechtlichen Geschäfts.

(4) Vermietungen, Verpachtungen sowie die Begründung von Wohnungs- und Nießbrauchsrechten oder ähnliche Rechtsgeschäfte, durch die einem Dritten eigentümerähnliche Nutzungsbefugnisse übertragen werden oder werden sollen, stehen einer Veräußerung nach den Absätzen 1 und 2 gleich.

§ 72 Ausgleich wegen abweichender Grundstücksgröße. (1) ¹Jeder Beteiligte kann verlangen, daß sich der andere Teil ihm gegenüber verpflichtet, eine Ausgleichszahlung zu leisten, wenn der Kaufpreis nach der Quadratmeterzahl des Grundstücks bemessen wird und die Größe des Grundstücks von der im Vertrag zugrunde gelegten nach dem Ergebnis einer Vermessung mehr als geringfügig abweicht. ²Ansprüche nach den §§ 459 und 468 des Bürgerlichen Gesetzbuchs sind ausgeschlossen, es sei denn, daß eine Gewährleistung wegen abweichender Grundstücksgröße im Vertrag ausdrücklich vereinbart wird.

(2) Größenunterschiede sind als geringfügig anzusehen, wenn sie bei einem Bodenwert je Quadratmeter

3 SachenRBerG § 73

1. unter 100 Deutsche Mark fünf vom Hundert,
2. unter 200 Deutsche Mark vier vom Hundert oder
3. ab 200 Deutsche Mark drei vom Hundert

nicht überschreiten.

(3) Ansprüche nach Absatz 1 verjähren in einem Jahr nach der Vermessung.

§ 73 Preisbemessung im Wohnungsbau. (1) ¹Für die im staatlichen oder genossenschaftlichen Wohnungsbau verwendeten Grundstücke ist der Kaufpreis unter Zugrundelegung des sich aus § 20 Abs. 1 und 2 ergebenden Bodenwerts zu bestimmen. ²Der Grundstückseigentümer kann vom Nutzer eines im staatlichen oder genossenschaftlichen Wohnungsbau verwendeten Grundstücks verlangen, daß der Nutzer sich im Vertrag ihm gegenüber zu einer Nachzahlung verpflichtet, wenn

1. das Grundstück innerhalb von 20 Jahren nach dem Vertragsschluß nicht mehr zu Wohnzwecken genutzt wird (Absatz 2) oder
2. das Grundstück innerhalb von zehn Jahren nach dem Vertragsschluß weiterveräußert wird (Absatz 3).

³Der Nutzer kann die Vereinbarung von Nachzahlungspflichten verweigern und verlangen, daß im Grundstückskaufvertrag der Kaufpreis nach dem sich aus § 19 Abs. 2 ergebenden Bodenwert bestimmt wird.

(2) ¹Eine Nutzungsänderung nach Absatz 1 Satz 2 Nr. 1 tritt ein, wenn das Gebäude nicht mehr zu Wohnzwecken genutzt oder abgebrochen wird. ²Satz 1 ist nicht anzuwenden, wenn nur einzelne Räume des Gebäudes zu anderen Zwecken, aber mehr als 50 vom Hundert der gesamten Nutzfläche zu Wohnzwecken genutzt werden. ³Die Höhe des Nachzahlungsanspruchs bestimmt sich nach

1. der Differenz zwischen dem gezahlten und dem regelmäßigen Kaufpreis auf der Basis des Werts eines unbebauten Grundstücks nach § 19 Abs. 2, wenn die Veränderung innerhalb von zehn Jahren nach Vertragsschluß eintritt,
2. der Hälfte dieses Betrags in den folgenden zehn Jahren.

⁴Der Bodenwert ist auf den Zeitpunkt festzustellen, in dem der Nachzahlungsanspruch entstanden ist.

(3) ¹Veräußerungen nach Absatz 1 Satz 2 Nr. 2 sind auch die Begründung und Veräußerung von Wohnungseigentum oder Wohnungserbbaurechten sowie ähnliche Rechtsgeschäfte, durch die einem Dritten eigentümerähnliche Rechte übertragen werden. ²Die Nachzahlungspflicht bemißt sich nach dem bei der Veräußerung erzielten Mehrerlös für den Bodenanteil. ³Der Mehrerlös ist die Differenz zwischen dem auf den Boden entfallenden Teil des bei der Weiterveräußerung erzielten Kaufpreises und dem bei der Veräußerung

zwischen dem Grundstückseigentümer und dem Nutzer vereinbarten Kaufpreis. ⁴Der Nutzer ist verpflichtet, in dem Vertrag mit dem Dritten den auf Grund und Boden entfallenden Teil des Kaufpreises gesondert auszuweisen und die Weiterveräußerung dem früheren Grundstückseigentümer anzuzeigen. ⁵Die Höhe des Nachzahlungsanspruchs bestimmt sich nach

1. der Hälfte des Mehrerlöses, wenn die Veräußerung in den ersten fünf Jahren nach dem Erwerb des Grundstücks nach diesem Gesetz erfolgt,
2. einem Viertel des Mehrerlöses im Falle einer Veräußerung in den folgenden fünf Jahren.

(4) Der vom Nutzer an den Grundstückseigentümer nach Absatz 1 zu zahlende Kaufpreis sowie eine nach den Absätzen 2 und 3 zu leistende Nachzahlung sind von dem Erlös abzuziehen, der nach § 5 Abs. 2 des Altschuldenhilfe-Gesetzes der Ermittlung der an den Erblastentilgungsfonds abzuführenden Erlösanteile zugrunde zu legen ist.

(5) Der Grundstückseigentümer kann eine Sicherung des Anspruchs nach Absatz 1 Satz 2 Nr. 1 durch ein Grundpfandrecht innerhalb des in § 11 des Hypothekenbankgesetzes bezeichneten Finanzierungsraums nicht beanspruchen.

(6) Der Anspruch aus § 71 bleibt unberührt.

§ 74 Preisbemessung bei Überlassungsverträgen. (1) ¹Der Grundstückseigentümer kann eine Anhebung des Kaufpreises durch Anrechnung des Restwerts des überlassenen Gebäudes und der Grundstückseinrichtungen verlangen. ²Die Erhöhung des Preises ist pauschal nach dem Sachwert des Gebäudes und der Grundstückseinrichtungen zum Zeitpunkt der Überlassung abzüglich der Wertminderungen, die bis zum Zeitpunkt der Abgabe eines Angebots zum Vertragsschluß eingetreten wären, zu bestimmen. ³Die Wertminderung ist nach der Nutzungsdauer von Gebäuden und Einrichtungen der entsprechenden Art und den üblichen Wertminderungen wegen Alters und Abnutzung zu berechnen. ⁴Eine andere Berechnung kann verlangt werden, wenn dies wegen besonderer Umstände, insbesondere erheblicher Bauschäden zum Zeitpunkt der Überlassung, geboten ist.

(2) ¹Zahlungen des Überlassungsnehmers, die zur Ablösung von Verbindlichkeiten des Grundstückseigentümers und von Grundpfandrechten verwandt wurden, sind auf Verlangen des Nutzers auf den Kaufpreis anzurechen. ²§ 38 Abs. 2 und 3 gilt entsprechend.

(3) ¹Die vom Überlassungsnehmer gezahlten und hinterlegten Geldbeträge sind auf den Kaufpreis anzurechnen, wenn sie bereits an den Grundstückseigentümer ausgezahlt wurden oder zur Zahlung an ihn verfügbar sind. ²Eine Verfügbarkeit der Beträge liegt vor, wenn

3 SachenRBerG §§ 75–78

diese binnen eines Monats nach Vertragsschluß an den verkaufenden Grundstückseigentümer gezahlt werden oder auf einem Treuhandkonto des beurkundenden Notars zur Verfügung bereitstehen.

(4) Ist eine Anrechnung nach Absatz 3 nicht möglich, so ist der Grundstückseigentümer verpflichtet, insoweit seine Ersatzansprüche gegen den staatlichen Verwalter auf den Nutzer zu übertragen und dies dem Verwalter anzuzeigen.

Unterabschnitt 4. Folgen des Ankaufs

§ 75 Gefahr, Lasten. (1) [1]Der Nutzer trägt die Gefahr für ein von ihm errichtes Gebäude. [2]Er hat vom Kaufvertragsschluß an die auf dem Grundstück ruhenden Lasten zu tragen.

(2) [1]Gesetzliche oder vertragliche Regelungen, nach denen der Nutzer die Lasten schon vorher zu tragen hatte, bleiben bis zum Vertragsschluß unberührt. [2]Ansprüche des Nutzers auf Aufwendungsersatz bestehen nicht.

§ 76 Gewährleistung. Der Verkäufer haftet nicht für Sachmängel des Grundstücks.

§ 77 Kosten. Die Kosten des Vertrages und seiner Durchführung sind zwischen den Vertragsparteien zu teilen.

§ 78 Rechtsfolgen des Erwerbs des Grundstückseigentums durch den Nutzer. (1) [1]Vereinigen sich Grundstücks- und Gebäudeeigentum in einer Person, so ist eine Veräußerung oder Belastung allein des Gebäudes oder des Grundstücks ohne das Gebäude nicht mehr zulässig. [2]Die Befugnis zur Veräußerung im Wege der Zwangsversteigerung oder zu deren Abwendung bleibt unberührt. [3]Der Eigentümer ist verpflichtet, das Eigentum am Gebäude nach § 875 des Bürgerlichen Gesetzbuchs aufzugeben, sobald dieses unbelastet ist oder sich die dinglichen Rechte am Gebäude mit dem Eigentum am Gebäude in seiner Person vereinigt haben. [4]Der Eigentümer des Gebäudes und der Inhaber einer Grundschuld sind verpflichtet, das Recht aufzugeben, wenn die Forderung, zu deren Sicherung die Grundschuld bestellt worden ist, nicht entstanden oder erloschen ist. [5]Das Grundbuchamt hat den Eigentümer zur Erfüllung der in den Sätzen 3 und 4 bestimmten Pflichten anzuhalten. [6]Die Vorschriften über den Grundbuchberichtigungszwang im Fünften Abschnitt der Grundbuchordnung finden entsprechende Anwendung.

(2) Der Eigentümer kann von den Inhabern dinglicher Rechte am Gebäude verlangen, die nach § 876 des Bürgerlichen Gesetzbuchs erforderliche Zustimmung zur Aufhebung zu erteilen, wenn sie Rechte am Grundstück an der gleichen Rangstelle und im gleichen Wert erhalten und das Gebäude Bestandteil des Grundstücks wird.

bereinigungsgesetz **§ 79 SachenRBerG 3**

(3) ¹Im Falle einer Veräußerung nach Absatz 1 Satz 2 kann der Erwerber vom Eigentümer auch den Ankauf des Grundstücks oder des Gebäudes oder der baulichen Anlage nach diesem Abschnitt verlangen. ²Der Preis ist nach dem vollen Verkehrswert (§ 70) zu bestimmen. ³Im Falle der Veräußerung des Grundstücks ist § 71 anzuwenden. ⁴Eine Preisermäßigung nach § 73 kann der Erwerber vom Eigentümer nur verlangen, wenn

1. die in § 73 Abs. 1 bezeichneten Voraussetzungen vorliegen und
2. er sich gegenüber dem Eigentümer wie in § 73 Abs. 1 Satz 2 verpflichtet.

⁵Der frühere Grundstückseigentümer erwirbt mit dem Entstehen einer Nachzahlungsverpflichtung des Eigentümers aus § 73 Abs. 1 ein vorrangiges Pfandrecht an den Ansprüchen des Eigentümers gegen den Erwerber aus einer Nutzungsänderung.

Unterabschnitt 5. Leistungsstörungen

§ 79 Durchsetzung des Erfüllungsanspruchs. (1) ¹Der Grundstückeigentümer kann wegen seiner Ansprüche aus dem Kaufvertrag die Zwangsversteigerung des Gebäudes oder der baulichen Anlage des Nutzers nur unter gleichzeitiger Versteigerung des nach dem Vertrag zu veräußernden Grundstücks betreiben. ²Der Grundstückseigentümer darf einen Antrag auf Versteigerung des Gebäudes und des Grundstücks erst stellen, wenn er dem Nutzer die Versteigerung des verkauften Grundstücks zuvor angedroht, dem Nutzer eine Nachfrist zur Zahlung von mindestens zwei Wochen gesetzt hat und diese Frist fruchtlos verstrichen ist.

(2) ¹Für die Vollstreckung in das Grundstück ist ein vollstreckbarer Titel gegen den Nutzer ausreichend. ²Die Zwangsversteigerung darf nur angeordnet werden, wenn

1. der Antragsteller als Eigentümer des Grundstücks im Grundbuch eingetragen oder als Rechtsvorgänger des Nutzers eingetragen gewesen ist oder Erbe des eingetragenen Grundstückseigentümers ist und
2. das Grundstück frei von Rechten ist, die Ansprüche auf Zahlung oder Befriedigung aus dem Grundstück gewähren.

(3) ¹Der Zuschlag für das Gebäude und das Grundstück muß an dieselbe Person erteilt werden. ²Mit dem Zuschlag erlöschen die Rechte des Nutzers zum Besitz aus dem Moratorium nach Artikel 233 § 2a des Einführungsgesetzes zum Bürgerlichen Gesetzbuche, aus diesem Gesetz und aus dem Grundstückskaufvertrag.

(4) An die Stelle des Anspruchs des Nutzers auf Übereignung tritt der Anspruch auf Auskehr des nach Berichtigung der Kosten und Befriedigung des Grundstückseigentümers verbleibenden Resterlöses.

3 SachenRBerG §§ 80, 81

§ 80 Rechte aus § 326 des Bürgerlichen Gesetzbuchs. [1]Dem Grundstückseigentümer stehen nach fruchtlosem Ablauf einer nach § 326 Abs. 1 Satz 1 des Bürgerlichen Gesetzbuchs bestimmten Nachfrist statt der in § 326 Abs. 1 Satz 2 bezeichneten Ansprüche folgende Rechte zu. [2]Der Grundstückseigentümer kann

1. vom Nutzer den Abschluß eines Erbbaurechtsvertrages nach Maßgabe des Abschnitts 2 verlangen oder
2. das Gebäude oder die bauliche Anlage nach Maßgabe des nachfolgenden Unterabschnitts ankaufen.

[3]Der Grundstückseigentümer kann über die in Satz 1 bezeichneten Ansprüche hinaus vom Nutzer Ersatz der ihm durch den Vertragsschluß entstandenen Vermögensnachteile sowie vom Ablauf der Nachfrist an ein Nutzungsentgelt in Höhe des nach dem Abschnitt 2 zu zahlenden Erbbauzinses verlangen. [4]Die Regelungen über eine Zinsermäßigung in § 51 sind nicht anzuwenden, auch wenn nach Satz 1 Nr. 1 auf Verlangen des Grundstückseigentümers ein Erbbaurechtsvertrag geschlossen wird.

Unterabschnitt 6. Besondere Bestimmungen für den Hinzuerwerb des Gebäudes durch den Grundstückseigentümer

§ 81 Voraussetzungen, Kaufgegenstand, Preisbestimmung.
(1) Der Grundstückseigentümer ist berechtigt, ein vom Nutzer errichtetes oder erworbenes Wirtschaftsgebäude oder dessen bauliche Anlage anzukaufen oder, wenn kein selbständiges Gebäudeeigentum entstanden ist, die aus der baulichen Investition begründeten Rechte abzulösen, wenn

1. die Rechtsverhältnisse an land- und forstwirtschaftlich genutzten Grundstücken, Gebäuden oder baulichen Anlagen neu geregelt werden sollen und der Erwerb des Gebäudes oder der baulichen Anlage in einer vom Grundstückseigentümer von der Flurneuordnungsbehörde einzuholenden Stellungnahme befürwortet wird,
2. der Grundstückseigentümer die Bestellung eines Erbbaurechts oder den Ankauf des Grundstücks nach § 29 verweigert hat,
3. der Anspruch des Nutzers auf Bestellung eines Erbbaurechts oder auf Ankauf des Grundstücks nach § 31 wegen geringer Restnutzungsdauer des Gebäudes oder der baulichen Anlage ausgeschlossen ist und der Grundstückseigentümer für Wohn- oder betriebliche Zwecke auf eine eigene Nutzung des Grundstücks angewiesen ist oder
4. der Grundstückseigentümer Inhaber eines Unternehmens ist und
    a) das Gebäude oder die bauliche Anlage auf dem Betriebsgrundstück steht und die betriebliche Nutzung des Grundstücks erheblich beeinträchtigt oder

b) das Gebäude, die bauliche Anlage oder die Funktionsfläche für betriebliche Erweiterungen in Anspruch genommen werden soll und der Grundstückseigentümer die in § 3 Abs. 1 Nr. 1 des Investitionsvorranggesetzes bezeichneten Zwecke verfolgt oder der Nutzer keine Gewähr für eine Fortsetzung der betrieblichen Nutzung des Wirtschaftsgebäudes bietet.

Satz 1 Nr. 4 Buchstabe b ist nicht anzuwenden, wenn den betrieblichen Belangen des Nutzers eine höhere Bedeutung zukommt als den investiven Interessen des Grundstückseigentümers.

(2) ¹Der vom Grundstückseigentümer zu zahlende Kaufpreis ist nach dem Wert des Gebäudes oder der baulichen Anlage zu dem Zeitpunkt zu bemessen, in dem ein Beteiligter ein Angebot zum Ankauf macht. ²In den Fällen des Absatzes 1 Nr. 1 und 4 hat der Grundstückseigentümer auch den durch Nutzungsrecht oder bauliche Investition begründeten Bodenwertanteil abzulösen. ³Der Bodenwertanteil des Nutzers wird dadurch bestimmt, daß vom Verkehrswert der Betrag abgezogen wird, den der Nutzer im Falle des Hinzuerwerbs des Grundstücks zu zahlen hätte. ⁴In den Fällen des Absatzes 1 Nr. 3 kann der Nutzer eine Entschädigung verlangen, soweit ihm dadurch ein Vermögensnachteil entsteht, daß ein Mietvertrag mit einer nach der Restnutzungsdauer des Gebäudes bemessenen Laufzeit (§ 31 Abs. 2) nicht abgeschlossen wird.

(3) ¹Ist das vom Nutzer errichtete oder erworbene Gebäude oder die bauliche Anlage nicht mehr nutzbar oder das Grundstück nicht bebaut, so kann der Nutzer vom Grundstückseigentümer eine Zahlung nach Absatz 2 Satz 2 nur verlangen, wenn ein Nutzungsrecht bestellt wurde. ²Der Anspruch entfällt, wenn die in § 29 Abs. 2 bestimmten Voraussetzungen vorliegen. ³In diesem Fall kann der Grundstückseigentümer vom Nutzer die Aufhebung des Nutzungsrechts verlangen.

(4) Ist das Gebäude noch nutzbar, mit einem Gebrauch durch den Nutzer aber nicht mehr zu rechnen (§ 29 Abs. 1), ist der Kaufpreis auch dann nur nach dem Wert des Gebäudes zu bemessen, wenn dem Nutzer ein Nutzungsrecht bestellt wurde.

(5) Erwirbt der Grundstückseigentümer selbständiges Gebäudeeigentum, ist § 78 entsprechend anzuwenden.

§ 82 Übernahmeverlangen des Grundstückseigentümers. (1) Ist das vom Nutzer errichtete oder erworbene Gebäude oder die bauliche Anlage nicht mehr nutzbar und beruht die Erforderlichkeit alsbaldigen Abbruchs auf unterlassener Instandhaltung durch den Nutzer, kann der Grundstückseigentümer vom Nutzer

1. Ersatz seiner Aufwendungen für die Beseitigung der vorhandenen Bausubstanz oder

3 SachenRBerG §§ 83, 84 Sachenrechts-

2. den Erwerb der Fläche, auf der das Gebäude oder die bauliche Anlage errichtet wurde,

verlangen.

(2) Ist die Nutzung des vom Nutzer errichteten oder erworbenen Gebäudes oder der baulichen Anlage aus anderen als den in Absatz 1 genannten Gründen, insbesondere infolge der durch den Beitritt nach dem Einigungsvertrag eingetretenen Veränderungen, aufgegeben worden und der alsbaldige Abbruch des Gebäudes oder der baulichen Anlage zur ordnungsgemäßen Bewirtschaftung des Grundstücks erforderlich, kann der Grundstückseigentümer vom Nutzer

1. den hälftigen Ausgleich des Betrages verlangen, um den die Kosten des Abbruchs der vorhandenen Bausubstanz den Bodenwert des unbebauten Grundstücks im Zeitpunkt des Inkrafttretens dieses Gesetzes übersteigen, oder

2. den Erwerb der Fläche gegen Zahlung des nach Absatz 5 zu berechnenden Entschädigungswerts verlangen, auf der das Gebäude oder die bauliche Anlage errichtet wurde.

(3) [1]Der Grundstückseigentümer kann die in den Absätzen 1 und 2 bestimmten Ansprüche erst geltend machen, nachdem er dem Nutzer Gelegenheit gegeben hat, das Gebäude oder die bauliche Anlage zu beseitigen. [2]Der Grundstückseigentümer hat dem Nutzer hierzu eine angemessene Frist zu setzen. [3]Die Ansprüche verjähren in drei Jahren.

(4) Der Nutzer kann den Anspruch des Grundstückseigentümers aus Absatz 2 Nr. 1 durch Erwerb der Fläche, auf der das abzureißende Gebäude steht, gegen Zahlung des nach Absatz 5 zu berechnenden Entschädigungswerts abwenden.

(5) Der Entschädigungswert bestimmt sich nach der Höhe der Entschädigung für Grundvermögen in dem nach § 9 Abs. 3 des Vermögensgesetzes zu erlassenden Gesetz.

(6) Abweichende vertragliche Vereinbarungen bleiben unberührt.

§ 83 Ende des Besitzrechts, Härteklausel. (1) [1]Der Nutzer gilt gegenüber dem Grundstückseigentümer bis zum Ablauf eines Jahres nach dem Abschluß des Kaufvertrages als zum Besitz berechtigt. [2]Der Grundstückseigentümer kann für die Nutzung des Gebäudes ein Entgelt in Höhe des ortsüblichen Mietzinses verlangen.

(2) Ist das Gebäude für den Betrieb des Nutzers unentbehrlich und ein anderes Gebäude zu angemessenen Bedingungen nicht zu beschaffen, ist der Nutzer berechtigt, vom Grundstückseigentümer den Abschluß eines Mietvertrages für längstens fünf Jahre nach dem Kauf des Gebäudes durch den Grundstückseigentümer zu verlangen.

§ 84 Rechte des Nutzers bei Zahlungsverzug. (1) [1]Der Nutzer darf wegen seiner Ansprüche aus dem Kaufvertrag die Zwangsver-

bereinigungsgesetz **§§ 85–87 SachenRBerG 3**

steigerung in das Grundstück nur unter gleichzeitiger Versteigerung seines Gebäudes oder seiner baulichen Anlage, sofern daran selbständiges Eigentum besteht, sowie mit der Bedingung des Erlöschens seines Rechts zum Besitz aus Artikel 233 § 2a des Einführungsgesetzes zum Bürgerlichen Gesetzbuche betreiben. ²§ 79 Abs. 2 und 3 ist entsprechend anzuwenden.

(2) ¹Nach fruchtlosem Ablauf einer nach § 326 Abs. 1 Satz 1 des Bürgerlichen Gesetzbuchs gesetzten Nachfrist kann der Nutzer vom Grundstückseigentümer

1. den Abschluß eines Erbbaurechtsvertrages nach Abschnitt 2 oder, wenn ein Nutzungsrecht nicht bestellt wurde und die Restnutzungsdauer des Gebäudes weniger als 25 Jahre beträgt, den Abschluß eines Mietvertrages nach § 31 oder

2. den Abschluß eines Grundstückskaufvertrages nach Abschnitt 3

verlangen. ²Dem Nutzer stehen weiter die in § 80 Satz 2 bezeichneten Ansprüche zu.

Abschnitt 4. Verfahrensvorschriften

Unterabschnitt 1. Feststellung von Nutzungs- und Grundstücksgrenzen

§ 85 Unvermessene Flächen. (1) Sind die Grenzen der Flächen, auf die sich das Nutzungsrecht erstreckt, nicht im Liegenschaftskataster nachgewiesen (unvermessene Flächen) oder wurde eine Bebauung nach den §§ 4 bis 7 und 12 ohne Bestellung eines Nutzungsrechts vorgenommen, erfolgt die Bestimmung des Teils des Grundstücks, auf den sich die Nutzungsbefugnis des Erbbauberechtigten erstreckt oder der vom Stammgrundstück abgeschrieben werden soll, nach den Vorschriften des Bodensonderungsgesetzes.

(2) Einigungen der Beteiligten über den Verlauf der Nutzungsrechtsgrenzen und des Grundstücks sind zulässig.

§ 86 Bodenordnungsverfahren. Die Neuregelung der Grundstücksgrenzen in Verfahren zur Flurbereinigung nach dem Flurbereinigungsgesetz, zur Feststellung und Neuordnung der Eigentumsverhältnisse nach den §§ 53 bis 64b des Landwirtschaftsanpassungsgesetzes, zur Umlegung und Grenzregelung nach den §§ 45 bis 84 des Baugesetzbuchs sowie der Bodenneuordnung nach § 5 des Bodensonderungsgesetzes bleibt unberührt.

Unterabschnitt 2. Notarielles Vermittlungsverfahren

§ 87 Antragsgrundsatz. (1) Auf Antrag ist der Abschluß von Verträgen zur Bestellung von Erbbaurechten oder zum Kauf des Grundstücks oder des Gebäudes oder, wenn kein selbständiges Gebäudeei-

3 SachenRBerG §§ 88–90

gentum entstanden ist, zur Ablösung der aus der baulichen Investition begründeten Rechte, nach diesem Gesetz durch den Notar zu vermitteln.

(2) Antragsberechtigt ist der Nutzer oder der Grundstückseigentümer, der den Abschluß eines in Absatz 1 bezeichneten Vertrages geltend machen kann.

§ 88 Sachliche und örtliche Zuständigkeit. (1) ¹Für die Vermittlung ist jeder Notar zuständig, dessen Amtsbezirk sich in dem Land befindet, in dem das zu belastende oder zu veräußernde Grundstück oder Gebäude ganz oder zum größten Teil belegen ist. ²Die Beteiligten können auch die Zuständigkeit eines nach Satz 1 nicht zuständigen Notars für das Vermittlungsverfahren vereinbaren.

(2) ¹Können sich Grundstückseigentümer und Nutzer nicht auf einen Notar verständigen, so wird der zuständige Notar durch das Landgericht bestimmt, in dessen Bezirks das Grundstück oder Gebäude ganz oder zum größten Teil belegen ist. ²Die Entscheidung ist unanfechtbar.

(3) Bei den nach den Vorschriften der Zivilprozeßordnung erfolgenden Zustellungen obliegen dem Notar auch die Aufgaben des Urkundsbeamten der Geschäftsstelle.

§ 89 Verfahrensart. (1) Soweit dieses Gesetz nichts anderes bestimmt, sind auf das notarielle Vermittlungsverfahren die Vorschriften des Gesetzes über die Angelegenheiten der freiwilligen Gerichtsbarkeit sinngemäß anzuwenden.

(2) Über Beschwerden gegen die Amtstätigkeit des Notars entscheidet das Landgericht, in dessen Bezirks das Grundstück oder das Gebäude ganz oder zum größten Teil belegen ist.

§ 90 Inhalt des Antrags. (1) In dem Antrag sind anzugeben

1. der Nutzer und der Grundstückseigentümer,
2. das betroffene Grundstück unter Angabe seiner Bezeichnung im Grundbuch und das Gebäude, soweit selbständiges Eigentum besteht,
3. die Inhaber dinglicher Rechte am Grundstück und am Gebäude und
4. die Bezeichnung des gewünschten Vertrages.

(2) ¹Wird die Bestellung eines Erbbaurechts begehrt, soll der Antrag auch Angaben über

1. den Erbbauzins,
2. die Dauer des Erbbaurechts,
3. die Art der nach dem Erbbaurechtsvertrag zulässigen baulichen Nutzung,

4. die Konditionen des Ankaufsrechts sowie
5. die Fläche, auf die sich die Nutzungsbefugnis des Erbbauberechtigten erstrecken soll,

enthalten. ²Wird der Ankauf des Grundstücks oder des Gebäudes begehrt, soll der Antrag auch Angaben über
1. das Grundstück oder die davon abzutrennende Teilfläche oder das Gebäude und
2. den Kaufpreis

enthalten. ³Satz 2 ist entsprechend anzuwenden, wenn der Antragsteller nach § 81 Abs. 1 Satz 1 die Ablösung der aus der baulichen Investition des Nutzers begründeten Rechte begehrt.

(3) ¹Der Antragsteller soll außerdem erklären, ob
1. ein Anspruch auf Rückübertragung des Grundstücks nach den Vorschriften des Vermögensgesetzes angemeldet,
2. die Aufhebung eines Nutzungsrechts nach § 16 Abs. 3 des Vermögensgesetzes beantragt oder eine Klage auf Aufhebung des Nutzungsrechts erhoben,
3. die Durchführung eines Bodensonderungsverfahrens beantragt oder ein Bodenneuordnungsverfahren eingeleitet oder
4. die Zusammenführung von Grundstücks- und Gebäudeeigentum nach § 64 des Landwirtschaftsanpassungsgesetzes beantragt worden ist. ²Der Antrag soll weiter Angaben darüber enthalten, wie das Grundstück, das Gebäude oder die bauliche Anlage am Ablauf des 2. Oktober 1990 genutzt wurde und zum Zeitpunkt der Antragstellung genutzt wird.

(4) Beantragt der Nutzer die Durchführung eines Vermittlungsverfahrens, so soll er in dem Antrag auch erklären, wie das Grundstück in den in § 8 genannten Zeitpunkten genutzt worden ist.

(5) ¹Fehlt es an den in Absatz 1 bezeichneten Erklärungen, hat der Notar dem Antragsteller eine angemessene Frist zur Ergänzung des Antrags zu bestimmen. ²Verstreicht die Frist fruchtlos, so weist der Notar den Antrag auf Kosten des Antragstellers als unzulässig zurück. ³Der Antragsteller kann ein neues Verfahren beantragen, wenn er seinen Antrag vervollständigt hat.

§ 91 Akteneinsicht und Anforderung von Abschriften durch den Notar. ¹Der Notar ist berechtigt, die Akten der betroffenen Grundstücke und Gebäude bei allen Gerichten und Behörden einzusehen und Abschriften hieraus anzufordern. ²Er hat beim Amt zur Regelung offener Vermögensfragen, oder, falls das Grundstück zu einem Unternehmen gehört, auch beim Landesamt zur Regelung offener Vermögensfragen, in deren Bezirk das Grundstück belegen ist, nachzufragen, ob ein Anspruch auf Rückübertragung des Grundstücks oder des Gebäudes angemeldet oder ein Antrag auf Aufhebung des

3 SachenRBerG § 92

Nutzungsrechts gestellt worden ist. ³Für Auskünfte und Abschriften werden keine Gebühren erhoben.

§ 92 Ladung zum Termin. (1) ¹Der Notar hat den Nutzer und den Grundstückseigentümer unter Mitteilung des Antrages für den anderen Teil zu einem Verhandlungstermin zu laden. ²Die Ladung durch öffentliche Zustellung ist unzulässig. ³Die Frist zwischen der Ladung und dem ersten Termin muß mindestens zwei Wochen betragen. ⁴Anträge nach § 88 Abs. 2 sind von den Beteiligten vor dem Verhandlungstermin bei dem zuständigen Landgericht zu stellen und dem Notar mitzuteilen.

(2) ¹Ist die Bestellung eines Erbbaurechts oder der Verkauf des Grundstücks oder einer abzuschreibenden Teilfläche beantragt, so sind die Inhaber dinglicher Rechte am Grundstück und am Gebäude von dem Termin zu unterrichten. ²Die Inhaber dinglicher Rechte am Grundstück sind zu laden, wenn

1. die für die erstrangige Bestellung des Erbbaurechts erforderlichen Zustimmungen zu einem Rangrücktritt nicht in der in § 29 der Grundbuchordnung vorgesehenen Form vorgelegt worden sind oder dies einer der in § 90 Abs. 1 bezeichneten Beteiligten beantragt,
2. von dem Nutzer oder dem Grundstückseigentümer Ansprüche nach § 33 oder § 63 geltend gemacht werden.

³Einer Ladung der Inhaber dinglicher Rechte bedarf es nicht, wenn das Verfahren aus den in den §§ 94 und 95 genannten Gründen auszusetzen oder einzustellen ist.

(3) Sind für das Grundstück oder das vom Nutzer errichtete oder erworbene Gebäude Rückübertragungsansprüche nach dem Vermögensgesetz angemeldet worden, hat der Notar auch den Anmelder von dem Termin zu unterrichten.

(4) ¹Ladung und Unterrichtung vom Termin sind mit dem Hinweis zu versehen, daß, falls der Termin vertagt oder ein weiterer Termin anberaumt werden sollte, eine Ladung und Unterrichtung zu dem neuen Termin unterbleiben kann. ²Sind vom Antragsteller Unterlagen zu den Akten gereicht worden, ist in der Ladung zu bemerken, daß die Unterlagen nach Anmeldung am Amtssitz oder der Geschäftsstelle des Notars eingesehen werden können.

(5) ¹Der Notar hat das Grundbuchamt um Eintragung eines Vermerks über die Eröffnung eines Vermittlungsverfahrens nach dem Sachenrechtsbereinigungsgesetz in das Grundbuch des Grundstücks zu ersuchen, das mit einem Erbbaurecht belastet oder vom Nutzer gekauft werden soll. ²Das Grundbuchamt hat dem Ersuchen zu entsprechen. ³Ist ein Gebäudegrundbuch angelegt, sind die Sätze 1 und 2 entsprechend anzuwenden. ⁴Für die Eintragung des Vermerks werden Gebühren nicht erhoben.

(6) ¹Der Vermerk hat die Wirkung einer Vormerkung zur Sicherung der nach diesem Gesetz begründeten Ansprüche auf Erbbaurechtsbestellung und Ankauf des Grundstücks oder des Gebäudes oder der baulichen Anlage und des Vollzugs. ²Artikel 233 § 2c Abs. 2 des Einführungsgesetzes zum Bürgerlichen Gesetzbuche ist entsprechend anzuwenden. ³Ist bereits eine Eintragung nach jener Bestimmung erfolgt, ist bei dieser die Eröffnung des notariellen Vermittlungsverfahrens zu vermerken.

§ 93 Erörterung. (1) ¹Der Notar erörtert mit den Beteiligten den Sachverhalt in tatsächlicher und rechtlicher Hinsicht. ²Er hat vor einer Verhandlung über den Inhalt des abzuschließenden Vertrages mit den Beteiligten zu erörtern, ob Gründe für eine Aussetzung oder Einstellung des Vermittlungsverfahrens vorliegen oder geltend gemacht werden und auf welchen rechtlichen oder tatsächlichen Gründen die bauliche Nutzung beruht.

(2) Liegt ein Grund für eine Aussetzung oder Einstellung des Verfahrens nicht vor, fertigt der Notar ein Protokoll an, in dem er alle für die Bestellung des Erbbaurechts oder den Ankauf eines Grundstücks oder Gebäudes unstreitigen und streitigen Punkte feststellt (Eingangsprotokoll).

(3) ¹Der Notar soll dem Grundstückseigentümer und dem Nutzer Vorschläge unterbreiten. ²Er ist dabei an die von diesen Beteiligten geäußerten Vorstellungen über den Inhalt des abzuschließenden Vertrages nicht gebunden. ³Ermittlungen nach § 97 darf der Notar jedoch nur innerhalb der gestellten Anträge erheben.

(4) Mit den Inhabern dinglicher Rechte ist zu erörtern

1. im Falle der Bestellung von Erbbaurechten,
   a) welche Hindernisse einem Rangrücktritt entgegenstehen,
   b) ob und welche anderweitige Sicherheit für eine vom Nutzer nach § 36 Abs. 1 Satz 1 zu übernehmende Sicherheit in Betracht kommt,
2. im Falle des Ankaufs des Grundstücks,
   a) welche Hindernisse einer lastenfreien Abschreibung entgegenstehen,
   b) ob und welche andere Sicherheit für eine vom Nutzer nach § 63 übernommene Sicherheit gestellt werden kann.

§ 94 Aussetzung des Verfahrens. (1) Der Notar hat die Vermittlung auszusetzen, wenn

1. eine Anmeldung auf Rückübertragung des Grundstücks oder des Gebäudes oder der baulichen Anlage nach § 3 Abs. 1 des Vermögensgesetzes vorliegt oder
2. ein Antrag auf Aufhebung des Nutzungsrechts nach § 16 Abs. 3 des Vermögensgesetzes gestellt worden ist

3 SachenRBerG §§ 95, 96

und noch keine bestandskräftige Entscheidung des Amtes zur Regelung offener Vermögensfragen vorliegt.

(2) ¹Der Notar soll die Vermittlung aussetzen, wenn

1. ein Antrag auf Feststellung der Eigentums- oder Nutzungsrechtsgrenzen in einem Bodensonderungsverfahren gestellt und das Verfahren noch nicht abgeschlossen worden ist,
2. der Grundstückseigentümer oder der Nutzer die Anspruchsberechtigung bestreitet oder
3. ein Inhaber eines dinglichen Rechts am Grundstück dem Anspruch auf Rangrücktritt für ein an erster Rangstelle einzutragendes Erbbaurecht oder einer lastenfreien Um- oder Abschreibung des Grundstücks auf den Nutzer widerspricht.

²In den Fällen des Satzes 1 Nr. 2 und 3 sind die Beteiligten auf den Klageweg zu verweisen, wenn in der Erörterung mit den Beteiligten keine Einigung erzielt werden kann.

(3) ¹Der Notar kann die in § 100 Abs. 1 Satz 2 Nr. 2 bestimmte Gebühr bei einer Aussetzung in Ansatz bringen. ²Die Gebühr ist nach Aufnahme des ausgesetzten Vermittlungsverfahrens auf die danach entstehenden Gebühren anzurechen.

§ 95 Einstellung des Verfahrens. (1) Der Notar hat die Vermittlung einzustellen, wenn

1. ein Bodenneuordnungsverfahren eingeleitet worden ist, in das das Grundstück einbezogen ist, oder
2. ein Antrag auf Zusammenführung von Grundstücks- und Gebäudeeigentum nach § 64 des Landwirtschaftsanpassungsgesetzes vor Einleitung des Vermittlungsverfahrens gestellt worden ist.

(2) ¹Wird ein Antrag nach Absatz 1 Nr. 2 während des notariellen Vermittlungsverfahrens gestellt, so hat der Notar die Beteiligten aufzufordern, mitzuteilen, ob sie das Bodenordnungsverfahren fortsetzen wollen. ²Wird das von einem Beteiligten erklärt, so ist nach Absatz 1 zu verfahren.

§ 96 Verfahren bei Säumnis eines Beteiligten. (1) Erscheint ein Beteiligter (Grundstückseigentümer oder Nutzer) nicht, hat der Notar auf Antrag des anderen Beteiligten einen Vermittlungsvorschlag nach § 98 anzufertigen.

(2) ¹Der Vermittlungsvorschlag ist beiden Beteiligten mit einer Ladung zu einem neuen Termin zuzustellen. ²Die Ladung hat den Hinweis zu enthalten, daß das Einverständnis eines Beteiligten mit dem Vermittlungsvorschlag angenommen wird, wenn dieser zu dem neuen Termin nicht erscheint, und daß auf Antrag des anderen Beteiligten ein dem Vermittlungsvorschlag entsprechender Vertrag beurkundet wird.

(3) ¹Ist in diesem Termin nur ein Beteiligter erschienen, so hat der Notar, wenn der erschienene Beteiligte es beantragt, den Vorschlag als vertragliche Vereinbarung zu beurkunden. ²In der Urkunde ist anzugeben, daß das Einverständnis des anderen Beteiligten wegen Nichterscheinens angenommen worden ist. ³Stellt der erschienene Beteiligte keinen Antrag, ist das Vermittlungsverfahren beendet. ⁴Die Beteiligten sind unter Zusendung des Abschlußprotokolls und des Vermittlungsvorschlags auf den Klageweg zu verweisen.

(4) Eine Ausfertigung des Vertrages ist dem nicht erschienenen Beteiligten mit dem Hinweis zuzustellen, daß der Notar den Vertrag bestätigen werde, wenn der Beteiligte nicht in einer Notfrist von zwei Wochen nach Zustellung der Ausfertigung einen neuen Termin beantragt oder in dem Termin nicht erscheint.

(5) ¹Beantragt der nicht erschienene Beteiligte rechtzeitig einen neuen Termin und erscheint er in diesem Termin, so ist das Vermittlungsverfahren fortzusetzen. ²Andernfalls hat der Notar den Vertrag zu bestätigen. ³War der Beteiligte ohne sein Verschulden verhindert, die Anberaumung eines neuen Termins zu beantragen oder im neuen Termin zu erscheinen, so ist ihm auf Antrag durch den Notar Wiedereinsetzung in den vorigen Stand zu erteilen. ⁴§ 92 des Gesetzes über die Angelegenheiten der freiwilligen Gerichtsbarkeit ist entsprechend anzuwenden. ⁵Die Wirkungen eines bestätigten Vertrages bestimmen sich nach § 89 Abs. 1 des Gesetzes über die Angelegenheiten der freiwilligen Gerichtsbarkeit.

(6) ¹Gegen den Bestätigungsbeschluß und den Beschluß über den Antrag auf Wiedereinsetzung ist die sofortige Beschwerde zulässig. ²Zuständig ist das Landgericht, in dessen Bezirks das Grundstück ganz oder zum größten Teil belegen ist. ³§ 96 des Gesetzes über die Angelegenheiten der freiwilligen Gerichtsbarkeit ist entsprechend anzuwenden.

§ 97 Ermittlungen des Notars. (1) ¹Der Notar kann auf Antrag eines Beteiligten Ermittlungen durchführen. ²Er kann insbesondere

1. Auskünfte aus der Kaufpreissammlung und über Bodenrichtwerte (§ 195 Abs. 3 und § 196 Abs. 3 des Baugsetzbuchs) einholen,
2. ein Verfahren zur Bodensonderung beantragen,
3. die das Liegenschaftskataster führende Stelle oder eine Person, die nach Landesrecht zu Katastervermessungen befugt ist, mit der Vermessung der zu belastenden oder abzuschreibenden Flächen beauftragen und den Antrag auf Erteilung einer Teilungsgenehmigung nach § 120 stellen.

(2) Der Notar kann nach Erörterung auf Antrag eines Beteiligten auch schriftliche Gutachten eines Sachverständigen oder des zuständigen Gutachterausschusses für die Grundstückswerte nach § 192 des Baugesetzbuchs über

1. den Verkehrswert des zu belastenden Grundstücks,
2. das in § 36 Abs. 1 und § 63 Abs. 3 bestimmte Verhältnis des Werts der mit dem Erbbaurecht belasteten oder zu veräußernden Fläche zu dem des Gesamtgrundstücks und
3. den Umfang und den Wert baulicher Maßnahmen im Sinne des § 12

einholen und diese seinem Vorschlag nach § 98 zugrunde legen.

(3) [1]Eine Beweiserhebung im Vermittlungsverfahren nach Absatz 2 steht in einem ausschließenden Rechtsstreit einer Beweisaufnahme vor dem Prozeßgericht gleich. [2]§ 493 der Zivilprozeßordnung ist entsprechend anzuwenden.

(4) Werden Zeugen und Sachverständige von dem Notar nach Absatz 2 zu Beweiszwecken herangezogen, so werden sie in entsprechender Anwendung des Gesetzes über die Entschädigung von Zeugen und Sachverständigen entschädigt.

§ 98 Vermittlungsvorschlag des Notars. (1) Nach Durchführung der Erhebungen macht der Notar einen Vorschlag in Form eines Vertragsentwurfs, der den gesetzlichen Bestimmungen zu entsprechen und alle für einen Vertragsschluß erforderliche Punkte und, wenn dies von einem Beteiligten beantragt worden ist, auch die für dessen Erfüllung notwendigen Erklärungen zu umfassen hat.

(2) [1]Sobald sich eine Einigung im Sinne des Absatzes 1 zwischen den Beteiligten ergibt, hat der Notar den Inhalt dieser Vereinbarung zu beurkunden. [2]Der Notar hat mit dem Antrag auf Eintragung des Erbbaurechts oder des Nutzers als Erwerber, spätestens jedoch sechs Monate nach der Beurkundung, die Löschung des Vermerks nach § 92 Abs. 5 zu beantragen. [3]Der Ablauf der in Satz 2 bestimmten Frist ist gehemmt, solange ein für den Vollzug der Vereinbarung erforderliches behördliches oder gerichtliches Verfahren beantragt worden, aber noch keine Entscheidung ergangen ist.

§ 99 Abschlußprotokoll über Streitpunkte. [1]Kommt es nicht zu einer Einigung, so hält der Notar das Ergebnis des Verfahrens unter Protokollierung der unstreitigen und der streitig gebliebenen Punkte fest (Abschlußprotokoll). [2]Sind wesentliche Teile des abzuschließenden Vertrages unstreitig, so können die Beteiligten verlangen, daß diese Punkte im Protokoll als vereinbart festgehalten werden. [3]Die Verständigung über diese Punkte ist in einem nachfolgenden Rechtsstreit bindend.

§ 100 Kosten. (1) [1]Für das notarielle Vermittlungsverfahren erhält der Notar das Vierfache der vollen Gebühr nach § 32 der Kostenordnung. [2]Die Gebühr ermäßigt sich auf

1. das Doppelte der vollen Gebühr, wenn das Verfahren vor Ausarbeitung eines Vermittlungsvorschlags beendet wird,

2. die Hälfte einer vollen Gebühr, wenn sich das Verfahren vor dem Erörterungstermin erledigt.

³Als Auslagen des Verfahrens erhebt der Notar auch die durch Ermittlungen nach § 97 Abs. 1 entstandenen Kosten.

(2) ¹Die Gebühren nach Absatz 1 bestimmen sich nach dem Geschäftswert, der sich aus den folgenden Vorschriften ergibt. ²Maßgebend ist das Fünfundzwanzigfache des Jahreswertes des Erbbauzinses ohne Rücksicht auf die Zinsermäßigung in der Eingangsphase oder der Kaufpreis, in jedem Fall jedoch mindestens die Hälfte des nach den §§ 19 und 20 Abs. 1 und 6 ermittelten Wertes. ³Endet das Verfahren ohne eine Vermittlung, bestimmt sich die Gebühr nach dem in Satz 2 genannten Mindestwert.

(3) ¹Wird mit einem Dritten eine Vereinbarung über die Bestellung oder den Verzicht auf dingliche Rechte geschlossen, erhält der Notar für deren Vermittlung die Hälfte der vollen Gebühr. ²Der Wert richtet sich nach den Bestimmungen über den Geschäftswert in der Kostenordnung, in den Fällen der §§ 36 und 63 jedoch nicht über den Anteil hinaus, für den der Nutzer nach Maßgabe dieser Vorschriften mithaftet.

§ 101 Kostenpflicht. (1) ¹Für die Kosten des Vermittlungsverfahrens haften Grundstückseigentümer und Nutzer als Gesamtschuldner. ²Sie haben die Kosten zu teilen. ³Eine Erstattung der den Beteiligten entstandenen Auslagen findet nicht statt.

(2) Die für das notarielle Vermittlungsverfahren im Falle einer Einstellung nach § 95 entstandenen Kosten sind

1. in den Fällen des § 95 Abs. 1 Nr. 1 zwischen Eigentümer und Nutzer zu teilen,
2. in den Fällen des § 95 Abs. 1 Nr. 2 vom dem Antragsteller zu tragen,
3. in den Fällen des § 95 Abs. 2 von dem Beteiligten zu tragen, der das Verfahren nach § 64 des Landwirtschaftsanpassungsgesetzes beantragt hat.

§ 102 Prozeßkostenhilfe. (1) ¹Für das notarielle Vermittlungsverfahren finden die Vorschriften der Zivilprozeßordnung über die Prozeßkostenhilfe mit Ausnahme des § 121 Abs. 1 bis 3 entsprechende Anwendung. ²Einem Beteiligten ist auf Antrag ein Rechtsanwalt beizuordnen, wenn der andere Beteiligte durch einen Rechtsanwalt vertreten ist und die Beiordnung zur zweckentsprechenden Rechtsverfolgung erforderlich ist.

(2) Für die Entscheidung nach Absatz 1 ist das Gericht zuständig, das nach § 103 Abs. 1 über eine Klage auf Feststellung des Erbbaurechts oder des Ankaufsrechts zu entscheiden hat.

(3) Der Notar hat dem Gericht die Antragsunterlagen zu übermitteln.

Unterabschnitt 3. Gerichtliches Verfahren

§ 103 Allgemeine Vorschriften. (1) [1]Die gerichtlichen Verfahren, die die Bestellung von Erbbaurechten oder den Ankauf des Grundstücks oder des Gebäudes oder der baulichen Anlage betreffen, sind nach den Vorschriften der Zivilprozeßordnung zu erledigen. [2]Ausschließlich zuständig ist das Gericht, in dessen Bezirk das Grundstück ganz oder zum größten Teil belegen ist.

(2) Bei den Landgerichten können Kammern für die Verfahren zur Sachenrechtsbereinigung gebildet werden.

§ 104 Verfahrensvoraussetzungen. [1]Der Kläger hat für eine Klage auf Feststellung über den Inhalt eines Erbbaurechts oder eines Ankaufsrechts nach Maßgabe der §§ 32, 61, 81 und 82 den notariellen Vermittlungsvorschlag und das Abschlußprotokoll vorzulegen. [2]Fehlt es an dem in Satz 1 bezeichneten Erfordernis, hat das Gericht den Kläger unter Fristsetzung zur Vorlage aufzufordern. [3]Verstreicht die Frist fruchtlos, ist die Klage als unzulässig abzuweisen. [4]Die Entscheidung kann ohne mündliche Verhandlung durch Beschluß ergehen.

§ 105 Inhalt der Klageschrift. In der Klageschrift hat sich der Kläger auf den notariellen Vermittlungsvorschlag zu beziehen und darzulegen, ob und in welchen Punkten er eine hiervon abweichende Feststellung begehrt.

§ 106 Entscheidung. (1) [1]Das Gericht kann bei einer Entscheidung über eine Klage nach § 104 im Urteil auch vom Klageantrag abweichende Rechte und Pflichten der Parteien feststellen. [2]Vor dem Ausspruch sind die Parteien zu hören. [3]Das Gericht darf ohne Zustimmung der Parteien keine Feststellung treffen, die

1. einem von beiden Parteien beantragten Grundstücksgeschäft,
2. einer Verständigung der Parteien über einzelne Punkte oder
3. einer im Vermittlungsvorschlag vorgeschlagenen Regelung, die von den Parteien nicht in den Rechtsstreit einbezogen worden ist,

widerspricht.

(2) [1]Im Urteil sind die Rechte und Pflichten der Parteien festzustellen. [2]Die rechtskräftige Feststellung ist für die Parteien in gleicher Weise verbindlich wie eine vertragsmäßige Vereinbarung.

(3) [1]Das Gericht kann auf Antrag einer Partei im Urteil einen Notar und eine andere geeignete Person im Namen der Parteien beauftragen, die zur Erfüllung notwendigen Rechsshandlungen vorzu-

nehmen, sobald die hierfür erforderlichen Voraussetzungen vorliegen. ²Die Beauftragten sind für beide Parteien vertretungsberechtigt.

(4) ¹Der Urkundsbeamte der Geschäftsstelle teilt dem Notar, der das Vermittlungsverfahren durchgeführt hat, nach Eintritt der Rechtskraft den Inhalt der Entscheidung mit. ²Der Notar hat entsprechend § 98 Abs. 2 Satz 2 zu verfahren.

§ 107 Kosten. ¹Über die Kosten entscheidet das Gericht unter Berücksichtigung des Sach- und Streitstands nach billigem Ermessen. ²Es kann hierbei berücksichtigen, inwieweit der Inhalt der richterlichen Feststellung von den im Rechsstreit gestellten Anträgen abweicht und eine Partei zur Erhebung im Rechtsstreit zusätzlich entstandener Kosten Veranlassung gegeben hat.

§ 108 Feststellung der Anspruchsberechtigung. (1) Nutzer und Grundstückseigentümer können Klage auf Feststellung des Bestehens oder Nichtbestehens der Anspruchsberechtigung nach diesem Gesetz erheben, wenn der Kläger ein rechtliches Interesse an alsbaldiger Feststellung hat.

(2) Ein Interesse an alsbaldiger Feststellung besteht nicht, wenn wegen der Anmeldung eines Rückübertragungsanspruchs aus § 3 des Vermögensgesetzes über das Grundstück, das Gebäude oder die bauliche Anlage noch nicht verfügt werden kann.

(3) Nehmen mehrere Personen die Rechte als Nutzer für sich in Anspruch und ist in einem Rechtsstreit zwischen ihnen die Anspruchsberechtigung festzustellen, können beide Parteien dem Grundstückseigentümer den Streit verkünden.

(4) § 106 Abs. 4 ist entsprechend anzuwenden.

Abschnitt 5. Nutzungstausch

§ 109 Tauschvertrag über Grundstücke. (1) ¹Jeder Grundstückseigentümer, dessen Grundstück von einem nach § 20 des LPG-Gesetzes vom 2. ²Juli 1982 sowie nach § 12 des LPG-Gesesetzes vom 3. Juni 1959 durchgeführten Nutzungstausch betroffen ist, kann von dem anderen Grundstückseigentümer verlangen, daß das Eigentum an den Grundstücken entsprechend dem Nutzungstausch übertragen wird, wenn

1. eine oder beide der getauschten Flächen bebaut worden sind und
2. der Tausch in einer von der Flurneuordnungsbehörde einzuholenden Stellungnahme befürwortet wird.

(2) Der andere Grundstückseigentümer kann die Erfüllung des Anspruchs aus Absatz 1 verweigern, wenn das an ihn zu übereignende Grundstück von einem Dritten bebaut worden ist.

(3) Soweit sich die Werte von Grund und Boden der getauschten Grundstücke unterscheiden, kann der Eigentümer des Grundstücks mit dem höheren Wert von dem anderen einen Ausgleich in Höhe der Hälfte des Wertunterschieds verlangen.

(4) Im übrigen finden auf den Tauschwert die Vorschriften über den Ankauf in den §§ 65 bis 74 entsprechende Anwendung.

Abschnitt 6. Nutzungsrechte für ausländische Staaten

§ 110 Vorrang völkerrechtlicher Abreden. [1]Die von der Deutschen Demokratischen Republik an andere Staaten verliehenen Nutzungsrechte sind nach den Regelungen in diesem Kapitel anzupassen, soweit dem nicht völkerrechtliche Vereinbarungen entgegenstehen. [2]Artikel 12 des Einigungsvertrages bleibt unberührt.

Abschnitt 7. Rechtsfolgen nach Wiederherstellung des öffentlichen Glaubens des Grundbuchs

§ 111 Gutgläubiger lastenfreier Erwerb. (1) Ansprüche nach Maßgabe dieses Kapitels können gegenüber demjenigen, der durch ein nach Ablauf des 31. Dezember 1996 abgeschlossenes Rechtsgeschäft das Eigentum am Grundstück, ein Recht am Grundstück oder ein Recht an einem solchen Recht erworben hat, nicht geltend gemacht werden, es sei denn, daß im Zeitpunkt des Antrags auf Eintragung des Erwerbs in das Grundbuch

1. selbständiges Eigentum am Gebäude oder ein Nutzungsrecht nach Artikel 233 § 4 des Einführungsgesetzes zum Bürgerlichen Gesetzbuche, ein Vermerk nach Artikel 233 § 2c Abs. 2 des Einführungsgesetzes zum Bürgerlichen Gesetzbuche oder ein Vermerk nach § 92 Abs. 5 im Grundbuch des Grundstücks eingetragen oder deren Eintragung beantragt worden ist,

2. ein Zustimmungsvorbehalt zu Verfügungen über das Grundstück in einem Verfahren zur Bodensonderung oder zur Neuordnung der Eigentumsverhältnisse nach dem Achten Abschnitt des Landwirtschaftsanpassungsgesetzes eingetragen oder dessen Eintragung beantragt worden ist oder

3. dem Erwerber bekannt war, daß

    a) ein im Grundbuch nicht eingetragenes selbständiges Eigentum am Gebäude oder dingliches Nutzungsrecht besteht oder

    b) ein anderer als der Eigentümer des Grundstücks mit Billigung staatlicher Stellen ein Gebäude oder eine bauliche Anlage errichtet hatte und Ansprüche auf Erbbaurechtsbestellung oder Ankauf des Grundstücks nach diesem Kapitel bestanden.

(2) [1]Mit dem Erwerb des Eigentums am Grundstück erlöschen die in diesem Kapitel begründeten Ansprüche. [2]Der Nutzer kann vom

Veräußerer Wertersatz für den Rechtsverlust verlangen. ³Artikel 231 § 5 Abs. 3 Satz 2 des Einführungsgesetzes zum Bürgerlichen Gesetzbuche ist entsprechend anzuwenden.

Kapitel 3. Alte Erbbaurechte

§ 112 Umwandlung alter Erbbaurechte. (1) ¹War das Grundstück am 1. Januar 1976 mit einem Erbbaurecht belastet, so endet das Erbbaurecht zu dem im Erbbaurechtsvertrag bestimmten Zeitpunkt, frühestens jedoch am 31. Dezember 1995, wenn sich nicht aus dem folgenden etwas anderes ergibt. ²Das Erbbaurecht verlängert sich bis zum 31. Dezember 2005, wenn ein Wohngebäude aufgrund des Erbbaurechts errichtet worden ist, es sei denn, daß der Grundstückseigentümer ein berechtigtes Interesse an der Beendigung des Erbbaurechts entsprechend § 564b Abs. 2 Nr. 2 und 3 des Bürgerlichen Gesetzbuchs geltend machen kann.

(2) ¹Hat der Erbbauberechtigte nach dem 31. Dezember 1975 das Grundstück bebaut oder bauliche Maßnahmen nach § 12 Abs. 1 vorgenommen, so endet das Erbbaurecht mit dem Ablauf von

1. 90 Jahren, wenn
   a) ein Ein- oder Zweifamilienhaus errichtet wurde oder
   b) ein sozialen Zwecken dienendes Gebäude gebaut wurde,
2. 80 Jahren, wenn das Grundstück im staatlichen oder genossenschaftlichen Wohnungsbau bebaut wurde, oder
3. 50 Jahren in allen übrigen Fällen

nach dem Inkrafttreten dieses Gesetzes. ²Ein Heimfallanspruch kann nur aus den in § 56 genannten Gründen ausgeübt werden. ³Die Verlängerung der Laufzeit des Erbbaurechts ist in das Grundbuch einzutragen. ⁴Der Grundstückseigentümer ist berechtigt, eine Anpassung des Erbbauzinses bis zu der sich aus den §§ 43, 45 bis 48 und 51 ergebenden Höhe zu verlangen.

(3) ¹Vorstehende Bestimmungen finden keine Anwendung, wenn das Erbbaurecht auf einem vormals volkseigenen Grundstück bestellt worden ist und bei Ablauf des 2. Oktober 1990 noch bestand. ²Auf diese Erbbaurechte finden die Bestimmungen dieses Gesetzes für verliehene Nutzungsrechte entsprechende Anwendung.

(4) § 5 Abs. 2 des Einführungsgesetzes zum Zivilgesetzbuch der Deutschen Demokratischen Republik ist vom Inkrafttreten dieses Gesetzes an nicht mehr anzuwenden.

Kapitel 4. Rechte aus Miteigentum nach § 459 des Zivilgesetzbuchs der Deutschen Demokratischen Republik

§ 113 Berichtigungsanspruch. (1) Haben vormals volkseigene Betriebe, staatliche Organe und Einrichtungen oder Genossenschaften auf vertraglich genutzten, vormals nichtvolkseigenen Grundstücken nach dem 31. Dezember 1975 und bis zum Ablauf des 30. Juni 1990 bedeutende Werterhöhungen durch Erweiterungs- und Erhaltungsmaßnahmen am Grundstück vorgenommen, so können beide Vertragsteile verlangen, daß der kraft Gesetzes nach § 459 Abs. 1 Satz 2 und Abs. 4 Satz 1 des Zivilgesetzbuchs der Deutschen Demokratischen Republik entstandene Miteigentumsanteil in das Grundbuch eingetragen wird.

(2) [1]Eine bedeutende Werterhöhung liegt in der Regel vor, wenn der Wert des Grundstücks durch Aufwendungen des Besitzers um mindestens 30000 Mark der Deutschen Demokratischen Republik erhöht wurde. [2]Im Streitfall ist die durch Erweiterungs- und Erhaltungsmaßnahmen eingetretene Werterhöhung durch ein Gutachten zu ermitteln. [3]Die Kosten des Gutachtens hat der zu tragen, zu dessen Gunsten der Miteigentumsanteil in das Grundbuch eingetragen werden soll.

(3) [1]Der Anspruch aus Absatz 1 kann gegenüber denjenigen nicht geltend gemacht werden, die durch ein nach Ablauf des 31. Dezember 1996 abgeschlossenes Rechtsgeschäft das Eigentum am Grundstück, ein Recht am Grundstück oder ein Recht an einem solchen Recht erworben haben, es sei denn, daß im Zeitpunkt des Antrags auf Eintragung des Erwerbs in das Grundbuch

1. die Berichtigung des Grundbuchs nach Absatz 1 beantragt worden ist,
2. ein Widerspruch zugunsten des aus Absatz 1 berechtigten Miteigentümers oder dessen Eintragung beantragt worden ist oder
3. dem Erwerber bekannt war, daß das Grundbuch in Ansehung eines nach § 459 Abs. 1 Satz 2 oder Abs. 4 Satz 1 des Zivilgesetzbuchs der Deutschen Demokratischen Republik entstandenen Miteigentumsanteils unrichtig gewesen ist.

[2]Ist ein Rechtsstreit um die Eintragung des Miteigentumsanteils anhängig, so hat das Prozeßgericht auf Antrag einer Partei das Grundbuchamt über die Eröffnung und das Ende des Rechtsstreits zu unterrichten und das Grundbuchamt auf Ersuchen des Prozeßgerichts einen Vermerk über den anhängigen Berichtigungsanspruch einzutragen. [3]Der Vermerk hat die Wirkung eines Widerspruchs.

(4) § 111 Abs. 2 ist entsprechend anzuwenden.

§ 114 Aufgebotsverfahren. (1) Der Eigentümer eines nach § 459 des Zivilgesetzbuchs der Deutschen Demokratischen Republik entstandenen Miteigentumsanteils kann von den anderen Miteigentümern im Wege eines Aufgebotsverfahrens mit seinem Recht ausgeschlossen werden, wenn der Miteigentumsanteil weder im Grundbuch eingetragen noch in einer Frist von fünf Jahren nach dem Inkrafttreten dieses Gesetzes die Berichtigung des Grundbuchs nach § 113 beantragt worden ist.

(2) [1]Für das Verfahren gelten, soweit nicht im folgenden etwas anderes bestimmt ist, die §§ 977 bis 981 der Zivilprozeßordnung entsprechend. [2]Meldet der Miteigentümer sein Recht im Aufgebotstermin an, so tritt die Ausschließung nur dann nicht ein, wenn der Berichtigungsanspruch bis zum Termin rechtshängig gemacht oder anerkannt worden ist. [3]Im Aufgebot ist auf diese Rechtsfolge hinzuweisen.

(3) [1]Mit dem Ausschlußurteil erwirbt der andere Miteigentümer den nach § 459 des Zivilgesetzbuchs der Deutschen Demokratischen Republik entstandenen Anteil. [2]Der ausgeschlossene Miteigentümer kann entsprechend der Regelung in § 818 des Bürgerlichen Gesetzbuchs Ausgleich für den Eigentumsverlust verlangen.

§ 115 Ankaufsrecht bei Auflösung der Gemeinschaft. [1]Das Rechtsverhältnis der Miteigentümer bestimmt sich nach den Vorschriften über das Miteigentum und über die Gemeinschaft im Bürgerlichen Gesetzbuch. [2]Im Falle der Auflösung der Gemeinschaft kann der bisher durch Vertrag zum Besitz berechtigte Miteigentümer den Ankauf des Miteigentumsanteils des anderen zum Verkehrswert verlangen, wenn hierfür ein dringendes öffentliches oder betriebliches Bedürfnis besteht.

Kapitel 5. Ansprüche auf Bestellung von Dienstbarkeiten

§ 116 Bestellung einer Dienstbarkeit. (1) Derjenige, der ein Grundstück in einzelnen Beziehungen nutzt oder auf diesem Grundstück eine Anlage unterhält (Mitbenutzer), kann von dem Eigentümer die Bestellung einer Grunddienstbarkeit oder einer beschränkten persönlichen Dienstbarkeit verlangen, wenn

1. die Nutzung vor Ablauf des 2. Oktober 1990 begründet wurde,
2. die Nutzung des Grundstücks für die Erschließung oder Entsorgung eines eigenen Grundstücks oder Bauwerks erforderlich ist und
3. ein Mitbenutzungsrecht nach den §§ 321 und 322 des Zivilgesetzbuchs der Deutschen Demokratischen Republik nicht begründet wurde.

(2) ¹Zugunsten derjenigen, die durch ein nach Ablauf des 31. Dezember 1996 abgeschlossenes Rechtsgeschäft gutgläubig Rechte an Grundstücken erwerben, ist § 122 entsprechend anzuwenden. ²Die Eintragung eines Vermerks über die Klageerhebung erfolgt entsprechend § 113 Abs. 3.

§ 117 Einwendungen des Grundstückseigentümers. (1) ¹Der Grundstückseigentümer kann die Bestellung einer Dienstbarkeit verweigern, wenn

1. die weitere Mitbenutzung oder der weitere Fortbestand der Anlage die Nutzung des belasteten Grundstücks erheblich beeinträchtigen würde, der Mitbenutzer der Inanspruchnahme des Grundstücks nicht bedarf oder eine Verlegung der Ausübung möglich ist und keinen unverhältnismäßigen Aufwand verursachen würde oder
2. die Nachteile für das zu belastende Grundstück die Vorteile für das herrschende Grundstück überwiegen und eine anderweitige Erschließung oder Entsorgung mit einem im Verhältnis zu den Nachteilen geringen Aufwand hergestellt werden kann.

²Die Kosten einer Verlegung haben die Beteiligten zu teilen.

(2) ¹Sind Erschließungs- oder Entsorgungsanlagen zu verlegen, so besteht ein Recht zur Mitbenutzung des Grundstücks im bisherigen Umfange für die Zeit, die für eine solche Verlegung erforderlich ist. ²Der Grundstückseigentümer hat dem Nutzer eine angemessene Frist einzuräumen. ³Können sich die Parteien über die Dauer, für die das Recht nach Satz 1 fortbesteht, nicht einigen, so kann die Frist durch gerichtliche Entscheidung bestimmt werden. ⁴Eine richterliche Fristbestimmung wirkt auch gegenüber den Rechtsnachfolgern der Parteien.

§ 118 Entgelt. (1) ¹Der Eigentümer des belasteten Grundstücks kann die Zustimmung zur Bestellung einer Dienstbarkeit von der Zahlung eines einmaligen oder eines in wiederkehrenden Leistungen zu zahlenden Entgelts (Rente) abhängig machen. ²Es kann ein Entgelt gefordert werden

1. bis zur Hälfte der Höhe, wie sie für die Begründung solcher Belastungen üblich ist, wenn die Inanspruchnahme des Grundstücks auf den von landwirtschaftlichen Produktionsgenossenschaften bewirtschafteten Flächen bis zum Ablauf des 30. Juni 1990, in allen anderen Fällen bis zum Ablauf des 2. Oktober 1990 begründet wurde und das Mitbenutzungsrecht in der bisherigen Weise ausgeübt wird, oder
2. in Höhe des üblichen Entgelts, wenn die Nutzung des herrschenden Grundstücks und die Mitbenutzung des belasteten Grundstücks nach den in Nummer 1 genannten Zeitpunkten geändert wurde.

(2) Das in Absatz 1 bestimmte Entgelt steht dem Eigentümer nicht zu, wenn

1. nach dem 2. Oktober 1990 ein Mitbenutzungsrecht bestand und dieses nicht erloschen ist oder
2. der Eigentümer sich mit der Mitbenutzung einverstanden erklärt hat.

§ 119 Fortbestehende Rechte, andere Ansprüche. Die Vorschriften dieses Kapitels finden keine Anwendung, wenn die Mitbenutzung des Grundstücks

1. aufgrund nach dem Einigungsvertrag fortgeltender Rechtsvorschriften der Deutschen Demokratischen Republik oder
2. durch andere Rechtsvorschriften

gestattet ist.

Kapitel 6. Schlußvorschriften

Abschnitt 1. Behördliche Prüfung der Teilung

§ 120 Genehmigungen nach dem Baugesetzbuch. (1) ¹Die Teilung eines Grundstücks nach diesem Gesetz bedarf der Teilungsgenehmigung nach den Vorschriften des Baugesetzbuchs. ²Dabei ist § 20 des Baugesetzbuchs mit folgenden Maßgaben anzuwenden:

1. Die Teilungsgenehmigung ist zu erteilen, wenn die beabsichtigte Grundstücksteilung den Nutzungsgrenzen in der ehemaligen Liegenschaftsdokumentation oder dem Inhalt einer Nutzungsurkunde entspricht, in der die Grenzen des Nutzungsrechts in einer grafischen Darstellung (Karte) ausgewiesen sind,
2. für die Teilungsgenehmigung ist ein Vermögenszuordnungsbescheid zugrunde zu legen, soweit dieser über die Grenzen der betroffenen Grundstücke Aufschluß gibt,
3. in anderen als den in den Nummern 1 und 2 bezeichneten Fällen ist die Teilungsgenehmigung nach dem Bestand zu erteilen,
4. ist eine Teilung zum Zwecke der Vorbereitung einer Nutzungsänderung oder baulichen Erweiterung beantragt, die nach § 20 des Baugesetzbuchs nicht genehmigungsfähig wäre, kann eine Teilungsgenehmigung nach dem Bestand erteilt werden.

³Wird die Teilungsgenehmigung nach Satz 2 erteilt, findet § 21 des Baugesetzbuchs keine Anwendung. ⁴Die Maßgaben nach Satz 2 gelten entsprechend für die Erteilung einer Teilungsgenehmigung nach § 144 Abs. 1 Nr. 2 und § 145 des Baugesetzbuchs im förmlich festgelegten Sanierungsgebiet sowie § 169 Abs. 1 Nr. 1 in Verbindung mit § 144 Abs. 1 Nr. 2 und § 145 des Baugesetzbuchs im städtebaulichen Entwicklungsbereich.

3 SachenRBerG § 121   Sachenrechts-

(2) Die Bestellung eines Erbbaurechts nach diesem Gesetz bedarf einer Genehmigung entsprechend Absatz 1, wenn nach dem Erbbaurechtsvertrag die Nutzungsbefugnis des Erbbauberechtigten sich nicht auf das Grundstück insgesamt erstreckt.

(3) Ist die Genehmigung für die Bestellung eines Erbbaurechts nach Absatz 2 erteilt worden, gilt § 21 des Baugesetzbuchs entsprechend für den Antrag auf Erteilung einer Teilungsgenehmigung, der innerhalb von sieben Jahren seit der Erteilung der Genehmigung nach Absatz 2 gestellt wurde.

(4) Der Ankauf von Grundstücken sowie die Bestellung eines Erbbaurechts nach diesem Gesetz bedürfen innerhalb eines förmlich festgelegten Sanierungsgebiets nicht der Genehmigung nach § 144 Abs. 2 Nr. 1 und 2 des Baugesetzbuchs und innerhalb eines förmlich festgelegten Entwicklungsbereichs nicht der Genehmigung nach § 169 Abs. 1 Nr. 1 des Baugesetzbuchs.

(5) Im übrigen bleiben die Vorschriften des Baugesetzbuchs unberührt.

Abschnitt 2. Rückübertragung von Grundstücken und dinglichen Rechten

§ 121 Ansprüche nach Abschluß eines Kaufvertrags. (1) [1]Dem Nutzer, der bis zum Ablauf des 18. Oktober 1989 mit einer staatlichen Stelle der Deutschen Demokratischen Republik einen wirksamen, beurkundeten Kaufvertrag über ein Grundstück, ein Gebäude oder eine bauliche Anlage abgeschlossen und aufgrund dieses Vertrages oder eines Miet- oder sonstigen Nutzungsvertrages Besitz erlangt oder den Besitz ausgeübt hat, stehen die Ansprüche nach Kapitel 2 gegenüber dem jeweiligen Grundstückseigentümer auch dann zu, wenn das Grundstück, das Gebäude oder die bauliche Anlage nach dem Vermögensgesetz zurückübertragen worden ist. [2]Satz 1 findet keine Anwendung, wenn der Vertrag aus den in § 3 Abs. 3 Satz 2 Nr. 1 und 2 genannten Gründen nicht erfüllt worden ist. [3]Die Ansprüche aus Satz 1 stehen dem Nutzer auch dann zu, wenn der Kaufvertrag nach dem 18. Oktober 1989 abgeschlossen worden ist und

a) der Kaufvertrag vor dem 19. Oktober 1989 schriftlich beantragt oder sonst aktenkundig angebahnt worden ist,
b) der Vertragsschluß auf der Grundlage des § 1 des Gesetzes über den Verkauf volkseigener Gebäude vom 7. März 1990 (GBl. I Nr. 18 S. 157) erfolgte oder
c) der Nutzer vor dem 19. Oktober 1989 in einem wesentlichen Umfang werterhöhende oder substanzerhaltende Investitionen vorgenommen hat.

(2) Die in Absatz 1 bezeichneten Ansprüche stehen auch dem Nutzer zu,

a) der aufgrund eines bis zum Ablauf des 18. Oktober 1989 abgeschlossenen Miet-, Pacht- oder sonstigen Nutzungsvertrages ein Eigenheim am 18. Oktober 1989 genutzt hat,
b) bis zum Ablauf des 14. Juni 1990 einen wirksamen, beurkundeten Kaufvertrag mit einer staatlichen Stelle der Deutschen Demokratischen Republik über dieses Eigenheim geschlossen hat und
c) dieses Eigenheim am 1. Oktober 1994 zu eigenen Wohnzwecken nutzt.

(3) Entgegenstehende rechtskräftige Entscheidungen und abweichende rechtsgeschäftliche Vereinbarungen zwischen dem Grundstückseigentümer und dem Nutzer bleiben unberührt.

(4) ¹Bei der Bemessung von Erbbauzins und Ankaufspreis ist auch der Restwert eines vom Grundstückseigentümer errichteten oder erworbenen Gebäudes, einer baulichen Anlage und der Grundstückseinrichtungen in Ansatz zu bringen. ²Für die Bestimmung des Restwerts ist § 74 Abs. 1 Satz 2 bis 4 entsprechend anzuwenden.

(5) ¹Der Nutzer hat auf Verlangen des Grundstückseigentümers innerhalb der in § 16 Abs. 2 bestimmten Frist zu erklären, ob er von den Ansprüchen auf Erbbaurechtsbestellung oder Ankauf des Grundstücks Gebrauch machen will, und die Wahl auszuüben. ²Erklärt der Nutzer, daß er die in Satz 1 bestimmten Ansprüche nicht geltend machen will, ist § 17 Satz 5 des Vermögensgesetzes entsprechend anzuwenden.

(6) ¹Der Nutzer kann von der Gemeinde oder der Gebietskörperschaft, die den Kaufpreis erhalten hat, nach § 323 Abs. 3 und § 818 des Bürgerlichen Gesetzbuchs die Herausgabe des Geleisteten verlangen, soweit diese durch seine Zahlung bereichert ist. ²Ansprüche auf Schadensersatz wegen Nichterfüllung sind ausgeschlossen.

§ 122 Entsprechende Anwendung des Sachenrechtsbereinigungsgesetzes. Hat das Amt zur Regelung offener Vermögensfragen nach dem 2. Oktober 1990 für ein entzogenes Nutzungsrecht nach § 287 Abs. 1 und § 291 des Zivilgesetzbuchs der Deutschen Demokratischen Republik ein Erbbaurecht oder ein anderes beschränktes dingliches Recht begründet, so sind die Bestimmungen in Kapitel 2 entsprechend anzuwenden.

Abschnitt 3. Übergangsregelung

§ 123 Härteklausel bei niedrigen Grundstückswerten. (1) Der Nutzer eines Grundstücks, dessen Verkehrswert die in § 15 Abs. 2 bezeichneten Beträge nicht übersteigt, kann einem Ankaufsverlangen des Grundstückseigentümers widersprechen und den Abschluß eines längstens auf sechs Jahre nach dem Inkrafttreten dieses Gesetzes befristeten Nutzungsvertrages verlangen, wenn er die für den Ankauf erforderlichen Mittel zum gegenwärtigen Zeitpunkt aus besonderen persönlichen oder wirtschaftlichen Gründen nicht aufzubringen vermag.

(2) ¹Das Entgelt für die Nutzung bestimmt sich nach dem Betrag, der nach diesem Gesetz als Erbbauzins zu zahlen wäre. ²Im übrigen bleiben die Rechte und Pflichten der Beteiligten für die Vertragsdauer unberührt.

4. Verordnung über das Erbbaurecht

Vom 15. Januar 1919 (RGBl. S. 72, ber. S. 122)

(BGBl. III 403–6)

Zuletzt geändert durch Registerverfahrenbeschleunigungsgesetz vom 20. 12. 1993 (BGBl I S. 2182), Sachenrechtsänderungsgesetz vom 21. 9. 1994 (BGBl I S. 2457) und Einführungsgesetz zur Insolvenzordnung vom 5. 10. 1994 (BGBl I S. 2911)[1]

Übersicht
(nichtamtlich)

§§

I. Begriff und Inhalt des Erbbaurechts (§§ 1–13)

1. Gesetzlicher Inhalt	1
2. Vertragsmäßiger Inhalt	2–8
3. Erbbauzins	9, 9a
4. Rangstelle	10
5. Anwendung des Gundstücksrechts	11
6. Bauwerk. Bestandteile	12, 13

II. Grundbuchvorschriften (§§ 14–17)

III. Beleihung (§§ 18–22)

1. Mündelhypothek	18–20
2. Sicherheitsgrenze für sonstige Beleihungen	21
3. Landesrechtliche Vorschriften	22

IV. Feuerversicherung. Zwangsversteigerung (§§ 23–25)

1. Feuerversicherung	23
2. Zwangsversteigerung	24, 25
a) des Erbbaurechts	24
b) des Grundstücks	25

V. Beendigung, Erneuerung, Heimfall (§§ 26–34)

1. Beendigung	26–30
a) Aufhebung	26
b) Zeitablauf	27–30
2. Erneuerung	31
3. Heimfall	32, 33
4. Bauwerk	34

VI. Schlußbestimmungen (§§ 35–39)

---

[1] Die Änderungen durch das Einführungsgesetz zur Insolvenzordnung sind noch nicht berücksichtigt, da sie erst am 1. 1. 1999 in Kraft treten.

I. Begriff und Inhalt des Erbbaurechts

1. Gesetzlicher Inhalt

§ 1. (1) Ein Grundstück kann in der Weise belastet werden, daß demjenigen, zu dessen Gunsten die Belastung erfolgt, das veräußerliche und vererbliche Recht zusteht, auf oder unter der Oberfläche des Grundstücks ein Bauwerk zu haben (Erbbaurecht).

(2) Das Erbbaurecht kann auf einen für das Bauwerk nicht erforderlichen Teil des Grundstücks erstreckt werden, sofern das Bauwerk wirtschaftlich die Hauptsache bleibt.

(3) Die Beschränkung des Erbbaurechts auf einen Teil eines Gebäudes, insbesondere ein Stockwerk ist unzulässig.

(4) [1]Das Erbbaurecht kann nicht durch auflösende Bedingungen beschränkt werden. [2]Auf eine Vereinbarung, durch die sich der Erbbauberechtigte verpflichtet, beim Eintreten bestimmter Voraussetzungen das Erbbaurecht aufzugeben und seine Löschung im Grundbuch zu bewilligen, kann sich der Grundstückseigentümer nicht berufen.

2. Vertragsmäßiger Inhalt

§ 2 [Vertragsmäßiger Inhalt des Erbbaurechts]. Zum Inhalt des Erbbaurechts gehören auch Vereinbarungen des Grundstückseigentümers und des Erbbauberechtigten über:

1. die Errichtung, die Instandhaltung und die Verwendung des Bauwerkes;
2. die Versicherung des Bauwerkes und seinen Wiederaufbau im Falle der Zerstörung;
3. die Tragung der öffentlichen und privatrechtlichen Lasten und Abgaben;
4. eine Verpflichtung des Erbbauberechtigten, das Erbbaurecht beim Eintreten bestimmter Voraussetzungen auf den Grundstückseigentümer zu übertragen (Heimfall);
5. eine Verpflichtung des Erbbauberechtigten zur Zahlung von Vertragsstrafen;
6. die Einräumung eines Vorrechts für den Erbbauberechtigten auf Erneuerung des Erbbaurechts nach dessen Ablauf;
7. eine Verpflichtung des Grundstückseigentümers, das Grundstück an den jeweiligen Erbbauberechtigten zu verkaufen.

§ 3 [Heimfallanspruch]. Der Heimfallanspruch des Grundstückseigentümers kann nicht von dem Eigentum an dem Grundstück getrennt werden; der Eigentümer kann verlangen, daß das Erbbaurecht einem von ihm zu bezeichnenden Dritten übertragen wird.

VO über das Erbbaurecht **§§ 4–7 ErbbauVO 4**

§ 4 [Verjährung]. Der Heimfallanspruch sowie der Anspruch auf eine Vertragsstrafe (§ 2 Nr. 4 und 5) verjährt in sechs Monaten von dem Zeitpunkt an, in dem der Grundstückseigentümer von dem Vorhandensein der Voraussetzungen Kenntnis erlangt, ohne Rücksicht auf diese Kenntnis in zwei Jahren vom Eintreten der Voraussetzungen an.

§ 5 [Zustimmung des Grundstückseigentümers]. (1) Als Inhalt des Erbbaurechts kann auch vereinbart werden, daß der Erbbauberechtigte zur Veräußerung des Erbbaurechts der Zustimmung des Grundstückseigentümers bedarf.

(2) [1]Als Inhalt des Erbbaurechts kann ferner vereinbart werden, daß der Erbbauberechtigte zur Belastung des Erbbaurechts mit einer Hypothek, Grund- oder Rentenschuld oder einer Reallast der Zustimmung des Grundstückseigentümers bedarf. [2]Ist eine solche Vereinbarung getroffen, so kann auch eine Änderung des Inhalts der Hypothek, Grund- oder Rentenschuld oder der Reallast, die eine weitere Belastung des Erbbaurechts enthält, nicht ohne die Zustimmung des Grundstückseigentümers erfolgen.

§ 6 [Rechtsfolgen des Fehlens der Zustimmung]. (1) Ist eine Vereinbarung gemäß § 5 getroffen, so ist eine Verfügung des Erbbauberechtigten über das Erbbaurecht und ein Vertrag, durch den er sich zu einer solchen Verfügung verpflichtet, unwirksam, solange nicht der Grundstückseigentümer die erforderliche Zustimmung erteilt hat.

(2) Auf eine Vereinbarung, daß ein Zuwiderhandeln des Erbbauberechtigten gegen eine nach § 5 übernommene Beschränkung einen Heimfallanspruch begründen soll, kann sich der Grundstückseigentümer nicht berufen.

§ 7 [Anspruch auf Erteilung der Zustimmung]. (1) [1]Ist anzunehmen, daß durch die Veräußerung (§ 5 Abs. 1) der mit der Bestellung des Erbbaurechts verfolgte Zweck nicht wesentlich beeinträchtigt oder gefährdet wird, und daß die Persönlichkeit des Erwerbers Gewähr für eine ordnungsmäßige Erfüllung der sich aus dem Erbbaurechtsinhalt ergebenden Verpflichtungen bietet, so kann der Erbbauberechtigte verlangen, daß der Grundstückseigentümer die Zustimmung zur Veräußerung erteilt. [2]Dem Erbbauberechtigten kann auch für weitere Fälle ein Anspruch auf Erteilung der Zustimmung eingeräumt werden.

(2) Ist eine Belastung (§ 5 Abs. 2) mit den Regeln einer ordnungsmäßigen Wirtschaft vereinbar, und wird der mit der Bestellung des Erbbaurechts verfolgte Zweck nicht wesentlich beeinträchtigt oder gefährdet, so kann der Erbbauberechtigte verlangen, daß der Grundstückseigentümer die Zustimmung zu der Belastung erteilt.

(3) ¹Wird die Zustimmung des Grundstückseigentümers ohne ausreichenden Grund verweigert, so kann sie auf Antrag des Erbbauberechtigten durch das Amtsgericht ersetzt werden, in dessen Bezirk das Grundstück belegen ist. ²Die Vorschriften des § 53 Abs. 1 Satz 1, Abs. 2 und des § 60 Abs. 1 Nr. 6 des Reichsgesetzes über die Angelegenheiten der freiwilligen Gerichtsbarkeit gelten entsprechend.

§ 8 [Zwangsvollstreckung in das Erbbaurecht]. Verfügungen, die im Wege der Zwangsvollstreckung oder der Arrestvollziehung oder durch den Konkursverwalter erfolgen, sind insoweit unwirksam, als sie die Rechte des Grundstückseigentümers aus einer Vereinbarung gemäß § 5 vereiteln oder beeinträchtigen würden.

3. Erbbauzins

§ 9. (1) ¹Wird für die Bestellung des Erbbaurechts ein Entgelt in wiederkehrenden Leistungen (Erbbauzins) ausbedungen, so finden die Vorschriften des Bürgerlichen Gesetzbuchs über die Reallasten entsprechende Anwendung. ²Die zugunsten der Landesgesetze bestehenden Vorbehalte über Reallasten finden keine Anwendung.

(2) ¹Der Erbbauzins kann nach Zeit und Höhe für die gesamte Erbbauzeit im voraus bestimmt werden. ²Inhalt des Erbbauzinses kann auch eine Verpflichtung zu seiner Anpassung an veränderte Verhältnisse sein, wenn die Anpassung nach Zeit und Wertmaßstab bestimmbar ist. ³Für die Vereinbarung über die Anpassung des Erbbauzinses ist die Zustimmung der Inhaber dinglicher Rechte am Erbbaurecht erforderlich; § 880 Abs. 2 Satz 3 des Bürgerlichen Gesetzbuchs ist entsprechend anzuwenden. ⁴Der Anspruch des Grundstückseigentümers auf Entrichtung des Erbbauzinses kann in Ansehung noch nicht fälliger Leistungen nicht von dem Eigentum an dem Grundstück getrennt werden.

(3) ¹Als Inhalt des Erbbauzinses kann vereinbart werden, daß

1. die Reallast abweichend von § 52 Abs. 1 des Gesetzes über die Zwangsversteigerung und die Zwangsverwaltung mit ihrem Hauptanspruch bestehenbleibt, wenn der Grundstückseigentümer aus der Reallast oder der Inhaber eines im Range vorgehenden oder gleichstehenden dinglichen Rechts die Zwangsversteigerung des Erbbaurechts betreibt, und
2. der jeweilige Erbbauberechtigte dem jeweiligen Inhaber der Reallast gegenüber berechtigt ist, das Erbbaurecht in einem bestimmten Umfang mit einer der Reallast im Rang vorgehenden Grundschuld, Hypothek oder Rentenschuld im Erbbaugrundbuch zu belasten.

²Ist das Erbbaurecht mit dinglichen Rechten belastet, ist für die Wirksamkeit der Vereinbarung die Zustimmung der Inhaber der

VO über das Erbbaurecht §§ 9a, 10 ErbbauVO 4

der Erbbauzinsreallast im Rang vorgehenden oder gleichstehenden dinglichen Rechte erforderlich.

(4) Zahlungsverzug des Erbbauberechtigten kann den Heimfallanspruch nur dann begründen, wenn der Erbbauberechtigte mit dem Erbbauzinse mindestens in Höhe zweier Jahresbeträge im Rückstand ist.

§ 9a [Anspruch auf Erhöhung des Erbbauzinses]. (1) [1]Dient das auf Grund eines Erbbaurechts errichtete Bauwerk Wohnzwecken, so begründet eine Vereinbarung, daß eine Änderung des Erbbauzinses verlangt werden kann, einen Anspruch auf Erhöhung des Erbbauzinses nur, soweit diese unter Berücksichtigung aller Umstände des Einzelfalles nicht unbillig ist. [2]Ein Erhöhungsanspruch ist regelmäßig als unbillig anzusehen, wenn und soweit die nach der vereinbarten Bemessungsgrundlage zu errechnende Erhöhung über die seit Vertragsabschluß eingetretene Änderung der allgemeinen wirtschaftlichen Verhältnisse hinausgeht. [3]Änderungen der Grundstückswertverhältnisse bleiben außer den in Satz 4 genannten Fällen außer Betracht. [4]Im Einzelfall kann bei Berücksichtigung aller Umstände, insbesondere

1. einer Änderung des Grundstückswertes infolge eigener zulässigerweise bewirkter Aufwendungen des Grundstückseigentümers oder
2. der Vorteile, welche eine Änderung des Grundstückswertes oder die ihr zugrunde liegenden Umstände für den Erbbauberechtigten mit sich bringen,

ein über diese Grenze hinausgehender Erhöhungsanspruch billig sein. [5]Ein Anspruch auf Erhöhung des Erbbauzinses darf frühestens nach Ablauf von drei Jahren seit Vertragsabschluß und, wenn eine Erhöhung des Erbbauzinses bereits erfolgt ist, frühestens nach Ablauf von drei Jahren seit der jeweils letzten Erhöhung des Erbbauzinses geltend gemacht werden.

(2) Dient ein Teil des auf Grund des Erbbaurechts errichteten Bauwerks Wohnzwecken, so gilt Absatz 1 nur für den Anspruch auf Änderung eines angemessenen Teilbetrages des Erbbauzinses.

(3) Die Zulässigkeit einer Vormerkung zur Sicherung eines Anspruchs auf Erhöhung des Erbbauzinses wird durch die vorstehenden Vorschriften nicht berührt.

4. Rangstelle

§ 10. (1) [1]Das Erbbaurecht kann nur zur ausschließlich ersten Rangstelle bestellt werden; der Rang kann nicht geändert werden. [2]Rechte, die zur Erhaltung der Wirksamkeit gegenüber dem öffentlichen Glauben des Grundbuchs der Eintragung nicht bedürfen, bleiben außer Betracht.

(2) Durch landesrechtliche Verordnung können Bestimmungen getroffen werden, wonach bei der Bestellung des Erbbaurechts von dem Erfordernisse der ersten Rangstelle abgewichen werden kann, wenn dies für die vorhergehenden Berechtigten und den Bestand des Erbbaurechts unschädlich ist.

5. Anwendung des Grundstücksrechts

§ 11. (1) [1] Auf das Erbbaurecht finden die sich auf Grundstücke beziehenden Vorschriften mit Ausnahme der §§ 925, 927, 928 des Bürgerlichen Gesetzbuchs sowie die Vorschriften über Ansprüche aus dem Eigentum entsprechende Anwendung, soweit sich nicht aus dieser Verordnung ein anderes ergibt. [2] Eine Übertragung des Erbbaurechts, die unter einer Bedingung oder einer Zeitbestimmung erfolgt, ist unwirksam.

(2) Auf einen Vertrag, durch den sich der eine Teil verpflichtet, ein Erbbaurecht zu bestellen oder zu erwerben, findet der § 313 des Bürgerlichen Gesetzbuchs entsprechende Anwendung.

6. Bauwerk. Bestandteile

§ 12 [**Bauwerk als wesentlicher Bestandteil**]. (1) [1] Das auf Grund des Erbbaurechts errichtete Bauwerk gilt als wesentlicher Bestandteil des Erbbaurechts. [2] Das gleiche gilt für ein Bauwerk, das bei der Bestellung des Erbbaurechts schon vorhanden ist. [3] Die Haftung des Bauwerkes für die Belastungen des Grundstücks erlischt mit der Eintragung des Erbbaurechts im Grundbuch.

(2) Die §§ 94 und 95 des Bürgerlichen Gesetzbuchs finden auf das Erbbaurecht entsprechende Anwendung; die Bestandteile des Erbbaurechts sind nicht zugleich Bestandteile des Grundstücks.

(3) Erlischt das Erbbaurecht, so werden die Bestandteile des Erbbaurechts Bestandteile des Grundstücks.

§ 13 [**Untergang des Bauwerkes**]. Das Erbbaurecht erlischt nicht dadurch, daß das Bauwerk untergeht.

II. Grundbuchvorschriften

§ 14 [**Erbbaugrundbuch**]. (1) [1] Für das Erbbaurecht wird bei der Eintragung in das Grundbuch von Amts wegen ein besonderes Grundbuchblatt (Erbbaugrundbuch) angelegt. [2] Im Erbbaugrundbuch soll auch der Eigentümer und jeder spätere Erwerber des Grundstücks vermerkt werden. [3] Zur näheren Bezeichnung des Inhalts des Erbbaurechts kann auf die Eintragungsbewilligung Bezug genommen werden.

VO über das Erbbaurecht §§ 15–19 ErbbauVO 4

(2) Bei der Eintragung im Grundbuch des Grundstücks ist zur näheren Bezeichnung des Inhalts des Erbbaurechts auf das Erbbaugrundbuch Bezug zu nehmen.

(3) [1]Das Erbbaugrundbuch ist für das Erbbaurecht das Grundbuch im Sinne des Bürgerlichen Gesetzbuchs. [2]Die Eintragung eines neuen Erbbauberechtigten ist unverzüglich auf dem Blatte des Grundstücks zu vermerken. [3]Der Vermerk kann durch Bezugnahme auf das Erbbaugrundbuch ersetzt werden.

(4) Werden das Grundbuch und das Erbbaugrundbuch in maschineller Form geführt, so genügt es für die Eintragung nach Absatz 1 Satz 2, daß lediglich der Eigentümer des belasteten Grundstücks gemäß der jeweils letzten Eintragung im Grundbuch dieses Grundstücks vermerkt ist.

§ 15 [Zustimmung des Grundstückseigentümers]. In den Fällen des § 5 darf der Rechtsübergang und die Belastung erst eingetragen werden, wenn dem Grundbuchamte die Zustimmung des Grundstückseigentümers nachgewiesen ist.

§ 16 [Löschung des Erbbaurechts]. Bei der Löschung des Erbbaurechts wird das Erbbaugrundbuch von Amts wegen geschlossen.

§ 17 [Bekanntmachungen]. (1) [1]Jede Eintragung in das Erbbaugrundbuch soll auch dem Grundstückseigentümer, die Eintragung von Verfügungsbeschränkungen des Erbbauberechtigten den im Erbbaugrundbuch eingetragenen dinglich Berechtigten bekanntgemacht werden. [2]Im übrigen sind § 44 Abs. 2, 3, § 55 Abs. 1 bis 3, 5 bis 8, §§ 55a und 55b der Grundbuchordnung entsprechend anzuwenden.

(2) Dem Erbbauberechtigten soll die Eintragung eines Grundstückseigentümers, die Eintragung von Verfügungsbeschränkungen des Grundstückseigentümers sowie die Eintragung eines Widerspruchs gegen die Eintragung des Eigentümers in das Grundbuch des Grundstücks bekanntgemacht werden.

(3) Auf die Bekanntmachung kann verzichtet werden.

III. Beleihung

1. Mündelhypothek

§ 18 [Mündelsicherheit]. Eine Hypothek an einem Erbbaurecht auf einem inländischen Grundstück ist für die Anlegung von Mündelgeld als sicher anzusehen, wenn sie eine Tilgungshypothek ist und den Erfordernissen der §§ 19, 20 entspricht.

§ 19 [Höhe der Hypothek]. (1) [1]Die Hypothek darf die Hälfte des Wertes des Erbbaurechts nicht übersteigen. [2]Dieser ist anzunehmen gleich der halben Summe des Bauwerts und des kapitalisierten, durch sorgfältige Ermittlung festgestellten jährlichen Mietreinertrags, den das Bauwerk nebst den Bestandteilen des Erbbaurechts unter Berücksichtigung seiner Beschaffenheit bei ordnungsmäßiger Wirtschaft jedem Besitzer nachhaltig gewähren kann. ³Der angenommene Wert darf jedoch den kapitalisierten Mietreinertrag nicht übersteigen.

(2) ¹Ein der Hypothek im Range vorgehender Erbbauzins ist zu kapitalisieren und von ihr in Abzug zu bringen. ²Dies gilt nicht, wenn eine Vereinbarung nach § 9 Abs. 3 Satz 1 getroffen worden ist.

§ 20 [Tilgung der Hypothek]. (1) Die planmäßige Tilgung der Hypothek muß

1. unter Zuwachs der ersparten Zinsen erfolgen,
2. spätestens mit dem Anfang des vierten auf die Gewährung des Hypothekenkapitals folgenden Kalenderjahrs beginnen,
3. spätestens zehn Jahre vor Ablauf des Erbbaurechts endigen und darf
4. nicht länger dauern, als zur buchmäßigen Abschreibung des Bauwerkes nach wirtschaftlichen Grundsätzen erforderlich ist.

(2) Das Erbbaurecht muß mindestens noch so lange laufen, daß eine den Vorschriften des Absatzes 1 entsprechende Tilgung der Hypothek für jeden Erbbauberechtigten oder seine Rechtsnachfolger aus den Erträgen des Erbbaurechts möglich ist.

2. Sicherheitsgrenze für sonstige Beleihungen

§ 21. (1) Erbbaurechte können nach Maßgabe der §§ 11 und 12 des Hypothekenbankgesetzes von Hypothekenbanken und nach Maßgabe des § 54a des Versicherungsaufsichtsgesetzes von Versicherungsunternehmen beliehen werden, wenn eine dem § 20 Abs. 1 Nr. 3 und 4 entsprechende Tilgung vereinbart wird.

(2) Auf einen der Hypothek im Range vorgehenden Erbbauzins ist die Vorschrift des § 19 Abs. 2 entsprechend anzuwenden.

3. Landesrechtliche Vorschriften

§ 22. Die Landesgesetzgebung kann für die innerhalb ihres Geltungsbereichs belegenen Grundstücke

1. die Mündelsicherheit der Erbbaurechtshypotheken abweichend von den Vorschriften der §§ 18 bis 20 regeln,
2. bestimmen, in welcher Weise festzustellen ist, ob die Voraussetzungen für die Mündelsicherheit (§§ 19, 20) vorliegen.

IV. Feuerversicherung. Zwangsversteigerung

1. Feuerversicherung

§ 23. Ist das Bauwerk gegen Feuer versichert, so hat der Versicherer den Grundstückseigentümer unverzüglich zu benachrichtigen, wenn ihm der Eintritt des Versicherungsfalls angezeigt wird.

2. Zwangsversteigerung

a) des Erbbaurechts

§ 24. Bei einer Zwangsvollstreckung in das Erbbaurecht gilt auch der Grundstückseigentümer als Beteiligter im Sinne des § 9 des Gesetzes über die Zwangsversteigerung und die Zwangsverwaltung (Reichsgesetzbl. 1898 S. 713).

b) des Grundstücks

§ 25. Wird das Grundstück zwangsweise versteigert, so bleibt das Erbbaurecht auch dann bestehen, wenn es bei der Feststellung des geringsten Gebots nicht berücksichtigt ist.

V. Beendigung, Erneuerung, Heimfall

1. Beendigung

a) Aufhebung

§ 26. [1]Das Erbbaurecht kann nur mit Zustimmung des Grundstückseigentümers aufgehoben werden. [2]Die Zustimmung ist dem Grundbuchamt oder dem Erbbauberechtigten gegenüber zu erklären; sie ist unwiderruflich.

b) Zeitablauf

§ 27 [Entschädigung für das Bauwerk]. (1) [1]Erlischt das Erbbaurecht durch Zeitablauf, so hat der Grundstückseigentümer dem Erbbauberechtigten eine Entschädigung für das Bauwerk zu leisten. [2]Als Inhalt des Erbbaurechts können Vereinbarungen über die Höhe der Entschädigung und die Art ihrer Zahlung sowie über ihre Ausschließung getroffen werden.

(2) [1]Ist das Erbbaurecht zur Befriedigung des Wohnbedürfnisses minderbemittelter Bevölkerungskreise bestellt, so muß die Entschädigung mindestens zwei Drittteile des gemeinen Wertes betragen, den das Bauwerk bei Ablauf des Erbbaurechts hat. [2]Auf eine abweichende Vereinbarung kann sich der Grundstückseigentümer nicht berufen.

(3) ¹Der Grundstückseigentümer kann seine Verpflichtung zur Zahlung der Entschädigung dadurch abwenden, daß er dem Erbbauberechtigten das Erbbaurecht vor dessen Ablauf für die voraussichtliche Standdauer des Bauwerkes ver-längert; lehnt der Erbbauberechtigte die Verlängerung ab, so erlischt der Anspruch auf Entschädigung. ²Das Erbbaurecht kann zur Abwendung der Entschädigungspflicht wiederholt verlängert werden.

(4) Vor Eintritt der Fälligkeit kann der Anspruch auf Entschädigung nicht abgetreten werden.

§ 28 [Haftung der Entschädigungsforderung]. Die Entschädigungsforderung haftet auf dem Grundstück an Stelle des Erbbaurechts und mit dessen Range.

§ 29 [Hypotheken, Grund- und Rentenschulden, Reallasten]. Ist das Erbbaurecht bei Ablauf der Zeit, für die es bestellt war, noch mit einer Hypothek oder Grundschuld oder mit Rückständen aus Rentenschulden oder Reallasten belastet, so hat der Gläubiger der Hypothek, Grund- oder Rentenschuld oder Reallast an dem Entschädigungsanspruch dieselben Rechte, die ihm im Falle des Erlöschens seines Rechtes durch Zwangsversteigerung an dem Erlöse zustehen.

§ 30 [Miete, Pacht]. (1) Erlischt das Erbbaurecht, so finden auf Miet- und Pachtverträge, die der Erbbauberechtigte abgeschlossen hat, die im Falle der Übertragung des Eigentums geltenden Vorschriften entsprechende Anwendung.

(2) ¹Erlischt das Erbbaurecht durch Zeitablauf, so ist der Grundstückseigentümer berechtigt, das Miet- oder Pachtverhältnis unter Einhaltung der gesetzlichen Frist zu kündigen. ²Die Kündigung kann nur für einen der beiden ersten Termine erfolgen, für die sie zulässig ist. ³Erlischt das Erbbaurecht vorzeitig, so kann der Grundstückseigentümer das Kündigungsrecht erst ausüben, wenn das Erbbaurecht auch durch Zeitablauf erlöschen würde.

(3) ¹Der Mieter oder Pächter kann den Grundstückseigentümer unter Bestimmung einer angemessenen Frist zur Erklärung darüber auffordern, ob er von dem Kündigungsrechte Gebrauch mache. ²Die Kündigung kann nur bis zum Ablauf der Frist erfolgen.

2. Erneuerung

§ 31. (1) ¹Ist dem Erbbauberechtigten ein Vorrecht auf Erneuerung des Erbbaurechts eingeräumt (§ 2 Nr. 6), so kann er das Vorrecht ausüben, sobald der Eigentümer mit einem Dritten einen Vertrag über Bestellung eines Erbbaurechts an dem Grundstück geschlossen hat. ²Die Ausübung des Vorrechts ist ausgeschlossen, wenn das für den Dritten zu bestellende Erbbaurecht einem anderen wirtschaftlichen Zwecke zu dienen bestimmt ist.

VO über das Erbbaurecht §§ 32, 33 ErbbauVO 4

(2) Das Vorrecht erlischt drei Jahre nach Ablauf der Zeit, für die das Erbbaurecht bestellt war.

(3) Die Vorschriften der §§ 505 bis 510, 513, 514 des Bürgerlichen Gesetzbuchs finden entsprechende Anwendung.

(4) [1]Dritten gegenüber hat das Vorrecht die Wirkung einer Vormerkung zur Sicherung eines Anspruchs auf Einräumung des Erbbaurechts. [2]Die §§ 1099 bis 1102 des Bürgerlichen Gesetzbuchs gelten entsprechend. [3]Wird das Erbbaurecht vor Ablauf der drei Jahre (Absatz 2) im Grundbuch gelöscht, so ist zur Erhaltung des Vorrechts eine Vormerkung mit dem bisherigen Range des Erbbaurechts von Amts wegen einzutragen.

(5) [1]Soweit im Falle des § 29 die Tilgung noch nicht erfolgt ist, hat der Gläubiger bei der Erneuerung an dem Erbbaurechte dieselben Rechte, die er zur Zeit des Ablaufs hatte. [2]Die Rechte an der Entschädigungsforderung erlöschen.

3. Heimfall

§ 32 [Vergütung für das Erbbaurecht]. (1) [1]Macht der Grundstückseigentümer von seinem Heimfallanspruche Gebrauch, so hat er dem Erbbauberechtigten eine angemessene Vergütung für das Erbbaurecht zu gewähren. [2]Als Inhalt des Erbbaurechts können Vereinbarungen über die Höhe dieser Vergütung und die Art ihrer Zahlung sowie ihre Ausschließung getroffen werden.

(2) [1]Ist das Erbbaurecht zur Befriedigung des Wohnbedürfnisses minderbemittelter Bevölkerungskreise bestellt, so darf eine Zahlung einer angemessenen Vergütung für das Erbbaurecht nicht ausgeschlossen werden. [2]Auf eine abweichende Vereinbarung kann sich der Grundstückseigentümer nicht berufen. [3]Die Vergütung ist nicht angemessen, wenn sie nicht mindestens zwei Dritteile des gemeinen Wertes des Erbbaurechts zur Zeit der Übertragung beträgt.

§ 33 [Belastungen]. (1) [1]Beim Heimfall des Erbbaurechts bleiben die Hypotheken, Grund- und Rentenschulden und Reallasten bestehen, soweit sie nicht dem Erbbauberechtigten selbst zustehen. [2]Dasselbe gilt für die Vormerkung eines gesetzlichen Anspruchs auf Eintragung einer Sicherungshypothek *sowie für den Bauvermerk (§ 61 des Gesetzes über die Sicherung der Bauforderungen vom 1. Juni 1909, Reichsgesetzbl. S. 449)*. [3]Andere auf dem Erbbaurechte lastende Rechte erlöschen.

(2) [1]Haftet bei einer Hypothek, die bestehen bleibt, der Erbbauberechtigte zugleich persönlich, so übernimmt der Grundstückseigentümer die Schuld in Höhe der Hypothek. [2]Die Vorschriften des § 416 des Bürgerlichen Gesetzbuchs finden entsprechende Anwendung. [3]Das gleiche gilt, wenn bei einer bestehenbleibenden

Grundschuld oder bei Rückständen aus Rentenschulden oder Reallasten der Erbbauberechtigte zugleich persönlich haftet.

(3) Die Forderungen, die der Grundstückseigentümer nach Absatz 2 übernimmt, werden auf die Vergütung (§ 32) angerechnet.

4. Bauwerk

§ 34. Der Erbbauberechtigte ist nicht berechtigt, beim Heimfall oder beim Erlöschen des Erbbaurechts das Bauwerk wegzunehmen oder sich Bestandteile des Bauwerkes anzueignen.

VI. Schlußbestimmungen

§ 35 [Inkrafttreten]. ¹Diese Verordnung hat Gesetzeskraft und tritt am Tage der Verkündung[1]) in Kraft. ²Gleichzeitig treten die §§ 1012 bis 1017 des Bürgerlichen Gesetzbuchs und § 7 der Grundbuchordnung außer Kraft.

§ 36 [Verweisungen auf §§ 1012 bis 1017 BGB]. Soweit in Reichs- oder Landesgesetzen auf die §§ 1012 bis 1017 des Bürgerlichen Gesetzbuchs verwiesen ist, treten an deren Stelle die entsprechenden Vorschriften dieser Verordnung.

§ 37. *(gegenstandslos)*

§ 38 [Früher begründete Erbbaurechte]. Für ein Erbbaurecht, mit dem ein Grundstück zur Zeit des Inkrafttretens dieser Verordnung belastet ist, bleiben die bisherigen Gesetze maßgebend.

§ 39. Erwirbt ein Erbbauberechtigter auf Grund eines Vorkaufsrechts oder einer Kaufberechtigung im Sinne des § 2 Nr. 7 das mit dem Erbbaurechte belastete Grundstück oder wird ein bestehendes Erbbaurecht erneuert, so bleiben reichs-, landesgesetzliche und kommunale Gebühren, *Stempel*- und Umsatzsteuern jeder Art insoweit außer Ansatz, als sie schon bei Begründung des Erbbaurechts entrichtet worden sind.

---

[1]) Verkündet am 22. 1. 1919.

5. Gesetz über die Sonderung unvermessener und überbauter Grundstücke nach der Karte – Bodensonderungsgesetz (BoSoG)[1] –

Vom 20. Dezember 1993

(BGBl. I S. 2182)

Abschnitt 1. Sonderung von Grundstücken und dinglichen Nutzungsrechten

§ 1 Anwendungsbereich. Durch einen mit Sonderungsbescheid festgestellten Sonderungsplan kann bei Grundstücken in dem in Artikel 3 des Einigungsvertrages genannten Gebiet bestimmt werden,

1. wie weit sich amtlich nicht nachweisbare Eigentumsrechte (unvermessenes Eigentum) oder grafisch nicht nachweisbare dingliche Nutzungsrechte, die nicht auf dem vollen Umfang eines Grundstücks ausgeübt werden dürfen, an solchen Grundstücken erstrecken (unvermessene Nutzungsrechte),
2. für welchen Teil solcher Grundstücke auch in Ansehung von Rest- und Splitterflächen ein Anspruch auf Bestellung von Erbbaurechten oder beschränkten dinglichen Rechten oder auf Übertragung des Eigentums nach dem in Artikel 233 § 3 Abs. 2 des Einführungsgesetzes zum Bürgerlichen Gesetzbuche vorgesehenen Gesetz (Sachenrechtsbereinigungsgesetz) besteht,
3. wie die dinglichen Rechtsverhältnisse an nicht der Vermögenszuordnung unterliegenden Grundstücken, die im räumlichen und funktionalen Zusammenhang mit dem Gegenstand eines Zuordnungsplans gemäß § 2 Abs. 2a bis 2c des Vermögenszuordnungsgesetzes stehen, neu geordnet werden (ergänzende Bodenneuordnung),
4. wie die dinglichen Rechtsverhältnisse an im Zusammenhang bebauten nicht der Zuordnung unterliegenden Grundstücken, die nicht im räumlichen und funktionalen Zusammenhang mit dem Gegenstand eines Zuordnungsplans gemäß § 2 Abs. 2a bis 2c des Vermögenszuordnungsgesetzes stehen, mit den tatsächlichen Nutzungsverhältnissen in Einklang gebracht werden (komplexe Bodenneuordnung).

§ 2 Unvermessenes Eigentum. (1) ¹Die Reichweite unvermessenen Eigentums bestimmt sich nach dem Ergebnis einer Einigung der betroffenen Grundeigentümer. ²Die Einigung bedarf der Form des § 313 des Bürgerlichen Gesetzbuchs, wenn sie nicht im Zuge des

---

[1] Bekanntgemacht als Art. 14 des Registerverfahrenbeschleunigungsgesetzes vom 20. 12. 1993 (BGBl. I S. 2182).

Bodensonderungsverfahrens von der Sonderungsbehörde oder einer von dieser beauftragten Person oder Stelle (§ 8 Abs. 1 Satz 2) protokolliert wird; diese darf nicht zur Umgehung der erforderlichen Teilungsgenehmigung führen. [3]Die Einigung bedarf der Zustimmung der bei dem Grundbuchamt bekannten Inhaber von beschränkten dinglichen Rechten an den betroffenen Grundstücken. [4]Die Zustimmung gilt als erteilt, wenn der Einigung nicht nach Aufforderung der Sonderungsbehörde dieser gegenüber innerhalb einer Frist von vier Wochen widersprochen wird. [5]Der Widerspruch ist unbeachtlich, wenn nicht konkrete Anhaltspunkte für eine von der Einigung abweichende materielle Rechtslage angeführt werden.

(2) [1]Kommt eine Einigung nicht zustande, so bestimmt sich das Eigentum nach dem Besitzstand. [2]Für die Ermittlung des Besitzstandes sind vorhandene Gebäudesteuerbücher, Kataster- und Vermessungs- und andere Unterlagen zu berücksichtigen. [3]Die Besitzverhältnisse sind insbesondere durch die Einbeziehung der bekannten Eigentümer und Nutzer sowie der Gläubiger beschränkter dinglicher Rechte an den Grundstücken zu ermitteln. [4]Es wird widerleglich vermutet, daß die Besitzverhältnisse im Zeitpunkt ihrer Ermittlung den Besitzstand darstellen.

(3) [1]Kann auch der Besitzstand nicht ermittelt werden oder ist offensichtlich, daß er die Eigentumsverhältnisse nicht darstellen kann, so ist jedem der betroffenen Grundeigentümer ein gleich großes Stück der streitigen Fläche zuzuteilen. [2]Hiervon kann nach billigem Ermessen abgewichen werden, wenn die Zuteilung nach Satz 1 zu einem Ergebnis führt, das mit den feststehenden Umständen nicht in Einklang zu bringen ist.

§ 3 Unvermessene Nutzungsrechte. (1) Bei unvermessenen dinglichen Nutzungsrechten bestimmt sich der räumliche Umfang der Befugnis zur Ausübung des Rechtes nach dem Inhalt der Nutzungsrechtsurkunde.

(2) [1]Läßt sich der Umfang der Befugnis zur Ausübung des Nutzungsrechts aus dem Inhalt der Nutzungsrechtsurkunde nicht entnehmen, so bestimmt er sich nach dem Ergebnis einer Einigung der betroffenen Inhaber von dinglichen Nutzungsrechten und der betroffenen Grundeigentümer. [2]§ 2 Abs. 1 gilt mit der Maßgabe entsprechend, daß neben der Zustimmung der bei dem Grundbuchamt bekannten Inhaber von beschränkten dinglichen Rechten an den betroffenen Grundstücken die Zustimmung der bei dem Grundbuchamt bekannten Inhaber von beschränkten dinglichen Rechten an dem Nutzungsrecht oder einem in Ausübung des Nutzungsrechts entstandenen selbständigen Gebäudeeigentum erforderlich ist.

(3) [1]Läßt sich der räumliche Umfang der Befugnis zur Ausübung des Nutzungsrechts aus dem Inhalt der Nutzungsrechtsurkunde nicht entnehmen und ist eine Einigung nicht zu erzielen, so bestimmt

Bodensonderungsgesetz **§§ 4, 5 BoSoG 5**

sich die Befugnis zur Ausübung des Nutzungsrechts nach Artikel 233 § 4 Abs. 3 Satz 3 des Einführungsgesetzes zum Bürgerlichen Gesetzbuche, soweit nicht eine hierüber hinausgehende Zuweisung oder Verleihung nachgewiesen wird. [2]§ 2 Abs. 3 gilt sinngemäß.

§ 4 Vollzug des Sachenrechtsbereinigungsgesetzes. In den Fällen des § 1 Nr. 2 bestimmen sich die festzulegenden dinglichen Rechtsverhältnisse nach dem Sachenrechtsbereinigungsgesetz.

§ 5 Bodenneuordnung. (1) Durch Bodenneuordnung können aus Grundstücken, die nicht der Vermögenszuordnung unterliegen, oder Teilen hiervon neue Grundstücke gebildet, beschränkte dingliche Rechte daran begründet oder solche Grundstücke mit Grundstücken vereinigt werden, die Gegenstand eines Zuordnungsplanes sind.

(2) [1]Die ergänzende Bodenneuordnung (§ 1 Nr. 3) schreibt die Festlegungen des Zuordnungsplans auf Grundstücken nach Absatz 1 im Gebiet des Zuordnungsplans fort, soweit dies zur zweckentsprechenden Nutzung der zugeordneten Grundstücke erforderlich ist. [2]Soweit der Zuordnungsplan keinen Aufschluß über die zu bestimmenden Grundstücksgrenzen gibt, ist nach Absatz 3 zu verfahren.

(3) Eine komplexe Bodenneuordnung (§ 1 Nr. 4) ist nur zulässig, um Grundstücke nach Absatz 1, die für Zwecke der öffentlichen Wohnungsversorgung im komplexen Siedlungs- und Wohnungsbau, in vergleichbarer Weise oder für hiermit in Zusammenhang stehende Maßnahmen der Infrastruktur genutzt werden, sowie die dinglichen Rechtsverhältnisse hieran in der Weise neu zu ordnen, daß die Grundstücke und die dinglichen Rechtsverhältnisse hieran mit den tatsächlichen Nutzungsverhältnissen angemessen in Einklang gebracht werden.

(4) Begünstigte können nur öffentliche Stellen, Kapitalgesellschaften, deren sämtliche Anteile öffentlichen Stellen zustehen und die öffentliche Zwecke verfolgen, Treuhandunternehmen, Wohnungsbaugenossenschaften und Arbeiterwohnungsbaugenossenschaften sowie deren Rechtsnachfolger, betroffene Grundeigentümer oder nach dem Sachenrechtsbereinigungsgesetz Anspruchsberechtigte sein.

(5) [1]Bei der Bodenneuordnung nach den Vorschriften dieses Gesetzes können dingliche Rechte an Grundstücken im Sonderungsgebiet, Rechte an einem ein solches Grundstück belastenden Recht sowie öffentlich-rechtliche Verpflichtungen zu einem ein Grundstück im Sonderungsgebiet betreffenden Tun, Dulden oder Unterlassen (Baulast) aufgehoben, geändert oder neu begründet werden. [2]Bei Baulasten bedarf dies der Zustimmung der Baugenehmigungsbehörde. [3]Leitungsrechte und die Führung von Leitungen für Ver- und Entsorgungsleitungen sind, außer wenn die Berechtigten zu-

5 BoSoG § 6 Bodensonderungsgesetz

stimmen, nicht zu verändern. [4]Nicht geänderte Rechte und Leitungsführungen setzen sich an den neu gebildeten Grundstücken fort.

(6) Von den Vorschriften des Sachenrechtsbereinigungsgesetzes kann für die in Absätzen 2, 3 und 5 vorgesehenen Festlegungen abgewichen werden, soweit dies für die Bodenneuordnung erforderlich ist.

(7) [1]Ein Bodensonderungsverfahren ist unzulässig, solange ein Verfahren nach dem 8. Abschnitt des Landwirtschaftsanpassungsgesetzes oder dem Flurbereinigungsgesetz anhängig ist oder wenn die Bodeneigentumsverhältnisse in einem behördlichen Verfahren nach dem 2. Oktober 1990 neu geordnet worden sind. [2]Ein Bodensonderungsverfahren kann durchgeführt werden, wenn ein Verfahren nach dem Vermögenszuordnungsgesetz anhängig ist; jedoch darf der Sonderungsbescheid erst in Kraft gesetzt werden, wenn der Zuordnungsbescheid ergangen ist.

Abschnitt 2. Durchführung der Sonderung

§ 6 Ablauf des Sonderungsverfahrens. (1) [1]Die Sonderungsbehörde (§ 10) legt unvermessenes Eigentum, unvermessene Nutzungsrechte, den räumlichen Umfang von Ansprüchen nach dem Sachenrechtsbereinigungsgesetz oder von neu zu ordnenden dinglichen Rechtsverhältnissen in einem Sonderungsbescheid (§ 7) fest. [2]Diese Festlegung erfolgt in den Fällen des § 1 Nr. 1, 3 und 4 von Amts wegen, in den Fällen des § 1 Nr. 2 auf Ersuchen der nach dem Sachenrechtsbereinigungsgesetz zuständigen Stelle, in den Fällen des § 1 Nr. 3 auch auf Ersuchen des Präsidenten der Oberfinanzdirektion, der den Zuordnungsplan durch Zuordnungsbescheid erlassen hat oder auf Antrag einer der in § 5 Abs. 4 genannten Stellen. [3]In den Fällen des § 1 Nr. 1 und 2 erfolgt die Festlegung auch auf Antrag eines der betroffenen Grundeigentümer, Inhaber von dinglichen Nutzungsrechten oder Anspruchsberechtigten nach dem Sachenrechtsbereinigungsgesetz (Planbetroffenen). [4]Die Ausübung des Antragsrechts privater Antragsteller ist pfändbar.

(2) [1]Die Sonderungsbehörde legt, auch wenn das Verfahren auf Antrag eines Planbetroffenen eingeleitet worden ist, nach pflichtgemäßem Ermessen fest, auf welches Gebiet sich der Sonderungsplan bezieht und in welchem Umfang eine vermessungstechnische Bestimmung der Grenze des Plangebietes erforderlich ist. [2]Das Plangebiet soll mindestens die Flächen umfassen, die an die von dem Antragsteller beanspruchten Flächen angrenzen. [3]Ist der Antragsteller Inhaber eines dinglichen Nutzungsrechts, so muß das Plangebiet mindestens die von dem Recht betroffenen Grundstücke umfassen.

(3) [1]Die Sonderungsbehörde kann den Antrag eines Planbetroffenen zurückweisen, wenn dem Antragsteller zugesagt wird, daß die

Bodensonderungsgesetz **§§ 7, 8 BoSoG 5**

Vermessung seines Grundstücks oder dinglichen Nutzungsrechts innerhalb der nächsten drei Monate durchgeführt wird. ²Dies gilt nicht, wenn eine erteilte Zusage nicht eingehalten wurde.

(4) ¹In Verfahren nach § 1 Nr. 3 und 4 kann die Sonderungsbehörde anordnen, daß über die dinglichen Rechte an Grundstücken und grundstücksgleichen Rechten bis zum Abschluß des Verfahrens nur mit ihrer Genehmigung verfügt werden darf; die Genehmigung ist zu erteilen, wenn die Verfügung die Durchführung des Verfahrens nicht beeinträchtigen wird. ²Die Anordnung hindert Verfügungen über das dingliche Recht an dem Grundstück oder grundstücksgleichen Recht nur, wenn im Grundbuch ein Zustimmungsvorbehalt unter Angabe dieser Vorschrift eingetragen ist. ³Das Grundbuchamt trägt den Zustimmungsvorbehalt nur auf Ersuchen der Sonderungsbehörde ein.

§ 7 Inhalt des Sonderbescheids und des Sonderungsplans. (1) ¹Der Sonderungsbescheid stellt den Sonderungsplan verbindlich fest. ²Der Sonderungsplan ist Bestandteil des Bescheids.

(2) ¹Der Sonderungsplan besteht aus einer Grundstückskarte (§ 8 Abs. 2) und einer Grundstücksliste (§ 8 Abs. 3). ²Er dient vom Zeitpunkt seiner Feststellung bis zur Übernahme in das Liegenschaftskataster als amtliches Verzeichnis der Grundstücke im Sinne von § 2 Abs. 2 der Grundbuchordnung. ³Er tritt in Ansehung der aufgeführten Grundstücke an die Stelle eines vorhandenen Ersatzes für das amtliche Verzeichnis.

§ 8 Aufstellung des Sonderungsplans. (1) ¹Die Sonderungsbehörde erstellt für das von ihr festgelegte Plangebiet einen Entwurf des Sonderungsplans. ²Sie kann die Vorbereitung der im Sonderungsverfahren zu treffenden Entscheidungen öffentlich bestellten Vermessungsingenieuren sowie Personen oder Stellen übertragen, die nach den landesrechtlichen Vorschriften zur Ausführung von Katastervermessungen befugt sind. ³Das Recht, die Grundstücke zu betreten, richtet sich nach den für das Plangebiet geltenden landesrechtlichen Vorschriften über die Katastervermessung.

(2) ¹Die nach Maßgabe der §§ 2 bis 5 ermittelten dinglichen Rechtsverhältnisse sind in einer Grundstückskarte, die im Maßstab nicht kleiner als 1 zu 1000 sein darf, grafisch nachzuweisen. ²Dabei sind vorhandenes Kartenmaterial sowie zur Vorbereitung etwa angefertigte oder sonst vorhandene Luftbildaufnahmen zu nutzen. ³Soll die Befugnis zur Ausübung von Nutzungsrechten festgestellt werden, sind in der Grundstückskarte neben den Flächen, auf denen das Nutzungsrecht ausgeübt werden kann, auch die Grenzen der betroffenen Grundstücke anzugeben. ⁴Bei einer ergänzenden Bodenneuordnung sind die Festlegungen des Zuordnungsplans in die Karte zu übernehmen.

5 BoSoG § 8 Bodensonderungsgesetz

(3) ¹Bei unvermessenem Eigentum sind die in der Grundstückskarte verzeichneten Grundstücke in einer Grundstücksliste unter Angabe der aus dem Grundbuch ersichtlichen oder bei dem Grundbuchamt sonst bekannten Eigentümer und, soweit bekannt, die bisherige Grundbuchstelle aufzuführen. ²Bei unvermessenen Nutzungsrechten sind in der Grundstücksliste neben den Eigentümern der von den Nutzungsrechten betroffenen Grundstücke auch die Inhaber der Nutzungsrechte aufzuführen. ³In den Fällen des § 1 Nr. 2, 3 und 4 sind in der Grundstücksliste diejenigen Personen anzugeben, denen die gebildeten oder zu bildenden Grundstücke oder Erbbaurechte zukommen sollen.

(4) ¹Der Entwurf des Sonderungsplans sowie die zu seiner Aufstellung verwandten Unterlagen (Absatz 2, § 2 Abs. 2, § 3 Abs. 1 und 2) legt die Sonderungsbehörde für die Dauer eines Monats in ihren Diensträumen zur Einsicht aus. ²In den Fällen des § 1 Nr. 2, 3 und 4 ist auch eine Karte des vorhandenen oder des ermittelten Bestandes, in den Fällen des § 1 Nr. 3 zusätzlich auch der Zuordnungsplan auszulegen. ³Die Sonderungsbehörde hat die Auslegung ortsüblich öffentlich bekanntzumachen. ⁴Die Bekanntmachung hat das in das Verfahren einbezogene Gebiet und das nach § 1 mögliche Ziel des Verfahrens zu bezeichnen, sowie den Hinweis zu enthalten, daß alle Planbetroffenen sowie Inhaber von Rückübertragungsansprüchen nach dem Vermögensgesetz oder aus Restitution (§ 11 Abs. 1 des Vermögenszuordnungsgesetzes) oder von beschränkten dinglichen Rechten am Grundstück oder Rechten an dem Grundstück binnen eines Monats von der Bekanntmachung an den Entwurf für den Sonderungsplan sowie seine Unterlagen einsehen und Einwände gegen die getroffenen Feststellungen zu den dinglichen Rechtsverhältnissen erheben können. ⁵Diese Frist kann nicht verlängert werden; nach ihrem Ablauf findet eine Wiedereinsetzung in den vorigen Stand nicht statt. ⁶In den Fällen des § 1 Nr. 3 und 4 sind stets das Bundesvermögensamt, in dessen Bezirk die Gemeinde liegt, das in dem Plangebiet tätige kommunale Wohnungsunternehmen und die Wohnungsbaugenossenschaft oder Arbeiterwohnungsbaugenossenschaft, die Gebäude im Plangebiet verwaltet, oder ihr Rechtsnachfolger zu hören; in den Fällen des § 1 Nr. 1 ist die Gemeinde zu hören.

(5) ¹Die aus dem Grundbuch oder dem Antrag der Behörde nach § 6 Abs. 1 Satz 2 ersichtlichen Planbetroffenen oder, falls sie verstorben sind, ihre dem Grundbuchamt bekannten Erben erhalten eine eingeschriebene Nachricht über die öffentliche Auslegung, die mit einer Aufforderung zur Einsichtnahme und dem Hinweis, daß innerhalb der anzugebenden Frist nach Absatz 4 Einwände gegen die Feststellungen erhoben werden können, zu verbinden ist. ²Die Frist nach Absatz 4 beginnt dann mit dem Zugang der Nachricht. ³In den Fällen des § 1 Nr. 3 und 4 ist für Planbetroffene, die nach Person oder deren Aufenthalt nicht bekannt ist, nach Maßgabe des Artikel 233 § 2

Bodensonderungsgesetz **§§ 9, 10 BoSoG 5**

Abs. 3 des Einführungsgesetzes zum Bürgerlichen Gesetzbuche ein Vertreter zu bestellen, soweit dies nicht schon nach anderen Vorschriften geschehen ist.

(6) Das Bundesministerium der Justiz wird ermächtigt, durch Rechtsverordnung mit Zustimmung des Bundesrates die Gestaltung des Sonderungsplans, auch durch Bestimmung von Mustern, unter Berücksichtigung der für die Führung des Liegenschaftskatasters bestehenden Vorschriften festzulegen.

§ 9 Erlaß des Sonderungsbescheids. (1) [1]Nach Ablauf der in § 8 Abs. 4 und 5 genannten Frist stellt die Sonderungsbehörde den Sonderungsplan durch einen Bescheid verbindlich fest. [2]Der Sonderungsplan ist Bestandteil des Bescheids. [3]Sofern den nach § 8 Abs. 4 und 5 erhobenen Einwänden nicht gefolgt wird, ist dies zu begründen.

(2) [1]Der Sonderungsbescheid ist mit einer Rechtsbehelfsbelehrung zu versehen und für die Dauer eines Monats in der Sonderungsbehörde zur Einsicht auszulegen. [2]Die Sonderungsbehörde hat die Auslegung ortsüblich öffentlich bekanntzumachen und den aus dem Grundbuch ersichtlichen Planbetroffenen, wenn sie verstorben sind, ihren dem Grundbuchamt bekannten Erben oder, wenn sie nicht bekannt sind, dem gemäß § 8 Abs. 5 zu bestellenden Vertreter mitzuteilen. [3]Die Bekanntmachung und die Mitteilung müssen den Ausspruch und Begründung des Bescheids, den Ort und den Zeitraum der Auslegung sowie eine Belehrung darüber enthalten, daß binnen eines Monats nach Ablauf der Auslegungsfrist gegen den Bescheid Widerspruch erhoben werden kann. [4]Der Ausschnitt einer Karte im Maßstab 1 zu 10000, der erkennen läßt, wo das Sonderungsgebiet liegt, ist beizufügen. [5]Mit Ablauf der Auslegungsfrist gilt der Bescheid gegenüber den Planbetroffenen als zugestellt; darauf ist in der Bekanntmachung und in der Mitteilung hinzuweisen.

(3) Auf die öffentliche Auslegung des Bescheids nach Absatz 2 kann verzichtet werden, wenn der Bescheid einschließlich des Sonderungsplans sämtlichen Planbetroffenen zugestellt wird, die nicht auf die Einlegung von Rechtsbehelfen oder Rechtsmitteln verzichtet haben.

(4) Der nach anderen Vorschriften vorgeschriebenen Genehmigung für die Teilung von Grundstücken bedarf es bei einer Entscheidung durch Sonderungsbescheid nicht.

§ 10 Sonderungsbehörde. [1]Sonderungsbehörde ist in den Fällen des § 1 Nr. 3 und 4 die Gemeinde, im übrigen die für die Führung des Liegenschaftskatasters zuständige Behörde. [2]Die Sonderungsbehörde kann ihre Befugnis zur Durchführung eines Sonderungsverfahrens für das ganze Gemeindegebiet oder Teile desselben für einzelne Verfahren oder auf Dauer auf eine andere geeignete Behörde übertragen. ³Die Einzelheiten der Übertragung einschließlich der Mitwirkungsrechte der Sonderungsbehörde können in einer Vereinbarung zwischen ihr und der anderen Behörde geregelt werden.

§ 11 Besonderheiten bei der ergänzenden Bodenneuordnung. ¹Ist bei Einleitung des Sonderungsverfahrens nach § 5 Abs. 2 ein Zuordnungsbescheid nach § 2 Abs. 2b des Vermögenszuordnungsgesetzes bereits ergangen, so kann die Grundstückskarte durch entsprechende grafische Darstellungen im Zuordnungsplan ersetzt werden. ²Liegt ein Zuordnungsbescheid nach § 2 Abs. 2b des Vermögenszuordnungsgesetzes noch nicht vor, so können Zuordnungs- und Sonderungsplan verbunden werden. ³In beiden Fällen ist in dem Plan grafisch das Gebiet der Zuordnung von dem der Sonderung abzugrenzen. ⁴Der Sonderungsbescheid ist auf die grafisch als Sonderungsgebiet abgegrenzten Teile des Zuordnungsplans oder des einheitlichen Plans zu beschränken.

§ 12 Aussetzung von Verfahren. ¹Die Sonderungsbehörde kann ein Verfahren nach diesem Gesetz aussetzen, soweit im Plangebiet ein Verfahren nach dem 8. Abschnitt des Landwirtschaftsanpassungsgesetzes, dem Flurbereinigungsgesetz, dem Vierten Teil des Baugesetzbuchs oder nach dem Sachenrechtsbereinigungsgesetz eingeleitet ist oder wird. ²Die Sonderungsbehörde erhält über die Einleitung eines solchen Verfahrens eine Nachricht; sie benachrichtigt ihrerseits die betreffenden Behörden über die Einleitung eines Sonderungsverfahrens.

Abschnitt 3. Wirkungen der Sonderung

§ 13 Umfang der Grundstücksrechte im Sonderungsgebiet.
(1) ¹Mit Bestandskraft des Sonderungsbescheids haben die Grundstücke den in dem Sonderplan bezeichneten Umfang. ²Zu diesem Zeitpunkt werden unabhängig von der späteren Eintragung im Grundbuch in einem Sonderungsplan nach §§ 4 oder 5 enthaltene Bestimmung über die Änderung, Aufhebung oder Begründung von Eigentums- und beschränkten dinglichen Rechten an Grundstücken und grundstücksgleichen Rechten oder von Baulasten im Gebiet des Sonderungsplans wirksam.

(2) ¹Soweit der Sonderungsplan bestandskräftig geworden ist, kann ein abweichender Grenzverlauf des Grundstücks oder der Befugnis zur Ausübung eines Nutzungsrechts sowie eine andere Aufteilung von Grundstücken oder beschränkten dinglichen Rechten daran nicht mehr geltend gemacht werden. ²Das Recht, die fehlende Übereinstimmung zwischen einer späteren amtlichen Vermessung und der Grundstückskarte (§ 8 Abs. 2) geltend zu machen, sowie Ansprüche aus §§ 919 und 920 des Bürgerlichen Gesetzbuchs oder auf

Anpassung des Erbbauzinses oder eines Kaufpreises an eine abweichende Grundstücksfläche bleiben unberührt.

(3) Ansprüche nach dem Sachenrechtsbereinigungsgesetz auf Bestellung beschränkter dinglicher Rechte oder die Übertragung von Grundeigentum können nach rechtskräftigem Abschluß eines Verfahrens nach diesem Gesetz in Ansehung der abgesonderten Flächen nicht mehr geltend gemacht werden.

(4) [1]Rückübertragungsansprüche nach dem Vermögensgesetz setzen sich an den neu gebildeten Grundstücken fort. [2]Dies gilt nicht, wenn

1. die Grundstücke für Zwecke der öffentlichen Wohnungsversorgung im komplexen Wohnungsbau, für hiermit in Zusammenhang stehende Maßnahmen der Infrastruktur oder für einen anderen in § 5 Abs. 1 des Vermögensgesetzes genannten Zweck genutzt werden oder

2. das neu gebildete Grundstück für die Rückübertragung geteilt werden müßte.

§ 14 Bereicherungsausgleich. [1]In den Fällen des § 1 Nr. 1 kann, soweit der festgestellte Umfang des Grundstücks oder der Befugnis zur Ausübung des dinglichen Nutzungsrechts nicht auf einer Einigung beruht und nicht im Einklang mit den früheren Eigentums- oder dinglichen Nutzungsrechtsverhältnissen steht, jeder benachteiligte Eigentümer oder Inhaber von dinglichen Nutzungsrechten von dem auf seine Kosten begünstigten Eigentümer oder Inhaber eines dinglichen Nutzungsrechts die Übertragung des diesem zugewiesenen Teils des Grundstückseigentums oder dinglichen Nutzungsrechts oder eine entsprechende Übertragung solcher Rechte nach Maßgabe der Vorschriften über die ungerechtfertigte Bereicherung verlangen. [2]Teilungsgenehmigungen auch nach Landesrecht sind zur Erfüllung dieser Ansprüche nicht erforderlich.

§ 15 Ausgleich für Rechtsverlust. (1) [1]Demjenigen, der durch die Bodenneuordnung (§ 5) ein dingliches Recht an einem Grundstück oder ein selbständiges Gebäudeeigentum verliert, steht gegen den Träger der Sonderungsbehörde im Umfang des Verlustes nur die in dem Sachenrechtsbereinigungsgesetz für den Ankaufsfall vorgesehenen Ansprüche zu. [2]Bei Grundstücken, für die vermögensrechtliche Ansprüche angemeldet worden sind, steht dieser Anspruch demjenigen zu, dem das Eigentum an dem Grundstück ohne die Bodenneuordnung aufgrund der Anmeldung zurückzuübertragen gewesen wäre; aus diesem Betrag sind die aus dem Vermögensgesetz folgenden Verpflichtungen der Berechtigten zu erfüllen.

(2) Soweit ein Verlust eines dinglichen Rechts an einem Grundstück oder von Gebäudeeigentum eintritt, das nicht Gegenstand des Sachenrechtsbereinigungsgesetzes ist, steht dem Betroffenen die im

Baugesetzbuch bei einer Umlegung insoweit vorgesehene Entschädigung zu.

(3) Unbeschadet des § 13 kann innerhalb von fünf Jahren von der Bestandskraft des Sonderungsbescheids in Ansehung der Neuordnung an für die Berechnung eines Ausgleichs nachgewiesen werden, daß das frühere Grundstück des Anspruchsberechtigten größer war, als in der zugrundegelegten Bestandskarte festgelegt.

(4) [1]Ansprüche nach den vorstehenden Absätzen stehen demjenigen nicht zu, dessen Rechtsverlust durch Übertragung von Eigentum an einem Grundstück oder Einräumung beschränkter dinglicher Rechte angemessen ausgeglichen wird. [2]Dieser Ersatz muß in den Festlegungen des Sonderungsplans ausgewiesen werden.

(5) [1]Der Eigentümer jedes der in dem Gebiet des Sonderungsplans gelegenen Grundstücke hat an den Träger der Sonderungsbehörde einen Betrag in Höhe eines Anteils an der Summe aller im Gebiet des Sonderungsplans anfallenden Entschädigungsleistungen zu entrichten. [2]Die Höhe des Anteils bestimmt sich nach dem Verhältnis der dem Eigentümer gehörenden Grundstücksfläche zur Fläche des Gebiets des Sonderungsplans. [3]Diese Ausgleichspflichten können in dem Sonderungsbescheid festgesetzt werden.

(6) Über Entschädigungsansprüche und Ausgleichspflichten nach dieser Vorschrift kann ganz oder teilweise gesondert entschieden werden.

§ 16 Einrede der Sonderung. Soweit ein Sonderungsverfahren nach diesem Gesetz anhängig und nicht ausgesetzt ist, kann Ansprüchen aus §§ 919 oder 920 des Bürgerlichen Gesetzbuchs oder auf Feststellung des Eigentums die Einrede der Sonderung entgegengehalten werden.

§ 17 Kosten. [1]Die Kosten des Verwaltungsverfahrens tragen, soweit nichts Besonderes bestimmt ist, die Eigentümer der in den Sonderungsplan aufgenommenen Grundstücke im Verhältnis der Größe der Grundstücke. [2]In den Fällen des § 3 tragen Eigentümer und Nutzer die auf das Grundstück entfallenden Kosten zu gleichen Teilen. [3]Die Behörde kann eine abweichende Verteilung der Kosten nach billigem Ermessen namentlich dann anordnen, wenn die Rechtsverfolgung ganz oder teilweise mutwillig erscheint. [4]Die Berichtigung des Grundbuchs ist kostenfrei. [5]Im übrigen gilt § 108 Abs. 1 und 2 des Flurbereinigungsgesetzes sinngemäß.

Abschnitt 4. Rechtsschutz, Verhältnis zu anderen Verfahren

§ 18 Antrag auf gerichtliche Entscheidung. (1) [1]Sonderungsbescheide sowie sonstige Bescheide nach diesem Gesetz können von Planbetroffenen nur durch Antrag auf gerichtliche Entscheidung an-

Bodensonderungsgesetz § 18 BoSoG 5

gefochten werden. ²Über den Antrag entscheidet eine Zivilkammer des Landgerichts, in dessen Bezirk die Sonderungsbehörde ihren Sitz hat. ³Der Antrag kann erst nach vorausgegangenem Verwaltungsvorverfahren nach dem 8. Abschnitt der Verwaltungsgerichtsordnung gestellt werden, für das die Stelle zuständig ist, die nach dem Landesrecht die allgemeine Aufsicht über die Sonderungsbehörde führt. ⁴Das Bundesministerium der Justiz wird ermächtigt, durch Rechtsverordnung mit Zustimmung des Bundesrates die näheren Einzelheiten zu regeln und hierbei auch von den Bestimmungen der Verwaltungsgerichtsordnung abzuweichen, soweit dies für Verfahren nach diesem Gesetz erforderlich ist, sowie die Zuständigkeit für das Verwaltungsvorverfahren anders zu bestimmen.

(2) ¹Der Antrag muß innerhalb eines Monats nach Zustellung der in dem Verwaltungsvorverfahren ergangenen Entscheidung schriftlich bei dem Landgericht gestellt werden. ²Er ist nur zulässig, wenn der Antragsteller geltend macht, durch den Bescheid in seinen Rechten verletzt zu sein. ³Der Antrag soll die Erklärung, inwieweit der Bescheid angefochten wird, und einen bestimmten Antrag enthalten sowie die Gründe und die Tatsachen und Beweismittel angeben, die zur Rechtfertigung des Antrags dienen.

(3) ¹Der Antrag hat im Umfang des Antragsgegenstands aufschiebende Wirkung. ²Antragsgegenstand sind nur die Teile des festgestellten Sonderungsplans, auf die sich eine Veränderung der angegriffenen Festlegungen auswirken kann. ³Im übrigen wird der Sonderungsbescheid bestandskräftig. ⁴Der Umfang der Bestandskraft ist dem Grundbuchamt durch die Sonderungsbehörde in einer mit entsprechenden Abgrenzungen versehenen beglaubigten Abschrift des Sonderungsbescheids nachzuweisen. ⁴Der bestandskräftige Teil des Sonderungsplans ist für die Bezeichnung der Grundstücke im Grundbuch maßgebend. ⁵Die Grundstücksbezeichnung kann im Grundbuch von Amts wegen berichtigt werden. ⁶Dies gilt entsprechend, wenn der Plan später ganz oder teilweise bestandskräftig geworden ist.

(4) ¹Das Gericht entscheidet durch Beschluß. ²Soweit sich die Beteiligten auf die Sonderung gütlich geeinigt haben, bedarf der Beschluß keiner Begründung. ³Soweit der Antrag auf gerichtliche Entscheidung für begründet erachtet wird, hebt das Gericht den Bescheid und die im Verwaltungsvorverfahren ergangene Entscheidung auf. ⁴Es soll den Bescheid entsprechend ändern oder spricht die Verpflichtung aus, den Antragsteller unter Beachtung der Rechtsauffassung des Gerichts zu bescheiden.

(5) ¹Auf das Verfahren sind die Vorschriften des § 217 Abs. 4, des § 218 Abs. 1, des § 221 Abs. 2 und 3, des § 222 Abs. 1 und 2 sowie der §§ 227 und 228 des Baugesetzbuchs sinngemäß anzuwenden. ²Im übrigen gelten die bei Klagen in bürgerlichen Rechtsstreitigkeiten anzuwendenden Vorschriften entsprechend. ³§ 78 der Zivilprozeß-

ordnung findet auf Gebietskörperschaften und die Sonderungsbehörden keine Anwendung.

§ 19 Rechtsmittel. (1) [1]Gegen die Entscheidung des Landgerichts ist das Rechtsmittel der Beschwerde zulässig, wenn die Entscheidung auf einer Verletzung des Gesetzes beruht und der Wert des Beschwerdegegenstandes 10000 Deutsche Mark übersteigt. [2]Die Vorschriften der §§ 550, 551, 561, 563 der Zivilprozeßordnung finden entsprechende Anwendung.

(2) [1]Die Beschwerde ist innerhalb einer Frist von einem Monat ab Zustellung der Entscheidung bei dem Oberlandesgericht einzulegen. [2]§ 18 Abs. 3 gilt sinngemäß; zuständig für danach zu treffenden Feststellungen ist die Sonderungsbehörde.

(3) [1]Über die Beschwerde entscheidet ein Zivilsenat des Oberlandesgerichts. [2]Will das Oberlandesgericht von einer aufgrund dieses Gesetzes ergangenen Entscheidung eines anderen Oberlandesgerichts oder des Bundesgerichtshofs abweichen, so legt es die Sache unter Begründung seiner Rechtsauffassung dem Bundesgerichtshof vor. [3]Dieser entscheidet in diesen Fällen an Stelle des Oberlandesgerichts.

§ 20 Unterrichtung anderer Stellen, Fortschreibung. (1) Soweit die Sonderungsbehörde nicht für die Führung des Liegenschaftskatasters zuständig ist, übersendet sie dieser Behörde eine beglaubigte Abschrift des Sonderungsbescheides und bis zu dessen Übernahme in das Liegenschaftskataster auch Nachweise über Veränderungen nach Absatz 2.

(2) [1]Die in dem Sonderungsplan oder dem Plan nach § 11 bestimmten Grenzen der Grundstücke oder der Ausübungsbefugnisse können nach den allgemeinen Vorschriften verändert werden. [2]Die Veränderungen sind bis zu dessen Übernahme in das amtliche Verzeichnis durch die Sonderungsbehörde in dem Sonderungsplan nachzuweisen; in den Fällen des § 11 gilt dies auch für den die Zuordnung betreffenden Teil. [3]Die Sonderungsbehörde kann die für die Führung des Liegenschaftskatasters zuständige Behörde um Übernahme dieser Aufgabe ersuchen.

(3) [1]Eine beglaubigte Abschrift des Sonderungsplans erhält auch das Grundbuchamt. [2]Diesem sind Veränderungen des Sonderungsplans wie Veränderungen im amtlichen Verzeichnis nachzuweisen. [3]Soweit das Grundbuchamt der für die Führung des Liegenschaftskatasters zuständigen Behörde Veränderungen im Grundbuch nachzuweisen hat, erteilt es diese Nachweise bis zur Übernahme des Sonderungsplans in das amtliche Verzeichnis der nach Absatz 2 für die Fortschreibung zuständigen Stelle.

§ 21 Verhältnis zu anderen Verfahren. Verfahren nach diesem Gesetz stehen Verfahren nach dem Baugesetzbuch, dem 8. Abschnitt

Bodensonderungsgesetz § 22 **BoSoG 5**

des Landwirtschaftsanpassungsgesetzes, dem Flurbereinigungsgesetz oder den Zuordnungsvorschriften nicht entgegen.

§ 22 Überleitungsbestimmung. (1) ¹Bis zum Erlaß des Sachenrechtsbereinigungsgesetzes behält sich die Sonderungsbehörde eine endgültige Entscheidung über Ansprüche nach § 14 vor. ²Sie kann dem Begünstigten die Zahlung oder Hinterlegung von Abschlägen aufgeben.

(2) In einem Sonderungsbescheid nach diesem Gesetz kann auch bestimmt werden, auf welchen Grundstücken sich Gebäudeeigentum nach Artikel 233 § 2b des Einführungsgesetzes zum Bürgerlichen Gesetzbuche befindet.

5a. Sonderungsplanverordnung (SPV)

Vom 2. Dezember 1994

(BGBl. I S. 3701)

Auf Grund des § 8 Abs. 6 und des § 18 Abs. 1 Satz 4 des Bodensonderungsgesetzes vom 20. Dezember 1993 (BGBl. I S. 2182, 2215), des § 1 Abs. 4 der Grundbuchordnung in der Fassung der Bekanntmachung vom 26. Mai 1994 (BGBl. I S. 1114), zuletzt geändert durch Artikel 24 des Einführungsgesetzes zur Insolvenzordnung vom 5. Oktober 1994 (BGBl. I S. 2911), und des Artikels 12 Abs. 1 Nr. 2 des Zweiten Vermögensrechtsänderungsgesetzes vom 14. Juli 1992 (BGBl. I S. 1257) verordnet das Bundesministerium der Justiz:

§ 1 Grenze des Plangebietes. (1) [1]Die Grenze des nach § 6 Abs. 2 des Bodensonderungsgesetzes zu bestimmenden Plangebietes (Umringsgrenze) muß vermessungstechnisch nach den Vorschriften des Landesrechts über Katastervermessungen bestimmt sein. [2]Diese Voraussetzung ist dem Grundbuchamt durch eine Bescheinigung der für die Führung des Liegenschaftskatasters zuständigen Behörde nachzuweisen.

(2) [1]Abweichend von Absatz 1 Satz 1 genügt es, wenn die Umringsgrenze aus den Grenzen von Flurstücken nach ihrer Darstellung in dem amtlichen Verzeichnis (Liegenschaftskartei) gebildet wird und gegen diese Umringsgrenze Bedenken seitens der das Liegenschaftskataster führenden Behörde nicht nach Maßgabe des Verfahrens der nachfolgenden Sätze geltend gemacht werden. [2]Die Sonderungsbehörde übersendet der das Liegenschaftskataster führenden Behörde eine Kopie der Karte nach Satz 1. [3]Erhebt diese Behörde gegen die Karte ganz oder teilweise Bedenken, hat sie dies der Sonderungsbehörde umgehend mitzuteilen und die Umringsgrenze insoweit innerhalb von zwei Monaten von der Übersendung der Karte an vermessungstechnisch zu bestimmen. [4]Erfolgt die Bestimmung nicht, so gelten die Bedenken als nicht erhoben. [5]Wird die Umringsgrenze nach diesem Absatz gebildet, tritt an die Stelle der in Absatz 1 Satz 2 bezeichneten Bescheinigung die Erklärung der Sonderungsbehörde, daß die Umringsgrenze nach diesem Absatz gebildet worden ist.

(3) Die Bodensonderung verändert die Grenze von an das Plangebiet angrenzenden Flurstücken nicht.

§ 2 Gestaltung des Sonderungsplans. [1]Der Sonderungsplan ist nach den in §§ 3 bis 5 bestimmten Grundsätzen zu gestalten. [2]Hierbei sind die für die einzelnen Arten der Sonderungsverfahren in den Anlagen 1 bis 6 zu dieser Verordnung festgestellten Muster zu verwenden. [3]Die zeichnerische Ausgestaltung richtet sich nach Landesrecht.

Sonderungsplanverordnung **§§ 3, 4 SPV 5a**

§ 3 Gestaltung der Grundstückskarte. (1) ¹In der Grundstückskarte sind die Grenze des Plangebietes sowie Grenzen und Bezeichnungen der Flurstücke nach den Vorschriften zur Führung des Liegenschaftskatasters entsprechend den Anforderungen des § 8 Abs. 2 Satz 1 des Bodensonderungsgesetzes grafisch darzustellen. ²Die zur Festlegung der Grenzen erforderlichen topographischen Gegenstände sind darzustellen. ³Wenn in dem Sonderungsbescheid auch bestimmt werden soll, auf welche Flächen sich unvermessene Nutzungsrechte (§ 1 Nr. 1 des Bodensonderungsgesetzes) erstrecken oder auf welchen Flächen sich Gebäudeeigentum nach Artikel 233 § 2b des Einführungsgesetzes zum Bürgerlichen Gesetzbuche befindet, so ist das vorhandene Gebäude nebst der Fläche, auf der das Nutzungsrecht ausgeübt werden darf, bei Gebäudeeigentum ohne Nutzungsrecht nebst der Funktionsfläche, darzustellen.

(2) ¹Beschränkte dingliche Rechte an Grundstücken sollen im übrigen nur dargestellt werden, wenn sie aus dem Grundbuch ersichtlich sind und ihre Darstellung in der Karte zweckmäßig erscheint. ²Sie müssen dargestellt werden, wenn sie im Zuge der Bodensonderung begründet oder geändert werden oder wenn das Grundstück, auf dem ein Recht lastet, verändert wird.

(3) In den Fällen der ergänzenden Bodenneuordnung ist in der Grundstückskarte kenntlich zu machen, welcher Teil der Karte Gegenstand des Sonderungsbescheids ist.

(4) Ist der bisherige Grundstücksbestand in der Grundstückskarte nicht übersichtlich darstellbar, so kann dieser Teil der Grundstückskarte in einer gesonderten Bestandskarte dargestellt werden.

§ 4 Gestaltung der Grundstücksliste. (1) ¹Die Grundstücksliste weist in einer Übersicht über den bisherigen Bestand

1. die bei Einleitung des Verfahrens vorhandenen Grundstücke,
2. deren Eigentümer und,
3. sofern diese festgestellt werden sollen, dinglich Nutzungsrecht und Gebäudeeigentum sowie deren Inhaber

aus. ²In einer Übersicht über den neuen Bestand weist die Grundstücksliste die Eigentümer oder Nutzer aus, denen die in der Grundstückskarte bezeichneten Grundstücke und dinglichen Nutzungs- sowie Gebäudeeigentumsrechte zustehen oder übertragen werden. ³Soweit ehemaliges Volkseigentum noch nicht zugeordnet ist oder durch den Sonderungsbescheid übertragen wird, ist es als Eigentum des Volkes unter Angabe des Rechtsträgers zu bezeichnen.

(2) ¹Die Bezeichnung der Flurstücke und deren Flächengröße sind im alten Bestand aus dem Liegenschaftskataster zu entnehmen. ²Außerdem sind im neuen Bestand die Nutzungsart und die Lagebezeichnung nach den Vorschriften zur Führung des Liegenschaftskatasters aufzuführen.

(3) ¹Werden mit dem Sonderungsbescheid nur einzelne beschränkte dingliche Rechte oder Baulasten begründet, geändert oder aufgehoben, sind diese in ein besonderes Lastenverzeichnis gemäß Anlage 7, das Teil der Grundstücksliste ist, unter genauer Beschreibung des Inhalts aufzunehmen, soweit nicht auf eine Bewilligung oder eine Verwaltungsakte Bezug genommen werden kann. ²Hierbei ist kenntlich zu machen, ob das Recht eine Gesamtbelastung darstellt und auf welchen weiteren Grundstücken es lastet. ³Die Sätze 1 und 2 gelten nicht, wenn alle an Grundstücken im Sonderungsgebiet bestehenden Rechte aufgehoben werden; in diesem Fall genügt eine entsprechende Anordnung im Sonderungsbescheid.

(4) Die Grundstücksliste kann für jedes Grundstück gesondert aufgestellt werden.

§ 5 Entschädigungs- und Ausgleichsliste, unübersichtliche Belastungsverhältnisse. (1) In den Fällen der ergänzenden oder komplexen Bodenneuordnung umfaßt der Bescheid unbeschadet des § 15 Abs. 6 des Bodensonderungsgesetzes auch eine Entschädigungs- und Ausgleichsliste.

(2) In den Fällen des Absatzes 1 sind, wenn Verwirrung zu besorgen ist, eingetragene beschränkte dingliche Rechte entweder gegen Entschädigung oder unter Begründung entsprechender neuer Rechte an einem oder mehreren der neu gebildeten Grundstücke aufzuheben.

§ 6 Gestaltung des Sonderungsbescheids. ¹Der Sonderungsbescheid besteht aus der Angabe der Beteiligten oder einer Kurzbezeichnung des Sonderungsgebiets, der Entscheidung und dem Sonderungsplan. ²Er ist so herzustellen, daß durch eine fortlaufende Paginierung oder in ähnlicher Form eindeutig festgestellt werden kann, welche Teile er umfaßt.

§ 7 Grundbuchvollzug. (1) Nach Auslegung des Sonderungsbescheids wartet die Sonderungsbehörde ab, bis der Sonderungsbescheid ganz oder teilweise bestandskräftig wird.

(2) ¹Wird der Sonderungsbescheid in vollem Umfang bestandskräftig, so wird dem Grundbuchamt eine beglaubigte Abschrift des Sonderungsbescheids zugeleitet. ²Dieses berichtigt dann die Grundbücher von Amts wegen entsprechend den Festlegungen des Sonderungsbescheids.

(3) ¹Wird der Sonderungsbescheid nur teilweise bestandskräftig, so erhält das Grundbuchamt eine beglaubigte Abschrift, aus welcher der Umfang der Bestandskraft hervorgeht. ²Das Grundbuchamt berichtigt dann von Amts wegen insoweit die Grundbücher. ³Wird ein gebuchtes Flurstück nur teilweise bestandskräftig neu geordnet, so sind für die in Bestandskraft erwachsenen Teile neue Grundbuchblätter anzulegen und bei dem in dem bisherigen Grundbuchblatt gebuch-

ten Grundstück in der zweiten Abteilung ein Widerspruch gegen die Richtigkeit der Buchung dieses Grundstücks einzutragen; der Eintragung eines Begünstigten bedarf es hierbei nicht.

(4) [1]Ein etwaiges Gemeinschaftsverhältnis ist entsprechend den Angaben in dem Bescheid in das Grundbuch einzutragen. [2]Weist der Bescheid Eheleute als dinglich Berechtigte an einem Grundstück, Gebäude oder an einem sonstigen in das Grundbuch einzutragenden Recht aus, so gilt, wenn nicht der Bescheid ausdrücklich etwas anderes besagt, Artikel 234 § 4a Abs. 3 des Einführungsgesetzes zum Bürgerlichen Gesetzbuche sinngemäß.

(5) [1]Eine steuerliche Unbedenklichkeitsbescheinigung, Teilungsgenehmigungen, Grundstücksverkehrsgenehmigungen und sonstige für Eintragungen in das Grundbuch erforderliche Genehmigungen, Erlaubnisse und Zustimmungen sind nicht beizubringen. [2]Die Eintragung des Eigentümers eines Grundstücks oder Gebäudes oder eines Erbbauberechtigten ist dem Finanzamt, in dessen Bezirk das Grundstück oder Gebäude liegt, mitzuteilen.

§ 8 Sonderungsvermerk. (1) Ersucht die Sonderungsbehörde gemäß § 6 Abs. 4 des Bodensonderungsgesetzes um Eintragung eines Zustimmungsvorbehalts, so trägt das Grundbuchamt in der zweiten Abteilung folgenden Sonderungsvermerk ein:

„Zustimmungsvorbehalt gemäß § 6 Abs. 4 BoSoG. Eingetragen auf Grund des Ersuchens der Namen (Namen der Sonderungsbehörde) vom (Datum des Ersuchens, Geschäftszeichen) am (Datum der Eintragung)."

(2) Solange ein Sonderungsvermerk im Grundbuch eingetragen ist, erhält die Sonderungsbehörde von sämtlichen Eintragungen eine Mitteilung.

§ 9 Unterrichtung der Katasterbehörde, Verfahrensakten. (1) Ist die Gemeinde Sonderungsbehörde, so gibt sie beglaubigte Abschriften des Sonderungsbescheids an die das Liegenschaftskataster führende Behörde ab, aus denen der Umfang der Bestandskraft ersichtlich ist.

(2) [1]Die Sonderungsbehörde führt für das Verfahren eine Verfahrensakte, in der alle das Verfahren betreffenden Verfügungen und Unterlagen, insbesondere die Urschrift des Sonderungsbescheids, und die Nachweise seiner Auslegung und Zustellung, aufbewahrt werden. [2]Für die Führung der Akten sind die in dem Land geltenden Bestimmungen über die Führung von Verwaltungsakten anzuwenden. [3]Nach Abschluß des Verfahrens sind die Akten an die das Liegenschaftskataster führende Behörde mit dem Ersuchen abzugeben, die Ergebnisse der Bodensonderung in das Liegenschaftskataster zu übernehmen und, falls erforderlich, bis dahin die Fortschreibung des Sonderungsplans vorzunehmen.

§ 10 Fortschreibung des Sonderungsplans. Die nach § 20 des Bodensonderungsgesetzes vorzunehmende Fortschreibung des Sonderungsplans bei Veränderungen der in dem Plan enthaltenen Bestimmungen zu den dinglichen Rechtsverhältnissen soll nach den Vorschriften des Landesrechts erfolgen, die für die Fortschreibung des Liegenschaftskatasters gelten.

§ 11 Sonderung zur Sachenrechtsbereinigung. (1) [1]Wird zur Durchführung der Sachenrechtsbereinigung eine Grundstücksfeststellung durch Sonderungsbescheid beantragt, so sind in der Grundstückskarte die Flächen, auf die sich die Ansprüche der Nutzer nach dem Sachenrechtsbereinigungsgesetz beziehen, unter Änderung des bisherigen Bestandes als Grundstücke darzustellen. [2]In dem Sonderungsbescheid sind die Wirkungen des Bescheids davon abhängig zu machen, daß im Verfahren nach dem Sachenrechtsbereinigungsgesetz Verträge über den Ankauf der in dem Bescheid ausgewiesenen Grundstücke oder die Bestellung der dargestellten Erbbaurechte abgeschlossen werden und die zum Vollzug erforderlichen Anträge bei dem Grundbuchamt eingehen. [3]Der Sonderungsbescheid ist dem Grundbuchamt erst nach Eintritt der in Satz 2 bezeichneten Voraussetzungen zuzuleiten. [4]§ 7 Abs. 5 gilt nicht.

(2) [1]Wird zur Durchführung der Sachenrechtsbereinigung eine Rechtsbegründung durch Sonderungsbescheid beantragt, so werden in dem Sonderungsplan die in dem Verfahren nach dem Sachenrechtsbereinigungsgesetz auf Grund des Planentwurfs bestimmten oder vereinbarten Grundstücke und Erbbaurechte dargestellt. [2]In dem Sonderungsbescheid ist in diesem Fall zu bestimmen, daß sich die Grundstücksgrenzen mit der Bestandskraft des Bescheids in der darin dargestellten Weise ändern und die in der Grundstücksliste eingetragenen Rechte nach Maßgabe der zugrundeliegenden Verträge entstehen. [3]Der Sonderungsbescheid ergeht in diesem Fall erst, wenn der Notar mitgeteilt oder sonst nachgewiesen worden ist, daß die vertraglichen Voraussetzungen für den Rechtserwerb eingetreten sind. [4]Der Sonderungsbescheid ist dem Grundbuchamt erst nach Eintritt der in Satz 3 bezeichneten Voraussetzungen zuzuleiten. [5]Auf Antrag des Notars berichtigt das Grundbuchamt die Grundbücher entsprehend dem Inhalt des Bescheids und den abgeschlossenen Verträgen.

§ 12 Zuordnungspläne. [1]§ 1, § 7 Abs. 4 und 5 und § 9 Abs. 1 gelten für das Zuordnungsverfahren nach § 2 Abs. 2a und 2b des Vermögenszuordnungsgesetzes sinngemäß. [2]Die Flurstücke sind entsprechend den Vorschriften des Landesrechts zur Führung des Liegenschaftskatasters zu bezeichnen.

§ 13 Inkrafttreten. Diese Verordnung tritt am 27. Dezember 1994 in Kraft.

6. Grundbuchbereinigungsgesetz[1]
– GBBerG –

Vom 20. Dezember 1993 (BGBl. I S. 2182)

Geändert durch Sachenrechtsänderungsgesetz vom 21. 9. 1994
(BGBl. I S. 2457, 2491)

Abschnitt 1. Behandlung wertbeständiger und ähnlicher Rechte

§ 1 Umstellung wertbeständiger Rechte. (1) In dem in Artikel 3 des Einigungsvertrages bestimmten Gebiet kann aus einer Hypothek, Grundschuld oder Rentenschuld, die vor dem 1. Januar 1976 in der Weise bestellt wurde, daß die Höhe der aus dem Grundstück zu zahlenden Geldsumme durch den amtlich festgestellten oder festgesetzten Preis einer bestimmten Menge von Feingold, den amtlich festgestellten oder festgesetzten Preis einer bestimmten Menge von Roggen, Weizen oder einer bestimmten Menge sonstiger Waren oder Leistungen oder durch den Gegenwert einer bestimmten Geldsumme in ausländischer Währung bestimmt wird (wertbeständiges Recht), vom Inkrafttreten dieses Gesetzes an nur die Zahlung eines Geldbetrages nach den folgenden Vorschriften aus dem Grundstück verlangt werden.

(2) [1]Ist die Leistung oder Belastung in einer bestimmten Menge von Roggen und daneben wahlweise in einer bestimmten Menge von Weizen ausgedrückt, so ist der höhere Betrag maßgeblich. [2]Ist die Leistung oder Belastung in einer bestimmten Menge von Roggen oder Weizen und daneben wahlweise in Reichsmark, Rentenmark, Goldmark, in ausländischer Währung oder in einer bestimmten Menge von Feingold ausgedrückt, so kann aus dem Grundstück nur die Zahlung des Betrages in Deutscher Mark verlangt werden, auf den der in Reichsmark, Rentenmark, Goldmark, ausländischer Währung oder der in einer bestimmten Menge von Feingold ausgedrückte Betrag umzurechnen ist.

§ 2 Umgestellte wertbeständige Rechte. (1) Bei wertbeständigen Rechten, die bestimmen, daß sich die Höhe der aus dem Grundstück zu zahlenden Geldsumme durch den amtlich festgestellten oder festgesetzten Preis einer bestimmten Menge von Feingold bestimmt, entsprechen einem Kilogramm Feingold 1395 Deutsche Mark.

---

[1] Bekanntgemacht als Art. 2 Registerverfahrenbeschleunigungsgesetz vom 20. 12. 1993 (BGBl. I S. 2182).

6 GBBerG §§ 3, 4 Grundbuchbereinigungsgesetz

(2) ¹Ist bei wertbeständigen Rechten die aus dem Grundstück zu zahlende Geldsumme durch den amtlich festgestellten oder festgesetzten Preis einer bestimmten Menge von Roggen oder Weizen bestimmt, so entsprechen einem Zentner Roggen 3,75 Deutsche Mark und einem Zentner Weizen 4,75 Deutsche Mark. ²Satz 1 gilt nicht

1. für wertbeständige Rechte, die auf einem Grundstücksüberlassungsvertrag oder einem mit einer Grundstücksüberlassung in Verbindung stehenden Altenteilsvertrag (Leibgedings-, Leibzuchts- oder Auszugsvertrag) beruhen,
2. für wertbeständige bäuerliche Erbpachtrechte und ähnliche Rechte (Kanon, Erbenzins, Grundmiete, Erbleihe).

³Sätze 1 und 2 gelten für Reallasten, die auf die Leistung einer aus dem Roggen- oder Weizenpreis errechneten Geldsumme aus dem Grundstück gerichtet sind, entsprechend.

(3) Dem Verpflichteten bleibt es unbenommen, sich auf eine andere Umstellung zu berufen, wenn er deren Voraussetzungen nachweist.

§ 3 Umstellung anderer wertbeständiger Rechte. (1) ¹Bei sonstigen wertbeständigen Rechten einschließlich den in § 2 Abs. 2 Satz 2 genannten, bei denen sich die aus dem Grundstück zu zahlende Geldsumme nach dem Gegenwert einer bestimmten Menge Waren oder Leistungen bestimmt, kann nur Zahlung eines Betrages verlangt werden, der dem für die Umrechnung am Tag des Inkrafttretens dieses Gesetzes an den deutschen Börsen notierten Mittelwert, bei fehlender Börsennotierung dem durchschnittlichen Marktpreis für den Ankauf dieser Waren entspricht. ²Das Bundesministerium der Justiz wird ermächtigt, diese Mittelwerte, bei ihrem Fehlen die durchschnittlichen Marktpreise, durch Rechtsverordnung festzustellen.

(2) ¹Absatz 1 gilt entsprechend, wenn sich die Höhe der aus dem Grundstück zu zahlenden Geldsumme nach dem Gegenwert einer bestimmten Geldsumme in ausländischer Währung bestimmt. ²Die besonderen Vorschriften über schweizerische Goldhypotheken bleiben unberührt.

§ 4 Grundbuchvollzug. ¹Die nach §§ 1 bis 3 eintretenden Änderungen bedürfen zum Erhalt ihrer Wirksamkeit gegenüber dem öffentlichen Glauben des Grundbuchs nicht der Eintragung. ²Die Beteiligten sind verpflichtet, die zur Berichtigung, die auch von Amts wegen erfolgen kann, erforderlichen Erklärungen abzugeben. ³Gebühren für die Grundbuchberichtigung werden nicht erhoben.

Abschnitt 2. Überholte Dienstbarkeiten und vergleichbare Rechte

§ 5 Erlöschen von Dienstbarkeiten und vergleichbaren Rechten.
(1) ¹Im Grundbuch zugunsten natürlicher Personen eingetragene nicht vererbliche und nicht veräußerbare Rechte, insbesondere Nießbrauche, beschränkte persönliche Dienstbarkeiten und Wohnungsrechte, gelten unbeschadet anderer Erlöschenstatbestände mit dem Ablauf von einhundertundzehn Jahren von dem Geburtstag des Berechtigten an als erloschen, sofern nicht innerhalb von 4 Wochen ab diesem Zeitpunkt eine Erklärung des Berechtigten bei dem Grundbuchamt eingegangen ist, daß er auf dem Fortbestand seines Rechts bestehe; die Erklärung kann schriftlich oder zur Niederschrift des Urkundsbeamten der Geschäftsstelle abgegeben werden. ²Ist der Geburtstag bei Inkrafttreten dieses Gesetzes nicht aus dem Grundbuch oder den Grundakten ersichtlich, so ist der Tag der Eintragung des Rechts maßgeblich. ³Liegt der nach den vorstehenden Sätzen maßgebliche Zeitpunkt vor dem Inkrafttreten dieses Gesetzes, so gilt das Recht mit dem Inkrafttreten dieses Gesetzes als erloschen, sofern nicht innerhalb von 4 Wochen ab diesem Zeitpunkt eine Erklärung des Berechtigten gemäß Satz 1 bei dem Grundbuchamt eingegangen ist.

(2) ¹In dem in Artikel 3 des Einigungsvertrages genannten Gebiet in dem Grundbuch eingetragene Kohleabbaugerechtigkeiten und dem Inhaber dieser Gerechtigkeiten zu deren Ausübung eingeräumte Dienstbarkeiten, Vorbemerkungen und Vorkaufsrechte erlöschen mit Inkrafttreten dieses Gesetzes. ²Der Zusammenhang zwischen der Kohleabbaugerechtigkeit und der Dienstbarkeit, der Vorbemerkung oder dem Vorkaufsrecht ist glaubhaft zu machen; § 29 der Grundbuchordnung ist nicht anzuwenden.

(3) Ein nach Maßgabe des Absatzes 1 als erloschen geltendes oder gemäß Absatz 2 erloschenes Recht kann von dem Grundbuchamt von Amts wegen gelöscht werden.

§ 6 Berechtigte unbekannten Aufenthalts, nicht mehr bestehende Berechtigte. (1) ¹Ist bei einem Nießbrauch, einer beschränkten persönlichen Dienstbarkeit oder einem eingetragenen Mitbenutzungsrecht (Artikel 233 § 5 Abs. 1 des Einführungsgesetzes zum Bürgerlichen Gesetzbuche) der Begünstigte oder sein Aufenthalt unbekannt, so kann der Begünstigte im Wege des Aufgebotsverfahrens mit seinem Recht ausgeschlossen werden, wenn seit der letzten sich auf das Recht beziehenden Eintragung in das Grundbuch 30 Jahre verstrichen sind und das Recht nicht innerhalb dieser Frist von dem Eigentümer in einer nach dem Bürgerlichen Gesetzbuch zur Unterbrechung der Verjährung geeigneten Weise anerkannt oder von einem Berechtigten ausgeübt worden ist. ²Satz 1 gilt entsprechend bei

6 GBBerG § 7 Grundbuchbereinigungsgesetz

Dienstbarkeiten, die zugunsten des jeweiligen Eigentümers oder Besitzers eines Familienfideikommisses, einer Familienanwartschaft, eines Lehens, eines Stammgutes oder eines ähnlichen gebundenen Vermögens eingetragen sind, sowie bei Grunddienstbarkeiten, die zugunsten des jeweiligen Eigentümers eines Grundstücks eingetragen sind, dessen Grundakten vernichtet und nicht mehr wiederherzustellen sind.

(1a) [1]Soweit auf § 1170 des Bürgerlichen Gesetzbuchs verwiesen wird, ist diese Bestimmung auf die vor dem 3. Oktober 1990 begründeten Rechte auch dann anzuwenden, wenn der Aufenthalt des Gläubigen unbekannt ist. [2]§ 1104 Abs. 2 des Bürgerlichen Gesetzbuchs findet auf die vor dem 3. Oktober 1990 begründeten Vorkaufsrechte und Reallasten keine Anwendung.

(2) Für das Aufgebotsverfahren sind die besonderen Vorschriften der §§ 982 bis 986 der Zivilprozeßordnung sinngemäß anzuwenden.

(3) [1]Diese Vorschrift gilt nur in dem in Artikel 3 des Einigungsvertrages genannten Gebiet. [2]Sie kann im übrigen Bundesgebiet durch Rechtsverordnung der Landesregierung in Kraft gesetzt werden. [3]Die Vorschrift tritt jeweils mit dem Ablauf des 31. Dezember 1996 außer Kraft.

§ 7 Verkaufserlaubnis. (1) [1]Ein gesetzlicher Vertreter des Eigentümers (§ 11b des Vermögensgesetzes, Artikel 233 § 2 Abs. 3 des Einführungsgesetzes zum Bürgerlichen Gesetzbuche) oder der für den Eigentümer eines in dem in Artikel 3 des Einigungsvertrages genannten Gebiets belegenen Grundstücks oder Gebäudes bestellte Pfleger darf dieses unbeschadet der allgemeinen Vorschriften belasten oder veräußern, wenn das Vormundschaftsgericht ihm dies erlaubt hat. [2]Die Erlaubnis kann erteilt werden, wenn

1. der Vertreter oder Pfleger eine juristische Person des öffentlichen Rechts ist,
2. der Eigentümer oder sein Aufenthalt nicht ausfindig zu machen ist und
3. die Verfügung etwa zur Sicherung der Erhaltung eines auf dem Grundstück befindlichen Gebäudes oder zur Durchführung besonderer Investitionszwecke nach § 3 Abs. 1 des Investitionsvorranggesetzes erforderlich ist.

[3]In Ergänzung der gesetzlichen Ermittlungspflichten muß der Eigentümer des Grundstücks oder Gebäudes öffentlich zur Geltendmachung seiner Rechte aufgefordert worden und eine Frist von mindestens sechs Monaten von dem öffentlichen Aushang an verstrichen sein.

(2) Die Erlaubnis ist öffentlich bekannt zu machen; dem Eigentümer steht gegen die Entscheidung die Beschwerde zu.

Grundbuchbereinigungsgesetz § 8 GBBerG 6

(3) [1]Der Vertreter oder Pfleger ist verpflichtet, dem Eigentümer den Erlös, mindestens aber den Verkehrswert zu zahlen. [2]Bei einer Belastung erfolgt ein entsprechender Ausgleich, wenn die Belastung nicht dem Grundstück zugute gekommen ist. [3]Dieser Anspruch unterliegt den Vorschriften des Bürgerlichen Gesetzbuchs über Schuldverhältnisse. [4]Der Anspruch ist zu verzinsen; er verjährt nach Ablauf von 30 Jahren.

(4) Die Vorschrift gilt bis zum Ablauf des 31. Dezember 2005.

Abschnitt 3. Nicht eingetragene dingliche Rechte

§ 8 Nicht eingetragene Rechte. (1) [1]Ein nicht im Grundbuch eingetragenes Mitbenutzungsrecht der in Artikel 233 § 5 Abs. 1 des Einführungsgesetzes zum Bürgerlichen Gesetzbuche bezeichneten Art oder ein sonstiges nicht im Grundbuch eingetragenes beschränktes dingliches Recht mit Ausnahme der in Artikel 233 § 4 Abs. 2 des Einführungsgesetzes zum Bürgerlichen Gesetzbuche genannten Nutzungsrechte, das zur Erhaltung der Wirksamkeit gegenüber dem öffentlichen Glauben des Grundbuchs nicht der Eintragung bedarf, erlischt mit dem Ablauf des 31. Dezember 1995, wenn nicht der Eigentümer des Grundstücks vorher das Bestehen dieses Rechts in der Form des § 29 der Grundbuchordnung anerkennt und die entsprechende Grundbuchberichtigung bewilligt oder der jeweilige Berechtigte von dem Eigentümer vorher die Abgabe dieser Erklärungen in einer zur Unterbrechung der Verjährung nach § 209 des Bürgerlichen Gesetzbuchs geeigneten Weise verlangt hat. [2]Die Frist des Satzes 1 kann durch Rechtsverordnung des Bundesministeriums der Justiz mit Zustimmung des Bundesrates einmal verlängert werden.

(2) Wird in dem Anerkenntnis oder der Eintragungsbewilligung gemäß Absatz 1 ein Zeitpunkt für die Entstehung dieses Rechts nicht angegeben, so gilt dieses als am Tage des Inkrafttretens dieses Gesetzes entstanden.

(3) [1]Diese Vorschrift gilt nicht für beschränkte dingliche Rechte, die die Errichtung und den Betrieb von Energieanlagen (§ 9) oder Anlagen nach § 40 Abs. 1 Buchstabe c des Wassergesetzes vom 2. Juli 1982 (GBl. I Nr. 26 S. 467) zum Gegenstand haben. [2]Sie gilt im übrigen nur in dem in Artikel 3 des Einigungsvertrages genannten Gebiet. [3]Sie kann im übrigen Bundesgebiet durch Rechtsverordnung der Landesregierung auch für einzelne Arten von Rechten, sofern es sich nicht um Rechte für Anlagen der in § 9 bezeichneten Art handelt, in Kraft gesetzt werden.

(4) [1]Wird eine Klage nach Absatz 1 rechtshängig, so ersucht das Gericht auf Antrag des Klägers das Grundbuchamt um Eintragung eines Rechtshängigkeitsvermerks zugunsten des Klägers. [2]Der Vermerk hat die Wirkungen eines Widerspruchs. [3]Er wird mit rechtskräftiger Abweisung der Klage gegenstandslos.

§ 9 Leitungen und Anlagen für die Versorgung mit Energie und Wasser sowie die Beseitigung von Abwasser.

(1) ¹Zum Besitz und Betrieb sowie zur Unterhaltung und Erneuerung von Energieanlagen (Anlagen zur Fortleitung von Elektrizität, Gas und Fernwärme, einschließlich aller dazugehörigen Anlagen, die der Fortleitung unmittelbar dienen) auf Leitungstrassen, die am 3. Oktober 1990 in dem in Artikel 3 des Einigungsvertrages genannten Gebiet genutzt waren, wird zugunsten des Versorgungsunternehmens (Energieversorgungsunternehmen im Sinne des Energiewirtschaftsgesetzes und Fernwärmeversorgungsunternehmen), das die jeweilige Anlage bei Inkrafttreten dieser Vorschrift betreibt, am Tage des Inkrafttretens dieser Vorschrift eine beschränkte persönliche Dienstbarkeit an den Grundstücken begründet, die von der Energieanlage in Anspruch genommen werden. ²§ 892 des Bürgerlichen Gesetzbuches gilt in Ansehung des Ranges für Anträge, die nach dem Inkrafttreten dieser Vorschrift, im übrigen erst für Anträge, die nach dem 31. Dezember 2010 gestellt werden. ³Ist das Grundstück mit einem Erbbaurecht oder einem dinglichen Nutzungsrecht im Sinne des Artikels 233 § 4 des Einführungsgesetzes zum Bürgerlichen Gesetzbuche belastet, ruht die Dienstbarkeit als Gesamtbelastung auf dem Grundstück und dem Erbbaurecht oder Gebäudeeigentum.

(2) Absatz 1 findet keine Anwendung, soweit Kunden und Anschlußnehmer, die Grundstückseigentümer sind, nach der Verordnung über Allgemeine Bedingungen für die Elektrizitätsversorgung von Tarifkunden vom 21. Juni 1979 (BGBl. I S. 684), der Verordnung über Allgemeine Bedingungen für die Gasversorgung von Tarifkunden vom 21. Juni 1979 (BGBl. I S. 676) oder der Verordnung über Allgemeine Bedingungen für die Versorgung mit Fernwärme vom 20. Juni 1980 (BGBl. I S. 742) zur Duldung von Energieanlagen verpflichtet sind, sowie für Leitungen über oder in öffentlichen Verkehrswegen und Verkehrsflächen.

(3) ¹Das Versorgungsunternehmen ist verpflichtet, dem Eigentümer des nach Absatz 1 mit dem Recht belasteten Grundstücks, in den Fällen des Absatzes 1 Satz 3 als Gesamtgläubiger neben dem Inhaber des Erbbaurechts oder Gebäudeeigentums, einen einmaligen Ausgleich für das Recht zu zahlen. ²Dieser Ausgleich bestimmt sich nach dem Betrag, der für ein solches Recht allgemein üblich ist. ³Die erste Hälfte dieses Betrags ist unverzüglich nach Eintragung der Dienstbarkeit zugunsten des Versorgungsunternehmens und Aufforderung durch den Grundstückseigentümer, frühestens jedoch am 1. Januar 2001 zu zahlen, die zweite Hälfte wird am 1. Januar 2011 fällig. ⁴Das Energieversorgungsunternehmen ist zur Zahlung eines Ausgleichs nicht verpflichtet, wenn das Grundstück mit einer Dienstbarkeit des in Absatz 1 bezeichneten Inhalts belastet ist oder war und das Grundstück in einem diese Berechtigung nicht überschreitenden Umfang genutzt wird oder wenn das Versorgungsunternehmen auf die

Grundbuchbereinigungsgesetz **§ 9 GBBerG 6**

Dienstbarkeit nach Absatz 6 vor Eintritt der jeweiligen Fälligkeit verzichtet hat. [5]Zahlungen auf Grund der Bodennutzungsverordnung vom 26. Februar 1981 (GBl. I Nr. 10 S. 105), früherer oder anderer Vorschriften entsprechenden Inhalts genügen im übrigen nicht. [6]Abweichende Vereinbarungen sind zulässig.

(4) [1]Auf seinen Antrag hin bescheinigt die Aufsichtsbehörde nach dem Energiewirtschaftsgesetz dem Versorgungsunternehmen, welches Grundstück in welchem Umfang mit der Dienstbarkeit belastet ist. [2]Die Aufsichtsbehörde macht den Antrag unter Beifügung einer Karte, die den Verlauf der Leitungstrasse auf den im Antrag bezeichneten Grundstücken im Maßstab von nicht kleiner als 1 zu 10000 erkennen läßt, in ortsüblicher Weise öffentlich bekannt. [3]Sie kann von der Beifügung einer Karte absehen, wenn sie öffentlich bekannt macht, daß der Antrag vorliegt und die Antragsunterlagen bei ihr eingesehen werden können. [4]Sie erteilt nach Ablauf von vier Wochen von der Bekanntmachung an die Bescheinigung. [5]Widerspricht ein Grundstückseigentümer rechtzeitig, wird die Bescheinigung mit einem entsprechenden Vermerk erteilt.

(5) [1]Auf Antrag des Versorgungsunternehmens berichtigt das Grundbuchamt das Grundbuch entsprechend dem Inhalt der Bescheinigung, wenn die Bescheinigung

1. unterschrieben und mit dem Dienstsiegel der Aufsichtsbehörde versehen ist und
2. der Inhalt des Rechts, der Berechtigte, das belastete Grundstück und, wobei eine grafische Darstellung genügt, der räumliche Umfang der Befugnis zur Ausübung des Rechts auf dem Grundstück angegeben sind.

[2]Ist in der Bescheinigung ein rechtzeitiger Widerspruch vermerkt, wird im Grundbuch ein Widerspruch zugunsten des Versorgungsunternehmens eingetragen, das den Eigentümer oder Inhaber eines mitbelasteten Gebäudeeigentums oder Erbbaurechts im ordentlichen Rechtsweg auf Bewilligung der Eintragung in Anspruch nehmen kann. [3]Die Bescheinigung ist für den Eigentümer, Erbbauberechtigten oder sonstigen dinglich Berechtigten an dem Grundstück unanfechtbar. [4]Diesem bleibt es jedoch unbenommen, den in der Bescheinigung bezeichneten Inhaber der Dienstbarkeit vor den ordentlichen Gerichten auf Berichtigung des Grundbuchs und auf Bewilligung der Löschung des Widerspruchs in Anspruch zu nehmen. [5]Das Energieversorgungsunternehmen trägt die Beweislast für den Lagenachweis, es sei denn, daß das Grundstück nach dem Inhalt des Grundbuchs vor dem Inkrafttreten dieser Vorschrift mit einer Dienstbarkeit für Energieanlagen belastet war.

(6) [1]Verzichtet das Versorgungsunternehmen auf die Dienstbarkeit vor ihrer Bescheinigung nach Absatz 4, so erlischt das Recht; sein Erlöschen kann auf Antrag durch die nach Absatz 4 zuständige

Behörde bescheinigt werden. ²Im übrigen gelten für die Aufhebung, Änderung und Ausübung der Dienstbarkeit die Vorschriften des Bürgerlichen Gesetzbuchs. ³In Ansehung von Leitungsrechten vor Inkrafttreten dieses Gesetzes getroffene Vereinbarungen bleiben unberührt.

(7) ¹Die nach Absatz 4 zuständige Behörde kann auf Antrag bescheinigen, daß eine im Grundbuch eingetragene beschränkte persönliche Dienstbarkeit für Energieanlagen nicht mehr besteht, wenn das Recht nicht mehr ausgeübt wird, das Energieversorgungsunternehmen, dem die Anlage wirtschaftlich zuzurechnen wäre, zustimmt und ein anderer Berechtigter nicht ersichtlich ist. ²Die Bescheinigung ist zur Berichtigung des Grundbuchs genügend. ³Die Behörde kann den Antragsteller auf das Aufgebotsverfahren verweisen.

(8) Das Bundesministerium der Justiz wird ermächtigt, durch Rechtsverordnung mit Zustimmung des Bundesrates die näheren technischen Einzelheiten des in Absatz 1 beschriebenen Inhalts der Dienstbarkeit, nähere Einzelheiten des Verfahrens, insbesondere zum Inhalt der Bescheinigung, zum Antrag und zur Beschreibung des Rechts, zu regeln.

(9) ¹Die Bundesregierung wird ermächtigt, durch Rechtsverordnung mit Zustimmung des Bundesrates die vorstehende Regelung und auf Grund von Absatz 8 erlassene Bestimmungen ganz oder teilweise zu erstrecken auf

1. Anlagen der öffentlichen Wasserversorgung und Abwasserbeseitigung, insbesondere Leitungen und Pumpstationen, mit Ausnahme jedoch von Wasserwerken und Abwasserbehandlungsanlagen,
2. Hochwasserrückhaltebecken ohne Dauer- oder Teildauerstau und Schöpfwerke, die der Aufrechterhaltung der Vorflut dienen und im öffentlichen Interesse betrieben werden,
3. gewässerkundliche Meßanlagen wie Pegel, Gütemeßstationen, Grundwasser- und andere Meßstellen nebst den dazugehörigen Leitungen.

²Die Erstreckung ist nur bis zum Ablauf des 31. Dezember 1995 zulässig und soll erfolgen, soweit dies wegen der Vielzahl der Fälle oder der Unsicherheit der anderweitigen rechtlichen Absicherung erforderlich ist. ³In der Rechtsverordnung kann von den Bestimmungen der Absätze 4 bis 7 sowie der auf Grund von Absatz 8 erlassenen Rechtsverordnung abgewichen, insbesondere Absatz 7 von der Erstreckung ausgenommen werden, soweit dies aus Gründen des Wasserrechts geboten ist. ⁴Bis zu dem Erlaß der Rechtsverordnung bleiben Vorschriften des Landesrechts unberührt. ⁵Eine Verpflichtung zur Zahlung eines Ausgleichs nach Absatz 3 besteht nicht, soweit nach Landesrecht bereits Entschädigung geleistet worden ist.

(10) ¹Die Landesregierungen werden ermächtigt, durch Rechtsverordnung die Zuständigkeit der in den Absätzen 4, 6 und 7 ge-

nannten oder in der Rechtsverordnung nach Absatz 9 bestimmten Behörden ganz oder teilweise auf andere Behörden zu übertragen. ²Die nach Absatz 4 oder Satz 1 dieses Absatzes zuständige Landesbehörde kann auch andere geeignete Stellen, bei nicht-öffentlichen Stellen unter Beleihung mit hoheitlichen Aufgaben, beauftragen, die Bescheinigungen zu erteilen; diese stehen denen nach Absatz 4 gleich.

(11) ¹Die Regelungen der Absätze 4 bis 7 treten in den Ländern des in Artikel 3 des Einigungsvertrages genannten Gebietes in Kraft, wenn die verwaltungstechnischen Voraussetzungen hierfür gegeben sind. ²Diesen Zeitpunkt bestimmen die Landesregierungen, im Fall des Absatz 9 die Bundesregierung, durch Rechtsverordnung.

Abschnitt 4. Ablösung von Grundpfandrechten

§ 10 Ablöserecht. (1) ¹Eine vor dem 1. Juli 1990 an einem Grundstück in dem in Artikel 3 des Einigungsvertrages genannten Gebiet bestellte Hypothek oder Grundschuld mit einem umgerechneten Nennbetrag von nicht mehr als 10000 Deutsche Mark erlischt, wenn der Eigentümer des Grundstücks eine dem in Deutsche Mark umgerechneten und um ein Drittel erhöhten Nennbetrag entsprechende Geldsumme zugunsten des jeweiligen Gläubigers unter Verzicht auf die Rücknahme hinterlegt hat; bei einer Höchstbetragshypothek entfällt die in Halbsatz 1 genannte Erhöhung des Nennbetrags. ²Satz 1 gilt für Rentenschulden und Reallasten entsprechend; anstelle des Nennbetrages tritt der für Rechte dieser Art im Verfahren nach dem Vermögensgesetz anzusetzende Ablösebetrag, der nicht zu erhöhen ist. ³Das Bundesministerium der Justiz wird ermächtigt, durch Rechtsverordnung anstelle der Hinterlegung andere Arten der Sicherheitsleistung zuzulassen.

(2) Die §§ 1 bis 3 gelten auch für die Berechnung des Nennbetrages des Grundpfandrechts.

(3) Der Eigentümer des Grundstücks kann von dem jeweiligen Gläubiger die Zustimmung zur Auszahlung des die geschuldete Summe übersteigenden Teils eines hinterlegten Betrages oder im Falle der Leistung einer anderen Sicherheit entsprechende Freigabe verlangen.

(4) ¹Ein für das Grundpfandrecht erteilter Brief wird mit dem Zeitpunkt des Erlöschens des Rechts kraftlos. ²Das Kraftloswerden des Briefes ist entsprechend § 26 Abs. 3 Satz 2 des Gesetzes über Maßnahmen auf dem Gebiet des Grundbuchwesens vom 20. Dezember 1963 (BGBl. I S. 986, zuletzt geändert durch Artikel 3 Abs. 3 des Registerverfahrenbeschleunigungsgesetzes vom 20. Dezember 1993 (BGBl. I S. 2182)) bekanntzumachen.

Abschnitt 5. Sonstige Erleichterungen

§ 11 Ausnahmen von der Voreintragung des Berechtigten.
(1) [1]§ 39 Abs. 1 der Grundbuchordnung ist nicht anzuwenden, wenn eine Person aufgrund eines Ersuchens nach § 34 des Vermögensgesetzes einzutragen ist. [2]Er ist ferner nicht anzuwenden, wenn die durch den Bescheid, der dem Ersuchen nach § 34 des Vermögensgesetzes zugrundeliegt, begünstigte Person oder deren Erbe verfügt. [3]Die Sätze 1 und 2 gelten entsprechend für Eintragungen und Verfügungen aufgrund eines Bescheids, der im Verfahren nach § 2 des Vermögenszuordnungsgesetzes ergangen ist, sowie für Verfügungen nach § 8 des Vermögenszuordnungsgesetzes.

(2) Bis zum Ablauf des 31. Dezember 1999 ist in dem in Artikel 3 des Einigungsvertrages genannten Gebiet § 40 Abs. 1 der Grundbuchordnung für Belastungen entsprechend anzuwenden.

§ 12 Nachweis der Rechtsnachfolge bei Genossenschaften.
(1) Zum Nachweis gegenüber dem Grundbuchamt oder dem Schiffsregistergericht, daß in dem in Artikel 3 des Einigungsvertrages genannten Gebiet ein Recht von einer vor dem 3. Oktober 1990 gegründeten Genossenschaft auf eine im Wege der Umwandlung, Verschmelzung oder Spaltung aus einer solchen hervorgegangenen Kapitalgesellschaft oder eingetragenen Genossenschaft übergegangen ist, genügt unbeschadet anderer entsprechender Vorschriften eine Bescheinigung der das Register für den neuen Rechtsträger führenden Stelle.

(2) [1]Eine Genossenschaft, die am 1. Januar 1990 in einem örtlich abgegrenzten Bereich des in Artikel 3 des Einigungsvertrages genannten Gebietes tätig war, gilt gegenüber dem Grundbuchamt oder dem Schiffsregistergericht als Rechtsnachfolger der Genossenschaften der gleichen Art, die zwischen dem 8. Mai 1945 und dem 31. Dezember 1989 in diesem örtlichen Bereich oder Teilen hiervon tätig waren und nicht mehr bestehen. [2]Fällt der Genossenschaft nach Satz 1 ein Vermögenswert zu, der ihr nicht zukommt, so gelten die Vorschriften des Bürgerlichen Gesetzbuchs über den Ausgleich einer ungerechtfertigten Bereicherung entsprechend.

§ 13 Dingliche Rechte im Flurneuordnungsverfahren. [1]In Verfahren nach dem 8. Abschnitt des Landwirtschaftsanpassungsgesetzes können dingliche Rechte an Grundstücken im Plangebiet und Rechte an einem ein solches Grundstück belastenden Recht aufgehoben, geändert oder neu begründet werden. [2]Die Bestimmung über die Eintragung eines Zustimmungsvorbehalts für Veräußerungen in § 6 Abs. 4 des Bodensonderungsgesetzes ist entsprechend anzuwenden.

§ 14 Gemeinschaftliches Eigentum von Ehegatten. ¹In den Fällen des Artikels 234[1)] § 4a Abs. 1 Satz 1 des Einführungsgesetzes zum Bürgerlichen Gesetzbuche gelten die §§ 82, 82a Satz 1 der Grundbuchordnung entsprechend. ²Der für die Berichtigung des Grundbuchs erforderliche Nachweis, daß eine Erklärung nach Artikel 234 § 4 Abs. 2 und 3 des Einführungsgesetzes zum Bürgerlichen Gesetzbuche nicht abgegeben wurde, kann durch Berufung auf die Vermutung nach Artikel 234 § 4a Abs. 3 des Einführungsgesetzes zum Bürgerlichen Gesetzbuche oder durch übereinstimmende Erklärung beider Ehegatten, bei dem Ableben eines von ihnen durch Versicherung des Überlebenden und bei dem Ableben beider durch Versicherung der Erben erbracht werden; die Erklärung, die Versicherung und der Antrag bedürfen nicht der in § 29 der Grundbuchordnung vorgeschriebenen Form. ³Die Berichtigung ist in allen Fällen des Artikels 234 § 4a des Einführungsgesetzes zum Bürgerlichen Gesetzbuche gebührenfrei.

[1)] Abgedruckt unter Nr. **9**.

6a. Verordnung zur Durchführung des Grundbuchbereinigungsgesetzes und anderer Vorschriften auf dem Gebiet des Sachenrechts (Sachenrechts-Durchführungsverordnung – SachenR-DV)

Vom 20. Dezember 1994

(BGBl. I S. 3900)

Auf Grund des § 3 Abs. 1 Satz 2, des § 8 Abs. 1 Satz 2 und des § 9 Abs. 8 des Grundbuchbereinigungsgesetzes vom 20. Dezember 1993 (BGBl. I S. 2182, 2192), des § 1 Abs. 4 der Grundbuchordnung in der Fassung der Bekanntmachung vom 26. Mai 1994 (BGBl. I S. 1114), die zuletzt durch Artikel 24 des Einführungsgesetzes zur Insolvenzordnung vom 5. Oktober 1994 (BGBl. I S. 2911) geändert worden ist, des Artikels 18 Abs. 4 Nr. 2 des Registerverfahrensbeschleunigungsgesetzes vom 20. Dezember 1993 (BGBl. I S. 2182) und des Artikels 12 Abs. 1 Nr. 2 des Zweiten Vermögensrechtsänderungsgesetzes vom 14. Juli 1992 (BGBl. I S. 1257) verordnet das Bundesministerium der Justiz und auf Grund des § 9 Abs. 9 und Abs. 11 Satz 2 des Grundbuchbereinigungsgesetzes verordnet die Bundesregierung:

Abschnitt 1. Leitungsrechte

Unterabschnitt 1. Leitungsrechtserstreckung

§ 1 Erstreckung auf wasserwirtschaftliche Anlagen. [1]Die Regelungen des § 9 Abs. 1 bis 7 des Grundbuchbereinigungsgesetzes und der §§ 4 bis 10 dieser Verordnung über Energieanlagen gelten, soweit in dieser Verordnung nichts Abweichendes bestimmt wird, auch für die in § 9 Abs. 9 Satz 1 des Gesetzes bezeichneten wasserwirtschaftlichen Anlagen. [2]§ 9 Abs. 1 des Grundbuchbereinigungsgesetzes findet außer in den in § 9 Abs. 2 des Gesetzes bezeichneten Fällen auch keine Anwendung, soweit Kunden und Anschlußnehmer, die Grundstückseigentümer sind, nach der Verordnung über Allgemeine Bedingungen für die Versorgung mit Wasser vom 20. Juni 1980 (BGBl. I S. 750, 1067) zur Duldung von Anlagen verpflichtet sind. [3]Als Versorgungsunternehmen gilt der Betreiber, bei Überlassung der Anlage an Dritte der Inhaber der in § 9 Abs. 9 Satz 1 des Grundbuchbereinigungsgesetzes bezeichneten Anlagen unabhängig von seiner Rechtsform.

§ 2 Geltung des Bescheinigungsverfahrens. Die verwaltungstechnischen Voraussetzungen für das Bescheinigungsverfahren nach § 9

DurchführungsVO **§§ 3, 4 SachenR-DV 6a**

Abs. 4 bis 7 des Grundbuchbereinigungsgesetzes liegen bei den in Absatz 9 Satz 1 dieses Gesetzes bezeichneten Anlagen vor.

§ 3 Behördenzuständigkeit. Zuständig für die Durchführung des Bescheinigungsverfahrens sind bei Anlagen nach § 1 Satz 1, vorbehaltlich einer abweichenden landesrechtlichen Regelung auf Grund des § 9 Abs. 10 des Grundbuchbereinigungsgesetzes, die unteren Wasserbehörden.

Unterabschnitt 2. Inhalt der Rechte und Bescheinigungsverfahren

§ 4 Inhalt der Leitungs- und Anlagenrechte. (1) [1]Die nach § 9 Abs. 1 des Grundbuchbereinigungsgesetzes entstandene beschränkte persönliche Dienstbarkeit umfaßt das Recht, in eigener Verantwortung und auf eigenes Risiko

1. das belastete Grundstück für den Betrieb, die Instandsetzung und Erneuerung einschließlich Neubau von Energieanlagen und Anlagen nach § 1 Satz 1 zu betreten oder sonst zu benutzen,
2. auf dem Grundstück
   a) bei Energieanlagen (§ 9 Abs. 1 des Grundbuchbereinigungsgesetzes)
      aa) die Leitung auf einem Gestänge, auf Masten, Tragkontruktionen, in einer Rohrleitung, auf einem Sockel, in der Erde, in einem Tunnel oder in einem Kanal zu führen,
      bb) die für die Fortleitung erforderlichen Einrichtungen (Buchstabe aa) einschließlich der Fundamente und Gründungen nebst Zubehör und dazu erforderliche Einrichtungen zur Informationsübermittlung zu halten, zu unterhalten, instandzusetzen, zu betreiben und zu erneuern,
      cc) die für die Fortleitung auf dem jeweiligen Grundstück eingerichteten Transformatoren-, Umformer-, Regler- und Pumpstationen, Umspannwerke und vergleichbare bestehende Sonder- und Nebenanlagen und alle sonstigen für Energieumwandlung, Druckregelung und Fortleitung auf dem Grundstück eingerichteten Anlagen zu betreiben, instandzusetzen und zu erneuern,
   b) bei Anlagen der öffentlichen Wasserversorgung oder Abwasserbeseitigung (§ 9 Abs. 9 Satz 1 Nr. 1 des Grundbuchbereinigungsgesetzes)
      aa) Wasser oder Abwasser in einer Leitung, einem (Sammel-)Kanal oder in einem Graben zu führen,
      bb) die für die Fortleitung auf dem jeweiligen Grundstück eingerichteten Brunnen, Brunnengalerien, Pumpwerke, Wassertürme, Regenwasserrückhaltebecken, Absturzbauwerke, öffentliche Sammelbecken und ähnliche Sonder- und Nebenanlagen zu betreiben, zu unterhalten, instandzusetzen und zu erneuern,

c) bei Hochwasserrückhaltebecken (§ 9 Abs. 9 Satz 1 Nr. 2 des Grundbuchbereinigungsgesetzes) diese einschließlich der zu ihrer Anlage errichteten Dämme und Deiche und der erforderlichen Entwässerungsgräben und ähnlichen Nebenanlagen zu betreiben, zu unterhalten, zu bepflanzen, soweit dies zum Schutz der Anlage geboten ist, und bei Hochwasser vollständig oder teilweise zu überfluten,
d) bei Schöpfwerken und gewässerkundlichen Meßanlagen (§ 9 Abs. 9 Satz 1 Nr. 2 und 3 des Grundbuchbereinigungsgesetzes) das Schöpfwerk und die gewässerkundliche Meßanlage einschließlich der dafür erforderlichen Leitungen und Datenübertragungsanlagen zu betreiben, zu unterhalten oder zu erneuern.

²Die Fortleitung schließt die Förderung und Sammlung mit ein. ³Für den Inhalt der beschränkten persönlichen Dienstbarkeit sind Art und Umfang der gesicherten Anlage am 3. Oktober 1990 maßgeblich.

(2) Absatz 1 gilt entsprechend gegenüber einem Erbbauberechtigten oder Gebäudeeigentümer.

(3) ¹Die Dienstbarkeit umfaßt ferner das Recht, von dem Grundstückseigentümer, Gebäudeeigentümer und Erbbauberechtigten zu verlangen, daß er keine baulichen oder sonstigen Anlagen errichtet oder errichten läßt und keine Einwirkungen oder Maßnahmen vornimmt, die den ordnungsgemäßen Bestand oder Betrieb der in Absatz 1 genannten Anlagen beeinträchtigen oder gefährden. ²Bei Energieanlagen umfaßt die Dienstbarkeit insbesondere das Recht, von dem Grundstückseigentümer, Erbbauberechtigten und Gebäudeeigentümer zu verlangen, daß er in einem in der Bescheinigung (§ 7 Abs. 2) zu bezeichnenden Schutzstreifen

1. keine leitungsgefährdenden Stoffe anhäuft,
2. duldet, daß Anpflanzungen und Bewuchs, auch soweit sie nicht in den Schutzstreifen hineinreichen, so gehalten werden, daß sie den Bestand und den Betrieb der Anlage nicht gefährden, und, soweit dies der Fall ist, entfernt werden,
3. das Gelände im Schutzstreifen nicht erhöht oder abträgt und
4. einem auf dem Grundstück befindlichen Wald so bewirtschaftet, daß Betrieb und Nutzung der Anlage nicht gestört werden.

³Das Freischneiden von Leitungstrassen kann nicht verlangt werden. ⁴Breite und Anordnung des Schutzsteifens bestimmen sich nach den für die Anlage am 3. Oktober 1990 geltenden technischen Normen, wenn solche nicht bestehen, nach sachverständiger Beurteilung. ⁵Maßgeblich ist der jeweils bestimmte Mindestumfang. ⁶Soweit der Schutzstreifen nach dem 2. Oktober 1990 schmaler sein kann, beschränkt er sich auf diesen Umfang. ⁷Ist das Recht bereits im Grundbuch eingetragen, können alle Beteiligten wechselseitig die Anpassung des Schutzstreifens verlangen.

DurchführungsVO §§ 5, 6 SachenR-DV 6a

(4) ¹Abweichend von Absatz 3 Satz 1 kann auf Grund der Dienstbarkeit die Beseitigung bestehender baulicher Anlagen nicht verlangt werden, die

1. nach der Energieverordnung vom 1. Juni 1988 (GBl. I Nr. 10 S. 89) sowie den dazu ergangenen Durchführungsbestimmungen,
2. nach dem Wassergesetz vom 2. Juli 1982 (GBl. I Nr. 26 S. 467) insbesondere seinen §§ 30 und 40,
3. der Ersten Durchführungsverordnung zum Wassergesetz vom 2. Juli 1982 (GBl. I Nr. 26 S. 477), die durch die Vierte Durchführungsverordnung zum Wassergesetz vom 25. April 1989 (GBl. I Nr. 11 S. 151) geändert worden ist,
4. der Dritten Durchführungverordnung zum Wassergesetz (Schutzgebiete und Vorbehaltsgebiete) vom 2. Juli 1982 (GBl. I Nr. 26 S. 487),
5. den Abwassereinleitungsbedingungen vom 22. Dezember 1987 (GBl. 1988 I Nr. 3 S. 27) oder
6. den Wasserversorgungsbedingungen vom 26. Januar 1978 (GBl. I Nr. 6 S. 89), geändert durch die Anordnung zur Änderung der Wasserversorgungsbedingungen vom 15. Januar 1979 (GBl. I Nr. 6 S. 60)

zulässig waren. ²Der Grundstückseigentümer, Gebäudeeigentümer oder Erbbauberechtigte darf ein ihm gehörendes Gebäude oder eine ihm gehörende Anlage weiterhin in dem am 3. Oktober 1990 zulässigen Rahmen nutzen, instandsetzen und erneuern, soweit eine Leitungsgefährdung nicht zu befürchten ist.

(5) Die Ausübung der Dienstbarkeit richtet sich nach den örtlichen Verhältnissen und kann einem Dritten überlassen werden.

(6) Die Bescheinigung nach § 7 ersetzt die Bescheinigung nach § 1059a Nr. 2 Satz 2 in Verbindung mit § 1092 Abs. 2 des Bürgerlichen Gesetzbuchs.

§ 5 Bestandsschutz. ¹Wenn nach dem 24. Dezember 1993 die Voraussetzungen für eine Verpflichtung zur Duldung von Energieanlagen nach den in § 9 Abs. 2 des Grundbuchbereinigungsgesetzes genannten Bestimmungen eintreten, bleibt die zuvor begründete Dienstbarkeit bestehen. ²Soweit die Allgemeinen Versorgungsbedingungen dem Versorgungsunternehmen weitergehende Rechte einräumen, sind diese maßgeblich. ³Die Sätze 1 und 2 gelten für die in § 9 Abs. 9 Satz 1 des genannten Gesetzes bezeichneten Anlagen entsprechend.

§ 6 Antrag auf Erteilung der Leitungs- und Anlagenrechtsbescheinigung. (1) Der Antrag auf Erteilung der Leitungs- und Anlagenrechtsbescheinigung für die Dienstbarkeit gemäß § 9 Abs. 4 des Grundbuchbereinigungsgesetzes muß folgende Angaben enthalten:

1. eine knappe Beschreibung der Anlage (insbesondere Energieträger, Art der Anlage, Leistungsumfang);

2. die grundbuchmäßige Bezeichnung des belasteten Grundstücks oder Rechts.

(2) Mit dem Antrag sind die in § 7 Abs. 2 Nr. 1 und 2 dieser Verordnung genannten Unterlagen vorzulegen.

(3) Ein Antrag kann sich auf mehrere Grundstücke und Rechte beziehen, wenn es sich um eine zusammenhängende Leitungstrasse handelt.

§ 7 Erteilung der Leitungs- und Anlagenrechtsbescheinigung. (1) [1]Die zuständige Behörde macht den Antrag oder den Ort, an dem der Antrag und die ihm beigefügten Unterlagen eingesehen werden können, in ortsüblicher Weise öffentlich bekannt. [2]Hierbei sind die Art der Leitung und die betroffene Kommune anzugeben.

(2) [1]Nach Ablauf von 4 Wochen von dem Tag der Bekanntmachung nach Absatz 1 erteilt die zuständige Behörde die Leitungs- und Anlagenrechtsbescheinigung, wenn

1. in einer auf der Grundlage der amtlichen Flurkarte erstellten Karte
    a) der Verlauf der Leitung einschließlich der Schutzstreifen,
    b) die Standorte aller Transformatoren, Umspannwerke, Pumpwerke, Brunnen, Brunnengalerien, Regenwasserrückhaltebekken, Wassertürme, Absturzbauwerke und vergleichbarer Neben- und Sonderanlagen sowie
    c) die Standorte der Dämme und Deiche, Entwässerungsgräben, Schöpfwerke, gewässerkundlichen Meßanlagen einschließlich der dafür erforderlichen Leitungen und Datenübertragungsanlagen

so genau dargestellt werden, daß die betroffenen Flurstücke erkennbar sind, und

2. folgende Unterlagen übergeben werden:
    a) eine Liste, aus der sich ergibt, welchen Gesamtinhalt die Dienstbarkeit auf den einzelnen Grundstücken, falls diese aus mehreren Flurstücken bestehen, auf den jeweiligen Flurstücken hat,
    b) ein Übersichtsplan, der auch schematisch sein kann, über das Gesamtnetz, zu dem die beantragte Leitung gehört, den Standort der Anlage sowie die für ihren Zustand am 3. Oktober 1990 maßgeblichen Entscheidungen über die Errichtung, den Ausbau oder die Rekonstruktion der Leitung nach § 67 der Energieverordnung vom 1. Juni 1988 (GBl. I Nr. 10 S. 89), zuletzt geändert durch die Verordnung vom 25. Juli 1990 (GBl. I Nr. 46 S. 812), oder vergleichbaren Vorschriften oder, soweit der Plan und die Entscheidungen nicht vorhanden sind, eine Versicherung der Richtigkeit der Liste nach Buchstabe a, die von der technischen Leitung des Unternehmens unterschrieben sein muß, und

3. die bescheinigte Anlage am 3. Oktober 1990 genutzt wurde und

DurchführungsVO § 8 SachenR-DV 6a

4. das antragstellende Versorgungsunternehmen am 25. Dezember 1993 Betreiber der Anlage war oder Rechtsnachfolger dieses Betreibers ist.

²In der Leitungs- und Anlagenrechtsbescheinigung sind solche Grundstücke auszunehmen, auf denen nach § 9 Abs. 2 des Grundbuchbereinigungsgesetzes eine Dienstbarkeit nach § 9 Abs. 1 dieses Gesetzes nicht begründet worden ist.

(3) ¹Bei den in § 4 Abs. 1 Nr. 2 Buchstabe b bis d dieser Verordnung genannten Anlagen und Einrichtungen darf die Bescheinigung nur erteilt werden, wenn die Anlagen und Einrichtungen öffentlichen Zwecken dienen. ²An die Stelle des in Absatz 2 Satz 1 Nr. 4 genannten Zeitpunkts tritt der 11. Januar 1995.

(4) ¹Ist kein Widerspruch erhoben, so bescheinigt die Behörde, daß auf den in der Liste (Absatz 2 Satz 1 Nr. 2 Buchstabe a) bezeichneten Grundstücken oder Flurstücken zugunsten des antragstellenden Versorgungsunternehmens eine Dienstbarkeit mit dem für das Grundstück jeweils angegebenen Inhalt besteht. ²Die Bescheinigung soll gemarkungsweise erteilt werden, auch soweit sich der Antrag nicht auf eine Gemarkung beschränkt.

(5) ¹Wird ein Widerspruch rechtzeitig erhoben, so hört die Behörde die Personen oder Stellen an, welche die Nachweise nach Absatz 2 Satz 1 Nr. 1 und 2 angefertigt haben. ²Wenn danach ein Fehler offenkundig ist, bescheinigt sie die Dienstbarkeit mit den erforderlichen Abweichungen von den zunächst vorgelegten Nachweisen. ³Ist ein Fehler nicht vorhanden oder nicht offenkundig, so bescheinigt die Behörde die Dienstbarkeit wie beantragt, vermerkt jedoch bei dem Grundstück oder Flurstück, auf das sich der Widerspruch bezieht, den Widerspruch des Eigentümers. ⁴Ist der Widerspruch verspätet, so entfällt dieser Vermerk und der Grundstückseigentümer ist auf den ordentlichen Rechtsweg zu verweisen.

§ 8 Grundbuchberichtigung. (1) ¹Auf Antrag des Versorgungsunternehmens, dem eine der Zahl der betroffenen Grundbuchblätter entsprechende Anzahl Kopien der ersten Seite des Antrags beizufügen sind, berichtigt das Grundbuchamt das Grundbuch, indem es das Recht auf Grund der Leitungs- und Anlagenrechtsbecheinigung an rangbereiter Stelle einträgt. ²Das Grundbuchamt kann verlangen, daß die in § 7 Abs. 2 Nr. 1 bezeichnete Karte vorgelegt wird. ³Ein Teilvollzug ist zulässig. ⁴In der Eintragung ist nach Möglichkeit auf die Bescheinigung unter Angabe der Behörde, ihres Geschäftszeichens und des Ausstellungsdatums Bezug zu nehmen.

(2) Enthält die Bescheinigung einen Vermerk über einen Widerspruch des Grundstückseigentümers, so ist an rangbereiter Stelle eine Widerspruch folgenden Inhalts einzutragen: „Widerspruch gegen die Richtigkeit des Grundbuchs wegen eines nicht eingetragenen Leitungs- und Anlagenrechts gemäß § 9 Abs. 5 Satz 2 GBBerG zu Gun-

sten von ..." unter Angabe des Namens und des Sitzes des Versorgungsunternehmens sowie des Eintragungsdatums.

§ 9 Berichtigungsbewilligung, Verzichtbescheinigung. (1) Eine Bewilligung, die nach ihrem Inhalt der Berichtigung des Grundbuchs wegen eines Rechtes nach § 9 Abs. 1 des Grundbuchbereinigungsgesetzes oder nach § 1 Satz 1 dieser Verordnung dient, muß mit der Erklärung eines Notars versehen sein, daß die Bewilligung auf einer Vereinbarung mit dem begünstigten Unternehmen beruht oder der Notar von dem Unternehmen innerhalb von drei Monaten seit einer Aufforderung einen Rechtsverzicht nach § 9 Abs. 6 Satz 1 des Grundbuchbereinigungsgesetzes nicht erhalten hat.

(2) [1]Der Antrag eines Versorgungsunternehmens nach § 9 Abs. 6 Satz 1 Halbsatz 2 des Grundbuchbereinigungsgesetzes, ihm den Verzicht auf eine Dienstbarkeit zu bescheinigen, muß das betroffene Grundstück, Gebäudeeigentum oder Erbbaurecht in grundbuchmäßiger Form bezeichnen und die Erklärung enthalten, daß auf das Recht verzichtet werde. [2]Die Behörde bescheinigt, daß das Recht infolge des Verzichts erloschen ist.

§ 10 Erlöschensbescheinigung. [1]Auf Antrag des Versorgungsunternehmens, des Grundstückseigentümers, des Erbbauberechtigten oder des Gebäudeeigentümers bescheinigt die Behörde, daß eine bei Ablauf des 2. Oktober 1990 im Grundbuch eingetragene beschränkte persönliche Dienstbarkeit für Energieanlagen oder die in § 1 Satz 1 bezeichneten Anlagen nicht mehr besteht. [2]In dem Antrag muß die Dienstbarkeit mit ihrer Grundbuchstelle angegeben und die Erklärung des zum Zeitpunkt der Antragstellung zuständigen Versorgungsunternehmens enthalten sein, daß das eingetragene Recht nicht mehr ausgeübt wird und das Unternehmen der Erteilung der Erlöschensbescheinigung zustimmt. [3]Die zuständige Stelle bescheinigt, daß die betreffende Dienstbarkeit erloschen ist.

Unterabschnitt 3. Schlußvorschriften

§ 11 Anwendungsregelung für Energieanlagen. Die §§ 6 bis 10 sind von dem Tage an auf Energieanlagen anzuwenden, an dem in dem jeweiligen Land die Rechtsverordnung nach § 9 Abs. 11 Satz 2 des Grundbuchbereinigungsgesetzes in Kraft tritt.

Abschnitt 2. Wertbeständige Hypotheken, nicht eingetragene Rechte

§ 12 Mittelwert und Marktpreise bei sonstigen wertbeständigen Grundpfandrechten. Bei wertbeständigen Grundpfandrechten im Sinne des § 3 Abs. 1 Satz 1 und Abs. 2 des Grundbuchbereinigungsgesetzes sind für die jeweils bestimmten Waren oder Leistungen folgende Werte zugrundezulegen:

1. für einen US-Dollar 1,70 Deutsche Mark,
2. für eine Tonne Fettförderkohle des Rheinisch-Westfälischen Kohlesyndikats 285,66 Deutsche Mark,
3. für eine Tonne gewaschene Fettnuß IV des Rheinisch-Westfälischen Kohlesyndikats 314,99 Deutsche Mark,
4. für eine Tonne oberschlesische Flammstückkohle 192,80 Deutsche Mark,
5. für eine Tonne niederschlesische Stückkohle 114,60 Deutsche Mark,
6. für eine Tonne niederschlesische gewaschene Nußkohle I 314,99 Deutsche Mark,
7. für einen Doppelzentner zu 100 kg Kalidüngesalz 40 vom Hundert 23,00 Deutsche Mark.

§ 13 Verlängerung von Fristen. (1) Die Frist des § 8 Abs. 1 Satz 1 und nach § 8 Abs. 3 Satz 3 in Verbindung mit § 8 Abs. 1 Satz 1 des Grundbuchbereinigungsgesetzes wird in den Ländern Berlin, Brandenburg, Mecklenburg-Vorpommern, Sachsen, Sachsen-Anhalt und Thüringen bis zum Ablauf des 31. Dezember 2005, längstens jedoch bis zu dem Tage verlängert, an dem der öffentliche Glaube des Grundbuchs für die in Artikel 233 § 5 Abs. 1 des Einführungsgesetzes zum Bürgerlichen Gesetzbuche bezeichneten beschränkten dinglichen Rechte wieder in vollem Umfang gilt.

(2) In den übrigen Ländern wird die in Absatz 1 bezeichnete Frist bis zum Ablauf des 31. Dezember 1996 verlängert.

Abschnitt 3. Inkrafttreten

§ 14 Inkrafttreten. Dieser Verordnung tritt am 11. Januar 1995 in Kraft.

7. Verordnung über die grundbuchmäßige Behandlung von Anteilen an ungetrennten Hofräumen (Hofraumverordnung – HofV)

Vom 24. September 1993

(BGBl. I S. 1658)

Auf Grund des Artikels 12 Abs. 1 Nr. 1 des Zweiten Vermögensrechtsänderungsgesetzes vom 14. Juli 1992 (BGBl. I S. 1257) verordnet das Bundesministerium der Justiz:

§ 1 Amtliches Verzeichnis bei ungetrennten Hofräumen. (1) Als amtliches Verzeichnis im Sinne des § 2 Abs. 2 der Grundbuchordnung gilt bei Grundstücken, die im Grundbuch als Anteile an einem ungetrennten Hofraum eingetragen sind, vorbehaltlich anderer bundesgesetzlicher Bestimmungen bis zur Aufnahme des Grundstücks in das amtliche Verzeichnis das Gebäudesteuerbuch oder, soweit dieses nicht oder nicht mehr vorhanden ist, der zuletzt erlassene Bescheid über den steuerlichen Einheitswert dieses Grundstücks.

(2) Ist ein Bescheid über den steuerlichen Einheitswert nicht oder noch nicht ergangen, so dient in dieser Reihenfolge der jeweils zuletzt für das Grundstück ergangene Bescheid über die Erhebung der Grundsteuer, der Grunderwerbsteuer, ein Bescheid über die Erhebung von Abwassergebühren für das Grundstück nach dem Kommunalabgabengesetz des Landes als amtliches Verzeichnis des Grundstücks im Sinne des § 2 Abs. 2 der Grundbuchordnung.

(3) Entspricht die Bezeichnung des Grundstücks in dem Bescheid nicht der Anschrift, die aus dem Grundbuch ersichtlich ist, so genügt zum Nachweise, daß das in dem Bescheid bezeichnete Grundstück mit dem im Grundbuch bezeichneten übereinstimmt, eine mit Siegel und Unterschrift versehene Bescheinigung der Behörde, deren Bescheid als amtliches Verzeichnis gilt.

§ 2 Bezeichnung des Grundstücks. (1) Im Grundbuch ist das Grundstück, das dort als Anteil an einem ungetrennten Hofraum bezeichnet ist, von dem Inkrafttreten dieser Verordnung an mit der Nummer des Gebäudesteuerbuchs oder im Falle ihres Fehlens mit der Bezeichnung und dem Aktenzeichen des Bescheids unter Angabe der Behörde, die ihn erlassen hat, zu bezeichnen.

(2) [1]Bei Grundstücken nach § 1 Abs. 1, die nicht gemäß Absatz 1 bezeichnet sind, kann diese Bezeichnung von Amts wegen nachgeholt werden. [2]Sie ist von Amts wegen nachzuholen, wenn in dem jeweiligen Grundbuch eine sonstige Eintragung vorgenommen werden soll.

§ 3 Aufhebung früheren Rechts. (1) ¹Diese Verordnung tritt zwei Wochen nach der Verkündung in Kraft. ²Sie gilt bis zum Ablauf des 31. Dezember 2010.

(2) Zu dem in Absatz 1 Satz 1 bezeichneten Zeitpunkt tritt Artikel 2 der preußischen Verordnung betreffend das Grundbuchwesen vom 13. November 1899 (Preußische Gesetzessammlung S. 519) außer Kraft.

8. Gesetz zur Vereinfachung und Beschleunigung registerrechtlicher und anderer Verfahren (Registerverfahrensbeschleunigungsgesetz – RegVBG)

Vom 20. Dezember 1993

(BGBl. I S. 2182)

(Auszug)

Art. 1–17[1] *(vom Abdruck wurde abgesehen)*

Abschnitt 4. Schlußvorschriften

Art. 18 Anwendung von Rechtsverordnungen, Neubekanntmachungen. (1) Durch dieses Gesetz geänderte oder ergänzte Teile von Rechtsverordnungen können nach den für den Erlaß, die Änderung oder die Aufhebung der Rechtsverordnung jeweils geltenden Vorschriften geändert oder aufgehoben werden.

(2) ¹Soweit in Vorschriften auf Vorschriften verwiesen wird, die durch dieses Gesetz eine andere Paragraphennummer erhalten haben, gilt dies als Verweisung auf die Vorschriften mit ihrer jetzigen Paragraphennummer. ²Soweit Vorschriften durch Bestimmungen aufgehoben worden sind, die durch dieses Gesetz neu gefaßt werden, bleibt es bei der Aufhebung.

(3) Das Bundesministerium der Justiz wird ermächtigt, den Wortlaut der in diesem Gesetz geänderten Gesetze und Rechtsverordnungen, ausgenommen das Bürgerliche Gesetzbuch, das Handelsgesetzbuch, das Gesetz über die Angelegenheiten der Freiwilligen Gerichtsbarkeit und das Gesetz über die Zwangsversteigerung und die Zwangsverwaltung, in der von dem Inkrafttreten dieses Gesetzes an geltenden Fassung neu bekannt zu machen.

(4) Das Bundesministerium der Justiz wird ermächtigt, durch Rechtsverordnung mit Zustimmung des Bundesrates

1. die in § 35 Abs. 3 und § 121 Abs. 1 der Grundbuchordnung und in § 18 Abs. 1 Satz 1 des Gesetzes über Maßnahmen auf dem Gebiete des Grundbuchwesens vom 20. Dezember 1963 (BGBl. I S. 986) in ihrer jeweils geltenden Fassung genannten Beträge an die Veränderungen der Lebenshaltungskosten anzupassen,
2. Abweichungen von den Vorschriften der Grundbuchordnung zu bestimmen, die für die grundbuchliche Behandlung der in Artikel 231 § 5 und Artikel 233 des Einführungsgesetzes zum Bürgerli-

---

[1] Betreffen die Verkündung oder Änderungen anderer Gesetze.

Registerverfahrensbeschleunigungsgesetz **Art. 19 RegVBG 8**

chen Gesetzbuche bezeichneten Fälle erforderlich sind, insbesondere ergänzende Bestimmungen zu Anlegung und Gestaltung der Gebäudegrundbuchblätter vorzusehen,

3. die in § 6 Abs. 3 des Grundbuchbereinigungsgesetzes, § 9a Abs. 1 des Einführungsgesetzes zum Gesetz über die Zwangsversteigerung und die Zwangsverwaltung, in Artikel 231 § 5 Abs. 3 und 4 und Artikel 233 § 4 Abs. 2 und 4, § 5 Abs. 2 des Einführungsgesetzes zum Bürgerlichen Gesetzbuche bestimmten Fristen bis längstens zum Ablauf des 31. Dezember 2005 zu verlängern.

(5) [1]Die Bundesregierung wird ermächtigt, durch Rechtsverordnung mit Zustimmung des Bundesrates

1. die in § 4 Abs. 1 Satz 2 des Investitionsvorranggesetzes bestimmte Fristen bis längstens zum Ablauf des 31. Dezember 2000,
2. die in Artikel 232 § 4a Abs. 1 des Einführungsgesetzes zum Bürgerlichen Gesetzbuche bestimmte Frist bis längstens zum 31. Dezember 1996 zu verlängern.

[2]Verträge über Garagen sind dann jedoch mit einer Frist von einem Monat zum Ende eines Quartals kündbar, wenn nur so das betreffende Grundstück der Bebauung zugeführt werden kann; § 314 Abs. 4 des Zivilgesetzbuches der Deutschen Demokratischen Republik gilt dann nicht, § 314 Abs. 6 dieses Gesetzes gilt entsprechend. [3]Die Rechtsverordnung ist vor der Zuleitung an den Bundesrat dem Deutschen Bundestag zuzuleiten. [4]Sie kann durch Beschluß des Deutschen Bundestages geändert oder abgelehnt werden. [5]Der Beschluß des Deutschen Bundestages wird der Bundesregierung zugeleitet. [6]Hat sich der Deutsche Bundestag nach Ablauf von drei Sitzungswochen seit Eingang der Rechtsverordnung nicht mit ihr befaßt, so wird die unveränderte Rechtsverordnung der Bundesregierung zugeleitet. [7]Der Deutsche Bundestag befaßt sich mit der Rechtsverordnung auf Antrag von so vielen Mitgliedern des Bundestages, wie zur Bildung einer Fraktion erforderlich sind.

Art. 19 Überleitung. (1) § 44 der Grundbuchordnung[1]) in der Fassung dieses Gesetzes ist nur auf noch nicht im Grundbuch vollzogene Eintragungen, Umschreibungen oder Neufassungen anzuwenden.

(2) [1]§ 29 Abs. 1 bis 3, §§ 30, 31, 48 und 69 Abs. 4 der Energieverordnung vom 1. Juni 1988 (GBl. I Nr. 10 S. 89), zuletzt geändert durch die Verordnung vom 25. Juli 1990 (GBl. I Nr. 46 S. 812), sowie die dazu ergangenen Rechtsvorschriften in der Fassung der Fünften Durchführungsbestimmung zur Energieverordnung – Anpassungsvorschriften – vom 27. August 1990 (GBl. I Nr. 58 S. 1423), die nach der in Anlage II Kapitel V Sachgebiet D Abschnitt III Nr. 4 des Einigungsvertrages vom 31. August 1990 (BGBl. II S. 889, 1202) bis zum Ablauf des 31. Dezember 2010 fortgelten, treten außer

---

[1]) Abgedruckt in: Schönfelder, Deutsche Gesetze, unter Nr. **114**.

Kraft, soweit die Rechte bezüglich der Energieanlagen nach § 9 des Grundbuchbereinigungsgesetzes gesichert sind. ²Mitbenutzungsrechte nach § 40 des Wassergesetzes vom 2. Juli 1982 (GBl. I Nr. 26 S. 467) erlöschen, soweit § 9 des Grundbuchbereinigungsgesetzes auf die in seinem Absatz 9 genannten Anlagen erstreckt wird, mit dem Wirksamwerden dieser Erstreckung.

(3) ¹Artikel 13 Nr. 3 Buchstabe k[1)] läßt bereits vollzogene Eintragungen in ihrer Wirksamkeit unberührt. ²Auf Grund des Artikels 233 § 13 des Einführungsgesetzes zum Bürgerlichen Gesetzbuche in der vor Inkrafttreten dieses Gesetzes geltenden Fassung auf Widerspruch hin begründete Vormerkungen erlöschen spätestens nach Ablauf von vier Monaten von dem Inkrafttreten der in Satz 1 genannten Vorschrift an. ³Artikel 233 § 13 Abs. 5 des Einführungsgesetzes zum Bürgerlichen Gesetzbuche gilt entsprechend.

(4) ¹Die Grundstücksverkehrsordnung[2)] gilt auch in laufenden Verfahren. ²Bei Fortfall der Genehmigungspflicht ist das Verfahren einzustellen. ³Auf eine Genehmigung, die vor Abschluß des genehmigungspflichtigen Rechtsgeschäftes erteilt wurde, das bei Inkrafttreten dieses Gesetzes auch noch nicht abgeschlossen worden ist, ist § 1 Abs. 1 Satz 2 der Grundstücksverkehrsordnung mit der Maßgabe anzuwenden, daß die Frist mit Inkrafttreten dieses Gesetzes beginnt.

(5) ¹In Ländern, die Landgerichte und das Oberlandesgericht noch nicht eingerichtet haben, ist das Bodensonderungsgesetz mit der Maßgabe anzuwenden, daß an die Stelle des Landgerichts das Bezirksgericht und an die Stelle des Oberlandesgerichts der besondere Senat des Bezirksgerichts tritt. ²Soweit nach den bisherigen Vorschriften eine Sonderung von Grundstücken begonnen und noch nicht mit einer bestandskräftigen Feststellung der Grenzen abgeschlossen worden ist, können solche Verfahren nach den Vorschriften des Bodensonderungsgesetzes abgeschlossen werden; erfolgte Anhörungen von Beteiligten brauchen nicht wiederholt zu werden. ³Für ein Bodensonderungsverfahren können die Ergebnisse bereits durchgeführter Vermessungsarbeiten auch dann verwertet werden, wenn sie noch nicht zur Übernahme in das amtliche Verzeichnis geeignet sind.

(6) ¹Artikel 16[3)] ist, soweit dort nichts Abweichendes bestimmt ist, auf Verfahren anzuwenden, in denen bei Inkrafttreten dieses Gesetzes noch keine bestandskräftige Entscheidung der Zuordnungsbehörde ergangen ist. ²Artikel 16 Nr. 5 Buchstabe d Unterbuchstabe aa gilt rückwirkend vom dem 22. Juli 1992 an. ³Soweit Entscheidungen bestandskräftig geworden sind, die im Widerspruch zu § 1a Abs. 4 des Vermögenszuordnungsgesetzes und zu dem Wohnungs-

---

[1)] Betrifft Art. 233 § 13 EGBGB.
[2)] Abgedruckt unter Nr. **17**.
[3)] Betrifft das Vermögenszuordnungsgesetz, abgedruckt unter Nr. **21**.

beschleunigungsgesetz **Art. 19 RegVBG 8**

genossenschafts-Vermögensgesetz stehen, sind sie entsprechend den Festlegungen jener Gesetze zu ändern. [4]Soweit Personen, die nicht Begünstigte einer Zuordnung sein können, im Zuordnungsverfahren angehört worden sind und die Entscheidung Ausführungen zur Wirksamkeit eines Erwerbs aus ehemaligem Volkseigentum enthält, erfaßt die Bestandskraft des Bescheids auch die Feststellungen zur Wirksamkeit des Erwerbs. [5]Die Klagefrist für den Betroffenen beginnt dann zwei Wochen von dem Inkrafttreten dieses Gesetzes an; die §§ 58 und 60 der Verwaltungsgerichtsordnung gelten entsprechend. [6]Sind Einrichtungen, Grundstücke und Gebäude entgegen § 7a des Vermögenszuordnungsgesetzes in der bis zum Inkrafttreten dieses Gesetzes geltenden Fassung veräußert worden, so gilt § 10 Abs. 2 des Vermögenszuordnungsgesetzes in der Fassung dieses Gesetzes entsprechend. [7]Soweit in einem Land noch kein Oberverwaltungsgericht besteht, tritt an seine Stelle der Senat für Verwaltungssachen des Bezirksgerichts.

(7) [1]§ 12, § 13 Abs. 2, § 18 Abs. 1 Satz 2 und § 19 Abs. 1 Satz 2 des Vermögenszuordnungsgesetzes sind auch auf Rückübertragungsansprüche öffentlicher Körperschaften nach der in Anlage II Kapitel II Sachgebiet A Abschnitt III Nr. 1 des Einigungsvertrages vom 31. August 1990 (BGBl. II S. 889, 1150) aufgeführten Maßgabe d anzuwenden. [2]Zuständig für die in § 12 Abs. 3 des Vermögenszuordnungsgesetzes bezeichnete Entscheidung ist der Präsident der Treuhandanstalt.

(8) [1]Register, in die landwirtschaftliche Produktionsgenossenschaften, Produktionsgenossenschaften des Handwerks oder andere Genossenschaften oder kooperative Einrichtungen mit Sitz in dem in Artikel 3 des Einigungsvertrages genannten Gebiet am 3. Oktober 1990 eingetragen waren, gelten als Genossenschaftsregister im Sinne des Gesetzes über die Angelegenheiten der freiwilligen Gerichtsbarkeit und des Gesetzes betreffend die Erwerbs- und Wirtschaftsgenossenschaften. [2]Die Wirksamkeit von Eintragungen in diese Register wird nicht dadurch berührt, daß diese Eintragungen vor dem Inkrafttreten dieses Gesetzes von der Verwaltungsbehörde vorgenommen worden sind.

(9) [1]§ 20 Abs. 1 bis 5, 7 und 8 und § 20a des Vermögensgesetzes gelten vom Inkrafttreten dieses Gesetzes an auch für bereits bestehende Vorkaufsrechte. [2]Beträgt bei vor dem Inkrafttreten dieses Gesetzes begründeten Vorkaufsrechten nach § 20 Abs. 3 des Vermögensgesetzes der Anteil der Teilfläche, auf die sich das Miet- oder Nutzungsverhältnis erstreckt, nicht mehr als 50 vom Hundert der Gesamtfläche, so beschränkt sich das Vorkaufsrecht auf die Teilfläche, wenn der Eigentümer das Grundstück entsprechend teilt. [3]Verordnungen auf der Grundlage von § 8 der Hypothekenablöseanordnung behalten ihre Gültigkeit mit der Maßgabe, daß sie aufgrund von § 40 des Vermögensgesetzes geändert, ergänzt oder aufgehoben werden können.

(10) Ist von einer Wohnungsgenossenschaft der von ihr genutzte Grund und Boden von einer Kommune vor dem 27. Juni 1993 erworben worden, ist § 4 Nr. 7 des Grunderwerbsteuergesetzes in der bis zum Inkrafttreten dieses Gesetzes geltenden Fassung anzuwenden.

(11) ¹Für Kapitalgesellschaften, die wegen Verstreichens der Frist des § 57 Abs. 1 des D-Markbilanzgesetzes in der vor Inkrafttreten dieses Gesetzes geltenden Fassung mit Ablauf des 31. Dezember 1993 aufgelöst sind, gilt die Fortsetzung der Gesellschaft als beschlossen. ²Die Gesellschaften sind jedoch mit Ablauf des 31. Dezember 1994 aufgelöst, wenn sie nicht bis zu diesem Tag die Neufestsetzung ihrer Kapitalverhältnisse ordnungsgemäß zur Eintragung in das Handelsregister angemeldet haben.

Art. 20 Inkrafttreten. ¹Dieses Gesetz tritt am Tage nach der Verkündung in Kraft. ²Dies gilt nicht für Artikel 13 Nr. 3 Buchstabe k, der am 1. Juni 1994 in Kraft tritt.

III. Schuldrechtsanpassung

10. Gesetz zur Anpassung schuldrechtlicher Nutzungsverhältnisse an Grundstücken im Beitrittsgebiet (Schuldrechtsanpassungsgesetz – SchuldRAnpG)[1]

Vom 21. September 1994

(BGBl. I S. 2538)

Inhaltsübersicht

	§§
Kapitel 1. Allgemeine Vorschriften	1–17
Abschnitt 1. Anwendungsbereich	1–3
Abschnitt 2. Begriffsbestimmungen	4, 5
Abschnitt 3. Grundsätze	6–17
Unterabschnitt 1. Durchführung der Schuldrechtsanpassung	6, 7
Unterabschnitt 2. Rechtsgeschäfte mit anderen Vertragschließenden	8–10
Unterabschnitt 3. Beendigung des Vertragsverhältnisses	11–17
Kapitel 2. Vertragliche Nutzungen zu anderen persönlichen Zwecken als Wohnzwecken	18–33
Abschnitt 1. Allgemeine Vorschriften	18–28
Abschnitt 2. Besondere Bestimmungen für Ferienhaus- und Wochenendhaussiedlungen sowie andere Gemeinschaften	29–33
Kapitel 3. Überlassungsverträge	34–42
Abschnitt 1. Überlassungsverträge zu Wohnzwecken	34–41
Abschnitt 2. Andere Überlassungsverträge	42
Kapitel 4. Errichtung von Gebäuden aufgrund eines Miet-, Pacht- oder sonstigen Nutzungsvertrages	43–54
Abschnitt 1. Grundsätze	43, 44
Abschnitt 2. Gewerblich genutzte Grundstücke	45–49
Abschnitt 3. Zu Wohnzwecken genutzte Grundstücke	50–54
Kapitel 5. Verfahrensvorschriften	55, 56
Kapitel 6. Vorkaufsrecht	57

Kapitel 1. Allgemeine Vorschriften

Abschnitt 1. Anwendungsbereich

§ 1 Betroffene Rechtsverhältnisse. (1) Dieses Gesetz regelt Rechtsverhältnisse an Grundstücken in dem in Artikel 3 des Einigungsvertrages genannten Gebiet (Beitrittsgebiet), die aufgrund

---

[1] Verkündet mit Wirkung vom 1. 1. 1995 als Art. 1 Schuldrechtsänderungsgesetz vom 21. 9. 1994 (BGBl. I S. 2538).

1. eines Vertrages zum Zwecke der kleingärtnerischen Nutzung, Erholung oder Freizeitgestaltung oder zur Errichtung von Garagen oder anderen persönlichen, jedoch nicht Wohnzwecken dienenden Bauwerken überlassen,
2. eines Überlassungsvertrages im Sinne des Artikels 232 § 1a des Einführungsgesetzes zum Bürgerlichen Gesetzbuche zu Wohnzwecken oder zu gewerblichen Zwecken übergeben oder
3. eines Miet-, Pacht- oder sonstigen Nutzungsvertrages von einem anderen als dem Grundstückseigentümer bis zum Ablauf des 2. Oktober 1990 mit Billigung staatlicher Stellen mit einem Wohn- oder gewerblichen Zwecken dienenden Bauwerk bebaut

worden sind.

(2) Wurde das Grundstück einem anderen als dem unmittelbar Nutzungsberechtigten (Zwischenpächter) zum Zwecke der vertraglichen Überlassung an Dritte übergeben, sind die Bestimmungen dieses Gesetzes auch auf diesen Vertrag anzuwenden.

§ 2 Nicht einbezogene Rechtsverhältnisse. (1) [1]Die Bestimmungen dieses Gesetzes sind nicht auf Rechtsverhältnisse anzuwenden, deren Bereinigung im Sachenrechtsbereinigungsgesetz vorgesehen ist. [2]Dies gilt insbesondere für

1. Nutzungsverträge nach § 1 Abs. 1 Nr. 1 und 3, wenn die in § 5 Abs. 1 Nr. 3 Satz 2 Buchstabe d und e des Sachenrechtsbereinigungsgesetzes bezeichneten Voraussetzungen des Eigenheimbaus vorliegen,
2. Überlassungsverträge nach § 1 Abs. 1 Nr. 2, wenn der Nutzer mit Billigung staatlicher Stellen ein Eigenheim errichtet oder bauliche Investitionen nach § 12 Abs. 2 des Sachenrechtsbereinigungsgesetzes in ein vorhandenes Gebäude vorgenommen hat, und
3. Miet-, Pacht- oder sonstige Nutzungsverträge nach § 1 Abs. 1 Nr. 3, wenn der Nutzer für seinen Handwerks- oder Gewerbebetrieb auf einem ehemals volkseigenen Grundstück einen Neubau errichtet oder eine bauliche Maßnahme nach § 12 Abs. 1 des Sachenrechtsbereinigungsgesetzes vorgenommen hat.

(2) Dieses Gesetz gilt ferner nicht für die in § 71 des Vertragsgesetzes der Deutschen Demokratischen Republik bezeichneten Verträge.

(3) [1]Für Nutzungsverhältnisse innerhalb von Kleingartenanlagen bleibt die Anwendung des Bundeskleingartengesetzes vom 28. Februar 1983 (BGBl. I S. 210), zuletzt geändert durch Artikel 5 des Schuldrechtsänderungsgesetzes vom 21. September 1994 (BGBl. I S. 2538), unberührt. [2]Ist das Grundstück nach Ablauf des 2. Oktober 1990 in eine Kleingartenanlage eingegliedert worden, sind vom Zeitpunkt der Eingliederung an die Bestimmungen des Bundeskleingartengesetzes anzuwenden.

§ 3 Zeitliche Begrenzung. Die Bestimmungen dieses Gesetzes sind nur auf solche Verträge anzuwenden, die bis zum Ablauf des 2. Oktober 1990 abgeschlossen worden sind.

Abschnitt 2. Begriffsbestimmungen

§ 4 Nutzer. (1) Nutzer im Sinne dieses Gesetzes sind natürliche oder juristische Personen des privaten oder öffentlichen Rechts, die aufgrund eines Überlassungs-, Miet-, Pacht- oder sonstigen Vertrages zur Nutzung eines Grundstücks berechtigt sind.

(2) ¹Ist der Vertrag mit einer Personengemeinschaft nach den §§ 266 bis 273 des Zivilgesetzbuchs der Deutschen Demokratischen Republik geschlossen worden, sind deren Mitglieder gemeinschaftlich Nutzer. ²Soweit die Nutzer nichts anderes vereinbart haben, sind die Vorschriften des Bürgerlichen Gesetzbuchs über die Gesellschaft anzuwenden.

§ 5 Bauwerke. (1) Bauwerke sind Gebäude, Baulichkeiten nach § 296 Abs. 1 des Zivilgesetzbuchs der Deutschen Demokratischen Republik und Grundstückseinrichtungen.

(2) Grundstückseinrichtungen sind insbesondere die zur Einfriedung und Erschließung des Grundstücks erforderlichen Anlagen.

Abschnitt 3. Grundsätze

Unterabschnitt 1. Durchführung der Schuldrechtsanpassung

§ 6 Gesetzliche Umwandlung. (1) Auf die in § 1 Abs. 1 bezeichneten Verträge sind die Bestimmungen des Bürgerlichen Gesetzbuchs über die Miete oder die Pacht anzuwenden, soweit dieses Gesetz nichts anderes bestimmt.

(2) ¹Vereinbarungen, die die Beteiligten (Grundstückseigentümer und Nutzer) nach Ablauf des 2. Oktober 1990 getroffen haben, bleiben von den Bestimmungen dieses Gesetzes unberührt. ²Dies gilt unabhängig von ihrer Vereinbarkeit mit Rechtsvorschriften der Deutschen Demokratischen Republik auch für bis zu diesem Zeitpunkt getroffene Abreden, die vom Inhalt eines Vertrages vergleichbarer Art abweichen, nicht zu einer unangemessenen Benachteiligung eines Beteiligten führen und von denen anzunehmen ist, daß die Beteiligten sie auch getroffen hätten, wenn sie die durch den Beitritt bedingte Änderung der wirtschaftlichen und sozialen Verhältnisse vorausgesehen hätten.

(3) In einem Überlassungsvertrag getroffene Abreden bleiben nur wirksam, soweit es in diesem Gesetz bestimmt ist.

§ 7 Kündigungsschutz durch Moratorium. (1) [1]Eine vom Grundstückseigentümer oder einem anderen Vertragschließenden (§ 8 Abs. 1 Satz 1) nach Ablauf des 2. Oktober 1990 ausgesprochene Kündigung eines in § 1 Abs. 1 bezeichneten Vertrages ist unwirksam, wenn der Nutzer nach Artikel 233 § 2a Abs. 1 des Einführungsgesetzes zum Bürgerlichen Gesetzbuche gegenüber dem Grundstückseigentümer zum Besitz berechtigt war und den Besitz noch ausübt. [2]Satz 1 ist auch anzuwenden, wenn dem Nutzer der Besitz durch verbotene Eigenmacht entzogen wurde. [3]Abweichende rechtskräftige Entscheidungen bleiben unberührt.

(2) Absatz 1 ist nicht anzuwenden, wenn die Kündigung wegen vertragswidrigen Gebrauchs, Zahlungsverzugs des Nutzers oder aus einem anderen wichtigen Grund erfolgt ist.

(3) Artikel 232 § 4a des Einführungsgesetzes zum Bürgerlichen Gesetzbuche bleibt unberührt.

Unterabschnitt 2. Rechtsgeschäfte mit anderen Vertragschließenden

§ 8 Vertragseintritt. (1) [1]Der Grundstückseigentümer tritt in die sich ab dem 1. Januar 1995 ergebenden Rechte und Pflichten aus einem Vertragsverhältnis über den Gebrauch oder die Nutzung seines Grundstücks ein, das landwirtschaftliche Produktionsgenossenschaften bis zum Ablauf des 30. Juni 1990 oder staatliche Stellen im Sinne des § 10 Abs. 1 des Sachenrechtsbereinigungsgesetzes bis zum Ablauf des 2. Oktober 1990 im eigenen Namen mit dem Nutzer abgeschlossen haben. [2]Die in § 46 des Gesetzes über die landwirtschaftlichen Produktionsgenossenschaften vom 2. Juli 1982 (GBl. I Nr. 25 S. 443) bezeichneten Genossenschaften und Kooperationsbeziehungen stehen landwirtschaftlichen Produktionsgenossenschaften gleich. [3]Die Regelungen zum Vertragsübergang in § 17 des Vermögensgesetzes bleiben unberührt.

(2) Ist der Vertrag mit einem Zwischenpächter abgeschlossen worden, tritt der Grundstückseigentümer in dieses Vertragsverhältnis ein.

(3) [1]Absatz 1 Satz 1 gilt nicht, wenn der andere Vertragschließende zur Überlassung des Grundstücks nicht berechtigt war und der Nutzer beim Vertragsabschluß den Mangel der Berechtigung des anderen Vertragschließenden kannte. [2]Kannte nur der Zwischenpächter den Mangel der Berechtigung des anderen Vertragschließenden, tritt der Grundstückseigentümer in den vom Zwischenpächter mit dem unmittelbar Nutzungsberechtigten geschlossenen Vertrag ein. [3]Ein Verstoß gegen die in § 18 Abs. 2 Satz 2 des Gesetzes über die landwirtschaftlichen Produktionsgenossenschaften vom 2. Juli 1982 genannten Voraussetzungen ist nicht beachtlich.

(4) Abweichende rechtskräftige Entscheidungen bleiben unberührt.

§ 9 Vertragliche Nebenpflichten. ¹Grundstückseigentümer und Nutzer können die Erfüllung solcher Pflichten verweigern, die nicht unmittelbar die Nutzung des Grundstücks betreffen und nach ihrem Inhalt von oder gegenüber dem anderen Vertragschließenden zu erbringen waren. ²Dies gilt insbesondere für die Unterhaltung von Gemeinschaftsanlagen in Wochenendhaussiedlungen und die Verpflichtung des Nutzers zur Mitarbeit in einer landwirtschaftlichen Produktionsgenossenschaft.

§ 10 Verantwortlichkeit für Fehler oder Schäden. (1) Der Grundstückseigentümer haftet dem Nutzer nicht für Fehler oder Schäden, die infolge eines Umstandes eingetreten sind, den der andere Vertragschließende zu vertreten hat.

(2) Soweit der Grundstückseigentümer nach Absatz 1 nicht haftet, kann der Nutzer unbeschadet des gesetzlichen Vertragseintritts Schadensersatz von dem anderen Vertragschließenden verlangen.

Unterabschnitt 3. Beendigung des Vertragsverhältnisses

§ 11 Eigentumserwerb an Baulichkeiten. (1) ¹Mit der Beendigung des Vertragsverhältnisses geht das nach dem Recht der Deutschen Demokratischen Republik begründete, fortbestehende Eigentum an Baulichkeiten auf den Grundstückseigentümer über. ²Eine mit dem Grund und Boden nicht nur zu einem vorübergehenden Zweck fest verbundene Baulichkeit wird wesentlicher Bestandteil des Grundstücks.

(2) ¹Rechte Dritter an der Baulichkeit erlöschen. ²Sicherungsrechte setzen sich an der Entschädigung nach § 12 fort. ³Im übrigen kann der Dritte Wertersatz aus der Entschädigung nach § 12 verlangen.

§ 12 Entschädigung für das Bauwerk. (1) ¹Der Grundstückseigentümer hat dem Nutzer nach Beendigung des Vertragsverhältnisses eine Entschädigung für ein entsprechend den Rechtsvorschriften der Deutschen Demokratischen Republik errichtetes Bauwerk nach Maßgabe der folgenden Vorschriften zu leisten. ²Das Recht des Nutzers, für ein rechtswidrig errichtetes Bauwerk Ersatz nach Maßgabe der Vorschriften über die Herausgabe einer ungerechtfertigten Bereicherung zu verlangen, bleibt unberührt.

(2) ¹Endet das Vertragsverhältnis durch Kündigung des Grundstückseigentümers, ist die Entschädigung nach dem Zeitwert des Bauwerks im Zeitpunkt der Rückgabe des Grundstücks zu bemessen. ²Satz 1 ist nicht anzuwenden, wenn der Nutzer durch sein Verhalten Anlaß zu einer Kündigung aus wichtigem Grund gegeben hat oder das Vertragsverhältnis zu einem Zeitpunkt endet, in dem die Frist, in der der Grundstückseigentümer nur unter den in diesem Gesetz genannten besonderen Voraussetzungen zur Kündigung berechtigt ist (Kündigungsschutzfrist), seit mindestens sieben Jahren verstrichen ist.

(3) In anderen als den in Absatz 2 genannten Fällen kann der Nutzer eine Entschädigung verlangen, soweit der Verkehrswert des Grundstücks durch das Bauwerk im Zeitpunkt der Rückgabe erhöht ist.

(4) ¹Der Nutzer ist zur Wegnahme des Bauwerks berechtigt. ²Er kann das Bauwerk vom Grundstück abtrennen und sich aneignen. ³§ 258 des Bürgerlichen Gesetzbuchs ist anzuwenden.

(5) Ansprüche des Nutzers auf Wertersatz wegen anderer werterhöhender Maßnahmen nach den allgemeinen Vorschriften bleiben von den Bestimmungen dieses Gesetzes unberührt.

§ 13 Entschädigungsleistung bei Sicherungsrechten. ¹Hat der Sicherungsnehmer dem Grundstückseigentümer das Bestehen eines Sicherungsrechts an der Baulichkeit angezeigt, kann der Grundstückseigentümer die Entschädigung nach § 12 nur an den Sicherungsnehmer und den Nutzer gemeinschaftlich leisten. ²§ 1281 Satz 2 des Bürgerlichen Gesetzbuchs ist entsprechend anzuwenden.

§ 14 Entschädigung für Vermögensnachteile. ¹Endet das Vertragsverhältnis durch Kündigung des Grundstückseigentümers vor Ablauf der Kündigungsschutzfrist, kann der Nutzer neben der Entschädigung für das Bauwerk nach § 12 eine Entschädigung für die Vermögensnachteile verlangen, die ihm durch die vorzeitige Beendigung des Vertragsverhältnisses entstanden sind. ²Der Anspruch nach Satz 1 besteht nicht, wenn der Nutzer durch sein Verhalten Anlaß zu einer Kündigung aus wichtigem Grund gegeben hat.

§ 15 Beseitigung des Bauwerks; Abbruchkosten. (1) ¹Der Nutzer ist bei Vertragsbeendigung zur Beseitigung eines entsprechend den Rechtsvorschriften der Deutschen Demokratischen Republik errichteten Bauwerks nicht verpflichtet. ²Er hat jedoch die Hälfte der Kosten für den Abbruch des Bauwerks zu tragen, wenn

1. das Vertragsverhältnis von ihm oder nach Ablauf der in § 12 Abs. 2 bestimmten Frist vom Grundstückseigentümer gekündigt wird oder er durch sein Verhalten Anlaß zu einer Kündigung aus wichtigem Grund gegeben hat und

2. der Abbruch innerhalb eines Jahres nach Besitzübergang vorgenommen wird.

(2) ¹Der Grundstückseigentümer hat dem Nutzer den beabsichtigten Abbruch des Bauwerks rechtzeitig anzuzeigen. ²Der Nutzer ist berechtigt, die Beseitigung selbst vorzunehmen oder vornehmen zu lassen.

(3) Die Absätze 1 und 2 sind nicht mehr anzuwenden, wenn das Vertragsverhältnis nach Ablauf des 31. Dezember 2022 endet.

§ 16 Kündigung bei Tod des Nutzers. (1) Stirbt der Nutzer, ist sowohl dessen Erbe als auch der Grundstückseigentümer zur Kündigung des Vertrages nach § 569 des Bürgerlichen Gesetzbuchs berechtigt.

(2) Ein Vertrag nach § 1 Abs. 1 Nr. 1 zur kleingärtnerischen Nutzung, Erholung oder Freizeitgestaltung wird beim Tod eines Ehegatten mit dem überlebenden Ehegatten fortgesetzt, wenn auch der überlebende Ehegatte Nutzer ist.

§ 17 Unredlicher Erwerb. (1) [1]Der Grundstückseigentümer kann ein Vertragsverhältnis nach § 1 Abs. 1 kündigen, wenn der Nutzer beim Abschluß des Vertrages unredlich im Sinne des § 4 des Vermögensgesetzes gewesen ist. [2]Die Kündigung ist spätestens am dritten Werktag eines Kalendermonats für den Ablauf des auf die Kündigung folgenden fünften Monats zulässig. [3]Kündigungen gemäß Satz 1 sind nur wirksam, wenn sie bis zum 31. Dezember 1996 erklärt werden.

(2) Der Grundstückseigentümer ist zu einer Kündigung nach Absatz 1 nicht berechtigt, wenn er die Aufhebung des Nutzungsvertrages durch Bescheid des Amtes zur Regelung offener Vermögensfragen beantragen kann oder beantragen konnte.

(3) [1]Für ein bis zum Ablauf des 2. Oktober 1990 errichtetes Bauwerk kann der Nutzer eine Entschädigung nach § 12 Abs. 2 verlangen. [2]§ 14 ist nicht anzuwenden.

Kapitel 2. Vertragliche Nutzungen zu anderen persönlichen Zwecken als Wohnzwecken

Abschnitt 1. Allgemeine Vorschriften

§ 18 Anwendbarkeit der nachfolgenden Bestimmungen. Auf Verträge über die Nutzung von Grundstücken zu anderen persönlichen Zwecken als Wohnzwecken nach § 1 Abs. 1 Nr. 1 sind die nachfolgenden Bestimmungen anzuwenden.

§ 19 Heilung von Mängeln. (1) Ein Vertrag nach § 1 Abs. 1 Nr. 1 ist nicht deshalb unwirksam, weil die nach § 312 Abs. 1 Satz 2 des Zivilgesetzbuchs der Deutschen Demokratischen Republik vorgesehene Schriftform nicht eingehalten worden ist.

(2) Das Fehlen der Zustimmung zur Bebauung nach § 313 Abs. 2 des Zivilgesetzbuchs ist unbeachtlich, wenn der Nutzungsvertrag von einer staatlichen Stelle abgeschlossen worden ist und eine Behörde dieser Körperschaft dem Nutzer eine Bauzustimmung erteilt hat.

(3) Abweichende rechtskräftige Entscheidungen bleiben unberührt.

§ 20 Nutzungsentgelt. (1) [1]Der Grundstückseigentümer kann vom Nutzer die Zahlung eines Nutzungsentgelts verlangen. [2]Die Höhe des Entgelts richtet sich nach der Nutzungsentgeltverordnung vom 22. Juli 1993 (BGBl. I S. 1339) in ihrer jeweils gültigen Fassung.

(2) [1]Auf die bisher unentgeltlichen Nutzungsverträge sind die Bestimmungen der Nutzungsentgeltverordnung entsprechend anzuwenden. [2]Der Grundstückseigentümer kann den Betrag verlangen, den der Nutzer im Falle einer entgeltlichen Nutzung nach den §§ 3 bis 5 der Nutzungsentgeltverordnung zu zahlen hätte.

(3) [1]Hat das Nutzungsentgelt die ortsübliche Höhe erreicht, kann jede Partei bis zum Ablauf der Kündigungsschutzfrist eine Entgeltanpassung nach Maßgabe der folgenden Bestimmungen verlangen. [2]Eine Anpassung ist zulässig, wenn das Nutzungsentgelt seit einem Jahr nicht geändert worden ist und das ortsübliche Entgelt sich seitdem um mehr als zehn vom Hundert verändert hat. [3]Das Anpassungsverlangen ist gegenüber dem anderen Teil schriftlich geltend zu machen. [4]Das angepaßte Nutzungsentgelt wird vom Beginn des dritten Kalendermonats an geschuldet, der auf den Zugang des Anpassungsverlangens folgt.

§ 21 Gebrauchsüberlassung an Dritte. (1) [1]Macht der Grundstückseigentümer innerhalb der Kündigungsschutzfrist seinen Anspruch auf Anpassung des Nutzungsentgelts geltend, kann der Nutzer bis zum Ablauf des zweiten auf die Erhöhungserklärung folgenden Monats vom Grundstückseigentümer die Erlaubnis zur entgeltlichen Überlassung des Grundstücks oder eines Grundstücksteils an einen Dritten verlangen. [2]Ist dem Grundstückseigentümer die Überlassung nur bei einer angemessenen Erhöhung des Nutzungsentgelts zuzumuten, kann er die Erteilung der Erlaubnis davon abhängig machen, daß sich der Nutzer mit einer solchen Erhöhung einverstanden erklärt.

(2) [1]Ist dem Grundstückseigentümer die Unterverpachtung unter Berücksichtigung der berechtigten Interessen des Nutzers nicht zuzumuten, kann er den Nutzer unter Hinweis, daß er das Vertragsverhältnis kündigen werde, zur Abgabe einer Erklärung darüber auffordern, ob der Nutzer den Vertrag zu den geänderten Bedingungen auch ohne Unterverpachtung fortsetzen will. [2]Lehnt der Nutzer die Fortsetzung des Vertrages ab oder erklärt er sich innerhalb einer Frist von einem Monat nicht, kann der Grundstückseigentümer die Erteilung der Erlaubnis verweigern und das Vertragsverhältnis unter Einhaltung der sich aus den §§ 565 und 584 des Bürgerlichen Gesetzbuchs ergebenden Frist zum nächstmöglichen Termin kündigen. [3]Bis zu diesem Zeitpunkt ist der Nutzer nur zur Zahlung des bisherigen Nutzungsentgelts verpflichtet.

§ 22 Zustimmung zu baulichen Investitionen. (1) Die Neuerrichtung eines Bauwerks sowie Veränderungen an einem bestehenden Bauwerk, durch die dessen Nutzfläche vergrößert oder dessen Wert nicht nur unwesentlich erhöht wird, bedürfen der Zustimmung des Grundstückseigentümers.

(2) Absatz 1 gilt nicht, wenn der Nutzer die beabsichtigten baulichen Investitionen dem Grundstückseigentümer anzeigt, auf ihre Entschädigung nach § 12 verzichtet und sich zur Übernahme der Abbruchkosten verpflichtet.

§ 23 Kündigungsschutzfrist. (1) Der Grundstückseigentümer kann den Vertrag bis zum Ablauf des 31. Dezembers 1999 nicht kündigen.

(2) Vom 1. Januar 2000 an kann der Grundstückseigentümer den Vertrag nur kündigen, wenn er das Grundstück

1. zur Errichtung eines Ein- oder Zweifamilienhauses als Wohnung für sich, die zu seinem Hausstand gehörenden Personen oder seine Familienangehörigen benötigt und der Ausschluß des Kündigungsrechts dem Grundstückseigentümer angesichts seines Wohnbedarfs und seiner sonstigen berechtigten Interessen auch unter Würdigung der Interessen des Nutzers nicht zugemutet werden kann oder

2. alsbald der im Bebauungsplan festgesetzten anderen Nutzung zuführen oder alsbald für diese Nutzung vorbereiten will.

In den Fällen des Satzes 1 Nr. 2 ist die Kündigung auch vor Rechtsverbindlichkeit des Bebauungsplans zulässig, wenn die Gemeinde seine Aufstellung, Änderung oder Ergänzung beschlossen hat, nach dem Stand der Planungsarbeiten anzunehmen ist, daß die beabsichtigte andere Nutzung festgesetzt wird, und dringende Gründe des öffentlichen Interesses die Vorbereitung oder die Verwirklichung der anderen Nutzung vor Rechtsverbindlichkeiten des Bebauungsplans erfordern.

(3) Vom 1. Januar 2005 an kann der Grundstückseigentümer den Vertrag auch dann kündigen, wenn er das Grundstück

1. zur Errichtung eines Ein- oder Zweifamilienhauses als Wohnung für sich, die zu seinem Hausstand gehörenden Personen oder seine Familienangehörigen benötigt oder

2. selbst zu kleingärtnerischen Zwecken, zur Erholung oder Freizeitgestaltung benötigt und der Ausschluß des Kündigungsrechts dem Grundstückseigentümer angesichts seines Erholungsbedarfs und seiner sonstigen berechtigten Interessen auch unter Berücksichtigung der Interessen des Nutzers nicht zugemutet werden kann.

(4) Vom 4. Oktober 2015 an kann der Grundstückseigentümer den Vertrag nach Maßgabe der allgemeinen Bestimmungen kündigen.

(5) Hatte der Nutzer am 3. Oktober 1990 das 60. Lebensjahr vollendet, ist eine Kündigung durch den Grundstückseigentümer zu Lebzeiten dieses Nutzers nicht zulässig.

(6) [1]Für Verträge im Sinne des § 1 Abs. 1 Nr. 1 über Grundstücke, die der Nutzer nicht bis zum Ablauf des 16. Juni 1994 bebaut hat, und für Nutzungsverträge über Garagengrundstücke gilt der besondere Kündigungsschutz nach den Absätzen 1 und 2 nur bis zum 31. Dezember 2002. [2]Absatz 5 ist nicht anzuwenden. [3]Diese Verträge kann der Grundstückseigentümer auch dann kündigen, wenn er das Grundstück einem besonderen Investitionszweck im Sinne des § 3 Abs. 1 des Investitionsvorranggesetzes zuführen will.

(7) [1]Handelt es sich um ein Grundstück oder den Teil eines Grundstücks, das aufgrund eines Vertrages zur Errichtung von Garagen überlassen wurde, kann der Grundstückseigentümer abweichend von den Absätzen 1 bis 6 den Vertrag auch kündigen, wenn

1. er als Wohnungsunternehmen gemäß § 4 Abs. 5 Nr. 1 und § 5 Abs. 1 des Altschuldenhilfe-Gesetzes auf dem Grundstück gelegene Wohnungen an deren Mieter veräußern will und
2. der Nutzer der Garage nicht Mieter einer auf dem Grundstück gelegenen Wohnung ist.

[2]Der Nutzer kann der Kündigung widersprechen und die Fortsetzung des Vertragsverhältnisses verlangen, wenn dessen Beendigung für ihn eine Härte bedeuten würde, die auch unter Würdigung der berechtigten Interessen des Grundstückseigentümers nicht zu rechtfertigen ist.

§ 24 Sonderregelungen für bewohnte Gebäude. (1) [1]Wohnt der Nutzer in einem zum dauernden Wohnen geeigneten Wochenendhaus, kann er auch nach Ablauf der in § 23 genannten Fristen der Kündigung des Grundstückseigentümers widersprechen und die Fortsetzung des Vertragsverhältnisses verlangen, wenn die Beendigung des Vertragsverhältnisses für ihn oder seine Familie eine Härte bedeuten würde, die auch unter Berücksichtigung der Interessen des Grundstückseigentümers nicht zu rechtfertigen ist. [2]§ 556a des Bürgerlichen Gesetzbuchs ist entsprechend anzuwenden.

(2) [1]Ist das Grundstück veräußert worden, kann der Erwerber vor Ablauf von drei Jahren seit der Eintragung der Rechtsänderung in das Grundbuch nicht kündigen, wenn er das Grundstück einer in § 23 Abs. 2 Nr. 1 und Abs. 3 Nr. 1 und 2 genannten Verwendung zuführen will. [2]Satz 1 ist nicht anzuwenden, wenn der auf die Veräußerung des Grundstücks gerichtete Vertrag vor dem 13. Januar 1994 abgeschlossen worden ist.

(3) Die Absätze 1 und 2 sind nicht anzuwenden, wenn der Grundstückseigentümer oder der andere Vertragschließende der Nutzung zu Wohnzwecken ausdrücklich widersprochen hatte.

(4) Die Absätze 1 bis 3 sind nicht anzuwenden, wenn der Nutzer nach dem 20. Juli 1993 seine Wohnung aufgibt und ein Wochenendhaus nunmehr dauernd als Wohnung nutzt.

§ 25 Nutzungsrechtsbestellung mit Nutzungsvertrag. (1) [1]Wurde der Vertrag im Zusammenhang mit der Bestellung eines Nutzungsrechts zur Errichtung eines Eigenheimes abgeschlossen und bilden die genutzten Flächen eine räumliche Einheit, die die für den Eigenheimbau vorgesehene Regelgröße von 500 Quadratmetern übersteigt, so kann der Grundstückseigentümer den Vertrag abweichend von § 23 ganz oder hinsichtlich einer Teilfläche kündigen, soweit die betroffene Fläche abtrennbar und selbständig baulich nutzbar ist und dem Nutzer mindestens eine Gesamtfläche von 500 Quadratmetern verbleibt. [2]Die Kündigung ist ferner zulässig, soweit die betroffene Fläche abtrennbar und angemessen wirtschaftlich nutzbar ist und dem Nutzer mindestens eine Gesamtfläche von 1000 Quadratmetern verbleibt. [3]§ 13 des Sachenrechtsbereinigungsgesetzes ist entsprechend anzuwenden.

(2) [1]Wird der Vertrag gemäß Absatz 1 hinsichtlich einer Teilfläche gekündigt, so wird er über die Restfläche fortgesetzt. [2]Der Nutzer kann eine Anpassung des Nutzungsentgelts verlangen. [3]Das angepaßte Entgelt wird vom Beginn des Kalendermonats an geschuldet, in dem die Kündigung wirksam wird.

(3) Die Kündigung ist spätestens am dritten Werktag eines Kalendermonats für den Ablauf des auf die Kündigung folgenden fünften Monats zulässig, wenn sich nicht aus § 584 Abs. 1 des Bürgerlichen Gesetzbuchs eine längere Frist ergibt.

(4) [1]Der Nutzer kann einer Kündigung nach Absatz 1 widersprechen, wenn die Beendigung des Vertrages für ihn zu einer unzumutbaren Härte im Sinne des § 26 Abs. 3 des Sachenrechtsbereinigungsgesetzes führen würde. [2]Der Grundstückseigentümer kann in diesem Fall vom Nutzer den Ankauf des Grundstücks zum ungeteilten Bodenwert nach Maßgabe der Bestimmungen des Sachenrechtsbereinigungsgesetzes verlangen.

§ 26 Mehrere Grundstückseigentümer. (1) Erstreckt sich die dem Nutzer zugewiesene Fläche über mehrere Grundstücke, können die Grundstückseigentümer das Vertragsverhältnis nur gemeinsam kündigen.

(2) [1]Im Falle der gemeinsamen Kündigung haften die Grundstückseigentümer dem Nutzer für die nach diesem Gesetz zu leistenden Entschädigungen als Gesamtschuldner. [2]Befindet sich ein vom Nutzer errichtetes Bauwerk auf mehreren Grundstücken, sind die

Grundstückseigentümer im Verhältnis zueinander im Zweifel zu gleichen Teilen verpflichtet. ³Entschädigungen nach den §§ 14 und 27 sind im Zweifel im Verhältnis der auf den jeweiligen Eigentümer entfallenden Fläche aufzuteilen.

(3) ¹Das Recht zur Kündigung steht einem Grundstückseigentümer allein zu, wenn die auf seinem Grundstück befindliche Teilfläche selbständig nutzbar ist. ²Das Kündigungsrecht besteht auch, wenn die Teilfläche gemeinsam mit einer weiteren auf dem Grundstück zur Nutzung zugewiesenen Bodenfläche selbständig nutzbar ist. ³Der Grundstückseigentümer hat dem anderen Grundstückseigentümer seine Kündigungsabsicht rechtzeitig anzuzeigen.

(4) ¹Wird der Vertrag nach Absatz 3 von einem Grundstückseigentümer gekündigt, kann der Nutzer vom Eigentümer des anderen Grundstücks die Fortsetzung des Vertrages über die auf dessen Grundstück befindliche Teilfläche verlangen. ²Das Fortsetzungsverlangen muß schriftlich bis zum Ablauf des zweiten auf den Zugang der Kündigung folgenden Monats erklärt werden. ³§ 25 Abs. 2 Satz 2 und 3 ist entsprechend anzuwenden.

(5) ¹Wird der Vertrag nicht nach Absatz 4 fortgesetzt, hat der kündigende Grundstückseigentümer dem anderen Grundstückseigentümer nach Maßgabe des § 14 die Vermögensnachteile auszugleichen, die diesem durch die vorzeitige Beendigung der Gemeinschaft entstehen. ²Der kündigende Grundstückseigentümer hat den anderen Grundstückseigentümer von einer Entschädigungspflicht nach § 12 Abs. 1 freizustellen.

§ 27 Entschädigung für Anpflanzungen. ¹Nach Beendigung des Vertrages hat der Grundstückseigentümer dem Nutzer neben der Entschädigung für das Bauwerk auch eine Entschädigung für die Anpflanzungen zu leisten. ²§ 12 Abs. 2 bis 4 ist entsprechend anzuwenden.

§ 28 Überlassungsverträge zu Erholungszwecken. ¹Ist die Nutzungsbefugnis am Grundstück durch einen Überlassungsvertrag im Sinne des Artikels 232 § 1a des Einführungsgesetzes zum Bürgerlichen Gesetzbuche eingeräumt worden, richtet sich die Verpflichtung des Nutzers zur Tragung der öffentlichen Lasten des Grundstücks nach § 36. ²Die Ansprüche des Nutzers auf Auskehr des bei Vertragsabschluß hinterlegten Betrages und auf Erstattung der Beträge, die vom staatlichen Verwalter zur Ablösung von Verbindlichkeiten des Grundstückseigentümers verwandt wurden, bestimmen sich nach § 37.

Abschnitt 2. Besondere Bestimmungen für Ferienhaus- und Wochenendhaussiedlungen sowie andere Gemeinschaften

§ 29 Begriffsbestimmung. Ferienhaus- und Wochenendhaussiedlungen sind Flächen, die

1. nach ihrer Zweckbestimmung und der Art der Nutzung zur Erholung dienen,
2. mit mehreren Ferien- oder Wochenendhäusern oder anderen, Erholungszwecken dienenden Bauwerken bebaut worden sind,
3. durch gemeinschaftliche Einrichtungen, insbesondere Wege, Spielflächen und Versorgungseinrichtungen, zu einer Anlage verbunden sind und
4. nicht Kleingartenanlagen im Sinne des § 1 des Bundeskleingartengesetzes sind.

§ 30 Kündigung des Zwischenpachtvertrages. (1) [1]Der Grundstückseigentümer ist berechtigt, die Kündigung des Zwischenpachtvertrages auf eine Teilfläche zu beschränken. [2]Ist eine Interessenabwägung nach § 23 Abs. 2 Nr. 1 oder Abs. 3 Nr. 2 vorzunehmen, sind auch die Belange des unmittelbar Nutzungsberechtigten zu berücksichtigen. [3]Im Falle einer Teilflächenkündigung wird der Zwischenpachtvertrag über die Restfläche fortgesetzt.

(2) [1]Wird das Vertragsverhältnis aus einem in der Person des Zwischenpächters liegenden Grund gekündigt, tritt der Grundstückseigentümer in die Vertragsverhältnisse des Zwischenpächters mit den unmittelbar Nutzungsberechtigten ein. [2]Schließt der Grundstückseigentümer mit einem anderen Zwischenpächter einen Vertrag ab, so tritt dieser anstelle des bisherigen Zwischenpächters in die Vertragsverhältnisse mit den unmittelbar Nutzungsberechtigten ein.

§ 31 Kündigung durch den Zwischenpächter. (1) Der Zwischenpächter kann den Vertrag mit dem unmittelbar Nutzungsberechtigten auch kündigen, wenn die Beendigung des Vertrages zur Neuordnung der Siedlung erforderlich ist.

(2) Die Entschädigung nach den §§ 12, 14 und 27 sowie die Abbruchkosten hat der Zwischenpächter zu tragen.

§ 32 Benutzung gemeinschaftlicher Einrichtungen. (1) Der Grundstückseigentümer, der das Grundstück zur Erholung oder Freizeitgestaltung nutzt, ist berechtigt, die in der Siedlung belegenen gemeinschaftlichen Einrichtungen zu nutzen.

(2) [1]Die Nutzung der gemeinschaftlichen Einrichtungen eines Vereins erfolgt durch Ausübung der Rechte als Vereinsmitglied. [2]Wird der Grundstückseigentümer nicht Mitglied, kann er die Nutzung dieser Einrichtungen gegen Zahlung eines angemessenen Entgelts verlangen.

(3) Eine Personengemeinschaft nach § 4 Abs. 2 kann für die Nutzung der Einrichtungen ein angemessenes Entgelt verlangen, wenn der Grundstückseigentümer nicht Mitglied der Gemeinschaft wird.

§ 33 Andere Gemeinschaften. Auf Rechtsverhältnisse in Garagen-, Bootsschuppen- und vergleichbaren Gemeinschaften sind die Bestimmungen der §§ 29 bis 32 entsprechend anzuwenden.

Kapitel 3. Überlassungsverträge

Abschnitt 1. Überlassungsverträge zu Wohnzwecken

§ 34 Anwendbarkeit des Mietrechts. [1]Überlassungsverträge zu Wohnzwecken werden als auf unbestimmte Zeit geschlossene Mietverträge fortgesetzt. [2]Auf sie sind die allgemeinen Bestimmungen über die Wohnraummiete anzuwenden, soweit nicht im folgenden etwas anderes bestimmt ist.

§ 35 Mietzins. [1]Der Grundstückseigentümer kann vom Nutzer die Zahlung eines Mietzinses verlangen. [2]Solange im Beitrittsgebiet mietpreisrechtliche Bestimmungen bestehen, gilt für den Mietzins § 11 Abs. 2 bis 7 des Gesetzes zur Regelung der Miethöhe.

§ 36 Öffentliche Lasten. (1) [1]Hat sich der Nutzer vertraglich zur Übernahme der auf dem Grundstück ruhenden öffentlichen Lasten verpflichtet, ist er von dieser Verpflichtung freizustellen, sobald der Anspruch auf Zahlung eines Mietzinses nach diesem Gesetz erstmals geltend gemacht wird. [2]Der Nutzer hat dem Grundstückseigentümer über die Höhe der von ihm getragenen Lasten Auskunft zu erteilen.

(2) Einmalig zu zahlende öffentliche Lasten hat der Nutzer nicht zu tragen.

§ 37 Sicherheitsleistung. (1) Die Ansprüche des Nutzers auf Erstattung der Beträge, die vom staatlichen Verwalter aus dem bei Vertragsabschluß mit Nutzer hinterlegten Betrag zur Ablösung von Verbindlichkeiten des Grundstückseigentümers verwandt wurden, bestimmen sich nach § 38 Abs. 2 und 3 des Sachenrechtsbereinigungsgesetzes.

(2) [1]Der Nutzer kann vom Grundstückseigentümer die Zustimmung zur Auszahlung der bei Abschluß des Vertrages hinterlegten Beträge mit Ausnahme der aufgelaufenen Zinsen, der Grundstückseigentümer vom Nutzer die Zustimmung zur Auszahlung der Zinsen verlangen. [2]Satz 1 ist auf die Zinsen nicht anzuwenden, die auf die Zeit entfallen, in der der Nutzer nach diesem Gesetz zur Zahlung von Miet- oder Pachtzinsen verpflichtet ist.

(3) ¹Ein vertraglich vereinbartes Recht des Nutzers, den Anspruch nach Absatz 1 durch Eintragung einer Sicherungshypothek am Grundstück zu sichern, bleibt unberührt. ²Der Grundstückseigentümer ist berechtigt, eine andere in § 232 Abs. 1 des Bürgerlichen Gesetzbuchs bezeichnete Sicherheit zu leisten.

§ 38 Beendigung der Verträge. (1) Eine Kündigung des Mietvertrages durch den Grundstückseigentümer ist bis zum Ablauf des 31. Dezember 1995 ausgeschlossen.

(2) Bis zum Ablauf des 31. Dezember 2000 kann der Grundstückseigentümer den Mietvertrag nur kündigen, wenn er das auf dem Grundstück stehende Gebäude zu Wohnzwecken für sich, die zu seinem Hausstand gehörenden Personen oder seine Familienangehörigen benötigt und der Ausschluß des Kündigungsrechts dem Grundstückseigentümer angesichts seines Wohnbedarfs und seiner sonstigen berechtigten Interessen auch unter Würdigung der Interessen des Nutzers nicht zugemutet werden kann.

(3) ¹Ist das Grundstück veräußert worden, kann sich der Erwerber nicht vor Ablauf von drei Jahren seit der Eintragung der Rechtsänderung in das Grundbuch auf Eigenbedarf zu Wohnzwecken berufen. ²Satz 1 ist nicht anzuwenden, wenn der auf die Veräußerung des Grundstücks gerichtete Vertrag vor dem 13. Januar 1994 abgeschlossen worden ist.

§ 39 Verlängerung der Kündigungsschutzfrist. ¹Hat der Nutzer auf dem Grundstück in nicht unerheblichem Umfang Um- und Ausbauten oder wesentliche bauliche Maßnahmen zur Substanzerhaltung des Gebäudes unternommen, die nicht den in § 12 Abs. 2 des Sachenrechtsbereinigungsgesetzes bestimmten Umfang erreichen, verlängert sich die in § 38 Abs. 2 bestimmte Frist bis zum 31. Dezember 2010. ²Satz 1 ist nicht anzuwenden, wenn mit den Arbeiten nach dem 20. Juli 1993 begonnen wurde.

§ 40 Kündigung bei abtrennbaren Teilflächen. ¹Der Grundstückseigentümer ist berechtigt, eine Kündigung des Mietvertrages für eine abtrennbare, nicht überbaute Teilfläche des Grundstücks zu erklären. ²Die Kündigung ist zulässig, wenn das Grundstück die für den Eigenheimbau vorgesehene Regelgröße von 500 Quadratmetern übersteigt und die über die Regelgröße hinausgehende Fläche abtrennbar und selbständig baulich nutzbar ist. ³Das Recht zur Kündigung steht dem Grundstückseigentümer auch hinsichtlich einer über 1000 Quadratmeter hinausgehenden Fläche zu, die abtrennbar und angemessen wirtschaftlich nutzbar ist. ⁴§ 25 Abs. 2 bis 4 ist entsprechend anzuwenden.

§ 41 Verwendungsersatz. (1) ¹Der Nutzer kann bei Beendigung des Mietvertrages vom Grundstückseigentümer für alle werterhöhenden Aufwendungen, die er bis zum 1. Januar 1995 vorgenommen hat, Ersatz nach Maßgabe des mit dem staatlichen Verwalter abgeschlossenen Vertrages verlangen. ²Im Zweifel ist die Entschädigung nach dem Wert zu bestimmen, um den das Grundstück zum Zeitpunkt der Herausgabe durch die Aufwendungen des Nutzers noch erhöht ist.

(2) Ein vertraglicher Anspruch des Nutzers auf Sicherung des Ersatzanspruchs für die von ihm bis zum 1. Januar 1995 vorgenommenen werterhöhenden Aufwendungen bleibt unberührt.

Abschnitt 2. Andere Überlassungsverträge

§ 42 Überlassungsverträge für gewerbliche und andere Zwecke.
(1) Überlassungsverträge über gewerblich oder zu anderen als den in den §§ 18 und 34 genannten Zwecken genutzte Grundstücke werden als unbefristete Miet- oder Pachtverträge fortgesetzt.

(2) Eine Kündigung des Vertrages durch den Grundstückseigentümer ist bis zum Ablauf des 31. Dezember 1995 ausgeschlossen.

(3) ¹Der Grundstückseigentümer kann die Zahlung des für die Nutzung ortsüblichen Entgelts verlangen. ²Der Anspruch entsteht mit Beginn des dritten auf den Zugang des Zahlungsverlangens folgenden Monats. ³Die §§ 36, 37 und 41 sind entsprechend anzuwenden.

Kapitel 4. Errichtung von Gebäuden aufgrund eines Miet-, Pacht- oder sonstigen Nutzungsvertrages

Abschnitt 1. Grundsätze

§ 43 Erfaßte Verträge. Auf Miet-, Pacht- oder sonstige Nutzungsverträge über Grundstücke finden die nachstehenden Regelungen Anwendung, wenn der Nutzer auf dem Grundstück bis zum Ablauf des 2. Oktober 1990 mit Billigung staatlicher Stellen ein Wohn- oder gewerblichen Zwecken dienendes Bauwerk errichtet, mit dem Bau eines solchen Bauwerks begonnen oder ein solches Bauwerk aufgrund einer vertraglichen Vereinbarung vom vorherigen Nutzer übernommen hat (§ 1 Abs. 1 Nr. 3).

§ 44 Vermuteter Vertragsabschluß. ¹Sind Flächen oder Räumlichkeiten nach der Gewerberaumlenkungsverordnung vom 6. Februar 1986 (GBl. I Nr. 16 S. 249) oder der Wohnraumlenkungsverordnung vom 16. Oktober 1985 (GBl. I Nr. 27 S. 301) zugewiesen worden, gilt mit dem 1. Januar 1995 ein Vertrag zwischen dem Grundstückseigentümer und dem Nutzer als zustande gekommen, wenn ein Vertrag nicht abgeschlossen wurde, der Nutzer mit Billigung staatlicher

Stellen ein Gebäude errichtet hat und der Nutzer den Besitz in diesem Zeitpunkt noch ausübt. ²Auf den Vertrag sind die Bestimmungen dieses Gesetzes anzuwenden.

Abschnitt 2. Gewerblich genutzte Grundstücke

§ 45 Bauliche Maßnahmen des Nutzers. (1) Bauwerke im Sinne dieses Abschnitts sind nur Gebäude und die in § 12 Abs. 3 des Sachenrechtsbereinigungsgesetzes bezeichneten baulichen Anlagen.

(2) Der Errichtung eines Bauwerks stehen die in § 12 Abs. 1 des Sachenrechtsbereinigungsgesetzes bezeichneten baulichen Maßnahmen gleich.

§ 46 Gebrauchsüberlassung an Dritte. Der Nutzer ist ohne Erlaubnis des Grundstückseigentümers berechtigt, Grundstück und aufstehendes Bauwerk einem Dritten zum Gebrauch zu überlassen, wenn nach dem Inhalt des Vertrages zwischen dem Nutzer und dem Dritten das vom Nutzer errichtete Bauwerk weiter genutzt werden soll.

§ 47 Entgelt. (1) ¹Der Grundstückseigentümer kann vom Nutzer die Zahlung des für die Nutzung des Grundstücks ortsüblichen Entgelts verlangen. ²Im Zweifel sind sieben vom Hundert des Verkehrswertes des unbebauten Grundstücks jährlich in Ansatz zu bringen. ³Die Zahlungspflicht entsteht mit dem Beginn des dritten auf den Zugang des Zahlungsverlangens folgenden Monats.

(2) ¹Das Entgelt ermäßigt sich
1. in den ersten zwei Jahren auf ein Viertel,
2. in den folgenden zwei Jahren auf die Hälfte und
3. in den darauf folgenden zwei Jahren auf drei Viertel

des sich aus Absatz 1 ergebenden Betrages (Eingangsphase). ²Die Eingangsphase beginnt mit dem Eintritt der Zahlungspflicht nach diesem Gesetz, spätestens am 1. Juli 1995. ³Satz 1 ist nicht anzuwenden, wenn die Beteiligten ein höheres Nutzungsentgelt vereinbart haben.

(3) ¹Nach Ablauf der Eingangsphase kann jede Vertragspartei bis zum Ablauf der Kündigungsschutzfrist eine Anpassung des Nutzungsentgelts verlangen, wenn seit der letzten Zinsanpassung drei Jahre vergangen sind und der ortsübliche Zins sich seit der letzten Anpassung um mehr als zehn vom Hundert verändert hat. ²Das Anpassungsverlangen ist gegenüber dem anderen Teil schriftlich geltend zu machen und zu begründen. ³Das angepaßte Entgelt wird vom Beginn des dritten Kalendermonats an geschuldet, der auf den Zugang des Anpassungsverlangens folgt.

§ 48 Zustimmung zu baulichen Investitionen. (1) Um- und Ausbauten an bestehenden Bauwerken durch den Nutzer bedürfen nicht der Zustimmung des Grundstückseigentümers.

(2) ¹Der Nutzer kann bei Beendigung des Vertragsverhältnisses Ersatz für seine baulichen Maßnahmen, die er nach dem 1. Januar 1995 vorgenommen hat, nur dann verlangen, wenn der Grundstückseigentümer den baulichen Maßnahmen zugestimmt hat. ²In diesem Fall ist die Entschädigung nach dem Zeitwert des Bauwerks im Zeitpunkt der Rückgabe des Grundstücks zu bestimmen. ³Die Zustimmung des Grundstückseigentümers muß schriftlich erteilt werden und ein Anerkenntnis der Verpflichtung zum Wertersatz enthalten.

§ 49 Kündigungsschutzfristen. (1) ¹Der Grundstückseigentümer kann den Vertrag bis zum Ablauf des 31. Dezember 2000 nur kündigen, wenn das vom Nutzer errichtete Bauwerk nicht mehr nutzbar und mit einer Wiederherstellung der Nutzbarkeit durch den Nutzer nicht mehr zu rechnen ist. ²Ist die Nutzung für mindestens ein Jahr aufgegeben worden, ist zu vermuten, daß eine Nutzung auch in Zukunft nicht stattfinden wird.

(2) ¹In den darauf folgenden fünf Kalenderjahren kann der Grundstückseigentümer den Vertrag auch dann kündigen, wenn er
1. auf die eigene Nutzung des Grundstücks für Wohn- oder betriebliche Zwecke angewiesen ist oder
2. Inhaber eines Unternehmens ist und
   a) das Gebäude oder die bauliche Anlage auf dem Betriebsgrundstück steht und die betriebliche Nutzung des Grundstücks erheblich beeinträchtigt oder
   b) das Gebäude, die bauliche Anlage oder die Funktionsfläche für betriebliche Erweiterungen in Anspruch genommen werden soll und der Grundstückseigentümer die in § 3 Abs. 1 Nr. 1 des Investitionsvorranggesetzes vom 14. Juli 1992 (BGBl. I S. 1268) bezeichneten Zwecke verfolgt oder der Nutzer keine Gewähr für eine Fortsetzung der betrieblichen Nutzung des Wirtschaftsgebäudes bietet.

²Satz 1 ist nicht anzuwenden, wenn den betrieblichen Belangen des Nutzers eine erheblich höhere Bedeutung zukommt als den betrieblichen Zwecken nach Nummer 1 oder den investiven Interessen des Grundstückseigentümers nach Nummer 2 Buchstabe b. ³Die in Satz 1 bestimmte Frist verlängert sich um die Restnutzungsdauer des vom Nutzer errichteten Gebäudes, längstens bis zum 31. Dezember 2020.

Abschnitt 3. Zu Wohnzwecken genutzte Grundstücke

§ 50 Bauliche Maßnahmen des Nutzers. (1) Gebäude im Sinne dieses Abschnitts sind Wohnhäuser und die in § 5 Abs. 2 Satz 2 des Sachenrechtsbereinigungsgesetzes bezeichneten Nebengebäude.

(2) Der Errichtung eines Gebäudes stehen bauliche Maßnahmen im Sinne des § 12 Abs. 1 des Sachenrechtsbereinigungsgesetzes gleich.

§ 51 Entgelt. (1) ¹Der Grundstückseigentümer kann vom Nutzer die Zahlung des für die Nutzung des Grundstücks ortsüblichen Entgelts verlangen. ²Im Zweifel sind vier vom Hundert des Verkehrswertes des unbebauten Grundstücks jährlich in Ansatz zu bringen.

(2) Hat der Nutzer ein Eigenheim errichtet, darf das Entgelt nicht über den Betrag hinausgehen, der nach den im Beitrittsgebiet geltenden mietpreisrechtlichen Bestimmungen für die Nutzung eines vergleichbaren Gebäudes zu zahlen wäre.

(3) Im übrigen ist § 47 entsprechend anzuwenden.

§ 52 Kündigung aus besonderen Gründen. (1) Der Grundstückseigentümer kann den Vertrag bis zum Ablauf des 31. Dezember 2000 nur kündigen, wenn das vom Nutzer errichtete Gebäude nicht mehr nutzbar und mit einer Wiederherstellung der Nutzbarkeit durch den Nutzer nicht mehr zu rechnen ist.

(2) ¹In den darauf folgenden fünf Kalenderjahren kann der Grundstückseigentümer den Vertrag auch dann kündigen, wenn er das auf dem Grundstück stehende Gebäude zu Wohnzwecken für sich, die zu seinem Hausstand gehörenden Personen oder seine Familienangehörigen benötigt und ihm der Ausschluß des Kündigungsrechts angesichts seines Wohnbedarfs und seiner sonstigen berechtigten Interessen auch unter Würdigung der Interessen des Nutzers nicht zugemutet werden kann. ²Die in Satz 1 bestimmte Frist verlängert sich um die Restnutzungsdauer des vom Nutzer errichteten Gebäudes, längstens bis zum 31. Dezember 2020.

(3) ¹Ist das Grundstück veräußert worden, kann sich der Erwerber nicht vor Ablauf von drei Jahren seit der Eintragung der Rechtsänderung in das Grundbuch auf Eigenbedarf zu Wohnzwecken berufen. ²Satz 1 ist nicht anzuwenden, wenn der auf die Veräußerung des Grundstücks gerichtete Vertrag vor dem 13. Januar 1994 abgeschlossen worden ist.

§ 53 Kündigung bei abtrennbaren Teilflächen. Auf die Kündigung abtrennbarer Teilflächen ist § 40 entsprechend anzuwenden.

§ 54 Anwendbarkeit des Abschnitts 2. Im übrigen sind die Bestimmungen der §§ 46 und 48 entsprechend anzuwenden.

Kapitel 5. Verfahrensvorschriften

§ 55 Ausschließliche Zuständigkeit des Amtsgerichts. Das Amtsgericht, in dessen Bezirk das genutzte Grundstück ganz oder zum größten Teil belegen ist, ist ohne Rücksicht auf den Wert des Streitgegenstandes für alle Streitigkeiten zwischen Grundstückseigentümern und Nutzern über Ansprüche aus Vertragsverhältnissen nach § 1 Abs. 1 oder über das Bestehen solcher Verhältnisse ausschließlich zuständig.

§ 56 Rechtsentscheid. (1) Im Berufungsverfahren ist bei der Entscheidung einer Rechtsfrage, die sich aus einem Vertragsverhältnis nach § 1 Abs. 1 ergibt oder die den Bestand eines solchen Vertragsverhältnisses betrifft, § 541 Abs. 1 der Zivilprozeßordnung entsprechend anzuwenden.

(2) [1]Sind in einem Land mehrere Oberlandesgerichte errichtet, können die Rechtssachen, für die nach Absatz 1 die Oberlandesgerichte zuständig sind, von den Landesregierungen durch Rechtsverordnung einem der Oberlandesgerichte zugewiesen werden, sofern dies der Rechtspflege in diesen Sachen, insbesondere der Sicherung einer einheitlichen Rechtsprechung, dienlich ist. [2]Die Landesregierungen können die Ermächtigung auf die Landesjustizverwaltungen übertragen.

Kapitel 6. Vorkaufsrecht

§ 57 Vorkaufsrecht des Nutzers. (1) Der Nutzer ist zum Vorkauf berechtigt, wenn das Grundstück erstmals an einen Dritten verkauft wird.

(2) Das Vorkaufsrecht besteht nicht, wenn
1. der Nutzer das Grundstück nicht vertragsgemäß nutzt,
2. der Nutzer die Bestellung eines Vorkaufsrechts nach § 20 des Vermögensgesetzes verlangen kann oder verlangen konnte,
3. das Grundstück an Abkömmlinge, den Ehegatten oder Geschwister des Grundstückseigentümers verkauft wird oder
4. der Erwerber das Grundstück einem besonderen Investitionszweck im Sinne des § 3 Abs. 1 des Investitionsvorranggesetzes zuführen will.

(3) Das Vorkaufsrecht besteht ferner nicht, wenn der Nutzer
1. eine Partei, eine mit ihr verbundene Massenorganisation oder eine juristische Person im Sinne der §§ 20a und 20b des Parteiengesetzes der Deutschen Demokratischen Republik ist oder

2. ein Unternehmen oder ein Rechtsnachfolger eines Unternehmens ist, das bis zum 31. März 1990 oder zu einem früheren Zeitpunkt zum Bereich „Kommerzielle Koordinierung" gehört hat.

(4) Die Mitteilung des Verkäufers oder des Dritten über den Inhalt des Kaufvertrages ist mit einer Unterrichtung des Nutzers über sein Vorkaufsrecht zu verbinden.

(5) [1]Das Vorkaufsrecht erlischt mit der Beendigung des Vertragsverhältnisses. [2]Stirbt der Nutzer, so geht das Vorkaufsrecht auf denjenigen über, der das Vertragsverhältnis mit dem Grundstückseigentümer gemäß den Bestimmungen dieses Gesetzes fortsetzt.

(6) [1]Erstreckt sich die Nutzungsbefugnis auf eine Teilfläche eines Grundstücks, kann das Vorkaufsrecht nur ausgeübt werden, wenn die einem oder mehreren Nutzern überlassene Fläche die halbe Grundstücksgröße übersteigt. [2]Mehreren Nutzern steht das Vorkaufsrecht in bezug auf ein Grundstück gemeinschaftlich zu. [3]Im übrigen sind die §§ 504 bis 514 des Bürgerlichen Gesetzbuchs entsprechend anzuwenden.

11. Gesetz zur Bereinigung der im Beitrittsgebiet zu Erholungszwecken verliehenen Nutzungsrechte (Erholungsnutzungsrechtsgesetz – ErholNutzG)[1)]

Vom 21. September 1994

(BGBl. I S. 2548)

§ 1 Anwendungsbereich. Ist für die Errichtung eines Wochenendhauses oder eines anderen persönlichen Zwecken, jedoch nicht Wohn- oder betrieblichen Zwecken dienenden Gebäudes ein Nutzungsrecht an einem Grundstück verliehen worden (§ 287 des Zivilgesetzbuchs der Deutschen Demokratischen Republik) und kommt ein Anspruch nach dem Sachenrechtsbereinigungsgesetz wegen § 2 Abs. 1 Satz 1 Nr. 1 des Sachenrechtsbereinigungsgesetzes nicht in Betracht, können Grundstückseigentümer und Nutzer Ansprüche auf Bestellung eines Erbbaurechts nach Maßgabe dieses Gesetzes geltend machen.

§ 2 Anspruch auf Bestellung eines Erbbaurechts. Grundstückseigentümer und Nutzer können von dem jeweils anderen Teil die Annahme eines Angebots auf Bestellung eines Erbbaurechts verlangen, wenn der Inhalt des Angebots den Bestimmungen der §§ 3 bis 8 entspricht.

§ 3 Erbbauzins. (1) [1]Der Zinssatz beträgt jährlich vier vom Hundert des ungeteilten Bodenwerts eines entsprechenden unbebauten Grundstücks. [2]Jeder Beteiligte kann verlangen, daß der Erbbauzins nach einem anderen Zinssatz berechnet wird, wenn der für die Nutzung übliche Zinssatz mehr oder weniger als vier vom Hundert jährlich beträgt. [3]Der Bodenwert des Grundstücks ist nach § 19 des Sachenrechtsbereinigungsgesetzes zu ermitteln.

(2) [1]Der Erbbauzins ist vierteljährlich nachträglich am 31. März, 30. Juni, 30. September und 31. Dezember eines Jahres zu zahlen. [2]Die Zahlungspflicht beginnt mit

1. der Ladung des Nutzers zum Termin im notariellen Vermittlungsverfahren, wenn der Grundstückseigentümer dessen Durchführung beantragt hat oder sich auf eine Verhandlung über den Inhalt des Erbbaurechts einläßt, oder

2. einem § 2 entsprechenden Verlangen des Grundstückseigentümers oder mit der Annahme eines entsprechenden Angebots des Nutzers.

[1)] Verkündet mit Wirkung vom 1. 1. 1995 durch Art. 2 Schuldrechtsänderungsgesetz vom 21. 9. 1994 (BGBl. I S. 2538).

[3] § 44 Abs. 2 Satz 2 und 3 des Sachenrechtsbereinigungsgesetzes ist entsprechend anzuwenden.

§ 4 Zinsanpassungen. [1] Nutzer und Grundstückseigentümer sind verpflichtet, in den Erbbaurechtsvertrag eine Bestimmung aufzunehmen, die eine Anpassung des Erbbauzinses an veränderte Verhältnisse vorsieht. [2] § 46 des Sachenrechtsbereinigungsgesetzes ist entsprechend anzuwenden.

§ 5 Ermäßigung des Erbbauzinses. [1] Der vom Nutzer zu entrichtende Erbbauzins ermäßigt sich

1. in den ersten zwei Jahren auf ein Viertel,
2. in den folgenden zwei Jahren auf die Hälfte und
3. in den darauf folgenden zwei Jahren auf drei Viertel

des sich aus § 3 Abs. 1 ergebenden Erbbauzinses (Eingangsphase). [2] Die Eingangsphase beginnt mit dem Eintritt der Zahlungspflicht nach diesem Gesetz, spätestens am 1. Juli 1995.

§ 6 Dauer des Erbbaurechts. Die Dauer des Erbbaurechts beträgt vom Vertragsabschluß an 30 Jahre.

§ 7 Zulässige Nutzung; Heimfallanspruch. (1) [1] Der Grundstückseigentümer kann eine Vereinbarung im Erbbaurechtsvertrag verlangen, nach der der Nutzer das Gebäude nur zu persönlichen Zwecken im Sinne des § 1 Abs. 1 Nr. 1 des Schuldrechtsanpassungsgesetzes nutzen darf. [2] Dies gilt nicht, wenn das aufstehende Gebäude bereits am 20. Juli 1993 dauernd zu Wohnzwecken genutzt worden ist.

(2) Der Grundstückseigentümer ist berechtigt, vom Nutzer zu verlangen, daß sich dieser ihm gegenüber verpflichtet, das Erbbaurecht auf ihn zu übertragen, wenn der Erbbauberechtigte die vertraglich zulässige Nutzung ändert und sie trotz einer mit Fristsetzung verbundenen Abmahnung fortsetzt.

§ 8 Anwendbarkeit des Sachenrechtsbereinigungsgesetzes. Auf die nach diesem Gesetz zu bestellenden Erbbaurechte finden im übrigen die für den Eigenheimbau geltenden Bestimmungen des Sachenrechtsbereinigungsgesetzes entsprechende Anwendung; § 57 des Sachenrechtsbereinigungsgesetzes ist nicht anzuwenden.

12. Gesetz zur Regelung der Rechtsverhältnisse an Meliorationsanlagen (Meliorationsanlagengesetz–MeAnlG)[1])

Vom 21. September 1994
(BGBl. I S. 2550)

Abschnitt 1. Allgemeine Bestimmungen

§ 1 Anwendungsbereich. (1) Dieses Gesetz regelt die Rechtsverhältnisse an Grundstücken und an Meliorationsanlagen in dem in Artikel 3 des Einigungsvertrages genannten Gebiet, wenn an den Meliorationsanlagen nach § 27 des Gesetzes über die landwirtschaftlichen Produktionsgenossenschaften vom 2. Juli 1982 (GBl. I Nr. 25 S. 443), nach § 459 Abs. 1 Satz 1 des Zivilgesetzbuchs der Deutschen Demokratischen Republik oder nach Artikel 233 § 2b Abs. 1 des Einführungsgesetzes zum Bürgerlichen Gesetzbuche selbständiges, vom Eigentum am Grundstück getrenntes Eigentum besteht.

(2) Dieses Gesetz ist nicht anzuwenden, soweit Anlagen oder Anlagenteile über oder in öffentlichen Verkehrswegen und Verkehrsflächen, einschließlich der zu den Wasserstraßen gehörenden Ufergrundstücke, verlegt sind.

§ 2 Begriffsbestimmung. Meliorationsanlagen sind mit dem Erdboden verbundene Beregnungs- und andere Bewässerungs- sowie Entwässerungsanlagen, die der Verbesserung der land- oder forstwirtschaftlichen Bodennutzung dienen.

Abschnitt 2. Anlagen zur Bewässerung

§ 3 Bestellung einer Dienstbarkeit. (1) ¹Der Eigentümer einer Anlage zur Bewässerung von Grundstücken oder zu deren Beregnung kann vom Grundstückseigentümer die Belastung des Grundstücks mit einer beschränkten persönlichen Dienstbarkeit verlangen, nach der er berechtigt ist, auf dem Grundstück eine Meliorationsanlage von der Art und in dem Umfang zu halten, wie sie zum Ablauf des 2. Oktober 1990 bestanden hat. ²Die nach Satz 1 bestellte Dienstbarkeit ist auf einen anderen Betreiber der Anlage übertragbar; § 1092 Abs. 1 Satz 1 des Bürgerlichen Gesetzbuchs findet keine Anwendung.

(2) Der Anspruch des Eigentümers der Anlage auf Bestellung einer Dienstbarkeit verjährt in zwei Jahren nach dem 1. Januar 1995.

---

[1]) Verkündet mit Wirkung vom 1. 1. 1995 als Art. 4 Schuldrechtsänderungsgesetz vom 21. 9. 1994 (BGBl. I S. 2538).

Meliorationsanlagengesetz §§ 4–8 MeAnlG 12

§ 4 Haftung des Erwerbers. Der Erwerber der Anlage ist dem Grundstückseigentümer gegenüber nicht zur Beseitigung derjenigen Beeinträchtigungen des Grundstücks aus einem nicht ordnungsgemäßen Zustand der Anlage verpflichtet, die vor dem Übergang der Gefahr auf den Erwerber eingetreten sind.

§ 5 Einreden des Grundstückseigentümers. [1]Der Grundstückseigentümer kann die Bestellung einer Dienstbarkeit nach § 3 verweigern, wenn

1. die Anlage funktionsunfähig ist und eine Wiederherstellung nur mit unverhältnismäßigen Aufwendungen möglich wäre,
2. die Anlage nicht mehr genutzt wird und mit einem Gebrauch der Anlage nicht mehr zu rechnen ist oder
3. der Eigentümer der Anlage auf Aufforderung des Grundstückseigentümers die Bestellung der Dienstbarkeit abgelehnt oder sich in einem Zeitraum von sechs Monaten nach Zugang der Aufforderung nicht erklärt hat.

[2]Wird die Anlage seit mindestens zwei Jahren nicht genutzt, so ist zu vermuten, daß eine Nutzung auch in Zukunft nicht stattfinden wird.

§ 6 Bestehenbleiben in der Zwangsvollstreckung. [1]Eine nach § 3 Abs. 1 bestellte Dienstbarkeit bleibt im Falle einer Zwangsversteigerung in das Grundstück auch dann bestehen, wenn sie bei der Feststellung des geringsten Gebots nicht berücksichtigt ist. [2]Satz 1 ist auf Zwangsversteigerungsverfahren, die nach Ablauf des 31. Dezember 2005 beantragt werden, nicht anzuwenden.

§ 7 Anspruch auf Verzicht. [1]Der Grundstückseigentümer kann vom Eigentümer der Anlage verlangen, daß dieser auf eine nach § 3 Abs. 1 eingetragene Dienstbarkeit verzichtet, wenn mit einem bestimmungsgemäßen Gebrauch der Anlage nicht mehr zu rechnen ist. [2]Ist die Anlage seit mindestens zwei Jahren nicht mehr genutzt worden, so ist zu vermuten, daß auch in Zukunft ein bestimmungsgemäßer Gebrauch nicht stattfinden wird.

§ 8 Wegnahmerecht. (1) [1]Der Eigentümer der Anlage ist berechtigt, die Anlage vom Grundstück zu trennen und sich anzueignen, wenn das Eigentum an der Anlage nach § 10 auf den Grundstückseigentümer übergegangen ist und eine Dienstbarkeit nicht bestellt wird. [2]Auf das Wegnahmerecht nach Satz 1 ist § 258 des Bürgerlichen Gesetzbuchs anzuwenden.

(2) Das Wegnahmerecht nach Absatz 1 ist ausgeschlossen, wenn die Wegnahme für den Eigentümer der Anlage keinen Nutzen hat und diesem vom Grundstückseigentümer der Wert ersetzt wird, den die Anlage zum Zeitpunkt der Wegnahme hat.

§ 9 Entgelt. (1) Der Grundstückseigentümer kann von dem Eigentümer der Anlage für die künftige Nutzung ein Entgelt in der Höhe verlangen, wie es für die Bestellung einer Dienstbarkeit mit dem in § 3 Abs. 1 bezeichneten Inhalt üblich ist.

(2) ¹Der Anspruch nach Absatz 1 wird fällig, wenn der Grundstückseigentümer der Belastung seines Grundstücks zugestimmt hat. ²Der Eigentümer der Anlage kann im Falle einer nach Absatz 1 geforderten einmaligen Zahlung eine zinslose Stundung der Hälfte des zu zahlenden Betrages auf zwei Jahre verlangen.

§ 10 Eigentumsübergang. (1) ¹Das Eigentum an der Anlage geht spätestens mit Ablauf des 31. Dezember 1996 auf den Grundstückseigentümer über. ²Die Anlage wird wesentlicher Bestandteil des Grundstücks. ³Mit dem Übergang des Eigentums erlöschen die daraus begründeten Rechte. ⁴Satz 3 ist auf den Anspruch auf Bestellung einer Dienstbarkeit und das Wegnahmerecht nicht anzuwenden.

(2) Die in Absatz 1 bestimmte Rechtsfolge tritt auch ein, wenn

1. eine Dienstbarkeit nach § 3 Abs. 1 in das Grundbuch eingetragen wird,

2. der Eigentümer der Anlage erklärt hat, daß er den Anspruch auf Bestellung einer Dienstbarkeit nicht geltend macht, oder sechs Monate nach Aufforderung des Grundstückseigentümers gemäß § 5 Satz 1 Nr. 3 fruchtlos verstrichen sind oder

3. der Grundstückseigentümer gegenüber dem Anspruch auf Bestellung der Dienstbarkeit Einreden nach § 5 geltend gemacht und der Eigentümer der Anlage nicht binnen einer Frist von sechs Monaten nach schriftlicher Zurückweisung seines Begehrens Klage erhoben hat oder durch rechtskräftiges Urteil festgestellt worden ist, daß ein Anspruch auf Bestellung einer Dienstbarkeit nach § 3 Abs. 1 nicht besteht.

(3) ¹Eine Vergütung in Geld kann für den Eigentumsverlust nicht verlangt werden. ²Satz 1 ist nicht anzuwenden, wenn der Eigentümer des Grundstücks die Anlage für eigene Zwecke nutzt. ³Im Falle des Satzes 2 hat der Grundstückseigentümer dem Eigentümer der Anlage deren Wert im Zeitpunkt des Eigentumsübergangs zu ersetzen.

§ 11 Ersatz der Kosten des Abbruchs der Anlage. (1) Wird eine Dienstbarkeit nach diesem Abschnitt nicht bestellt, so kann der Eigentümer des Grundstücks von dem Eigentümer der Anlage Ersatz der Hälfte der für die Beseitigung erforderlichen Aufwendungen der auf dem Grundstück stehenden Anlage oder Anlagenteile verlangen.

(2) ¹Der Eigentümer des Grundstücks kann den Anspruch nach Absatz 1 erst geltend machen, nachdem er

Meliorationsanlagengesetz §§ 12–15 MeAnlG 12

1. dem Eigentümer der Anlage Gelegenheit gegeben hat, die Anlage zu beseitigen, und
2. eine hierfür gesetzte angemessene Frist fruchtlos verstrichen ist.

²Der Eigentümer der Anlage kann vom Grundstückseigentümer Ersatz der Hälfte seiner für die Beseitigung der Anlage erforderlichen Aufwendungen verlangen, die ihm nach der Aufforderung zu deren Beseitigung entstanden sind.

(3) Derjenige, von dem Aufwendungsersatz verlangt wird, kann von dem anderen Teil verlangen, daß dieser über die Beseitigung der Anlage Rechenschaft ablegt.

(4) ¹Die Ansprüche aus den Absätzen 1 und 2 verjähren in drei Jahren nach dem 1. Januar 1995. ²Die Verjährung wird unterbrochen, wenn ein Rechtsstreit über den Anspruch auf Bestellung der Dienstbarkeit rechtshängig wird.

Abschnitt 3. Anlagen zur Entwässerung

§ 12 Eigentumsübergang. ¹Das Eigentum an den sich auf dem Grundstück befindenden Entwässerungsanlagen geht mit dem 1. Januar 1995 auf den Grundstückseigentümer über. ²Die Anlage wird wesentlicher Bestandteil des Grundstücks.

§ 13 Entschädigung für den Rechtsverlust. ¹Wer durch den in § 12 bestimmten Eigentumsübergang einen Rechtsverlust erleidet, kann vom Grundstückseigentümer eine Entschädigung nach § 951 Abs. 1 des Bürgerlichen Gesetzbuchs verlangen. ²Der Grundstückseigentümer hat nach Satz 1 den Wert zu ersetzen, den die Anlage im Zeitpunkt des Eigentumsübergangs hat.

§ 14 Befristetes Durchleitungsrecht. Die Eigentümer benachbarter Grundstücke können vom Grundstückseigentümer verlangen, daß dieser die Entwässerung ihrer Grundstücke durch eine am 1. Januar 1995 vorhandene Drainage- oder andere Leitung über sein Grundstück bis zum Ablauf des 31. Dezember 1999 duldet.

Abschnitt 4. Bauliche Anlagen

§ 15 Ansprüche der Beteiligten. (1) ¹Sind die Meliorationsanlagen nach Art oder Größe so beschaffen, daß

1. sie den Grundstückseigentümer von Besitz und Nutzung seines Grundstücks ausschließen oder
2. die Fläche, die für die Nutzung der Anlage nicht erforderlich ist, für den Grundstückseigentümer baulich oder wirtschaftlich nicht nutzbar ist,

kann der Ankauf des Grundstücks durch den Eigentümer der Anlage nach Maßgabe des Sachenrechtsbereinigungsgesetzes verlangt werden. ²Jeder der Beteiligten (Grundstückseigentümer und Anlageneigentümer) ist zur Ausübung des Anspruchs berechtigt.

(2) Der Kaufpreis ist nach dem ungeteilten Bodenwert des Grundstücks zu bestimmen.

(3) Der Eigentümer der Anlage kann vom Grundstückseigentümer im Falle des Ankaufs des Grundstücks eine zinslose Stundung der Hälfte des Kaufpreises für fünf Jahre verlangen.

(4) ¹Ist ein alsbaldiger Abbruch der Anlage zur ordnungsgemäßen Bewirtschaftung des Grundstücks erforderlich und zu erwarten, so kann der Eigentümer der Anlage, wenn er das Grundstück nach Absatz 1 ankauft, vom Kaufpreis die Hälfte der Abbruchkosten abziehen. ²Der Kaufpreis ist jedoch mindestens nach dem in § 82 Abs. 5 des Sachenrechtsbereinigungsgesetzes genannten Entschädigungswert zu bemessen. ³Verweigert der Grundstückseigentümer den Verkauf des Grundstücks an den Anlagenbesitzer aus den in § 29 Abs. 1 des Sachenrechtsbereinigungsgesetzes genannten Gründen, so stehen ihm die in § 11 bestimmten Ansprüche zu. ⁴Rechte aus dem Anlageneigentum können nicht mehr geltend gemacht werden. ⁵Mit dem Abbruch erlischt das selbständige Eigentum an der Anlage.

Abschnitt 5. Offene Gewässer

§ 16 Eigentumsbestimmung nach den Wassergesetzen. ¹Die Bestimmungen der §§ 3 bis 15 sind auf offene Gewässer nicht anzuwenden. ²Die landesgesetzlichen Regelungen über das Eigentum an oberirdischen Gewässern bleiben unberührt.

Abschnitt 6. Schlußbestimmung

§ 17 Verhältnis zu anderen Bestimmungen. (1) Ansprüche nach diesem Gesetz können nicht geltend gemacht werden, soweit ein Verfahren nach dem Flurbereinigungsgesetz oder ein Verfahren zur Feststellung und Neuordnung der Eigentumsverhältnisse nach Abschnitt 8 des Landwirtschaftsanpassungsgesetzes angeordnet ist.

(2) Die Regelungen über die Begründung von Mitgliedschaften in Wasser- und Bodenverbänden und die sich daraus ergebenden Rechtsfolgen bleiben unberührt.

13. Verordnung über eine angemessene Gestaltung von Nutzungsentgelten (Nutzungsentgeltverordnung – NutzEV)

Vom 22. Juli 1993

(BGBl. I S. 1339)

Auf Grund des Artikels 232 § 4 Abs. 2 des Einführungsgesetzes zum Bürgerlichen Gesetzbuche, der durch Anlage I Kapitel III Sachgebiet B Abschnitt II Nr. 1 des Einigungsvertrages vom 31. August 1990 in Verbindung mit Artikel 1 des Gesetzes vom 23. September 1990 (BGBl. 1990 II S. 885, 944) eingefügt worden ist, verordnet die Bundesregierung:

§ 1 Anwendungsbereich. (1) Die Entgelte für die Nutzung von Bodenflächen auf Grund von Verträgen nach § 312 des Zivilgesetzbuchs der Deutschen Demokratischen Republik vom 19. Juni 1975 (GBl. I Nr. 27 S. 465) dürfen nach Maßgabe dieser Verordnung angemessen gestaltet werden.

(2) Diese Verordnung gilt nicht

1. für Entgelte, die sich nach dem Bundeskleingartengesetz richten,
2. für vor dem 3. Oktober 1990 abgeschlossene unentgeltliche Nutzungsverhältnisse nach § 312 des Zivilgesetzbuchs der Deutschen Demokratischen Republik und
3. für Überlassungsverträge.

§ 2 Abweichende Entgeltvereinbarungen. (1) Die Vorschriften dieser Verordnung gehen Entgeltvereinbarungen vor, die vor dem 3. Oktober 1990 getroffen worden sind.

(2) [1]Nach dem 2. Oktober 1990 getroffene Vereinbarungen

1. über Nutzungsentgelte oder
2. über den Ausschluß der Erhöhung des Nutzungsentgelts

bleiben unberührt. [2]Solche Vereinbarungen sind auch weiterhin zulässig.

(3) Eine einseitige Erhöhung des Nutzungsentgelts nach dieser Verordnung ist nicht zulässig, soweit und solange eine Erhöhung nach dem 2. Oktober 1990 durch Vereinbarung ausgeschlossen worden ist oder der Ausschluß sich aus den Umständen ergibt.

§ 3 Schrittweise Erhöhung der Entgelte. (1) Die Entgelte dürfen, soweit sich nicht aus §§ 4 und 5 etwas anderes ergibt, bis zur Höhe der ortsüblichen Entgelte in folgenden Schritten erhöht werden:

1. ab dem 1. November 1993 auf das Doppelte der am 2. Oktober 1990 zulässigen Entgelte, jedoch mindestens auf 0,15 Deutsche Mark, bei baulich genutzten Grundstücken auf 0,30 Deutsche Mark je Quadratmeter Bodenfläche im Jahr,
2. ab dem 1. November 1994 auf das Doppelte der sich nach Nummer 1 ergebenden Entgelte,
3. ab dem 1. November 1995 auf das Doppelte der sich nach Nummer 2 ergebenden Entgelte,
4. ab dem 1. November 1997 jährlich um die Hälfte der sich nach Nummer 3 ergebenden Entgelte.

(2) [1]Ortsüblich sind die Entgelte, die nach dem 2. Oktober 1990 in der Gemeinde oder in vergleichbaren Gemeinden für vergleichbar genutzte Grundstücke vereinbart worden sind. [2]Für die Vergleichbarkeit ist die tatsächliche Nutzung unter Berücksichtigung der Art und des Umfangs der Bebauung der Grundstücke maßgebend.

§ 4 Entgelterhöhung bei vertragswidriger Nutzung. (1) Im Falle einer vertragswidrigen Nutzung des Grundstücks dürfen die Entgelte ohne die Beschränkung des § 3 Abs. 1 bis zur Höhe der ortsüblichen Entgelte erhöht werden.

(2) [1]Vertragswidrig ist eine Nutzung, die nach §§ 312 und 313 des Zivilgesetzbuchs der Deutschen Demokratischen Republik nicht zulässig ist. [2]Hat der Eigentümer die Nutzung genehmigt oder wurde die Nutzung von staatlichen Stellen der Deutschen Demokratischen Republik genehmigt oder gebilligt, so gilt die Nutzung nicht als vertragswidrig.

§ 5 Entgelterhöhung bei Garagenflächen. (1) [1]Die Nutzungsentgelte für Garagengrundstücke sind ab dem 1. November 1993 nach der Anzahl der Stellplätze zu bemessen. [2]Die Entgelte dürfen bis zur Höhe der ortsüblichen Entgelte erhöht werden, jedoch auf mindestens 60 Deutsche Mark je Stellplatz im Jahr.

(2) Garagengrundstücke sind Grundstücke oder Teile von Grundstücken, die mit einer oder mehreren Garagen oder ähnlichen Einstellplätzen für Kraftfahrzeuge bebaut sind und deren wesentlicher Nutzungszweck das Einstellen von Kraftfahrzeugen ist.

§ 6 Erklärung über die Entgelterhöhung. (1) Will der Überlassende das Nutzungsentgelt nach dieser Verordnung erhöhen, so hat er dies dem Nutzer für jede Erhöhung schriftlich zu erklären.

(2) [1]Die Erklärung hat die Wirkung, daß von dem Beginn des dritten auf die Erklärung folgenden Monats das erhöhte Nutzungsentgelt an die Stelle des bisher entrichteten Entgelts tritt. [2]Vom Nutzer im voraus entrichtete Zahlungen sind anzurechnen.

§ 7 Gutachten über die ortsüblichen Entgelte. Auf Antrag einer Vertragspartei hat der nach § 192 des Baugesetzbuchs eingerichtete und örtlich zuständige Gutachterausschuß ein Gutachten über die ortsüblichen Nutzungsentgelte für vergleichbar genutzte Grundstücke zu erstatten.

§ 8 Kündigung des Nutzers. Der Nutzer ist berechtigt, das Nutzungsverhältnis bis zum Ablauf des Monats, der auf den Zugang der Erklärung über die Entgelterhöhung folgt, für den Ablauf des letzten Monats, bevor die Erhöhung wirksam wird, zu kündigen.

§ 9 Inkrafttreten. Diese Verordnung tritt am 1. August 1993 in Kraft.

14. Gesetz zur Regelung der Miethöhe

Vom 18. Dezember 1974 (BGBl. I S. 3603, 3604)[1) 2)]
(BGBl. III 402–12–5)

zuletzt geändert durch Viertes Mietrechtsänderungsgesetz vom 21. 7. 1993 (BGBl. I S. 1257)

§ 1 [Ausschluß der Kündigung; Erhöhung des Mietzinses]. [1]Die Kündigung eines Mietverhältnisses über Wohnraum zum Zwecke der Mieterhöhung ist ausgeschlossen. [2]Der Vermieter kann eine Erhöhung des Mietzinses nach Maßgabe der §§ 2 bis 7 verlangen. [3]Das Recht steht dem Vermieter nicht zu, soweit und solange eine Erhöhung durch Vereinbarung ausgeschlossen ist oder der Ausschluß sich aus den Umständen, insbesondere der Vereinbarung eines Mietverhältnisses auf bestimmte Zeit mit festem Mietzins ergibt.

§ 2 [Zustimmung des Mieters zur Erhöhung des Mietzinses].
(1) [1]Der Vermieter kann die Zustimmung zu einer Erhöhung des Mietzinses verlangen, wenn

1. der Mietzins, von Erhöhungen nach den §§ 3 bis 5 abgesehen, seit einem Jahr unverändert ist,
2.[3)] der verlangte Mietzins die üblichen Entgelte nicht übersteigt, die in der Gemeinde oder in vergleichbaren Gemeinden für nicht preisgebundenen Wohnraum vergleichbarer Art, Größe, Ausstattung, Beschaffenheit und Lage in den letzten vier Jahren vereinbart oder, von Erhöhungen nach § 4 abgesehen, geändert worden sind, und
3.[3)] der Mietzins sich innerhalb eines Zeitraums von drei Jahren, von Erhöhungen nach den §§ 3 bis 5 abgesehen, nicht um mehr als 30 vom Hundert erhöht. Der Vomhundertsatz beträgt bei Wohnraum, der vor dem 1. Januar 1981 fertiggestellt worden ist, 20 vom Hundert, wenn

---

[1)] Verkündet als Art. 3 Zweites Gesetz über den Kündigungsschutz für Mietverhältnisse über Wohnraum (Zweites Wohnraumkündigungsschutzgesetz – 2. WKSchG) vom 18. 12. 1974 (BGBl. I S. 3603). Das Gesetz trat am 1. 1. 1975 in Kraft; vgl. Art. 8 Abs. 1 aaO. Das Gesetz wurde in **Berlin** übernommen durch Gesetz vom 27. 12. 1974 (GVBl. S. 2934, 2942, 2943).

[2)] Beachte hierzu auch in **Berlin** die in der Zeit vom 1. 1. 1988 bis zum 31. 12. 1994 geltenden Sonderregelungen durch das Gesetz zur dauerhaften sozialen Verbesserung der Wohnungssituation im Land Berlin vom 14. 7. 1987 (BGBl. I S. 1625).

[3)] Beachte auch Übergangsvorschriften in Art. 6 Abs. 1 und 2 G v. 21. 7. 1993 (BGBl. I S. 1257). § 2 Abs. 1 Nrn. 2 und 3 sind auf Erhöhungsverlangen, die dem Mieter vor dem 1. September 1993 zugegangen sind, nicht anzuwenden.

Mietspiegel, die ohne Berücksichtigung der Änderung in § 2 Abs. 1 Nr. 2 erstellt worden sind, gelten als veraltete Mietspiegel im Sinne des § 2 Abs. 6 MHG.

Gesetz zur Regelung der Miethöhe **§ 2 MHG 14**

a) das Mieterhöhungsverlangen dem Mieter vor dem 1. September 1998 zugeht und
b) der Mietzins, dessen Erhöhung verlangt wird, ohne Betriebskostenanteil monatlich mehr als 8,00 Deutsche Mark je Quadratmeter Wohnfläche beträgt. Ist der Mietzins geringer, so verbleibt es bei 30 vom Hundert; jedoch darf in diesem Fall der verlangte Mietzins ohne Betriebskostenanteil monatlich 9,60 Deutsche Mark je Quadratmeter Wohnfläche nicht übersteigen.

²Von dem Jahresbetrag des nach Satz 1 Nr. 2 zulässigen Mietzinses sind die Kürzungsbeträge nach § 3 Abs. 1 Satz 3 bis 7 abzuziehen, im Fall des § 3 Abs. 1 Satz 6 mit 11 vom Hundert des Zuschusses.

(1a) ¹Absatz 1 Satz 1 Nr. 3 ist nicht anzuwenden,
1. wenn eine Verpflichtung des Mieters zur Ausgleichszahlung nach den Vorschriften über den Abbau der Fehlsubventionierung im Wohnungswesen wegen des Wegfalls der öffentlichen Bindung erloschen ist und
2. soweit die Erhöhung den Betrag der zuletzt zu entrichtenden Ausgleichszahlung nicht übersteigt.

²Der Mieter hat dem Vermieter auf dessen Verlangen, das frühestens vier Monate vor dem Wegfall der öffentlichen Bindung gestellt werden kann, innerhalb eines Monats über die Verpflichtung zur Ausgleichszahlung und über deren Höhe Auskunft zu erteilen.

(2) ¹Der Anspruch nach Absatz 1 ist dem Mieter gegenüber schriftlich geltend zu machen und zu begründen. ²Dabei kann insbesondere Bezug genommen werden auf eine Übersicht über die üblichen Entgelte nach Absatz 1 Satz 1 Nr. 2 in der Gemeinde oder in einer vergleichbaren Gemeinde, soweit die Übersicht von der Gemeinde oder von Interessenvertretern der Vermieter und der Mieter gemeinsam erstellt oder anerkannt worden ist (Mietspiegel); enthält die Übersicht Mietzinsspannen, so genügt es, wenn der verlangte Mietzins innerhalb der Spanne liegt. ³Ferner kann auf ein mit Gründen versehenes Gutachten eines öffentlich bestellten oder vereidigten Sachverständigen verwiesen werden. ⁴Begründet der Vermieter sein Erhöhungsverlangen mit dem Hinweis auf entsprechende Entgelte für einzelne vergleichbare Wohnungen, so genügt die Benennung von drei Wohnungen.

(3) ¹Stimmt der Mieter dem Erhöhungsverlangen nicht bis zum Ablauf des zweiten Kalendermonats zu, der auf den Zugang des Verlangens folgt, so kann der Vermieter bis zum Ablauf von weiteren zwei Monaten auf Erteilung der Zustimmung klagen. ²Ist die Klage erhoben worden, jedoch kein wirksames Erhöhungsverlangen vorausgegangen, so kann der Vermieter das Erhöhungsverlangen im Rechtsstreit nachholen; dem Mieter steht auch in diesem Fall die Zustimmungsfrist nach Satz 1 zu.

14 MHG § 3 Gesetz zur Regelung der Miethöhe

(4) Ist die Zustimmung erteilt, so schuldet der Mieter den erhöhten Mietzins von dem Beginn des dritten Kalendermonats ab, der auf den Zugang des Erhöhungsverlangens folgt.

(5) [1]Gemeinden sollen, soweit hierfür ein Bedürfnis besteht und dies mit einem für sie vertretbaren Aufwand möglich ist, Mietspiegel erstellen. [2]Bei der Aufstellung von Mietspiegeln sollen Entgelte, die auf Grund gesetzlicher Bestimmungen an Höchstbeträge gebunden sind, außer Betracht bleiben. [3]Die Mietspiegel sollen im Abstand von zwei Jahren der Marktentwicklung angepaßt werden. [4]Die Bundesregierung wird ermächtigt, durch Rechtsverordnung mit Zustimmung des Bundesrates Vorschriften über den näheren Inhalt und das Verfahren zur Aufstellung und Anpassung von Mietspiegeln zu erlassen. [5]Die Mietspiegel und ihre Änderungen sollen öffentlich bekanntgemacht werden.

(6) Liegt im Zeitpunkt des Erhöhungsverlangens kein Mietspiegel nach Absatz 5 vor, so führt die Verwendung anderer Mietspiegel, insbesondere auch die Verwendung veralteter Mietspiegel, nicht zur Unwirksamkeit des Mieterhöhungsverlangens.

§ 3 [Erhöhung des Mietzinses bei baulichen Änderungen].
(1) [1]Hat der Vermieter bauliche Maßnahmen durchgeführt, die den Gebrauchswert der Mietsache nachhaltig erhöhen, die allgemeinen Wohnverhältnisse auf die Dauer verbessern oder nachhaltig Einsparungen von Heizenergie oder Wasser bewirken (Modernisierung), oder hat er andere bauliche Änderungen auf Grund von Umständen, die er nicht zu vertreten hat, durchgeführt, so kann er eine Erhöhung der jährlichen Miete um elf vom Hundert der für die Wohnung aufgewendeten Kosten verlangen. [2]Sind die baulichen Änderungen für mehrere Wohnungen durchgeführt worden, so sind die dafür aufgewendeten Kosten vom Vermieter angemessen auf die einzelnen Wohnungen aufzuteilen. [3]Werden die Kosten für die baulichen Änderungen ganz oder teilweise durch zinsverbilligte oder zinslose Darlehen aus öffentlichen Haushalten gedeckt, so verringert sich der Erhöhungsbetrag nach Satz 1 um den Jahresbetrag der Zinsermäßigung, der sich für den Ursprungsbetrag des Darlehens aus dem Unterschied im Zinssatz gegenüber dem marktüblichen Zinssatz für erststellige Hypotheken zum Zeitpunkt der Beendigung der Maßnahmen ergibt; werden Zuschüsse oder Darlehen zur Deckung von laufenden Aufwendungen gewährt, so verringert sich der Erhöhungsbetrag um den Jahresbetrag des Zuschusses oder Darlehens. [4]Ein Mieterdarlehen, eine Mietvorauszahlung oder eine von einem Dritten für den Mieter erbrachte Leistung für die baulichen Änderungen steht einem Darlehen aus öffentlichen Haushalten gleich. [5]Kann nicht festgestellt werden, in welcher Höhe Zuschüsse oder Darlehen für die einzelnen Wohnungen gewährt worden sind, so sind sie nach dem Verhältnis der für die einzelnen Wohnungen aufge-

Gesetz zur Regelung der Miethöhe **§ 4 MHG 14**

wendeten Kosten aufzuteilen. ⁶Kosten, die vom Mieter oder für diesen von einem Dritten übernommen oder die mit Zuschüssen aus öffentlichen Haushalten gedeckt werden, gehören nicht zu den aufgewendeten Kosten im Sinne des Satzes 1. ⁷Mittel der Finanzierungsinstitute des Bundes oder eines Landes gelten als Mittel aus öffentlichen Haushalten.

(2) *(aufgehoben)*

(3) ¹Der Anspruch nach Absatz 1 ist vom Vermieter durch schriftliche Erklärung gegenüber dem Mieter geltend zu machen. ²Die Erklärung ist nur wirksam, wenn in ihr die Erhöhung auf Grund der entstandenen Kosten berechnet und entsprechend den Voraussetzungen nach Absatz 1 erläutert wird.

(4) ¹Die Erklärung des Vermieters hat die Wirkung, daß von dem Beginn des auf die Erklärung folgenden übernächsten Monats an der erhöhte Mietzins an die Stelle des bisher zu entrichtenden Mietzinses tritt. ²Diese Frist verlängert sich um sechs Monate, wenn der Vermieter dem Mieter die zu erwartende Erhöhung des Mietzinses nicht nach § 541b Abs. 2 Satz 1 des Bürgerlichen Gesetzbuchs mitgeteilt hat oder wenn die tatsächliche Mieterhöhung gegenüber dieser Mitteilung um mehr als zehn vom Hundert nach oben abweicht.

§ 4 [Erhöhung oder Ermäßigung der Betriebskosten]. (1) ¹Für Betriebskosten im Sinne des § 27 der Zweiten Berechnungsverordnung dürfen Vorauszahlungen nur in angemessener Höhe vereinbart werden. ²Über die Vorauszahlungen ist jährlich abzurechnen.

(2) ¹Der Vermieter ist berechtigt, Erhöhungen der Betriebskosten durch schriftliche Erklärung anteilig auf den Mieter umzulegen. ²Die Erklärung ist nur wirksam, wenn in ihr der Grund für die Umlage bezeichnet und erläutert wird.

(3) ¹Der Mieter schuldet den auf ihn entfallenden Teil der Umlage vom Ersten des auf die Erklärung folgenden Monats oder, wenn die Erklärung erst nach dem Fünfzehnten eines Monats abgegeben worden ist, vom Ersten des übernächsten Monats an. ²Soweit die Erklärung darauf beruht, daß sich die Betriebskosten rückwirkend erhöht haben, wirkt sie auf den Zeitpunkt der Erhöhung der Betriebskosten, höchstens jedoch auf den Beginn des der Erklärung vorausgehenden Kalenderjahres zurück, sofern der Vermieter die Erklärung innerhalb von drei Monaten nach Kenntnis von der Erhöhung abgibt.

(4) ¹Ermäßigen sich die Betriebskosten, so ist der Mietzins vom Zeitpunkt der Ermäßigung ab entsprechend herabzusetzen. ²Die Ermäßigung ist dem Mieter unverzüglich mitzuteilen.

(5) ¹Der Vermieter kann durch schriftliche Erklärung bestimmen,
1. daß die Kosten der Wasserversorgung und der Entwässerung ganz oder teilweise nach dem erfaßten unterschiedlichen Wasserver-

brauch der Mieter und die Kosten der Müllabfuhr nach einem Maßstab umgelegt werden dürfen, der der unterschiedlichen Müllverursachung Rechnung trägt, oder

2. daß die in Nummer 1 bezeichneten Kosten unmittelbar zwischen den Mietern und denjenigen abgerechnet werden, die die entsprechenden Leistungen erbringen.

²Die Erklärung kann nur für künftige Abrechnungszeiträume abgegeben werden und ist nur mit Wirkung zum Beginn eines Abrechnungszeitraums zulässig. ³Sind die Kosten im Mietzins enthalten, so ist dieser entsprechend herabzusetzen.

§ 5 [Erhöhung oder Ermäßigung der Kapitalkosten]. (1) Der Vermieter ist berechtigt, Erhöhungen der Kapitalkosten, die nach Inkrafttreten dieses Gesetzes infolge einer Erhöhung des Zinssatzes aus einem dinglich gesicherten Darlehen fällig werden, durch schriftliche Erklärung anteilig auf den Mieter umzulegen, wenn

1. der Zinssatz sich
   a) bei Mietverhältnissen, die vor dem 1. Januar 1973 begründet worden sind, gegenüber dem am 1. Januar 1973 maßgebenden Zinssatz,
   b) bei Mietverhältnissen, die nach dem 31. Dezember 1972 begründet worden sind, gegenüber dem bei Begründung maßgebenden Zinssatz
   erhöht hat,
2. die Erhöhung auf Umständen beruht, die der Vermieter nicht zu vertreten hat,
3. das Darlehen der Finanzierung des Neubaues, des Wiederaufbaues, der Wiederherstellung, des Ausbaues, der Erweiterung oder des Erwerbs des Gebäudes oder des Wohnraums oder von baulichen Maßnahmen im Sinne des § 3 Abs. 1 gedient hat.

(2) § 4 Abs. 2 Satz 2 und Absatz 3 Satz 1 gilt entsprechend.

(3) ¹Ermäßigt sich der Zinssatz nach einer Erhöhung des Mietzinses nach Absatz 1, so ist der Mietzins vom Zeitpunkt der Ermäßigung ab entsprechend, höchstens aber um die Erhöhung nach Absatz 1, herabzusetzen. ²Ist das Darlehen getilgt, so ist der Mietzins um den Erhöhungsbetrag herabzusetzen. ³Die Herabsetzung ist dem Mieter unverzüglich mitzuteilen.

(4) Das Recht nach Absatz 1 steht dem Vermieter nicht zu, wenn er die Höhe der dinglich gesicherten Darlehen, für die sich der Zinssatz erhöhen kann, auf eine Anfrage des Mieters nicht offengelegt hat.

(5) Geht das Eigentum an dem vermieteten Wohnraum von dem Vermieter auf einen Dritten über und tritt dieser anstelle des Vermieters in das Mietverhältnis ein, so darf der Mieter durch die Ausübung des Rechts nach Absatz 1 nicht höher belastet werden, als dies ohne den Eigentumsübergang möglich gewesen wäre.

Gesetz zur Regelung der Miethöhe §§ **6, 7 MHG 14**

§ 6 [Wohnungen im Saarland]. (1) ¹Hat sich der Vermieter von öffentlich gefördertem oder steuerbegünstigtem Wohnraum nach dem Wohnungsbaugesetz für das Saarland in der Fassung der Bekanntmachung vom 7. *März 1972 (Amtsblatt des Saarlandes S. 149), zuletzt geändert durch Artikel 3 des Wohnungsbauänderungsgesetzes 1973 vom 21. Dezember 1973 (Bundesgesetzbl. I S. 1970),*¹⁾ verpflichtet, keine höhere Miete als die Kostenmiete zu vereinbaren, so kann er eine Erhöhung bis zu dem Betrag verlangen, der zur Deckung der laufenden Aufwendungen für das Gebäude oder die Wirtschaftseinheit erforderlich ist. ²Eine Erhöhung des Mietzinses nach den §§ 2, 3 und 5 ist ausgeschlossen.

(2) ¹Die Erhöhung nach Absatz 1 ist vom Vermieter durch schriftliche Erklärung gegenüber dem Mieter geltend zu machen. ²Die Erklärung ist nur wirksam, wenn in ihr die Erhöhung berechnet und erläutert wird. ³Die Erklärung hat die Wirkung, daß von dem Ersten des auf die Erklärung folgenden Monats an der erhöhte Mietzins an die Stelle des bisher zu entrichtenden Mietzinses tritt; wird die Erklärung erst nach dem Fünfzehnten eines Monats abgegeben, so tritt diese Wirkung erst von dem Ersten des übernächsten Monats an ein.

(3) Soweit im Rahmen der Kostenmiete Betriebskosten im Sinne des § 27 der Zweiten Berechnungsverordnung durch Umlagen erhoben werden, kann der Vermieter Erhöhungen der Betriebskosten in entsprechender Anwendung des § 4 umlegen.

(4) ¹Ermäßigen sich die laufenden Aufwendungen, so hat der Vermieter die Kostenmiete mit Wirkung vom Zeitpunkt der Ermäßigung ab entsprechend herabzusetzen. ²Die Herabsetzung ist dem Mieter unverzüglich mitzuteilen.

(5) Die Absätze 1 bis 4 gelten entsprechend für Wohnraum, der mit Wohnungsfürsorgemitteln für Angehörige des öffentlichen Dienstes oder ähnliche Personengruppen unter Vereinbarung eines Wohnungsbesetzungsrechtes gefördert worden ist, wenn der Vermieter sich in der in Absatz 1 Satz 1 bezeichneten Weise verpflichtet hat.

§ 7 [Bergmannswohnungen]. (1) ¹Für Bergmannswohnungen, die von Bergbauunternehmen entsprechend dem Vertrag über Bergmannswohnungen, Anlage 8 zum Grundvertrag zwischen der Bundesrepublik Deutschland, den vertragschließenden Bergbauunternehmen und der Ruhrkohle Aktiengesellschaft vom 18. Juli 1969 (Bundesanzeiger Nr. 174 vom 18. September 1974), bewirtschaftet werden, kann die Miete bei einer Erhöhung der Verwaltungskosten und der Instandhaltungskosten in entsprechender Anwendung des § 30 Abs. 1 der Zweiten Berechnungsverordnung und des § 5 Abs. 3 Buchstabe c des Vertrages über Bergmannswohnungen erhöht werden. ²Eine Erhöhung des Mietzinses nach § 2 ist ausgeschlossen.

---

¹⁾ Jetzt i. d. F. der Bek. vom 20. 11. 1990 (Amtsblatt des Saarlandes 1991 S. 273).

14 MHG §§ 8–10   Gesetz zur Regelung der Miethöhe

(2) ¹Der Anspruch nach Absatz 1 ist vom Vermieter durch schriftliche Erklärung gegenüber dem Mieter geltend zu machen. ²Die Erklärung ist nur wirksam, wenn in ihr die Erhöhung berechnet und erläutert wird.

(3) Die Erklärung des Vermieters hat die Wirkung, daß von dem Ersten des auf die Erklärung folgenden Monats an der erhöhte Mietzins an die Stelle des bisher zu entrichtenden Mietzinses tritt; wird die Erklärung erst nach dem Fünfzehnten eines Monats abgegeben, so tritt diese Wirkung erst von dem Ersten des übernächsten Monats an ein.

(4) Im übrigen gelten die §§ 3 bis 5.

§ 8 [Form der Erklärungen]. Hat der Vermieter seine Erklärungen nach den §§ 2 bis 7 mit Hilfe automatischer Einrichtungen gefertigt, so bedarf es nicht seiner eigenhändigen Unterschrift.

§ 9 [Kündigungsrecht des Mieters]. (1) ¹Verlangt der Vermieter eine Mieterhöhung nach § 2, so ist der Mieter berechtigt, bis zum Ablauf des zweiten Monats, der auf den Zugang des Erhöhungsverlangens folgt, für den Ablauf des übernächsten Monats zu kündigen. ²Verlangt der Vermieter eine Mieterhöhung nach den §§ 3, 5 bis 7, so ist der Mieter berechtigt, das Mietverhältnis spätestens am dritten Werktag des Kalendermonats, von dem an der Mietzins erhöht werden soll, für den Ablauf des übernächsten Monats zu kündigen. ³Kündigt der Mieter, so tritt die Mieterhöhung nicht ein.

(2) Ist der Mieter rechtskräftig zur Zahlung eines erhöhten Mietzinses nach den §§ 2 bis 7 verurteilt worden, so kann der Vermieter das Mietverhältnis wegen Zahlungsverzugs des Mieters nicht vor Ablauf von zwei Monaten nach rechtskräftiger Verurteilung kündigen, wenn nicht die Voraussetzungen des § 554 des Bürgerlichen Gesetzbuchs schon wegen des bisher geschuldeten Mietzinses erfüllt sind.

§ 10 [Abweichende Vereinbarungen; Geltungsbereich]. (1) Vereinbarungen, die zum Nachteil des Mieters von den Vorschriften der §§ 1 bis 9 abweichen, sind unwirksam, es sei denn, daß der Mieter während des Bestehens des Mietverhältnisses einer Mieterhöhung um einen bestimmten Betrag zugestimmt hat.

(2) ¹Abweichend von Absatz 1 kann der Mietzins für bestimmte Zeiträume in unterschiedlicher Höhe schriftlich vereinbart werden. ²Die Vereinbarung eines gestaffelten Mietzinses darf nur einen Zeitraum bis zu jeweils zehn Jahren umfassen. ³Während dieser Zeit ist eine Erhöhung des Mietzinses nach den §§ 2, 3 und 5 ausgeschlossen. ⁴Der Mietzins muß jeweils mindestens ein Jahr unverändert bleiben. ⁵Der jeweilige Mietzins oder die jeweilige Erhöhung muß betragsmäßig ausgewiesen sein. ⁶Eine Beschränkung des Kündigungsrechts

Gesetz zur Regelung der Miethöhe §§ 10a, 11 MHG 14

des Mieters ist unwirksam, soweit sie sich auf einen Zeitraum von mehr als vier Jahren seit Abschluß der Vereinbarung erstreckt.

(3) Die Vorschriften der §§ 1 bis 9 gelten nicht für Mietverhältnisse

1. über preisgebundenen Wohnraum, soweit nicht in § 2 Abs. 1a Satz 2 etwas anderes bestimmt ist,
2. über Wohnraum, der zu nur vorübergehendem Gebrauch vermietet ist,
3. über Wohnraum, der Teil der vom Vermieter selbst bewohnten Wohnung ist und den der Vermieter ganz oder überwiegend mit Einrichtungsgegenständen auszustatten hat, sofern der Wohnraum nicht zum dauernden Gebrauch für eine Familie überlassen ist,
4. über Wohnraum, der Teil eines Studenten- oder Jugendwohnheims ist.

§ 10a [Mietanpassungsvereinbarungen]. (1) [1]Abweichend von § 10 Abs. 1 kann schriftlich vereinbart werden, daß die weitere Entwicklung des Mietzinses durch den Preis von anderen Gütern oder Leistungen bestimmt werden soll (Mietanpassungsvereinbarung). [2]Die Vereinbarung ist nur wirksam, wenn die Genehmigung nach § 3 des Währungsgesetzes oder entsprechenden währungsrechtlichen Vorschriften erteilt wird.

(2) [1]Während der Geltungsdauer einer Mietanpassungsvereinbarung muß der Mietzins, von Erhöhungen nach den §§ 3 und 4 abgesehen, jeweils mindestens ein Jahr unverändert bleiben. [2]Eine Erhöhung des Mietzinses nach § 3 kann nur verlangt werden, soweit der Vermieter bauliche Änderungen auf Grund von Umständen durchgeführt hat, die er nicht zu vertreten hat. [3]Eine Erhöhung des Mietzinses nach den §§ 2 und 5 ist ausgeschlossen.

(3) [1]Eine Änderung des Mietzinses auf Grund einer Vereinbarung nach Absatz 1 muß durch schriftliche Erklärung geltend gemacht werden, die auch die Änderung der nach der Mietanpassungsvereinbarung maßgebenden Preise nennt. [2]Der geänderte Mietzins ist vom Beginn des auf die Erklärung folgenden übernächsten Monats an zu zahlen.

§ 11 [Überleitungsregelungen für das Gebiet der ehem. DDR]. (1) [1]In dem in Artikel 3 des Einigungsvertrages genannten Gebiet findet dieses Gesetz für Wohnraum Anwendung, der nicht mit Mitteln aus öffentlichen Haushalten gefördert wurde und nach dem Wirksamwerden des Beitritts

1. in neu errichteten Gebäuden fertiggestellt wurde oder
2. aus Räumen wiederhergestellt wurde, die auf Dauer zu Wohnzwecken nicht mehr benutzbar waren, oder aus Räumen geschaffen wurde, die nach ihrer baulichen Anlage und Ausstattung anderen als Wohnzwecken dienten.

²Bei der Vermietung dieses Wohnraums sind Preisvorschriften nicht anzuwenden.

(2) ¹Für Wohnraum, dessen höchstzulässiger Mietzins sich bei Wirksamwerden des Beitritts aus Rechtsvorschriften ergibt, gelten § 1 Satz 1 und § 3 sowie die folgenden Absätze. ²§ 3 ist auch auf vor dem Wirksamwerden des Beitritts begonnene aber noch nicht beendete bauliche Maßnahmen anzuwenden.

(3) Die Bundesregierung wird ermächtigt, durch Rechtsverordnung mit Zustimmung des Bundesrates

1. den höchstzulässigen Mietzins unter Berücksichtigung der Einkommensentwicklung schrittweise mit dem Ziel zu erhöhen, die in § 2 Abs. 1 Satz 1 Nr. 2 bezeichnete Miete zuzulassen.[1]) Dabei sind Art, Größe, Ausstattung, Beschaffenheit und Lage des Wohnraums zu berücksichtigen;
2. zu bestimmen, daß die Betriebskosten oder Teile davon nach § 4 anteilig auf die Mieter umgelegt werden dürfen;[2])
3. zu bestimmen, daß nach dem 31. Dezember 1992 beim Abschluß neuer Mietverträge bestimmte Zuschläge verlangt werden dürfen, oder die in § 10 Abs. 2 und § 10a bezeichnete Miete vereinbart werden darf; dabei kann die höchstzulässige Miete festgelegt werden;
4. für den Teil des Landes Berlin, in dem das Grundgesetz bisher nicht galt, oder einen Teil davon Sonderregelungen vorzusehen.

(4) ¹Der Vermieter kann vorbehaltlich des § 1 Satz 3 gegenüber dem Mieter schriftlich erklären, daß der Mietzins um einen bestimmten Betrag, bei Betriebskosten um einen bestimmbaren Betrag, bis zur Höhe des nach der Rechtsverordnung nach Absatz 3 zulässigen Mietzinses erhöht werden soll. ²Hat der Vermieter seine Erklärung mit Hilfe automatischer Einrichtungen gefertigt, so bedarf es nicht seiner eigenhändigen Unterschrift.

(5) Die Erklärung des Vermieters hat die Wirkung, daß von dem Ersten des auf die Erklärung folgenden übernächsten Monats der erhöhte Mietzins an die Stelle des bisher entrichteten Mietzinses tritt.

(6) ¹Der Mieter ist berechtigt, das Mietverhältnis spätestens am dritten Werktag des Kalendermonats, von dem an der Mietzins erhöht werden soll, für den Ablauf des übernächsten Kalendermonats zu kündigen. ²Kündigt der Mieter, so tritt die Erhöhung nicht ein.

(7) ¹Die Bundesregierung wird ermächtigt, durch Rechtsverordnung mit Zustimmung des Bundesrates zu bestimmen, daß über § 3 hinaus bis zum 1. Januar 1996 bei erheblichen Instandsetzungsmaß-

---

[1]) Beachte Erste Grundmietenverordnung vom 17. 6. 1991 (BGBl. I S. 1269).
[2]) Beachte Betriebskosten-Umlageverordnung vom 17. 6. 1991 (BGBl. I S. 1270) mit späteren Änderungen.

Gesetz zur Regelung der Miethöhe **§ 11 MHG 14**

nahmen eine Erhöhung der jährlichen Miete in einem bestimmten Umfang der aufgewendeten Kosten verlangt werden kann. ²Bei der Bestimmung des Umfangs ist zu berücksichtigen,

1. welche Beträge dem Vermieter aufgrund einer Rechtsverordnung nach Absatz 3 zustehen,
2. daß die zu erwartende Mieterhöhung für die Mieter im Hinblick auf deren Einkommen keine Härte bedeuten darf, die ihnen auch unter Berücksichtigung der Interessen des Vermieters an der Instandsetzungsmaßnahme nicht zuzumuten ist.

³Instandsetzungsmaßnahmen aufgrund einer Rechtsverordnung nach Satz 1 stehen bei der Anwendung sonstiger Vorschriften dieses Gesetzes baulichen Maßnahmen nach § 3 gleich.

IV. Offene Vermögensfragen

15. Gesetz zur Regelung offener Vermögensfragen (Vermögensgesetz – VermG)[1)]

In der Fassung der Bekanntmachung vom 2. Dezember 1994
(BGBl. I S. 3610)

Abschnitt I. Allgemeine Bestimmungen

§ 1 Geltungsbereich. (1) Dieses Gesetz regelt vermögensrechtliche Ansprüche an Vermögenswerten, die

a) entschädigungslos enteignet und in Volkseigentum überführt wurden;
b) gegen eine geringere Entschädigung enteignet wurden, als sie Bürgern der früheren Deutschen Demokratischen Republik zustand;
c) durch staatliche Verwalter oder nach Überführung in Volkseigentum durch den Verfügungsberechtigten an Dritte veräußert wurden;
d) auf der Grundlage des Beschlusses des Präsidiums des Ministerrates vom 9. Februar 1972 und im Zusammenhang stehender Regelungen in Volkseigentum übergeleitet wurden.

(2) Dieses Gesetz gilt des weiteren für bebaute Grundstücke und Gebäude, die auf Grund nicht kostendeckender Mieten und infolgedessen eingetretener oder unmittelbar bevorstehender Überschuldung durch Enteignung, Eigentumsverzicht, Schenkung oder Erbausschlagung in Volkseigentum übernommen wurden.

(3) Dieses Gesetz betrifft auch Ansprüche an Vermögenswerten sowie Nutzungsrechte, die auf Grund unlauterer Machenschaften, z. B. durch Machtmißbrauch, Korruption, Nötigung oder Täuschung von seiten des Erwerbers, staatlicher Stellen oder Dritter, erworben wurden.

(4) Dieses Gesetz regelt ferner die Aufhebung der

– staatlichen Treuhandverwaltung über Vermögenswerte von Bürgern, die das Gebiet der Deutschen Demokratischen Republik ohne die zum damaligen Zeitpunkt erforderliche Genehmigung verlassen haben;
– vorläufigen Verwaltung über Vermögenswerte von Bürgern der Bundesrepublik Deutschland und Berlin (West) sowie von juristi-

---

[1)] Neubekanntmachung des VermG v. 23. 9. 1990 (BGBl. II S. 889, 1159) in der seit dem 1. 12. 1994 geltenden Fassung v. 27. 9. 1994 (BGBl. I S. 2624).

15 VermG § 1 Vermögensgesetz

schen Personen mit Sitz in der Bundesrepublik Deutschland oder Berlin (West), die Staatsorganen der Deutschen Demokratischen Republik durch Rechtsvorschrift übertragen wurde;
– Verwaltung des ausländischen Vermögens, die der Regierung der Deutschen Demokratischen Republik übertragen wurde
(im folgenden staatliche Verwaltung genannt) und die damit im Zusammenhang stehenden Ansprüche der Eigentümer und Berechtigten.

(5) Dieses Gesetz schließt die Behandlung von Forderungen und anderen Rechten in bezug auf Vermögenswerte gemäß den Absätzen 1 bis 4 ein.

(6) ¹Dieses Gesetz ist entsprechend auf vermögensrechtliche Ansprüche von Bürgern und Vereinigungen anzuwenden, die in der Zeit vom 30. Januar 1933 bis zum 8. Mai 1945 aus rassischen, politischen, religiösen oder weltanschaulichen Gründen verfolgt wurden und deshalb ihr Vermögen infolge von Zwangsverkäufen, Enteignungen oder auf andere Weise verloren haben. ²Zugunsten des Berechtigten wird ein verfolgungsbedingter Vermögensverlust nach Maßgabe des II. Abschnitts der Anordnung BK/O (49) 180 der Alliierten Kommandantur Berlin vom 26. Juli 1949 (VOBl. für Groß-Berlin I S. 221)¹⁾ vermutet.

---

¹⁾ Die die Vermutung im II. Abschnitt der Anordnung BK/O (49) 180 – Rückerstattung feststellbarer Vermögensgegenstände an Opfer der nationalsozialistischen Unterdrückungsmaßnahmen – regelnden Art. 3 und 4 lauten:

„**Art. 3 Vermutung ungerechtfertigter Entziehung.** (1) Zugunsten des Berechtigten wird vermutet, daß die folgenden in der maßgebenden Zeit abgeschlossenen Rechtsgeschäfte ungerechtfertigte Entziehungen im Sinne des Art. 2 sind:
a) Veräußerung oder Aufgabe der Vermögensgegenstände durch jemanden, der unmittelbar Verfolgungsmaßnahmen im Sinne des Art. 1 ausgesetzt war;
b) Veräußerung oder Aufgabe der Vermögensgegenstände durch jemanden, der zu einem Personenkreis gehörte, den in seiner Gesamtheit die deutsche Regierung oder die NSDAP durch ihre Maßnahmen aus den Gründen des Art. 1 vom kulturellen und wirtschaftlichen Leben Deutschlands auszuschließen beabsichtigte.

(2) Wenn keine anderen Tatsachen eine ungerechtfertigte Entziehung im Sinne des Art. 2 beweisen oder für eine solche Entziehung sprechen, so kann bei einer Veräußerung nach Abs. 1a) die Vermutung durch den Beweis widerlegt werden, daß der Veräußerer einen angemessenen Kaufpreis erhalten hat und daß er über ihn frei verfügen konnte; angemessen ist ein Geldbetrag, den ein Kauflustiger zu zahlen und ein Verkaufslustiger anzunehmen bereit wäre, wobei bei Geschäftsunternehmen der Firmenwert berücksichtigt wird, den ein solches Unternehmen in den Händen einer Person hatte, die keinen Verfolgungsmaßnahmen im Sinne des Art. 1 unterworfen war.

(3) Bei Veräußerungen im Rahmen des Abs. 1b) dieses Artikels, welche in der Zeit vom 15. September 1935 bis zum 8. Mai 1945 vorgenommen worden sind, kann die sich aus Abs. 1 ergebende Vermutung nur durch zur Genüge der Wiedergutmachungskammer erbrachte Beweise (Art. 57) widerlegt werden, daß außer den in Abs. 2 bezeichneten Voraussetzungen
a) das Rechtsgeschäft seinem wesentlichen Inhalt nach auch ohne die Herrschaft des Nationalsozialismus abgeschlossen worden wäre oder

Vermögensgesetz **§ 2 VermG 15**

(7) Dieses Gesetz gilt entsprechend für die Rückgabe von Vermögenswerten, die im Zusammenhang mit der nach anderen Vorschriften erfolgten Aufhebung rechtsstaatswidriger straf-, ordnungsstraf- oder verwaltungsrechtlicher Entscheidungen[1] steht.

(8) Dieses Gesetz gilt vorbehaltlich seiner Bestimmungen über Zuständigkeiten und Verfahren nicht für

a) Enteignungen von Vermögenswerten auf besatzungsrechtlicher oder besatzungshoheitlicher Grundlage; Ansprüche nach den Absätzen 6 und 7 bleiben unberührt;
b) vermögensrechtliche Ansprüche, die seitens der Deutschen Demokratischen Republik durch zwischenstaatliche Vereinbarungen geregelt wurden;
c) Anteilrechte an der Altguthabenablösungsanleihe;
d) für Ansprüche von Gebietskörperschaften des beitretenden Gebiets gemäß Artikel 3 des Einigungsvertrages, soweit sie vom Kommunalvermögensgesetz vom 6. Juli 1990 (GBl. I Nr. 42 S. 660) erfaßt sind.

§ 2 Begriffsbestimmung. (1) [1]Berechtigte im Sinne dieses Gesetzes sind natürliche und juristische Personen sowie Personenhandelsgesellschaften, deren Vermögenswerte von Maßnahmen gemäß § 1 betroffen sind, sowie ihre Rechtsnachfolger. [2]Soweit Ansprüche von jüdischen Berechtigten im Sinne des § 1 Abs. 6 oder deren Rechtsnachfolgern nicht geltend gemacht werden, gelten in Ansehung der Ansprüche nach dem Vermögensgesetz die Nachfolgeorganisationen des Rückerstattungsrechts und, soweit diese keine Ansprüche anmelden, die Conference on Jewish Material Claims against Germany, Inc. als Rechtsnachfolger. [3]Dasselbe gilt, soweit der Staat Erbe oder Erbeserbe eines jüdischen Verfolgten im Sinne des § 1 Abs. 6 ist oder soweit eine jüdische juristische Person oder eine nicht rechtsfähige jüdische Personenvereinigung aus den Gründen des § 1 Abs. 6 aufgelöst oder zur Selbstauflösung gezwungen wurde. [4]Im übrigen gelten

---

b) der Erwerber in besonderer Weise und mit wesentlichem Erfolg den Schutz der Vermögensinteressen des Berechtigten oder seines Rechtsvorgängers wahrgenommen hat, z. B. durch Mitwirkung bei einer Vermögensübertragung ins Ausland.

Art. 4 Schenkungen. Hat ein aus den Gründen des Art. 1 Verfolgter einem anderen in der maßgebenden Zeit Vermögensgegenstände unentgeltlich überlassen, so wird zugunsten des Berechtigten vermutet, daß die Überlassung keine Schenkung ist, sondern ein Treuhandverhältnis begründet hat. Diese Vermutung gilt nicht, soweit nach den persönlichen Beziehungen zwischen dem Überlassenden und dem Empfänger eine Anstandsschenkung anzunehmen ist; ein Rückerstattungsanspruch ist in diesem Falle nicht gegeben."

[1] Vgl. hierzu Strafrechtliches Rehabilitierungsgesetz – StrRehaG vom 29. 10. 1992 (BGBl. I S. 1814) sowie Verwaltungsrechtliches Rehabilitierungsgesetz vom 23. 6. 1994 (BGBl. I S. 1311).

in den Fällen des § 1 Abs. 6 als Rechtsnachfolger von aufgelösten oder zur Selbstauflösung gezwungenen Vereinigungen die Nachfolgeorganisationen, die diesen Vereinigungen nach ihren Organisationsstatuten entsprechen und deren Funktionen oder Aufgaben wahrnehmen oder deren satzungsmäßige Zwecke verfolgen; als Rechtsnachfolger gelten insbesondere die Organisationen, die aufgrund des Rückerstattungsrechts als Nachfolgeorganisationen anerkannt worden sind.

(1a) [1]Die Conference on Jewish Material Claims against Germany Inc. kann ihre Rechte auf die Conference on Jewish Material Claims against Germany GmbH übertragen. [2]Die Übertragung bedarf der Schriftform. [3]§ 4 Abs. 5 des Investitionsvorranggesetzes findet keine Anwendung.

(2) [1]Vermögenswerte im Sinne dieses Gesetzes sind bebaute und unbebaute Grundstücke sowie rechtlich selbständige Gebäude und Baulichkeiten (im folgenden Grundstücke und Gebäude genannt), Nutzungsrechte und dingliche Rechte an Grundstücken oder Gebäuden, bewegliche Sachen sowie gewerbliche Schutzrechte, Urheberrechte und verwandte Schutzrechte. [2]Vermögenswerte im Sinne dieses Gesetzes sind auch Kontoguthaben und sonstige auf Geldzahlungen gerichtete Forderungen sowie Eigentum/Beteiligungen an Unternehmen oder an Betriebsstätten/Zweigniederlassungen von Unternehmen mit Sitz außerhalb der Deutschen Demokratischen Republik.

(3) [1]Verfügungsberechtigter im Sinne dieses Gesetzes ist bei der Rückgabe von Unternehmen derjenige, in dessen Eigentum oder Verfügungsmacht das entzogene Unternehmen ganz oder teilweise steht, sowie bei Kapitalgesellschaften deren unmittelbare oder mittelbare Anteilseigner und bei der Rückübertragung von anderen Vermögenswerten diejenige Person, in deren Eigentum oder Verfügungsmacht der Vermögenswert steht. [2]Als Verfügungsberechtigter gilt auch der staatliche Verwalter. [3]Stehen der Treuhandanstalt die Anteilsrechte an Verfügungsberechtigten nach Satz 1 unmittelbar oder mittelbar allein zu, so vertritt sie diese allein.

(4) Unter Schädigung im Sinne dieses Gesetzes ist jede Maßnahme gemäß § 1 zu verstehen.

§ 2a Erbengemeinschaft. (1) [1]Ist Rechtsnachfolger des von Maßnahmen nach § 1 Betroffenen eine Erbengemeinschaft, deren Mitglieder nicht sämtlich namentlich bekannt sind, so ist der Vermögenswert der Erbengemeinschaft nach dem zu bezeichnenden Erblasser als solcher zurückzuübertragen. [2]Die Erbengemeinschaft ist nach Maßgabe des § 34 im Grundbuch als Eigentümerin einzutragen.

(1a) [1]Ist eine Erbengemeinschaft Rechtsnachfolger eines jüdischen Berechtigten im Sinne des § 1 Abs. 6, so tritt die in § 2 Abs. 1 Satz 2 bestimmte Nachfolgeorganisation oder, wenn diese keine Ansprüche

Vermögensgesetz **§ 3 VermG 15**

auf den Vermögenswert angemeldet hat, die Conference on Jewish Material Claims against Germany, Inc. an die Stelle der namentlich nicht bekannten Miterben. ²Sie ist zusammen mit den bekannten Miterben nach Maßgabe des § 34 in ungeteilter Erbengemeinschaft als Eigentümerin im Grundbuch einzutragen. ³Die Sätze 1 und 2 gelten entsprechend, wenn der Aufenthalt eines namentlich bekannten Miterben, der an der Stellung des Antrags nach § 30 nicht mitgewirkt hat, unbekannt ist. ⁴§ 2 Abs. 1a bleibt unberührt.

(2) Eine bereits erfolgte Auseinandersetzung über den Nachlaß des Betroffenen gilt als gegenständlich beschränkte Teilauseinandersetzung.

(3) ¹Ein an der Stellung des Antrags nach § 30 nicht beteiligter Miterbe gilt in Ansehung des Vermögenswerts nicht als Erbe, wenn er innerhalb der in Satz 2 bezeichneten Frist gegenüber der für die Entscheidung zuständigen Behörde schriftlich auf seine Rechte aus dem Antrag verzichtet hat. ²Die Erklärung des Verzichts nach Satz 1 muß sechs Wochen von der Erlangung der Kenntnis von dem Verfahren nach diesem Gesetz, spätestens sechs Wochen von der Bekanntgabe der Entscheidung an, eingegangen sein; lebt der Miterbe im Ausland, beträgt die Frist sechs Monate.

(4) Diese Vorschriften gelten entsprechend, wenn eine Erbengemeinschaft als solche von Maßnahmen nach § 1 betroffen ist.

Abschnitt II. Rückübertragung von Vermögenswerten

§ 3 Grundsatz. (1) ¹Vermögenswerte, die den Maßnahmen im Sinne des § 1 unterlagen und in Volkseigentum überführt oder an Dritte veräußert wurden, sind auf Antrag an die Berechtigten zurückzuübertragen, soweit dies nicht nach diesem Gesetz ausgeschlossen ist. ²Der Anspruch auf Rückübertragung, Rückgabe oder Entschädigung kann abgetreten, verpfändet oder gepfändet werden; die Abtretung ist unwirksam, wenn sie unter einer Bedingung oder Zeitbestimmung erfolgt; sie und die Verpflichtung hierzu bedürfen der notariellen Beurkundung, wenn der Anspruch auf Rückübertragung eines Grundstücks, Gebäudes oder Unternehmens gerichtet ist; eine ohne Beachtung dieser Form eingegangene Verpflichtung oder Abtretung wird ihrem ganzen Inhalte nach gültig, wenn das Eigentum an dem Grundstück, Gebäude oder Unternehmen gemäß § 34 oder sonst wirksam auf den Erwerber des Anspruchs übertragen wird. ³Ein Berechtigter, der einen Antrag auf Rückgabe eines Unternehmens stellt oder stellen könnte, kann seinen Antrag nicht auf die Rückgabe einzelner Vermögensgegenstände beschränken, die sich im Zeitpunkt der Schädigung in seinem Eigentum befanden; § 6 Abs. 6a Satz 1 bleibt unberührt. ⁴Gehören Vermögensgegenstände, die mit einem nach § 1 Abs. 6 in Verbindung mit § 6 zurückzugebenden oder einem bereits zurückgegebenen Unternehmen entzogen

15 VermG § 3 Vermögensgesetz

oder von ihm später angeschafft worden sind, nicht mehr zum Vermögen des Unternehmens, so kann der Berechtigte verlangen, daß ihm an diesen Gegenständen im Wege der Einzelrestitution in Höhe der ihm entzogenen Beteiligung Bruchteilseigentum eingeräumt wird; als Zeitpunkt der Schädigung gilt der Zeitpunkt der Entziehung des Unternehmens oder der Mitgliedschaft an diesem Unternehmen. [5]Satz 4 ist in den Fällen des § 6 Abs. 6a Satz 1 entsprechend anzuwenden; § 6 Abs. 6a Satz 2 gilt in diesen Fällen nicht.

(1a) [1]Die Rückübertragung von dinglichen Rechten an einem Grundstück oder Gebäude erfolgt dadurch, daß das Amt zur Regelung offener Vermögensfragen diese an rangbereiter Stelle in dem Umfang begründet, in dem sie nach § 16 zu übernehmen wären. [2]Auf Geldleistung gerichtete Rechte können nur in Deutscher Mark begründet werden. [3]Eine Haftung für Zinsen kann höchstens in Höhe von 13 vom Hundert ab dem Tag der Entscheidung über die Rückübertragung begründet werden. [4]Kann das frühere Recht nach den seit dem 3. Oktober 1990 geltenden Vorschriften nicht wiederbegründet werden, ist dasjenige Recht zu begründen, das dem früheren Recht entspricht oder am ehesten entspricht. [5]Bei Grundpfandrechten ist die Erteilung eines Briefes ausgeschlossen. [6]Hypotheken und Aufbauhypotheken nach dem Zivilgesetzbuch der Deutschen Demokratischen Republik[1]) sind als Hypotheken zu begründen. [7]Eine Wiederbegründung erfolgt nicht, wenn der Eigentümer des Grundstücks das zu begründende Grundpfandrecht oder eine dadurch gesicherte Forderung ablöst. [8]Eine Wiederbegründung erfolgt ferner nicht, wenn die Belastung mit dem Recht für den Eigentümer des Grundstücks mit Nachteilen verbunden ist, welche den beim Berechtigten durch die Nichtbegründung des Rechts entstehenden Schaden erheblich überwiegen und der Eigentümer des Grundstücks dem Berechtigten die durch die Nichtbegründung des Rechts entstehenden Vermögensnachteile ausgleicht.

(2) Werden von mehreren Personen Ansprüche auf Rückübertragung desselben Vermögenswerts geltend gemacht, so gilt derjenige als Berechtigter, der von einer Maßnahme gemäß des § 1 als Erster betroffen war.

(3) [1]Liegt ein Antrag nach § 30 vor, so ist der Verfügungsberechtigte verpflichtet, den Abschluß dinglicher Rechtsgeschäfte oder die Eingehung langfristiger vertraglicher Verpflichtungen ohne Zustimmung des Berechtigten zu unterlassen. [2]Ausgenommen sind solche Rechtsgeschäfte, die

a) zur Erfüllung von Rechtspflichten des Eigentümers, insbesondere bei Anordnung eines Modernisierungs- und Instandsetzungsgebots nach § 177 des Baugesetzbuchs zur Beseitigung der Mißstände und zur Behebung der Mängel oder

---

[1]) Vom 19. 6. 1975 (GBl. I S. 465); auszugsweise abgedruckt unter **Anhang I**.

Vermögensgesetz **§ 3 VermG 15**

b) zur Erhaltung und Bewirtschaftung des Vermögenswerts erforderlich sind. ³Ausgenommen sind, soweit sie nicht bereits nach den Sätzen 2 und 5 ohne Zustimmung des Berechtigten zulässig sind, ferner Instandsetzungsmaßnahmen, wenn die hierfür aufzuwendenden Kosten den Verfügungsberechtigten als Vermieter nach Rechtsvorschriften zu einer Erhöhung der jährlichen Miete berechtigen. ⁴Der Berechtigte ist verpflichtet, dem Verfügungsberechtigten die aufgewendeten Kosten, soweit diese durch eine instandsetzungsbedingte Mieterhöhung nicht bereits ausgeglichen sind, zu erstatten, sobald über die Rückübertragung des Eigentums bestandskräftig entschieden ist. ⁵Satz 2 gilt entsprechend für Maßnahmen der in Satz 2 Buchstabe a bezeichneten Art, die ohne eine Anordnung nach § 177 des Baugesetzbuchs vorgenommen werden, wenn die Kosten der Maßnahmen von der Gemeinde oder einer anderen Stelle nach Maßgabe des § 177 Abs. 4 und 5 des Baugesetzbuchs erstattet werden. ⁶Der Verfügungsberechtigte hat diese Rechtsgeschäfte so zu führen, wie das Interesse des Berechtigten mit Rücksicht auf dessen wirklichen oder mutmaßlichen Willen es erfordert, soweit dem nicht das Gesamtinteresse des von dem Verfügungsberechtigten geführten Unternehmens entgegensteht; § 678 des Bürgerlichen Gesetzbuchs ist entsprechend anzuwenden, jedoch bleiben die Befugnisse als gegenwärtig Verfügungsberechtigter in den Fällen des § 177 des Baugesetzbuchs und der Sätze 3 und 5 sowie nach dem Investitionsgesetz von diesem Satz unberührt. ⁷Der Verfügungsberechtigte ist zur Liquidation berechtigt und zur Abwendung der Gesamtvollstreckung¹⁾ nicht verpflichtet, wenn der Berechtigte trotz Aufforderung innerhalb eines Monats einen Antrag auf vorläufige Einweisung nach § 6a nicht stellt oder ein solcher Antrag abgelehnt worden ist. ⁸Dies gilt auch bei verspäteter Anmeldung. ⁹Die Treuhandanstalt ist zur Abwendung der Gesamtvollstreckung¹⁾ nicht verpflichtet, wenn der Berechtigte bis zum 1. September 1992 keinen Antrag nach § 6a zur vorläufigen Einweisung gestellt hat oder wenn über einen gestellten Antrag bis zum 1. Dezember 1992 nicht entschieden worden ist.

(4) ¹Wird die Anmeldefrist (§ 3 der Anmeldeverordnung) versäumt und liegt keine verspätete Anmeldung vor, kann der Verfügungsberechtigte über das Eigentum verfügen oder schuldrechtliche oder dingliche Verpflichtungen eingehen. ²Ist über das Eigentum noch nicht verfügt worden, so kann der Berechtigte den Anspruch auf Rückübertragung noch geltend machen. ³Anderenfalls steht ihm nur noch ein Anspruch auf den Erlös zu.

---

¹⁾ *Amtl. Anm.*: Gemäß Artikel 101 Nr. 1 in Verbindung mit Artikel 110 Abs. 1 des Einführungsgesetzes zur Insolvenzordnung vom 5. Oktober 1994 (BGBl. I S. 2911) werden ab 1. Januar 1999 die Worte „der Gesamtvollstreckung" durch die Worte „des Insolvenzverfahrens" ersetzt.

15 VermG §§ 3a–4 Vermögensgesetz

(5) Der Verfügungsberechtigte hat sich vor einer Verfügung bei dem Amt zur Regelung offener Vermögensfragen, in dessen Bezirk der Vermögenswert belegen ist, und, soweit ein Unternehmen betroffen ist, bei dem Landesamt zur Regelung offener Vermögensfragen, in dessen Bezirk das Unternehmen seinen Sitz (Hauptniederlassung) hat, zu vergewissern, daß keine Anmeldung im Sinne des Absatzes 3 hinsichtlich des Vermögenswerts vorliegt.

§ 3a (weggefallen)

§ 3b Gesamtvollstreckungsverfahren, Zwangsversteigerungsverfahren. (1) [1]Der Anspruch nach § 3 Abs. 1 Satz 1 wird durch die Eröffnung der Gesamtvollstreckung[1]) über das Vermögen des Verfügungsberechtigten nicht berührt. [2]Dies gilt nicht, wenn ein Unternehmen Gegenstand eines Rückübertragungsanspruchs nach § 6 Abs. 1 Satz 1 ist.

(2) Beschlüsse, durch die die Zwangsversteigerung eines Grundstücks oder Gebäudes angeordnet wird, sowie Ladungen zu Terminen in einem Zwangsversteigerungsverfahren sind dem Berechtigten zuzustellen.

§ 3c Erlaubte Veräußerungen. (1) [1]§ 3 Abs. 3 gilt für die Veräußerung von Vermögenswerten der Treuhandanstalt oder eines Unternehmens, dessen sämtliche Anteile sich mittelbar oder unmittelbar in der Hand der Treuhandanstalt befinden, nicht, wenn sich der Erwerber zur Duldung der Rückübertragung des Vermögenswerts auf den Berechtigten nach Maßgabe dieses Abschnitts verpflichtet. [2]Steht der Vermögenswert im Eigentum eines anderen Verfügungsberechtigten, gilt Satz 1 nur, wenn der Erwerber in den Antragsteller nach § 30 Abs. 1 ist oder wenn der Erwerber eine juristische Person des öffentlichen Rechts, eine von einer solchen Person beherrschte juristische Person des Privatrechts oder eine Genossenschaft und anzunehmen ist, daß der Anspruch nach § 5 ausgeschlossen ist.

(2) [1]Die Rückübertragung kann in den Fällen des Absatzes 1 auch nach Wirksamwerden der Veräußerung erfolgen. [2]Bis zur Bestandskraft der Entscheidung über die Rückübertragung unterliegt der Erwerber vorbehaltlich der Bestimmungen des Investitionsvorranggesetzes den Beschränkungen des § 3 Abs. 3.

§ 4 Ausschluß der Rückübertragung. (1) [1]Eine Rückübertragung des Eigentumsrechts oder sonstiger Rechte an Vermögenswerten ist ausgeschlossen, wenn dies von der Natur der Sache her nicht mehr möglich ist. [2]Die Rückgabe von Unternehmen ist ausgeschlossen,

---

[1]) *Amtl. Anm.*: Gemäß Artikel 101 Nr. 1 in Verbindung mit Artikel 110 Abs. 1 des Einführungsgesetzes zur Insolvenzordnung vom 5. Oktober 1994 (BGBl. I S. 2911) werden ab 1. Januar 1999 die Worte „der Gesamtvollstreckung" durch die Worte „des Insolvenzverfahrens" ersetzt.

wenn und soweit der Geschäftsbetrieb eingestellt worden ist und die tatsächlichen Voraussetzungen für die Wiederaufnahme des Geschäftsbetriebs nach vernünftiger kaufmännischer Beurteilung fehlen. ³Die Rückgabe des Unternehmens ist auch ausgeschlossen, wenn und soweit ein Unternehmen auf Grund folgender Vorschriften veräußert wurde:

a) Verordnung über die Gründung und Tätigkeit von Unternehmen mit ausländischer Beteiligung in der DDR vom 25. Januar 1990 (GBl. I Nr. 4 S. 16),
b) Beschluß zur Gründung der Anstalt zur treuhänderischen Verwaltung des Volkseigentums (Treuhandanstalt) vom 1. März 1990 (GBl. I Nr. 14 S. 107),
c) Treuhandgesetz vom 17. Juni 1990 (GBl. I Nr. 33 S. 300), zuletzt geändert durch Artikel 9 des Gesetzes zur Beseitigung von Hemmnissen bei der Privatisierung von Unternehmen und zur Förderung von Investitionen vom 22. März 1991 (BGBl. I S. 766),
d) Gesetz über die Gründung und Tätigkeit privater Unternehmen und über Unternehmensbeteiligungen vom 7. März 1990 (GBl. I Nr. 17 S. 141).

⁴Dies gilt nicht, wenn die Voraussetzungen des Absatzes 3 vorliegen.

(2) ¹Die Rückübertragung ist ferner ausgeschlossen, wenn natürliche Personen, Religionsgemeinschaften oder gemeinnützige Stiftungen nach dem 8. Mai 1945 in redlicher Weise an dem Vermögenswert Eigentum oder dingliche Nutzungsrechte erworben haben. ²Dies gilt bei der Veräußerung von Grundstücken und Gebäuden nicht, sofern das dem Erwerb zugrundeliegende Rechtsgeschäft nach dem 18. Oktober 1989 ohne Zustimmung des Berechtigten geschlossen worden ist, es sei denn,

a) der Erwerb vor dem 19. Oktober 1989 schriftlich beantragt oder sonst aktenkundig angebahnt worden ist,
b) der Erwerb auf der Grundlage des § 1 des Gesetzes über den Verkauf volkseigener Gebäude vom 7. März 1990 (GBl. I Nr. 18 S. 157) erfolgte oder
c) der Erwerber vor dem 19. Oktober 1989 in einem wesentlichen Umfang werterhöhende oder substanzerhaltende Investitionen vorgenommen hat.

(3) Als unredlich ist der Rechtserwerb in der Regel dann anzusehen, wenn er

a) nicht in Einklang mit den zum Zeitpunkt des Erwerbs in der Deutschen Demokratischen Republik geltenden allgemeinen Rechtsvorschriften, Verfahrensgrundsätzen und einer ordnungsgemäßen Verwaltungspraxis stand und der Erwerber dies wußte oder hätte wissen müssen oder
b) darauf beruhte, daß der Erwerber durch Korruption oder Ausnut-

zung einer persönlichen Machtstellung auf den Zeitpunkt oder die Bedingungen des Erwerbs oder auf die Auswahl des Erwerbsgegenstands eingewirkt hat, oder

c) davon beeinflußt war, daß sich der Erwerber eine von ihm selbst oder von dritter Seite herbeigeführte Zwangslage oder Täuschung des ehemaligen Eigentümers zu Nutze gemacht hat.

§ 5 Ausschluß der Rückübertragung von Eigentumsrechten an Grundstücken und Gebäuden. (1) Eine Rückübertragung von Eigentumsrechten an Grundstücken und Gebäuden ist gemäß § 4 Abs. 1 insbesondere auch dann ausgeschlossen, wenn Grundstücke und Gebäude

a) mit erheblichem baulichen Aufwand in ihrer Nutzungsart oder Zweckbestimmung verändert wurden und ein öffentliches Interesse an dieser Nutzung besteht,
b) dem Gemeingebrauch gewidmet wurden,
c) im komplexen Wohnungsbau oder Siedlungsbau verwendet wurden,
d) der gewerblichen Nutzung zugeführt oder in eine Unternehmenseinheit einbezogen wurden und nicht ohne erhebliche Beeinträchtigung des Unternehmens zurückgegeben werden können.

(2) In den Fällen des Absatzes 1 Buchstabe a und d ist die Rückübertragung von Eigentumsrechten nur dann ausgeschlossen, wenn die maßgeblichen tatsächlichen Umstände am 29. September 1990 vorgelegen haben.

§§ 6–6b. (*Vom Abdruck wurde abgesehen*)

§ 7 Wertausgleich. (1) [1]Der Berechtigte hat, außer in den Fällen des Absatzes 2, die Kosten für vom Verfügungsberechtigten bis zum 2. Oktober 1990 durchgeführte Maßnahmen für eine Bebauung, Modernisierung oder Instandsetzung des Vermögenswerts zu ersetzen, soweit die Zuordnung der Kosten der Maßnahmen zum Vermögenswert durch den gegenwärtig Verfügungsberechtigten nachgewiesen ist und diese Kosten im Kalenderjahr im Durchschnitt 10 000 Mark der DDR je Einheit im Sinne des § 18 Abs. 2 Satz 3 überschritten haben. [2]Kann eine Zuordnung der Kosten nach Satz 1 nicht nachgewiesen werden, ist jedoch eine Schätzung der Kosten und ihre Zuordnung zum Vermögenswert möglich, sind die Kosten und ihre Zuordnung nach Maßgabe des § 31 Abs. 1 Satz 2 und 3 unter Berücksichtigung der bei der Rückgabe des Vermögenswerts noch feststellbaren Maßnahmen zu schätzen. [3]Von dem nach Satz 1 oder Satz 2 ermittelten Betrag, bei Gebäuden der 10 000 Mark der DDR im Durchschnitt je Einheit überschreitende Betrag, sind jährliche Abschläge von 8 vom Hundert bis zur Entscheidung über die Rückgabe vorzunehmen. [4]Mark der DDR, Reichs- oder Goldmark sind im Verhältnis 2 zu 1 auf Deutsche Mark umzurechnen. [5]Das

Vermögensgesetz **§ 7 VermG 15**

Eigentum an dem zurückzuübertragenden Vermögenswert geht außer in den Fällen des Satzes 6 auf den Berechtigten erst dann über, wenn die Entscheidung über die Rückübertragung unanfechtbar und der Wertausgleich nach den Sätzen 1 bis 4 entrichtet ist. [6]Auf Antrag des Berechtigten wird über die Rückübertragung des Vermögenswerts gesondert vorab entschieden, wenn der Berechtigte für einen von dem Amt zur Regelung offener Vermögensfragen festzusetzenden Betrag in Höhe der voraussichtlich zu ersetzenden Kosten Sicherheit geleistet hat.

(2) [1]Werterhöhungen, die eine natürliche Person, Religionsgemeinschaft oder gemeinnützige Stiftung als gegenwärtig Verfügungsberechtigter bis zum 2. Oktober 1990 an dem Vermögenswert herbeigeführt hat, sind vom Berechtigten mit dem objektiven Wert zum Zeitpunkt der Entscheidung über die Rückübertragung des Eigentums auszugleichen. [2]Dies gilt entsprechend, wenn der Verfügungsberechtigte das Eigentum an einem Gebäude gemäß § 16 Abs. 3 Satz 2 und 3 verliert.

(3) [1]Soweit Grundpfandrechte zur Finanzierung von Baumaßnahmen im Sinne des § 16 Abs. 5 und 7 zu übernehmen oder Zahlungen mit Rücksicht auf Grundpfandrechte der in § 18 Abs. 2 genannten Art zu leisten sind, entsteht ein Ersatzanspruch nach den Absätzen 1 und 2 nicht. [2]Ist an den Berechtigten ein Grundstück zurückzuübertragen und von diesem Ersatz für ein früher auf Grund eines Nutzungsrechts am Grundstück entstandenes Gebäudeeigentum zu leisten, so entsteht mit Aufhebung des Nutzungsrechts eine Sicherungshypothek am Grundstück in Höhe des Anspruchs nach den Absätzen 1 und 2 und im Range des bisherigen Nutzungsrechts.

(4) [1]Die Haftung des Berechtigten beschränkt sich auf den zurückzuübertragenden Vermögenswert. [2]Für die Geltendmachung der Haftungsbeschränkung finden die §§ 1990 und 1991 des Bürgerlichen Gesetzbuchs entsprechende Anwendung.

(5) [1]Ist eine öffentlich-rechtliche Gebietskörperschaft oder die Treuhandanstalt gegenwärtig Verfügungsberechtigter, so steht der Ersatzanspruch dem Entschädigungsfonds, in den übrigen Fällen dem gegenwärtig Verfügungsberechtigten zu. [2]§ 3 Abs. 3 Satz 4 bleibt unberührt. [3]Wird dem gegenwärtig Verfügungsberechtigten ein gezahlter Kaufpreis gemäß § 7a Abs. 1 erstattet, so steht der Ersatzanspruch nach Absatz 1 in Ansehung von Verwendungen des früheren Verfügungsberechtigten dem Entschädigungsfonds zu.

(6) Die Absätze 1 bis 5 finden keine Anwendung auf Rückübertragungsansprüche nach § 6 oder wenn es sich um Verwendungen handelt, mit denen gegen die Beschränkungen des § 3 Abs. 3 verstoßen worden ist.

(7) [1]Der Berechtigte hat gegen den Verfügungsberechtigten, sofern nichts anderes vereinbart ist, keinen Anspruch auf Herausgabe

der bis zur Rückübertragung des Eigentums gezogenen Nutzungen. ²Dies gilt nicht für Entgelte, die dem Verfügungsberechtigten ab dem 1. Juli 1994 aus einem Miet-, Pacht- oder sonstigen Nutzungsverhältnis zustehen. ³Der Herausgabeanspruch nach Satz 2 entsteht mit Bestandskraft des Bescheides über die Rückübertragung des Eigentums. ⁴Macht der Berechtigte den Anspruch geltend, so kann der bisherige Verfügungsberechtigte die seit dem 1. Juli 1994 entstandenen

1. Betriebskosten im Sinne der Anlage zu § 1 Abs. 5 der Betriebskosten-Umlageverordnung vom 17. Juni 1991 (BGBl. I S. 1270), die zuletzt durch das Gesetz vom 27. Juli 1992 (BGBl. I S. 1415) geändert worden ist, soweit ihm diese nicht von den Mietern, Pächtern, sonstigen Nutzungsberechtigten oder Dritten erstattet worden sind;
2. Kosten auf Grund von Rechtsgeschäften zur Erhaltung des Vermögenswerts im Sinne des § 3 Abs. 3

aufrechnen. ⁵§ 16 Abs. 2 Satz 1 und 2 des Investitionsvorranggesetzes bleibt unberührt.

(8) ¹Ansprüche nach den Absätzen 2 und 7 sind nicht im Verfahren nach Abschnitt VI geltend zu machen. ²Für Streitigkeiten sind die ordentlichen Gerichte zuständig, in deren Bezirk sich der Vermögenswert ganz oder überwiegend befindet.

§ 7a Gegenleistung. (1) ¹Ein vom Verfügungsberechtigten im Zusammenhang mit dem Erwerb des Eigentums an dem zurückzuübertragenden Vermögenswert an eine staatliche Stelle der Deutschen Demokratischen Republik oder an einen Dritten gezahlter Kaufpreis ist ihm, außer in den Fällen des Absatzes 2, auf Antrag aus dem Entschädigungsfonds zu erstatten. ²In Mark der Deutschen Demokratischen Republik gezahlte Beträge sind im Verhältnis 2 zu 1 auf Deutsche Mark umzustellen. ³Der Erstattungsbetrag wird im Rückübertragungsbescheid gemäß § 33 Abs. 3 festgesetzt. ⁴Auf Antrag des Berechtigten erläßt das Amt zur Regelung offener Vermögensfragen hierüber einen gesonderten Bescheid.

(2) ¹Ist dem Berechtigten aus Anlaß des Vermögensverlustes eine Gegenleistung oder eine Entschädigung tatsächlich zugeflossen, so hat er diese nach Rückübertragung des Eigentums an den Verfügungsberechtigten herauszugeben. ²Geldbeträge in Reichsmark sind im Verhältnis 20 zu 1, Geldbeträge in Mark der Deutschen Demokratischen Republik sind im Verhältnis 2 zu 1 auf Deutsche Mark umzustellen. ³Wurde die Gegenleistung oder die Entschädigung aus dem Staatshaushalt der Deutschen Demokratischen Republik, aus einem öffentlichen Haushalt der Bundesrepublik Deutschland oder dem Kreditabwicklungsfonds erbracht, so steht sie dem Entschädigungsfonds zu. ⁴Erfüllungshalber begründete Schuldbuchforderungen erlöschen, soweit sie noch nicht getilgt worden sind.

(3) ¹Bis zur Befriedigung des Anspruchs nach Absatz 2 Satz 1 steht dem Verfügungsberechtigten gegenüber dem Herausgabeanspruch des Berechtigten ein Recht zum Besitz zu. ²Ist an den Berechtigten ein Grundstück oder Gebäude herauszugeben, so begründet das Amt zur Regelung offener Vermögensfragen zugunsten des Verfügungsberechtigten auf dessen Antrag eine Sicherungshypothek in Höhe des gemäß Absatz 2 Satz 2 umgestellten Betrages nebst vier vom Hundert Zinsen hieraus seit dem Tag der Unanfechtbarkeit der Entscheidung über die Rückübertragung des Eigentums an rangbereiter Stelle, sofern die Forderung nicht vorher durch den Berechtigten erfüllt wird.

(4) Diese Vorschriften sind auf Rückübertragungsansprüche nach § 6 nicht anzuwenden.

§ 8 Wahlrecht. (1) ¹Soweit inländischen Berechtigten ein Anspruch auf Rückübertragung gemäß § 3 zusteht, können sie bis zum Ablauf von sechs Monaten nach Inkrafttreten des Entschädigungsgesetzes statt dessen Entschädigung wählen. ²Hat der Berechtigte seinen Sitz oder Wohnsitz außerhalb der Bundesrepublik Deutschland, verlängert sich die Frist nach Satz 1 auf drei Jahre. ³Ausgenommen sind Berechtigte, deren Grundstücke durch Eigentumsverzicht, Schenkung oder Erbausschlagung in Volkseigentum übernommen wurden.

(2) Liegt die Berechtigung bei einer Personenmehrheit, kann das Wahlrecht nur gemeinschaftlich ausgeübt werden.

§ 9 Grundsätze der Entschädigung. ¹Kann ein Grundstück aus den Gründen des § 4 Abs. 2 nicht zurückübertragen werden, kann die Entschädigung durch Übereignung von Grundstücken mit möglichst vergleichbarem Wert erfolgen. ²Ist dies nicht möglich, wird nach Maßgabe des Entschädigungsgesetzes entschädigt. ³Für die Bereitstellung von Ersatzgrundstücken gilt § 21 Abs. 3 Satz 1 und Abs. 4 entsprechend.

§ 10 Bewegliche Sachen. (1) Wurden bewegliche Sachen verkauft und können sie nach § 3 Abs. 4 und § 4 Abs. 2 nicht zurückgegeben werden, steht den Berechtigten ein Anspruch in Höhe des erzielten Erlöses gegen den Entschädigungsfonds zu, sofern ihm der Erlös nicht bereits auf einem Konto gutgeschrieben oder ausgezahlt wurde.

(2) Wurde bei der Verwertung einer beweglichen Sache kein Erlös erzielt, hat der Berechtigte keinen Anspruch auf Entschädigung.

Abschnitt III. Aufhebung der staatlichen Verwaltung

§ 11 Grundsatz. (1) [1]Die staatliche Verwaltung über Vermögenswerte wird auf Antrag des Berechtigten durch Entscheidung der Behörde aufgehoben. [2]Der Berechtigte kann stattdessen unter Verzicht auf sein Eigentum Entschädigung nach dem Entschädigungsgesetz wählen. [3]In diesem Fall steht das Aneignungsrecht dem Entschädigungsfonds zu. [4]Mit dem Wirksamwerden des Verzichts wird der Berechtigte von allen Verpflichtungen frei, die auf den Zustand des Vermögenswerts seit Anordnung der staatlichen Verwaltung zurückzuführen sind.

(2) [1]Hat der Berechtigte seinen Anspruch bis zum Ablauf der Anmeldefrist (§ 3 der Anmeldeverordnung) nicht angemeldet, ist der staatliche Verwalter berechtigt, über den verwalteten Vermögenswert zu verfügen. [2]Die Verfügung über den Vermögenswert ist nicht mehr zulässig, wenn der Berechtigte seinen Anspruch am verwalteten Vermögen nach Ablauf der Frist angemeldet hat.

(3) Der Verwalter hat sich vor einer Verfügung zu vergewissern, daß keine Anmeldung im Sinne der Anmeldeverordnung vorliegt.

(4) [1]Dem Berechtigten steht im Falle der Verfügung der Verkaufserlös zu. [2]Wird von dem Berechtigten kein Anspruch angemeldet, ist der Verkaufserlös an die für den Entschädigungsfonds zuständige Behörde zur Verwaltung abzuführen.

(5) [1]Soweit staatlich verwaltete Geldvermögen auf Grund von Vorschriften diskriminierenden oder sonst benachteiligenden Charakters gemindert wurden, wird ein Ausgleich nach § 5 Abs. 1 Satz 6 des Entschädigungsgesetzes gewährt.

(6) [1]Ist für Kontoguthaben oder sonstige privatrechtliche geldwerte Ansprüche, die unter staatlicher Verwaltung standen und zum 1. Juli 1990 auf Deutsche Mark umgestellt worden sind, Hauptentschädigung nach dem Lastenausgleichsgesetz gezahlt worden, gehen diese Ansprüche insoweit auf den Entschädigungsfonds über; die Ausgleichsverwaltung teilt der auszahlenden Stelle die Höhe der Hauptentschädigung mit. [2]Ist das Kontoguthaben schon an den Berechtigten ausgezahlt worden, wird die gewährte Hauptentschädigung nach den Vorschriften des Lastenausgleichsgesetzes durch die Ausgleichsverwaltung zurückgefordert. [3]Die auszahlende Stelle teilt dem Bundesamt zur Regelung offener Vermögensfragen und der Ausgleichsverwaltung den an den Berechtigten ausgezahlten Betrag ohne besondere Aufforderung mit (Kontrollmitteilung); die übermittelten Daten dürfen nur für die gesetzlichen Aufgaben der Ausgleichsverwaltung verwendet werden.

§ 11a Beendigung der staatlichen Verwaltung. (1) [1]Die staatliche Verwaltung über Vermögenswerte endet auch ohne Antrag des Berechtigten mit Ablauf des 31. Dezember 1992. [2]Das Wahlrecht nach

Vermögensgesetz **§ 11 b VermG 15**

§ 11 Abs. 1 Satz 2 muß bis zum Ablauf zweier Monate nach Inkrafttreten des Entschädigungsgesetzes ausgeübt werden. ³Ist der Vermögenswert ein Grundstück oder ein Gebäude, so gilt der bisherige staatliche Verwalter weiterhin als befugt, eine Verfügung vorzunehmen, zu deren Vornahme er sich wirksam verpflichtet hat, wenn vor dem 1. Januar 1993 die Eintragung des Rechts oder die Eintragung einer Vormerkung zur Sicherung des Anspruchs bei dem Grundbuchamt beantragt worden ist.

(2) ¹Ist in dem Grundbuch eines bisher staatlich verwalteten Grundstücks oder Gebäudes ein Vermerk über die Anordnung der staatlichen Verwaltung eingetragen, so wird dieser mit Ablauf des 31. Dezember 1992 gegenstandslos. ²Er ist von dem Grundbuchamt auf Antrag des Eigentümers oder des bisherigen staatlichen Verwalters zu löschen.

(3) ¹Von dem Ende der staatlichen Verwaltung an treffen den bisherigen staatlichen Verwalter, bei Unklarheit über seine Person den Landkreis oder die kreisfreie Stadt, in dessen oder deren Bezirk der Vermögenswert liegt, die den Beauftragten nach dem Bürgerlichen Gesetzbuch bei Beendigung seines Auftrags obliegenden Pflichten. ²Der Verwalter kann die Erfüllung der in Satz 1 genannten Pflichten längstens bis zum 30. Juni 1993 ablehnen, wenn und soweit ihm die Erfüllung aus organisatorischen Gründen nicht möglich ist.

(4) Mit der Aufhebung der staatlichen Verwaltung gehen Nutzungsverhältnisse an einem Grundstück oder Gebäude auf den Eigentümer über.

§ 11 b Vertreter des Eigentümers. (1) ¹Ist der Eigentümer eines ehemals staatlich verwalteten Vermögenswerts oder sein Aufenthalt nicht festzustellen und besteht ein Bedürfnis, die Vertretung des Eigentümers sicherzustellen, so bestellt der Landkreis oder die kreisfreie Stadt, in dessen oder deren Bezirk sich der Vermögenswert befindet, auf Antrag der Gemeinde oder eines anderen, der ein berechtigtes Interesse daran hat, einen gesetzlichen Vertreter des Eigentümers, der auch eine juristische Person sein kann. ²Sind von mehreren Eigentümern nicht alle bekannt oder ist der Aufenthalt einzelner nicht bekannt, so wird oder den bekannten Eigentümer zum gesetzlichen Vertreter bestellt. ³Er ist von den Beschränkungen des § 181 des Bürgerlichen Gesetzbuchs befreit. ⁴§ 16 Abs. 3 des Verwaltungsverfahrensgesetzes findet Anwendung. ⁵Im übrigen gelten die §§ 1785, 1786, 1821 und 1837 sowie die Vorschriften des Bürgerlichen Gesetzbuchs über den Auftrag sinngemäß.

(2) ¹Ist der Gläubiger einer staatlich verwalteten Forderung oder sein Aufenthalt nicht festzustellen, so ist die Staatsbank Berlin gesetzlicher Vertreter. ²Die Treuhandanstalt ist von dem 1. Januar 1993 an gesetzlicher Vertreter bisher staatlich verwalteter Unternehmen.

(3) ¹Der gesetzliche Vertreter wird auf Antrag des Eigentümers abberufen. ²Sind mehrere Personen Eigentümer, so erfolgt die Abberufung nur, wenn die Vertretung gesichert ist.

§ 11c Genehmigungsvorbehalt. ¹Über Vermögenswerte, die Gegenstand der in § 1 Abs. 8 Buchstabe b bezeichneten Vereinbarungen sind, darf nur mit Zustimmung des Bundesamts zur Regelung offener Vermögensfragen verfügt werden. ²Für Grundstücke, Gebäude und Grundpfandrechte gilt dies nur, wenn im Grundbuch ein Zustimmungsvorbehalt unter Angabe dieser Vorschrift eingetragen ist. ³Das Grundbuchamt trägt den Zustimmungsvorbehalt nur auf Ersuchen des Bundesamts zur Regelung offener Vermögensfragen ein. ⁴Gegen das Ersuchen können der eingetragene Eigentümer oder seine Erben Widerspruch erheben, der nur darauf gestützt werden kann, daß die Voraussetzungen des Satzes 1 nicht vorliegen. ⁵In Fällen, in denen nach Artikel 3 Abs. 9 Satz 2 des Abkommens vom 13. Mai 1992 zwischen der Regierung der Bundesrepublik Deutschland und der Regierung der Vereinigten Staaten von Amerika über die Regelung bestimmter Vermögensansprüche in Verbindung mit Artikel 1 des Gesetzes zu diesem Abkommen vom 21. Dezember 1992 (BGBl. II S. 1222) der Rechtstitel auf den Bund übergeht und gleichzeitig die staatliche Verwaltung endet, gelten die vorstehenden Vorschriften entsprechend mit der Maßgabe, daß an die Stelle des Bundesamts zur Regelung offener Vermögensfragen die für die Verwaltung des betreffenden Vermögensgegenstands zuständige Bundesbehörde tritt.

§ 12 Staatlich verwaltete Unternehmen und Unternehmensbeteiligungen. ¹Die Modalitäten der Rückführung staatlich verwalteter Unternehmen und Unternehmensbeteiligungen richten sich nach § 6. ²Anstelle des Zeitpunktes der Enteignung gilt der Zeitpunkt der Inverwaltungnahme.

§ 13 Haftung des staatlichen Verwalters. (1) Ist dem Berechtigten des staatlich verwalteten Vermögenswerts durch eine gröbliche Verletzung der Pflichten, die sich aus einer ordnungsgemäßen Wirtschaftsführung ergeben, durch den staatlichen Verwalter oder infolge Verletzung anderer dem staatlichen Verwalter obliegenden Pflichten während der Zeit der staatlichen Verwaltung rechtswidrig ein materieller Nachteil entstanden, ist ihm dieser Schaden zu ersetzen.

(2) Der Schadensersatz ist auf der Grundlage der gesetzlichen Regelungen der Staatshaftung festzustellen und aus dem Entschädigungsfonds zu zahlen.

(3) Dem Entschädigungsfonds steht gegenüber dem staatlichen Verwalter oder der ihm übergeordneten Kommunalverwaltung ein Ausgleichsanspruch zu.

Vermögensgesetz §§ 14–16 VermG 15

§ 14 [Ausschluß von Schadensersatzansprüchen]. (1) Dem Berechtigten stehen keine Schadensersatzansprüche zu, wenn Vermögenswerte nicht in staatliche Verwaltung genommen wurden, weil das zuständige Staatsorgan keine Kenntnis vom Bestehen der sachlichen Voraussetzungen für die Begründung der staatlichen Verwaltung oder vom Vorhandensein des Vermögenswerts hatte und unter Berücksichtigung der konkreten Umstände nicht erlangen konnte.

(2) Ein Anspruch auf Schadensersatz besteht auch dann nicht, wenn dem Berechtigten bekannt war, daß die staatliche Verwaltung über den Vermögenswert nicht ausgeübt wird oder er diese Kenntnis in zumutbarer Weise hätte erlangen können.

§ 14a Werterhöhungen durch den staatlichen Verwalter. Für Werterhöhungen, die der staatliche Verwalter aus volkseigenen Mitteln finanziert hat, gilt § 7 entsprechend.

§ 15 Befugnisse des staatlichen Verwalters. (1) Bis zur Aufhebung der staatlichen Verwaltung ist die Sicherung und ordnungsgemäße Verwaltung des Vermögenswerts durch den staatlichen Verwalter wahrzunehmen.

(2) [1]Der staatliche Verwalter ist bis zur Aufhebung der staatlichen Verwaltung nicht berechtigt, ohne Zustimmung des Eigentümers langfristige vertragliche Verpflichtungen einzugehen oder dingliche Rechtsgeschäfte abzuschließen. [2]§ 3 Abs. 3 Satz 2 und 5 gilt entsprechend.

(3) Die Beschränkung gemäß Absatz 2 entfällt nach Ablauf der Anmeldefrist (§ 3 der Anmeldeverordnung), solange der Eigentümer seinen Anspruch auf den staatlich verwalteten Vermögenswert nicht angemeldet hat.

(4) Der staatliche Verwalter hat sich vor einer Verfügung zu vergewissern, daß keine Anmeldung im Sinne des Absatzes 3 vorliegt.

Abschnitt IV. Rechtsverhältnisse zwischen Berechtigten und Dritten

§ 16 Übernahme von Rechten und Pflichten. (1) Mit der Rückübertragung von Eigentumsrechten oder der Aufhebung der staatlichen Verwaltung sind die Rechte und Pflichten, die sich aus dem Eigentum am Vermögenswert ergeben, durch den Berechtigten selbst oder durch einen vom Berechtigten zu bestimmenden Verwalter wahrzunehmen.

(2) [1]Mit der Rückübertragung von Eigentumsrechten oder der Aufhebung der staatlichen Verwaltung oder mit der vorläufigen Einweisung nach § 6a tritt der Berechtigte in alle in bezug auf den jeweiligen Vermögenswert bestehenden Rechtsverhältnisse ein. [2]Dies gilt für vom staatlichen Verwalter geschlossene Kreditverträge

nur insoweit, als die darauf beruhenden Verbindlichkeiten im Falle ihrer dinglichen Sicherung gemäß Absatz 9 Satz 2 gegenüber dem Berechtigten, dem staatlichen Verwalter sowie deren Rechtsnachfolgern fortbestünden. ³Absatz 9 Satz 3 gilt entsprechend.

(3) ¹Dingliche Nutzungsrechte sind mit dem Bescheid gemäß § 33 Abs. 3 aufzuheben, wenn der Nutzungsberechtigte bei Begründung des Nutzungsrechts nicht redlich im Sinne des § 4 Abs. 3 gewesen ist. ²Mit der Aufhebung des Nutzungsrechts erlischt das Gebäudeeigentum nach § 288 Abs. 4 oder § 292 Abs. 3 des Zivilgesetzbuchs der Deutschen Demokratischen Republik.[1]) ³Das Gebäude wird Bestandteil des Grundstücks. ⁴Grundpfandrechte an einem auf Grund des Nutzungsrechts errichteten Gebäude werden Pfandrechte an den in den §§ 7 und 7a bezeichneten Ansprüchen sowie an dinglichen Rechten, die zu deren Sicherung begründet werden. ⁵Verliert der Nutzungsberechtigte durch die Aufhebung des Nutzungsrechts das Recht zum Besitz seiner Wohnung, so treten die Wirkungen des Satzes 1 sechs Monate nach Unanfechtbarkeit der Entscheidung ein.

(4) Fortbestehende Rechtsverhältnisse können nur auf der Grundlage der jeweils geltenden Rechtsvorschriften geändert oder beendet werden.

(5) ¹Eingetragene Aufbauhypotheken und vergleichbare Grundpfandrechte zur Sicherung von Baukrediten, die durch den staatlichen Verwalter bestellt wurden, sind in dem sich aus § 18 Abs. 2 ergebenden Umfang zu übernehmen. ²Von dem so ermittelten Betrag sind diejenigen Tilgungsleistungen abzuziehen, die nachweislich auf das Recht oder eine durch das Recht gesicherte Forderung erbracht worden sind. ³Im Rahmen einer Einigung zwischen dem Gläubiger des Rechts, dem Eigentümer und dem Amt zur Regelung offener Vermögensfragen als Vertreter der Interessen des Entschädigungsfonds kann etwas Abweichendes vereinbart werden. ⁴Weist der Berechtigte nach, daß eine der Kreditaufnahme entsprechende Baumaßnahme an dem Grundstück nicht durchgeführt wurde, ist das Recht nicht zu übernehmen.

(6) ¹Das Amt zur Regelung offener Vermögensfragen bestimmt mit der Entscheidung über die Aufhebung der staatlichen Verwaltung den zu übernehmenden Teil des Grundpfandrechts, wenn nicht der aus dem Grundpfandrecht Begünstigte oder der Berechtigte beantragt, vorab über die Aufhebung der staatlichen Verwaltung zu entscheiden. ²In diesem Fall ersucht das Amt zur Regelung offener Vermögensfragen die das Grundbuch führende Stelle um Eintragung eines Widerspruchs gegen die Richtigkeit des Grundbuchs zugunsten des Berechtigten. ³Wird die staatliche Verwaltung ohne eine Entscheidung des Amts zur Regelung offener Vermögensfragen beendet, so hat auf Antrag des aus dem Grundpfandrecht Begünstigten

---

[1]) Abgedruckt unter **Anhang I**.

Vermögensgesetz **§ 16 VermG 15**

oder des Berechtigten das Amt zur Regelung offener Vermögensfragen, in dessen Bereich das belastete Grundstück belegen ist, den zu übernehmenden Teil der Grundpfandrechte durch Bescheid zu bestimmen. [4]Wird der Antrag nach Satz 3 innerhalb der in § 30a Abs. 3 Satz 1 bestimmten Frist nicht gestellt, bleibt der Eigentümer im Umfang der Eintragung aus dem Grundpfandrecht verpflichtet, soweit die gesicherte Forderung nicht durch Tilgung erloschen ist. [5]Auf die Beschränkungen der Übernahmepflicht nach Absatz 5 Satz 1 und 4 kann er sich in diesem Falle nur berufen, wenn er diese Absicht dem Gläubiger oder der Sparkasse, in deren Geschäftsgebiet das Grundstück belegen ist, bis zum 31. März 1995 schriftlich mitgeteilt hat. [6]Ist die Sparkasse nicht Gläubigerin, ist sie lediglich zur Bestätigung des Eingangs dieser Mitteilung verpflichtet. [7]Der Bescheid ergeht gemeinsam für sämtliche auf dem Grundstück lastenden Rechte gemäß Absatz 5.

(7) Die Absätze 5 und 6 gelten für eingetragene sonstige Grundpfandrechte, die auf staatliche Veranlassung vor dem 8. Mai 1945 oder nach Eintritt des Eigentumsverlustes oder durch den staatlichen Verwalter bestellt wurden, entsprechend, es sei denn, das Grundpfandrecht dient der Sicherung einer Verpflichtung des Berechtigten, die keinen diskriminierenden oder sonst benachteiligenden Charakter hat.

(8) Der Bescheid über den zu übernehmenden Teil der Rechte gemäß den Absätzen 5 bis 7 ist für den Berechtigten und den Gläubiger des Grundpfandrechts selbständig anfechtbar.

(9) [1]Soweit eine Aufbauhypothek oder ein vergleichbares Grundpfandrecht gemäß Absatz 5 oder ein sonstiges Grundpfandrecht gemäß Absatz 7 nicht zu übernehmen ist, gilt das Grundpfandrecht als erloschen. [2]Satz 1 gilt gegenüber dem Berechtigten, dem staatlichen Verwalter sowie deren Rechtsnachfolgern für eine dem Grundpfandrecht zugrundeliegende Forderung entsprechend. [3]Handelt es sich um eine Forderung aus einem Darlehen, für das keine staatlichen Mittel eingesetzt worden sind, so ist der Gläubiger vorbehaltlich einer abweichenden Regelung angemessen zu entschädigen.

(10) [1]Die Absätze 5 bis 9 finden keine Anwendung, wenn das Grundstück nach § 6 zurückübertragen wird. [2]Die Absätze 5 bis 9 gelten ferner nicht, wenn das Grundpfandrecht nach dem 30. Juni 1990 bestellt worden ist. [3]In diesem Fall hat der Berechtigte gegen denjenigen, der das Grundpfandrecht bestellt hat, einen Anspruch auf Befreiung von dem Grundpfandrecht in dem Umfang, in dem es gemäß den Absätzen 5 bis 9 nicht zu übernehmen wäre. [4]Der aus dem Grundpfandrecht Begünstigte ist insoweit verpflichtet, die Löschung des Grundpfandrechts gegen Ablösung der gesicherten Forderung und gegen Ersatz eines aus der vorzeitigen Ablösung entstehenden Schadens zu bewilligen.

§ 17 Miet- und Nutzungsrechte. ¹Durch die Rückübertragung von Grundstücken und Gebäuden oder die Aufhebung der staatlichen Verwaltung werden bestehende Miet- oder Nutzungsrechtsverhältnisse nicht berührt. ²War der Mieter oder Nutzer bei Abschluß des Vertrags nicht redlich im Sinne des § 4 Abs. 3, so ist das Rechtsverhältnis mit dem Bescheid gemäß § 33 Abs. 3 aufzuheben. ³Dies gilt auch in den Fällen des § 11a Abs. 4. ⁴§ 16 Abs. 3 Satz 5 gilt entsprechend. ⁵Ist ein redlich begründetes Miet- oder Nutzungsverhältnis durch Eigentumserwerb erloschen, so lebt es mit Bestandskraft des Rückübertragungsbescheids mit dem Inhalt, den es ohne die Eigentumsübertragung seit dem 3. Oktober 1990 gehabt hätte, unbefristet wieder auf.

§ 18 Grundstücksbelastungen. (1) ¹Bei der Rückübertragung von Eigentumsrechten an Grundstücken, die nicht nach § 6 erfolgt, hat der Berechtigte für die bei Überführung des Grundstücks in Volkseigentum untergegangenen dinglichen Rechte einen in dem Bescheid über die Rückübertragung festzusetzenden Ablösebetrag zu hinterlegen. ²Der Ablösebetrag bestimmt sich nach der Summe der für die jeweiligen Rechte nach Maßgabe der Absätze 2 bis 5 zu bestimmenden und danach in Deutsche Mark umzurechnenden Einzelbeträge, die in dem Bescheid gesondert auszuweisen sind. ³Andere als die in den Absätzen 2 bis 4 genannten Rechte werden bei der Ermittlung des Ablösebetrags nicht berücksichtigt. ⁴Im übrigen können auch solche Rechte unberücksichtigt bleiben, die nachweislich zwischen dem Berechtigten und dem Gläubiger einvernehmlich bereinigt sind.

(2) ¹Aufbauhypotheken und vergleichbare Grundpfandrechte zur Sicherung von Baukrediten, die durch den staatlichen Verwalter bestellt wurden, sind mit folgenden Abschlägen von dem zunächst auf Mark der DDR umzurechnenden Nennbetrag des Grundpfandrechts zu berücksichtigen. ²Der Abschlag beträgt jährlich für ein Grundpfandrecht

1. bei Gebäuden mit ein oder zwei Einheiten
   bis zu 10000 Mark der DDR 4,0 vom Hundert,
   bis zu 30000 Mark der DDR 3,0 vom Hundert,
   über   30000 Mark der DDR 2,0 vom Hundert;

2. bei Gebäuden mit drei oder vier Einheiten
   bis zu 10000 Mark der DDR 4,5 vom Hundert,
   bis zu 30000 Mark der DDR 3,5 vom Hundert,
   über   30000 Mark der DDR 2,5 vom Hundert;

3. bei Gebäuden mit fünf bis acht Einheiten
   bis zu 20000 Mark der DDR 5,0 vom Hundert,
   bis zu 50000 Mark der DDR 4,0 vom Hundert,
   über   50000 Mark der DDR 2,5 vom Hundert;

Vermögensgesetz **§ 18a VermG 15**

4. bei Gebäuden mit neun und mehr Einheiten
   bis zu 40 000 Mark der DDR 5,0 vom Hundert,
   bis zu 80 000 Mark der DDR 4,0 vom Hundert,
   über 80 000 Mark der DDR 2,5 vom Hundert.

[3]Als Einheit im Sinne des Satzes 2 gelten zum Zeitpunkt der Entscheidung in dem Gebäude vorhandene in sich abgeschlossene oder selbständig vermietbare Wohnungen oder Geschäftsräume. [4]Von dem so ermittelten Betrag können diejenigen Tilgungsleistungen abgezogen werden, die unstreitig auf das Recht oder eine durch das Recht gesicherte Forderung erbracht worden sind. [5]Soweit der Berechtigte nachweist, daß eine der Kreditaufnahme entsprechende Baumaßnahme an dem Grundstück nicht durchgeführt wurde, ist das Recht nicht zu berücksichtigen. [6]Die Sätze 1 bis 5 gelten für sonstige Grundpfandrechte, die auf staatliche Veranlassung vor dem 8. Mai 1945 oder nach Eintritt des Eigentumsverlustes oder durch den staatlichen Verwalter bestellt wurden, entsprechend, es sei denn, das Grundpfandrecht diente der Sicherung einer Verpflichtung des Berechtigten, die keinen diskriminierenden oder sonst benachteiligenden Charakter hat.

(3) [1]Bei anderen als den in Absatz 2 genannten Grundpfandrechten ist zur Berechnung des Ablösebetrags von dem Nennbetrag des früheren Rechts auszugehen. [2]Absatz 2 Satz 4 gilt entsprechend.

(4) Rechte, die auf die Erbringung wiederkehrender Leistungen aus dem Grundstück gerichtet sind, sind bei der Berechnung des Ablösebetrags mit ihrem kapitalisierten Wert anzusetzen.

(5) [1]Bei der Berechnung der für den Ablösebetrag zu berücksichtigenden Einzelbeträge sind Ausgleichsleistungen auf das Recht oder eine dem Recht zugrundeliegende Forderung oder eine Entschädigung, die der frühere Gläubiger des Rechts vom Staat erhalten hat, nicht in Abzug zu bringen. [2]Dies gilt entsprechend, soweit dem Schuldner die durch das Recht gesicherte Forderung von staatlichen Stellen der Deutschen Demokratischen Republik erlassen worden ist.

§ 18a Rückübertragung des Grundstücks. [1]Das Eigentum an dem Grundstück geht auf den Berechtigten über, wenn die Entscheidung über die Rückübertragung unanfechtbar und der Ablösebetrag bei der Hinterlegungsstelle (§ 1 der Hinterlegungsordnung) unter Verzicht auf die Rücknahme hinterlegt worden ist, in deren Bezirk das entscheidende Amt zur Regelung offener Vermögensfragen seinen Sitz hat. [2]Das Eigentum geht auf den Berechtigten auch über, wenn der Bescheid über die Rückübertragung des Eigentums an dem Grundstück lediglich in Ansehung der Feststellung des Ablösebetrags nicht unanfechtbar geworden ist und der Berechtigte für den Ablösebetrag Sicherheit geleistet hat.

15 VermG §§ 18b–19

§ 18b Herausgabe des Ablösebetrags. (1) [1]Der Gläubiger eines früheren dinglichen Rechts an dem Grundstück oder sein Rechtsnachfolger (Begünstigter) kann von der Hinterlegungsstelle die Herausgabe desjenigen Teils des Ablösebetrags, mit dem sein früheres Recht bei der Ermittlung des unanfechtbar festgestellten Ablösebetrags berücksichtigt worden ist, verlangen, soweit dieser nicht an den Entschädigungsfonds oder den Berechtigten herauszugeben ist. [2]Der Anspruch des Begünstigen geht auf den Entschädigungsfonds über, soweit der Begünstigte für den Verlust seines Rechts Ausgleichszahlungen oder eine Entschädigung vom Staat erhalten hat, oder dem Schuldner die dem Recht zugrundeliegende Forderung von staatlichen Stellen der Deutschen Demokratischen Republik erlassen worden ist. [3]Der Berechtigte kann den auf ein früheres dingliches Recht entfallenden Teil des Ablösebetrags insoweit herausverlangen, als bei der Festsetzung des Ablösebetrags nicht berücksichtigte Tilgungsleistungen auf das Recht erbracht wurden oder er einer Inanspruchnahme aus dem Recht hätte entgegenhalten können, dieses sei nicht entstanden, erloschen oder auf ihn zu übertragen gewesen. [4]Der Herausgabeanspruch kann nur innerhalb von vier Jahren seit der Hinterlegung geltend gemacht werden. [5]Ist Gläubiger der Entschädigungsfonds, so erfolgt die Herausgabe auf Grund eines Auszahlungsbescheids des Entschädigungsfonds.

(2) [1]Für das Hinterlegungsverfahren gelten die Vorschriften der Hinterlegungsordnung. [2]Der zum Zeitpunkt der Überführung des Grundstücks in Volkseigentum im Grundbuch eingetragene Gläubiger eines dinglichen Rechts oder dessen Rechtsnachfolger gilt als Begünstigter, solange nicht vernünftige Zweifel an seiner Berechtigung bestehen.

(3) [1]Eine durch das frühere Recht gesicherte Forderung erlischt insoweit, als der darauf entfallende Teil des Ablösebetrags an den Begünstigten oder Entschädigungsfonds herauszugeben ist. [2]In den Fällen des § 18 Abs. 2 gilt die Forderung gegenüber dem Berechtigten, dem staatlichen Verwalter sowie deren Rechtsnachfolgern auch hinsichtlich des Restbetrags als erloschen. [3]Handelt es sich um eine Forderung aus einem Darlehen, für das keine staatlichen Mittel eingesetzt worden sind, so ist der Gläubiger vorbehaltlich einer abweichenden Regelung angemessen zu entschädigen.

(4) Der nach Ablauf von fünf Jahren von der Hinterlegung an nicht ausgezahlte Teil des Ablösebetrags ist, soweit nicht ein Rechtsstreit über den Betrag oder Teile hiervon anhängig ist, an den Entschädigungsfonds herauszugeben.

(5) Soweit der Begünstigte vom Staat bereits befriedigt worden ist, geht die zugrundeliegende Forderung auf den Entschädigungsfonds über.

§ 19 (weggefallen)

§ 20 Vorkaufsrecht von Mietern und Nutzern. (1) [1]Mietern und Nutzern von Ein- und Zweifamilienhäusern sowie von Grundstücken für Erholungszwecke, die der staatlichen Verwaltung im Sinne des § 1 Abs. 4 unterlagen oder auf die ein Anspruch auf Rückübertragung besteht, wird auf Antrag ein Vorkaufsrecht am Grundstück eingeräumt, wenn das Miet- oder Nutzungsverhältnis am 29. September 1990 bestanden hat und im Zeitpunkt der Entscheidung über den Antrag fortbesteht. [2]Ein Anspruch nach Satz 1 besteht nicht, wenn das Grundstück oder Gebäude durch den Mieter oder Nutzer nicht vertragsgemäß genutzt wird.

(2) [1]In bezug auf einzelne Miteigentumsanteile an Grundstücken oder Gebäuden, die staatlich verwaltet waren oder zurückzuübertragen sind, besteht ein Anspruch nach Absatz 1 auf Einräumung eines Vorkaufsrechts nur dann, wenn auch die übrigen Miteigentumsanteile der staatlichen Verwaltung im Sinne des § 1 Abs. 4 unterlagen oder zurückzuübertragen sind. [2]Es bezieht sich sowohl auf den Verkauf einzelner Miteigentumsanteile als auch auf den Verkauf des Grundstücks. [3]Die Ausübung des Vorkaufsrechts an einem Miteigentumsanteil ist bei dem Verkauf an einen Miteigentümer ausgeschlossen.

(3) [1]Erstreckt sich das Miet- oder Nutzungsverhältnis auf eine Teilfläche eines Grundstücks, so besteht der Anspruch nach den Absätzen 1 und 2 nur dann, wenn der Anteil der Teilfläche mehr als 50 vom Hundert der Gesamtfläche beträgt. [2]In diesem Falle kann das Vorkaufsrecht nur am Gesamtgrundstück eingeräumt werden. [3]Zur Ermittlung des nach Satz 1 maßgeblichen Anteils sind mehrere an verschiedene Mieter oder Nutzer überlassene Teilflächen zusammenzurechnen.

(4) [1]Mehreren Anspruchsberechtigten in bezug auf ein Grundstück oder einen Miteigentumsanteil steht das Vorkaufsrecht gemeinschaftlich zu. [2]Jeder Anspruchsberechtigte kann den Antrag auf Einräumung des Vorkaufsrechts allein stellen. [3]Der Antrag wirkt auch für die übrigen Anspruchsberechtigten.

(5) [1]Anträge auf Einräumung des Vorkaufsrechts sind im Rahmen des Verfahrens nach Abschnitt VI bei dem Amt zur Regelung offener Vermögensfragen zu stellen, das über den Anspruch auf Rückübertragung entscheidet. [2]In den Fällen des § 11a ist das Amt zur Regelung offener Vermögensfragen zuständig, in dessen Bezirk das Grundstück belegen ist.

(6) [1]Das Vorkaufsrecht entsteht, wenn der Bescheid, mit dem dem Antrag nach den Absätzen 1 oder 2 stattgegeben wird, unanfechtbar geworden und die Eintragung im Grundbuch erfolgt ist. [2]Es gilt nur für den Fall des ersten Verkaufs. [3]Ist im Zeitpunkt des Abschlusses des Kaufvertrags eine Entscheidung über einen gestellten Antrag nach Absatz 1 oder 2 noch ergangen, erstreckt sich das Vor-

kaufsrecht auf den nächstfolgenden Verkauf. ⁴§ 892 des Bürgerlichen Gesetzbuchs bleibt im übrigen unberührt.

(7) ¹Das Vorkaufsrecht ist nicht übertragbar und geht nicht auf die Erben des Vorkaufsberechtigten über. ²Es erlischt mit der Beendigung des Miet- oder Nutzungsverhältnisses. ³Dies gilt auch für bereits bestehende Vorkaufsrechte. ⁴§ 569a Abs. 1 und 2 des Bürgerlichen Gesetzbuchs bleibt unberührt.

(8) Im übrigen sind die §§ 504 bis 513, 875, 1098 Abs. 1 Satz 2 und Abs. 2 sowie die §§ 1099 bis 1102, 1103 Abs. 2 und § 1104 des Bürgerlichen Gesetzbuchs entsprechend anzuwenden.

§ 20a Vorkaufsrecht des Berechtigten. ¹Bei Grundstücken, die nicht zurückübertragen werden können, weil Dritte an ihnen Eigentums- oder dingliche Nutzungsrechte erworben haben, wird dem Berechtigten auf Antrag ein Vorkaufsrecht am Grundstück eingeräumt. ²Dies gilt nicht, wenn das Grundstück nach den Vorschriften des Investitionsvorranggesetzes erworben worden ist. ³Für die Entscheidung über den Antrag ist das Amt zur Regelung offener Vermögensfragen zuständig, das über den Anspruch auf Rückübertragung des Eigentums zu entscheiden hat. ⁴Als Vorkaufsfall gilt nicht der Erwerb des Grundstücks durch den Inhaber eines dinglichen Nutzungsrechts. ⁵Im übrigen ist § 20 Abs. 2 und 4, Abs. 5 Satz 1, Abs. 6, Abs. 7 Satz 1 und Abs. 8 sinngemäß anzuwenden.

§ 21 Ersatzgrundstück. (1) ¹Mieter oder Nutzer von Einfamilienhäusern und Grundstücken für Erholungszwecke, die staatlich verwaltet sind oder auf die ein rechtlich begründeter Anspruch auf Rückübertragung geltend gemacht wurde, können beantragen, daß dem Berechtigten ein Ersatzgrundstück zur Verfügung gestellt wird, wenn sie bereit sind, das Grundstück zu kaufen. ²Der Berechtigte ist nicht verpflichtet, ein Ersatzgrundstück in Anspruch zu nehmen.

(2) Anträgen nach § 9 ist vorrangig zu entsprechen.

(3) ¹Dem Antrag nach Absatz 1 Satz 1 ist zu entsprechen, wenn der Berechtigte einverstanden ist, ein in kommunalem Eigentum stehendes Grundstück im gleichen Stadt- oder Gemeindegebiet zur Verfügung steht und einer Eigentumsübertragung keine berechtigten Interessen entgegenstehen. ²Dies gilt insbesondere, wenn die Mieter und Nutzer erhebliche Aufwendungen zur Werterhöhung oder Werterhaltung des Objektes getätigt haben.

(4) Wertdifferenzen zwischen dem Wert des Ersatzgrundstücks und dem Wert des Grundstücks zum Zeitpunkt der Inverwaltungnahme oder des Entzugs des Eigentumsrechts sind auszugleichen.

(5) Wurde dem Berechtigten eines staatlich verwalteten Grundstücks ein Ersatzgrundstück übertragen, ist der staatliche Verwalter berechtigt, das Grundstück an den Mieter oder Nutzer zu verkaufen.

Vermögensgesetz §§ 22–30a VermG 15

Abschnitt V. Organisation

§§ 22–29 *(Vom Abdruck wurde abgesehen)*

Abschnitt VI. Verfahrensregelungen

§ 30 Antrag. (1) [1]Ansprüche nach diesem Gesetz sind bei der zuständigen Behörde mittels Antrag geltend zu machen. [2]Über den Antrag entscheidet die Behörde, wenn und soweit die Rückgabe zwischen dem Verfügungsberechtigten und dem Berechtigten nicht einvernehmlich zustande kommt. [3]Der Antrag auf Rückgabe kann jederzeit zurückgenommen oder für erledigt erklärt werden. Er kann auch auf einzelne Verfahrensstufen beschränkt werden. [4]Die Anmeldung nach der Anmeldeverordnung gilt als Antrag auf Rückübertragung oder auf Aufhebung der staatlichen Verwaltung.

(2) [1]In den Fällen des § 6 Abs. 1 und des § 6b können die Parteien beantragen, die Entscheidung oder bestimmte Entscheidungen statt durch die Behörde durch ein Schiedsgericht nach § 38a treffen zu lassen. [2]Die Behörde hat die Parteien auf diese Möglichkeit hinzuweisen, wenn nach ihren Ermittlungen Interessen Dritter durch die Entscheidung nicht berührt werden. [3]Ein Antrag im Sinne des Satzes 1 kann auch noch gestellt werden, wenn das behördliche Verfahren bereits begonnen hat.

(3) Steht der Anspruch in den Fällen des § 1 Abs. 7 im Zusammenhang mit einer verwaltungsrechtlichen Entscheidung, deren Aufhebung nach anderen Vorschriften erfolgt, so ist der Antrag nach Absatz 1 nur zulässig, wenn der Antragsteller eine Bescheinigung der für die Rehabilitierung zuständigen Stelle über die Antragstellung im Rehabilitierungsverfahren vorlegt.

§ 30a Ausschlußfrist. (1) [1]Rückübertragungsansprüche nach den §§ 3 und 6 sowie Entschädigungsansprüche nach § 6 Abs. 7, §§ 8 und 9 können nach dem 31. Dezember 1992, für bewegliche Sachen nach dem 30. Juni 1993, nicht mehr angemeldet werden. [2]In den Fällen des § 1 Abs. 7 gilt dies nur dann, wenn die Entscheidung, auf der der Vermögensverlust beruht, am 30. Juni 1992 bereits unanfechtbar aufgehoben war. [3]Anderenfalls treten die Wirkungen des Satzes 1 nach Ablauf von sechs Monaten ab Unanfechtbarkeit der Aufhebungsentscheidung ein. [4]Diese Vorschriften finden auf Ansprüche, die an die Stelle eines rechtzeitig angemeldeten Anspruchs treten oder getreten sind, keine Anwendung.

(2) Anträge auf Anpassung der Unternehmensrückgabe nach § 6 Abs. 8 können nur noch bis zum Ablauf von sechs Monaten nach Inkrafttreten des Registerverfahrenbeschleunigungsgesetzes gestellt werden.

(3) ¹In den Fällen der Beendigung der staatlichen Verwaltung nach § 11a können Entscheidungen nach § 16 Abs. 3, Abs. 6 Satz 3, § 17 Satz 2, §§ 20 und 21 nach dem in Absatz 2 genannten Zeitpunkt nicht mehr ergehen, wenn sie bis zu diesem Zeitpunkt nicht beantragt worden sind. ²Erfolgte die Aufhebung der staatlichen Verwaltung durch bestandskräftigen Bescheid des Amts zur Regelung offener Vermögensfragen und ist eine Entscheidung über die Aufhebung eines Rechtsverhältnisses der in § 16 Abs. 3 oder § 17 bezeichneten Art oder über den Umfang eines zu übernehmenden Grundpfandrechts ganz oder teilweise unterblieben, kann sie nach Ablauf der in Satz 1 genannten Frist nicht mehr beantragt werden. ³Artikel 14 Abs. 6 Satz 1, 2, 4 und 5 des Zweiten Vermögensrechtsänderungsgesetzes gilt entsprechend.

(4) ¹Im Zusammenhang mit Ansprüchen auf Rückübertragung des Eigentums an Grundstücken können Anträge auf Einräumung von Vorkaufsrechten nach den §§ 20 und 20a sowie Anträge auf Zuweisung von Ersatzgrundstücken nach § 21 Abs. 1 nach Bestandskraft der Entscheidung über den Rückübertragungsanspruch nicht mehr gestellt werden. ²Satz 1 gilt entsprechend, wenn die staatliche Verwaltung durch Bescheid des Amts zur Regelung offener Vermögensfragen bestandskräftig aufgehoben worden ist. ³Ist in einem bestandskräftigen Bescheid über die Rückübertragung des Eigentums eine Entscheidung über die Aufhebung eines Rechtsverhältnisses der in § 16 Abs. 3 oder § 17 bezeichneten Art oder über den Umfang eines zu übernehmenden Grundpfandrechts ganz oder teilweise unterblieben, gilt Absatz 3 Satz 2 entsprechend.

§ 31. *(Vom Abdruck wurde abgesehen)*

Entscheidung, Wahlrecht

§ 32 [Entscheidung]. (1) ¹Die Behörde hat dem Antragsteller die beabsichtigte Entscheidung schriftlich mitzuteilen und ihm Gelegenheit zur Stellungnahme binnen zwei Wochen zu geben. ²Dabei ist er auf die Möglichkeit der Auskunftserteilung gemäß § 31 Abs. 3 sowie auf das Wahlrecht nach § 6 Abs. 7 oder § 8 hinzuweisen. ³Dem Verfügungsberechtigten ist eine Abschrift der Mitteilung nach Satz 1 zu übersenden.

(2) (weggefallen)

(3) Hat der Antragsteller Auskunft verlangt, kann die Behörde über den Antrag frühestens einen Monat, nachdem dem Antragsteller die Auskunft zugegangen ist, entscheiden.

(4) Entscheidungen und Mitteilungen nach diesem Abschnitt, die eine Frist in Lauf setzen, sind den in ihren Rechten Betroffenen zuzustellen.

Vermögensgesetz **§ 33 VermG 15**

(5) ¹Jedem, der ein berechtigtes Interesse glaubhaft darlegt, können Namen und Anschriften der Antragsteller sowie der Vermögenswert mitgeteilt werden, auf den sich die Anmeldung bezieht. ²Jeder Antragsteller kann der Mitteilung der ihn betreffenden Angaben nach Satz 1 widersprechen, die dann unbeschadet der nach anderen Vorschriften bestehenden Auskunftsrechte unterbleibt. ³Das Amt zur Regelung offener Vermögensfragen weist jeden Antragsteller mit einer Widerspruchsfrist von zwei Wochen auf diese Möglichkeit hin, sobald erstmals nach Inkrafttreten dieser Vorschrift ein Dritter eine Mitteilung nach Satz 1 beantragt.

§ 33 [Wahlrecht]. (1) ¹Ist die Rückübertragung ausgeschlossen oder hat der Antragsteller Entschädigung gewählt, entscheidet die Behörde über Grund und Höhe der Entschädigung. ²§ 4 des NS-Verfolgtenentschädigungsgesetzes bleibt unberührt.

(2) ¹Wird der Entschädigungsfonds durch eine Entscheidung mit größerer finanzieller Auswirkung belastet, gibt die Behörde zuvor dem Bundesamt zur Regelung offener Vermögensfragen Gelegenheit zur Stellungnahme. ²Die beabsichtigte Entscheidung ist dem Bundesamt zur Regelung offener Vermögensfragen über das Landesamt zur Regelung offener Vermögensfragen zuzuleiten. ³Die Einzelheiten bestimmt das Bundesministerium der Finanzen.

(3) ¹Über Schadensersatzansprüche gemäß § 13 Abs. 2 und 3 und § 14 ist eine gesonderte Entscheidung zu treffen; sie ist nicht Voraussetzung für die Rückübertragung des Eigentums oder die Aufhebung der staatlichen Verwaltung. ²Entscheidungen über die Höhe der Entschädigung ergehen vorbehaltlich der Kürzungsentscheidung nach § 7 Abs. 3 des Entschädigungsgesetzes.

(4) ¹Über die Entscheidung ist den Beteiligten ein schriftlicher Bescheid zu erteilen und zuzustellen. ²Der Bescheid ist zu begründen und mit einer Rechtsbehelfsbelehrung zu versehen.

(5) ¹Mit der Entscheidung ist den Beteiligten ein Übergabeprotokoll zuzustellen. ²Dieses hat Angaben zum festgestellten Eigentums- und Vermögensstatus, zu getroffenen Vereinbarungen sowie zu sonstigen wesentlichen Regelungen in bezug auf die zu übergebenden Vermögenswerte zu enthalten. ³Bei der Rückgabe von Unternehmen muß das Übergabeprotokoll die in § 6b Abs. 4 bezeichneten Angaben enthalten.

(6) ¹Die Entscheidung wird einen Monat nach Zustellung bestandskräftig, wenn kein Widerspruch eingelegt wird. ²Die §§ 58 und 60 der Verwaltungsgerichtsordnung bleiben unberührt. ³Die Entscheidung kann nach Maßgabe des § 80 Abs. 2 Nr. 4 oder des § 80a Abs. 1 Nr. 1 der Verwaltungsgerichtsordnung für sofort vollziehbar erklärt werden.

§ 34 Eigentumsübergang, Grundbuchberichtigung und Löschung von Vermerken über die staatliche Verwaltung. (1) [1]Mit der Unanfechtbarkeit einer Entscheidung über die Rückübertragung von Eigentumsrechten oder sonstigen dinglichen Rechten gehen die Rechte auf den Berechtigten über, soweit nicht in diesem Gesetz etwas anderes bestimmt ist. [2]Satz 1 gilt für die Begründung von dinglichen Rechten entsprechend. [3]Ist die Entscheidung für sofort vollziehbar erklärt worden, so gilt die Eintragung eines Widerspruchs oder einer Vormerkung als bewilligt. [4]Der Widerspruch oder die Vormerkung erlischt, wenn die Entscheidung unanfechtbar geworden ist.

(2) [1]Bei der Rückübertragung von Eigentums- und sonstigen dinglichen Rechten an Grundstücken und Gebäuden sowie bei der Aufhebung der staatlichen Verwaltung ersucht die Behörde das Grundbuchamt um die erforderlichen Berichtigungen des Grundbuchs. [2]Dies gilt auch für die in § 1287 Satz 2 des Bürgerlichen Gesetzbuches bezeichnete Sicherungshypothek. [3]Gebühren für die Grundbuchberichtigung und das Grundbuchverfahren in den Fällen des § 7a Abs. 3, der §§ 16 und 18a werden nicht erhoben.

(3) [1]Personen, deren Vermögenswerte von Maßnahmen nach § 1 betroffen sind, sowie ihre Erben sind hinsichtlich der nach diesem Gesetz erfolgenden Grundstückserwerbe von der Grunderwerbsteuer befreit. [2]Dies gilt nicht für Personen, die ihre Berechtigung durch Abtretung, Verpfändung oder Pfändung erlangt haben, und ihre Rechtsnachfolger.

(4) [1]Die Absätze 1 bis 3 sind auf die Rückgabe von Unternehmen und deren Entflechtung anzuwenden, soweit keine abweichenden Regelungen vorgesehen sind. [2]Das Eigentum an einem Unternehmen oder einer Betriebsstätte geht im Wege der Gesamtrechtsnachfolge über.

(5) Absatz 2 gilt entsprechend für im Schiffsregister eingetragene Schiffe und im Schiffsbauregister eingetragene Schiffsbauwerke.

§§ 35—40. *(Vom Abdruck wurde abgesehen)*

16. Verordnung über die Ablösung früherer Rechte und andere vermögensrechtliche Fragen (Hypothekenablöseverordnung – HypAblV)

Vom 10. Juni 1994 (BGBl. I S. 1253)

Auf Grund des § 40 des Vermögensgesetzes in der Fassung der Bekanntmachung vom 3. August 1992 (BGBl. I S. 1446), der durch Artikel 15 § 2 Nr. 11 des Gesetzes vom 20. Dezember 1993 (BGBl. I S. 2182) eingefügt worden ist, sowie des Artikels 14 Abs. 5 Satz 6 Nr. 3 des Zweiten Vermögensrechtsänderungsgesetzes vom 14. Juli 1992 (BGBl. I S. 1257), der durch Artikel 12 Nr. 1 des Gesetzes vom 22. April 1993 (BGBl. I S. 466) neu gefaßt worden ist, § 1 Abs. 4 und § 134 der Grundbuchordnung, die zuletzt durch Artikel 1 des genannten Gesetzes vom 20. Dezember 1993 geändert worden ist, und Artikel 18 Abs. 1 dieses Gesetzes verordnet das Bundesministerium der Justiz im Einvernehmen mit den Bundesministerien der Finanzen und für Raumordnung, Bauwesen und Städtebau und für Wirtschaft:

Abschnitt 1. Verfahren

§ 1 Mitteilung. [1] In der Mitteilung nach § 32 des Vermögensgesetzes sind die früheren dinglichen Rechte, die zuletzt im Grundbuch eingetragenen Gläubiger dieser Rechte, deren Rechtsnachfolger, wenn diese dem Amt zur Regelung offener Vermögensfragen bekannt sind, die nach § 18 des Vermögensgesetzes und dieser Verordnung für die einzelnen Rechte berücksichtigten Einzelbeträge und der insgesamt zu hinterlegende Ablösebetrag anzugeben. [2] In dem Bescheid soll auf die Möglichkeit einer einvernehmlichen Bereinigung früherer Rechte gemäß § 18 Abs. 1 Satz 4 des Vermögensgesetzes und § 3 Abs. 1 dieser Verordnung hingewiesen werden, wenn das Amt zur Regelung offener Vermögensfragen eine solche Bereinigung im Einzelfall für zweckdienlich hält. [3] Eine Abschrift der Mitteilung ist dem betroffenen Kreditinstitut zu übersenden.

§ 2 Umrechnung. (1) [1] Mark der DDR, Mark der deutschen Notenbank, Renten-, Reichs- oder Goldmark oder vergleichbare Währungsbezeichnungen sind im Verhältnis 2 zu 1 auf Deutsche Mark umzurechnen. [2] Für ausländische Währungen findet § 244 Abs. 2 des Bürgerlichen Gesetzbuchs entsprechende Anwendung. [3] Für wertbeständige Rechte (§ 1 Abs. 1 Satz 1 des Grundbuchbereinigungsgesetzes) finden im übrigen die jeweiligen Umrechnungsvorschriften

Anwendung; eine von den allgemeinen Vorschriften abweichende Umstellung im Rahmen landwirtschaftlicher Entschuldungsverfahren ist vom Berechtigten nachzuweisen.

(2) Für die Bewertung und Kapitalisierung von Rechten, die auf die Erbringung wiederkehrender Leistungen aus dem Grundstück gerichtet sind, sind die zum Zeitpunkt der jeweiligen Schädigung (§ 1 des Vermögensgesetzes) geltenden bewertungsrechtlichen Vorschriften maßgeblich.

§ 3 Kürzung und Entfallen von Einzelbeträgen. (1) In den Fällen des § 18 Abs. 1 Satz 4 des Vermögensgesetzes darf die Berücksichtigung eines Einzelbetrages nur unterbleiben, wenn das Amt zur Regelung offener Vermögensfragen als Vertreter der Interessen des Entschädigungsfonds zustimmt und die Berechtigung des Begünstigten zweifelsfrei nachgewiesen wurde.

(2) Die Kürzung von Einzelrechten aufgrund unstreitiger Tilgungszahlungen gemäß § 18 Abs. 2 Satz 4, Abs. 3 Satz 2 des Vermögensgesetzes darf nur erfolgen, wenn die Berechtigung des zustimmenden Begünstigten zweifelsfrei nachgewiesen wurde.

(3) [1] Auf Antrag des Berechtigten sind die Einzelbeträge angemessen zu kürzen, wenn die volle Berücksichtigung unbillig erscheint. [2] Dies ist insbesondere der Fall, wenn nur ein Teil des früher belasteten Grundstücks zurückübertragen wird oder nicht alle früher mit einem Gesamtrecht belasteten Grundstücke zurückübertragen werden und die Abweichung nicht nur geringfügig ist oder wenn ein Miteigentumsanteil zurückübertragen wird, der vor der Überführung des Grundstücks in Volkseigentum durch den staatlichen Verwalter mit Aufbauhypotheken oder sonstigen Grundpfandrechten zur Sicherung von Baukrediten belastet wurde und die zugrundeliegende Kreditaufnahme dem Gesamtgrundstück zugute kam. [3] Die Sätze 1 und 2 gelten für die Bestimmung des zu übernehmenden Teils von Grundpfandrechten gemäß § 16 Abs. 5 bis 9 des Vermögensgesetzes entsprechend.

§ 4 Verfahren bei Veräußerung des Grundstücks und bei Ablösung von Rechten. (1) [1] Veräußert der Verfügungsberechtigte ein ehemals volkseigenes Grundstück, bei dessen Rückübertragung nach den §§ 18 bis 18b des Vermögensgesetzes ein Ablösebetrag zu hinterlegen oder Wertausgleich nach § 7 Abs. 1 des Vermögensgesetzes zu leisten gewesen wäre, und steht dem Berechtigten aufgrund gesetzlicher Vorschriften oder vertraglicher Vereinbarungen der Verkaufserlös oder ein Anspruch auf Ersatz des Verkehrswertes im Zusammenhang mit der Veräußerung des Grundstücks zu, so darf dieser nach Maßgabe des Satzes 3 und unbeschadet des Satzes 4 erst dann an den Berechtigten ausgezahlt werden, wenn dessen Berechtigung durch das Amt zur Regelung offener Vermögensfragen unanfechtbar festgestellt worden ist und für die früheren Rechte ein nach Satz 2 festgesetzter Ablösebetrag hinterlegt oder Wertausgleich abgeführt worden ist. ²Das Amt zur Regelung offener Vermögensfragen hat auf Antrag des Berechtigten in dem Verfahren nach dem Vermögensgesetz festzustellen, ob er ohne die Veräußerung rückübertragungsberechtigt gewesen wäre, und nach Maßgabe des § 18 des Vermögensgesetzes für die früheren Rechte einen Ablösebetrag oder nach § 7 des Vermögensgesetzes einen Wertausgleich festzusetzen. ³In dem Bescheid ist weiter aufzugeben, daß der Verfügungsberechtigte

1. aus dem Verkaufserlös oder dem Verkehrswert einen Betrag in Höhe des unanfechtbar festgesetzten Ablösebetrages im Namen des Berechtigten bei der nach § 18a des Vermögensgesetzes zuständigen Stelle unter Verzicht auf die Rücknahme zu hinterlegen hat,
2. aus dem verbleibenden Verkaufserlös oder Verkehrswert einen unanfechtbar festgesetzen Wertausgleich an den Gläubiger gemäß § 7 Abs. 5 des Vermögensgesetzes abzuführen hat und
3. einen verbleibenden Restbetrag an den Berechtigten herauszugeben hat.

⁴Das Amt zur Regelung offener Vermögensfragen ordnet die Auszahlung des gesamten Verkaufserlöses oder Verkehrswertes an den Berechtigten an, wenn lediglich die Festsetzung des Ablösebetrages oder des Wertausgleichsbetrages nicht unanfechtbar geworden ist und der Berechtigte hierfür Sicherheit geleistet hat.

(2) ¹Wird ein ehemals volkseigenes Grundstück, bei dessen Rückübertragung nach den §§ 18 bis 18b des Vermögensgesetzes ein Ablösebetrag zu hinterlegen gewesen wäre, im Wege der investiven Rückgabe (§ 21 des Investitionsvorranggesetzes) an den Berechtigten zurückübertragen, so ist diesem in dem Bescheid, in dem seine Berechtigung festgestellt wird, die Hinterlegung des Ablösebetrages nach § 18 des Vermögensgesetzes unter Verzicht auf die Rücknahme bei der nach § 18a Satz 1 des Vermögensgesetzes zuständigen Stelle aufzugeben; die Festsetzung weiterer Zahlungspflichten bleibt unberührt. ²Wird in dem Verfahren nach dem Vermögensgesetz festgestellt, daß der Anmelder nicht der Berechtigte war, so ist dem Anmelder in dem Verfahren nach § 21 Abs. 5 des Investitionsvorranggesetzes entsprechend Absatz 1 Satz 3 die Hinterlegung eines festzusetzenden Ablösebetrags oder die Abführung eines festzusetzenden Wertausgleichsbetrages aus dem zu zahlenden Verkehrswert aufzugeben, wenn ein anderer Anmelder berechtigt ist; Absatz 1 Satz 4 findet entsprechende Anwendung.

(3) Ist in den Fällen des Absatzes 1 oder des Absatzes 2 Satz 2 bereits der Erlös an den Berechtigten herausgegeben oder ein Wertersatz an diesen gezahlt worden, so ist dem Berechtigten von dem

Amt zur Regelung offener Vermögensfragen gemäß Absatz 2 Satz 1 die Hinterlegung des Ablösebetrags aufzugeben.

(4) ¹Die Ansprüche in Ansehung des hinterlegten Betrages richten sich nach § 18b des Vermögensgesetzes und dieser Verordnung. ²Ist im Falle des Absatzes 1 der Ablösebetrag höher als der Kaufpreis oder der Verkehrswert, gehen die in § 18b Abs. 1 des Vermögensgesetzes genannten Ansprüche des Entschädigungsfonds und des Begünstigten denen des Berechtigten vor. ³Reicht der hinterlegte Betrag auch zur Befriedigung der Ansprüche des Entschädigungsfonds und des Begünstigten nicht aus, sind diese nach der Rangfolge der ehemaligen Rechte zu befriedigen.

(5) Veräußert der Verfügungsberechtigte ein belastetes Grundstück und steht dem Berechtigten aufgrund gesetzlicher Vorschriften der Verkaufserlös oder ein Anspruch auf Zahlung des Verkehrswertes im Zusammenhang mit der Veräußerung des Grundstücks zu, so sind die bestehenden Belastungen bei der Berechnung des Verkehrswertes nur insoweit zu berücksichtigen, als sie im Falle der Rückgabe nach § 16 des Vermögensgesetzes vom Berechtigten zu übernehmen gewesen wären.

(6) ¹Entsprechend § 16 Abs. 6 des Vermögensgesetzes ist im Einvernehmen mit dem Berechtigten auch auf Antrag des Erwerbers eines Grundstücks durch das Amt zur Regelung offener Vermögensfragen festzustellen, ob und in welchem Umfang Grundpfandrechte, die zum Zeitpunkt der Rückübertragung des Grundstücks oder der Beendigung der staatlichen Verwaltung im Grundbuch eingetragen waren, mit der Rückübertragung oder Beendigung der staatlichen Verwaltung gemäß § 16 Abs. 9 des Vermögensgesetzes als erloschen gelten. ²Eine solche Entscheidung ergeht auf Antrag des Berechtigten oder, im Falle der Veräußerung, auch eines Erwerbers im Einvernehmen mit dem Berechtigten ebenfalls dann, wenn die Grundpfandrechte zum Zeitpunkt der Antragstellung oder Entscheidung nicht mehr im Grundbuch eingetragen sind. ³Die Anträge können nur noch bis zum Ablauf des 1. Januar 1995 gestellt werden.

(7) Gilt ein Briefgrundpfandrecht nach § 16 Abs. 9 Satz 1 des Vermögensgesetzes oder nach Artikel 14 Abs. 6 Satz 2 und 3 des Zweiten Vermögensrechtsänderungsgesetzes als erloschen oder als nicht entstanden, so bedarf es zum Vollzug der Löschung im Grundbuch nicht der Vorlage des Briefes.

§ 5 Zustellung. (1) ¹Entscheidungen, durch die ein Ablösebetrag gemäß § 18 des Vermögensgesetzes festgesetzt wird, und Auszahlungsbescheide des Entschädigungsfonds gemäß § 18b Abs. 1 Satz 5 des Vermögensgesetzes können den Gläubigern der Grundpfandrechte und den Begünstigten im Sinne des § 18b Abs. 1 Satz 1 des Vermögensgesetzes durch öffentliche Bekanntmachung nach Maßgabe des § 15 Abs. 2 des Verwaltungszustellungsgesetzes zugestellt werden, wenn der Aufenthaltsort oder die Person des Begünstigten unbekannt und nur unter unverhältnismäßigen Schwierigkeiten zu ermitteln ist. ²§ 15 Abs. 4 des Verwaltungszustellungsgesetzes gilt entsprechend. ³Entscheidungen nach Satz 1 gelten im Falle der öffentlichen Bekanntmachung an dem Tag als zugestellt, an dem seit dem Tag des Aushängens zwei Wochen verstrichen sind.

(2) Ist der Empfänger einer Zustellung nicht im Inland ansässig oder vertreten, so erfolgt die Zustellung, sofern nicht besondere völkervertragliche Regelungen etwas Abweichendes vorschreiben, nach Absendung einer Abschrift des Bescheides durch Aufgabe des Bescheides zur Post mit Einschreiben; die Zustellung gilt nach Ablauf von zwei Wochen ab der Aufgabe zur Post als erfolgt.

Abschnitt 2. Sicherheitsleistung

§ 6 Grundsatz. (1) Sicherheit gemäß § 18a Satz 2 des Vermögensgesetzes kann durch Hinterlegung bei der gemäß § 18a dieses Gesetzes zuständigen Stelle oder durch Beibringung einer Garantie oder eines sonstigen Zahlungsversprechens eines Kreditinstitutes geleistet werden.

(2) Sicherheit ist in Höhe des in dem angefochtenen Bescheid über die Rückübertragung festgesetzten Ablösebetrages zu leisten.

§ 7 Hinterlegung. Leistet der Berechtigte für den Ablösebetrag Sicherheit durch Hinterlegung, so kann er aufgrund des auch hinsichtlich der Festsetzung des Ablösebetrages unanfechtbar gewordenen Bescheides über die Rückübertragung des Eigentums die Differenz zwischen dem vorläufig und dem endgültig festgesetzten Ablösebetrag von der Hinterlegungsstelle herausverlangen.

§ 8 Garantie oder sonstiges Zahlungsversprechen. (1) Sicherheit durch Beibringung einer Garantie oder eines sonstigen Zahlungsversprechens eines Kreditinstitutes ist dadurch zu leisten, daß sich das Kreditinstitut gegenüber dem Amt zur Regelung offener Vermögensfragen unwiderruflich dazu verpflichtet, auf erstes Anfordern des Amtes zur Regelung offener Vermögensfragen einen Betrag bis zur Höhe des in dem angefochtenen Bescheid festgesetzten bei der Hinterlegungsstelle gemäß § 18a des Vermögensgesetzes im Namen des Berechtigten unter Verzicht auf die Rücknahme zu hinterlegen.

(2) ¹Ist der Bescheid über die Rückübertragung des Eigentums auch hinsichtlich der Festsetzung des Ablösebetrages unanfechtbar geworden, fordert das Amt zur Regelung offener Vermögensfragen den Berechtigten auf, innerhalb einer Frist von zehn Tagen die Hinterlegung des Betrages nachzuweisen. ²Kommt der Berechtigte dem nicht nach, hat das Amt zur Regelung offener Vermögensfragen das Kreditinstitut zur Hinterlegung des festgesetzten Betrages aufzufordern.

§ 9 Sicherheitsleistung in anderen Fällen. Die Vorschriften dieses Abschnitts gelten für die nach § 7 Abs. 1 Satz 5 des Vermögensgesetzes zu leistende Sicherheit entsprechend.

Abschnitt 3. Schlußvorschriften

§ 10 Überleitungsvorschrift. ¹Diese Verordnung ist auch auf Verfahren anzuwenden, die vor ihrem Inkrafttreten begonnen haben, aber noch nicht bestandskräftig entschieden sind. ²Entscheidungen, deren Zustellung vor Inkrafttreten dieser Verordnung entsprechend § 5 betrieben worden ist, gelten als am 1. August 1994 zugestellt.

§ 11 Inkrafttreten, Außerkrafttreten. (1) Diese Verordnung tritt am 4. Juli 1994 in Kraft.

(2) Gleichzeitig tritt die Hypothekenablöseanordnung vom 14. Juli 1992 (BGBl. I S. 1257, 1265) außer Kraft.

(3) § 106 Abs. 1 der Grundbuchverfügung, der durch Artikel 3 Abs. 2 des Gesetzes vom 20. Dezember 1993 (BGBl. I S. 2182) eingefügt worden ist, wird aufgehoben.

17. Grundstücksverkehrsordnung (GVO)[1)]

In der Fassung der Bekanntmachung vom 20. Dezember 1993
(BGBl. I S. 2182, 2221)

§ 1 Geltungsbereich, Genehmigungsanspruch. (1) [1]In dem in Artikel 3 des Einigungsvertrages bezeichneten Gebiet bedürfen die in den nachfolgenden Bestimmungen bezeichneten Rechtsgeschäfte einer Grundstücksverkehrsgenehmigung. [2]Die Genehmigung kann auch vor Abschluß der Rechtsgeschäfte erteilt werden; eine solche Genehmigung bleibt nur wirksam, wenn das im voraus genehmigte Rechtsgeschäft binnen eines Jahres nach der Ausstellung der Genehmigung abgeschlossen wird.

(2) [1]Die Grundstücksverkehrsgenehmigung ist auf Antrag jeder der an dem genehmigungspflichtigen Rechtsgeschäft beteiligten Personen zu erteilen, wenn

1. bei dem Amt und Landesamt zur Regelung offener Vermögensfragen, in dessen Bezirk das Grundstück belegen ist, für das Grundstück in der Ausschlußfrist des § 30a des Vermögensgesetzes ein Antrag auf Rückübertragung nach § 30 Abs. 1 des Vermögensgesetzes oder eine Mitteilung über einen solchen Antrag nicht eingegangen oder ein solcher Antrag bestandskräftig abgelehnt oder zurückgenommen worden ist oder

2. der Anmelder zustimmt oder

3. die Veräußerung nach § 3c des Vermögensgesetzes erfolgt;

sie ist im übrigen zu versagen. [2]Die Grundstücksverkehrsgenehmigung kann auch erteilt werden, wenn der Antrag nach § 30 Abs. 1 des Vermögensgesetzes offensichtlich unbegründet erscheint, insbesondere weil Restitutionsansprüche angemeldet sind, die auf Enteignungen von Vermögenswerten auf besatzungsrechtlicher oder besatzungshoheitlicher Grundlage beruhen. [3]Stimmt der Anmelder gemäß Satz 1 Nr. 2 zu, so ist auf seinen Antrag in dem Verfahren nach dem Vermögensgesetz festzustellen, ob er ohne die Durchführung des genehmigungsbedürftigen Rechtsgeschäfts rückübertragungsberechtigt gewesen wäre.

(3) Bei der Prüfung gemäß Absatz 2 Satz 1 Nr. 1 bleiben Anträge außer Betracht, die die Feststellung eines bestimmten Grundstücks nicht erlauben, wenn der Berechtigte durch das Amt zur Regelung offener Vermögensfragen zu entsprechendem Sachvortrag aufgefordert worden ist und innerhalb der nach § 31 Abs. 1b des Vermögens-

---

[1)] Neubekanntmachung der Grundstücksverkehrsordnung v. 3. 8. 1992 (BGBl. I S. 1477) in der seit dem 25. 12. 1993 geltenden Fassung v. 25. 12. 1993 (BGBl. I S. 2182).

gesetzes gesetzten Frist keine oder keine ausreichenden Angaben hierzu macht.

(4) ¹Kann die Genehmigung nicht erteilt werden, so setzt die zuständige Behörde das Verfahren bis zum Eintritt der Bestandskraft der Entscheidung über den Antrag nach § 30 Abs. 1 des Vermögensgesetzes aus. ²Auf Antrag eines Beteiligten ergeht hierüber ein gesonderter Bescheid. ³Ein Vorgehen nach dem Investitionsvorranggesetz oder § 7 des Vermögenszuordnungsgesetzes sowie für diesen Fall getroffene Vereinbarungen der Beteiligten bleiben unberührt.

§ 2 Erfordernis der Genehmigung. (1) ¹Einer Genehmigung bedürfen

1. die Auflassung eines Grundstücks und der schuldrechtliche Vertrag hierüber,
2. die Bestellung und Übertragung eines Erbbaurechts und der schuldrechtliche Vertrag hierüber.

²Eine Genehmigung ist nicht erforderlich, wenn

1. der Rechtserwerb des Veräußerers aufgrund einer nach dem 28. September 1990 erteilten Grundstücksverkehrsgenehmigung nach diesem Gesetz auch in seiner vor dem Inkrafttreten dieses Gesetzes geltenden Fassung oder der Grundstücksverkehrsverordnung oder aufgrund einer Investitionsbescheinigung, einer Entscheidung nach § 3a des Vermögensgesetzes, eines Investitionsvorrangbescheides oder nach dieser Nummer in das Grundbuch eingetragen worden ist, sofern nicht ein Vertrag nach § 3c des Vermögensgesetzes vorliegt, oder wenn das Eigentum nach einer Feststellung nach § 13 Abs. 2 des Investitionsvorranggesetzes nicht zurückzuübertragen ist oder

2. der Rechtserwerb des Veräußerers aufgrund einer Entscheidung nach § 31 Abs. 5 Satz 3 oder § 33 Abs. 3 des Vermögensgesetzes in das Grundbuch eingetragen worden ist oder

3. der Veräußerer selbst seit dem 29. Januar 1933 ununterbrochen als Eigentümer im Grundbuch eingetragen war oder zu diesem Zeitpunkt ein Dritter, von dem der Veräußerer das Eigentum im Wege der Erbfolge erlangt hat, im Grundbuch als Eigentümer eingetragen war oder

4. das Rechtsgeschäft auf die Eintragung einer Vormerkung gerichtet ist.

³Satz 2 Nummer 1 bis 4 gilt für die Bestellung oder Übertragung eines Erbbaurechts entsprechend. ⁴Die Genehmigung des schuldrechtlichen Vertrages erfaßt auch das zu seiner Ausführung erforderliche dingliche Rechtsgeschäft; die Genehmigung des dinglichen Rechtsgeschäfts erfaßt auch den zugrundeliegenden schuldrechtlichen Vertrag. ⁵Wird die Genehmigung für mehrere Grundstücke beantragt, kann die Genehmigung aber nicht für alle erteilt werden,

Grundstücksverkehrsordnung **§§ 3–5 GVO 17**

so ist die Genehmigung auf die einzelnen Grundstücke zu beschränken, für die die Voraussetzungen des § 1 Abs. 2 vorliegen, auch wenn die fraglichen Rechtsgeschäfte in einer Urkunde zusammengefaßt sind.

(2) [1]Das Grundbuchamt darf aufgrund eines nach Absatz 1 genehmigungspflichtigen Rechtsgeschäfts eine Eintragung in das Grundbuch erst vornehmen, wenn der Genehmigungsbescheid vorgelegt ist. [2]Es darf nicht mehr eintragen, wenn die zuständige Behörde mitgeteilt hat, daß gegen den Genehmigungsbescheid ein Rechtsbehelf eingelegt worden ist und dieser aufschiebende Wirkung hat. [3]Die zuständige Behörde hat dem Grundbuchamt die Einlegung eines solchen Rechtsbehelfs sowie das Entfallen der aufschiebenden Wirkung unverzüglich mitzuteilen. [4]Der Mitteilung durch die Behörde im Sinne dieses Absatzes steht es gleich, wenn das Grundbuchamt auf anderem Wege durch öffentliche oder öffentlich beglaubigte Urkunde Kenntnis erlangt. [5]Ist die Genehmigung vor dem 3. Oktober 1990 erteilt worden, so kann das Grundbuchamt vor der Eintragung die Vorlage einer Bestätigung der zuständigen Behörde über die Wirksamkeit der Genehmigung verlangen, wenn Anhaltspunkte dafür gegeben sind, daß die Genehmigung infolge der Einlegung eines Rechtsbehelfs nach Satz 2 oder aus sonstigen Gründen nicht wirksam ist.

§ 3 Begriffsbestimmungen. [1]Grundstücke im Sinne dieses Gesetzes sind auch Teile eines Grundstücks sowie Gebäude und Rechte an Gebäuden oder Gebäudeteilen, die aufgrund von Rechtsvorschriften auf besonderen Grundbuchblättern (Gebäudegrundbuchblätter) nachgewiesen werden können. [2]Der Auflassung eines Grundstücks stehen gleich:

1. die Einräumung oder die Auflassung eines Miteigentumsanteils an einem Grundstück,
2. die Auflassung von Teil- und Wohnungseigentum an einem Grundstück.

§ 4 Inhalt der Entscheidung. (1) [1]In der Entscheidung ist das Grundstück zu bezeichnen. [2]Die Versagung der Genehmigung sowie die Aussetzung des Genehmigungsverfahrens sind zu begründen.

(2) [1]Die Genehmigung kann insbesondere in den Fällen des § 1 Abs. 1 Satz 2 mit Auflagen verbunden werden, die sicherstellen, daß der Genehmigungszweck erreicht wird. [2]Sie sind zu begründen.

(3) Die Entscheidung über den Antrag ist mit einer Rechtsbehelfsbelehrung zu versehen und allen Beteiligten, wenn sie vertreten sind, nur dem Vertreter zuzustellen.

§ 5 Rücknahme und Widerruf der Genehmigung. [1]Für die Rücknahme und den Widerruf der Genehmigung gelten die Bestimmungen des Verwaltungsverfahrensgesetzes. ²Der Widerruf kann nur bis zum Ablauf eines Jahres nach Erteilung der Genehmigung erfolgen. ³Die Rücknahme oder der Widerruf dürfen nicht darauf gestützt werden, daß dem Amt oder Landesamt zur Regelung offener Vermögensfragen, in dessen Bezirk das Grundstück liegt, nach Erteilung der Grundstücksverkehrsgenehmigung ein Antrag nach § 30 Abs. 1 des Vermögensgesetzes bekannt wird, der vor der Entscheidung bei dieser Stelle nicht eingegangen war oder über den dort keine Mitteilung vorlag.

§ 6 Rechtsmittel. ¹Für Streitigkeiten über die Erteilung der Grundstücksverkehrsgenehmigung oder die Aussetzung des Verfahrens nach diesem Gesetz ist der Verwaltungsrechtsweg gegeben. ²Die Vorschriften der Verwaltungsgerichtsordnung über das Vorverfahren finden auch auf schwebende Beschwerdeverfahren Anwendung. ³Örtlich zuständig ist das Gericht, in dessen Bezirk die Stelle, die für die Erteilung der Grundstücksverkehrsgenehmigung zuständig ist, ihren Hauptsitz hat. ⁴Eine Entscheidung nach diesem Gesetz kann nicht wegen eines Verstoßes gegen die Bestimmungen über die Zuständigkeit angefochten werden.

§ 7 Verfahren bei Aufhebung der Genehmigung. (1) ¹Die Rücknahme, der Widerruf oder die sonstige Aufhebung einer nach § 2 erforderlichen Genehmigung stehen der Wirksamkeit des genehmigungspflichtigen Rechtsgeschäfts nicht entgegen, wenn in dessen Vollzug die Grundbuchumschreibung erfolgt ist. ²In diesem Fall kann nach Wirksamwerden des Rechtsgeschäfts bei der nach § 8 zuständigen Stelle die Feststellung beantragt werden, daß die Voraussetzungen des § 1 inzwischen vorliegen. ³Diente das genehmigungspflichtige Rechtsgeschäft einer besonderen Investition (§ 3 des Investitionsvorranggesetzes), so kann bei der Stelle, die nach dem Investitionsvorranggesetz zuständig wäre, nachträglich nach Maßgabe des Investitionsvorranggesetzes ein Investitionsvorrangbescheid beantragt werden, wenn das Fehlen der Voraussetzungen des § 1 nicht offensichtlich war. ⁴Ein eigenes Angebot des Anmelders wird in diesem Fall nur berücksichtigt und genießt den Vorzug nur, wenn das Vorhaben noch nicht im wesentlichen durchgeführt ist. ⁵§ 13 Abs. 1 Satz 3 des Investitionsvorranggesetzes gilt sinngemäß.

(2) ¹Von dem Zeitpunkt an, in dem die Aufhebung der Genehmigung bestandskräftig wird, ist der Erwerber verpflichtet, dem Verfügungsberechtigten das Grundstück, soweit es ihm noch gehört, in dem Zustand zurückzuübereignen, in dem es sich in dem genannten Zeitpunkt befindet. ²Der Verfügungsberechtigte ist vorbehaltlich abweichender Vereinbarungen der Parteien verpflichtet, dem Erwerber den ihm aus der Erfüllung der Verpflichtung zur Rückübertragung entstandenen Schaden zu ersetzen, es sei denn, der Erwerber dürfte aufgrund der Umstände der Erteilung der Genehmigung nicht

Grundstücksverkehrsordnung **§§ 8, 9 GVO 17**

auf deren Bestand vertrauen. ³Sätze 1 und 2 gelten nicht, wenn die Feststellung gemäß Absatz 1 Satz 2 unanfechtbar erfolgt ist oder ein bestandskräftiger Investitionsvorrangbescheid gemäß Absatz 1 Satz 3 ergangen ist. ⁴Für die Dauer des Verfahrens nach Absatz 1 Satz 2 und 3 kann die Erfüllung des Anspruchs nach Satz 1 verweigert werden.

(3) ¹Ist das Grundstück gemäß Absatz 2 Satz 1 zurückzuübereignen, kann das Eigentum an dem Grundstück oder, wenn dieses noch nicht auf den Verfügungsberechtigten übertragen worden ist, der Anspruch auf Rückübereignung durch das Amt zur Regelung offener Vermögensfragen gemäß § 3 Abs. 1 des Vermögensgesetzes auf den Berechtigten (§ 2 Abs. 1 des Vermögensgesetzes) übertragen werden. ²In diesem Fall ist der Berechtigte unbeschadet des § 7 des Vermögensgesetzes verpflichtet, dem Verfügungsberechtigten den Wert zu ersetzen, den die Verwendungen des Erwerbers auf das Grundstück im Zeitpunkt der Rückübertragung haben. ³Als Verwendung gilt auch die Errichtung von Bauwerken und Anlagen. ⁴Der Berechtigte kann in diesem Fall auf die Übertragung des Eigentums nach dem Vermögensgesetz verzichten und stattdessen Zahlung des Erlöses oder des Verkehrswertes verlangen, den das Grundstück im Zeitpunkt der Erteilung der Genehmigung hatte. ⁵Soweit das Grundstück oder Gebäude weiterveräußert worden ist, ist der Verfügungsberechtigte verpflichtet, dem Berechtigten (§ 2 Abs. 1 des Vermögensgesetzes) den ihm hieraus entstehenden Schaden zu ersetzen.

(4) Die Absätze 1 bis 3 gelten für die Aufhebung einer Genehmigung für die Bestellung oder Übertragung eines Erbbaurechts entsprechend.

§ 8 Zuständigkeit. ¹Für die Erteilung der Genehmigung sind die Landkreise und die kreisfreien Städte zuständig. ²Soweit die Treuhandanstalt oder ein Treuhandunternehmen verfügungsbefugt ist, wird die Grundstücksverkehrsgenehmigung von dem Präsidenten der Treuhandanstalt erteilt. ³Die Zuständigkeit des Präsidenten der Treuhandanstalt entfällt nicht dadurch, daß Anteile an Treuhandunternehmen auf Dritte übertragen werden.

§ 9 Gebühren. (1) ¹Die Erteilung einer Genehmigung nach § 2 ist gebührenpflichtig. ²Gebührenschuldner ist der Antragsteller. ³Mehrere Gebührenschuldner haften als Gesamtschuldner.

(2) ¹Die Gebühr ist unter Berücksichtigung des Grundstückswerts bei der Erteilung der Genehmigung festzusetzen. ²Die Höchstgebühr beträgt 500 Deutsche Mark. ³Die Landesregierungen, die durch Rechtsverordnung die Landesinnenverwaltungen ermächtigen können, werden ermächtigt, durch Rechtsverordnung einen Gebührenrahmen zu bestimmen.

(3) Landesrechtliche Regelungen über Gebührenbefreiungen bleiben unberührt.

§ 10 Verordnungsermächtigung. Das Bundesministerium der Justiz wird ermächtigt, mit Zustimmung des Bundesrates durch Rechtsverordnung ergänzende Bestimmungen über das Genehmigungsverfahren zu erlassen und die Zuständigkeiten des Präsidenten der Treuhandanstalt einer oder mehreren anderen Stellen des Bundes zu übertragen.

18. Gesetz zur Behandlung von Schuldbuchforderungen gegen die ehemalige Deutsche Demokratische Republik (DDR-Schuldbuchbereinigungsgesetz – SchuldBBerG)[1)]

Vom 27. September 1994

(BGBl. I S. 2624, 2634)

§ 1 Geltungsbereich. (1) Dieses Gesetz regelt Ansprüche, die in der ehemaligen Deutschen Demokratischen Republik ausgehend von der Verordnung über die Schuldbuchordnung für die Deutsche Demokratische Republik vom 2. August 1951 (GBl. Nr. 93 S. 723) nach

1. dem Gesetz über die Entschädigung bei Inanspruchnahmen nach dem Aufbaugesetz – Entschädigungsgesetz – vom 25. April 1960 (GBl. I S. 257),
2. dem Gesetz über die Entschädigung für die Bereitstellung von Grundstücken – Entschädigungsgesetz – vom 15. Juni 1984 (GBl. I S. 209)

begründet wurden.

(2) Dieses Gesetz gilt nicht für Ansprüche aus ehemals gegen die Deutsche Demokratische Republik gerichteten Schuldbuchforderungen, die einer staatlichen Verwaltung unterlagen und aus diesem Grunde bereits gelöscht wurden.

§ 2 Schuldbuchforderungen mit besonderen Vermerken. (1) ¹Bei Schuldbuchforderungen mit besonderen Vermerken können Entschädigungsberechtigte und ihre Gläubiger oder deren Rechtsnachfolger bis spätestens 31. Dezember 1995 Anträge auf Auszahlung ihres Anteils an der Schuldbuchforderung stellen. ²Nach Ablauf dieser Frist erlöschen die Ansprüche.

(2) ¹Die Anträge sind bei den jeweiligen Schuldbuchstellen der Kreditanstalt für den Wiederaufbau, in deren Teilschuldbuch die Schuldbuchforderung eingetragen ist, zu stellen. ²Diese Stellen sind für die Bearbeitung der gestellten Anträge, für die Auszahlung an die Berechtigten sowie für die Löschung der entsprechenden Schuldbuchforderung zuständig.

(3) Der Nachweis der einzelnen Ansprüche ist bei der Antragstellung nach Absatz 1 durch schriftliche Vereinbarungen der Berech-

---

[1)] Verkündet mit Wirkung vom 1. 12. 1994 als Art. 8 Entschädigungs- und Ausgleichsleistungsgesetz vom 27. 9. 1994 (BGBl. I S. 2624, 2634).

tigten mit beglaubigten Unterschriften oder durch eine rechtskräftige gerichtliche Entscheidung zu erbringen.

(4) [1]Wenn die Ansprüche auf Erben übergegangen sind, ist dies durch Erbnachweis gegenüber der Schuldbuchstelle zu belegen. [2]Für die Erteilung eines Erbscheines wird eine Gebühr nicht erhoben, wenn der Erbschein nur für Zwecke der Auszahlung aus Schuldbuchforderungen verwendet werden soll. [3]Bei Abtretungen der Schuldbuchforderung ist der Nachweis durch Vorlage einer entsprechenden Urkunde zu erbringen.

(5) [1]Die Berechtigten haben bei der Antragstellung zu erklären, ob sie für das entschädigte Vermögensobjekt Leistungen nach dem Lastenausgleichsgesetz erhalten haben. [2]Die Kreditanstalt für den Wiederaufbau ist ermächtigt, der Ausgleichsverwaltung über die Tilgung der Schuldbuchforderungen Kontrollmitteilung zu erteilen.

(6) Die in den Absätzen 3 und 4 genannten Nachweise müssen spätestens bis zum 31. Dezember 1996 erbracht sein, andernfalls erlöschen diese Ansprüche entsprechend Absatz 1.

§ 3 Schuldbuchforderungen ohne besondere Vermerke. (1) Ansprüche der Gläubiger aus Schuldbuchforderungen ohne besondere Vermerke, die vorzeitige Zahlungen oder Ratenzahlungen abgelehnt haben und diese nicht erneut anfordern, erlöschen mit Ablauf der Frist nach § 2 Abs. 1.

(2) Ebenso erlöschen die Ansprüche aus Schuldbuchforderungen ohne besondere Vermerke, sofern die Berechtigten bis zum Ablauf der Frist nach § 2 Abs. 1 keine Anträge gestellt haben und die erforderlichen Nachweise nicht rechtzeitig vorgelegen haben.

§ 4 Hinterlegungen aus Schuldbuchforderungen. (1) [1]Hinterlegungen von Beträgen aus Schuldbuchforderungen auf der Grundlage ehemaliger Rechtsbestimmungen der Deutschen Demokratischen Republik werden nicht mehr vorgenommen. [2]Zahlungen auf bestehende Hinerlegungskonten werden eingestellt.

(2) [1]Die bis zum Ablauf des 2. Oktober 1990 auf Hinterlegungskonten eingezahlten Beträge aus Schuldbuchforderungen sind von den Hinterlegungsstellen an den Entschädigungsfonds, und die ab 3. Oktober 1990 eingezahlten Beträge aus Schuldbuchforderungen sind von den Hinterlegungstellen an den Kreditabwicklungsfonds zu überweisen. [2]Etwaige nach Auflösung dieses Fonds verbleibende Beträge stehen dem Erblastentilgungsfonds zu.

§ 5 Restitution. Wurde eine Rückübertragung des Eigentums am Grundstück nach dem Vermögensgesetz verfügt und bestand eine noch nicht voll getilgte Schuldbuchforderung, so hat die zuständige Schuldbuchstelle dieselbe ohne Zahlung des Restbetrages auf der Grundlage des § 7a Abs. 2 des Vermögensgesetzes zu löschen.

DDR-Schuldbuchbereinigungsgesetz §§ 6–9 **SchuldBBerG 18**

§ 6 Schließung der Schuldbücher. (1) Die Schuldbuchstellen der Kreditanstalt für den Wideraufbau haben per 31. Dezember 1995 die Schuldbücher zu schließen.

(2) Ist bis zum 31. Dezember 1995 der Nachweis der Berechtigten über ihre Ansprüche nach § 2 Abs. 3 und 4 nicht erbracht, so ist die Schuldbuchforderung zu löschen und als gesonderte Forderung zu erfassen.

(3) Die Kreditanstalt für den Wiederaufbau hat die nach Absatz 2 erfaßten gesonderten Forderungen aus ehemals gegen die Deutsche Demokratische Republik gerichteten Schuldbuchforderungen zentralisiert zu erfassen und wie Schuldbuchforderungen nach diesem Gesetz zu tilgen.

§ 7 Finanzielle Aufwendungen. Die nach diesem Gesetz verbleibenden finanziellen Aufwendungen, die nach Auflösung des Kreditabwicklungsfonds anfallen, sind vom Erblastentilgungsfonds zu übernehmen.

§ 8 Aktenaufbewahrung. Die Kreditanstalt für den Wiederaufbau hat die Schuldbuchakten der zum 31. Dezember 1995 geschlossenen Schuldbücher sowie die Akten der gesonderten Forderungen nach § 6 Abs. 2 zehn Jahre aufzubewahren.

§ 9 Ausschlußfrist sonstiger Ansprüche aus Schuldbuchforderungen. Mit dem Ablauf des 31. Dezember 1995 erlöschen alle sonstigen in diesem Gesetz nicht genannten Ansprüche aus Schuldbuchforderungen gegen die ehemalige Deutsche Demokratische Republik.

19. Gesetz über die Entschädigung nach dem Gesetz zur Regelung offener Vermögensfragen (Entschädigungsgesetz – EntschG)[1]

Vom 27. September 1994

(BGBl. I S. 2624)

(Auszug)

§ 1 Grundsätze der Entschädigung. (1) ¹Ist Rückgabe nach dem Gesetz zur Regelung offener Vermögensfragen (Vermögensgesetz) ausgeschlossen (§ 4 Abs. 1 und 2, § 6 Abs. 1 Satz 1 und § 11 Abs. 5 des Vermögensgesetzes) oder hat der Berechtigte Entschädigung gewählt (§ 6 Abs. 7, § 8 Abs. 1 und § 11 Abs. 1 Satz 2 des Vermögensgesetzes), besteht ein Anspruch auf Entschädigung. ²Der Entschädigungsanspruch wird durch Zuteilung von übertragbaren Schuldverschreibungen des Entschädigungsfonds (§ 9) erfüllt, die über einen Nennwert von 1000 Deutsche Mark oder einem ganzen Vielfachen davon lauten und ab 1. Januar 2004 mit sechs vom Hundert jährlich verzinst werden. ³Die Zinsen sind jährlich nachträglich fällig, erstmals am 1. Januar 2005. ⁴Die Schuldverschreibungen werden vom Jahr 2004 an in fünf gleichen Jahresraten durch Auslosung – erstmals zum 1. Januar 2004 – getilgt. ⁵Ansprüche auf Herausgabe einer Gegenleistung nach § 7a Abs. 1 des Vermögensgesetzes und Schadensersatz nach § 13 des Vermögensgesetzes sowie Ansprüche auf Wertminderungen nach § 7 des Vermögensgesetzes in der bis zum 22. Juli 1992 geltenden Fassung werden nach Bestandskraft des Bescheides durch Geldleistung erfüllt. ⁶§ 3 des Ausgleichsleistungsgesetzes gilt entsprechend.

(1a) Ein Anspruch auf Entschädigung besteht im Fall der Einziehung von im Beitrittsgebiet belegenen Vermögenswerten durch Entscheidung eines ausländischen Gerichts auch, wenn hinsichtlich der mit der Entscheidung verbundenen Freiheitsentziehung eine Bescheinigung nach § 10 Abs. 4 des Häftlingshilfegesetzes erteilt worden ist.

(2) ¹Absatz 1 gilt auch, wenn der nach § 3 Abs. 2 des Vermögensgesetzes von der Rückübertragung Ausgeschlossene den Vermögenswert in redlicher Weise erworben hatte. ²Absatz 1 gilt ferner für Begünstigte (§ 18b Abs. 1 Satz 1 des Vermögensgesetzes) früherer dinglicher Rechte an Grundstücken, die mangels Rückgabe des früher belasteten Vermögenswertes oder wegen Rückgabe nach § 6 des Vermögensgesetzes nicht wieder begründet und nicht abgelöst wer-

---

[1] Verkündet mit Wirkung vom 1. 12. 1994 als Art. 1 Entschädigungs- und Ausgleichsleistungsgesetz vom 27. 9. 1994 (BGBl. I S. 2624).

Entschädigungsgesetz **§ 2 EntschG 19**

den. ³Ist eine Forderung des Begünstigten, die der früheren dinglichen Sicherung zugrunde lag, vor der bestandskräftigen Entscheidung über den Entschädigungsanspruch erfüllt worden, entfällt der Anspruch auf Entschädigung. ⁴Mit der bestandskräftigen Entscheidung über den Entschädigungsanspruch erlischt die Forderung.

(3) Für Grundstücke im Sinne des § 1 Abs. 2 des Vermögensgesetzes, die durch Eigentumsverzicht, Schenkung oder Erbausschlagung in Volkseigentum übernommen wurden, wird keine Entschädigung gewährt.

(4) Eine Entschädigung wird nicht gewährt

1. für private geldwerte Ansprüche im Sinne des § 5, bei denen der Schadensbetrag nach § 245 des Lastenausgleichsgesetzes insgesamt 10000 Reichsmark nicht übersteigt und für die den Berechtigten oder seinem Gesamtrechtsvorgänger Ausgleichsleistungen nach dem Lastenausgleichsgesetz gewährt wurden. ²Dies gilt nicht, wenn im Schadensbetrag auch andere Vermögensverluste berücksichtigt sind. ³Die Rückforderung des Lastenausgleichs nach § 349 des Lastenausgleichsgesetzes entfällt;

2. für Vermögensverluste, bei denen die Summe der Bemessungsgrundlagen insgesamt 1000 Deutsche Mark nicht erreicht, ausgenommen buchmäßig nachgewiesene Geldbeträge;

3. für Vermögensverluste, für die der Berechtigte oder sein Gesamtrechtsvorgänger bereits eine Entschädigung nach einem Pauschalentschädigungsabkommen der ehemaligen Deutschen Demokratischen Republik oder der Bundesrepublik Deutschland erhalten hat oder für die ihm eine Entschädigung nach diesen Abkommen zusteht.

(5) In den Fällen des § 1 Abs. 6 des Vermögensgesetzes besteht ein Entschädigungsanspruch nach Maßgabe des NS-Verfolgtenentschädigungsgesetzes.

§ 2 Berechnung der Höhe der Entschädigung. (1) ¹Die Höhe der Entschädigung bestimmt sich nach der Bemessungsgrundlage (§§ 3 bis 5), von welcher gegebenenfalls

1. Verbindlichkeiten nach § 3 Abs. 4,

2. erhaltene Gegenleistungen oder Entschädigungen nach § 6,

3. der Zeitwert von nach § 6 Abs. 6a des Vermögensgesetzes zurückgegebenen Vermögensgegenständen nach § 4 Abs. 4, oder

4. Kürzungsbeträge nach § 7

abgezogen werden. ²Von der nach den Nummern 1 bis 4 gekürzten Bemessungsgrundlage wird Lastenausgleich nach § 8 abgezogen.

(2) Entschädigungen über 1000 Deutsche Mark werden auf Tausend oder das nächste Vielfache von Tausend nach unten abgerundet.

19 EntschG § 3

§ 3 Bemessungsgrundlage der Entschädigung für Grundvermögen und land- und forstwirtschaftliches Vermögen. (1) [1]Bemessungsgrundlage der Entschädigung für Grundvermögen einschließlich Gebäudeeigentum sowie für land- und forstwirtschaftliches Vermögen ist

1. bei land- und forstwirtschaftlichen Flächen das 3fache,
2. bei Mietwohngrundstücken mit mehr als zwei Wohnungen das 4,8fache,
3. bei gemischtgenutzten Grundstücken, die zu mehr als 50 vom Hundert Wohnzwecken dienen, das 6,4fache,
4. bei Geschäftsgrundstücken, Mietwohngrundstücken mit zwei Wohnungen, nicht unter Nummer 3 fallenden gemischtgenutzten Grundstücken, Einfamilienhäusern und sonstigen bebauten Grundstücken das 7fache,
5. bei unbebauten Grundstücken das 20fache

des vor der Schädigung zuletzt festgestellten Einheitswertes. [2]Bei Grundstücken, für die ein Abgeltungsbetrag nach der Verordnung über die Aufhebung der Gebäudeentschuldungssteuer vom 31. Juli 1942 (RGBl. I S. 501) entrichtet worden ist, ist dieser dem Einheitswert hinzuzurechnen. [3]Ist der Abgeltungsbetrag nicht mehr bekannt, so ist der Einheitswert um ein Fünftel zu erhöhen.

(2) [1]Ist ein Einheitswert nicht festgestellt worden oder nicht mehr bekannt, aber im Verfahren nach dem Beweissicherungs- und Feststellungsgesetz ein Ersatzeinheitswert ermittelt worden, so ist dieser maßgebend. [2]Er wird der zuständigen Behörde von der Ausgleichsverwaltung im Wege der Amtshilfe mitgeteilt.

(3) [1]Ist weder ein Einheitswert noch ein Ersatzeinheitswert vorhanden oder sind zwischen dem Bewertungszeitpunkt und der Schädigung Veränderungen der tatsächlichen Verhältnisse des Grundstücks eingetreten, deren Berücksichtigung zu einer Abweichung um mehr als ein Fünftel, mindestens aber 1000 Deutsche Mark führt, berechnet das Amt oder das Landesamt zur Regelung offener Vermögensfragen einen Hilfswert nach den Vorschriften des Reichsbewertungsgesetzes vom 16. Oktober 1934 (RGBl I S. 1035) in der Fassung des Bewertungsgesetzes der Deutschen Demokratischen Republik vom 18. September 1970 (Sonderdruck Nr. 674 des Gesetzblattes). [2]Absatz 1 Satz 2 und 3 gilt entsprechend. [3]Bei Vorliegen von Wiederaufnahmegründen im Sinne des § 580 der Zivilprozeßordnung ist auf Antrag ein solcher Hilfswert zu bilden.

(4) [1]Langfristige Verbindlichkeiten, die im Zeitpunkt der Schädigung mit Vermögen im Sinne des Absatzes 1 Satz 1 in wirtschaftlichem Zusammenhang standen oder an solchem Vermögen dinglich gesichert waren, sind in Höhe ihres zu diesem Zeitpunkt valutierenden Betrages abzuziehen. [2]Als valutierender Betrag gilt der Nenn-

Entschädigungsgesetz **§ 4 EntschG 19**

wert des früheren Rechts vorbehaltlich des Nachweises von Tilgungsleistungen oder anderer Erlöschensgründe seitens des Berechtigten. ³Dies gilt für Verbindlichkeiten aus Aufbaukrediten nur, wenn eine der Kreditaufnahme zuzuordnende Baumaßnahme zu einer Erhöhung der Bemessungsgrundlage geführt hat. ⁴Die Höhe des Abzugsbetrages bemißt sich nach § 18 Abs. 2 des Vermögensgesetzes. ⁵Verpflichtungen auf wiederkehrende Leistungen sind mit dem Kapitalwert nach den §§ 15 bis 17 des in Absatz 3 genannten Bewertungsgesetzes abzuziehen. ⁶Sonstige dingliche Belastungen sind entsprechend zu berücksichtigen.

(5) Sind in den Einheits-, Ersatzeinheits- oder Hilfswert für land- und forstwirtschaftliches Vermögen Betriebsmittel oder Gebäude einbezogen, die dem Eigentümer des Grund und Bodens nicht gehören, sind die Wertanteile am Gesamtwert festzustellen und jeweils gesondert zu entschädigen.

(6) Für land- und forstwirtschaftliches Vermögen gelten § 4 Abs. 4 und § 8 Abs. 2 entsprechend.

§ 4 Bemessungsgrundlage der Entschädigung für Unternehmen.

(1) ¹Bemessungsgrundlage der Entschädigung für Unternehmen oder Anteile an Unternehmen mit Ausnahme von land- und forstwirtschaftlichen Betrieben, die bis einschließlich 31. Dezember 1952 enteignet wurden, ist das 1,5fache des im Hauptfeststellungszeitraum vor der Schädigung zuletzt festgestellten Einheitswertes. ²Ist ein Einheitswert nicht festgestellt worden oder nicht mehr bekannt, oder ist das Unternehmen ab 1. Januar 1953 enteignet worden, und ist ein Ersatzeinheitswert nach dem Beweissicherungs- und Feststellungsgesetz ermittelt worden, ist das 1,5fache dieses Wertes maßgebend; der Ersatzeinheitswert wird dem zuständigen Landesamt zur Regelung offener Vermögensfragen von der Ausgleichsverwaltung im Wege der Amtshilfe mitgeteilt. ³Die Sätze 1 und 2 gelten nicht, wenn Wiederaufnahmegründe im Sinne des § 580 der Zivilprozeßordnung vorliegen und wenn deren Berücksichtigung bei einer Bemessung nach Absatz 2 zu einem Wert führt, der um mehr als ein Fünftel, mindestens aber 1000 Mark vom Einheitswert oder Ersatzeinheitswert abweicht.

(2) ¹Ist kein verwertbarer Einheitswert oder Ersatzeinheitswert vorhanden, so ist er ersatzweise aus dem Unterschiedsbetrag zwischen dem Anlage- und Umlaufvermögen des Unternehmens und denjenigen Schulden, die mit der Gesamtheit oder mit einzelnen Teilen des Unternehmens in wirtschaftlichem Zusammenhang stehen (Reinvermögen), zu ermitteln. ²Das Reinvermögen ist anhand der Bilanz für den letzten Stichtag vor der Schädigung oder einer sonstigen beweiskräftigen Unterlage nach folgenden Maßgaben festzustellen:

19 EntschG § 5 Entschädigungsgesetz

1. Betriebsgrundstücke sowie Mineralgewinnungsrechte sind mit dem Einheitswert, dem Ersatzeinheitswert oder einem Hilfswert nach § 3 Abs. 3 anzusetzen. ²§ 3 Abs. 4 gilt entsprechend.
2. Wertausgleichsposten für den Verlust von Wirtschaftsgütern im Zuge der Kriegsereignisse bleiben außer Ansatz.
3. Forderungen, Wertpapiere und Geldbestände sind im Verhältnis 2 zu 1 umzuwerten.
4. Sonstiges Anlage- und Umlaufvermögen ist mit 80 vom Hundert des Wertansatzes in Bilanzen oder sonstigen beweiskräftigen Unterlagen zu berücksichtigen, sofern sich diese auf Wertverhältnisse seit dem 1. Januar 1952 beziehen.
5. Mit Wirtschaftsgütern im Sinne der Nummern 3 und 4 in unmittelbarem Zusammenhang stehende Betriebsschulden sind im dort genannten Verhältnis zu mindern.

³Soweit ein unmittelbarer Zusammenhang zwischen bestimmten Wirtschaftsgütern und bestimmten Betriebsschulden nicht besteht, sind die Schulden den einzelnen Wirtschaftsgütern anteilig zuzuordnen.

(2a) Bei Unternehmen mit höchstens 10 Mitarbeitern einschließlich mitarbeitender Familienmitglieder ist auf Antrag des Berechtigten die Bemessungsgrundlage anstelle von Absatz 1 oder 2 mit dem siebenfachen Einheitswert des zum Betriebsvermögen gehörenden Geschäftsgrundstücks zuzüglich des sonstigen nach Absatz 2 Satz 2 Nr. 2 bis 5 und Satz 3 zu bewertenden Betriebsvermögens zu ermitteln.

(3) Ist eine Bemessungsgrundlage nach den Absätzen 1 und 2 nicht zu ermitteln, so ist sie zu schätzen.

(4) ¹Hat der Berechtigte nach § 6 Abs. 6a Satz 1 des Vermögensgesetzes einzelne Vermögensgegenstände zurückbekommen, so ist deren Wert im Zeitpunkt der Rückgabe von der Bemessungsgrundlage für die Entschädigung des Unternehmens abzuziehen. ²Dieser ist zu mindern

1. um den Wert der nach § 6 Abs. 6a Satz 2 des Vermögensgesetzes übernommenen Schulden oder
2. um etwaige Rückzahlungsverpflichtungen nach § 6 Abs. 6a Satz 1 2. Halbsatz des Vermögensgesetzes oder § 6 Abs. 5c Satz 3 des Vermögensgesetzes.

§ 5 Bemessungsgrundlage der Entschädigung für Forderungen und Schutzrechte. (1) ¹Bemessungsgrundlage der Entschädigung von privaten geldwerten Ansprüchen, z. B. Kontoguthaben, hypothekarisch gesicherte Forderungen, Hinterlegungsbeträge und Geschäftsguthaben bei Genossenschaften, die durch Abführung an den Staatshaushalt enteignet wurden, ist vorbehaltlich des Satzes 2 der im

Entschädigungsgesetz **§ 6 EntschG 19**

Verhältnis 2 zu 1 auf Deutsche Mark umgestellte buchmäßige Betrag im Zeitpunkt der Schädigung. [2]Für in Reichsmark ausgewiesene Beträge gilt § 2 Abs. 2 des Ausgleichsleistungsgesetzes, wenn die Schädigung vor dem 24. Juni 1948 erfolgte. [3]Ist der bei der Aufhebung der staatlichen Verwaltung oder der am 31. Dezember 1992 ausgewiesene Betrag höher, gilt dieser, es sei denn, die Erhöhung rührt aus der Veräußerung eines Vermögenswertes her, der jetzt an den Berechtigten zurückübertragen worden ist. [4]Eine rückwirkende Verzinsung findet nicht statt. [5]Öffentlich-rechtliche Verbindlichkeiten, die schon vor der Inverwaltungnahme entstanden waren, danach angefallene Erbschaftsteuer sowie privatrechtliche Verbindlichkeiten, insbesondere Unterhaltsschulden des Kontoinhabers, bleiben abgezogen. [6]Für nicht enteignete Kontoguthaben beläuft sich die Bemessungsgrundlage der Entschädigung auf den entsprechenden Unterschiedsbetrag.

(2) Entschädigungsansprüche werden nach Maßgabe der verfügbaren Mittel des Entschädigungsfonds bis zum Betrag von 10 000 Deutsche Mark in voller Höhe erfüllt.

(3) [1]Ansprüche aus nach dem 23. Juni 1948 enteigneten Lebensversicherungen sind mit 50 vom Hundert ihres auf Deutsche Mark der Deutschen Notenbank, Mark der Deutschen Notenbank oder Mark der Deutschen Demokratischen Republik lautenden Rückkaufswertes zu bemessen. [2]Kann ein Rückkaufswert zum Zeitpunkt des Eingriffs nicht nachgewiesen werden, ist die Bemessungsgrundlage hilfsweise ein Neuntel der in Reichsmark geleisteten Beträge oder ein Drittel der in Mark der Deutschen Notenbank geleisteten Beträge.

(4) Ansprüche aus Nießbrauch und aus Rechten auf Renten, Altenteile sowie andere wiederkehrende Nutzungen und Leistungen sind mit dem Kapitalwert nach den §§ 15 bis 17 des in § 3 Abs. 3 genannten Bewertungsgesetzes anzusetzen.

(5) Gewerbliche Schutzrechte, Urheberrechte sowie verwandte Schutzrechte sind mit dem Betrag zu entschädigen, der sich unter Zugrundelegung der durchschnittlichen Jahreserträge und der tatsächlichen Verwertungsdauer nach der Schädigung als Kapitalwert nach § 15 des in § 3 Abs. 3 genannten Bewertungsgesetzes ergibt.

§ 6 Anrechnung einer erhaltenen Gegenleistung oder einer Entschädigung. (1) [1]Hat der Berechtigte nach § 2 Abs. 1 des Vermögensgesetzes oder sein Gesamtrechtsvorgänger für den zu entschädigenden Vermögenswert eine Gegenleistung oder eine Entschädigung erhalten, so ist diese einschließlich zugeflossener Zinsen unter Berücksichtigung des Umstellungsverhältnisses von zwei Mark der Deutschen Demokratischen Republik zu einer Deutschen Mark von der Bemessungsgrundlage abzuziehen. [2]Dies gilt nicht, wenn die Gegenleistung an den Verfügungsberechtigten schon herausgegeben oder noch herauszugeben ist. [3]Ist die Gegenleistung oder die Entschädigung dem Berechtigten, einem Anteilsberechtigten oder deren Gesamtrechtsvorgänger nicht oder nur teilweise zugeflossen, ist dies bei der Ermittlung des Abzugsbetrages zu berücksichtigen; Beträge, die mit rechtsbeständigen Verbindlichkeiten des Berechtigten wie Unterhaltsschulden, Darlehensforderungen, nichtdiskriminierenden Gebühren oder Steuern verrechnet wurden, gelten als ihm zugeflossen.

(2) Ist der Berechtigte eine juristische Person oder eine Personengesellschaft des Handelsrechts und ist die Gegenleistung oder die Entschädigung einem Anteilsberechtigten gewährt worden, so gilt diese für die Zwecke der Anrechnung als dem Berechtigten zugeflossen.

§ 7 Kürzungsbeträge. (1) Übersteigt die auf einen Berechtigten entfallende Summe aus Bemessungsgrundlage und Abzügen nach § 3 Abs. 4, § 4 Abs. 4 sowie § 6 den Betrag von 10000 Deutsche Mark, so ist die Entschädigung um jeweils folgende Beträge zu kürzen:
– der 10000 Deutsche Mark übersteigende, bis 20000 Deutsche Mark reichende Betrag um 30 vom Hundert,
– der 20000 Deutsche Mark übersteigende, bis 30000 Deutsche Mark reichende Betrag um 40 vom Hundert,
– der 30000 Deutsche Mark übersteigende, bis 40000 Deutsche Mark reichende Betrag um 50 vom Hundert,
– der 40000 Deutsche Mark übersteigende, bis 50000 Deutsche Mark reichende Betrag um 60 vom Hundert,
– der 50000 Deutsche Mark übersteigende, bis 100000 Deutsche Mark reichende Betrag um 70 vom Hundert,
– der 100000 Deutsche Mark übersteigende, bis 500000 Deutsche Mark reichende Betrag um 80 vom Hundert,
– der 500000 Deutsche Mark übersteigende, bis 1 Million Deutsche Mark reichende Betrag um 85 vom Hundert,
– der 1 Million Deutsche Mark übersteigende, bis 3 Millionen Deutsche Mark reichende Betrag um 90 vom Hundert,
– der 3 Millionen Deutsche Mark übersteigende Betrag um 95 vom Hundert.

(2) [1]Hat ein Berechtigter Ansprüche auf Entschädigung oder auf Ausgleichsleistung nach dem Ausgleichsleistungsgesetz für mehrere Vermögenswerte, ist Absatz 1 auf deren Summe anzuwenden. [2]Die Kürzung wird im nachfolgenden Bescheid vorgenommen. [3]Ist ein Vermögenswert zu entschädigen, der zum Zeitpunkt der Entziehung mehreren Berechtigten zu Bruchteilen oder zur gesamten Hand zugestanden hat, ist Absatz 1 auf jeden Anteil gesondert anzuwenden. [4]Bei mehreren Rechtsnachfolgern eines Berechtigten steht diesen nur ihr Anteil an der nach Absatz 1 gekürzten Entschädigung zu.

(3) Ist die Kürzung nach Absatz 2 Satz 1 insbesondere wegen der Zuständigkeit verschiedener Ämter oder Landesämter zur Regelung

Entschädigungsgesetz **§§ 8–12 EntschG 19**

offener Vermögensfragen unterblieben, setzt die zuständige Behörde, die zuletzt entschieden hat, den Gesamtentschädigungsbetrag fest.

§ 8 Abzug von Lastenausgleich. (1) [1]Hat der Berechtigte nach § 2 Abs. 1 des Vermögensgesetzes oder sein Gesamtrechtsvorgänger für zu entschädigende Vermögenswerte, für die ein Schadensbetrag nach § 245 des Lastenausgleichsgesetzes ermittelt oder für die ein Sparerzuschlag nach § 249a des Lastenausgleichsgesetzes zuerkannt wurde, Hauptentschädigung nach dem Lastenausgleichsgesetz erhalten, ist von der nach § 7 gekürzten Bemessungsgrundlage der von der Ausgleichsverwaltung nach den Vorschriften des Lastenausgleichsgesetzes bestandskräftig festgesetzte Rückforderungsbetrag abzuziehen. [2]Die der Ausgleichsverwaltung von der zuständigen Behörde mitgeteilte nach § 7 gekürzte Bemessungsgrundlage gilt als Schadensausgleichsleistung in Geld im Sinne des § 349 Abs. 3 des Lastenausgleichsgesetzes.

(2) § 6 Abs. 2 gilt für den Abzug von Lastenausgleich entsprechend.

§ 9 Entschädigungsfonds. (1) [1]Entschädigungen nach diesem Gesetz, Ausgleichsleistungen nach den §§ 1 bis 3 des Ausgleichsleistungsgesetzes, Entschädigungen nach dem NS-Verfolgtenentschädigungsgesetz sowie Leistungen nach dem Vertriebenenzuwendungsgesetz werden aus einem nicht rechtsfähigen Sondervermögen des Bundes (Entschädigungsfonds) erbracht. [2]Der Entschädigungsfonds ist ein Sondervermögen im Sinne des Artikels 110 Abs. 1 und des Artikels 115 Abs. 2 des Grundgesetzes; Artikel 115 Abs. 1 Satz 2 des Grundgesetzes findet auf den Entschädigungsfonds keine Anwendung. [3]Das Sondervermögen ist von dem übrigen Vermögen des Bundes, seinen Rechten und Verbindlichkeiten getrennt zu halten. [4]Der Bund haftet für die Verbindlichkeiten des Entschädigungsfonds.

(2)–(8) *(Vom Abdruck wurde abgesehen)*

§§ 10, 11. *(Vom Abdruck wurde abgesehen)*

§ 12 Zuständigkeit und Verfahren. (1) [1]Für die Durchführung dieses Gesetzes gelten die Bestimmungen des Vermögensgesetzes entsprechend. [2]Ist ein Anspruch auf Rückübertragung des Eigentums aus den Gründen des § 3 Abs. 2 des Vermögensgesetzes unanfechtbar abgewiesen worden, entscheidet das Amt oder Landesamt zur Regelung offener Vermögensfragen auf Antrag des Betroffenen über dessen Anspruch auf Entschädigung nach § 1 Abs. 2 Satz 1. [3]Der Antrag kann vorbehaltlich des Satzes 4 nur bis zum Ablauf des sechsten Monats nach Eintritt der Bestandskraft oder Rechtskraft der Entscheidung nach dem Vermögensgesetz gestellt werden (Ausschluß-

19 EntschG § 12   Entschädigungsgesetz

frist). ⁴Die Antragsfrist endet frühestens mit Ablauf des sechsten Monats nach Inkrafttreten des Gesetzes.

(2) ¹In den Fällen des § 10 Nr. 3, 7, 8, 9 und 11 setzen die für die Entscheidung über die Entschädigung zuständigen Stellen als Vertreter des Entschädigungsfonds den an diesen abzuführenden Betrag durch Verwaltungsakt gegenüber dem Verpflichteten fest. ²Der Entschädigungsfonds kann den Abführungsbetrag selbst festsetzen.

20. Gesetz über staatliche Ausgleichsleistungen für Enteignungen auf besatzungsrechtlicher oder besatzungshoheitlicher Grundlage, die nicht mehr rückgängig gemacht werden können (Ausgleichsleistungsgesetz – AusglLeistG)[1]

Vom 27. September 1994

(BGBl. I S. 2624)

§ 1 Anspruch auf Ausgleichsleistung. (1) ¹Natürliche Personen, die Vermögenswerte im Sinne des § 2 Abs. 2 des Gesetzes zur Regelung offener Vermögensfragen (Vermögensgesetz) durch entschädigungslose Enteignungen auf besatzungsrechtlicher oder besatzungshoheitlicher Grundlage in dem in Artikel 3 des Einigungsvertrages genannten Gebiet (Beitrittsgebiet) verloren haben, oder ihre Erben oder weiteren Erben (Erbeserben) erhalten eine Ausgleichsleistung nach Maßgabe dieses Gesetzes. ²§ 1 Abs. 7 des Vermögensgesetzes bleibt unberührt.

(1a) ¹Ein Anspruch auf Ausgleichsleistung besteht im Fall der Einziehung von im Beitrittsgebiet belegenen Vermögenswerten durch Entscheidung eines ausländischen Gerichts auch, wenn hinsichtlich der mit der Entscheidung verbundenen Freiheitsentziehung eine Bescheinigung nach § 10 Abs. 4 des Häftlingshilfegesetzes erteilt worden ist. ²§ 1 Abs. 7 des Vermögensgesetzes bleibt unberührt.

(2) ¹Ein Eingriff auf besatzungsrechtlicher oder besatzungshoheitlicher Grundlage liegt bei der Enteignung von Vermögen einer Gesellschaft oder einer Genossenschaft vor, wenn diese zu einer Minderung des Wertes der Anteile an der Gesellschaft oder der Geschäftsguthaben der Mitglieder der Genossenschaft geführt hat. ²Das gleiche gilt für Begünstigte (§ 18b Abs. 1 Satz 1 des Vermögensgesetzes) früherer dinglicher Rechte an Grundstücken, die auf besatzungsrechtlicher oder besatzungshoheitlicher Grundlage enteignet wurden. ³§ 1 Abs. 2 Satz 3 und 4 des Entschädigungsgesetzes gilt entsprechend. ⁴Ist das Vermögen einer Familienstiftung oder eines Familienvereins mit Sitz im Beitrittsgebiet enteignet worden, sind den daran Beteiligten Ausgleichsleistungen so zu gewähren, als wären sie an dem Vermögen der Familienstiftung oder des Familienvereins zur gesamten Hand berechtigt gewesen; die Achtzehnte Verordnung zur Durchführung des Feststellungsgesetzes vom 11. November 1964 (BGBl. I S. 855) gilt entsprechend.

---

[1] Verkündet mit Wirkung vom 1. 12. 1994 als Art. 2 Entschädigungs- und Ausgleichsleistungsgesetz vom 27. 9. 1994 (BGBl. I S. 2624).

20 AusglLeistG § 1   Ausgleichsleistungsgesetz

(3) Ausgleichsleistungen werden nicht gewährt für

1. Schäden, die durch Wegnahme von Wirtschaftsgütern auf Veranlassung der Besatzungsmacht entstanden sind, sofern diese Wirtschaftsgüter der Volkswirtschaft eines fremden Staates zugeführt wurden oder bei der Wegnahme eine dahingehende Absicht bestand (Reparationsschäden im Sinne des § 2 Abs. 1 bis 4 und 6 bis 7 des Reparationsschädengesetzes),

2. Schäden, die dadurch entstanden sind, daß Wirtschaftsgüter, die tatsächlich oder angeblich während des Zweiten Weltkrieges aus den von deutschen Truppen besetzten oder unmittelbar oder mittelbar kontrollierten Gebieten beschafft oder fortgeführt worden sind, durch Maßnahmen oder auf Veranlassung der Besatzungsmacht in der Absicht oder mit der Begründung weggenommen worden sind, sie in diese Gebiete zu bringen oder zurückzuführen (Restitutionsschäden im Sinne des § 3 des Reparationsschädengesetzes),

3. Schäden, die dadurch entstanden sind, daß Wirtschaftsgüter zum Zwecke der Beseitigung deutschen Wirtschaftspotentials zerstört, beschädigt oder, ohne daß die sonstigen Voraussetzungen des § 2 Abs. 1 des Reparationsschädengesetzes vorliegen, weggenommen worden sind (Zerstörungsschäden im Sinne des § 4 des Reparationsschädengesetzes),

4. Verluste an den im Allgemeinen Kriegsfolgengesetz in der im Bundesgesetzblatt Teil III, Gliederungsnummer 653-1, veröffentlichten bereinigten Fassung genannten Vermögenswerten.

5. Gläubigerverluste, die im Zusammenhang mit der Neuordnung des Geldwesens im Beitrittsgebiet stehen,

6. verbriefte Rechte, die der Wertpapierbereinigung unterlagen oder unterliegen,

7. auf ausländische Währung lautende Wertpapiere,

8. Schuldverschreibungen von Gebietskörperschaften und

9. Ansprüche, die in § 1 Abs. 8 Buchstabe c und d des Vermögensgesetzes genannt sind.

(4) Leistungen nach diesem Gesetz werden nicht gewährt, wenn der nach den Absätzen 1 und 2 Berechtigte oder derjenige, von dem er seine Rechte ableitet, oder das enteignete Unternehmen gegen die Grundsätze der Menschlichkeit oder Rechtsstaatlichkeit verstoßen, in schwerwiegendem Maße seine Stellung zum eigenen Vorteil oder zum Nachteil anderer mißbraucht oder dem nationalsozialistischen oder dem kommunistischen System in der sowjetisch besetzten Zone oder in der Deutschen Demokratischen Republik erheblichen Vorschub geleistet hat.

Ausgleichsleistungsgesetz　　　　　　　**§§ 2, 3 AusglLeistG 20**

§ 2 Art und Höhe der Ausgleichsleistung. (1) [1]Ausgleichsleistungen sind vorbehaltlich der §§ 3 und 5 aus dem Entschädigungsfonds nach Maßgabe der §§ 1 und 9 des Entschädigungsgesetzes zu erbringen. [2]Sie werden, soweit dieses Gesetz nicht besondere Regelungen enthält, nach den §§ 1 bis 8 des Entschädigungsgesetzes bemessen und erfüllt. [3]Beim Zusammentreffen mit Entschädigungen nach dem Vermögensgesetz sind die einzelnen Ansprüche vor Anwendung des § 7 des Entschädigungsgesetzes zusammenzurechnen.

(2) Auf Reichsmark lautende privatrechtliche geldwerte Ansprüche, die nicht in einen Einheitswert einbezogen sind, sind mit folgendem Anteil am jeweiligen Nennbetrag zu bemessen:

– für die ersten 100 Reichsmark: 50 vom Hundert,
– für den übersteigenden Betrag bis 1000 Reichsmark: 10 vom Hundert,
– für 1000 Reichsmark übersteigende Beträge: 5 vom Hundert.

(3) Auf Deutsche Mark der Deutschen Notenbank lautende privatrechtliche geldwerte Ansprüche sind mit 50 vom Hundert ihres jeweiligen Nennbetrages zu bemessen.

(4) [1]Die Bemessungsgrundlage für in Wertpapieren verbriefte Forderungen ist gemäß § 16 des Beweissicherungs- und Feststellungsgesetzes in der bis zum 30. Juli 1992 geltenden Fassung und § 17 des Feststellungsgesetzes zu ermitteln. [2]Die Ausgleichsleistung beträgt fünf vom Hundert der Bemessungsgrundlage. [3]Lauten Wertpapiere im Sinne des Satzes 1 auf Mark der Deutschen Notenbank, sind die Ausgleichsleistungen mit 50 vom Hundert zu bemessen.

(5) Die Summe der Ausgleichsleistungen nach den Absätzen 2 bis 4 darf 10000 Deutsche Mark nicht überschreiten.

(6) Die Bemessungsgrundlage für Rechte, die einen Anteil am Kapital eines Unternehmens vermitteln, ist der Teilbetrag der nach § 4 des Entschädigungsgesetzes zu ermittelnden Bemessungsgrundlage, der dem Verhältnis des Nennbetrages des Anteils zum Gesamtnennbetrag des Kapitals entspricht.

(7) Keine Ausgleichsleistungen sind zu gewähren, soweit die Forderungs- oder Anteilsrechte nach den Absätzen 2 bis 6 gegen den ursprünglichen Schuldner oder seinen Rechtsnachfolger wieder durchsetzbar geworden sind.

§ 3 Flächenerwerb. (1) Wer am 1. Oktober 1996 ehemals volkseigene, von der Treuhandanstalt zu privatisierende landwirtschaftliche Flächen langfristig gepachtet hat, kann diese Flächen nach Maßgabe der folgenden Absätze 2 bis 4 und 7 erwerben.

(2) [1]Berechtigt sind natürliche Personen, die auf den in Absatz 1 genannten Flächen ihren ursprünglichen Betrieb wieder eingerichtet haben und ortsansässig sind (Wiedereinrichter) oder einen Betrieb

neu eingerichtet haben und am 3. Oktober 1990 ortsansässig waren (Neueinrichter) und diesen Betrieb allein oder als unbeschränkt haftender Gesellschafter in einer Personengesellschaft selbst bewirtschaften. ²Dies gilt auch für juristische Personen des Privatrechts, die ein landwirtschaftliches Unternehmen betreiben, die Vermögensauseinandersetzung gemäß den §§ 44ff. des Landwirtschaftsanpassungsgesetzes in der Fassung der Bekanntmachung vom 3. Juli 1991 (BGBl. I S. 1418), das zuletzt durch Gesetz vom 31. März 1994 (BGBl. I S. 736) geändert worden ist, nach Feststellung durch die zuständige Landesbehörde ordnungsgemäß durchgeführt haben und deren Anteilswerte zu mehr als 75 vom Hundert von natürlichen Personen gehalten werden, die bereits am 3. Oktober 1990 ortsansässig waren. ³Wiedereinrichter im Sinne des Satzes 1 sind auch solche natürlichen Personen, bei denen die Rückgabe ihres ursprünglichen land- und forstwirtschaftlichen Betriebs aus rechtlichen oder tatsächlichen Gründen ausgeschlossen ist, sowie natürliche Personen, denen land- und forstwirtschaftliche Vermögenswerte durch Enteignung auf besatzungsrechtlicher oder besatzungshoheitlicher Grundlage entzogen worden sind. ⁴Berechtigt sind auch Gesellschafter der nach Satz 2 berechtigten juristischen Personen, die am 3. Oktober 1990 ortsansässig waren, hauptberuflich in dieser Gesellschaft tätig sind und sich verpflichten, den von ihrer Gesellschaft mit der für die Privatisierung zuständigen Stelle eingegangenen Pachtvertrag bis zu einer Gesamtlaufzeit von 18 Jahren zu verlängern und mit diesen Flächen für Verbindlichkeiten der Gesellschaft zu haften.

(3) ¹Nach Absatz 2 Satz 1 bis 3 Berechtigte können vorbehaltlich der Sätze 2 bis 4 bis zu 600 000 Ertragsmeßzahlen erwerben. ²Soweit die Flächen von einer Personengesellschaft langfristig gepachtet sind, können die nach Absatz 2 berechtigten Gesellschafter insgesamt Flächen bis zur Obergrenze nach Satz 1 erwerben. ³Soweit eine nach Absatz 2 berechtigte juristische Person die Obergrenze nach Satz 1 nicht ausgeschöpft hat, können deren nach Absatz 2 Satz 4 berechtigte Gesellschafter die verbleibenden Ertragsmeßzahlen nach näherer Bestimmung durch die Gesellschaft erwerben. ⁴Die Erwerbsmöglichkeit nach Absatz 1 besteht, soweit ein Eigentumsanteil von 50 vom Hundert der landwirtschaftlich genutzten Fläche nicht überschritten wird; auf den Eigentumsanteil sind die einer Gesellschaft und ihren Gesellschaftern gehörenden Flächen anzurechnen; auch nach Absatz 5 zustehende oder bereits erworbene Flächen werden auf den Vomhundertsatz und auf die Ertragsmeßzahlen angerechnet.

(4) Berechtigte nach Absatz 2 Satz 1 bis 3 können ehemals volkseigene, von der Treuhandanstalt zu privatisierende Waldflächen bis zu 100 ha zusätzlich zu landwirtschaftlichen Flächen erwerben, falls dies unter Berücksichtigung des vorgelegten Betriebskonzepts eine sinnvolle Ergänzung des landwirtschaftlichen Betriebsteils darstellt und nachgewiesen wird, daß der landwirtschaftliche Betrieb im wesent-

Ausgleichsleistungsgesetz **§ 3 AusglLeistG 20**

lichen auf eigenen oder für mindestens zwölf Jahre gepachteten Flächen wirtschaftet.

(5) [1]Natürliche Pesonen, denen land- oder forstwirtschaftliches Vermögen entzogen worden ist und bei denen die Rückgabe ihres ursprünglichen Betriebes aus rechtlichen oder tatsächlichen Gründen ausgeschlossen ist oder denen solche Vermögenswerte durch Enteignung auf besatzungsrechtlicher oder besatzungshoheitlicher Grundlage entzogen worden sind und die nicht nach den Absätzen 1 und 2 berechtigt sind, können ehemals volkseigene, von der Treuhandanstalt zu privatisierende landwirtschaftliche Flächen und Waldflächen erwerben, die nicht für einen Erwerb nach den Absätzen 1 bis 4 in Anspruch genommen werden. [2]Landwirtschaftliche Flächen können nur bis zur Höhe der halben Ausgleichsleistung nach § 2 Abs. 1 Satz 1 des Entschädigungsgesetzes, höchstens aber bis zu 300000 Ertragsmaßzahlen, Waldflächen bis zur Höhe der verbleibenden Ausgleichsleistung erworben werden. [3]Dies gilt nicht, soweit die Ausgleichsleistung zum Erwerb gemäß den Absätzen 1 bis 4 verwendet werden kann. [4]Ist ein Erwerb des ehemaligen Eigentums nicht möglich, sollen Flächen aus dem ortsnahen Bereich angeboten werden. [5]Ein Anspruch auf bestimmte Flächen besteht nicht. [6]Ein Berechtigter nach Satz 1, dem forstwirtschaftliches Vermögen entzogen worden ist, kann landwirtschaftliche Flächen nicht oder nur in einem bestimmten Umfang erwerben. [7]Will der Berechtigte nach Satz 1 seine Erwerbsmöglichkeit wahrnehmen, hat er dies der für die Privatisierung zuständigen Stelle innerhalb einer Ausschlußfrist von sechs Monaten nach Besandskraft des Ausgleichsleistungs- oder Entschädigungsbescheides zu erklären. [8]Wird dem nach den Absätzen 1 bis 4 Berechtigten von der für die Privatisierung zuständigen Stelle mitgeteilt, daß von ihm bewirtschaftete Flächen von einem nach diesem Absatz Berechtigten beansprucht werden, muß er innerhalb einer Frist von sechs Monaten der für die Privatisierung zuständigen Stelle mitteilen, welche Flächen er vorrangig erwerben will. [9]Die Erwerbsmöglichkeit nach diesem Absatz kann der Berechtigte auf den Ehegatten, an Verwandte in gerader Linie sowie an Verwandte zweiten Grades in der Seitenlinie übertragen. [10]Soweit eine Erbengemeinschaft berechtigt ist, kann die Erwerbsmöglichkeit auf ein Mitglied übertragen oder auf mehrere Mitglieder aufgeteilt werden.

(6) [1]Gegenüber einem Pächter muß sich der Erwerber nach Absatz 5 bereit erklären, bestehende Pachtverträge bis zu einer Gesamtlaufzeit von 18 Jahren zu verlängern. [2]Ist die für die Privatisierung zuständige Stelle gegenüber dem Pächter verpflichtet, die verpachteten Flächen an ihn zu veräußern, so sind diese Flächen in den Grenzen der Absätze 1 bis 4 für einen Erwerb nach Absatz 5 nur mit Zustimmmung des Pächters verfügbar.

(7) [1]Der Wertansatz für landwirtschaftliche Flächen ist vorbehaltlich des Satzes 2 das Dreifache des Einheitswerts der jeweiligen Flä-

20 AusglLeistG § 3 Ausgleichsleistungsgesetz

che, der nach den Wertverhältnissen am 1. Januar 1935 festgestellt ist oder noch ermittelt wird (Einheitswert 1935). [2]Werden aufstehende Gebäude miterworben, können unter Berücksichtigung der Umstände des Einzelfalles, insbesondere des Zustands des Gebäudes Zu- oder Abschläge aufgrund einer Empfehlung des Beirats nach § 4 Abs. 1 festgelegt werden; hierbei soll der Verkehrswert des Gebäudes mitberücksichtigt werden. [3]Für Waldflächen mit einem Anteil hiebsreifer Bestände von weniger als zehn von Hundert ist der Wertansatz auf der Grundlage des dreifachen Einheitswerts 1935 unter Beachtung des gegenwärtigen Waldzustandes zu ermitteln. [4]Werden Waldflächen in den Jahren 1995 und 1996 erworben, können Abschläge bis zu 200 Deutsche Mark pro Hektar vorgenommen werden. [5]Beträgt der Anteil hiebsreifer Bestände zehn vom Hundert oder mehr, ist insoweit der Verkehrswert anzusetzen. [6]Die für die Privatisierung zuständige Stelle kann im Einzelfall verlangen, daß der Berechtigte anderweitig nicht verwertbare Restflächen zum Verkehrswert mitübernimmt.

(8) [1]Natürliche Personen, die

a) ihren ursprünglichen, im Beitrittsgebiet gelegenen forstwirtschaftlichen Betrieb wiedereinrichten und ortsansässig sind oder im Zusammenhang mit der Wiedereinrichtung ortsansässig werden oder

b) einen forstwirtschaftlichen Betrieb neu einrichten und am 3. Oktober 1990 orstansässig waren oder

c) nach Absatz 5 Satz 1 zum Erwerb berechtigt sind und einen forstwirtschaftlichen Betrieb neu einrichten und diesen Betrieb allein oder als unbeschränkt haftender Gesellschafter in einer Personengesellschaft selbst bewirtschaften, können ehemals volkseigene, von der Treuhandanstalt zu privatisierende Waldflächen bis zu 1000 ha erwerben, wenn sie keine landwirtschaftlichen Flächen nach den Absätzen 1 bis 7 erwerben. [2]Als forstwirtschaftlicher Betrieb im Sinne des Satzes 1 gilt auch der forstwirtschaftliche Teil eines land- und forstwirtschaftlichen Betriebes. [3]Absatz 2 Satz 3 gilt entsprechend. [4]Die Berechtigten müssen für die gewünschten Erwerbsfläche ein forstwirtschaftliches Betriebskonzept vorlegen, das Gewähr für eine ordnungsgemäße forstwirtschaftliche Bewirtschaftung bietet. [5]Der Betriebsleiter muß über eine für die Bewirtschaftung eines Forstbetriebes erforderliche Qualifikation verfügen. [6]Absatz 7 gilt entsprechend.

(9) [1]Sind ehemals volkseigene, von der Treuhandanstalt zu privatisierende landwirtschaftliche Flächen bis zum 31. Dezember 2003 nicht nach den Absätzen 1 bis 5 veräußert worden, können sie von den nach diesen Voschriften Berechtigten erworben werden. [2]Der Kaufantrag muß bis spätestens 30. Juni 2004 bei der für die Privatisierung zuständigen Stelle eingegangen sein. [3]Absatz 7 gilt entsprechend. [4]Erwerb nach Absatz 3 und Satz 1 ist nur bis zu einer Ober-

grenze von insgesamt 800000 Ertragsmeßzahlen, Erwerb nach Absatz 5 und Satz 1 ist nur bis zu einer Obergrenze von insgesamt 400000 Ertragsmeßzahlen möglich.

(10) [1]Die nach dieser Vorschrift erworbenen land- und forstwirtschaftlichen Flächen dürfen vor Ablauf von 20 Jahren ohne Genehmigung der für die Privatisierung zuständigen Stelle nicht veräußert werden. [2]Eine Genehmigung darf nur unter der Voraussetzung erteilt werden, daß der den Erwerbspreis übersteigende Veräußerungserlös der Treuhandanstalt oder deren Rechtsnachfolger zufließt. [3]Das Veräußerungsverbot nach Satz 1 bedarf zu seiner Wirksamkeit der Eintragung im Grundbuch; das Nähere regelt die Rechtsverordnung nach § 4 Abs. 3.

(11) § 4 Nr. 1 des Grundstückverkehrsgesetzes vom 28. Juli 1961 (BGBl. I S. 1091), das zuletzt durch das Gesetz vom 8. Dezember 1986 (BGBl. I S. 2191) geändert worden ist, ist auf die Veräußerung landwirtschaftlicher und forstwirtschaftlicher Grundstücke durch die mit der Privatisierung betraute Stelle entsprechend anzuwenden.

§§ 4, 5. *(Vom Abdruck wurde abgesehen)*

§ 6 Zuständigkeit und Verfahren. (1) [1]Ansprüche auf Ausgleichsleistungen sind bei den Ämtern zur Regelung offener Vermögensfragen, soweit für die Rückgabe des entzogenen Vermögenswerts das Bundesamt zur Regelung offener Vermögensfragen oder die Landesämter zur Regelung offener Vermögensfragen zuständig wären, bei diesen geltend zu machen. [2]Bereits gestellte, noch anhängige Anträge nach dem Vermögensgesetz, die nach § 1 Abs. 8 Buchstabe a des Vermögensgesetzes ausgeschlossen sind, werden als Anträge nach diesem Gesetz gewertet. [3]Die Antragsfrist endet mit Ablauf des sechsten Monats nach Inkrafttreten dieses Gesetzes (Ausschlußfrist).

(2) Für die Durchführung dieses Gesetzes gelten die Bestimmungen des Vermögensgesetzes entsprechend.

21. Gesetz über die Feststellung der Zuordnung von ehemals volkseigenem Vermögen (Vermögenszuordnungsgesetz – VZOG)[1]

In der Fassung der Bekanntmachung vom 29. März 1994

(BGBl. I S. 709)

Abschnitt 1. Allgemeine Bestimmungen

§ 1 Zuständigkeit. (1) ¹Zur Feststellung, wer in welchem Umfang nach den Artikeln 21 und 22 des Einigungsvertrages, nach diesen Vorschriften in Verbindung mit dem Kommunalvermögensgesetz vom 6. Juli 1990 (GBl. I Nr. 42 S. 660), das nach Anlage II Kapitel IV Abschnitt III Nr. 2 des Einigungsvertrages vom 31. August 1990 in Verbindung mit Artikel 1 des Gesetzes vom 23. September 1990 (BGBl. 1990 II S. 885, 1199) fortgilt, nach dem Treuhandgesetz vom 17. Juni 1990 (GBl. I Nr. 33 S. 300), das nach Artikel 25 des Einigungsvertrages fortgilt, seinen Durchführungsverordnungen und den zur Ausführung dieser Vorschriften ergehenden Bestimmungen sowie nach dem Wohnungsgenossenschafts-Vermögensgesetz und § 1a Abs. 4 kraft Gesetzes übertragene Vermögensgegenstände erhalten hat, ist vorbehaltlich der Regelung des § 4 zuständig

1. der Präsident der Treuhandanstalt oder eine von ihm zu ermächtigende Person in den Fällen, in denen der Treuhandanstalt Eigentum oder Verwaltung übertragen ist,
2. der Oberfinanzpräsident oder eine von ihm zu ermächtigende Person in den übrigen Fällen, namentlich in den Fällen, in denen Vermögenswerte
   a) als Verwaltungsvermögen,
   b) durch Gesetz gemäß § 1 Abs. 1 Satz 3 des Treuhandgesetzes Gemeinden, Städten oder Landkreisen,
   c) nach Artikel 22 Abs. 4 des Einigungsvertrages, nach § 1a Abs. 4 sowie nach dem Wohnungsgenossenschafts-Vermögensgesetz,
   d) nach Artikel 21 Abs. 1 Satz 2 und Artikel 22 Abs. 1 Satz 2 des Einigungsvertrages durch Verwendung für neue oder öffentliche Zwecke

übertragen sind. ²Sie unterliegen in dieser Eigenschaft nur den allgemeinen Weisungen des Bundesministeriums der Finanzen. ³Im Falle eines Rechtsstreits über eine Entscheidung der Zuordnungsbehörde richtet sich die Klage gegen den Bund; § 78 Abs. 1 Nr. 1 Halbsatz 2

---

[1] Neubekanntmachung des VZOG v. 22. 3. 1991 (BGBl. I S. 766, 784) in der seit dem 22. 7. 1993 geltenden Fassung v. 14. 7. 1993 (BGBl. I S. 1257).

Vermögenszuordnungsgesetz **§ 1a VZOG 21**

der Verwaltungsgerichtsordnung bleibt unberührt. [4]Zu Klagen gegen den Bescheid ist auch der Bund befugt. [5]Ist in Gebieten des ehemals komplexen Wohnungsbaus oder Siedlungsbaus auf der Grundlage eines Aufteilungsplans im Sinne des § 2 Abs. 2 Satz 2 und 3 oder eines Zuordnungsplans im Sinne des § 2 Abs. 2a bis 2c mit der Beteiligung der in § 2 Abs. 1 Satz 1 bezeichneten Berechtigten begonnen oder dem Präsidenten der Treuhandanstalt durch den Antragsteller der Beginn der Arbeiten an einem Aufteilungs- oder Zuordnungsplan, der dem Oberfinanzpräsidenten vorgelegt werden soll, angezeigt worden, ist der Oberfinanzpräsident oder eine von ihm ermächtigte Person im Sinne des Satzes 1 zuständig.

(2) [1]Für die Feststellung, welches Vermögen im Sinne des Artikels 22 Abs. 1 Satz 1 des Einigungsvertrages Finanzvermögen in der Treuhandverwaltung des Bundes ist, gilt Absatz 1 Nr. 2 entsprechend. [2]Hat der Bundesminister der Finanzen nach Artikel 22 Abs. 2 des Einigungsvertrages die Verwaltung von Finanzvermögen der Treuhandanstalt übertragen, gilt Absatz 1 Nr. 1 entsprechend.

(3) [1]Örtlich zuständig ist der Oberfinanzpräsident der Oberfinanzdirektion, in der der Vermögensgegenstand ganz oder überwiegend belegen ist. [2]Für nicht in dem in Artikel 3 des Einigungsvertrages genannten Gebiet belegene Vermögensgegenstände ist der Präsident der Oberfinanzdirektion Berlin zuständig.

(4) [1]Die Absätze 1 bis 3 finden entsprechende Anwendung in den Fällen, in denen nach Artikel 21 Abs. 3 und Artikel 22 Abs. 1 Satz 7 des Einigungsvertrages an Länder, Kommunen oder andere Körperschaften Vermögenswerte zurückzuübertragen sind, sowie in den Fällen, in denen Vermögenswerte nach § 4 Abs. 2 des Kommunalvermögensgesetzes zu übertragen sind. [2]In den Fällen des Artikels 22 Abs. 1 Satz 3 des Einigungsvertrages ist der Oberfinanzpräsident zuständig.

(5) [1]Bestehen Zweifel darüber, wer nach den Absätzen 1 bis 4 zuständig ist, bestimmt der Bundesminister der Finanzen die zuständige Stelle. [2]Zuständigkeitsvereinbarungen sind zulässig.

(6) Die zuständige Stelle entscheidet auf Antrag eines der möglichen Berechtigten, bei öffentlichem Interesse in den Fällen des Absatzes 1 auch von Amts wegen.

(7) Eine Entscheidung nach diesem Gesetz kann nicht wegen eines Verstoßes gegen die Bestimmungen über die Zuständigkeit angefochten werden.

§ 1a Begriff des Vermögens. (1) [1]Vermögensgegenstände im Sinne dieses Gesetzes sind bebaute und unbebaute Grundstücke sowie rechtlich selbständige Gebäude und Baulichkeiten (Grundstücke und Gebäude), Nutzungsrechte und dingliche Rechte an Grundstücken und Gebäuden, bewegliche Sachen, gewerbliche Schutzrechte sowie

Unternehmen. ²Dazu gehören ferner Verbindlichkeiten, Ansprüche sowie Rechte und Pflichten aus Schuldverhältnissen, soweit sie Gegenstand der Zuteilung nach den in § 1 bezeichneten Vorschriften sind.

(2) ¹Wenn Bürger nach Maßgabe des § 310 Abs. 1 des Zivilgesetzbuchs der Deutschen Demokratischen Republik ihr Eigentum an einem Grundstück oder Gebäude aufgegeben haben und dieser Verzicht genehmigt worden ist, so bilden die betreffenden Grundstücke oder Gebäude Vermögen im Sinne dieses Gesetzes und der in § 1 Abs. 1 bezeichneten Vorschriften. ²§ 310 Abs. 2 des Zivilgesetzbuchs der Deutschen Demokratischen Republik gilt für diese Grundstücke nicht. ³Vorschriften, nach denen ein Verzicht auf Eigentum rückgängig gemacht werden kann, bleiben auch dann unberührt, wenn das Grundstück nach Maßgabe dieses Gesetzes zugeordnet ist oder wird.

(3) Absatz 2 gilt sinngemäß, wenn nach anderen Vorschriften durch staatliche Entscheidung ohne Eintragung in das Grundbuch vor dem Wirksamwerden des Beitritts Volkseigentum entstanden ist, auch wenn das Grundbuch noch nicht berichtigt ist.

(4) ¹Zur Wohnungswirtschaft genutztes volkseigenes Vermögen, das sich nicht in der Rechtsträgerschaft der ehemals volkseigenen Betriebe der Wohnungswirtschaft befand, diesen oder der Kommune aber zur Nutzung sowie zur selbständigen Bewirtschaftung und Verwaltung übertragen worden war, steht nach Maßgabe des Artikels 22 Abs. 1 des Einigungsvertrages im Eigentum der jeweiligen Kommune. ²Artikel 22 Abs. 4 Satz 2 bis 6 des Einigungsvertrages gilt entsprechend. ³Ein Grundstück gilt als zur Wohnungswirtschaft genutzt im Sinne des Satzes 1 oder des Artikels 22 Abs. 4 des Einigungsvertrages auch dann, wenn es mit Gebäuden bebaut ist, die ganz oder überwiegend Wohnzwecken dienen und am 3. Oktober 1990 nicht nur vorübergehend leerstanden, jedoch der Wohnnutzung ganz oder teilweise wieder zugeführt werden sollen.

§ 1 b Abwicklung von Entschädigungsvereinbarungen. (1) ¹Vermögenswerte, die Gegenstand der in § 1 Abs. 8 Buchstabe b des Vermögensgesetzes genannten Vereinbarungen sind, sind, wenn dieser nicht etwas anderes bestimmt, dem Bund (Entschädigungsfonds) zuzuordnen, wenn die in den Vereinbarungen bestimmten Zahlungen geleistet sind. ²Ist das Grundstück im Grundbuch als Eigentum des Volkes ausgewiesen, gelten die in § 1 genannten Zuordnungsvorschriften.

(2) Soweit eine Privatperson als Eigentümer des Grundstücks oder Gebäudes eingetragen ist, ist ihr Gelegenheit zur Stellungnahme zu geben.

(3) ¹Vermögenswerte, die nach Artikel 3 Abs. 9 Satz 2 des Abkommens vom 13. Mai 1992 zwischen der Regierung der Bundesre-

publik Deutschland und der Regierung der Vereinigten Staaten von Amerika über die Regelung bestimmter Vermögensansprüche in Verbindung mit Artikel 1 des Gesetzes zu diesem Abkommen vom 21. Dezember 1992 (BGBl. II S. 1222) in das Vermögen der Bundesrepublik Deutschland übergegangen sind oder übergehen, sind der Bundesrepublik Deutschland (Bundesfinanzverwaltung) zuzuordnen. ²Rechte Dritter sowie die §§ 4 und 5 des Vermögensgesetzes bleiben unberührt.

(4) Die Befugnisse nach § 11c des Vermögensgesetzes bleiben unberührt, solange ein Zuordnungsbescheid nicht bestandskräftig geworden und dies dem Grundbuchamt angezeigt ist.

§ 2 Verfahren. (1) ¹Über den Vermögensübergang, die Vermögensübertragung oder in den Fällen des § 1 Abs. 2 erläßt die zuständige Stelle nach Anhörung aller neben dem Antragsteller sonst in Betracht kommenden Berechtigten einen Bescheid, der allen Verfahrensbeteiligten nach Maßgabe des Absatzes 5 zuzustellen ist. ²Der Bescheid kann auch nach Veräußerung des Vermögenswerts ergehen. ³In diesem Fall ist der Erwerber, bei einem Unternehmen dessen gesetzlicher Vertreter, anzuhören. ⁴Der Bescheid kann die ausdrückliche Feststellung enthalten, daß ein Erwerb des zugeordneten Vermögensgegenstandes durch eine Person, die nicht Begünstigte der Zuordnung sein kann, unwirksam ist. ⁵Er ergeht ansonsten vorbehaltlich des Eigentums, der Rechtsinhaberschaft oder sonstiger privater Rechte Dritter oder im einzelnen bezeichneter Beteiligter an dem Vermögensgegenstand. ⁶Bei vorheriger Einigung der Beteiligten, die, ohne Rechte anderer Zuordnungsberechtigter zu verletzen, auch von den in § 1 genannten Bestimmungen abweichen darf, ergeht ein dieser Absprache entsprechender Bescheid. ⁷In diesen Fällen wird der Bescheid sofort bestandskräftig, wenn nicht der Widerruf innerhalb einer in dem Bescheid zu bestimmenden Frist, die höchstens einen Monat betragen darf, vorbehalten wird.

(1a) ¹Die Feststellung nach § 1 Abs. 1 soll mit der Entscheidung über Ansprüche nach § 1 Abs. 4 verbunden werden. ²Erfordern Teile der Entscheidung Nachforschungen, die die Bescheidung anderer Teile der Entscheidung nachhaltig verzögern, so können diese, soweit möglich, gesondert beschieden werden. ³Wird über einen Anspruch entschieden, so überträgt die zuständige Behörde dem Berechtigten das Eigentum vorbehaltlich privater Rechte Dritter. ⁴Der Eigentumsübergang wird mit der Unanfechtbarkeit des Bescheides wirksam. ⁵Das Eigentum kann auch nach einer selbständig getroffenen Feststellung nach § 1 Abs. 1 zurückübertragen werden, wenn nicht über das Eigentum an dem Gegenstand verfügt worden und der Erwerber gutgläubig ist.

(2) ¹Ist Gegenstand des Bescheides ein Grundstück oder ein Gebäude, so sind diese in dem Bescheid gemäß § 28 der Grundbuchord-

21 VZOG § 2   Vermögenszuordnungsgesetz

nung zu bezeichnen; die genaue Lage ist anzugeben. ²Wird ein Grundstück einem oder mehreren Berechtigten ganz oder teilweise zugeordnet, so ist dem Bescheid ein Plan beizufügen, aus dem sich die neuen Grundstücksgrenzen ergeben. ³§ 113 Abs. 4 des Baugesetzbuchs ist entsprechend anzuwenden.

(2a) ¹Ist ein Grundstück einem oder mehreren Berechtigten zugeordnet oder zuzuordnen, so kann über die Zuordnung auch durch Bescheid mit Zuordnungsplan ganz oder teilweise entschieden werden. ²Der Bescheid muß dann über die Zuordnung aller oder der jeweiligen Teile des Grundstücks in einem Bescheid entscheiden. ³Dies gilt entsprechend, wenn mehrere Grundstücke in einem zusammenhängenden Gebiet, die nicht alle der Zuordnung unterliegen müssen, mit abweichenden Grundstücksgrenzen zugeordnet oder zuzuordnen sind. ⁴In diesen Fällen sind auch solche Berechtigte, die keinen Antrag gestellt haben, an dem Verfahren zu beteiligen.

(2b) ¹In den Fällen des Absatzes 2a ist dem Bescheid ein Zuordnungsplan beizufügen, der nachweisen muß:

1. die von dem Zuordnungsplan erfaßten Grundstücke,

2. die neuen Grundstücksgrenzen und -bezeichnungen,

3. die jetzigen Eigentümer der neu gebildeten Grundstücke,

4. die zu löschenden, die auf neue Grundstücke zu übertragenden und die neu einzutragenden Rechte.

²Auf Antrag des Berechtigten sind aus den ihm zukommenden Flächen in dem Zuordnungsplan nach seinen Angaben Einzelgrundstücke zu bilden, die ihm dann als Einzelgrundstücke zuzuordnen sind. ³Der Zuordnungsplan muß nach Form und Inhalt zur Übernahme in das Liegenschaftskataster geeignet sein oder den Erfordernissen des § 8 Abs. 2 des Bodensonderungsgesetzes entsprechen; § 5 Abs. 5 des Bodensonderungsgesetzes gilt sinngemäß. ⁴§ 18 Abs. 3 und § 20 des Bodensonderungsgesetzes gelten mit der Maßgabe, daß im Falle der ergänzenden Bodenneuordnung allein die Sonderungsbehörde für die Fortschreibung zuständig ist, entsprechend. ⁵In einem Zuordnungsbescheid mit Zuordnungsplan in Gebieten des komplexen Wohnungsbaus oder Siedlungsbaus können dingliche Rechte an Grundstücken im Plangebiet und Rechte an einem ein solches Grundstück belastenden Recht aufgehoben, geändert oder neu begründet werden, soweit dies zur Durchführung oder Absicherung der Zuordnung erforderlich ist.

(2c) Ist über eine Zuordnung nach Absatz 2 Satz 3 durch Aufteilungsplan entschieden worden, so erläßt die zuständige Stelle auf Antrag eines Begünstigten einen Bestätigungsbescheid mit einem der Vermögenszuordnung nach dem Aufteilungsplan entsprechenden Zuordnungsplan nach den Absätzen 2a und 2b.

Vermögenszuordnungsgesetz **§ 3 VZOG 21**

(3) Der Bescheid wirkt für und gegen alle an dem Verfahren Beteiligten.

(4) Das Verfahren ist auf Antrag eines Beteiligten vorübergehend auszusetzen, wenn diesem die für die Wahrnehmung seiner Rechte erforderliche Sachaufklärung im Einzelfall nicht ohne eine Aussetzung des Verfahrens möglich ist.

(5) [1]Für das Verfahren ist das Verwaltungsverfahrensgesetz, § 51 des Verwaltungsverfahrensgesetzes jedoch nur, wenn die in dessen Absatz 1 Nr. 1 und 2 vorausgesetzten Umstände nicht später als zwei Jahre nach Eintritt der Bestandskraft eingetreten sind, und für Zustellungen das Verwaltungszustellungsgesetz anzuwenden. [2]Zustellungen sind nach § 4 oder 5 des Verwaltungszustellungsgesetzes vorzunehmen. [3]Ist der Empfänger einer Zustellung nicht im Inland ansässig oder vertreten, so erfolgt die Zustellung, sofern nicht besondere völkervertragliche Regelungen etwas Abweichendes vorschreiben, nach Absendung einer Abschrift des Bescheides durch Aufgabe des Bescheides zur Post mit Einschreiben; die Zustellung gilt nach Ablauf von zwei Wochen ab der Aufgabe zur Post als erfolgt.

(6) Ein Widerspruchsverfahren findet nicht statt.

§ 3 Grundbuchvollzug. (1) [1]Ist Gegenstand des Bescheides ein Grundstück oder Gebäude oder ein Recht an einem Grundstück oder Gebäude, so ersucht die zuständige Stelle das Grundbuchamt um Eintragung der insoweit in dem Bescheid getroffenen Feststellungen, sobald der Bescheid bestandskräftig geworden ist. [2]Sind einer Person, die als Eigentümer im Grundbuch eingetragen ist, gemäß § 2 Abs. 1 Satz 5 ihre Rechte vorbehalten worden, ersucht die Behörde um Eintragung eines Widerspruchs gegen die Richtigkeit des Grundbuchs; um Eintragung des Zuordnungsbegünstigten als Eigentümer ersucht die Behörde erst, wenn die Eintragung bewilligt oder die fehlende Berechtigung der eingetragenen Person durch rechtskräftiges Urteil festgestellt worden ist. [3]In den Fällen des § 2 Abs. 2 Satz 2 soll das Ersuchen dem Grundbuchamt erst zugeleitet werden, wenn das neu gebildete Grundstück vermessen ist; die Übereinstimmung des Vermessungsergebnisses mit dem Plan ist von der nach § 1 zuständigen Behörde zu bestätigen. [4]In den Fällen des § 2 Abs. 2a bis 2c dient bis zur Berichtigung des Liegenschaftskatasters der Zuordnungsplan als amtliches Verzeichnis der Grundstücke (§ 2 Abs. 2 der Grundbuchordnung). [5]In diesem Fall kann das Grundbuchamt schon vor der Berichtigung des Liegenschaftskatasters um Berichtigung des Grundbuchs ersucht werden.

(2) [1]Die Rechtmäßigkeit des Bescheides nach § 2 Abs. 1 hat die grundbuchführende Stelle nicht zu prüfen. [2]Einer Unbedenklichkeitsbescheinigung der Finanzbehörde sowie der Genehmigung nach der Grundstücksverkehrsordnung, dem Grundstücksverkehrsgesetz, dem Baugesetzbuch oder dem Bauordnungsrecht bedarf es nicht.

(3) ¹Gebühren für die Grundbuchberichtigung oder die Eintragung im Grundbuch auf Grund eines Ersuchens nach Absatz 1 werden nicht erhoben. ²Dies gilt auch für die Eintragung desjenigen, der das Grundstück oder Gebäude von dem in dem Zuordnungsbescheid ausgewiesenen Berechtigten erwirbt, sofern der Erwerber eine juristische Person des öffentlichen Rechts oder eine juristische Person des Privatrechts ist, deren Anteile mehrheitlich einer juristischen Person des öffentlichen Rechts gehören.

§ 4 Grundvermögen von Kapitalgesellschaften. (1) ¹Der Präsident der Treuhandanstalt oder eine von ihm zu ermächtigende Person kann durch Bescheid feststellen, welcher Kapitalgesellschaft, deren sämtliche Anteile sich unmittelbar oder mittelbar in der Hand der Treuhandanstalt befinden oder befunden haben, ein Grundstück oder Gebäude nach § 11 Abs. 2, § 23 des Treuhandgesetzes oder nach § 2 der Fünften Durchführungsverordnung zum Treuhandgesetz vom 12. September 1990 (GBl. I Nr. 60 S. 1466), die nach Anlage II Kapitel IV Abschnitt I Nr. 11 des Einigungsvertrages vom 31. August 1990 und der Vereinbarung vom 18. September 1990 in Verbindung mit Artikel 1 des Gesetzes vom 23. September 1990 (BGBl. 1990 II S. 885, 1241) fortgilt, in welchem Umfang übertragen ist. ²In den Fällen des § 2 der Fünften Durchführungsverordnung zum Treuhandgesetz muß der Bescheid die in deren § 4 Abs. 1 Satz 2 aufgeführten Angaben enthalten.

(2) Wenn der Bescheid unanfechtbar geworden ist, ersucht der Präsident der Treuhandanstalt die grundbuchführende Stelle nach Maßgabe des § 38 der Grundbuchordnung um Eintragung.

(3) § 1 Abs. 6, § 2 Abs. 1 und 2 bis 6, § 3 Abs. 1 Satz 2 und Abs. 2 bis 4 gelten sinngemäß.

§ 5 Schiffe, Schiffsbauwerke und Straßen. (1) Die Bestimmungen des § 3 Abs. 1 Satz 1, Abs. 2 bis 4 und des § 4 gelten entsprechend für im Schiffsregister eingetragene Schiffe und im Schiffsbauregister eingetragene Schiffsbauwerke.

(2) ¹Die in Anlage I Kapitel XI Sachgebiet F Abschnitt III Nr. 1 Buchstabe b des Einigungsvertrages vom 31. August 1990 (BGBl. II S. 889, 1111) zum Bundesfernstraßengesetz vorgesehene Maßgabe bleibt unberührt. ²Wenn Eigentum an anderen öffentlichen Straßen auf öffentliche Körperschaften übergegangen ist, wird der Übergang des Eigentums entsprechend der Maßgabe b zum Bundesfernstraßengesetz festgestellt; dies gilt nicht, soweit der Präsident der Treuhandanstalt nach § 1 Abs. 1 Satz 1 Nr. 1 zuständig ist. ³Zuständig für die Stellung des Antrags auf Berichtigung des Grundbuchs ist in den Fällen des Satzes 2 der jeweilige Träger der Straßenbaulast.

§ 6 Rechtsweg. (1) ¹Für Streitigkeiten nach diesem Gesetz ist der Verwaltungsrechtsweg gegeben. ²Die Berufung gegen ein Urteil

Vermögenszuordnungsgesetz **§ 7 VZOG 21**

und die Beschwerde gegen eine andere Entscheidung des Verwaltungsgerichts sind ausgeschlossen. [3]Das gilt nicht für die Beschwerde gegen die Nichtzulassung der Revision nach § 135 in Verbindung mit § 133 der Verwaltungsgerichtsordnung und die Beschwerde gegen Beschlüsse über den Rechtsweg nach § 17a Abs. 2 und 3 des Gerichtsverfassungsgesetzes. [4]Auf die Beschwerde gegen die Beschlüsse über den Rechtsweg findet § 17a Abs. 4 Satz 4 bis 6 des Gerichtsverfassungsgesetzes entsprechende Anwendung.

(2) Örtlich zuständig ist bei Entscheidungen des Präsidenten der Treuhandanstalt das Verwaltungsgericht an dessen Sitz, auch wenn eine von ihm ermächtigte Person entschieden hat.

(3) [1]Gerichtskosten werden in Verfahren nach diesem Gesetz nicht erhoben. [2]Der Gegenstandswert beträgt unabhängig von der Zahl und dem Wert der jeweils betroffenen Vermögensgegenstände 10000 Deutsche Mark.

§ 7 Durchführungsvorschriften. (1) [1]Das Vermögensgesetz sowie Leitungsrechte und die Führung von Leitungen für Ver- und Entsorgungsleitungen, die nicht zugeordnet werden können, bleiben unberührt. [2]Bestehende Leitungen, die nicht zugeordnet sind, sind vorbehaltlich abweichender Bestimmungen in dem Grundbuchbereinigungsgesetz oder dem in Artikel 233 § 3 Abs. 2 des Einführungsgesetzes zum Bürgerlichen Gesetzbuche genannten Gesetz für die Dauer ihrer derzeitigen Nutzung einschließlich Betrieb und Unterhaltung zu dulden; § 1023 des Bürgerlichen Gesetzbuchs gilt sinngemäß; abweichende Vereinbarungen sind zulässig.

(2) Solange über die Zuordnung von Verbindlichkeiten nicht bestandskräftig entschieden ist, kann eine Person, die aus der Zuordnung von Vermögen der früheren Deutschen Demokratischen Republik begünstigt oder verpflichtet sein kann, die Aussetzung gerichtlicher Verfahren verlangen, wenn es auf die Zuordnungslage ankommt und solange das Zuordnungsverfahren betrieben wird.

(3) [1]Anträge nach § 1 Abs. 4 und § 10 können nur bis zum Ablauf des 30. Juni 1994 gestellt werden. [2]Die Frist kann durch Rechtsverordnung des Bundesministeriums der Finanzen bis längstens zum 31. Dezember 1995 verlängert werden. [3]Ist im Zeitpunkt der Entscheidung ein Antrag nicht gestellt, kann in dem Bescheid gemäß § 2 ein Ausschluß der Restitution (§ 11 Abs. 1) festgestellt werden; die Voraussetzungen sind glaubhaft zu machen.

(4) [1]Ein Zuordnungsbescheid kann auch ergehen, wenn eine unentgeltliche Abgabe von Vermögenswerten an juristische Personen des öffentlichen Rechts auf Grund haushaltsrechtlicher Ermächtigungen erfolgen soll. [2]Jeder Zuordnungsbescheid kann mit Zustimmung des aus ihm Begünstigten geändert werden, wenn die Änderung den in § 1 genannten Vorschriften eher entspricht. [3]§ 3 gilt in den Fällen der Sätze 1 und 2 sinngemäß.

(5) ¹Durch Zuordnungsbescheid nach den §§ 1 und 2 kann, unbeschadet der §§ 4 und 10 des Grundbuchbereinigungsgesetzes, ein Vermögenswert einer Kommune oder der Treuhandanstalt auf eine Kapitalgesellschaft übertragen werden, deren sämtliche Aktien oder Geschäftsanteile sich unmittelbar oder mittelbar in der Hand der Kommune oder Treuhandanstalt befinden. ²In diesem Fall bleiben die Vorschriften über die Restitution und des Vermögensgesetzes weiter anwendbar.

(6) Das Bundesministerium der Finanzen wird ermächtigt, durch Rechtsverordnung die Zuständigkeiten des Präsidenten der Treuhandanstalt auf eine andere Behörde des Bundes zu übertragen.

Abschnitt 2. Verfügungsbefugnis, Förderung von Investitionen und kommunalen Vorhaben

§ 8 Verfügungsbefugnis. (1) ¹Zur Verfügung über Grundstücke und Gebäude, die im Grundbuch noch als Eigentum des Volkes eingetragen sind, sind befugt:

a) die Gemeinden, Städte und Landkreise, wenn sie selbst oder ihre Organe oder die ehemaligen volkseigenen Betriebe der Wohnungswirtschaft im Zeitpunkt der Verfügung als Rechtsträger des betroffenen Grundstücks oder Gebäudes eingetragen sind, oder wenn ein dingliches Nutzungsrecht ohne Eintragung oder bei Löschung eines Rechtsträgers eingetragen worden ist,

b) die Länder, wenn die Bezirke, aus denen sie nach dem Ländereinführungsgesetz vom 22. Juli 1990 (GBl. I Nr. 51 S. 955), das nach Anlage II Kapitel II Sachgebiet A Abschnitt II des Einigungsvertrages vom 31. August 1990 in Verbindung mit Artikel 1 des Gesetzes vom 23. September 1990 (BGBl. 1990 II S. 885, 1150) fortgilt, gebildet worden sind, oder deren Organe als Rechtsträger des betroffenen Grundstücks eingetragen sind,

c) die Treuhandanstalt, wenn als Rechtsträger eine landwirtschaftliche Produktionsgenossenschaft, ein ehemals volkseigenes Gut, ein ehemaliger staatlicher Forstwirtschaftsbetrieb oder ein ehemaliges Forsteinrichtungsamt, ein ehemals volkseigenes Gestüt, eine ehemalige Pferdezuchtdirektion oder ein ehemals volkseigener Rennbetrieb, ein Betrieb des ehemaligen Kombinats Industrielle Tierproduktion, das Ministerium für Staatssicherheit oder das Amt für Nationale Sicherheit eingetragen ist,

d) der Bund in allen übrigen Fällen.

²Der Bund wird durch das Bundesvermögensamt vertreten, in dessen Bezirk das Grundstück liegt. ³Das Bundesministerium der Finanzen kann durch Bescheid für einzelne Grundstücke oder durch Allgemeinverfügung für eine Vielzahl von Grundstücken eine andere Behörde des Bundes oder die Treuhandanstalt als Vertreter des Bundes bestimmen. ⁴Der Bund überträgt nach Maßgabe der Artikel 21

Vermögenszuordnungsgesetz **§ 8 VZOG 21**

und 22 des Einigungsvertrages seine Verfügungsbefugnis auf das Land oder die Kommune, in dessen oder deren Gebiet das Grundstück ganz oder überwiegend belegen ist.

(1a) ¹Verfügungen nach Absatz 1 unterliegen nicht den Vorschriften in bezug auf Verfügungen über eigenes Vermögen der verfügungsbefugten Stelle. ²Im Rahmen der Verfügungsbefugnis dürfen Verpflichtungen vorbehaltlich der Bestimmungen des Bürgerlichen Gesetzbuchs über die Vertretung nur im eigenen Namen eingegangen werden. ³Wird im Rahmen der Verfügungsbefugnis Besitz an einem Grundstück oder Gebäude vertraglich überlassen, so gilt § 571 des Bürgerlichen Gesetzbuchs entsprechend.

(2) ¹Die Verfügungsbefugnis des Eigentümers oder treuhänderischen Verwalters des betroffenen Grundstücks oder Gebäudes sowie die Rechte Dritter bleiben unberührt. ²Auf Grund der Verfügungsermächtigung nach Absatz 1 vorgenommene Rechtsgeschäfte gelten als Verfügungen eines Berechtigten.

(3) ¹Die Verfügungsbefugnis nach Absatz 1 endet, wenn

a) in Ansehung des Grundstücks oder Gebäudes ein Bescheid nach §§ 2, 4 oder 7 unanfechtbar geworden und

b) eine öffentliche oder öffentlich beglaubigte Urkunde hierüber dem Grundbuchamt vorgelegt worden ist; der Bescheid oder die Urkunde ist unbeschadet einer noch vorzunehmenden Vermessung zu den Grundakten zu nehmen.

²§ 878 des Bürgerlichen Gesetzbuchs ist entsprechend anzuwenden. ³Der Verfügungsbefugte gilt in den Fällen des Satzes 1 weiterhin als befugt, eine Verfügung vorzunehmen, zu deren Vornahme er sich wirksam verpflichtet hat, wenn vor dem in Satz 1 genannten Zeitpunkt die Eintragung einer Vormerkung zur Sicherung dieses Anspruchs bei dem Grundbuchamt beantragt worden ist.

(4) ¹Die auf Grund von Verfügungen nach Absatz 1 Satz 1 veräußerten Grundstücke oder Gebäude sowie das Entgelt sind dem Innenministerium des betreffenden Landes mitzuteilen und von diesem in einer Liste zu erfassen. ²Die nach Absatz 1 verfügende Stelle ist verpflichtet, zeitgleich zu der Verfügung einen Zuordnungsantrag nach § 1 Abs. 6 zu stellen und den Erlös, mindestens aber den Wert des Vermögensgegenstandes dem aus einem unanfechtbaren Bescheid über die Zuordnung nach den §§ 1 und 2 hervorgehenden Berechtigten auszukehren.

(5) ¹Die verfügende Stelle kann im Falle des Absatzes 4 Satz 2 anstelle der Auskehrung des Erlöses oder des Wertes das Eigentum an dem Grundstück, Grundstücksteil oder Gebäude oder an einem Ersatzgrundstück verschaffen. ²Beabsichtigt die verfügende Stelle nach Satz 1 vorzugehen, wird auf Antrag der verfügenden Stelle das Eigentum durch Zuordnungsbescheid (§ 2) der zuständigen Behörde (§ 1) auf den Berechtigten (Absatz 4 Satz 2) übertragen. ³Die Sätze 1

und 2 finden keine Anwendung auf den in § 1 Abs. 6 des Wohnungsgenossenschafts-Vermögensgesetzes bezeichneten Grund und Boden; insoweit gilt das in jener Vorschrift vorgesehene Verfahren.

§ 9 Investive Vorhaben. (1) Zum Zweck der Veräußerung für einen besonderen Investitionszweck (§ 3 Abs. 1 des Investitionsvorranggesetzes) kann ein ehemals volkseigenes Grundstück oder Gebäude ungeachtet der sich aus den in § 1 genannten Vorschriften ergebenden Zuordnung einer Gemeinde, einer Stadt oder einem Landkreis auf deren oder dessen Antrag als Eigentum zugewiesen werden.

(2) [1]§ 1 Abs. 1 Nr. 2, §§ 2, 3 und 6 Abs. 4 finden entsprechende Anwendung. [2]Dem Antrag ist eine Beschreibung der wesentlichen Merkmale des Vorhabens beizufügen. [3]Die Beschreibung muß mindestens den Vorhabenträger mit Namen und Anschrift, den betroffenen Vermögenswert, die voraussichtlichen Kosten der zugesagten Maßnahme, ihre Art und die vorgesehene Dauer ihrer Ausführung sowie in den Fällen des § 3 Abs. 1 Nr. 1 und 2 des Investitionsvorranggesetzes angeben, wie viele Arbeitsplätze durch die Maßnahmen gesichert oder geschaffen und wieviel Wohnraum geschaffen oder wiederhergestellt werden soll. [4]Die Befugnisse aus § 6 bleiben unberührt.

(3) [1]Handelt es sich um ein Grundstück oder Gebäude, das Gegenstand von Rückübertragungsansprüchen ist oder sein kann, so gelten auch die übrigen Vorschriften des Investitionsvorranggesetzes und die auf seiner Grundlage erlassenen Vorschriften sinngemäß. [2]Der Bescheid gilt als Investitionsvorrangbescheid.

§ 10 Kommunale Vorhaben. (1) [1]Auf Antrag überträgt der Präsident der Treuhandanstalt der Kommune durch Zuordnungsbescheid Einrichtungen, Grundstücke und Gebäude, die nach Maßgabe der Artikel 21 und 22 des Einigungsvertrages Selbstverwaltungsaufgaben dienen, wenn sie im Eigentum von Unternehmen stehen, deren sämtliche Anteile sich unmittelbar oder mittelbar in der Hand der Treuhandanstalt befinden. [2]Im Falle der Übertragung nach Satz 1 sind die Eröffnungsbilanz des Treuhandunternehmens und die Gesamtbilanz der Treuhandanstalt in entsprechender Anwendung des § 36 des D-Markbilanzgesetzes zu berichten. [3]Die Treuhandanstalt haftet auf Grund von Maßnahmen nach Satz 1 über die Vorschriften des Abschnitts 3 des D-Markbilanzgesetzes hinaus nicht. [4]Satz 1 gilt nicht für Einrichtungen, Grundstücke und Gebäude, die der gewerblichen Nutzung zugeführt oder in eine Unternehmenseinheit einbezogen wurden und nicht ohne erhebliche Beeinträchtigung des Unternehmens übertragen werden können (betriebsnotwendige Einrichtungen, Grundstücke oder Gebäude) oder wenn die Kommune einen Anspruch nach § 4 Abs. 2 des Kommunalvermögensgesetzes auf Übertragung von Anteilen an dem Unternehmen hat. [5]Mit der

Vermögenszuordnungsgesetz **§ 11 VZOG 21**

Übertragung tritt die Kommune in alle in bezug auf die Einrichtung, das Grundstück oder das Gebäude jeweils bestehenden Rechtsverhältnisse ein.

(2) [1]Wurden Vermögenswerte nach Absatz 1 auf Dritte übertragen, ist der Kommune der Erlös auszukehren. [2]Weitergehende Ansprüche bestehen nicht.

Abschnitt 3. Inhalt und Umfang des Restitutionsanspruchs der öffentlichen Körperschaften

§ 11 Umfang der Rückübertragung von Vermögenswerten.
(1) [1]Eine Rückübertragung von Vermögensgegenständen nach Artikel 21 Abs. 3 Halbsatz 1 und Artikel 22 Abs. 1 Satz 7 in Verbindung mit Artikel 21 Abs. 3 Halbsatz 1 des Einigungsvertrages (Restitution) kann unbeschadet der weiteren Voraussetzungen der Artikel 21 und 22 von dem jeweiligen Eigentümer oder Verfügungsberechtigten beansprucht werden. [2]Die Rückübertragung eines Vermögenswertes wird nicht allein dadurch ausgeschlossen, daß dieser gemäß § 11 Abs. 2 des Treuhandgesetzes in das Eigentum einer Kapitalgesellschaft, deren sämtliche Aktien oder Geschäftsanteile sich noch in der Hand der Treuhandanstalt befinden, übergegangen ist. [3]Die Rückübertragung ist ausgeschlossen, wenn

1. die Vermögensgegenstände bei Inkrafttreten dieser Vorschrift für eine öffentliche Aufgabe entsprechend den Artikeln 21, 26, 27 und 36 des Einigungsvertrages genutzt werden,
2. die Vermögensgegenstände am 3. Oktober 1990 im komplexen Wohnungsbau oder Siedlungsbau verwendet wurden, für diese konkrete Ausführungsplanungen für die Verwendung im komplexen Wohnungsbau oder Siedlungsbau vorlagen oder wenn bei diesen die Voraussetzungen des § 1a Abs. 4 Satz 3 gegeben sind,
3. die Vermögensgegenstände im Zeitpunkt der Entscheidung über den Antrag auf Rückübertragung der gewerblichen Nutzung zugeführt oder in eine Unternehmenseinheit einbezogen sind und nicht ohne erhebliche Beeinträchtigung des Unternehmens zurückübertragen werden können (betriebsnotwendige Einrichtungen, Grundstücke oder Gebäude),
4. eine erlaubte Maßnahme (§ 12) durchgeführt wird,
5. die Vermögensgegenstände im Zeitpunkt der Entscheidung bereits rechtsgeschäftlich veräußert oder Gegenstand des Zuschlags in der Zwangsversteigerung geworden sind; § 878 des Bürgerlichen Gesetzbuchs ist entsprechend anzuwenden.

(2) [1]Soweit der Anspruch auf Rückübertragung nicht nach Absatz 1 ausgeschlossen ist, werden Vermögenswerte in dem Zustand übertragen, in dem sie sich im Zeitpunkt des Zuordnungsbescheids (§ 2 Abs. 1a Satz 3) befinden. [2]Ein Ausgleich von Verbesserungen

und Verschlechterungen unbeschadet des Satzes 3 findet nicht statt; bereits erfolgte Leistungen bleiben unberührt. ³Der Verfügungsberechtigte oder Verfügungsbefugte kann von dem Anspruchsberechtigten nach erfolgter Rückübertragung nur Ersatz für nach dem 2. Oktober 1990 durchgeführte Maßnahmen für eine Bebauung, Modernisierung oder Instandsetzung und diesen nur verlangen, soweit sie im Zeitpunkt der Entscheidung über die Rückübertragung noch werthaltig sind. ⁴Die bis zur Rückübertragung entstandenen Kosten für die gewöhnliche Erhaltung der Vermögenswerte sowie die bis zu diesem Zeitpunkt gezogenen Nutzungen verbleiben beim Verfügungsberechtigten, soweit nichts anderes vereinbart ist. ⁵Über den Anspruch nach Satz 3 entscheidet die nach § 1 zuständige Behörde durch gesonderten Bescheid. ⁶Vergleiche sind unbeschadet des § 2 Abs. 1 Satz 2 zulässig. ⁷Die Kosten für ein Sachverständigengutachten tragen der Begünstigte und der Verpflichtete je zur Hälfte; die eigenen Auslagen trägt jeder Beteiligte selbst.

(3) Von dem Inkrafttreten dieser Vorschrift an sind Artikel 21 Abs. 3 Halbsatz 1 und Artikel 22 Abs. 1 Satz 7 in Verbindung mit Artikel 21 Abs. 3 Halbsatz 1 des Einigungsvertrages mit der Maßgabe anzuwenden, daß Rechtsnachfolger die öffentlich-rechtliche Körperschaft ist, die oder deren Organe seit dem 3. Oktober 1990 die öffentlichen Aufgaben wahrnehmen, welche die Körperschaft des öffentlichen Rechts wahrgenommen hat, die den fraglichen Vermögenswert dem Zentralstaat zur Verfügung gestellt hat.

§ 12 Erlaubte Maßnahmen. (1) ¹Soweit ein Vermögensgegenstand der Restitution unterliegt oder unterliegen kann, die nicht nach § 11 Abs. 1 Nr. 1 bis 3 und 5 ausgeschlossen ist, ist eine Verfügung, eine Bebauung oder eine längerfristige Vermietung oder Verpachtung zulässig, wenn sie zur Durchführung einer erlaubten Maßnahme dient. ²Erlaubt sind Maßnahmen, wenn sie

1. einem der nachfolgenden Zwecke dienen:
   a) Sicherung oder Schaffung von Arbeitsplätzen,
   b) Wiederherstellung oder Schaffung von Wohnraum,
   c) erforderliche oder von Maßnahmen nach Buchstabe a oder b veranlaßte Infrastrukturmaßnahmen,
   d) Sanierung eines Unternehmens oder
   e) Umsetzung eines festgestellten öffentlichen Planungsvorhabens und

2. die Inanspruchnahme des Vermögenswertes hierfür erforderlich ist.

(2) ¹Eine erlaubte Maßnahme nach Absatz 1 darf erst ausgeführt werden, wenn sie vorher angezeigt worden und eine Wartefrist von vier Wochen verstrichen ist. ²Die Anzeige des beabsichtigten Vorhabens hat unter Bezeichnung des Vermögensgegenstandes und des Zwecks allgemein im Mitteilungsblatt des Belegenheitslandes und an

Vermögenszuordnungsgesetz **§ 13 VZOG 21**

die vor der Überführung in Volkseigentum im Grundbuch eingetragene juristische Person des öffentlichen Rechts oder deren Rechtsnachfolger zu erfolgen. ³Auf ein Einvernehmen mit den zu Beteiligenden ist frühzeitig hinzuwirken. ⁴Die Frist beginnt bei den unmittelbar zu benachrichtigenden Stellen mit dem Eingang der Nachricht, im übrigen mit der Veröffentlichung im Mitteilungsblatt.

(3) ¹Ist der Anspruch auf Restitution nicht offensichtlich unbegründet, untersagt die nach § 1 für die Entscheidung über den Anspruch zuständige Stelle, in deren Bezirk der Vermögenswert liegt, auf Antrag des Anspruchstellers auf Restitution die Maßnahme, wenn sie nach Absatz 1 nicht zulässig ist oder der Anspruchsteller spätestens einen Monat nach Ablauf der Wartefrist (Absatz 2) glaubhaft darlegt, daß der Vermögensgegenstand für eine beschlossene und unmittelbare Verwaltungsaufgabe dringend erforderlich ist. ²In diesem Falle ist eine angemessene Frist zur Durchführung zu bestimmen.

(4) ¹Ist ein Antrag nach Absatz 3 gestellt, darf die Maßnahme erst nach dessen Ablehnung durchgeführt werden. ²Die Stellung des Antrags hat der Antragsteller dem Verfügungsberechtigten, bis zu dessen Feststellung dem Verfügungsbefugten, mitzuteilen.

§ 13 Geldausgleich bei Ausschluß der Rückübertragung. (1) Derjenige, dessen Anspruch nach § 11 Abs. 1 Nr. 3 ausgeschlossen ist oder entsprechend den darin enthaltenen Grundsätzen vor dem Inkrafttreten dieser Vorschrift bestandskräftig verneint worden ist, kann von dem durch Zuordnungsbescheid festgestellten unmittelbaren oder mittelbaren Eigentümer des Unternehmens Zahlung eines Geldausgleichs nach Maßgabe des in § 9 Abs. 3 des Vermögensgesetzes genannten Gesetzes verlangen, sofern die Voraussetzungen für den Ausschluß nicht bis zum Ablauf des 29. September 1990 entstanden sind.

(2) ¹Wird eine erlaubte Maßnahme durchgeführt oder war der Vermögenswert im Zeitpunkt der Entscheidung bereits rechtsgeschäftlich veräußert, so ist der Verfügungsberechtigte, bei Unternehmen nur die Treuhandanstalt oder, in den Fällen des Artikels 22 Abs. 2 des Einigungsvertrages, der Bund zur Zahlung eines Geldbetrags in Höhe des Erlöses verpflichtet. ²Wird ein Erlös nicht erzielt oder unterschreitet dieser den Verkehrswert offensichtlich und ohne sachlichen Grund, den der Vermögenswert im Zeitpunkt des Beginns der Maßnahme hat, so ist dieser Verkehrswert zu zahlen. ³Dies gilt entsprechend, wenn mit Zustimmung des Antragstellers oder nach dem 3. Oktober 1990, aber vor Inkrafttreten dieser Vorschrift verfügt worden ist oder wenn der Antragsteller von seinen Rechten nach § 12 keinen Gebrauch gemacht hat. ⁴Erfolgte die Verfügung nach § 8, so ist der Verfügungsbefugte zur Zahlung verpflichtet; seine Verpflichtung nach Satz 1 tritt dann an die Stelle seiner Verpflichtung nach § 8 Abs. 4 Satz 2 Halbsatz 2.

(3) ¹Über Ansprüche nach dieser Vorschrift entscheidet die nach § 1 zuständige Stelle, in deren Bezirk der Vermögenswert liegt, durch Bescheid nach § 2. ²Unbeschadet des § 2 Abs. 1 Satz 2 sind Vergleiche zulässig. ³§ 11 Abs. 2 Satz 6 gilt entsprechend.

§ 14 Schiedsgericht. (1) ¹Gegen Entscheidungen nach § 11 Abs. 2 und § 12 kann das Schiedsgericht nach Absatz 2 angerufen werden. ²Der Antrag ist nur innerhalb einer Frist von vier Wochen seit der Bekanntgabe der Entscheidung nach § 11 Abs. 2 und § 12 zulässig. ³§ 12 Abs. 4 dieses Gesetzes und § 945 der Zivilprozeßordnung gelten entsprechend. ⁴Das Schiedsgericht entscheidet durch Schiedsspruch. ⁵Der Schiedsspruch steht einem verwaltungsgerichtlichen Urteil gleich. ⁶Unter den Voraussetzungen des § 1041 Abs. 1 Nr. 2 bis 6 der Zivilprozeßordnung kann innerhalb einer Frist von vier Wochen seit seiner Niederlegung die Aufhebung des Schiedsspruchs verlangt werden, wenn die Parteien nicht etwas anderes vereinbart haben. ⁷Für die Entscheidung über die Aufhebungsklage und die sonstigen dem staatlichen Gericht obliegenden Aufgaben ist das Oberverwaltungsgericht zuständig, in dessen Bezirk das Schiedsgericht seinen Sitz hat.

(2) ¹In jedem Land im Anwendungsbereich dieses Gesetzes ist mindestens ein nicht notwendigerweise ständiges Schiedsgericht einzurichten. ²Für das Verfahren vor dem Schiedsgericht finden die Vorschriften des Zehnten Buches der Zivilprozeßordnung entsprechende Anwendung, soweit sich aus oder auf Grund dieser Vorschrift nicht ein anderes ergibt. ³Das Schiedsgericht entscheidet in der Besetzung mit drei Schiedsrichtern, von denen mindestens einer die Befähigung zum Richteramt, zum Berufsrichter oder zum höheren Verwaltungsdienst haben muß.

(3) ¹Das Bundesministerium der Justiz wird ermächtigt, durch Rechtsverordnung in Anlehnung an die Bestimmungen des Zehnten Buches der Zivilprozeßordnung die Einrichtung und das Verfahren des Schiedsgerichts sowie die Ernennung der Schiedsrichter zu regeln. ²In dieser Rechtsverordnung kann auch geregelt werden, ob und in welcher Höhe eine Vergütung gezahlt wird.

§ 15 Vorläufige Einweisung. (1) Die nach § 1 zuständige Behörde weist den aus Restitution (§ 11 Abs. 1) Berechtigten auf seinen mit dem Antrag auf Restitution zu verbindenden Antrag hin vorläufig in den Besitz des Vermögenswerts ein, wenn

1. die Berechtigung glaubhaft dargelegt worden ist,
2. der Antrag auf Entscheidung über die Restitution schon länger als drei Monate nicht beschieden oder mit einer solchen Entscheidung innerhalb der auf die Antragstellung folgenden drei Monate nicht zu rechnen ist,

Vermögenszuordnungsgesetz **§§ 16–18 VZOG 21**

3. der Berechtigte den Vermögenswert auf seine Kosten bewirtschaften oder sonst für einen bestimmten Zweck verwenden will.

(2) § 12 bleibt unberührt.

(3) [1]Auf das Rechtsverhältnis zwischen dem gegenwärtigen Verfügungsberechtigten und dem aus der Restitution Berechtigten finden, bis dem Antrag auf Restitution entsprochen wird, die Bestimmungen über den Kauf Anwendung. [2]Als Kaufpreis gilt der Verkehrswert im Zeitpunkt der Besitzeinweisung vereinbart; eine Haftung des Verfügungsberechtigten wegen Rechten Dritter findet nicht statt. [3]Der Kaufpreis ist bis zu einer Entscheidung über die beantragte Restitution gestundet. [4]Wird der Restitutionsanspruch verneint, wird der Kaufpreisanspruch nach Eintritt der Bestandskraft dieser Entscheidung sofort fällig.

(4) [1]Die vorstehenden Vorschriften lassen Vereinbarungen der Beteiligten unberührt. [2]Sie gelten entsprechend, wenn vor ihrem Inkrafttreten der aus Restitution Berechtigte vorläufig in den Besitz von Vermögenswerten eingewiesen worden ist; in diesem Falle ist der aus Restitution Berechtigte jedoch berechtigt, anstelle der Zahlung des Kaufpreises den Vermögenswert in dem Zustand zurückzugeben, in dem er sich bei der Besitzeinweisung befunden hat.

§ 16 Vorrangiger Übergang von Reichsvermögen. [1]Ein Eigentumserwerb nach Artikel 21 Abs. 3 Halbsatz 2 und Artikel 22 Abs. 1 Satz 7 in Verbindung mit Artikel 21 Abs. 3 Halbsatz 2 des Einigungsvertrages gilt unter den Voraussetzungen des § 11 Abs. 1 als nicht erfolgt. [2]Maßnahmen nach § 12 können von der Stelle durchgeführt werden, der Vermögensgegenstand ohne den Übergang auf den Bund zufiele. [3]§ 11 Abs. 2 und die §§ 13 und 14 gelten für einen Eigentumsübergang nach jenen Vorschriften sinngemäß.

Abschnitt 4. Vorschriften für einzelne Sachgebiete

§ 17 Anwendung dieses Gesetzes. [1]Dieses Gesetz gilt für Eigentumsübergänge oder eine Übertragung des Eigentums nach Maßgabe der Artikel 26, 27 und 36 Abs. 1 des Einigungsvertrages und der nachfolgenden Vorschriften entsprechend. [2]Hierbei kann, soweit durch Bundesgesetz nicht ein anderes bestimmt wird, Eigentum auch auf juristische Personen übertragen werden, die aus einem der darin genannten Sondervermögen hervorgegangen sind.

§ 18 Vorschriften für das Sondervermögen Deutsche Reichsbahn. (1) [1]Unbeschadet des Vermögensübergangs auf das Sondervermögen im übrigen ist Artikel 26 Abs. 1 Satz 2 des Einigungsvertrages mit der Maßgabe anzuwenden, daß die dort genannten Vermögensgegenstände durch Zuordnungsbescheid gemäß § 2 auf das Sondervermögen Deutsche Reichsbahn oder aus ihm durch Gesetz gebildete Sondervermögen oder juristische Personen zu übertragen sind. ²Die Widmung für einen anderen Zweck ist, auch wenn ihr von seiten des Sondervermögens oder seiner Rechtsvorgänger zugestimmt wurde, nur beachtlich, wenn der Abgang nicht den Grundsätzen einer unter den Bedingungen der früheren Deutschen Demokratischen Republik ordnungsgemäßen Eisenbahnwirtschaft widersprochen hat. ³Die Übertragung erfolgt nur auf Antrag des Sondervermögens; dieser kann bis zum Ablauf des 30. Juni 1994 gestellt werden. ⁴Soweit auf Grund dieser Vorschriften über einen Eigentumsübergang auf das Sondervermögen rechtskräftig entschieden worden ist, bleibt es hierbei.

(2) ¹Artikel 26 Abs. 1 Satz 3 des Einigungsvertrages ist nicht mehr anzuwenden. ²Die Ämter zur Regelung offener Vermögensfragen geben von Amts wegen bei ihnen durch das Sondervermögen eingereichte Anmeldungen an den für das Land jeweils zuständigen Oberfinanzpräsidenten ab, der sie an die zuständige Stelle weiterleitet. ³Sie gelten als Antrag nach Absatz 1 Satz 3.

§ 19 Vorschriften für das Sondervermögen Deutsche Bundespost. (1) ¹Unbeschadet des Vermögensübergangs auf das Sondervermögen im übrigen ist Artikel 27 Abs. 1 Satz 5 mit der Maßgabe anzuwenden, daß die dort genannten Vermögensgegenstände durch Zuordnungsbescheid gemäß § 2 auf das Sondervermögen Deutsche Bundespost oder daraus durch Gesetz gebildete juristische Personen zu übertragen sind. ²Die Widmung für einen anderen Zweck ist, auch wenn ihr von seiten des Postvermögens oder seiner Rechtsvorgänger zugestimmt wurde, nur beachtlich, wenn der Abgang nicht den Grundsätzen einer unter den Bedingungen der früheren Deutschen Demokratischen Republik ordnungsgemäßen postalischen Wirtschaft widersprochen hat. ³Die Entscheidung erfolgt nur auf Antrag des Sondervermögens; dieser kann bis zum Ablauf des 30. Juni 1994 gestellt werden. ⁴Soweit auf Grund dieser Vorschriften über einen Eigentumsübergang auf das Sondervermögen rechtskräftig entschieden worden ist, bleibt es hierbei.

(2) ¹Artikel 27 Abs. 1 Satz 6 des Einigungsvertrages ist nicht mehr anzuwenden. ²Die Ämter zur Regelung offener Vermögensfragen geben von Amts wegen bei ihnen durch das Sondervermögen eingereichte Anmeldungen an den für das Land jeweils zuständigen Oberfinanzpräsidenten ab, der sie an die zuständige Stelle weiterleitet. ³Sie gelten als Antrag nach Absatz 1 Satz 3.

§ 20 Vorschriften für den Rundfunk und das Fernsehen der früheren DDR. ¹Vermögensgegenstände und -werte, die nach Artikel 36 Abs. 1 des Einigungsvertrages nicht dem Sondervermögen Deutsche Bundespost zugeordnet sind, stehen den Ländern des in Artikel 3 des Einigungsvertrages genannten Gebietes zur gesamten Hand zu. ²Artikel 36 Abs. 6 des Einigungsvertrages bleibt im übrigen unberührt. ³Die Länder können beantragen, daß Vermögensgegenstände und -werte nach dem Ergebnis einer Einigung der beteiligten Stellen durch Zuordnungsbescheid unmittelbar oder nach erfolgter Zuordnung an die Länder einer einzelnen Anstalt oder einem der in Satz 1 genannten Länder zugeordnet werden. ⁴Für den Fall einer einvernehmlichen Zuordnung an eine einzelne Landesrundfunkanstalt ist deren vorherige Zustimmung erforderlich.

§ 21 Verhältnis zu anderen Vorschriften. (1) § 11 Abs. 2 Satz 2 des Treuhandgesetzes und die Bestimmungen der Fünften Durchführungsverordnung zum Treuhandgesetz bleiben unberührt.

(2) Artikel 21 Abs. 3 und Artikel 22 Abs. 1 Satz 7 in Verbindung mit Artikel 21 Abs. 3 des Einigungsvertrages und die Vorschriften des Abschnitts 3 gelten für das in den Artikeln 26, 27 und 36 des Einigungsvertrages genannte Vermögen entsprechend.

21a. Verordnung zur Verlängerung der Frist für die Stellung von Anträgen nach § 1 Abs. 4 sowie § 10 des Vermögenszuordnungsgesetzes (Antragsfristverordnung – AnFrV)

Vom 14. Juni 1994

(BGBl. I S. 1265)

Auf Grund des § 7 Abs. 3 Satz 2 des Vermögenszuordnungsgesetzes in der Fassung der Bekanntmachung vom 29. März 1994 (BGBl. I S. 709) verordnet das Bundesministerium der Finanzen:

§ 1. Die in § 7 Abs. 3 Satz 1 des Vermögenszuordnungsgesetzes bestimmte Frist zur Stellung von Anträgen nach § 1 Abs. 4 in Verbindung mit dem Dritten Abschnitt des Vermögenszuordnungsgesetzes auf Restitution wird bis zum 31. Dezember 1995 verlängert.

§ 2. Die in § 7 Abs. 3 Satz 1 des Vermögenszuordnungsgesetzes bestimmte Frist zur Stellung von Anträgen nach § 1 Abs. 4 des Vermögenszuordnungsgesetzes auf Übertragung von Vermögenswerten nach § 4 Abs. 2 des Kommunalvermögensgesetzes wird bis zum 31. Dezember 1994 verlängert.

§ 3. Die in § 7 Abs. 3 Satz 1 des Vermögenszuordnungsgesetzes bestimmte Frist zur Stellung von Anträgen nach § 10 des Vermögenszuordnungsgesetzes wird bis zum 31. Dezember 1994 verlängert.

§ 4 Inkrafttreten. Diese Verordnung tritt am 30. Juni 1994 in Kraft.

22. Gesetz über den Vorrang für Investitionen bei Rückübertragungsansprüchen nach dem Vermögensgesetz (Investitionsvorranggesetz – InVorG)[1]

Vom 14. Juli 1992

(BGBl. I S. 1257; ber. BGBl. 1993 I S. 1811)

Inhaltsübersicht
(nicht amtlich)

Abschnitt 1. Vorrang für Investitionen §§

Grundsatz	1
Aussetzung der Verfügungsbeschränkung, investive Maßnahmen	2
Besonderer Investitionszweck	3

Abschnitt 2. Erteilung des Investitionsvorrangbescheids

Verfahren	4
Anhörung des Anmelders	5
Unterrichtung der Gemeinde	6
Entscheidung	7

Abschnitt 3. Investitionsvorrangbescheid und investiver Vertrag

Inhalt des Investitionsvorrangbescheides und des investiven Vertrages	8
Bekanntgabe des Investitionsvorrangbescheids	9
Vollziehung des Investitionsvorrangbescheids	10
Wirkung des Investitionsvorrangbescheids	11
Rechtsschutz und Sicherung von Investitionen	12

Abschnitt 4. Durchführung der Investition und Rückabwicklung fehlgeschlagener Vorhaben

Grundsatz	13
Verlängerung der Durchführungsfrist	14
Widerruf des Investitionvorrangbescheids	15

Abschnitt 5. Ausgleich für den Berechtigten

Anspruch des Berechtigten auf den Gegenwert des Vermögensgegenstandes	16
Wahlrecht des Berechtigten	17

Abschnitt 6. Besondere Verfahren

Vorhaben in Vorhaben- und Erschließungsplänen	18
Öffentliches Bieterverfahren	19
Vorhaben auf mehreren Grundstücken	20
Investitionsantrag des Anmelders	21

---

[1] Verkündet als Art. 6 Zweites Vermögensrechtsänderungsgesetz v. 14. 7. 1992 (BGBl. I S. 1257, 1268).

Abschnitt 7. Schlußbestimmungen §§

Grundstücke und Gebäude nach Liste C 22
Gerichtliche Zuständigkeit 23
Zuständigkeitsregelungen, Abgabe 24
Sonderregelungen für die Treuhandanstalt 25
Anwendbarkeit anderer Gesetze 26

Abschnitt 1. Vorrang für Investitionen

§ 1 Grundsatz. [1]Grundstücke, Gebäude und Unternehmen, die Gegenstand von Rückübertragungsansprüchen nach dem Vermögensgesetz sind oder sein können, dürfen nach Maßgabe der nachfolgenden Vorschriften ganz oder teilweise für besondere Investitionszwecke verwendet werden. [2]Der Berechtigte erhält in diesen Fällen einen Ausgleich nach Maßgabe dieses Gesetzes.

§ 2 Aussetzung der Verfügungsbeschränkung, investive Maßnahmen. (1) [1]§ 3 Abs. 3 bis 5 des Vermögensgesetzes ist nicht anzuwenden, wenn der Verfügungsberechtigte

1. ein Grundstück oder Gebäude veräußert, vermietet oder verpachtet,
2. an einem Grundstück oder Gebäude ein Erbbaurecht oder eine Dienstbarkeit bestellt, die, wenn dies keine unbillige Härte ist, auch zugunsten von Vorhaben auf anderen Grundstücken eingeräumt werden kann,
3. an einem Grundstück oder Gebäude Teil- oder Wohnungseigentum begründet und überträgt,
4. auf einem Grundstück ein Bauwerk oder Gebäude errichtet, ausbaut oder wiederherstellt

und durch einen Investitionsvorrangbescheid festgestellt wird, daß dies einem der hierfür bestimmten besonderen Investitionszwecke dient. [2]Ein Ausbau eines Bauwerks oder Gebäudes liegt auch vor, wenn ortsfeste Produktionsanlagen und ähnliche Anlagen darin aufgestellt werden.

(2) [1]§ 3 Abs. 3 bis 5 des Vermögensgesetzes ist nicht anzuwenden, wenn der Verfügungsberechtigte

1. ein Unternehmen durch Übertragung seiner Anteile oder seiner Vermögenswerte veräußert oder dieses verpachtet oder
2. selbst Maßnahmen durchführt, sofern er bereit ist, dem Unternehmen das hierfür erforderliche Kapital ohne Besicherung aus dem Unternehmen zuzuführen, und er dieses innerhalb einer festzusetzenden Frist zur Verfügung stellt und durch einen Investitionsvorrangbescheid festgestellt wird, daß dies einem der hierfür bestimmten besonderen Investitionszwecke dient.

Investitionsvorranggesetz   **§ 3 InVorG 22**

²Im Falle des Satzes 1 Nr. 2 ist zugeführtes Eigenkapital in eine Kapitalrücklage einzustellen, die für die Dauer von fünf Jahren nach Einbringung nur zur Verrechnung mit Jahresfehlbeträgen verwendet werden darf.

(3) Bei investiven Maßnahmen ist § 3 Abs. 3 bis 5 des Vermögensgesetzes jeweils für alle zur Durchführung des Vorhabens bestimmten rechtsgeschäftlichen und tatsächlichen Handlungen nicht anzuwenden.

§ 3 Besonderer Investitionszweck. (1) ¹Ein besonderer Investitionszweck liegt bei Grundstücken und Gebäuden vor, wenn sie verwendet werden zur

1. Sicherung oder Schaffung von Arbeitsplätzen, insbesondere durch Errichtung oder Erhaltung einer gewerblichen Betriebsstätte oder eines Dienstleistungsunternehmens,
2. Schaffung neuen Wohnraums oder Wiederherstellung nicht bewohnten und nicht bewohnbaren oder vom Abgang bedrohten Wohnraums, die Errichtung oder Wiederherstellung einzelner Ein- und Zweifamilienhäuser jedoch nur im Rahmen einer städtebaulichen Maßnahme,
3. Schaffung der für Investitionen erforderlichen oder hiervon veranlaßten Infrastrukturmaßnahmen.

²Das Grundstück oder Gebäude darf nur insoweit für den besonderen Investitionszweck verwendet werden, als dies für die Verwirklichung des Vorhabens erforderlich ist.

(2) Bei Unternehmen und einem für dieses benötigten Grundstück des Unternehmens liegt ein besonderer Investitionszweck vor, wenn es verwendet wird,

1. um Arbeitsplätze zu schaffen oder zu sichern oder die Wettbewerbsfähigkeit verbessernde Investitionen zu ermöglichen oder
2. weil der Berechtigte keine Gewähr dafür bietet, daß er das Unternehmen fortführen oder sanieren wird, oder
3. um die Liquidation oder Gesamtvollstreckung eines Unternehmens bei nach kaufmännischer Beurteilung sonst auf Dauer nicht zu vermeidender Zahlungsunfähigkeit oder Überschuldung zu verhindern.

(3) ¹Die Erteilung eines Investitionsvorrangbescheids für die beantragte investive Maßnahme kann nicht mit der Begründung versagt werden, daß anstelle der Veräußerung des Grundstücks oder Gebäudes die Bestellung eines Erbbaurechts oder die Begründung und Übertragung von Teil- oder Wohnungseigentum möglich wäre. ²Dies gilt entsprechend für die Möglichkeit der Vermietung oder Verpachtung, es sei denn, daß die Vermietung oder Verpachtung für Vorhaben der in Aussicht genommenen Art üblich ist.

Abschnitt 2. Erteilung des Investitionsvorrangbescheids

§ 4 Verfahren. (1) ¹Die nach Absatz 2 zuständige Stelle stellt fest, ob die in den §§ 1 bis 3 genannten Voraussetzungen für das beabsichtigte Vorhaben vorliegen und der Vorhabenträger nach seinen persönlichen und wirtschaftlichen Verhältnissen hinreichende Gewähr für die Verwirklichung des Vorhabens bietet, und erteilt darüber einen Investitionsvorrangbescheid. ²Ein solches Verfahren kann nur bis zum 31. Dezember 1995 eingeleitet werden.

(2) ¹Den Investitionsvorrangbescheid erteilt, soweit in diesem Gesetz nichts Abweichendes bestimmt ist, der Verfügungsberechtigte. ²Ist dieser eine Privatperson, so wird der Bescheid von dem Landkreis oder der kreisfreien Stadt erteilt, in dessen oder deren Gebiet der Vermögenswert liegt.

(3) ¹Vor der Erteilung des Investitionsvorrangbescheids muß eine Beschreibung der wesentlichen Merkmale des Vorhabens (Vorhabenplan) vorgelegt werden. ²Der Vorhabenplan muß mindestens den Vorhabenträger mit Namen und Anschrift, den betroffenen Vermögenswert, die voraussichtlichen Kosten der zugesagten Maßnahmen, ihre Art und die vorgesehene Dauer ihrer Ausführung, einen Kaufpreis sowie, je nach der Art des Vorhabens, angeben, wieviele Arbeitsplätze durch die Maßnahmen gesichert oder geschaffen und wieviel Wohnraum geschaffen oder wiederhergestellt werden soll.

(4) ¹Das Rückübertragungsverfahren nach Abschnitt II des Vermögensgesetzes wird durch ein Verfahren nach diesem Gesetz unterbrochen. ²Die Unterbrechung beginnt mit der Unterrichtung des Amtes zur Regelung offener Vermögensfragen über das Verfahren oder einer öffentlichen Aufforderung zur Einreichung von Angeboten und endet mit dem Eintritt der Vollziehbarkeit der Entscheidung, spätestens jedoch nach Ablauf von drei Monaten von dem Eingang der Unterrichtung an. ³Ist bei Ablauf dieser Frist ein gerichtliches Verfahren des einstweiligen Rechtsschutzes über einen Investitionsvorrangbescheid anhängig, so wird das Rückübertragungsverfahren bis zum Abschluß dieses Verfahrens unterbrochen.

(5) Wer, ohne Angehöriger des Anmelders zu sein, dessen vermögensrechtlichen Anspruch durch Rechtsgeschäft oder in der Zwangsvollstreckung erwirbt, ist an Verfahren nach diesem Gesetz nicht beteiligt.

§ 5 Anhörung des Anmelders. (1) ¹Vor Erteilung des Investitionsvorrangbescheids hat die zuständige Stelle dem Amt zur Regelung offener Vermögensfragen und, soweit ein Unternehmen betroffen ist, dem Landesamt zur Regelung offener Vermögensfragen, in dessen Gebiet das Grundstück oder Gebäude belegen ist oder das Unternehmen seinen Sitz (Hauptniederlassung) hat, und demjenigen, dessen Antrag auf Rückübertragung nach dem Vermögensgesetz dieser

Stelle bekannt ist (Anmelder), mitzuteilen, daß der Vermögenswert für investive Zwecke nach § 3 verwendet werden soll. ²Der Mitteilung an den Anmelder ist der Vorhabenplan beizufügen. ³Anmelder, deren Antrag im Zeitpunkt der Anfrage nicht ordnungsgemäß präzisiert worden ist, erhalten keine Mitteilung.

(2) ¹Der Anmelder hat Gelegenheit, sich innerhalb von zwei Wochen ab Zugang von Mitteilung und Vorhabenplan zu dem Vorhaben und dazu zu äußern, ob er selbst eine Zusage investiver Maßnahmen beabsichtigt. ²Die Entscheidung darf vor Ablauf dieser Frist nicht ergehen, sofern nicht eine Äußerung vorher eingegangen oder auf die Einhaltung der Frist oder auf die Anhörung verzichtet worden ist. ³Nach deren Ablauf ist ein Vorbringen des Anmelders gegen das beabsichtigte Vorhaben nicht zu berücksichtigen. ⁴Das gleiche gilt, wenn die Berechtigung nicht innerhalb der Frist glaubhaft gemacht wird.

(3) Hat der Anmelder ein eigenes Vorhaben angekündigt, so ist dieses nur zu berücksichtigen, wenn es innerhalb von sechs Wochen ab Zugang der Mitteilung und des Vorhabenplans durch Einreichung eines eigenen Vorhabenplans des Anmelders dargelegt wird.

(4) Die Anhörung des Anmelders kann unterbleiben, wenn die voraussichtliche Dauer des Verfahrens bis zu ihrer Durchführung den Erfolg des geplanten Vorhabens gefährden würde.

§ 6 Unterrichtung der Gemeinde. (1) Ist bei einem Grundstück oder Gebäude Verfügungsberechtigter nicht die Gemeinde, in der das Grundstück oder Gebäude liegt, so hat sie innerhalb von zwei Wochen ab Zugang einer entsprechenden Aufforderung Gelegenheit, sich dazu zu äußern, ob ein Verfahren nach § 7 des Vermögenszuordnungsgesetzes eingeleitet oder vorbereitet ist.

(2) ¹Soweit ein Grundstück nach diesem Gesetz veräußert wird, besteht kein Vorkaufsrecht der Gemeinde nach den Vorschriften des Bauplanungsrechts. ²Die Mitteilungspflicht nach § 28 des Baugesetzbuchs entfällt.

§ 7 Entscheidung. (1) ¹Nach Abschluß ihrer Prüfung entscheidet die zuständige Stelle, ob der Investitionsvorrangbescheid für das beabsichtigte Vorhaben zu erteilen ist. ²Hierbei hat sie zu berücksichtigen, ob der Anmelder selbst fristgemäß gleiche oder annähernd gleiche investive Maßnahmen zusagt wie der Vorhabenträger und deren Durchführung glaubhaft macht. ³Der Anmelder genießt dann in der Regel den Vorzug. ⁴Sind mehrere Anmelder vorhanden, genießt derjenige den Vorzug, der als erster von einem Vermögensverlust betroffen war. ⁵Ein Vorhaben des Anmelders braucht bei unbebauten Grundstücken nicht berücksichtigt zu werden, wenn ihm ein für seine Zwecke geeignetes gleichwertiges Ersatzgrundstück zu gleichen Bedingungen zur Verfügung gestellt wird.

(2) ¹Im Zusammenhang mit einem Vorhaben für einen besonderen Investitionszweck kann in einem Investitionsvorrangbescheid festgestellt werden, daß die von anzuhörenden Anmeldern beantragte Rückübertragung nach § 5 des Vermögensgesetzes ausgeschlossen ist. ²Das Amt zur Regelung offener Vermögensfragen ist an diese Feststellung gebunden, sofern der Anspruch im übrigen bestehen würde.

Abschnitt 3. Investitionsvorrangbescheid und investiver Vertrag

§ 8 Inhalt des Investitionsvorrangbescheids und des investiven Vertrages. (1) In dem Investitionsvorrangbescheid wird festgestellt, daß § 3 Abs. 3 bis 5 des Vermögensgesetzes für den betroffenen Vermögenswert nicht gilt.

(2) ¹Ist der Vermögenswert ein Grundstück oder Gebäude, muß der Investitionsvorrangbescheid dieses gemäß § 28 der Grundbuchordnung bezeichnen und folgende Bestimmungen enthalten:
a) eine Frist für die Durchführung der zugesagten Maßnahmen,
b) den Hinweis auf die Fristen nach den §§ 10 und 12,
c) bei einer Veräußerung oder der Bestellung eines Erbbaurechts die Auflage, in den Vertrag eine Verpflichtung zur Rückübertragung des Grundstücks oder Gebäudes im Falle des Widerrufs des Investitionsvorrangbescheids aufzunehmen und
d) bei einem privatrechtlichen Verfügungsberechtigten die Auflage, für die Zahlung des Verkehrswertes eine näher zu bezeichnende Sicherheit zu leisten.

²Der investive Vertrag muß eine in dem Bescheid zu bezeichnende Vertragsstrafenregelung enthalten.

(3) ¹Ist der Vermögenswert ein Unternehmen, so ist der Vertrag nur wirksam, wenn er neben einer in dem Bescheid zu bezeichnenden entsprechenden Vertragsstrafenregelung eine Verpflichtung des Erwerbers enthält, das Unternehmen zurückzuübertragen, falls er die für die ersten zwei Jahre zugesagten Maßnahmen nicht durchführt oder hiervon wesentlich abweicht. ²Die Frist beginnt mit der Übergabe des Vermögenswerts, spätestens mit dem Wirksamwerden des Vertrages. ³Das gilt auch für Grundstücke und Gebäude, die im Zusammenhang mit einem Unternehmen veräußert oder verpachtet werden.

§ 9 Bekanntgabe des Investitionsvorrangbescheids. (1) ¹Der Investitionsvorrangbescheid ist den bekannten Anmeldern zuzustellen, und zwar auch dann, wenn sie auf ihre Anhörung verzichtet haben oder von ihrer Anhörung abgesehen worden ist. ²Das Amt zur Regelung offener Vermögensfragen, in dessen Gebiet das Grundstück oder Gebäude belegen ist oder das Unternehmen seinen Sitz (Hauptniederlassung) hat, erhält eine Abschrift des Investitionsvorrangbescheids und benachrichtigt hierüber die mit der Rückgabe befaßte Stelle. ³Eine weitere Abschrift ist, außer wenn die Treuhandanstalt verfügt, dem Entschädigungsfonds zu übersenden.

(2) Der Investitionsvorrangbescheid gilt nicht bekannten Anmeldern gegenüber als zugestellt, wenn

a) der Bescheid auszugsweise unter Angabe der entscheidenden Stelle und ihrer Anschrift, der Rechtsbehelfsbelehrung, des Vorhabenträgers, des bescheinigten Vorhabens und des betroffenen Vermögenswerts im Bundesanzeiger bekannt gemacht worden ist und
b) zwei Wochen seit der Bekanntmachung gemäß Buchstabe a verstrichen sind.

§ 10 Vollziehung des Investitionsvorrangbescheids. ¹Der Investitionsvorrangbescheid darf nicht vor Ablauf von zwei Wochen ab seiner Bekanntgabe vollzogen werden. ²Er darf nicht mehr vollzogen werden, wenn vor Abschluß des Rechtsgeschäfts oder Vornahme der investiven Maßnahme vollziehbar entschieden worden ist, daß der Vermögenswert an den Berechtigten zurückzugeben ist, oder wenn der Berechtigte nach § 6a des Vermögensgesetzes in ein Unternehmen eingewiesen worden ist.

§ 11 Wirkung des Investitionsvorrangbescheids. (1) Der Investitionsvorrangbescheid ersetzt die Grundstücksverkehrsgenehmigung nach der Grundstücksverkehrsordnung und andere Genehmigungen oder Zustimmungen, die für die Verfügung über eigenes Vermögen des Bundes, der Länder oder der Kommunen erforderlich sind, sowie das Zeugnis nach § 28 des Baugesetzbuchs.

(2) ¹Die Rückübertragung des Vermögenswerts nach Abschnitt II des Vermögensgesetzes entfällt im Umfang der Veräußerung auf Grund des Investitionsvorrangbescheids. ²Wird der Vermögenswert auf den Verfügungsberechtigten wegen Aufhebung des Investitionsvorrangbescheids oder Nichtdurchführung des besonderen Investitionszwecks oder sonst zur Rückabwicklung des Rechtsgeschäfts übertragen, lebt der Rückübertragungsanspruch auf.

(3) Wird das Eigentum an einem für einen besonderen Investitionszweck vermieteten oder verpachteten Grundstück oder Gebäude vor Ablauf der vereinbarten Miet- oder Pachtzeit nach dem Vermögensgesetz auf einen Berechtigten übertragen, gelten die §§ 571, 572, 573 Satz 1, die §§ 574 bis 576 und 579 des Bürgerlichen Gesetzbuchs entsprechend.

(4) ¹Ist ein Erbbaurecht oder eine Dienstbarkeit bestellt worden, so kann der Berechtigte nur Rückgabe des belasteten Grundstücks oder Gebäudes verlangen. ²Ist Teil- oder Wohnungseigentum begründet und übertragen worden, so kann der Berechtigte Rückübertragung nur der verbliebenen Miteigentumsanteile verlangen.

(5) Führt der Verfügungsberechtigte die bescheinigten investiven Maßnahmen nach § 2 innerhalb der festgesetzten Frist selbst durch, entfällt ein Anspruch auf Rückübertragung insoweit, als das Grundstück oder Gebäude für die investive Maßnahme nach dem Inhalt des Vorhabens in Anspruch genommen wurde.

(6) Entfällt eine Rückübertragung oder ist dies zu erwarten, so kann die Berechtigung im Verfahren nach Abschnitt VI des Vermögensgesetzes festgestellt werden.

§ 12 Rechtsschutz und Sicherung von Investitionen. (1) Gegen den Investitionsvorrangbescheid ist, wenn die nächsthöhere Behörde nicht eine oberste Landes- oder Bundesbehörde ist, der Widerspruch und ansonsten die Anfechtungsklage zulässig; sie haben keine aufschiebende Wirkung.

(2) [1]Anträge auf Anordnung der aufschiebenden Wirkung können nur innerhalb von zwei Wochen ab Bekanntgabe des Investitionsvorrangbescheids gestellt werden. [2]Neue Tatsachen können nur bis zu dem Zeitpunkt vorgebracht und berücksichtigt werden, in dem der Vorhabenträger nachhaltig mit dem Vorhaben begonnen hat; neue investive Vorhaben können nicht geltend gemacht werden. [3]Darauf ist der Anmelder in dem Investitionsvorrangbescheid hinzuweisen.

(3) [1]Bei Aufhebung eines Investitionsvorrangbescheids ist der Vermögenswert zurückzuübertragen. [2]Bei Unternehmen bestimmen sich die Einzelheiten nach dem Vertrag, bei Grundstücken und Gebäuden zusätzlich nach § 20 der Grundstücksverkehrsordnung. [3]Die Regelungen über den Widerruf des Investitionsvorrangbescheids bleiben unberührt. [4]Ansprüche auf Rückübertragung und Wertersatz bestehen nicht, wenn

1. a) der Anmelder nicht innerhalb von zwei Wochen ab Bekanntgabe des Investitionsvorrangbescheids einen Antrag auf Anordnung der aufschiebenden Wirkung eines Widerspruchs oder einer Klage gestellt hat oder
   b) ein innerhalb der in Buchstabe a genannten Frist gestellter Antrag rechtskräftig abgelehnt wird und
2. mit der tatsächlichen Durchführung der zugesagten Investition nachhaltig begonnen worden ist.

Abschnitt 4. Durchführung der Investition und Rückabwicklung fehlgeschlagener Vorhaben

§ 13 Grundsatz. (1) [1]Die investiven Maßnahmen sind innerhalb der festgesetzten Frist durchzuführen. [2]Bei Unternehmen und den für diese benötigten Grundstücken genügt es, wenn die für die ersten beiden Jahre zugesagten Maßnahmen durchgeführt werden. [3]Ein investives Vorhaben gilt als durchgeführt, wenn es im wesentlichen fertiggestellt ist.

Investitionsvorranggesetz §§ 14, 15 InVorG 22

(2) ¹Auf Antrag des Vorhabenträgers oder des Verfügungsberechtigten stellt die zuständige Stelle nach Anhörung der Beteiligten fest, daß der Vorhabenträger die zugesagten Maßnahmen vorgenommen oder das Vorhaben durchgeführt hat. ²Wird diese Feststellung unanfechtbar, kann der Investitionsvorrangbescheid nicht widerrufen und Rückübertragung nicht wegen Nichtdurchführung der zugesagten Maßnahmen verlangt werden.

§ 14 Verlängerung der Durchführungsfrist. (1) ¹Die Frist zur Durchführung des Vorhabens kann durch die zuständige Behörde auf Antrag des Vorhabenträgers nach Anhörung des Anmelders verlängert werden, wenn nachgewiesen wird, daß ohne Verschulden des Investors innerhalb der festgesetzten Frist das Vorhaben nicht durchgeführt werden kann und die Verlängerung der Frist vor ihrem Ablauf beantragt worden ist. ²Die Entscheidung über die Verlängerung ist dem Anmelder zuzustellen.

(2) ¹Bei investiven Verträgen über Unternehmen ist die Frist gehemmt, soweit der Erwerber aus von ihm nicht zu vertretenden Gründen die zugesagten Maßnahmen nicht durchführen kann, sofern ihre Ausführung noch möglich ist. ²Ist die Nichtdurchführung oder wesentliche Änderung des Vorhabens auf zum Zeitpunkt des Vertragsabschlusses nicht voraussehbare, dringende betriebliche Erfordernisse zurückzuführen, so entfällt die Rückübertragungspflicht aus dem Vertrag.

§ 15 Widerruf des Investitionsvorrangbescheids. (1) ¹Wird das Grundstück oder Gebäude unter Verstoß gegen den Investitionsvorrangbescheid nicht oder nicht mehr für den darin genannten Zweck verwendet, so ist der Investitionsvorrangbescheid auf Antrag des Berechtigten oder, wenn noch nicht entschieden ist, des angehörten Anmelders zu widerrufen. ²Der Widerruf ist ausgeschlossen, wenn das Vorhaben nachhaltig begonnen worden ist und seine Nichtdurchführung oder wesentliche Änderung auf dringende betriebliche Erfordernisse zurückzuführen ist.

(2) ¹Ist ein Grundstück oder Gebäude für einen investiven Zweck vermietet oder verpachtet, kann der Verfügungsberechtigte den auf Grund des Investitionsvorrangbescheids geschlossenen Vertrag ohne Einhaltung einer Kündigungsfrist kündigen, wenn der Investitionsvorrangbescheid gemäß Absatz 1 widerrufen worden ist. ²Die Bestimmungen über die Beendigung von Mietverhältnissen über Wohnraum bleiben unberührt.

(3) Wird ein Investitionsvorrangbescheid gemäß Absatz 1 unanfechtbar widerrufen, so ist der Verfügungsberechtigte über ein Grundstück oder Gebäude verpflichtet, von den auf Grund des Widerrufs sich ergebenden Rechten Gebrauch zu machen.

Abschnitt 5. Ausgleich für den Berechtigten

§ 16 Anspruch des Berechtigten auf den Gegenwert des Vermögensgegenstandes. (1) ¹Ist dem Verfügungsberechtigten infolge seiner Veräußerung die Rückübertragung des Vermögenswertes nicht möglich, so kann jeder Berechtigte nach Feststellung oder Nachweis seiner Berechtigung von dem Verfügungsberechtigten die Zahlung eines Geldbetrages in Höhe aller auf den von ihm zu beanspruchenden Vermögenswert entfallenden Geldleistungen aus dem Vertrag verlangen. ²Über diesen Anspruch ist auf Antrag des Berechtigten durch Bescheid des Amtes oder Landesamtes zur Regelung offener Vermögensfragen zu entscheiden. ³Ist ein Erlös nicht erzielt worden, unterschreitet dieser den Verkehrswert, den der Vermögenswert in dem Zeitpunkt hat, in dem der Investitionsvorrangbescheid vollziehbar wird, oder hat der Verfügungsberechtigte selbst investive Maßnahmen durchgeführt, so kann der Berechtigte Zahlung des Verkehrswerts verlangen. ⁴Wenn eine Dienstbarkeit bestellt wird, tritt an die Stelle des Verkehrswerts des Grundstücks die Wertminderung, welche bei dem belasteten Grundstück durch die Bestellung der Dienstbarkeit eintritt.

(2) ¹Der Verfügungsberechtigte ist dem Berechtigten gegenüber verpflichtet, diesem die bis zur Rückübertragung des Eigentums aus dem Vermögenswert gezogenen Erträge aus einer Vermietung oder Verpachtung von deren Beginn an abzüglich der für die Unterhaltung des Vermögenswerts erforderlichen Kosten herauszugeben. ²Dieser Anspruch wird mit Rückübertragung des Eigentums fällig. ³Jede Vertragspartei kann von der anderen für die Zukunft die Anpassung des Miet- und Pachtzinses an die Entgelte verlangen, die in der betreffenden Gemeinde für vergleichbare Vermögenswerte üblich sind. ⁴Ist eine Anpassung erfolgt, so kann eine weitere Anpassung erst nach Ablauf von drei Jahren nach der letzten Anpassung verlangt werden. ⁵Ist das Miet- oder Pachtverhältnis für eine bestimmte Zeit geschlossen, so kann der Mieter oder Pächter im Falle der Anpassung das Vertragsverhältnis ohne Einhaltung einer Frist kündigen.

(3) Bei Bestellung eines Erbbaurechts oder der Begründung von Teil- oder Wohnungseigentum kann der Berechtigte auf die Rückgabe des Vermögenswerts oder der nicht veräußerten Miteigentumsanteile verzichten und Zahlung des Verkehrswerts verlangen, den das Grundstück oder Gebäude im Zeitpunkt der Begründung des Erbbaurechts oder des Teil- und Wohnungseigentums hatte.

(4) Wenn der Rückübertragungsanspruch wiederauflebt, ist der Verfügungsberechtigte ungeachtet der Rückübertragung nach dem Vermögensgesetz zum Besitz des Vermögenswerts berechtigt, bis ihm an den Berechtigten erbrachte Zahlungen erstattet worden sind.

Investitionsvorranggesetz **§§ 17, 18 InVorG 22**

§ 17 Wahlrecht des Berechtigten. Soweit dem Berechtigten nach anderen Vorschriften eine Entschädigung zusteht, kann er diese wahlweise anstelle der in § 16 bezeichneten Rechte in Anspruch nehmen.

Abschnitt 6. Besondere Verfahren

§ 18 Vorhaben in Vorhaben- und Erschließungsplänen. (1) [1]§ 3 Abs. 3 bis 5 des Vermögensgesetzes ist ferner für Vorhaben nicht anzuwenden, die Gegenstand eines Vorhaben- und Erschließungsplans sind, der Bestandteil einer beschlossenen, nicht notwendig auch genehmigten Satzung nach § 246a Abs. 1 Satz 1 Nr. 6 des Baugesetzbuchs in Verbindung mit § 55 der Bauplanungs- und Zulassungsverordnung geworden ist. [2]Ein Vorgehen nach den Abschnitten 1 bis 5 bleibt unberührt.

(2) [1]Anmelder sind nur nach Maßgabe von § 246a Abs. 1 Satz 1 Nr. 6 des Baugesetzbuchs in Verbindung mit § 55 Abs. 3 der Bauplanungs- und Zulassungsverordnung zu beteiligen. [2]Sie können Einwände gegen das Vorhaben nur mit Rechtsbehelfen gegen die Satzung geltend machen. [3]Das Amt zur Regelung offener Vermögensfragen, in dessen Bezirk das Gebiet liegt, ist von der Einleitung des Verfahrens nach § 246a Abs. 1 Satz 1 Nr. 6 des Baugesetzbuchs in Verbindung mit § 55 der Bauplanungs- und Zulassungsverordnung zu benachrichtigen. [4]Es unterrichtet hierüber umgehend alle ihm bekannten Anmelder von Ansprüchen für die in dem Gebiet liegenden Grundstücke.

(3) [1]Das Rückübertragungsverfahren nach dem Vermögensgesetz ist bis zum Beschluß über die Satzung weiterzuführen. [2]Nach diesem Beschluß ist es bis zum Ablauf der zur Durchführung des Vorhabens bestimmten Frist auszusetzen, sofern die Satzung nicht vorher aufgehoben oder nicht genehmigt wird.

(4) Die Satzung ersetzt die Grundstücksverkehrsgenehmigung nach der Grundstücksverkehrsordnung und andere Zustimmungen oder Genehmigungen, die für die Verfügung über eigenes Vermögen des Bundes, der Länder oder der Kommunen erforderlich sind.

(5) Die §§ 11, 16 und 17 gelten entsprechend.

(6) § 12 gilt mit der Maßgabe entsprechend, daß an die Stelle eines Antrags auf Anordnung der aufschiebenden Wirkung ein Antrag auf Erlaß einer einstweiligen Anordnung gegen die beschlossene Satzung tritt.

(7) [1]In einem verwaltungsgerichtlichen Verfahren sind die Anmelder beizuladen, die dies innerhalb einer Frist von einem Monat von der Veröffentlichung eines entsprechenden Gerichtsbeschlusses an beantragen. [2]Der Beschluß ist im Bundesanzeiger und einer auch außerhalb des in Artikel 3 des Einigungsvertrages genannten Gebie-

tes erscheinenden überregionalen Tageszeitung zu veröffentlichen. ³Der Beschluß ist unanfechtbar.

§ 19 Öffentliches Bieterverfahren. (1) ¹Ist ein Antrag nach § 21 nicht gestellt, so können öffentlich-rechtliche Gebietskörperschaften und die Treuhandanstalt Vorhabenträger öffentlich zur Unterbreitung von Investitionsangeboten auffordern (öffentliches Bieterverfahren). ²Die Entscheidung über den Zuschlag hat gegenüber dem Anmelder die Wirkungen eines Investitionsvorrangbescheids. ³Ist in der Aufforderung eine Frist zur Einreichung von Angeboten gesetzt, so werden spätere Angebote des Anmelders nicht berücksichtigt, es sei denn, daß anderen Vorhabenträgern die Gelegenheit gegeben wird, Angebote nachzureichen.

(2) Die Aufforderung muß auch in einer außerhalb des Beitrittsgebiets erscheinenden überregionalen Tageszeitung veröffentlicht werden und folgende Angaben enthalten:
1. den Hinweis auf die Anforderungen des § 3,
2. die Aufforderung an Anmelder, an dem Verfahren mit Angeboten teilzunehmen,
3. den Hinweis, daß Anmelder bei gleichen oder annähernd gleichen Angeboten in der Regel den Vorrang genießen.

(3) Der Verfügungsberechtigte hat sich bei dem Amt zur Regelung offener Vermögensfragen, in dessen Bezirk das Grundstück oder Gebäude liegt, darüber zu vergewissern, ob Anmeldungen vorliegen, und den ihm mitgeteilten oder sonst bekannten Anmeldern eine Abschrift der Aufforderung zu übersenden.

(4) ¹Eine besondere Anhörung des Anmelders entfällt. Der Zuschlag ist dem Anmelder, der seine Berechtigung glaubhaft gemacht hat, in der Regel auch dann zu erteilen, wenn sein Angebot dem des besten anderen Bieters gleich oder annähernd gleich ist. ²Soll ein anderes Angebot den Zuschlag erhalten, ist dies dem Anmelder unter Übersendung des Vorhabenplans mitzuteilen; der Anmelder kann dann innerhalb von zwei Wochen seinen Plan nachbessern. ³Der Zuschlag darf vorher nicht erteilt werden.

(5) Angebote dürfen nur berücksichtigt werden, wenn sie einen Vorhabenplan umfassen.

(6) ¹Die Durchführung des Verfahrens kann einem Dritten übertragen werden. ²Der Zuschlag muß in diesem Fall von dem Verfügungsberechtigten bestätigt werden. ³Widerspruch und Klage sind gegen den Verfügungsberechtigten zu richten.

§ 20 Vorhaben auf mehreren Grundstücken. (1) Soll ein zusammenhängendes Vorhaben auf mehreren Grundstücken verwirklicht werden, die Gegenstand von Rückübertragungsansprüchen nach dem Vermögensgesetz sind, so kann der Investitionsvorrangbe-

Investitionsvorranggesetz **§ 21 InVorG 22**

scheid für alle Ansprüche gemeinsam durch Gesamtverfügung erteilt werden.

(2) [1]Die Gesamtverfügung kann von jedem Betroffenen selbständig angefochten werden. [2]In einem verwaltungsgerichtlichen Verfahren sind die Anmelder beizuladen, die dies innerhalb einer Frist von einem Monat von der Veröffentlichung eines entsprechenden Gerichtsbeschlusses an beantragen. [3]Der Beschluß ist im Bundesanzeiger und einer auch außerhalb des in Artikel 3 des Einigungsvertrages erscheinenden überregionalen Tageszeitung zu veröffentlichen. [4]Der Beschluß ist unanfechtbar.

(3) [1]Die Anhörung des Anmelders kann dadurch ersetzt werden, daß die Unterlagen über das Vorhaben zur Einsicht ausgelegt werden. [2]Den bekannten Anmeldern ist dies unter Angabe des Ortes der Auslegung mitzuteilen. [3]Die Ausschlußfrist für den Anmelder beginnt in diesem Fall mit dem Zugang dieser Mitteilung.

(4) Die fristgerechte Zusage investiver Maßnahmen durch den Anmelder ist im Rahmen seines Vorrechtes nur zu berücksichtigen, wenn die Maßnahmen dem Gesamtvorhaben vergleichbar sind.

§ 21 Investitionsantrag des Anmelders. (1) [1]Unterbreitet der Anmelder dem Verfügungsberechtigten über ein Grundstück oder Gebäude ein Angebot für eine Maßnahme nach den §§ 2 und 3, so ist der Verfügungsberechtigte verpflichtet, für das Vorhaben des Anmelders einen Investitionsvorrangbescheid nach Maßgabe des Abschnitts 3 zu erteilen, wenn die Berechtigung glaubhaft gemacht ist und der Anmelder nach seinen persönlichen und wirtschaftlichen Verhältnissen hinreichende Gewähr für die Durchführung des Vorhabens bietet. [2]Ist der Verfügungsberechtigte für die Erteilung des Investitionsvorrangbescheids nicht zuständig, so ist der Anmelder berechtigt, bei der zuständigen Stelle, wenn Verfügungsberechtigter ein Treuhandunternehmen ist, bei der Treuhandanstalt, einen Investitionsvorrangbescheid zu beantragen. [3]Der Verfügungsberechtigte ist nach Erteilung des Investitionsvorrangbescheids zum Abschluß des bescheinigten investiven Vertrages verpflichtet.

(2) [1]Ein investiver Zweck liegt in den Fällen des Absatzes 1 auch vor, wenn Mißstände oder Mängel eines Wohngebäudes durch Modernisierung oder Instandsetzung beseitigt werden sollen und die voraussichtlichen Kosten der Modernisierung und Instandsetzung im Durchschnitt 20 000 DM für jede in sich abgeschlossene oder selbständig vermietbare Wohnung oder jeden derartigen Geschäftsraum überschreiten. [2]Dies gilt nicht für Vorhabenträger, die nicht Anmelder sind.

(3) Sagt im Verfahren nach Absatz 1 ein anderer Anmelder investive Maßnahmen zu, so genießt der Anmelder in der Regel den Vorzug, der zuerst von einem Vermögensverlust betroffen war.

(4) ¹Der Verfügungsberechtigte kann die Zusage investiver Maßnahmen eines Vorhabenträgers, der nicht Anmelder ist, nur innerhalb von drei Monaten von dem Eingang des Antrags an berücksichtigen. ²Der Anmelder genießt in diesem Falle in der Regel den Vorzug, wenn er gleiche oder annähernd gleiche investive Maßnahmen zusagt wie der andere Vorhabenträger.

(5) Wird in dem Verfahren nach Abschnitt II des Vermögensgesetzes festgestellt, daß der Anmelder nicht berechtigt war, so gibt das mit der Entscheidung befaßte Amt zur Regelung offener Vermögensfragen dem Anmelder die Zahlung des Verkehrswerts des Vermögenswerts auf.

(6) ¹Wenn ein Antrag nach Absatz 1 gestellt ist, kann ein selbständiges Verfahren nach § 4 zugunsten eines fremden Vorhabenträgers nicht eingeleitet werden. ²Ist ein Verfahren nach § 4 eingeleitet worden, kann ein Antrag nach Absatz 1 nicht gestellt werden.

Abschnitt 7. Schlußbestimmungen

§ 22 Grundstücke und Gebäude nach Liste C. Dieses Gesetz gilt nicht für Grundstücke und Gebäude, deren Grundakten mit einem Vermerk über die Eintragung in die Liste zu Abschnitt C der Gemeinsamen Anweisung der Minister der Finanzen und des Innern der Deutschen Demokratischen Republik vom 11. Oktober 1961 über die Berichtigung der Grundbücher und Liegenschaftskataster für Grundstücke des ehem. Reichs-, Preußen-, Wehrmachts-, Landes-, Kreis- und Gemeindevermögens gekennzeichnet oder die aus dem Grundbuch als Synagoge oder Friedhof einer jüdischen Gemeinde zu erkennen sind.

§ 23 Gerichtliche Zuständigkeit. (1) ¹Für Streitigkeiten aus dem investiven Vertrag und nach § 16 ist, soweit nicht durch Bescheid entschieden wird, der ordentliche Rechtsweg, im übrigen der Verwaltungsrechtsweg gegeben. ²Soweit der Verwaltungsrechtsweg gegeben ist, ist das Gericht örtlich zuständig, in dessen Bezirk die Stelle, die den Investitionsvorrangbescheid erlassen hat, ihren Hauptsitz hat.

(2) ¹Die Berufung gegen ein Urteil und die Beschwerde gegen eine andere Entscheidung des Verwaltungsgerichts sind ausgeschlossen. ²Das gilt nicht für die Beschwerde gegen die Nichtzulassung der Revision nach § 135 in Verbindung mit § 133 der Verwaltungsgerichtsordnung und die Beschwerde gegen Beschlüsse über den Rechtsweg nach § 17a Abs. 2 und 3 des Gerichtsverfassungsgesetzes. ³Auf die Beschwerde gegen die Beschlüsse über den Rechtsweg findet § 17a Abs. 4 Satz 4 bis 6 des Gerichtsverfassungsgesetzes entsprechende Anwendung.

§ 24 Zuständigkeitsregelungen, Abgabe. (1) [1]Mehrere zuständige Stellen können durch einen öffentlich-rechtlichen Vertrag (§ 54 des Verwaltungsverfahrensgesetzes) vereinbaren, daß die nach diesem Gesetz zu treffenden Entscheidungen von einer öffentlichen Stelle getroffen werden. [2]Statt durch einen Vertrag kann die Zuständigkeit auch durch Konzentrationsverfügung, die der Zustimmung der anderen Stelle bedarf, bei einer Stelle vereinigt werden.

(2) Hat den Investitionsvorrangbescheid eine kreisangehörige Stadt oder Gemeinde zu erteilen, so kann sie das Verfahren innerhalb von zwei Wochen nach seiner Einleitung an den Landkreis, zu dem sie gehört, abgeben; dieser ist an die Abgabe gebunden.

(3) [1]Die Landesregierungen werden ermächtigt, durch Rechtsverordnung für investive Maßnahmen der Gemeinden, Städte, Landkreise und des Landes die Zuständigkeit dieser Stellen abweichend zu regeln. [2]Die Landesregierungen können diese Ermächtigung durch Rechtsverordnung auf eine oberste Landesbehörde übertragen.

§ 25 Sonderregelungen für die Treuhandanstalt. (1) [1]Die Treuhandanstalt handelt bei Vermögenswerten, die im Eigentum einer Kapitalgesellschaft stehen, deren sämtliche Geschäftsanteile oder Aktien sich unmittelbar oder mittelbar in der Hand der Treuhandanstalt befinden (Treuhandunternehmen), unbeschadet der Rechte deren Vorstands oder Geschäftsführers als gesetzlicher Vertreter. [2]Sie haftet im Verhältnis zu dem Treuhandunternehmen nur, wenn sie ohne dessen Zustimmung verfügt. [3]Sie ist dann für das Verfahren zuständig.

(2) [1]Die Treuhandanstalt kann einzelne Verfahren, die Grundstücke, Gebäude und Betriebsteile eines Treuhandunternehmens betreffen, an sich ziehen. [2]Sie teilt dies dem Landkreis oder der kreisfreien Stadt mit, die mit Zugang der Mitteilung für das Verfahren nicht mehr zuständig ist und vorhandene Vorgänge an die Treuhandanstalt abgibt.

(3) Die Vorschriften dieses Gesetzes gelten auch für Grundstücke, Gebäude und Unternehmen der Parteien und Massenorganisationen, die Gegenstand von Rückübertragungsansprüchen nach der in Anlage II Kapitel II Sachgebiet A Abschnitt III des Einigungsvertrages vom 31. August 1990 (BGBl. 1990 II S. 885, 1150) aufgeführten Maßgabe d sind oder sein können.

§ 26 Anwendbarkeit anderer Gesetze. Für das Verfahren zur Erteilung des Investitionsvorrangbescheids sind bis zum Erlaß entsprechender landesrechtlicher Bestimmungen auch durch Stellen der Länder das Verwaltungsverfahrensgesetz, das Verwaltungszustellungsgesetz und das Verwaltungsvollstreckungsgesetz anzuwenden, soweit nichts anderes bestimmt ist.

22 InVorG

V. *Landwirtschaftsanpassung*

23. Landwirtschaftsanpassungsgesetz (LwAnpG)

In der Fassung der Bekanntmachung vom 3. Juli 1991
(BGBl. I S. 1418)

Geändert durch Gesetz vom 20. 12. 1991 (BGBl. I S. 2312), 2. Vermögensrechts-Änderungsgesetz vom 14. 7. 1992 (BGBl. I S. 1257), 3. Gesetz zur Änderung des Landwirtschaftsanpassungsgesetzes vom 31. 3. 1994 (BGBl. I S. 736), Sachenrechtsänderungsgesetz vom 21. 9. 1994 (BGBl. I S. 2457) und Gesetz zur Bereinigung des Umwandlungsrechts vom 28. 10. 1994 (BGBl. I S. 3210)

Inhaltsübersicht:
(nichtamtlich)

1. Abschnitt: Grundsätze
2. Abschnitt: Teilung und Zusammenschluß von landwirtschaftlichen Produktionsgenossenschaften
3. Abschnitt: Umwandlung von landwirtschaftlichen Produktionsgenossenschaften durch Formwechsel
4. Abschnitt: Umwandlung von kooperativen Einrichtungen durch Formwechsel
5. Abschnitt: Auflösung einer LPG
6. Abschnitt: Ausscheiden aus einer LPG
7. Abschnitt: Rechtsverhältnisse an genossenschaftlich genutztem Boden, der im Eigentum Dritter steht
8. Abschnitt: Verfahren zur Feststellung und Neuordnung der Eigentumsverhältnisse
9. Abschnitt: Gerichtliches Verfahren in Landwirtschaftssachen
10. Abschnitt: Schlußbestimmungen

1. Abschnitt. Grundsätze

§ 1 Gewährleistung des Eigentums. Privateigentum an Grund und Boden und die auf ihm beruhende Bewirtschaftung werden in der Land- und Forstwirtschaft im vollen Umfang wiederhergestellt und gewährleistet.

§ 2 Gleichheit der Eigentumsformen. Alle Eigentums- und Wirtschaftsformen, die bäuerlichen Familienwirtschaften und freiwillig von den Bauern gebildete Genossenschaften sowie andere landwirtschaftliche Unternehmen erhalten im Wettbewerb Chancengleichheit.

§ 3 Zielstellung des Gesetzes. Dieses Gesetz dient der Entwicklung einer vielfältig strukturierten Landwirtschaft und der Schaffung von Voraussetzungen für die Wiederherstellung leistungs- und wettbewerbsfähiger Landwirtschaftsbetriebe, um die in ihnen tätigen Menschen an der Einkommens- und Wohlstandsentwicklung zu beteiligen.

§ 3a Haftung der Vorstandsmitglieder. [1]Die Vorstandsmitglieder einer landwirtschaftlichen Produktionsgenossenschaft haben bei ihrer Geschäftsführung die Sorgfalt eines ordentlichen und gewissenhaften Geschäftsleiters anzuwenden. [2]Vorstandsmitglieder, die ihre Pflichten vorsätzlich oder fahrlässig verletzen, sind der Genossenschaft und ihren Mitgliedern zum Ersatz des daraus entstehenden Schadens als Gesamtschuldner verpflichtet. [3]Ist streitig, ob sie die Sorgfalt eines ordentlichen und gewissenhaften Geschäftsleiters angewandt haben, trifft sie die Beweislast.

§ 3b Verjährung. [1]Ansprüche, die sich nach den Vorschriften der §§ 3a, 28 Abs. 2, § 37 Abs. 2, § 44 Abs. 1 und § 51a Abs. 1 und 2 ergeben, verjähren in fünf Jahren. [2]Die Verjährung eines Anspruchs nach Satz 1 beginnt mit dem Schluß des Jahres, in dem er entstanden ist.

2. Abschnitt. Teilung und Zusammenschluß von landwirtschaftlichen Produktionsgenossenschaften

§ 4 Zulässigkeit der Teilung. (1) [1]Eine landwirtschaftliche Produktionsgenossenschaft (nachfolgend LPG genannt) kann als übertragendes Unternehmen unter Auflösung ohne Abwicklung ihr Vermögen teilen durch gleichzeitige Übertragung der Vermögensteile jeweils als Gesamtheit auf andere, von ihr dadurch gegründete neue Unternehmen gegen Gewährung von Anteilen oder anderen Mitgliedschaftsrechten dieser Unternehmen an die Mitglieder der übertragenden LPG. [2]Die Teilung ist zulässig zur Neugründung von neuen Genossenschaften, Personengesellschaften oder Kapitalgesellschaften.

(2) Die Teilung ist unzulässig, wenn auf ein neues Unternehmen im wesentlichen nur ein einzelner Gegenstand oder eine einzelne Verbindlichkeit übergehen soll.

(3) Auf die Gründung der neuen Unternehmen sind die für die jeweilige Rechtsform des neuen Unternehmens geltenden Gründungsvorschriften entsprechend anzuwenden, soweit sich aus diesem Gesetz nichts anderes ergibt.

§ 5 Teilungsplan. (1) [1]Der Vorstand der LPG hat einen Teilungsplan aufzustellen. [2]Dieser muß mindestens folgende Angaben enthalten:

1. den Namen oder die Firma und den Sitz der an der Teilung beteiligten Unternehmen;

Landwirtschaftsanpassungsgesetz §§ 6, 7 **LwAnpG** 23

2. die Erklärung über die Übertragung der Teile des Vermögens der übertragenden LPG jeweils als Gesamtheit gegen Gewährung von Anteilen oder Mitgliedschaftsrechten der neuen Unternehmen;
3. die Einzelheiten für den Erwerb der Anteile der neuen Unternehmen oder der Mitgliedschaft bei den neuen Unternehmen;
4. den Zeitpunkt, von dem an die Handlungen der übertragenden LPG als für Rechnung jedes der neuen Unternehmen vorgenommen gelten;
5. die Rechte, welche die neuen Unternehmen einzelnen Mitgliedern der LPG gewähren;
6. die genaue Beschreibung und Aufteilung der Gegenstände des Aktiv- und Passivvermögens der LPG sowie der betriebsbezogenen Produktionsquoten;
7. die Aufteilung der Anteile oder Mitgliedschaftsrechte jedes der neuen Unternehmen auf Mitglieder der übertragenden LPG;
8. die Aufteilung der sich aus abgeschlossenen Verträgen ergebenden Rechte und Pflichten auf die Rechtsnachfolger.

(2) Der Vorschlag, welche Grundstücke, Viehbestände, Pflanzenanlagen, Maschinen, Gebäude, Anlagen, Anteile an gemeinsamen Unternehmen, Verbindlichkeiten und Forderungen, auf welche neue Unternehmen übergehen, hat unter Beachtung des künftigen Zwecks des Geschäftsbetriebes der Unternehmen, der Anzahl der übergehenden Mitglieder und der Sicherung annähernd gleicher Produktions- und Verwertungsbedingungen zu erfolgen.

(3) Dem Teilungsplan sind als Anlage die für die Gründung der neuen Unternehmen erforderlichen Urkunden (Statuten, Gesellschaftsverträge und Satzungen) beizufügen.

§ 6 Teilungsbericht. (1) Der Vorstand der LPG hat den Beteiligten einen ausführlichen, schriftlichen Bericht vorzulegen, in dem die Teilung, der Teilungsplan und die Angaben über die Mitgliedschaftsrechte bei den neuen Unternehmen erläutert und begründet werden.

(2) Die Revisionskommission hat sich schriftlich zu äußern, ob die Teilung mit den Belangen der Mitglieder und der Gläubiger vereinbar ist.

§ 7 Teilungsbeschluß. (1) [1]Der Teilungsplan wird nur wirksam, wenn die Mitglieder der LPG ihm durch Beschluß zustimmen. [2]Der Beschluß kann nur in der Vollversammlung gefaßt werden.

(2) [1]Der Beschluß bedarf einer Mehrheit von zwei Dritteln der abgegebenen Stimmen und der Mehrheit der abgegebenen Stimmen der Grundstückseigentümer und sonstiger Inventareinbringer, die Mitglieder der LPG sind, sofern nicht das Statut der LPG für Beschlüsse über Änderungen des Statuts eine größere Mehrheit und

weitere Erfordernisse bestimmt. ²Ist die Vollversammlung nicht beschlußfähig, ist eine erneute Vollversammlung einzuberufen, deren Beschlußfähigkeit auch gegeben ist, wenn die dafür im Statut festgelegten Voraussetzungen nicht erfüllt sind. ³Das Mitglied kann einem anderen Mitglied Stimmvollmacht erteilen; die Vollmacht bedarf der Schriftform.

(3) Der Teilungsplan bedarf der Zustimmung jedes Mitglieds, dem in einem neuen Unternehmen die Rechtsstellung eines unbeschränkt haftenden Gesellschafters zugewiesen werden soll.

§ 8 Vorbereitung der Vollversammlung. Von der Einberufung der Vollversammlung an sind in dem Geschäftsraum der LPG zur Einsicht der Mitglieder mindestens 14 Tage vorher auszulegen:
1. der Teilungsplan und seine Anlagen;
2. die Bilanz der LPG;
3. der nach § 6 vorzulegende Teilungsbericht;
4. der Bericht der Revisionskommission sowie die Stellungnahme des zuständigen Kreditinstituts gemäß § 9 Abs. 2.

§ 9 Durchführung der Vollversammlung. (1) ¹In der Vollversammlung sind die in § 8 bezeichneten Unterlagen auszulegen. ²Der Vorstand hat den Teilungsplan zu Beginn der Versammlung mündlich zu erläutern.

(2) Der Bericht der Revisionskommission gemäß § 6 Abs. 2 sowie die Stellungnahme des zuständigen Kreditinstituts gemäß § 12 Abs. 1 sind in der Vollversammlung zu verlesen.

§ 10 Anmeldung und Eintragung der neuen Unternehmen. Der Vorstand der LPG hat jedes der neuen Unternehmen zur Eintragung in das Register anzumelden.

§ 11 Wirkungen der Eintragung. (1) Die Eintragung der Teilung in das Register hat folgende Wirkungen:
1. Das Vermögen der LPG einschließlich der Verbindlichkeiten geht entsprechend der im Teilungsplan vorgesehenen Aufteilung jeweils als Gesamtheit auf die neuen Unternehmen über.
2. Die übertragende LPG erlischt. Einer besonderen Löschung bedarf es nicht.
3. Die Mitglieder der LPG werden entsprechend der im Teilungsplan vorgesehenen Aufteilung Mitglieder der neuen Unternehmen. Rechte Dritter an den Anteilen der LPG bestehen an den an ihre Stelle tretenden Anteilen der neuen Unternehmen weiter.

(2) ¹Ist bei der Teilung ein Gegenstand keinem der neuen Unternehmen zugeteilt worden und läßt sich die Zuteilung auch nicht durch Auslegung ermitteln, so geht der Gegenstand auf alle neuen

Landwirtschaftsanpassungsgesetz **§§ 12–16 LwAnpG 23**

Unternehmen in dem Verhältnis über, das sich aus dem Plan für die Aufteilung des Überschusses der Aktivseite der Schlußbilanz über deren Passivseite ergibt. [2]Ist eine Verbindlichkeit keinem der neuen Unternehmen zugewiesen worden und läßt sich die Zuweisung auch nicht durch Auslegung ermitteln, so haften die übernehmenden Unternehmen als Gesamtschuldner.

§ 12 Gläubigerschutz. (1) [1]Vor der Entscheidung über die Aufteilung der Kredite auf die neuen Unternehmen ist das zuständige Kreditinstitut zur Stellungnahme aufzufordern. [2]Werden Einwände des Kreditinstituts nicht beachtet, kann dieses eine Entscheidung durch das Gericht herbeiführen lassen. [3]Bis zur endgültigen Entscheidung haften die an der Teilung beteiligten Unternehmen als Gesamtschuldner.

(2) Die an der Teilung beteiligten Unternehmen haften auch als Gesamtschuldner, wenn ein anderer Gläubiger als die Bank von dem neuen Unternehmen, dem die Verbindlichkeit zugewiesen worden ist, keine Befriedigung erlangt.

§ 13 *(weggefallen)*

§ 14 Zusammenschluß. LPG können unter Auflösung ohne Abwicklung zusammengeschlossen werden im Wege der Bildung einer neuen LPG (übernehmende LPG), auf die das Vermögen jeder der sich vereinigten LPG (übertragenden LPG) als Ganzes gegen Gewährung der Mitgliedschaft der übernehmenden LPG an die Mitglieder der übertragenden LPG übergeht.

§ 15 Vertrag. (1) [1]Der Vertrag über den Zusammenschluß ist von den Vorständen der beteiligten LPG zu schließen. [2]Er wird nur wirksam, wenn die Mitglieder der beteiligten LPG ihm durch Beschluß zustimmen.

(2) §§ 7 und 8 gelten entsprechend.

§ 16 Inhalt des Vertrages. (1) Der Vertrag muß mindestens folgende Angaben enthalten:

1. den Namen oder die Firma und den Sitz der an dem Zusammenschluß beteiligten LPG;
2. die Vereinbarung über die Übertragung des Vermögens jeder LPG als Ganzes gegen Gewährung der Mitgliedschaft der übernehmenden LPG;
3. die Einzelheiten für den Erwerb der Mitgliedschaft bei der übernehmenden LPG;
4. den Zeitpunkt, von dem an die Handlungen der LPG als für Rechnung der übernehmenden LPG vorgenommen gelten;

5. den Stichtag der Schlußbilanz für die übertragende LPG.

(2) Für den Vertrag ist die schriftliche Form erforderlich.

§ 17 Berichte der Vorstände. [1]Die Vorstände der am Zusammenschluß beteiligten LPG haben ihren Mitgliedern Bericht zu erstatten. [2]Für diesen gilt § 6 entsprechend.

§ 18 Anzuwendende Vorschriften. Auf den Zusammenschluß sind im übrigen die §§ 8 und 9 entsprechend anzuwenden.

§ 19 Anmeldung des Zusammenschlusses. [1]Die Vorstände der am Zusammenschluß beteiligten LPG haben diesen zur Eintragung in das Register des Sitzes ihres Unternehmens anzumelden. [2]Der Vorstand der übernehmenden LPG ist berechtigt, den Zusammenschluß auch zur Eintragung in das Register des Sitzes der übertragenden LPG anzumelden.

§ 20 Wirkungen der Eintragung. Die Eintragung des Zusammenschlusses in das Register hat folgende Wirkungen:
1. Das Vermögen jeder LPG geht einschließlich der Verbindlichkeiten auf die übernehmende LPG über.
2. [1]Die übertragende(n) LPG erlöschen (erlischt). [2]Einer besonderen Löschung bedarf es nicht.
3. [1]Die Mitglieder der LPG werden Mitglieder der übernehmenden LPG. [2]Rechte Dritter an den Mitgliedschaftsrechten der LPG bestehen an den an ihre Stelle tretenden Mitgliedschaftsrechten der übernehmenden LPG weiter.

§ 21 Gläubigerschutz. [1]Den Gläubigern der am Zusammenschluß beteiligten LPG ist, wenn sie sich binnen sechs Monaten nach der Bekanntmachung der Eintragung in das Register des Sitzes derjenigen LPG, deren Gläubiger sie sind, zu diesem Zweck melden, Sicherheit zu leisten, soweit sie nicht Befriedigung verlangen können. [2]Dieses Recht steht den Gläubigern jedoch nur zu, wenn sie nachweisen, daß durch den Zusammenschluß die Erfüllung ihrer Forderung gefährdet wird.

§ 22 Teilung und Zusammenschluß in einem Zug. (1) [1]Die auf die Bildung von LPG mit Pflanzen- und Tierprodukten gerichteten Teilungen und Zusammenschlüsse sind in den Kooperationsräten vorzubereiten. [2]Werden keine anderen Vereinbarungen getroffen, ist als Orientierung für die Bildung von LPG vom anteiligen Bodenbesitz und den sonstigen Vermögensverhältnissen zur Zeit der Bildung der kooperativen Abteilung Pflanzenproduktion auszugehen.

(2) Werden Teilungen und Zusammenschlüsse von LPG in einem Zug durchgeführt, haben für diese Strukturänderungen die Regelungen über den Zusammenschluß Vorrang.

Landwirtschaftsanpassungsgesetz §§ 23–24 LwAnpG 23

(3) Ist mit der Strukturänderung zugleich eine Umwandlung in eine andere Rechtsform verbunden, gilt darüber hinaus Abschnitt 3 dieses Gesetzes.

(4) ¹Die Vorschriften der Absätze 1 und 2 gelten entsprechend, wenn an den Strukturänderungen in den Kooperationen volkseigene Güter beteiligt sind. ²Über deren Fortbestehen als treuhänderisch verwaltete Gesellschaften sowie Güter der Länder (Domänen) einschließlich Lehr- und Versuchsgüter oder der Kommunalen (Stadtgüter) entscheiden die Länder.

3. Abschnitt. Umwandlung von landwirtschaftlichen Produktionsgenossenschaften durch Formwechsel

§ 23 Zulässigkeit des Formwechsels. (1) Eine LPG kann durch Formwechsel in eine eingetragene Genossenschaft, eine Personengesellschaft (Gesellschaft des bürgerlichen Rechts, offene Handelsgesellschaft, Kommanditgesellschaft) oder eine Kapitalgesellschaft (Gesellschaft mit beschränkter Haftung, Aktiengesellschaft) umgewandelt werden.

(2) Der Formwechsel ist nur zulässig, wenn auf jedes Mitglied der LPG, das an dem Unternehmen neuer Rechtsform als beschränkt haftender Gesellschafter oder als Aktionär beteiligt wird, mindestens ein Teilrecht im Nennbetrag von fünf Deutsche Mark entfällt.

§ 23a Maßgeblichkeit des Unternehmensgegenstandes bei Formwechsel in eine Personengesellschaft. Durch den Formwechsel kann die LPG die Rechtsform einer Personenhandelsgesellschaft (offene Handelsgesellschaft, Kommanditgesellschaft) nur erlangen, wenn der Unternehmensgegenstand im Zeitpunkt des Formwechsels den Vorschriften über die Gründung einer offenen Handelsgesellschaft (§ 105 Abs. 1 und § 4 Abs. 1 des Handelsgesetzbuchs) genügt.

§ 24 Umwandlungsbericht; Prüfungsgutachten. (1) ¹Der Vorstand der LPG hat einen ausführlichen schriftlichen Bericht zu erstatten, in dem der Formwechsel und insbesondere die künftige Beteiligung der Mitglieder an dem Unternehmen rechtlich und wirtschaftlich erläutert und begründet werden (Umwandlungsbericht). ²Der Umwandlungsbericht muß einen Entwurf des Umwandlungsbeschlusses enthalten.

(2) Vor der Einberufung der Vollversammlung, die den Formwechsel beschließen soll, ist eine gutachtliche Äußerung des Revisionsorgans einzuholen, ob der Formwechsel mit den Belangen der Mitglieder und der Gläubiger der LPG vereinbar ist, und insbesondere, ob bei der Festsetzung des Stammmkapitals oder des Grundkapitals § 29 Abs. 2 beachtet worden ist (Prüfungsgutachten).

§ 25 Umwandlungsbeschluß. (1) [1]Für den Formwechsel ist ein Beschluß der Mitglieder der LPG (Umwandlungsbeschluß) erforderlich. [2]Der Beschluß kann nur in einer Vollversammlung gefaßt werden.

(2) § 7 Abs. 2 und 3 gilt für den Umwandlungsbeschluß entsprechend.

§ 26 Inhalt und Anlagen des Umwandlungsbeschlusses. (1) In dem Umwandlungsbeschluß müssen mindestens bestimmt werden:

1. die Rechtsform, welche die LPG durch den Formwechsel erlangen soll;
2. der Name oder die Firma und der Sitz des Unternehmens neuer Rechtsform;
3. die Beteiligung der Mitglieder der LPG an dem Unternehmen nach den für die neue Rechtsform geltenden Vorschriften;
4. Zahl, Art und Umfang der Anteile oder Mitgliedschaftsrechte, welche die Mitglieder durch den Formwechsel erlangen sollen;
5. die Rechte, die einzelnen Mitgliedern sowie den Inhabern besonderer Rechte in dem Unternehmen gewährt werden sollen, oder die Maßnahme, die für diese Personen vorgesehen sind;
6. ein Abfindungsangebot im Sinne des § 36, sofern nicht nach dem Statut der LPG der Umwandlungsbeschluß zu seiner Wirksamkeit der Zustimmung aller Mitglieder bedarf;
7. beim Formwechsel in eine Kommanditgesellschaft die Angabe der Kommanditisten sowie des Betrages der Einlage eines jeden von ihnen.

(2) [1]Dem Umwandlungsbeschluß sind als Anlage eine Abschlußbilanz der LPG sowie die in § 5 Abs. 3 bezeichneten Urkunden beizufügen. [2]Für die Abschlußbilanz gelten die Vorschriften über die Jahresbilanz und deren Prüfung entsprechend. [3]Sie braucht nicht bekanntgemacht zu werden.

(3) [1]Der Beschluß zur Umwandlung in eine eingetragene Genossenschaft muß die Beteiligung jedes Genossen mit mindestens einem Geschäftsanteil vorsehen. [2]In dem Beschluß kann auch bestimmt werden, daß jeder Genosse bei der Genossenschaft mit mindestens einem und im übrigen mit so vielen Geschäftsanteilen, wie sie durch Anrechnung seines Geschäftsguthabens bei dieser Genossenschaft als voll eingezahlt anzusehen sind, beteiligt wird.

§ 27 Vorbereitung und Durchführung der Vollversammlung.
(1) [1]Der Vorstand der LPG hat allen Mitgliedern spätestens zusammen mit der Einberufung der Vollversammlung den Formwechsel als Gegenstand zur Beschlußfassung schriftlich anzukündigen. [2]In der Ankündigung ist auf die für die Beschlußfassung nach § 25 Abs. 2 erforderlichen Mehrheiten hinzuweisen.

Landwirtschaftsanpassungsgesetz §§ 28–30 **LwAnpG 23**

(2) Auf die Vorbereitung der Vollversammlung ist § 8 entsprechend anzuwenden.

(3) [1]In dem Geschäftsraum der LPG ist zusammen mit den sonst erforderlichen Unterlagen auch das nach § 24 Abs. 2 erstattete Prüfungsgutachten zur Einsicht der Mitglieder auszulegen. [2]Auf Verlangen ist jedem Mitglied unverzüglich und kostenlos eine Abschrift dieses Prüfungsgutachtens zu erteilen.

(4) Für die Durchführung der Vollversammlung gilt § 9 entsprechend.

§ 28 Ausschluß der Anfechtung eines Umwandlungsbeschlusses; Verbesserung des Beteiligungsverhältnisses. (1) Eine Klage gegen die Wirksamkeit des Umwandlungsbeschlusses kann nicht darauf gestützt werden, daß das Umtauschverhältnis der Anteile zu niedrig bemessen ist oder daß die Mitgliedschaftsrechte bei dem neuen Unternehmen kein ausreichender Gegenwert für die Mitgliedschaftsrechte bei der formwechselnden LPG sind.

(2) Sind die in dem Umwandlungsbeschluß bestimmten Anteile an dem Unternehmen neuer Rechtsform zu niedrig bemessen oder sind die Mitgliedschaftsrechte bei dem Unternehmen neuer Rechtsform kein ausreichender Gegenwert für die Mitgliedschaftsrechte bei der LPG, so kann jedes Mitglied, dessen Recht, gegen die Wirksamkeit des Umwandlungsbeschlusses Klage zu erheben, nach Absatz 1 ausgeschlossen ist, von dem Unternehmen einen Ausgleich durch bare Zuzahlung verlangen.

(3) Absätze 1 und 2 sind bei Teilungen und Zusammenschlüssen entsprechend anzuwenden.

§ 29 Anzuwendende Gründungsvorschriften; Kapitalschutz.
(1) [1]Auf den Formwechsel sind die für die neue Rechtsform geltenden Gründungsvorschriften entsprechend anzuwenden, soweit sich aus diesem Gesetz nichts anderes ergibt. [2]Dabei stehen den Gründern die Mitglieder der LPG gleich. [3]Im Falle einer Mehrheitsentscheidung treten an die Stelle der Gründer die Mitglieder, die für den Formwechsel gestimmt haben.

(2) Beim Formwechsel in eine Kapitalgesellschaft darf der Nennbetrag des Stammkapitals der Gesellschaft mit beschränkter Haftung oder des Grundkapitals der Aktiengesellschaft das nach Abzug der Schulden verbleibende Vermögen der LPG nicht übersteigen.

§ 30 Besonderer Inhalt des Umwandlungsbeschlusses und seiner Anlagen. (1) [1]Beim Formwechsel in eine Kapitalgesellschaft ist in dem Umwandlungsbeschluß zu bestimmen, daß an dem Stammkapital oder an dem Grundkapital der Gesellschaft neuer Rechtsform jedes Mitglied, das die Rechtsstellung eines beschränkt haftenden Gesellschafters oder eines Aktionärs erlangt, in dem Verhältnis beteiligt wird, in dem am Ende des letzten vor der Beschlußfassung über den Formwechsel abgelaufenen Geschäftsjahres sein Geschäftsguthaben zur Summe der Geschäftsguthaben aller Mitglieder gestanden hat, die durch den Formwechsel Gesellschafter oder Aktionäre geworden sind. ²Der Nennbetrag des Stammkapitals oder des Grundkapitals ist so zu bemessen, daß auf jedes Mitglied möglichst ein voller Geschäftsanteil oder eine volle Aktie oder ein möglichst hoher Anteil eines Geschäftsanteils oder einer Aktie (Teilrecht) entfällt.

(2) ¹Die Geschäftsanteile einer Gesellschaft mit beschränkter Haftung sollen auf einen höheren Nennbetrag als fünfhundert Deutsche Mark nur gestellt werden, soweit auf die Mitglieder der LPG volle Geschäftsanteile mit dem höheren Nennbetrag entfallen. ²Aktien können auf einen höheren Nennbetrag als fünfzig Deutsche Mark nur gestellt werden, soweit volle Aktien mit dem höheren Nennbetrag auf die Mitglieder entfallen. ³Wird das Vertretungsorgan der Aktiengesellschaft in der Satzung ermächtigt, das Grundkapital bis zu einem bestimmten Nennbetrag durch Ausgabe neuer Aktien gegen Einlagen zu erhöhen, so darf die Ermächtigung nicht vorsehen, daß das Vertretungsorgan über den Ausschluß des Bezugsrechts entscheidet.

(3) ¹In dem Gesellschaftsvertrag oder in der Satzung der Gesellschaft neuer Rechsform muß der Nennbetrag der Anteile in jedem Fall auf mindestens fünfzig Deutsche Mark festgesetzt werden; er muß durch zehn teilbar sein. ²In dem Gesellschaftsvertrag einer Gesellschaft mit beschränkter Haftung kann die Übernahme mehrerer Stammeinlagen durch einen Gesellschafter vorgesehen werden.

§ 31 Anmeldung und Eintragung des Formwechsels. (1) ¹Das Unternehmen neuer Rechtsform ist zur Eintragung in das für die neue Rechtsform zuständige Register anzumelden. ²Die Umwandlung ist von Amts wegen in das Register einzutragen, in dem die LPG bisher eingetragen war. ³Diese Eintragung darf erst vorgenommen werden, nachdem das Unternehmen neuer Rechtsform in das andere Register eingetragen worden ist. ⁴Das Gericht des Sitzes des Unternehmens neuer Rechtsform hat von Amts wegen dem Gericht des Sitzes der formwechselnden LPG den Tag der Eintragung der Umwandlung mitzuteilen. ⁵Nach Eingang der Mitteilung hat das Gericht des Sitzes der formwechselnden LPG von Amts wegen den Tag der Eintragung der Umwandlung im Register des Sitzes des Unternehmens neuer Rechtsform im Register des Sitzes der formwechselnden LPG zu vermerken und die bei ihm aufbewahrten Urkunden und anderen Schriftstücke dem Gericht des Sitzes des Unternehmens neuer Rechtsform zur Aufbewahrung zu übersenden.

(2) ¹Der Vorstand der LPG hat einen Hinweis auf den bevorstehenden Formwechsel zur Eintragung in das Register des Sitzes der LPG anzumelden. ²Das neue Unternehmen darf erst eingetragen

werden, nachdem im Register des Sitzes der LPG ein Hinweis nach Satz 1 eingetragen worden ist.

(3) Bei der Anmeldung der neuen Rechtsform haben die Anmeldenden zu erklären, daß eine Klage gegen die Wirksamkeit des Umwandlungsbeschlusses nicht oder nicht fristgemäß erhoben oder eine solche Klage rechtskräftig abgewiesen oder zurückgenommen worden ist.

§ 32 Verpflichtung zur Anmeldung. (1) Die Anmeldung nach § 31 ist durch alle Mitglieder des künftigen Vertretungsorgans sowie, wenn die Gesellschaft nach den für die neue Rechtsform geltenden Vorschriften einen Aufsichtsrat haben muß, auch durch alle Mitglieder dieses Aufsichtsrats vorzunehmen.

(2) Ist die Gesellschaft neuer Rechtsform eine Aktiengesellschaft, so haben die Anmeldung nach Absatz 1 auch alle Gesellschafter vorzunehmen, die nach § 29 Abs. 1 Satz 2 den Gründern dieser Gesellschaft gleichstehen.

(3) Der Anmeldung der neuen Rechtsform sind in Abschrift die Niederschrift des Umwandlungsbeschlusses, die nach diesem Gesetz erforderlichen Zustimmungserklärungen einzelner Mitglieder einschließlich der Zustimmungserklärungen nicht erschienener Mitglieder, der Umwandlungsbericht, das nach § 24 Abs. 2 erteilte Prüfungsgutachten sowie, wenn der Formwechsel der staatlichen Genehmigung bedarf, die Genehmigungsurkunde beizufügen.

§ 33 Bekanntmachung des Formwechsels. [1]Das für die Anmeldung der neuen Rechtsform zuständige Gericht hat die Eintragung der neuen Rechtsform durch den Bundesanzeiger und durch mindestens ein anderes Blatt ihrem ganzen Inhalt nach bekanntzumachen. [2]Mit dem Ablauf des Tages, an dem das letzte der die Bekanntmachung enthaltenden Blätter erschienen ist, gilt die Bekanntmachung als erfolgt.

§ 34 Wirkungen der Eintragung. (1) [1]Die Eintragung der neuen Rechtsform in das Register hat folgende Wirkungen:

1. Die LPG besteht in der in dem Umwandlungsbeschluß bestimmten Rechtsform weiter.
2. [1]Die Mitglieder der LPG sind nach Maßgabe des Umwandlungsbeschlusses an dem Unternehmen nach den für die neue Rechtsform geltenden Vorschriften beteiligt. [2]Rechte Dritter an den Mitgliedschaftsrechten der formwechselnden LPG bestehen an den an ihre Stelle tretenden Anteilen oder Mitgliedschaftsrechten des Unternehmens neuer Rechtsform weiter.

(2) Ist das Unternehmen neuer Rechtsform nicht in ein Register einzutragen, so treten die in Absatz 1 bestimmten Wirkungen mit der Eintragung des Formwechsels in das Register der LPG ein.

(3) Mängel des Formwechsels lassen die Wirkungen der Eintragung der neuen Rechtsform in das Register unberührt.

§ 35 Benachrichtigung der Anteilsinhaber; besondere Vorschriften bei Formwechsel in eine Aktiengesellschaft. (1) ¹Das Vertretungsorgan des Unternehmens neuer Rechtsform hat jedem Anteilsinhaber unverzüglich nach der Bekanntmachung der Eintragung des Unternehmens in das Register deren Inhalt sowie die Zahl und den Nennbetrag der Anteile und des Teilrechts, die auf ihn entfallen sind, sowie bei eingetragenen Genossenschaften den Betrag seines Geschäftsguthabens, den Betrag und die Zahl seiner Geschäftsanteile, den Betrag einer noch zu leistenden Einzahlung und gegebenenfalls den Betrag der Haftsumme schriftlich mitzuteilen. ²Zugleich mit der schriftlichen Mitteilung ist bei Kapitalgesellschaften deren wesentlicher Inhalt in den Gesellschaftsblättern bekanntzumachen.

(2) Bei Formwechsel in eine Aktiengesellschaft ist für die Aufforderung an die Aktionäre zur Abholung der Aktien, die Veräußerung von Aktien, die Hauptversammlungsbeschlüsse und die Ausnutzung des genehmigten Kapitals § 385 I Abs. 2, 3 und 4 Satz 1 und 2 des Aktiengesetzes anzuwenden.

§ 36 Angebot der Barabfindung; Annahme des Angebots. (1) ¹Die LPG hat jedem Mitglied im Umwandlungsbeschluß den Erwerb seiner umgewandelten Anteile oder Mitgliedschaftsrechte gegen die angemessene Barabfindung anzubieten; § 71 Abs. 4 Satz 2 des Aktiengesetzes ist insoweit nicht anzuwenden. ²Kann das Unternehmen auf Grund seiner neuen Rechtsform eigene Anteile oder Mitgliedschaftsrechte nicht erwerben, so ist die Barabfindung für den Fall anzubieten, daß der Anteilsinhaber sein Ausscheiden aus dem Unternehmen erklärt. ³Das Unternehmen hat die Kosten für eine Übertragung zu tragen.

(2) ¹Das Angebot nach Absatz 1 kann nur binnen zwei Monaten nach dem Tage angenommen werden, an dem die Eintragung der neuen Rechtsform in das Register des Sitzes des neuen Unternehmens nach § 33 als bekanntgemacht gilt. ²Ist nach § 37 Abs. 2 ein Antrag auf Bestimmung der Barabfindung durch das Gericht gestellt worden, so kann das Angebot binnen zwei Monaten nach dem Tage angenommen werden, an dem die Entscheidung im Bundesanzeiger bekanntgemacht worden ist.

(3) Bei der Bemessung der Barabfindung ist § 44 Abs. 1 zu berücksichtigen.

§ 37 Ausschluß der Anfechtung eines Umwandlungsbeschlusses; gerichtliche Bestimmung der Abfindung. (1) Eine Klage gegen die Wirksamkeit des Umwandlungsbeschlusses kann nicht darauf gestützt werden, daß das Angebot nach § 36 zu niedrig bemessen ist.

Landwirtschaftsanpassungsgesetz §§ 38–42 LwAnpG 23

(2) ¹Macht ein Mitglied geltend, daß eine im Umwandlungsbeschluß bestimmte Barabfindung, die ihm nach § 36 anzubieten war, zu niedrig bemessen sei, so hat auf seinen Antrag das Gericht die angemessene Barabfindung zu bestimmen. ²Das gleiche gilt, wenn die Barabfindung nicht oder nicht ordnungsgemäß angeboten und eine Klage gegen die Wirksamkeit des Umwandlungsbeschlusses nicht oder nicht fristgemäß erhoben oder rechtskräftig abgewiesen oder zurückgenommen worden ist.

§ 38 Abfindung bei Teilungen und Zusammenschlüssen. Die §§ 36 und 37 gelten bei Teilungen und Zusammenschlüssen entsprechend.

§ 38 a Umwandlung eingetragener Genossenschaften. Eine eingetragene Genossenschaft, die durch formwechselnde Umwandlung einer LPG entstanden ist, kann durch erneuten Formwechsel in eine Personengesellschaft umgewandelt werden; für die Umwandlung gelten die Vorschriften dieses Abschnitts entsprechend.

4. Abschnitt. Umwandlung von kooperativen Einrichtungen durch Formwechsel

§ 39 Zulässigkeit des Formwechsels. (1) Eine kooperative Einrichtung, die juristische Person ist, kann durch Formwechsel in eine eingetragene Genossenschaft, eine Personengesellschaft (Gesellschaft des bürgerlichen Rechts, offene Handelsgesellschaft, Kommanditgesellschaft) oder eine Kapitalgesellschaft (Gesellschaft mit beschränkter Haftung, Aktiengesellschaft) umgewandelt werden.

(2) ¹Für den Formwechsel ist ein Beschluß der Trägerbetriebe der kooperativen Einrichtung (Umwandlungsbeschluß) erforderlich. ²Der Beschluß kann nur in einer Bevollmächtigtenversammlung gefaßt werden. ³Der Beschluß bedarf der Mehrheit der Stimmen der Trägerbetriebe der kooperativen Einrichtung.

§ 40 Anzuwendende Vorschriften. ¹Auf den Formwechsel von kooperativen Einrichtungen sind im übrigen die §§ 23 und 24 sowie 26 bis 38 entsprechend anzuwenden. ²An die Stelle des Mitglieds der LPG tritt der Trägerbetrieb.

5. Abschnitt. Auflösung einer LPG

§ 41 Zulässigkeit der Auflösung. ¹Eine LPG kann durch Beschluß ihrer Mitglieder aufgelöst werden. ²Der Beschluß kann nur in der Vollversammlung gefaßt werden. ³§ 7 Abs. 2 gilt entsprechend.

§ 42 Anzuwendende Vorschriften. (1) ¹Im Fall der Auflösung und Abwicklung der LPG erfolgt die Vermögensaufteilung unter Beachtung des § 44; im übrigen gelten § 78 Abs. 2, § 79a, §§ 82 bis 93 des

Genossenschaftsgesetzes. ²Abweichend von der in § 90 Abs. 1 des Genossenschaftsgesetzes festgesetzten Jahresfrist gilt für die Erfüllung des sich aus § 44 Abs. 1 ergebenden Abfindungsanspruchs gegenüber Mitgliedern, die allein oder in Kooperation mit anderen Landwirten einen landwirtschaftlichen Betrieb wieder einrichten, eine Frist von drei Monaten, gegenüber anderen Mitgliedern eine Frist von sechs Monaten.

(2) ¹Bei der Verwertung des Vermögens sind die Kaufangebote der Mitglieder vorrangig zu berücksichtigen; sie können dabei die Übernahme der Vermögensgegenstände zum Schätzwert verlangen. ²Ihnen steht im übrigen ein Vorkaufsrecht zu.

6. Abschnitt. Ausscheiden aus einer LPG

§ 43 Kündigung. (1) ¹Jedes Mitglied einer LPG hat das Recht, seine Mitgliedschaft durch Kündigung zu beenden. ²Ein zwischen der LPG und dem Mitglied bestehendes Arbeitsverhältnis wird durch die Kündigung der Mitgliedschaft nicht berührt, es sei denn, das Mitglied erklärt ausdrücklich auch die Kündigung des Arbeitsverhältnisses.

(2) ¹Bis zum 30. September 1992 kann die Mitgliedschaft jederzeit gekündigt werden. ²Die Kündigung wird im Jahre 1990 in einem Monat und in den Jahren 1991 bis 1992 in drei Monaten nach ihrem Eingang beim Vorstand wirksam. ³Danach gelten die Fristen des Statuts der eingetragenen Genossenschaft.

(3) Diese Regelung gilt für LPG und eingetragene Genossenschaften gleichermaßen.

§ 43a Beendigung des Arbeitsverhältnisses. ¹Die zur strukturellen Anpassung erforderlichen Kündigungen werden nach Maßgabe des Kündigungsrechts vom Vorstand der LPG ausgesprochen. ²Die Mitgliedschaft wird durch die Kündigung des Arbeitsverhältnisses nicht beendet.

§ 44 Vermögensauseinandersetzung in der LPG, Milchreferenzmenge, Lieferrechte für Zuckerrüben. (1) ¹Ausscheidenden Mitgliedern steht ein Abfindungsanspruch in Höhe des Wertes ihrer Beteiligung an der LPG zu. ²Der Wert der Beteiligung stellt einen Anteil am Eigenkapital der LPG dar, der wie folgt zu berechnen ist:

1. ¹Zunächst ist der Wert der Inventarbeiträge, die in Form von Sach- oder Geldleistungen eingebracht worden sind, einschließlich gleichstehender Leistungen, zurückzugewähren. ²Den Inventarbeiträgen steht der Wert des Feldinventars gleich, das dem Eintritt in die LPG von dieser übernommen wurde, soweit es nicht als Inventarbeitrag angerechnet wurde. ³Von dem Wert des eingebrachten Inventarbeitrags sind alle Rückzahlungen abzuziehen.

[4]Übersteigt der so ermittelte Wert aller eingebrachten Inventarbeiträge das Eigenkapital, sind die Ansprüche ausscheidender Mitglieder entsprechend zu kürzen.

2. [1]Übersteigt das Eigenkapital die Summe der unter Nummer 1 genannten Werte der eingebrachten Inventarbeiträge, ist aus dem überschießenden Betrag eine Mindestvergütung für die Überlassung der Bodennutzung durch die Mitglieder und für die zinslose Überlassung der Inventarbeiträge zu berücksichtigen. [2]Diese Mindestvergütung beträgt für die Bodennutzung solcher Flächen, für die eine Bodenschätzung vorliegt, 2 Deutsche Mark je Bodenpunkt pro Jahr und Hektar und für die Nutzung der Inventarbeiträge 3% Zinsen hiervon pro Jahr. [3]Für die Dauer der Nutzung ist die Zeit der Mitgliedschaft des ausscheidenden Mitglieds mit der Zeit des Erblassers, der bis zu seinem Tod Mitglied der LPG war und von dem die Flächen geerbt oder der Inventarbeitrag übernommen wurden, zusammenzurechnen. [4]Überschreiten die so ermittelten Vergütungen von Boden- und Inventarbeiträgen 80 vom Hundert des noch verbleibenden Eigenkapitals, sind die Abfindungsansprüche entsprechend zu kürzen.

3. [1]Soweit das Eigenkapital die in den Nummern 1 und 2 genannten Ansprüche übersteigt, ist es in Höhe von 50 vom Hundert an die Mitglieder entsprechend der Dauer ihrer Tätigkeit in der LPG auszuzahlen. [2]Nummer 2 Satz 3 gilt entsprechend.

(2) Bei einer LPG mit Tierprodukten sind die sich aus Absatz 1 ergebenden Ansprüche auch dann gegen diese LPG gegeben, wenn die Flächen der Mitglieder im Rahmen einer Kooperation durch ein Unternehmen mit Pflanzenproduktion genutzt worden sind.

(3) [1]Ist die LPG Inhaberin einer Milchreferenzmenge, ist sie verpflichtet, sofern das ausscheidende Mitglied die Milcherzeugung nachhaltig selbst aufnehmen will, einen Anteil dieser Referenzmenge auf das ausscheidende Mitglied zu übertragen. [2]Der Anteil wird ermittelt auf der Grundlage der durchschnittlichen Referenzmenge je Hektar Landwirtschaftlicher Nutzfläche (LF) der LPG und des Anteils der LF, der auf das ausscheidende Mitglied als Eigentums- oder Pachtfläche zur Nutzung übergeht. [3]Hat die LPG, die Inhaberin der Milchreferenzmenge ist, die von ihren Mitgliedern eingebrachten LF im Rahmen der kooperativen Beziehungen einem Unternehmen mit Pflanzenproduktion überlassen, werden ausscheidende Mitglieder so behandelt, als wenn die gesamten LF und die gesamten Milchreferenzmengen innerhalb der Kooperation einer LPG zuzuordnen wären.

(4) Übernimmt jemand als Eigentümer oder Pächter nach Abschluß eines Zuckerrübenliefervertrages zwischen einem landwirtschaftlichen Unternehmen und einem Zuckerhersteller Zuckerrübenflächen des landwirtschaftlichen Unternehmens, ist dieses ver-

pflichtet, ihn an den Rechten aus dem Zuckerrübenliefervertrag entsprechend dem Anteil der ihm zurückzugewährenden Zuckerrübenfläche an der gesamten Zuckerrübenfläche des Unternehmens zu beteiligen.

(5) Die LPG ist darüber hinaus verpflichtet, ausscheidende Mitglieder, die allein oder in Kooperation mit anderen Landwirten die Wiedereinrichtung eines landwirtschaftlichen Betriebs beabsichtigen, zu unterstützen.

(6) [1]Das Eigenkapital im Sinne des Absatzes 1 ist auf Grund der Bilanz zu ermitteln, die nach Beendigung der Mitgliedschaft als ordentliche Bilanz aufzustellen ist. [2]Das so ermittelte Eigenkapital ist um den nach § 16 Abs. 3 oder 4 des D-Markbilanzgesetzes nicht bilanzierten Betrag zu kürzen.

§ 45 Rückgabe von Flächen und Hofstelle. [1]Mit Beendigung der Mitgliedschaft erhält das ausscheidende Mitglied grundsätzlich das volle Verfügungsrecht und den unmittelbaren Besitz an seinen eingebrachten Flächen sowie seine Hofstelle zurück. [2]Befindet sich auf den Flächen, die das ausscheidende Mitglied zurückerhält, Feldinventar, hat das Mitglied der LPG die Kosten der Feldbestellung zu ersetzen, soweit das Feldinventar beim Abfindungsanspruch nach § 44 Abs. 1 berücksichtigt worden ist. [3]Der Anspruch der LPG wird einen Monat nach Beendigung der Ernte fällig.

§ 46 Eigentumstausch. (1) [1]Ist der LPG die Rückgabe der eingebrachten Flächen aus objektiven, wirtschaftlichen oder rechtlichen Gründen nicht möglich, so kann das ausscheidende Mitglied verlangen, daß ihm statt der eingebrachten Flächen solche übereignet werden, die in wirtschaftlich zumutbarer Entfernung von der Hofstelle, räumlich beieinander und an Wirtschaftswegen liegen sowie nach Art, Größe und Bonität den eingebrachten Flächen entsprechen. [2]Das Verfahren für den Grundstückstausch richtet sich nach Abschnitt 8.

(2) [1]Kommt eine Einigung über die Tauschfläche nicht zustande, ist ein Bodenordnungsverfahren nach § 56 durchzuführen. [2]Bis zum Abschluß des Verfahrens hat die LPG dem ausscheidenden Mitglied andere gleichwertige Flächen zur Verfügung zu stellen.

§ 47 Rückgabe von Gebäuden. [1]Die LPG ist verpflichtet, von ihr genutzte Wirtschaftsgebäude des ausscheidenden Mitglieds zurückzugeben oder zurückzuübereignen. [2]Ist dies aus tatsächlichen Gründen nicht möglich oder für die LPG oder für das ausscheidende Mitglied nicht zumutbar, ist ersatzweise ein anderes im Eigentum der LPG stehendes Gebäude zu übereignen oder angemessene Entschädigung zu gewähren.

§ 48 Vorrang bei Pacht und Kauf. Beabsichtigt eine LPG, landwirtschaftliche Flächen, an denen sie Eigentum besitzt, für die landwirtschaftliche Nutzung zu verpachten oder zu verkaufen, hat sie diese zuerst Mitgliedern oder ehemaligen Mitgliedern anzubieten, die im räumlichen Wirkungskreis der LPG einen eigenen landwirtschaftlichen Betrieb errichten wollen oder errichtet haben.

§ 49 Fälligkeit des Abfindungsanspruchs. (1) Der einem ausscheidenden Mitglied nach § 44 Abs. 1 Nr. 1 zustehende Abfindungsanspruch ist einen Monat nach Beendigung der Mitgliedschaft als Abschlagszahlung fällig, wenn das Mitglied allein oder in Kooperation mit anderen Landwirten einen landwirtschaftlichen Betrieb wieder einrichtet.

(2) [1]Im übrigen werden Abfindungsansprüche des ausscheidenden Mitglieds erst nach Feststellung der Jahresbilanz fällig. [2]Sachabfindungen, auf die sich das ausscheidende Mitglied und die LPG einigen, sind auf den Abfindungsanspruch anzurechnen.

(3) [1]Soweit es sich bei den ausscheidenden Mitgliedern um Personen handelt, die keinen landwirtschaftlichen Betrieb errichten, kann die LPG Ratenzahlung verlangen, soweit sie nachweist, daß dies zur Erhaltung ihrer Wirtschaftskraft erforderlich ist. [2]Der Abfindungsanspruch muß innerhalb von fünf Jahren nach Fälligkeit erfüllt sein.

§ 50 Grundstücksbelastungen. Die Bildung bäuerlicher und gärtnerischer Einzelwirtschaften berührt nicht die durch das Gesetz vom 17. Februar 1954 über die Entschuldung der Klein- und Mittelbauern beim Eintritt in landwirtschaftliche Produktionsgenossenschaften (GBl. Nr. 23 S. 224) entstandene Rechtslage hinsichtlich des Fortbestehens der Entschuldung.

7. Abschnitt. Rechtsverhältnisse an genossenschaftlich genutztem Boden, der im Eigentum Dritter steht

§ 51 Umwandlung der Nutzungsverhältnisse in Pachtverhältnisse. Die bestehenden Rechtsverhältnisse am Boden zwischen LPG und Rat des Kreises (nachfolgend zuständige Kreisbehörde genannt) sowie zwischen ihm und dem Eigentümer sind im Verlauf eines Jahres nach Inkrafttreten dieses Gesetzes aufzulösen.

§ 51a Ansprüche ausgeschiedener Mitglieder. (1) [1]Die Ansprüche nach § 44 stehen auch den ausgeschiedenen Mitgliedern zu, die ihre Mitgliedschaft nach dem 15. März 1990 beendet haben. [2]§ 49 Abs. 2 und 3 ist entsprechend anzuwenden.

(2) [1]Der Anspruch nach § 44 Abs. 1 Nr. 1 steht auch den vor dem 16. März 1990 ausgeschiedenen Mitgliedern sowie deren Erben zu. [2]Der Anspruch ist in fünf gleichen Jahresrenten zu erfüllen. [3]§ 49 Abs. 2 Satz 1 ist entsprechend anzuwenden.

(3) ¹Bei der Berechnung der Ansprüche nach den Absätzen 1 und 2 sind die Berechnungsmethoden des § 44 anzuwenden. ²Anstelle des Zeitpunkts der Beendigung der Mitgliedschaft ist der Zeitpunkt der Geltendmachung des Anspruchs maßgeblich.

§ 52 Landpacht. (1) Für alle Pachtrechtsverhältnisse über land- und forstwirtschaftliche Nutzflächen gelten die §§ 581 bis 597 des Bürgerlichen Gesetzbuches in der Fassung des Gesetzes zur Neuordnung des landwirtschaftlichen Pachtrechts vom 8. November 1985 (BGBl. I S. 2065) – Sonderdruck Nr. 1452 des Gesetzblattes –.

(2) ¹Ist im Zeitraum gemäß § 51 der Bodeneigentümer nicht zum Abschluß des Pachtverhältnisses in der Lage, können vorübergehend zwischen der zuständigen Kreisbehörde und dem Nutzer die Bedingungen für die Bodennutzung vereinbart werden. ²Dem Eigentümer stehen hinsichtlich der Auflösung des Pachtverhältnisses mit der zuständigen Kreisbehörde sowie der Kündigung der Bodennutzung die gleichen Rechte wie ausscheidenden Mitgliedern gemäß § 43 zu.

8. Abschnitt. Verfahren zur Feststellung und Neuordnung der Eigentumsverhältnisse

§ 53 Leitlinien zur Neuordnung. (1) Auf Grund des Ausscheidens von Mitgliedern aus der LPG oder der eingetragenen Genossenschaft, der Bildung einzelbäuerlicher Wirtschaften oder zur Wiederherstellung der Einheit von selbständigem Eigentum an Gebäuden, Anlagen sowie Anpflanzungen und Eigentum an Grund und Boden sind auf Antrag eines Beteiligten die Eigentumsverhältnisse an Grundstücken unter Beachtung der Interessen der Beteiligten neu zu ordnen.

(2) Absatz 1 gilt entsprechend, wenn genossenschaftlich genutzte Flächen vom Eigentümer gekündigt und zur Bildung oder Vergrößerung bäuerlicher oder gärtnerischer Einzelwirtschaften verpachtet werden.

(3) Die Neuordnung der Eigentumsverhältnisse erfolgt durch freiwilligen Landtausch oder durch ein von der zuständigen Behörde (Flurneuordnungsbehörde) angeordnetes Verfahren.

(4) Die zuständige Landesbehörde kann gemeinnützige Siedlungsunternehmen oder andere geeignete Stellen unter Beleihung mit hoheitlichen Befugnissen beauftragen, die Verfahren zur Feststellung und Neuordnung der Eigentumsverhältnisse durchzuführen; davon ausgenommen sind Maßnahmen nach § 55 Abs. 2, § 61 Abs. 1 und 3 und § 61a Abs. 3.

§ 54 Freiwilliger Landtausch. (1) Als Verfahren zur Regelung der neuen Eigentumsverhältnisse ist ein freiwilliger Landtausch anzustreben.

Landwirtschaftsanpassungsgesetz **§§ 55–59 LwAnpG 23**

(2) ¹Die Eigentümer der Tauschgrundstücke (Tauschpartner) vereinbaren den freiwilligen Landtausch unter Berücksichtigung der Nutzungsart, Beschaffenheit, Güte und Lage der Flächen. ²Sie beantragen dessen Durchführung bei der Flurneuordnungsbehörde.

§ 55 Bestätigung und Beurkundung. (1) ¹Der Tauschplan ist mit den Tauschpartnern in einem Anhörungstermin zu erörtern. ²Er ist den Tauschpartnern anschließend vorzulesen und zur Genehmigung sowie zur Unterschrift vorzulegen.

(2) ¹Wird eine Einigung über den Tauschplan erzielt, ordnet die Flurneuordnungsbehörde die Ausführung des Tauschplanes an. ²Die Grundbücher sind auf Ersuchen der Flurneuordnungsbehörde nach dem Tauschplan zu berichtigen.

(3) Im übrigen sind die Vorschriften der §§ 103a bis 103i des in § 63 genannten Gesetzes sinngemäß anzuwenden.

§ 56 Bodenordnungsverfahren. (1) Kommt ein freiwilliger Landtausch nicht zustande, ist unter Leitung der Flurneuordnungsbehörde, in dessen Bereich die Genossenschaft ihren Sitz hat, ein Bodenordnungsverfahren durchzuführen.

(2) Am Verfahren sind als Teilnehmer die Eigentümer der zum Verfahrensgebiet gehörenden Grundstücke und als Nebenbeteiligte die Genossenschaften, die Gemeinden, andere Körperschaften des öffentlichen Rechts, Wasser- und Bodenverbände und Inhaber von Rechten an Grundstücken im Verfahrensgebiet beteiligt.

§ 57 Ermittlung der Beteiligten. Die Flurneuordnungsbehörde hat die Beteiligten auf der Grundlage der Eintragungen im Grundbuch zu ermitteln.

§ 58 Landabfindung. (1) ¹Jeder Teilnehmer muß für die von ihm abzutretenden Grundstücke durch Land vom gleichen Wert abgefunden werden. ²Die Landabfindung soll in Nutzungsart, Beschaffenheit, Bodengüte und Lage seinen alten Grundstücken entsprechen.

(2) Ein Teilnehmer kann mit seiner Zustimmung statt in Land überwiegend oder vollständig in Geld abgefunden werden.

§ 59 Bodenordnungsplan. (1) Die Flurneuordnungsbehörde faßt die Ergebnisse des Verfahrens in einem Plan zusammen.

(2) Vor der Aufstellung des Planes sind die Teilnehmer über ihre Wünsche für die Abfindung zu hören.

(3) ¹Der Plan ist den Beteiligten bekanntzugeben. ²Die neue Flureinteilung ist ihnen auf Wunsch an Ort und Stelle zu erläutern.

§ 60 Rechtsbehelfsverfahren. Für das Rechtsbehelfsverfahren sind die Vorschriften des Zehnten Teils des Flurbereinigungsgesetzes[1]) sinngemäß anzuwenden.

§ 61 Rechtswirkung eines Bodenordnungsplanes. (1) Ist der Plan unanfechtbar geworden, orndet die Flurneuordnungsbehörde seine Ausführungen an (Ausführungsanordnung).

(2) Zu dem in der Ausführungsanordnung zu bestimmenden Zeitpunkt tritt der im Plan vorgesehene neue Rechtszustand an die Stelle des bisherigen.

(3) Nach Eintritt des neuen Rechtszustands sind die Grundbücher auf Ersuchen der Flurneuordnungsbehörde nach dem Plan zu berichtigen.

§ 61a Vorläufige Besitzregelung. (1) Um die Bewirtschaftung des Grund und Bodens in der Land- und Forstwirtschaft zu gewährleisten, kann den Beteiligten der Besitz neuer Grundstücke (Besitzstücke) vorläufig zugewiesen werden, wenn Nachweise für das Verhältnis der Besitzstücke zu dem von jedem Beteiligten Eingebrachten vorliegen.

(2) Die Grenzen der Besitzstücke sollen nach Art und Umfang in der Örtlichkeit gekennzeichnet werden, soweit es im wirtschaftlichen Interesse der Beteiligten notwendig ist.

(3) ¹Die Flurneuordnungsbehörde ordnet die vorläufige Besitzregelung an. ²Diese ist den Beteiligten bekanntzugeben. ³Die Besitzstücke sind auf Antrag an Ort und Stelle zu erläutern.

(4) Die vorläufige Besitzregelung kann auf Teile des Verfahrensgebiets beschränkt werden.

(5) Mit dem in der Anordnung bestimmten Zeitpunkt gehen der Besitz, die Verwaltung und die Nutzung der Besitzstücke auf die Empfänger über.

(6) Die rechtlichen Wirkungen der vorläufigen Besitzregelung enden spätestens mit der Ausführung des Bodenordnungsplans.

§ 62 Kosten. Die Kosten des Verfahrens zur Feststellung der Neuordnung der Eigentumsverhältnisse trägt das Land (Staat).

§ 63 Anwendungsbestimmungen. (1) ¹Bis zur Bildung der Flurneuordnungsbehörde kann der Vertrag über den freiwilligen Landtausch vor jeder Behörde, die nach den Rechtsvorschriften für die Beurkundungen von Grundstücksangelegenheiten zuständig ist,

---

[1]) Flurbereinigungsgesetz idF der Bekanntmachung vom 16. 3. 1976 (BGBl. I S. 546); abgedruckt in Sartorius unter Nr. **860**.

rechtswirksam geschlossen werden. ²Die Vorschriften über die Genehmigung des Grundstücksverkehrs¹⁾ finden Anwendung.

(2) Für die Feststellung und Neuordnung der Eigentumsverhältnisse sind im übrigen die Vorschriften des Flurbereinigungsgesetzes²⁾ sinngemäß anzuwenden.

(3) Ein Bodenordnungsverfahren kann ganz oder in Teilen des Verfahrensgebiets als ein Verfahren nach dem Flurbereinigungsgesetz²⁾ fortgeführt werden, wenn die Voraussetzungen dafür vorliegen.

§ 64 Zusammenführung von Boden und Gebäudeeigentum. ¹Das Eigentum an den Flächen, auf denen auf der Grundlage eines durch Rechtsvorschriften geregelten Nutzungsrechts Gebäude und Anlagen errichtet wurden, die in selbständigem Eigentum der LPG oder Dritten stehen, ist nach den Vorschriften dieses Abschnittes auf Antrag des Eigentümers der Fläche oder des Gebäudes und der Anlagen neu zu ordnen. ²Bis zum Abschluß des Verfahrens bleiben bisherige Rechte bestehen.

§ 64a Waldflächen. (1) ¹Auf den einer LPG zur Nutzung überlassenen Waldflächen geht bisher vom Boden unabhängiges Eigentum an den Waldbeständen auf den Grundeigentümer über; es erlischt als selbständiges Recht. ²Die Zusammenführung von bisher unabhängigem Eigentum am Boden und an Gebäuden sowie sonstigen Anlagen auf diesen Waldflächen regelt sich nach § 64.

(2) ¹Hat die LPG Ansprüche gegenüber Dritten, die aus früheren Verträgen der LPG über den Waldbesitz herrühren, sind die der LPG daraus zugehenden Leistungen unter Berücksichtigung von seit Vertragsabschluß in den Beständen eingetretenen Veränderungen auf die Waldeigentümer aufzuteilen. ²Hierbei sind die an die LPG bereits ausgezahlten staatlichen Mittel für zusätzliche Inventarbeiträge zu berücksichtigen. ³Im übrigen findet § 44 auf Waldflächen und Inventarbeiträge für Wald keine Anwendung.

§ 64b Eingebrachte Gebäude. (1) ¹Der Anteilsinhaber eines aus einer LPG durch Formwechsel hervorgegangenen Unternehmens neuer Rechtsform oder eines durch Teilung einer LPG entstandenen Unternehmens kann von diesem die Rückübereignung der nach § 13 Abs. 1 des Gesetzes über die landwirtschaftlichen Produktionsgenossenschaften vom 3. Juni 1959 (GBl. I S. 577) eingebrachten Wirtschaftsgebäude zum Zwecke der Zusammenführung mit dem Eigen-

---

¹⁾ Gesetz über Maßnahmen zur Verbesserung der Agrarstruktur und zur Sicherung land- und forstwirtschaftlicher Betriebe vom 28. 7. 1961 (BGBl. I S. 1091), abgedruckt in Schönfelder, Deutsche Gesetze unter Nr. **40**.
²⁾ Flurbereinigungsgesetz idF der Bekanntmachung vom 16. 3. 1976 (BGBl. I S. 546); abgedruckt in Sartorius unter Nr. **860**.

tum am Grundstück verlangen. ²Der in Satz 1 bestimmte Anspruch steht auch einem Rechtnachfolger des Grundstückseigentümers zu, der nicht Anteilsinhaber ist.

(2) Wird der Anspruch nach Absatz 1 geltend gemacht, hat der Grundstückseigentümer dem Unternehmen einen Ausgleich in Höhe des Verkehrswerts des Gebäudes zum Zeitpunkt des Rückübereignungsverlangens zu leisten.

(3) § 83 des Sachenrechtsbereinigungsgesetzes ist entsprechend anzuwenden.

(4) ¹Das Unternehmen kann dem Grundstückseigentümer eine Frist von mindestens drei Monaten zur Ausübung seines in Absatz 1 bezeichneten Anspruchs setzen, wenn dieser nicht innerhalb eines Jahres nach dem 1. Oktober 1994 die Rückübereignung des eingebrachten Wirtschaftsgebäudes verlangt hat. ²Nach fruchtlosem Ablauf der in Satz 1 bezeichneten Frist kann das Unternehmen von dem Grundstückseigentümer den Ankauf der für die Bewirtschaftung des Gebäudes erforderlichen Funktionsfläche zum Verkehrswert verlangen. ³Macht das Unternehmen den Anspruch geltend, erlischt der Rückübereignungsanspruch.

(5) Die Ansprüche nach den Absätzen 1 bis 4 können in einem Verfahren nach den Vorschriften dieses Abschnitts geltend gemacht werden.

9. Abschnitt. Gerichtliches Verfahren in Landwirtschaftssachen

§ 65 Zuständigkeit; Rechtsmittel. (1) ¹In Verfahren auf Grund der Vorschriften der §§ 3a, 7, 12 Abs. 1, der §§ 15, 25, 28 Abs. 2, des § 37 Abs. 2, der §§ 39, 41 bis 43, 44, 45, 47 bis 49, 51, 51a, 52 und 64a Abs. 2 sind im ersten Rechtszug die Amtsgerichte als Landwirtschaftsgerichte zuständig. ²Die Zuständigkeit ist auch in bürgerlich-rechtlichen Streitigkeiten ausschließlich. ³Im zweiten Rechtszug sind die Oberlandesgerichte, im dritten Rechtszug der Bundesgerichtshof zuständig. ⁴Die Gerichte sind in den in § 2 Abs. 2 des Gesetzes über das gerichtliche Verfahren in Landwirtschaftssachen bestimmten Besetzung tätig.

(2) In Angelegenheiten auf Grund der Vorschriften des § 12 Abs. 1, des § 28 Abs. 2, des § 37 Abs. 2, der §§ 42, 43, 44, 45, 47, 49, 51, 51a und 64a Abs. 2 sowie des § 52 in den Fällen des § 585 Abs. 2, der §§ 588, 590 Abs. 2, des § 591 Abs. 2 und 3, der §§ 593, 594d Abs. 2 und der §§ 595 und 595a Abs. 2 und 3 des Bürgerlichen Gesetzbuchs finden die Vorschriften des Zweiten Abschnitts, in bürgerlichen Rechtsstreitigkeiten auf Grund der Vorschriften der §§ 3a, 7, 15, 25, 39, 41 und 48 sowie des § 52 im übrigen finden die Vorschriften des Dritten Abschnitts des Gesetzes über das gerichtliche Verfahren in Landwirtschaftssachen entsprechende Anwendung.

24. Gesetz zur Regelung des Eigentums an von landwirtschaftlichen Produktionsgenossenschaften vorgenommenen Anpflanzungen (Anpflanzungseigentumsgesetz – AnpflEigentG)[1)]

Vom 20. September 1994

(BGBl. I S. 2528)

§ 1 Anwendungsbereich. ¹Dieses Gesetz regelt die Rechtsverhältnisse an Grundstücken, auf denen landwirtschaftliche Produktionsgenossenschaften Anpflanzungen vorgenommen haben, an denen nach dem Recht der Deutschen Demokratischen Republik selbständiges Eigentum entstanden ist. ²Den landwirtschaftlichen Produktionsgenossenschaften stehen die in § 46 des Gesetzes über die landwirtschaftlichen Produktionsgenossenschaften vom 2. Juli 1982 (GBl. I Nr. 25 S. 443) bezeichneten Genossenschaften und Kooperationsbeziehungen gleich. ³Dieses Gesetz ist nicht anzuwenden, wenn die Anpflanzungen dem Zweck eines Gebäudes, an dem selbständiges, vom Eigentum am Grundstück getrenntes Eigentum besteht, zu dienen bestimmt sind und in einem dieser Bestimmung entsprechenden räumlichen Verhältnis zum Gebäude stehen.

§ 2 Eigentumsübergang. ¹Das an Anpflanzungen im Sinne des § 1 Satz 1 entstandene Sondereigentum erlischt am 1. Januar 1995. ²Die Anpflanzungen werden wesentlicher Bestandteil des Grundstücks.

§ 3 Entschädigung für den Rechtsverlust; Wegnahmerecht. (1) Erleidet der Nutzer infolge des Eigentumsübergangs nach § 2 einen Rechtsverlust, kann er vom Gründstückseigentümer bei mehrjährigen fruchttragenden Kulturen, insbesondere Obstbäumen, Beerensträuchern, Reb- und Hopfenstöcken, eine angemessene Entschädigung in Geld verlangen.

(2) ¹Für Bäume, Feldgehölze und Hecken hat der Grundstückseigentümer dem Nutzer nur dann eine Entschädigung zu leisten, wenn die Anpflanzungen einen Vermögenswert haben. ²Die Entschädigung ist nach dem durch den Eigentumsübergang eingetretenen Vermögensnachteil, jedoch nicht über den beim Grundstückeigentümer eingetretenen Vermögenszuwachs hinaus, zu bemessen.

(3) ¹Der Nutzer ist zur Wegnahme verpflanzbarer Holzpflanzen

[1)] Verkündet als Art. 3 Schuldrechtsänderungsgesetz vom 20. 9. 1994 (BGBl. I S. 2528).

der in Absatz 1 bezeichneten Art berechtigt, soweit andere Rechtsvorschriften dem nicht entgegenstehen. ²Nimmt er diese weg, ist eine Entschädigung ausgeschlossen.

§ 4 Höhe der Entschädigung. ¹Die Entschädigung ist nach dem Wert der Anpflanzung im Zeitpunkt des Eigentumsübergangs zu bemessen. ²Bei mehrjährigen fruchttragenden Kulturen ist der für die Restnutzungsdauer, längstenfalls für 15 Pachtjahre, zu erwartende Gewinn zu berücksichtigen. ³Statt des Anspruchs aus Satz 1 kann der Nutzer eine Entschädigung für die Nachteile verlangen, die ihm durch die vorzeitige Neuanlage einer gleichartigen Kultur entstehen, höchstens jedoch den sich aus Satz 1 ergebenden Betrag.

§ 5 Abwendungsbefugnis des Grundstückseigentümers. (1) Der Grundstückseigentümer kann den Entschädigungsanspruch des Nutzers dadurch abwenden, daß er dem Nutzer den Abschluß eines Pachtvertrages für die Restnutzungsdauer der Kultur, längstens für 15 Jahre, zu den ortsüblichen Bedingungen anbietet.

(2) ¹Lehnt der Nutzer den Vertragsabschluß ab, erlischt der Anspruch auf die Entschädigung. ²Der Nutzer ist berechtigt, die Anpflanzungen vom Boden zu trennen und sich anzueignen, soweit andere Rechtsvorschriften dem nicht entgegenstehen. ³Auf das in Satz 2 bestimmte Wegnahmerecht ist § 258 des Bürgerlichen Gesetzbuchs entsprechend anzuwenden.

§ 6 Pacht bei Angewiesenheit. (1) Der Nutzer kann vom Grundstückeigentümer den Abschluß eines auf die Restnutzungsdauer der Kultur längstens auf 15 Jahre, befristeten Pachtvertrages verlangen, wenn er auf das betroffene Grundstück zur Aufrechterhalten seines Betriebs, der seine wirtschaftliche Lebensgrundlage bildet, angewiesen ist und der Wegfall der Nutzungsmöglichkeit für ihn oder seine Familie eine Härte bedeuten würde, die auch unter Würdigung der berechtigten Interessen des Eigentümers nicht zu rechtfertigen ist.

(2) ¹Der Grundstückseigentümer kann vom Nutzer den ortsüblichen Pachtzins verlangen. ²Nach Beendigung des Pachtvertrages ist der Grundstückseigentümer zur Zahlung einer Entschädigung nicht verpflichtet.

(3) ¹Auf den Pachtvertrag sind die Bestimmungen des Bürgerlichen Gesetzbuchs über die Pacht anzuwenden. ²Die §§ 585 bis 587 des Bürgerlichen Gesetzbuchs sind nicht anzuwenden.

§ 7 Verhältnis zu anderen Bestimmungen. Ansprüche nach diesem Gesetz können nicht geltend gemacht werden, soweit ein Verfahren nach dem Flurbereinigungsgesetz oder ein Verfahren zur Feststellung und Neuordnung der Eigentumsverhältnisse nach Abschnitt 8 des Landwirtschaftsanpassungsgesetzes angeordnet ist.

VI. Bodenrecht

25. Baugesetzbuch

In der Fassung der Bekanntmachung vom 8. Dezember 1986

(BGBl. I S. 2253)

BGBl. III 213-1

Zuletzt geänd. durch Art. 2 Magnetschwebebahnplanungsgesetz vom 23. 11. 1994
(BGBl. I S. 3486)

(Auszug)

Erstes Kapitel. Allgemeines Städtebaurecht

Erster Teil. Bauleitplanung

§§ 1–13. *(Vom Abdruck wurde abgesehen)*

Zweiter Teil. Sicherung der Bauleitplanung

Erster Abschnitt. Veränderungssperre und Zurückstellung von Baugesuchen

§§ 14–18. *(Vom Abdruck wurde abgesehen)*

Zweiter Abschnitt. Teilungsgenehmigung

§ 19 Teilungsgenehmigung. (1) Die Teilung eines Grundstücks bedarf zu ihrer Wirksamkeit der Genehmigung

1. innerhalb des räumlichen Geltungsbereichs eines Bebauungsplans im Sinne des § 30 Abs. 1;
2. innerhalb der im Zusammenhang bebauten Ortsteile (§ 34);
3. außerhalb der in den Nummern 1 und 2 bezeichneten Gebiete (Außenbereich, § 35), wenn das Grundstück bebaut oder seine Bebauung genehmigt ist oder wenn die Teilung zum Zweck der Bebauung oder der kleingärtnerischen Dauernutzung vorgenommen wird oder nach den Angaben der Beteiligten der Vorbereitung einer Bebauung oder kleingärtnerischen Dauernutzung dient;

25 BauGB § 19

4. innerhalb des räumlichen Geltungsbereichs einer Veränderungssperre (§ 14).

(2) Teilung ist die dem Grundbuchamt gegenüber abgegebene oder sonstwie erkennbar gemachte Erklärung des Eigentümers, daß ein Grundstücksteil grundbuchmäßig abgeschrieben und als selbständiges Grundstück oder als ein Grundstück zusammen mit anderen Grundstücken oder mit Teilen anderer Grundstücke eingetragen werden soll.

(3) [1]Die Genehmigung wird durch die Gemeinde erteilt, wenn sie für die Erteilung der Baugenehmigung zuständig ist, im übrigen durch die Baugenehmigungsbehörde im Einvernehmen mit der Gemeinde (Genehmigungsbehörde). [2]Im Falle des Absatzes 1 Nr. 3 darf die Genehmigung nur mit Zustimmung der höheren Verwaltungsbehörde erteilt werden, soweit die Teilung der Vorbereitung eines in § 36 bezeichneten Vorhabens dient, für das die Landesregierung das Erfordernis der Zustimmung festgelegt hat. [3]Über die Genehmigung ist binnen drei Monaten nach Eingang des Antrags bei der Genehmigungsbehörde zu entscheiden. [4]Kann die Prüfung des Antrags in dieser Zeit nicht abgeschlossen werden, ist die Frist vor ihrem Ablauf in einem dem Antragsteller mitzuteilenden Zwischenbescheid um den Zeitraum zu verlängern, der notwendig ist, um die Prüfung abschließen zu können. [5]Die Verlängerung der in Satz 3 bezeichneten Frist darf höchstens drei Monate betragen. [6]Die Genehmigung gilt als erteilt, wenn sie nicht innerhalb der Frist versagt wird. [7]Das Einvernehmen der Gemeinde und die Zustimmung der höheren Verwaltungsbehörde gelten als erteilt, wenn sie nicht binnen zwei Monaten nach Eingang des Ersuchens der Genehmigungsbehörde verweigert werden; dem Ersuchen gegenüber der Gemeinde steht die Einreichung des Antrags bei der Gemeinde gleich, wenn sie nach Landesrecht vorgeschrieben ist.

(4) [1]Die Teilung bedarf der Genehmigung nicht, wenn

1. sie in einem Verfahren zur Enteignung oder während eines Verfahrens zur Bodenordnung nach diesem Gesetzbuch oder anderen bundes- oder landesrechtlichen Vorschriften oder für ein Unternehmen, für das die Enteignung für zulässig erklärt wurde, oder in einem bergbaulichen Grundabtretungsverfahren vorgenommen wird,
2. sie in einem förmlich festgelegten Sanierungsgebiet oder in einem städtebaulichen Entwicklungsbereich vorgenommen wird und in der Sanierungssatzung die Genehmigungspflicht nach § 144 Abs. 1 nicht ausgeschlossen ist,
3. der Bund, ein Land, eine Gemeinde oder ein Gemeindeverband als Erwerber, Eigentümer oder Verwalter beteiligt ist,
4. eine ausschließlich kirchlichen, wissenschaftlichen, gemeinnützigen oder mildtätigen Zwecken dienende öffentlich-rechtliche

Körperschaft, Anstalt oder Stiftung, eine mit den Rechten einer Körperschaft des öffentlichen Rechts ausgestattete Religionsgesellschaft oder eine den Aufgaben einer solchen Religionsgesellschaft dienende rechtsfähige Anstalt, Stiftung oder Personenvereinigung als Erwerber oder Eigentümer beteiligt ist oder

5. sie der Errichtung von Anlagen der öffentlichen Versorgung mit Elektrizität, Gas, Wärme und Wasser sowie von Anlagen der Abwasserwirtschaft dient.

²§ 191 bleibt unberührt.

(5) Die Landesregierungen können für Gebiete, in denen es wegen der geringen Wohnsiedlungstätigkeit nicht erforderlich ist, den Bodenverkehr zu überwachen, durch Rechtsverordnung vorschreiben, daß es einer Genehmigung nicht bedarf.

§ 20 Versagungsgründe. (1) Die Genehmigung ist zu versagen, wenn

1. in den Fällen des § 19 Abs. 1 Nr. 1 die Teilung oder die mit ihr bezweckte Nutzung mit den Festsetzungen des Bebauungsplans nicht vereinbar wäre;

2. in den Fällen des § 19 Abs. 1 Nr. 2 infolge der Teilung ein Grundstück entstehen würde, auf dem die mit der Teilung bezweckte Nutzung den Festsetzungen eines Bebauungsplans widersprechen oder sich im Sinne des § 34 Abs. 1 und 2 nicht in die Umgebung einfügen würde; wird keine Nutzung bezweckt, darf infolge der Teilung kein Grundstück entstehen, auf dem Vorhaben aus den genannten Gründen unzulässig wären;

3. in den Fällen des § 19 Abs. 1 Nr. 3 die Teilung oder die mit ihr bezweckte Nutzung mit einer geordneten städtebaulichen Entwicklung nicht vereinbar wäre oder wenn die Teilung dazu dient, eine unzulässige Bebauung oder kleingärtnerische Dauernutzung vorzubereiten;

4. in den Fällen des § 19 Abs. 1 Nr. 4 die Voraussetzungen für die Zulassung einer Ausnahme nach § 14 Abs. 2 Satz 1 nicht vorliegen.

(2) ¹Die Genehmigung kann auch versagt werden, wenn mit der Teilung

1. offensichtlich eine andere als die angegebene Nutzung bezweckt wird oder

2. keine Nutzung angegeben wird, aber offensichtlich eine nach Absatz 1 rechtserhebliche Nutzung bezweckt wird.

²In den Fällen, in denen die Beteiligten nicht angegeben haben, daß die Teilung der Vorbereitung einer Bebauung oder kleingärtnerischen Dauernutzung dient, kann die Genehmigung auch versagt werden, wenn offensichtlich die Vorbereitung einer solchen unzuläs-

sigen Nutzung beabsichtigt ist. ³Den Beteiligten ist vor Versagung der Genehmigung Gelegenheit zu geben, sich zu den für die Entscheidung erheblichen Tatsachen zu äußern.

§ 21 Inhalt der Genehmigung. (1) Ist die Genehmigung nach § 19 erteilt, darf auf einen Antrag, der innerhalb von drei Jahren seit der Erteilung der Genehmigung gestellt wurde, eine Baugenehmigung nicht aus den Gründen versagt werden, die nach § 20 Abs. 1 rechtserheblich waren.

(2) ¹Absatz 1 gilt nicht, wenn sich die für die Erteilung der Genehmigung maßgebenden rechtlichen oder tatsächlichen Voraussetzungen geändert haben. ²Jedoch ist alsdann bei Versagung der Baugenehmigung aus den in § 20 Abs. 1 Nr. 1 bis 3 genannten Gründen dem Eigentümer oder dem Erbbauberechtigten eine angemessene Entschädigung in Geld insoweit zu leisten, als durch die Versagung

1. der Wert des Grundstücks gemindert wird,
2. Aufwendungen an Wert verlieren, die der Eigentümer oder Erbbauberechtigte für Vorbereitungen zur Nutzung des Grundstücks im Vertrauen auf die Genehmigung nach § 19 bereits gemacht hat.

(3) ¹Zur Entschädigung ist die Gemeinde verpflichtet; ist ein Begünstigter vorhanden, ist § 44 Abs. 1 Satz 1 und 3 sowie Abs. 2 entsprechend anzuwenden. ²Auf die Entschädigung und das Verfahren ist § 43 Abs. 2 mit der Maßgabe entsprechend anzuwenden, daß im Falle des Absatzes 2 Satz 2 Nr. 1 die Höhe der Entschädigung den Unterschied zwischen dem aufgewandten Entgelt und dem Verkehrswert, der sich nach Versagung der Baugenehmigung ergibt, nicht übersteigen darf. ³Der Entschädigungsberechtigte kann Entschädigung verlangen, wenn die in Absatz 2 Satz 2 Nr. 1 und 2 bezeichneten Vermögensnachteile eingetreten sind; für die Fälligkeit und die Verzinsung sowie das Erlöschen des Entschädigungsanspruchs gilt § 44 Abs. 3 Satz 2 und 3 sowie Abs. 4 entsprechend.

§ 22 Sicherung von Gebieten mit Fremdenverkehrsfunktionen. (1) ¹Die Landesregierungen können durch Rechtsverordnung Gemeinden oder Teile von Gemeinden, die überwiegend durch den Fremdenverkehr geprägt sind, bezeichnen, für die die Gemeinden bestimmen können, daß zur Sicherung der Zweckbestimmung von Gebieten mit Fremdenverkehrsfunktionen die Begründung oder Teilung von Wohnungseigentum oder Teileigentum (§ 1 des Wohnungseigentumsgesetzes) der Genehmigung unterliegt. ²Dies gilt entsprechend für die in den §§ 30 und 31 des Wohnungseigentumsgesetzes bezeichneten Rechte.

(2) ¹Soweit die Gemeinde oder Teile der Gemeinde in der Verordnung bezeichnet sind, kann die Gemeinde in einem Bebauungsplan oder durch eine sonstige Satzung bestimmen, daß für in dem Gebiet

Baugesetzbuch **§ 22 BauGB 25**

des Bebauungsplans oder der sonstigen Satzung gelegene Grundstücke der Genehmigungsvorbehalt nach Absatz 1 besteht. ²Voraussetzung für die Bestimmung ist, daß durch die Begründung oder Teilung der Rechte die vorhandene oder vorgesehene Zweckbestimmung des Gebiets für den Fremdenverkehr und dadurch die geordnete städtebauliche Entwicklung beeinträchtigt werden kann. ³Die Zweckbestimmung eines Gebiets für den Fremdenverkehr ist anzunehmen bei Kurgebieten, Gebieten für die Fremdenbeherbergung, Wochenend- und Ferienhausgebieten, die im Bebauungsplan festgesetzt sind, und bei im Zusammenhang bebauten Ortsteilen, deren Eigenart solchen Gebieten entspricht, sowie bei sonstigen Gebieten mit Fremdenverkehrsfunktionen, die durch Beherbergungsbetriebe und Wohngebäude mit Fremdenbeherbergung geprägt sind.

(3) ¹Die sonstige Satzung nach Absatz 2 ist der höheren Verwaltungsbehörde anzuzeigen. ²§ 11 Abs. 3 ist entsprechend anzuwenden. ³Die Gemeinde hat die Satzung und die Durchführung des Anzeigeverfahrens ortsüblich bekanntzumachen. ⁴Sie kann die Bekanntmachung auch in entsprechender Anwendung des § 12 vornehmen.

(4) Die Genehmigung ist nicht erforderlich, wenn

1. vor dem Wirksamwerden des Genehmigungsvorbehalts und, wenn ein Genehmigungsvorbehalt vor Ablauf einer Zurückstellung nach Absatz 7 Satz 3 wirksam geworden ist, vor Bekanntmachung des Beschlusses nach Absatz 7 Satz 3 der Eintragungsantrag beim Grundbuchamt eingegangen ist oder

2. vor dem Wirksamwerden des Genehmigungsvorbehalts ein Zeugnis, daß eine Genehmigung nicht erforderlich ist, erteilt worden ist.

(5) ¹Die Genehmigung darf nur versagt werden, wenn durch die Begründung oder Teilung der Rechte die Zweckbestimmung des Gebiets für den Fremdenverkehr und dadurch die städtebauliche Entwicklung und Ordnung beeinträchtigt wird. ²Die Genehmigung ist zu erteilen, wenn sie erforderlich ist, damit Ansprüche Dritter erfüllt werden können, zu deren Sicherung vor dem Zeitpunkt, der im Falle des Absatzes 4 Nr. 1 maßgebend wäre, eine Vormerkung im Grundbuch eingetragen oder der Antrag auf Eintragung einer Vormerkung beim Grundbuchamt eingegangen ist; die Genehmigung kann auch von den Dritten beantragt werden. ³Die Genehmigung kann erteilt werden, um wirtschaftliche Nachteile zu vermeiden, die für den Eigentümer eine besondere Härte bedeuten.

(6) ¹Über die Genehmigung entscheidet die Baugenehmigungsbehörde im Einvernehmen mit der Gemeinde. ²§ 19 Abs. 3 Satz 3 bis 7 ist entsprechend anzuwenden.

(7) ¹Bei einem Grundstück, das in einer in der Verordnung bezeichneten Gemeinde oder in einem in der Verordnung bezeichneten

Gemeindeteil liegt, darf das Grundbuchamt die von Absatz 1 erfaßten Eintragungen in das Grundbuch nur vornehmen, wenn der Genehmigungsbescheid oder ein Zeugnis, daß eine Genehmigung als erteilt gilt oder nicht erforderlich ist, vorgelegt wird. ²§ 23 Abs. 2 bis 4 ist entsprechend anzuwenden. ³Ist ein Beschluß über die Aufstellung eines Bebauungsplans oder einer sonstigen Satzung nach Absatz 2 gefaßt und ortsüblich bekanntgemacht, hat die Baugenehmigungsbehörde auf Antrag der Gemeinde die Erteilung eines Zeugnisses, daß eine Genehmigung nicht erforderlich ist, für einen Zeitraum bis zu 12 Monaten auszusetzen, wenn zu befürchten ist, daß der Sicherungszweck des Genehmigungsvorbehalts durch eine Eintragung unmöglich gemacht oder wesentlich erschwert würde.

(8) ¹Wird die Genehmigung versagt, kann der Eigentümer von der Gemeinde unter den Voraussetzungen des § 40 Abs. 2 die Übernahme des Grundstücks verlangen. ²§ 43 Abs. 1, 4 und 5 sowie § 44 Abs. 3 und 4 sind entsprechend anzuwenden.

(9) Die Gemeinde hat den Genehmigungsvorbehalt aufzuheben oder im Einzelfall einzelne Grundstücke durch Erklärung gegenüber dem Eigentümer vom Genehmigungsvorbehalt freizustellen, wenn die Voraussetzungen für den Genehmigungsvorbehalt entfallen sind.

(10) ¹In der sonstigen Satzung nach Absatz 2 kann neben der Bestimmung des Genehmigungsvorbehalts die höchstzulässige Zahl der Wohnungen in Wohngebäuden nach Maßgabe des § 9 Abs. 1 Nr. 6 festgesetzt werden. ²Vor der Festsetzung nach Satz 1 ist den betroffenen Bürgern und berührten Trägern öffentlicher Belange Gelegenheit zur Stellungnahme innerhalb angemessener Frist zu geben.

(11) ¹Der sonstigen Satzung nach Absatz 2 ist eine Begründung beizufügen. ²In der Begründung zum Bebauungsplan (§ 9 Abs. 8) oder zur sonstigen Satzung ist darzulegen, daß die in Absatz 2 bezeichneten Voraussetzungen für die Festlegung des Gebiets vorliegen.

§ 23 Sicherung der Vorschriften über die Teilung. (1) Das Grundbuchamt darf aufgrund einer nach § 19 genehmigungsbedürftigen Teilung eine Eintragung in das Grundbuch erst vornehmen, wenn der Genehmigungsbescheid vorgelegt ist.

(2) ¹Ist für eine Teilung eine Genehmigung nach § 19 nicht erforderlich oder gilt sie als erteilt, hat die Genehmigungsbehörde auf Antrag eines Beteiligten darüber ein Zeugnis auszustellen. ²Das Zeugnis steht der Genehmigung gleich.

(3) Ist aufgrund einer nicht genehmigten Teilung eine Eintragung in das Grundbuch vorgenommen worden, kann die Genehmigungsbehörde, falls die Genehmigung erforderlich war, das Grundbuch-

amt um die Eintragung eines Widerspruchs ersuchen; § 53 Abs. 1 der Grundbuchordnung[1)] bleibt unberührt.

(4) Ein nach Absatz 3 eingetragener Widerspruch ist zu löschen, wenn die Genehmigungsbehörde darum ersucht oder wenn die Genehmigung erteilt ist.

Dritter Abschnitt. Gesetzliche Vorkaufsrechte der Gemeinde

§ 24 Allgemeines Vorkaufsrecht. (1) Der Gemeinde steht ein Vorkaufsrecht zu beim Kauf von Grundstücken

1. im Geltungsbereich eines Bebauungsplans, soweit es sich um Flächen handelt, für die nach dem Bebauungsplan eine Nutzung für öffentliche Zwecke oder für Ausgleichs- und Ersatzmaßnahmen nach § 8a des Bundesnaturschutzgesetzes festgesetzt ist,
2. in einem Umlegungsgebiet,
3. in einem förmlich festgelegten Sanierungsgebiet und städtebaulichen Entwicklungsbereich sowie
4. im Geltungsbereich einer Erhaltungssatzung.

(2) Das Vorkaufsrecht steht der Gemeinde nicht zu beim Kauf von Rechten nach dem Wohnungseigentumsgesetz und von Erbbaurechten.

(3) [1]Das Vorkaufsrecht darf nur ausgeübt werden, wenn das Wohl der Allgemeinheit dies rechtfertigt. [2]Bei der Ausübung des Vorkaufsrechts hat die Gemeinde den Verwendungszweck des Grundstücks anzugeben.

§ 25 Besonderes Vorkaufsrecht. (1) [1]Die Gemeinde kann

1. im Geltungsbereich eines Bebauungsplans durch Satzung ihr Vorkaufsrecht an unbebauten Grundstücken begründen;
2. in Gebieten, in denen sie städtebauliche Maßnahmen in Betracht zieht, zur Sicherung einer geordneten städtebaulichen Entwicklung durch Satzung Flächen bezeichnen, an denen ihr ein Vorkaufsrecht an den Grundstücken zusteht.

[2]Auf die Satzung ist § 16 Abs. 2 entsprechend anzuwenden.

(2) [1]§ 24 Abs. 2 und 3 Satz 1 ist anzuwenden. [2]Der Verwendungszweck des Grundstücks ist anzugeben, soweit das bereits zum Zeitpunkt der Ausübung des Vorkaufsrechts möglich ist.

[1)] § 53 Abs. 1 GBO lautet:
§ 53. [Widerspruch von Amts wegen] (1) [1]Ergibt sich, daß das Grundbuchamt unter Verletzung gesetzlicher Vorschriften eine Eintragung vorgenommen hat, durch die das Grundbuch unrichtig geworden ist, so ist von Amts wegen ein Widerspruch einzutragen. [2]Erweist sich eine Eintragung nach ihrem Inhalt als unzulässig, so ist sie von Amts wegen zu löschen.

25 BauGB §§ 26, 27

§ 26 Ausschluß des Vorkaufsrechts. Die Ausübung des Vorkaufsrechts ist ausgeschlossen, wenn

1. der Eigentümer das Grundstück an seinen Ehegatten oder an eine Person verkauft, die mit ihm in gerader Linie verwandt oder verschwägert oder in der Seitenlinie bis zum dritten Grad verwandt ist,
2. das Grundstück
   a) von einem öffentlichen Bedarfsträger für Zwecke der Landesverteidigung, des Bundesgrenzschutzes, der Zollverwaltung, der Polizei, des Zivilschutzes oder des Post- und Fernmeldewesens oder
   b) von Kirchen und Religionsgesellschaften des öffentlichen Rechts für Zwecke des Gottesdienstes oder der Seelsorge
   gekauft wird,
3. sich auf dem Grundstück Anlagen befinden, die den in § 38 genannten Vorschriften unterliegen oder für die ein Verfahren nach diesen Vorschriften eingeleitet worden ist, oder
4. das Grundstück entsprechend den Festsetzungen des Bebauungsplans oder den Zielen und Zwecken der städtebaulichen Maßnahme bebaut ist und genutzt wird und eine auf ihm errichtete bauliche Anlage keine Mißstände oder Mängel im Sinne des § 177 Abs. 2 und 3 Satz 1 aufweist.

§ 27 Abwendung des Vorkaufsrechts. (1) [1]Der Käufer kann die Ausübung des Vorkaufsrechts abwenden, wenn die Verwendung des Grundstücks nach den baurechtlichen Vorschriften oder den Zielen und Zwecken der städtebaulichen Maßnahme bestimmt oder mit ausreichender Sicherheit bestimmbar ist, der Käufer in der Lage ist, das Grundstück binnen angemessener Frist dementsprechend zu nutzen, und er sich vor Ablauf der Frist nach § 28 Abs. 2 Satz 1 hierzu verpflichtet. [2]Weist eine auf dem Grundstück befindliche bauliche Anlage Mißstände oder Mängel im Sinne des § 177 Abs. 2 und 3 Satz 1 auf, kann der Käufer die Ausübung des Vorkaufsrechts abwenden, wenn er diese Mißstände oder Mängel binnen angemessener Frist beseitigen kann und er sich vor Ablauf der Frist nach § 28 Abs. 2 Satz 1 zur Beseitigung verpflichtet. [3]Die Gemeinde hat die Frist nach § 28 Abs. 2 Satz 1 auf Antrag des Käufers um zwei Monate zu verlängern, wenn der Käufer vor Ablauf dieser Frist glaubhaft macht, daß er in der Lage ist, die in Satz 1 oder 2 genannten Voraussetzungen zu erfüllen.

(2) Ein Abwendungsrecht besteht nicht
1. in den Fällen des § 24 Abs. 1 Nr. 1 und
2. in einem Umlegungsgebiet, wenn das Grundstück für Zwecke der Umlegung (§ 45) benötigt wird.

Baugesetzbuch § 28 BauGB 25

§ 28 Verfahren und Entschädigung. (1) ¹Der Verkäufer hat der Gemeinde den Inhalt des Kaufvertrags unverzüglich mitzuteilen; die Mitteilung des Verkäufers wird durch die Mitteilung des Käufers ersetzt. ²Das Grundbuchamt darf bei Kaufverträgen den Käufer als Eigentümer in das Grundbuch nur eintragen, wenn ihm die Nichtausübung oder das Nichtbestehen des Vorkaufsrechts nachgewiesen ist. ³Besteht ein Vorkaufsrecht nicht oder wird es nicht ausgeübt, hat die Gemeinde auf Antrag eines Beteiligten darüber unverzüglich ein Zeugnis auszustellen. ⁴Das Zeugnis gilt als Verzicht auf die Ausübung des Vorkaufsrechts.

(2) ¹Das Vorkaufsrecht kann nur binnen zwei Monaten nach Mitteilung des Kaufvertrags durch Verwaltungsakt gegenüber dem Verkäufer ausgeübt werden. ²Die §§ 504, 505 Abs. 2, §§ 506 bis 509 und 512 des Bürgerlichen Gesetzbuchs sind anzuwenden. ³Nach Mitteilung des Kaufvertrags ist auf Ersuchen der Gemeinde zur Sicherung ihres Anspruchs auf Übereignung des Grundstücks eine Vormerkung in das Grundbuch einzutragen; die Gemeinde trägt die Kosten der Eintragung der Vormerkung und ihrer Löschung. ⁴Das Vorkaufsrecht ist nicht übertragbar. ⁵Bei einem Eigentumserwerb aufgrund der Ausübung des Vorkaufsrechts erlöschen rechtsgeschäftliche Vorkaufsrechte. ⁶Wird die Gemeinde nach Ausübung des Vorkaufsrechts im Grundbuch als Eigentümerin eingetragen, kann sie das Grundbuchamt ersuchen, eine zur Sicherung des Übereignungsanspruchs des Käufers im Grundbuch eingetragene Vormerkung zu löschen; sie darf das Ersuchen nur stellen, wenn die Ausübung des Vorkaufsrechts für den Käufer unanfechtbar ist.

(3) ¹Abweichend von Absatz 2 bestimmt die Gemeinde in den Fällen des § 24 Abs. 1 Nr. 1 den zu zahlenden Betrag nach den Vorschriften des Zweiten Abschnitts des Fünften Teils, wenn der Erwerb des Grundstücks für die Durchführung des Bebauungsplans erforderlich ist und es nach dem festgesetzten Verwendungszweck enteignet werden könnte. ²Mit der Unanfechtbarkeit des Bescheids über die Ausübung des Vorkaufsrechts erlöschen die Pflichten des Verkäufers aus dem Kaufvertrag mit Ausnahme der Pflichten aus § 444 des Bürgerlichen Gesetzbuchs. ³Das Eigentum an dem Grundstück geht auf die Gemeinde über, wenn der Bescheid über die Ausübung des Vorkaufsrechts unanfechtbar geworden und der Übergang des Eigentums in das Grundbuch eingetragen worden ist. ⁴Die Eintragung in das Grundbuch erfolgt auf Ersuchen der Gemeinde.

(4) ¹Die Gemeinde kann das ihr nach § 24 Abs. 1 Nr. 1 zustehende Vorkaufsrecht zugunsten eines öffentlichen Bedarfs- oder Erschließungsträgers sowie das ihr nach § 24 Abs. 1 Nr. 3 zustehende Vorkaufsrecht zugunsten eines Sanierungs- oder Entwicklungsträgers ausüben, wenn der Träger einverstanden ist. ²Mit der Ausübung des Vorkaufsrechts kommt der Kaufvertrag zwischen dem Begünstigten und dem Verkäufer zustande. ³Die Gemeinde haftet für die Ver-

pflichtungen aus dem Kaufvertrag neben dem Begünstigten als Gesamtschuldnerin.

(5) ¹Die Gemeinde kann für das Gemeindegebiet oder für sämtliche Grundstücke einer Gemarkung auf die Ausübung der ihr nach diesem Abschnitt zustehenden Rechte verzichten. ²Sie kann den Verzicht jederzeit für zukünftig abzuschließende Kaufverträge widerrufen. ³Der Verzicht und sein Widerruf sind ortsüblich bekanntzumachen. ⁴Die Gemeinde teilt dem Grundbuchamt den Wortlaut ihrer Erklärung mit. ⁵Hat die Gemeinde auf die Ausübung ihrer Rechte verzichtet, bedarf es eines Zeugnisses nach Absatz 1 Satz 3 nicht, soweit nicht ein Widerruf erklärt ist.

(6) ¹Hat die Gemeinde das Vorkaufsrecht ausgeübt und sind einem Dritten dadurch Vermögensnachteile entstanden, hat sie dafür Entschädigung zu leisten, soweit dem Dritten ein vertragliches Recht zum Erwerb des Grundstücks zustand, bevor ein gesetzliches Vorkaufsrecht der Gemeinde aufgrund dieses Gesetzbuchs oder solcher landesrechtlicher Vorschriften, die durch § 186 des Bundesbaugesetzes aufgehoben worden sind, begründet worden ist. ²Die Vorschriften über die Entschädigung im Zweiten Abschnitt des Fünften Teils sind entsprechend anzuwenden. ³Kommt eine Einigung über die Entschädigung nicht zustande, entscheidet die höhere Verwaltungsbehörde.

§ 29–246 *(Vom Abdruck wurde abgesehen)*

§ 246a Überleitungsregelungen aus Anlaß der Herstellung der Einheit Deutschlands. (1) *(Vom Abdruck wurde abgesehen)*

2. entfällt

3., 4. *(Vom Abdruck wurde abgesehen)*

5. entfällt

6. entfällt

7. (Gesetzliche Vorkaufsrechte der Gemeinde)

   In den Fällen der §§ 24 und 25 ist abweichend von § 28 Abs. 2 Satz 2 auf den von der Gemeinde zu zahlenden Betrag § 3 Abs. 3 des Maßnahmengesetzes zum Baugesetzbuch entsprechend anzuwenden.

8.–18. *(Vom Abdruck wurde abgesehen)*

(2), (3) *(Vom Abdruck wurde abgesehen)*

(4) ¹Für Erschließungsanlagen oder Teile von Erschließungsanlagen in dem in Artikel 3 des Einigungsvertrages genannten Gebiet, die vor dem Wirksamwerden des Beitritts bereits hergestellt worden sind, kann nach diesem Gesetzbuch ein Erschließungsbeitrag nicht erhoben werden. ²Bereits hergestellte Erschließungsanlagen oder Teile von Erschließungsanlagen sind die einem technischen Ausbauprogramm oder den örtlichen Ausbaugepflogenheiten entsprechend

Baugesetzbuch § 247 BauGB 25

fertiggestellten Erschließungsanlagen oder Teile von Erschließungsanlagen. ³Leistungen, die Beitragspflichtige für die Herstellung von Erschließungsanlagen oder Teilen von Erschließungsanlagen erbracht haben, sind auf den Erschließungsbeitrag anzurechnen. ⁴Die Landesregierungen werden ermächtigt, bei Bedarf Überleitungsregelungen durch Rechtsverordnung zu treffen.

(5) ¹Generalbebauungspläne, Leitplanungen und Ortsgestaltungskonzeptionen, die auf Grund von Vorschriften der Deutschen Demokratischen Republik aufgestellt worden sind, gelten mit folgenden Wirkungen fort:
1. Soweit sie Darstellungen im Sinne des § 5 Abs. 1 Satz 1 über die beabsichtigte städtebauliche Entwicklung des Gemeindegebiets in den Grundzügen enthalten, gelten sie als Flächennutzungspläne oder Teil-Flächennutzungspläne im Sinne des § 5 Abs. 1 fort;
2. soweit sie im übrigen Aussagen über die geordnete städtebauliche Entwicklung enthalten, können sie Anhaltspunkte für die Beurteilung von Maßnahmen nach diesem Gesetzbuch sein.

²Die Gemeinde kann die in Satz 1 bezeichneten städtebaulichen Pläne oder räumlichen oder sachlichen Teile dieser Pläne durch Beschluß von der Fortgeltung ausnehmen. ³Der Beschluß bedarf der Genehmigung der höheren Verwaltungsbehörde. ⁴Die Erteilung der Genehmigung ist ortsüblich bekanntzumachen.

§ 247 *(Vom Abdruck wurde abgesehen)*

26. Maßnahmengesetz zum Baugesetzbuch (BauGB-MaßnahmenG)

In der Fassung der Bekanntmachung vom 28. April 1993[1]

(BGBl. I S. 622)

BGBl. III 213-15

Erster Teil. Einzelne Vorschriften

§§ 1–2a. *(Vom Abdruck wurde abgesehen)*

§ 3 Allgemeines Vorkaufsrecht der Gemeinde. (1) [1]Der Gemeinde steht ein Vorkaufsrecht beim Kauf von unbebauten Grundstücken zu, soweit es sich um Flächen handelt, für die nach dem Flächennutzungsplan eine Nutzung als Wohnbaufläche oder Wohngebiet dargestellt ist oder die nach den §§ 30, 33 oder 34 des Baugesetzbuchs vorwiegend mit Wohngebäuden bebaut werden können. [2]Hat die Gemeinde beschlossen, einen Flächennutzungsplan aufzustellen, zu ändern oder zu ergänzen, kann das Vorkaufsrecht bereits ausgeübt werden, wenn nach dem Stand der Planungsarbeiten anzunehmen ist, daß der künftige Flächennutzungsplan eine solche Nutzung darstellen wird.

(2) [1]§ 25 Abs. 2, die §§ 26 und 27 Abs. 1, § 28 Abs. 1, 2, 5 und 6 und § 89 des Baugesetzbuchs sind entsprechend anzuwenden. [2]Die gesetzlichen Vorkaufsrechte der Gemeinde nach den §§ 24 und 25 des Baugesetzbuchs bleiben unberührt; in einem förmlich festgelegten Sanierungsgebiet, in welchem die Anwendung der §§ 152 bis 156 des Baugesetzbuchs nicht ausgeschlossen ist, oder in einem städtebaulichen Entwicklungsbereich ist Absatz 1 nicht anzuwenden. [3]Ein Verzicht der Gemeinde nach § 28 Abs. 5 des Baugesetzbuchs erstreckt sich auch auf das Vorkaufsrecht nach Absatz 1.

(3) [1]Der von der Gemeinde zu zahlende Betrag bemißt sich abweichend von § 28 Abs. 2 Satz 2 des Baugesetzbuchs nach dem Verkehrswert des Grundstücks (§ 194 des Baugesetzbuchs) im Zeitpunkt des Verkaufsfalls, wenn der vereinbarte Kaufpreis den Verkehrswert in einer dem Rechtsverkehr erkennbaren Weise deutlich überschreitet. [2]Übt die Gemeinde das Vorkaufsrecht zum Verkehrswert aus, ist der Verkäufer berechtigt, bis zum Ablauf eines Monats nach Unanfechtbarkeit des Verwaltungsaktes über die Ausübung des Vorkaufsrechts vom Vertrag zurückzutreten. [3]Auf das Rücktrittsrecht sind

---

[1] Neubekanntmachung d. MaßnahmenG zum BauGB v. 17. 5. 1990 (BGBl. I S. 926) in der seit 1. 5. 1993 geltenden Fassung.

Maßnahmengesetz zum BauGB §§ 4–10 BauGB-MaßnG 26

die §§ 346 bis 354 und § 356 des Bürgerlichen Gesetzbuchs entsprechend anzuwenden. ⁴Tritt der Verkäufer vom Vertrag zurück, trägt die Gemeinde die Kosten des Vertrags auf der Grundlage des Verkehrswertes. ⁵Nach Ablauf der Frist nach Satz 2 ist § 28 Abs. 3 Satz 2 bis 4 des Baugesetzbuchs entsprechend anzuwenden. ⁶Führt die Gemeinde das Grundstück nicht innerhalb einer angemessenen Frist dem mit der Ausübung des Vorkaufsrechts verfolgten Zweck zu, hat sie dem Verkäufer einen Betrag in Höhe des Unterschiedes zwischen dem vereinbarten Kaufpreis und dem Verkehrswert zu zahlen. ⁷§ 44 Abs. 3 Satz 2 und 3, § 43 Abs. 2 Satz 1 sowie die §§ 121 und 122 des Baugesetzbuchs sind entsprechend anzuwenden.

(4) ¹Soll das im Wege der Ausübung des Vorkaufsrechts zu erwerbende Grundstück einer Nutzung für sozialen Wohnungsbau oder der Wohnbebauung für Personengruppen mit besonderem Wohnbedarf zugeführt werden, kann die Gemeinde das ihr zustehende Vorkaufsrecht zugunsten eines anderen (Begünstigten) ausüben, wenn dieser in der Lage ist, das Grundstück binnen angemessener Frist dementsprechend zu bebauen, und er sich hierzu verpflichtet. ²Bei der Ausübung des Vorkaufsrechts zugunsten eines Begünstigten hat die Gemeinde die Frist, in der das Grundstück zu dem vorgesehenen Zweck zu verwenden ist, zu bezeichnen. ³Mit der Ausübung des Vorkaufsrechts kommt der Kaufvertrag zwischen dem Begünstigten und dem Verkäufer zustande. ⁴Die Gemeinde haftet für die Verpflichtungen aus dem Kaufvertrag neben dem Begünstigten als Gesamtschuldnerin. ⁵Für den von dem Begünstigten zu zahlenden Betrag und das Verfahren gelten die Absätze 2 und 3 entsprechend. ⁶Kommt der Begünstigte seiner Verpflichtung nach den Sätzen 1 und 2 nicht nach, soll die Gemeinde in entsprechender Anwendung des § 102 des Baugesetzbuchs die Enteignung des Grundstücks zu ihren Gunsten oder zugunsten eines Bauwilligen verlangen, der dazu in der Lage ist und sich verpflichtet, die Baumaßnahmen innerhalb angemessener Frist durchzuführen. ⁷Für die Entschädigung und das Verfahren gelten die Vorschriften des Fünften Teils des Ersten Kapitels des Baugesetzbuchs über die Rückenteignung entsprechend. ⁸Die Haftung der Gemeinde nach Absatz 3 Satz 6 bleibt unberührt.

(5) Verwaltungsakte nach den Absätzen 3 und 4 können nur nach dem Dritten Teil des Dritten Kapitels des Baugesetzbuchs über das Verfahren vor den Kammern (Senaten) für Baulandsachen angefochten werden.

§§ 4–10 *(Vom Abdruck wurde abgesehen)*

Zweiter Teil. Überleitungs- und Schlußvorschriften

§ 11. *(Vom Abdruck wurde abgesehen)*

§ 12 Überleitungsvorschrift für das Vorkaufsrecht. (1) Auf Verkaufsfälle aus der Zeit vor dem 1. Juni 1990 sind die Vorschriften dieses Gesetzes nicht anzuwenden.

(2) Auf Verkaufsfälle aus der Zeit nach dem 31. Mai 1990 und vor dem 1. Mai 1993 sind die Vorschriften dieses Gesetzes in der bis zum 30. April 1993 geltenden Fassung anzuwenden.

(3) Auf Verkaufsfälle aus der Zeit nach dem 30. April 1993 und vor dem 1. Januar 1998 sind die Vorschriften dieses Gesetzes weiter anzuwenden.

§§ 13–19. *(Vom Abdruck wurde abgesehen)*

§ 20 Geltungsdauer. Bis zum 31. Dezember 1997 gelten im Rahmen ihres Anwendungsbereichs die besonderen Vorschriften des Ersten Teils dieses Gesetzes anstelle der Vorschriften des Baugesetzbuchs oder ergänzend dazu.

VII. Grundbuchrecht

28. Grundbuchordnung[1)]

In der Fassung der Bekanntmachung vom 26. Mai 1994

(BGBl. I S. 1114)

(BGBl. III 315–11)

(Auszug)

§§ 1–11. *(Vom Abdruck wurde abgesehen)*

§ 12 [Einsicht des Grundbuchs]. (1) [1]Die Einsicht des Grundbuchs ist jedem gestattet, der ein berechtigtes Interesse darlegt. [2]Das gleiche gilt von Urkunden, auf die im Grundbuch zur Ergänzung einer Eintragung Bezug genommen ist, sowie von den noch nicht erledigten Eintragungsanträgen.

(2) Soweit die Einsicht des Grundbuchs, der im Absatz 1 bezeichneten Urkunden und der noch nicht erledigten Eintragungsanträge gestattet ist, kann eine Abschrift gefordert werden; die Abschrift ist auf Verlangen zu beglaubigen.

(3) Der *Reichsminister der Justiz* kann jedoch die Einsicht des Grundbuchs und der im Absatz 1 Satz 2 genannten Schriftstücke sowie die Erteilung von Abschriften auch darüber hinaus für zulässig erklären.

§§ 12a–143. *(Vom Abdruck wurde abgesehen)*

§ 144 [Grundbücher im Beitrittsgebiet]. (1) In dem in Artikel 3 des Einigungsvertrages genannten Gebiet gilt dieses Gesetz mit folgenden Maßgaben:
1. [1]Die Grundbücher können abweichend von § 1 bis zum Ablauf des 31. Dezember 1994 von den bis zum 2. Oktober 1990 zuständigen oder später durch Landesrecht bestimmten Stellen (Grundbuchämtern) geführt werden. [2]Die Zuständigkeit der Bediensteten des Grundbuchamts richtet sich nach den für diese Stellen am Tag vor dem Wirksamwerden des Beitritts bestehenden oder in dem jeweiligen Lande erlassenen späteren Bestimmungen. [3]Diese sind auch für die Zahl der erforderlichen Unterschriften und dafür maßgebend, inwieweit Eintragungen beim Grundstücksbestand zu unterschreiben sind.

[1)] Neubekanntmachung der Grundbuchordnung v. 24. 3. 1897 (RGBl. S. 139) in der seit dem 25. 12. 1993 geltenden Fassung v. 20. 12. 1993 (BGBl. I S. 2182).

28 GBO § 144   Grundbuchordnung

2. Amtliches Verzeichnis der Grundstücke im Sinne des § 2 ist das am Tag vor dem Wirksamwerden des Beitritts zur Bezeichnung der Grundstücke maßgebende oder das an seine Stelle tretende Verzeichnis.

3. Die Grundbücher, die nach den am Tag vor dem Wirksamwerden des Beitritts bestehenden Bestimmungen geführt werden, gelten als Grundbücher im Sinne der Grundbuchordnung.

4. [1]Soweit nach den am Tag vor dem Wirksamwerden des Beitritts geltenden Vorschriften Gebäudegrundbuchblätter anzulegen und zu führen sind, sind diese Vorschriften weiter anzuwenden. [2]Dies gilt auch für die Kenntlichmachung der Anlegung des Gebäudegrundbuchblatts im Grundbuch des Grundstücks. [3]Den Antrag auf Anlegung des Gebäudegrundbuchblatts kann auch der Gebäudeeigentümer stellen. [4]Dies gilt entsprechend für nach später erlassenen Vorschriften anzulegende Gebäudegrundbuchblätter. [5]Bei Eintragungen oder Berichtigungen im Gebäudegrundbuch ist in den Fällen des Artikels 233 § 4 des Einführungsgesetzes zum Bürgerlichen Gesetzbuche das Vorhandensein des Gebäudes nicht zu prüfen.

5. Neben diesem Gesetz sind die Vorschriften der §§ 2 bis 34 des Gesetzes über die Angelegenheiten der freiwilligen Gerichtsbarkeit entsprechend anwendbar, soweit sich nicht etwas anderes aus Rechtsvorschriften, insbesondere aus den Vorschriften des Grundbuchrechts, oder daraus ergibt, daß die Grundbücher nicht von Gerichten geführt werden.

6. Anträge auf Eintragung in das Grundbuch, die vor dem Wirksamwerden des Beitritts beim Grundbuchamt eingegangen sind, sind von diesem nach den am Tag vor dem Wirksamwerden des Beitritts geltenden Verfahrensvorschriften zu erledigen.

7. [1]Im übrigen gelten die in Anlage I Kapitel III Sachgebiet A Abschnitt III unter Nr. 28 des Einigungsvertrages aufgeführten allgemeinen Maßgaben entsprechend. [2]Am Tag des Wirksamwerdens des Beitritts anhängige Beschwerdeverfahren sind an das zur Entscheidung über die Beschwerde nunmehr zuständige Gericht abzugeben.

(2) [1]Am 1. Januar 1995 treten nach Absatz 1 Nr. 1 Satz 1 fortgeltende oder von den Ländern erlassene Vorschriften, nach denen die Grundbücher von anderen als den in § 1 bezeichneten Stellen geführt werden, außer Kraft. [2]Die in § 1 bezeichneten Stellen bleiben auch nach diesem Zeitpunkt verpflichtet, allgemeine Anweisungen für die beschleunigte Behandlung von Grundbuchsachen anzuwenden. [3]Die Landesregierungen werden ermächtigt, durch Rechtsverordnung einen früheren Tag für das Außerkrafttreten dieser Vorschriften zu bestimmen. [4]In den Fällen der Sätze 1 und 3 kann durch Rechtsverordnung der Landesregierung auch bestimmt werden, daß Grund-

buchsachen in einem Teil des Grundbuchbezirks von einer hierfür eingerichteten Zweigstelle des Amtsgerichts (§ 1) bearbeitet werden, wenn dies nach den örtlichen Verhältnissen zur sachdienlichen Erledigung zweckmäßig erscheint, und, unbeschadet des § 176 Abs. 2 des Bundesberggesetzes im übrigen, welche Stelle nach Aufhebung der in Satz 1 bezeichneten Vorschriften die Berggrundbücher führt. [5]Die Landesregierung kann ihre Ermächtigung nach dieser Vorschrift durch Rechtsverordnung auf die Landesjustizverwaltung übertragen.

(3) [1]Soweit die Grundbücher von Behörden der Verwaltung oder Justizverwaltung geführt werden, ist gegen eine Entscheidung des Grundbuchamts (Absatz 1 Nr. 1 Satz 1), auch soweit sie nicht ausdrücklich im Auftrag des Leiters des Grundbuchamts ergangen ist oder ergeht, die Beschwerde nach § 71 der Grundbuchordnung gegeben. [2]Diese Regelung gilt mit Wirkung vom 3. Oktober 1990, soweit Verfahren noch nicht rechtskräftig abgeschlossen sind. [3]Anderweitig anhängige Verfahren über Rechtsmittel gegen Entscheidungen der Grundbuchämter gehen in dem Stand, in dem sie sich bei Inkrafttreten dieser Vorschrift befinden, auf das Beschwerdegericht über. [4]Satz 1 tritt mit dem in Absatz 2 Satz 1 oder Satz 3 bezeichneten Zeitpunkt außer Kraft.

(4) [1]In den Grundbuchämtern in dem in Artikel 3 des Einigungsvertrages genannten Gebiet können bis zum Ablauf des 31. Dezember 1999 auch Personen mit der Vornahme von Amtshandlungen betraut werden, die diesen Ämtern aufgrund von Dienstleistungsverträgen auf Dauer oder vorübergehend zugeteilt werden. [2]Der Zeitpunkt kann durch Rechtsverordnung des Bundesministeriums der Justiz mit Zustimmung des Bundesrates verlängert werden.

29. Verordnung über die vorrangige Bearbeitung investiver Grundbuchsachen (Grundbuchvorrangverordnung – GBVorV)

Vom 3. Oktober 1994

(BGBl. I S. 2796)

Auf Grund des § 1 Abs. 4 der Grundbuchordnung in der Fassung der Bekanntmachung vom 26. Mai 1994 (BGBl. I S. 1114) verordnet das Bundesministerium der Justiz:

§ 1 Vorrang für investive Grundbuchsachen. (1) ¹Anträge oder Ersuchen auf Vornahme von rechtsändernden oder berichtigenden Eintragungen in das Grundbuch, die Investitionen dienen, kann das Grundbuchamt vorrangig bearbeiten. ²Es soll sie vorrangig bearbeiten, wenn ihnen ein Investitionsvorrangbescheid oder eine Entscheidung im öffentlichen Bieterverfahren nach dem Investitionsvorranggesetz oder eine Dringlichkeitsbescheinigung nach § 2 zugrunde liegt und die vorrangige Bearbeitung unter Beifügung mindestens einer Abschrift dieser Urkunde beantragt wird. ³Liegen mehrere nach Satz 2 vorrangig zu bearbeitende Anträge vor, können sie, soweit nicht besondere Umstände vorliegen, zwar vor den gewöhnlichen, untereinander aber nach der zeitlichen Reihenfolge ihres Eingangs bearbeitet werden.

(2) Auch in den Fällen des Absatzes 1 Satz 2 bleibt § 17 der Grundbuchordnung unberührt; gehen danach sonstige Anträge oder Ersuchen vor, nehmen sie am Vorrang teil, auch wenn diese Anträge oder Ersuchen selbst nicht die Voraussetzungen hierfür erfüllen.

§ 2 Dringlichkeitsbescheinigung. ¹Für Anträge oder Ersuchen auf Vornahme von rechtsändernden oder berichtigenden Eintragungen in das Grundbuch, die sich auf Grundstücke oder Gebäude beziehen, für die das Investitionsvorranggesetz keine Anwendung findet, erteilen der Landkreis, die kreisfreie Stadt, weitere durch die Landesjustizverwaltungen zu bestimmende Stellen und im Rahmen einer Entscheidung nach § 31 Abs. 5 des Vermögensgesetzes auch das Amt oder Landesamt zur Regelung offener Vermögensfragen auf Antrag des Grundstückseigentümers, des Gebäudeeigentümers, eines Erbbauberechtigten oder des Anmelders eine Dringlichkeitsbescheinigung. ²Voraussetzung hierfür ist, daß die Eintragung, deren Vornahme beantragt oder um deren Vornahme ersucht wird, einem besonderen Investitionszweck im Sinne des § 3 Abs. 1 Satz 1 oder Abs. 2 Satz 1 des Investitionsvorranggesetzes dient und die Angelegenheit unter Berücksichtigung des öffentlichen Interesses dringlich ist. ³In der Bescheinigung sind der Antragsteller, das betroffene Grundstück, Gebäudeeigentum oder Erbbaurecht, der Vorhabenträger und das Vorhaben in einer Kurzbeschreibung anzugeben.

§ 3 Anwendungsbereich. (1) ¹Die Befugnis der Landesjustizverwaltungen, durch allgemeine Verwaltungsvorschrift weitere Fälle zu bestimmen, die vorrangig zu bearbeiten sind, bleibt unberührt. ²Sie können ferner bestimmen, daß Anträge oder Ersuchen in geeigneten Fällen auch ohne Vorlage einer Dringlichkeits-Bescheinigung (§ 2) vorrangig zu bearbeiten sind.

(2) Einem Investitionsvorrangbescheid stehen eine Entscheidung nach § 3a des Vermögensgesetzes in der vor dem 22. Juli 1992 geltenden Fassung und eine Investitionsbescheinigung nach dem Investitionsgesetz gleich.

(3) ¹Diese Verordnung gilt in den Ländern Brandenburg, Mecklenburg-Vorpommern, Sachsen, Sachsen-Anhalt und Thüringen. ²Ein Anspruch auf vorrangige Bearbeitung im Einzelfall wird durch diese Verordnung nicht begründet.

§ 4 Inkrafttreten. Diese Verordnung tritt am 31. Oktober 1994 in Kraft.

29 GBVorV

Anhang

I. Zivilgesetzbuch der Deutschen Demokratischen Republik[1)]

Vom 19. Juni 1975

(GBl. I S. 465)

Geändert durch Gesetz vom 28. 6. 1990 (GBl. I S. 524) und Gesetz vom 22. 7. 1990 (GBl. I S. 903)

(Auszug)

Erster Teil. Grundsätze des sozialistischen Zivilrechts

Erstes Kapitel

§§ 1–5 *(Vom Abdruck wurde abgesehen)*

Zweites Kapitel. Stellung der Bürger im Zivilrecht

§ 6 Grundsatz. (1) Die Rechte und Pflichten der Bürger in den zivilrechtlichen Beziehungen werden durch die sozialistischen gesellschaftlichen Verhältnisse bestimmt, die auf der politischen Macht der Arbeiterklasse, dem sozialistischen Eigentum an den Produktionsmitteln und der Leitung und Planung der Volkswirtschaft durch den sozialistischen Staat beruhen.

(2) Jeder Bürger kann im Rahmen des Zivilrechts sozialistisches Eigentum nutzen, persönliches Eigentum, Urheberrechte sowie andere Rechte erwerben und innehaben, Verträge schließen und andere Rechtsgeschäfte vornehmen, über sein Eigentum durch Testament verfügen und erben; er hat die damit verbundenen Pflichten verantwortungsbewußt zu erfüllen.

§ 7 Achtung der Persönlichkeit. Jeder Bürger hat das Recht auf Achtung seiner Persönlichkeit, insbesondere seiner Ehre und seines Ansehens, seines Namens, seines Bildes, seiner Urheberrechte sowie anderer gleichartig geschützter Rechte aus schöpferischer Tätigkeit. Er ist verpflichtet, in gleicher Weise die Persönlichkeit anderer Bürger und die sich daraus ergebenden Rechte zu achten.

[1)] Aufgrund von Art. 8 des Einigungsvertrages vom 31. 8. 1990 (BGBl. II S. 889) ist dieses Gesetz mit Wirkung vom 3. 10. 1990 außer Kraft getreten.

§ 8 Gestaltung der zivilrechtlichen Beziehungen durch die Bürger. (1) Die Bürger gestalten auf der Grundlage dieses Gesetzes ihre zivilrechtlichen Beziehungen zu den Betrieben und zu anderen Bürgern.

(2) Die Bürger sind berechtigt, im Rahmen dieses Gesetzes Verträge aller Art zu schließen, die darauf gerichtet sind, ihre materiellen und kulturellen Bedürfnisse zu befriedigen.

§ 9 Recht auf Mitwirkung. (1) Die umfassende Mitwirkung der Bürger und ihrer Kollektive an der Entwicklung des politischen, wirtschaftlichen und kulturellen Lebens ist Ausdruck der sozialistischen Demokratie. In Wahrnehmung ihres demokratischen Rechts auf Mitgestaltung der Arbeits- und Lebensbedingungen wirken die Bürger insbesondere bei der Erhaltung, dem Um- und Ausbau und der Modernisierung von Wohnraum, der Verbesserung der Handelstätigkeit und der Versorgung mit Konsumgütern und Dienstleistungen mit. Die Mitwirkung der Bürger gilt ebenso der Ausnutzung aller Möglichkeiten zur Erholung und Freizeitgestaltung sowie dem sozialistischen Gemeinschaftsleben im Wohngebiet.

(2) Die örtlichen Staatsorgane, die Handels- und Dienstleistungsbetriebe sowie die Betriebe der Gebäude- und Wohnungswirtschaft haben entsprechende Organisationsformen für die Einbeziehung der Bevölkerung zur Lösung ihrer Aufgaben zu schaffen und die Mitwirkung der Bürger zu fördern.

Drittes Kapitel. Stellung der Betriebe im Zivilrecht

§ 10 Grundsatz. (1) Die Rechte und Pflichten der Betriebe in den zivilrechtlichen Beziehungen werden auf der Grundlage der Leitung und Planung der Volkswirtschaft durch die Verantwortung bestimmt, die sie für eine planmäßige, bedarfsgerechte und kontinuierliche Versorgung der Bevölkerung sowie die Nutzung, Mehrung und den Schutz des sozialistischen Eigentums tragen.

(2) Die Betriebe sind verpflichtet, im Rahmen ihrer staatlichen Aufgaben solche Waren bereitzustellen und Leistungen zu erbringen, die eine planmäßige Versorgung der Bevölkerung gewährleisten. Sie haben zur ständigen Verbesserung der Versorgung der Bevölkerung moderne Verkaufsformen zu entwickeln und einzuführen, den Kundendienst zu erweitern sowie die nötigen Zubehör- und Ersatzteile bereitzustellen.

§ 11 Betriebe. (1) Die Teilnahme der Betriebe am Rechtsverkehr und ihre Anerkennung als juristische Personen bestimmen sich nach den für ihre Tätigkeit geltenden Rechtsvorschriften.

(2) Betriebe im Sinne dieses Gesetzes sind alle Betriebe der Industrie, des Bauwesens, der Land-, Forst- und Nahrungsgüterwirtschaft, des Handels, der Gebäudewirtschaft, des Dienstleistungswesens, der Kultur, des Verkehrs- und Nachrichtenwesens sowie Genossenschaften, Handwerks- und andere Gewerbebetriebe.

(3) Die Bestimmungen dieses Gesetzes über Betriebe gelten auch für staatliche Organe und rechtlich selbständige staatliche Einrichtungen, für gesellschaftliche Organisationen und ihre selbständigen Einrichtungen sowie andere rechtlich selbständige Organisationen und Vereinigungen, soweit sie zivilrechtliche Beziehungen eingehen.

§ 12 Gestaltung der zivilrechtlichen Beziehungen durch die Betriebe. (1) Die Betriebe haben im Rahmen dieses Gesetzes ihre Beziehungen zu den Bürgern so zu gestalten, daß sie die ihnen obliegenden staatlichen Aufgaben zur planmäßigen Versorgung der Bevölkerung mit hoher gesellschaftlicher Effektivität erfüllen.

(2) Die Betriebe sind verpflichtet, ihre zivilrechtlichen Beziehungen zu den Bürgern in Wahrnehmung ihrer gesellschaftlichen Verantwortung zu begründen und die sich daraus ergebenden Aufgaben zu erfüllen. Im Rahmen ihrer geplanten Versorgungsaufgaben haben sie über die von ihnen zu erbringenden Leistungen mit den Bürgern Verträge abzuschließen.

Viertes Kapitel. Grundsätze für das Zusammenwirken von Bürgern und Betrieben

§ 13 Allgemeine Verhaltenspflicht. Bürger und Betriebe haben bei der Begründung und Ausübung ihrer Rechte sowie bei der Erfüllung ihrer Pflichten dieses Gesetz und andere Rechtsvorschriften, Verträge und andere ihnen obliegende Verpflichtungen zu beachten, die gesellschaftlichen Erfordernisse zu berücksichtigen, die Regeln des sozialistischen Zusammenlebens einzuhalten und auf berechtigte Interessen der Partner sowie anderer Bürger und Betriebe Rücksicht zu nehmen.

§ 14 Pflicht zur Zusammenarbeit. Bei der Vorbereitung der Begründung, der inhaltlichen Ausgestaltung und der Erfüllung zivilrechtlicher Beziehungen haben die Bürger und Betriebe vertrauensvoll zusammenzuwirken. Sie haben sich von den Grundsätzen der sozialistischen Moral sowie von der Notwendigkeit der Übereinstimmung der individuellen und kollektiven Interessen mit den gesellschaftlichen Erfordernissen leiten zu lassen.

§ 15 Verantwortungsbewußte Rechtsausübung. (1) Die den Bürgern und Betrieben auf der Grundlage dieses Gesetzes gewährten Rechte sind entsprechend ihrem gesellschaftlichen Inhalt und ihrer Zweckbestimmung auszuüben.

(2) Die Ausübung eines Rechts ist unzulässig, wenn damit den Rechtsvorschriften oder den Grundsätzen der sozialistischen Moral widersprechende Ziele verfolgt werden.

§ 16 Rechtsschutz. Bürger und Betriebe können die Hilfe der Gerichte oder anderer zuständiger staatlicher Organe in Anspruch nehmen, wenn ihre Rechte aus zivilrechtlichen Beziehungen verletzt oder gefährdet werden oder Unklarheiten über Rechtsverhältnisse bestehen. Dem Verlangen auf Rechtsschutz sollen eigene Bemühungen der Beteiligten um eine Beilegung des Konflikts vorausgehen. In Verwirklichung ihres Rechts auf Mitgestaltung staatlicher und gesellschaftlicher Angelegenheiten nehmen die Bürger in umfassender Weise an der Rechtspflege teil.

Zweiter Teil. Das sozialistische Eigentum und das persönliche Eigentum

Erstes Kapitel. Das sozialistische Eigentum

§ 17[1] Grundsatz. *(1) Das sozialistische Eigentum ist die ökonomische Grundlage der Entwicklung der sozialistischen Gesellschaft und aller Bürger. Es sichert die weitere Erhöhung des materiellen und kulturellen Lebensniveaus des Volkes auf der Grundlage eines hohen Entwicklungstempos der sozialistischen Produktion, der Erhöhung der Effektivität, des wissenschaftlich-technischen Fortschritts und des Wachstums der Arbeitsproduktivität.*

(2) Das sozialistische Eigentum, seine Nutzung, seine Mehrung und sein Schutz dienen der Entwicklung der Bürger zu sozialistischen Persönlichkeiten und der Entfaltung ihrer schöpferischen Kräfte.

§ 18 Sozialistisches Eigentum. (1) Sozialistisches Eigentum ist das Volkseigentum, das Eigentum sozialistischer Genossenschaften und das Eigentum gesellschaftlicher Organisationen der Bürger.

(2) Das Volkseigentum als Grundlage der sozialistischen Produktionsverhältnisse ist entsprechend den gesellschaftlichen Erfordernissen und den Prinzipien der sozialistischen Planwirtschaft zu nutzen und zu mehren. Der sozialistische Staat organisiert die Nutzung und Mehrung des Volkseigentums insbesondere durch die volkseigenen Betriebe, Kombinate, wirtschaftsleitenden Organe, staatlichen Organe und Einrichtungen, sozialistischen Genossenschaften und gesellschaftlichen Organisationen sowie durch Bürger.

(3) Das Eigentum sozialistischer Genossenschaften dient im Rahmen der staatlichen Leitung und Planung der Erfüllung ihrer wirt-

---

[1] § 17 aufgehoben durch Gesetz vom 28. 6. 1990 (GBl. I S. 524).

schaftlichen Aufgaben, der Verwirklichung ihrer Verpflichtungen gegenüber der sozialistischen Gesellschaft sowie der Gestaltung der Arbeits- und Lebensbedingungen ihrer Mitglieder. Die Rechte aus dem genossenschaftlichen Eigentum stehen der Genossenschaft zu.

(4) Das Eigentum der gesellschaftlichen Organisationen dient der Erfüllung ihrer politischen, sozialen, wissenschaftlichen, kulturellen und sonstigen Aufgaben. Die Rechte aus dem Eigentum stehen der gesellschaftlichen Organisation zu und sind entsprechend ihren Zielen wahrzunehmen.

§ 19 Ausübung der Befugnisse aus dem sozialistischen Eigentum.
(1) Die volkseigenen Betriebe, Kombinate, wirtschaftsleitenden Organe, staatlichen Organe und Einrichtungen sind zur Durchführung der ihnen übertragenen staatlichen Aufgaben und zur Wahrnehmung der ihnen übertragenen Befugnisse berechtigt, das ihnen vom sozialistischen Staat anvertraute Volkseigentum aus der Grundlage der Rechtsvorschriften zu besitzen und zu nutzen. Zur Durchführung der staatlichen Pläne sind sie berechtigt, im Rahmen der Rechtsvorschriften über das ihnen anvertraute Volkseigentum zu verfügen.

(2) Die sozialistischen Genossenschaften und die gesellschaftlichen Organisationen sind als sozialistische Eigentümer entsprechend den Rechtsvorschriften und ihren Statuten berechtigt, das ihnen gehörende Eigentum zu besitzen, zu nutzen und darüber zu verfügen.

(3) Für sozialistische Genossenschaften und andere sozialistische Betriebe sowie gesellschaftliche Organisationen, denen Volkseigentum zur Nutzung übertragen ist, gilt Abs. 1 entsprechend.

§ 20[1] Schutz des sozialistischen Eigentums. *(1) Das sozialistische Eigentum ist unantastbar. Es genießt den besonderen Schutz des sozialistischen Staates.*

(2) Das sozialistische Eigentum zu schützen ist Pflicht aller Bürger und Betriebe.

(3) Der Erwerb und der Übergang von Sachen, die Grundlage der wirtschaftlichen Tätigkeit der Betriebe sind, aus dem sozialistischen Eigentum in persönliches Eigentum ist unzulässig. Volkseigentum darf weder verpfändet, gepfändet noch belastet werden. Ausnahmen müssen in Rechtsvorschriften geregelt werden.

§ 21 Nutzung sozialistischen Eigentums durch die Bürger.
(1) Die Bürger sind berechtigt, staatliche und gesellschaftliche Einrichtungen der Bildung und Kultur, der Wissenschaft, des Verkehrs, des Nachrichtenwesens, für Dienstleistungen und Erholung, des Gesundheits- und Sozialwesens und des Sports sowie den staatlichen und genossenschaftlichen Wohnungsfonds kollektiv und individuell zu nutzen.

---

[1] § 20 aufgehoben durch Gesetz vom 28. 6. 1990 (GBl. I S. 524).

(2) Die Nutzung erfolgt entgeltlich oder unentgeltlich in Übereinstimmung mit den gesellschaftlichen Erfordernissen und Möglichkeiten entsprechend den Rechtsvorschriften.

(3) Die Bürger sind verpflichtet, mit dem sozialistischen Eigentum pfleglich und sorgsam umzugehen, es vor Schaden zu bewahren sowie die Rechte und Interessen anderer Nutzer zu berücksichtigen.

Zweites Kapitel. Das persönliche Eigentum

§ 22[1] **Grundsatz.** *(1) Das sozialistische Eigentum, seine Mehrung und sein Schutz sind Grundlage für die Entwicklung des persönlichen Eigentums. Quelle des persönlichen Eigentums ist die für die Gesellschaft geleistete Arbeit.*

(2) Das persönliche Eigentum dient der Befriedigung der materiellen und kulturellen Bedürfnisse der Bürger und ihrer Entwicklung zu sozialistischen Persönlichkeiten.

(3) Das persönliche Eigentum wird durch den sozialistischen Staat geschützt. Der Erwerb des persönlichen Eigentums und seine Nutzung haben in Übereinstimmung mit den Rechtsvorschriften zu erfolgen. Sein Gebrauch darf den gesellschaftlichen Interessen und den berechtigten Interessen anderer Bürger und Betriebe nicht zuwiderlaufen.

§ 23 Gegenstand des persönlichen Eigentums. (1) Zum persönlichen Eigentum gehören insbesondere die Arbeitseinkünfte und Ersparnisse, die Ausstattung der Wohnung und des Haushalts, Gegenstände des persönlichen Bedarfs, die für die Berufsausbildung, Weiterbildung und Freizeitgestaltung erworbenen Sachen sowie Grundstücke und Gebäude zur Befriedigung der Wohn- und Erholungsbedürfnisse des Bürgers und seiner Familie. Zum persönlichen Eigentum gehören auch die dem Wesen des persönlichen Eigentums entsprechenden Rechte, einschließlich vermögensrechtlicher Ansprüche aus Urheber-, Neuerer- und Erfinderrechten.

Fassung des Abs. 2 bis 27. 6. 1990:

(2) Auf das überwiegend auf persönlicher Arbeit beruhende Eigentum der Handwerker und Gewerbetreibenden sind die Bestimmungen über das persönliche Eigentum entsprechend anzuwenden, soweit in Rechtsvorschriften nichts anderes festgelegt ist.

Fassung des Abs. 2 ab 28. 6. 1990:

(2) Auf das Eigentum der Handwerker und Gewerbetreibenden sind die Bestimmungen über das persönliche Eigentum entsprechend

---

[1] § 22 Abs. 1 aufgehoben, Abs. 2 Satz 1 geändert und Satz 2 angefügt durch Gesetz vom 28. 6. 1990 (GBl. I S. 524).

anzuwenden, soweit in Rechtsvorschriften nichts anderes festgelegt ist. Das gleiche gilt für sonstiges Privateigentum.

§ 24 Befugnisse des Eigentümers. Der Bürger ist zum Besitz und zur Nutzung der zu seinem Eigentum gehörenden Sachen berechtigt. Er ist berechtigt, über die ihm gehörenden Sachen zu verfügen, insbesondere das Eigentum einem anderen zu übertragen sowie den Besitz und die Nutzung der Sachen einem anderen zu überlassen.

Drittes Kapitel. Erwerb und Schutz des Eigentums

§ 25 Formen des Erwerbs des Eigentums. Das Eigentum an Sachen kann durch Kauf, Schenkung und anderen Vertrag, durch Erbschaft sowie auf Grund der Entscheidung eines Gerichts, Staatlichen Notariats oder eines anderen staatlichen Organs oder kraft Gesetzes erworben werden.

Erwerb des Eigentums durch Vertrag

§ 26 (1) Der Übergang des Eigentums an einer Sache auf Grund eines Vertrages erfolgt mit der Übergabe der Sache, soweit in diesem Gesetz oder in anderen Rechtsvorschriften nichts anderes bestimmt ist. Es kann auch vereinbart werden, daß der Erwerber Eigentümer der Sache wird, der Veräußerer jedoch im Besitz der Sache bleibt. Ist ein anderer im Besitz der Sache, kann der Veräußerer anstelle der Übergabe seinen Anspruch auf Herausgabe der Sache an den Erwerber abtreten.

(2) Das Eigentum an Grundstücken und Gebäuden geht mit der Eintragung im Grundbuch auf den Erwerber über, soweit in Rechtsvorschriften nichts anderes bestimmt ist.

§ 27 Der Erwerb des Eigentums auf Grund eines Vertrages tritt ein, wenn der Veräußerer selbst Eigentümer oder zur Veräußerung berechtigt ist. An unrechtmäßig erlangten Sachen kann kein Eigentum erworben werden.

§ 28 An Sachen, die im Einzelhandel gekauft wurden, sowie an Geld und Inhaberpapieren erlangt der Erwerber das Eigentum, auch wenn die Voraussetzungen des § 27 nicht vorliegen. Der Eigentumserwerb tritt nicht ein, wenn der Erwerber weiß, daß die Veräußerung unrechtmäßig erfolgt.

§ 29 Erwerb des Eigentums auf Grund staatlicher Entscheidung. Wird das Eigentum auf Grund der Entscheidung eines Gerichts, eines Staatlichen Notariats oder eines anderen staatlichen Organs erworben, tritt der Erwerb mit dem Zeitpunkt ein, der in der Entscheidung bestimmt ist, und wenn kein Zeitpunkt bestimmt ist, mit dem Tage der Rechtskraft der Entscheidung.

§ 30 Verbindung, Vermischung. (1) Werden Sachen verschiedener Eigentümer untrennbar miteinander verbunden oder vermischt, entsteht Miteigentum. Ist eine der Sachen als Hauptsache anzusehen, erwirbt ihr Eigentümer Alleineigentum. Der bisherige Eigentümer der anderen Sache hat einen Anspruch auf Wertersatz in Geld.

(2) Verbindet oder vermischt der Eigentümer einer Sache diese mit der Sache eines anderen, obwohl er wußte oder wissen mußte, daß sie einem anderen gehört, hat er dem anderen nach dessen Wahl die entstandene Sache gegen Wertersatz herauszugeben oder Schadenersatz zu leisten. War der Wert der Sache des anderen wesentlich geringer als der Wert der durch die Verbindung oder Vermischung entstandenen Sache, kann nur Schadenersatz gefordert werden.

§ 31 Verarbeitung. (1) Wird durch Verarbeitung eine neue Sache hergestellt, wird der Eigentümer der verarbeiteten Sache Eigentümer der neuen Sache.

(2) Übersteigt der Wert der Verarbeitung wesentlich den Wert der verarbeiteten Sache, wird der Hersteller der neuen Sache deren Eigentümer. Das gilt nicht, wenn die Verarbeitung im Auftrage des Eigentümers der verarbeiteten Sache erfolgt ist. Wird der Hersteller der neuen Sache Eigentümer, hat er dem Eigentümer der verarbeiteten Sache deren Wert zu ersetzen.

(3) Wußte der Hersteller oder hätte er wissen müssen, daß er die Sache eines anderen unberechtigt verarbeitet, kann der andere nach seiner Wahl entweder die Herausgabe der neuen Sache oder Schadenersatz verlangen. Hat der Hersteller die Sache herauszugeben, kann er nur Ersatz des Wertes für verarbeitete Materialien verlangen. Ein Anspruch auf Herausgabe der neuen Sache besteht nicht, wenn der Wert der verarbeiteten Sache im Verhältnis zum Wert der neuen Sache wesentlich geringer war.

§ 32 Erwerb des Eigentums in besonderen Fällen. (1) Eine bewegliche Sache, an der das Eigentum aufgegeben worden ist, kann von jedem zu Eigentum erworben werden. Das Eigentum wird in diesem Fall durch die Inbesitznahme der Sache mit der erkennbaren Absicht begründet, Eigentum daran zu erlangen. Das Aneignungsrecht an Sachen, die von erheblichem gesellschaftlichem Wert oder Interesse sind, steht ausschließlich dem Staat zu.

(2) Wer eine bewegliche Sache 10 Jahre wie ein Eigentümer besessen hat, ohne zu wissen, daß ein anderer der Eigentümer ist, erwirbt an dieser Sache das Eigentum. Diese Regelung gilt nicht für sozialistisches Eigentum.

§ 33 Ansprüche des Eigentümers. (1) Dem Eigentümer steht das Recht auf Schutz gegen jeden zu, der sein Eigentum rechtswidrig verletzt oder seine Nutzung beeinträchtigt.

(2) Der Eigentümer kann von jedem, der ihm sein Eigentum unberechtigt vorenthält, die Herausgabe verlangen. Die Herausgabepflicht umfaßt auch die erlangten Nutzungen. Der zur Herausgabe Verpflichtete kann vom Eigentümer die Erstattung notwendiger Aufwendungen verlangen. Der Anspruch entfällt, wenn der Besitzer die Unrechtmäßigkeit des Besitzes kannte oder kennen mußte.

(3) Die gleichen Ansprüche stehen dem rechtmäßigen Besitzer einer Sache zu.

Viertes Kapitel. Gemeinschaftliches Eigentum

§ 34 Arten des gemeinschaftlichen Eigentums. (1) Das Eigentum an einem Grundstück, einem Gebäude oder einer anderen Sache kann mehreren Eigentümern gemeinschaftlich zustehen.

(2) Das gemeinschaftliche Eigentum kann Miteigentum oder Gesamteigentum sein. Miteigentum ist anteiliges Eigentum zu gleichen oder unterschiedlichen Teilen. Ist die Größe der Anteile nicht bestimmt, stehen den Miteigentümern gleiche Anteile zu. Das Gesamteigentum steht nur allen Eigentümern gemeinsam zu.

(3) Die Bestimmungen über das gemeinschaftliche Eigentum an Sachen gelten entsprechend auch für Rechte, die mehreren Beteiligten gemeinschaftlich zustehen.

§ 35 Nutzungsbefugnisse der Miteigentümer. (1) Jeder Miteigentümer ist berechtigt, das gemeinschaftliche Eigentum so zu nutzen, wie es zwischen den Miteigentümern vereinbart ist. Er hat die Interessen der anderen Miteigentümer zu wahren.

(2) Die Erträge aus dem gemeinschaftlichen Eigentum stehen den Miteigentümern im Verhältnis zur Größe ihrer Anteile zu.

§ 36 Rechte und Pflichten bei der Verwaltung des Miteigentums. (1) Die Verwaltung des gemeinschaftlichen Eigentums steht allen Miteigentümern gemeinsam zu. Können sie sich über die Verwaltung nicht einigen, kann jeder Miteigentümer durch gerichtliche Entscheidung eine den gemeinsamen Interessen entsprechende Verwaltung verlangen.

(2) Jeder Miteigentümer ist berechtigt, ohne Zustimmung der anderen Miteigentümer unaufschiebbare Handlungen vorzunehmen, die zur ordnungsgemäßen Verwaltung des gemeinschaftlichen Eigentums notwendig sind.

(3) Jeder Miteigentümer hat entsprechend seinem Anteil die Aufwendungen und sonstigen Ausgaben zu tragen, die für die Er-

haltung, Nutzung und Verwaltung des gemeinschaftlichen Eigentums erforderlich sind.

§ 37 Verfügung über Miteigentum. Jeder Miteigentümer kann seinen Anteil einem anderen zu Eigentum übertragen oder anderweitig über ihn verfügen. Eine Verfügung über den Anteil ist unzulässig, wenn dadurch die Rechte und Interessen der anderen Miteigentümer unzumutbar beeinträchtigt würden. Über das Miteigentum insgesamt können die Miteigentümer nur gemeinschaftlich verfügen.

§ 38 Vorkaufsrecht. (1) Den Miteigentümern steht ein Vorkaufsrecht zu, wenn ein Miteigentümer seinen Anteil an einen nicht zur Eigentumsgemeinschaft gehörenden Dritten verkaufen will.

(2) Die Miteigentümer können das Vorkaufsrecht durch Vertrag ausschließen.

§ 39 Ausübung des Vorkaufsrechts. (1) Will ein Miteigentümer seinen Anteil verkaufen, hat er das den anderen Miteigentümern unverzüglich mitzuteilen und ihnen die Verkaufsbedingungen bekanntzugeben. Die anderen Miteigentümer sind verpflichtet, innerhalb von 2 Wochen schriftlich zu erklären, ob sie ihr Vorkaufsrecht ausüben.

(2) Erklärt ein Miteigentümer, daß er das Vorkaufsrecht ausübt, darf der Anbietende den Kaufvertrag nur mit ihm abschließen. Wollen mehrere Miteigentümer das Vorkaufsrecht ausüben, entscheidet der Anbietende, mit wem er den Kaufvertrag abschließt.

(3) Erfolgt der Verkauf eines Anteils unter Nichtbeachtung eines Vorkaufsrechts, ist der Vertrag nichtig.

(4) Für die Ausübung des Vorkaufsrechts über einen Anteil an einem Grundstück oder Gebäude gelten die Bestimmungen über das Vorkaufsrecht an Grundstücken entsprechend.

§ 40 Ansprüche aus Miteigentum. Jeder Miteigentümer ist berechtigt, alle Ansprüche aus dem Miteigentum selbständig gegenüber Dritten geltend zu machen. Die Herausgabe kann er jedoch nur an alle Miteigentümer verlangen.

§ 41 Aufhebung des Miteigentums. (1) Jeder Miteigentümer kann jederzeit die Aufhebung der Eigentumsgemeinschaft verlangen, wenn der Zeitpunkt berechtigten Interessen anderer Miteigentümer nicht widerspricht.

(2) Die Art der Teilung des Miteigentums ist zwischen den Miteigentümern zu vereinbaren. Einigen sie sich nicht, sind Grundstücke und Gebäude zu veräußern und der Erlös ist zu teilen. Andere Sachen sind so zu teilen, daß kein unverhältnismäßiger Schaden entsteht. Ist das nicht möglich, sind auch diese Sachen zu verkaufen und der Erlös ist zu teilen.

§ 42 Gesamteigentum. (1) Die Rechte und Pflichten der Gesamteigentümer ergeben sich aus den für das Gesamteigentum geltenden Rechtsvorschriften oder aus den von den Gesamteigentümern getroffenen Vereinbarungen.

(2) Für das Gesamteigentum der Mietergemeinschaft (§ 118), von Gemeinschaften der Bürger (§ 266 ff.) und der Erbengemeinschaft (§ 400) gelten die besonderen Bestimmungen dieses Gesetzes.

(3) Für das gemeinschaftliche Eigentum der Ehegatten gelten die Bestimmungen des Familiengesetzbuches.

Dritter Teil. Verträge zur Gestaltung des materiellen und kulturellen Lebens

§§ 43–66 *(Vom Abdruck wurde abgesehen)*

§ 67 Beurkundung und Beglaubigung. (1) Ist die Beurkundung eines Vertrages vorgeschrieben, genügt es, wenn Angebot und Annahme getrennt beurkundet werden. Das gleiche gilt für die Beglaubigung der Unterschriften. Die Beurkundung oder Beglaubigung erfolgt durch das Staatliche Notariat oder das sonst zuständige staatliche Organ. Die Beurkundung eines Vertrages ersetzt die Beglaubigung.

(2) Der Vertrag kommt zustande, wenn die beurkundeten oder beglaubigten Erklärungen beiden Partnern zugegangen sind.

Nichtigkeit von Verträgen

§ 68 [Nichtigkeit, Teilunnichtigkeit]. (1) Ein Vertrag ist nichtig, wenn

1. sein Inhalt gegen ein in Rechtsvorschriften enthaltenes Verbot verstößt;
2. er mit den Grundsätzen der sozialistischen Moral unvereinbar ist;
3. er bei Abschluß auf eine unmögliche Leistung gerichtet ist;
4. die vorgeschriebene Genehmigung durch das zuständige staatliche Organ nicht erteilt wird.

(2) Ein Vertrag ist teilweise nichtig, wenn sich der Nichtigkeitsgrund nur auf einen Teil des Vertrages bezieht und der Vertrag auch ohne diesen Teil abgeschlossen worden wäre.[1]

§ 69 [Herausgabe bei Nichtigkeit]. (1) Das auf Grund eines nichtigen Vertrages Geleistete ist nach den Bestimmungen über die Rück-

---

[1] § 68 Abs. 2 Satz 2 aufgehoben durch Gesetz vom 28. 6. 1990 (GBl. I S. 524). Diese Vorschrift lautete:
„Bei Preisverstößen ist der Vertrag mit dem zulässigen Preis wirksam."

gabe von unberechtigt erlangten Leistungen (§§ 356 und 357) herauszugeben.

(2)[1] *(aufgehoben)*

§ 70 Anfechtung von Verträgen. (1) Ein Partner, der sich bei Abschluß eines Vertrages über den Inhalt seiner Erklärung im Irrtum befand oder dessen Erklärung fehlerhaft übermittelt worden ist, kann den Vertrag anfechten, wenn er bei Kenntnis der Sachlage und unter Berücksichtigung aller Umstände den Vertrag nicht abgeschlossen hätte. Das gleiche gilt, wenn die Erklärung auf arglistiger Täuschung oder rechtswidriger Drohung beruht.

(2) Die Anfechtung ist gegenüber dem Partner unverzüglich zu erklären. Widerspricht der Partner der Anfechtung, kann sie bis zum Ablauf von 2 Monaten gerichtlich geltend gemacht werden. Nach Ablauf dieser Frist ist die Anfechtung ausgeschlossen. Das Recht auf Anfechtung erlischt spätestens 4 Jahre nach Abschluß des Vertrages.

(3) Ein mit Erfolg angefochtener Vertrag ist nichtig. Der Anfechtende hat dem Partner die Aufwendungen zu erstatten, die dieser im Vertrauen auf die Gültigkeit des Vertrages gemacht hat. Eine Pflicht zur Erstattung besteht nicht, wenn der Partner den Anfechtungsgrund kannte oder kennen mußte.

§§ 71–283 *(Vom Abdruck wurde abgesehen)*

Vierter Teil. Nutzung von Grundstücken und Gebäuden zum Wohnen und zur Erholung

Erstes Kapitel. Allgemeine Bestimmungen

§ 284 Schutz und Sicherung einer rationellen Bodennutzung.
(1) Der sozialistische Staat gewährleistet entsprechend den in Rechtsvorschriften festgelegten Grundsätzen der sozialistischen Bodenpolitik und Bodenordnung den Schutz und die rationelle Nutzung des Bodens. Er fördert die Bodennutzung, die dazu dient, die Wohnverhältnisse der Bürger zu verbessern und ihre Erholung zu gewährleisten. Die gemeinschaftliche und genossenschaftliche Nutzung von Grundstücken zum Wohnen und zur Erholung wird vom Staat vorrangig unterstützt.

---

[1] § 69 Abs. 2 aufgehoben durch Gesetz vom 28. 6. 1990 (GBl. I S. 524). Diese Vorschrift lautete:

„(2) Ist ein Vertrag nach § 68 ganz oder teilweise nichtig und waren sich die Partner ihres ungesetzlichen oder moralwidrigen Handelns bewußt, kann das zu Unrecht Erlangte ganz oder teilweise zugunsten des Staates eingezogen werden. Die Einziehung erfolgt auf Antrag des Staatsanwalts durch das Gericht, bei Preisverstößen auch durch das zuständige staatliche Organ."

(2) Die Nutzung des Bodens durch Bürger hat so zu erfolgen, daß sie mit den gesellschaftlichen Erfordernissen übereinstimmt. Sie umfaßt die Pflege und den Schutz des Bodens als wichtige Voraussetzung für die Gestaltung der sozialistischen Umwelt- und Lebensbedingungen der Bürger. Grundstücke und Gebäude sind zweckgebunden zu nutzen. Eine den gesellschaftlichen Erfordernissen widersprechende Bodennutzung ist unzulässig.

§ 285 Staatliche Leitung des Grundstücksverkehrs. Zur Sicherung der staatlichen Ordnung auf dem Gebiet des Grundstücksverkehrs und zum Schutze der Rechte der Bürger bedürfen Verfügungen über das Eigentum an Grundstücken und Gebäuden einschließlich deren Belastung sowie die Überlassung von Grundstücken zur Nutzung der staatlichen Genehmigung, soweit das in Rechtsvorschriften über den Grundstücksverkehr vorgesehen ist.

§ 286 Formen der Nutzung von Grundstücken durch Bürger.
(1) Bürger können Grundstücke nutzen
1. auf Grund der Verleihung des Nutzungsrechts an einem volkseigenen Grundstück für den Bau und die persönliche Nutzung von Eigenheimen (§§ 287 bis 290);
2. auf Grund der Zuweisung genossenschaftlich genutzten Bodens durch eine sozialistische Genossenschaft für den Bau und die persönliche Nutzung von Eigenheimen (§§ 291 bis 294);
3. als Eigentümer eines Grundstücks (§ 295);
4. auf Grund eines Vertrages über die Nutzung von Bodenflächen zur Erholung (§§ 312 bis 315).

(2) Der Inhalt der Nutzungsbefugnis ergibt sich aus diesem Gesetz, anderen Rechtsvorschriften und den auf ihrer Grundlage getroffenen Vereinbarungen.

(3) Bürgern kann auch ein Mitbenutzungsrecht an Grundstücken eingeräumt werden (§§ 321 und 322).

(4) Die Bestimmungen dieses Teils gelten auch für Betriebe bei der Übertragung und Nutzung von Grundstücken und Gebäuden, soweit dafür besondere Rechtsvorschriften nicht bestehen.

Zweites Kapitel. Verleihung von Nutzungsrechten an volkseigenen Grundstücken

§ 287 Entstehen des Nutzungsrechts. (1) Bürgern kann zur Errichtung und persönlichen Nutzung eines Eigenheimes oder eines anderen persönlichen Bedürfnissen dienenden Gebäudes an volkseigenen Grundstücken ein Nutzungsrecht verliehen werden.

(2) Über die Verleihung des Nutzungsrechts wird dem Berechtigten durch das zuständige staatliche Organ eine auf seinen Namen lautende Urkunde ausgestellt. Das Nutzungsrecht entsteht mit dem in der Urkunde festgelegten Zeitpunkt.

§ 288 Inhalt des Nutzungsrechts. (1) Der Nutzungsberechtigte ist berechtigt und verpflichtet, das volkseigene Grundstück bestimmungsgemäß zu nutzen.

(2) Das Nutzungsrecht ist unbefristet. In Ausnahmefällen kann das Nutzungsrecht befristet verliehen werden.

(3) Für das Nutzungsrecht ist ein Entgelt zu entrichten. Durch Rechtsvorschriften kann festgelegt werden, daß die Nutzung unentgeltlich erfolgt.

(4) Die auf dem volkseigenen Grundstück errichteten Gebäude, Anlagen und Anpflanzungen sind persönliches Eigentum des Nutzungsberechtigten.

§ 289 Übergang des Nutzungsrechts. (1) Gebäude auf volkseigenen Grundstücken, für die ein Nutzungsrecht verliehen wurde, können veräußert und vererbt werden.

(2) Mit der staatlichen Genehmigung des Vertrages über die Veräußerung geht das Nutzungsrecht auf den Erwerber über. Der Übergang des Nutzungsrechts auf den Erben bestimmt sich nach den dafür geltenden Rechtsvorschriften.

(3) Dem Erwerber oder dem Erben ist durch das zuständige staatliche Organ eine auf seinen Namen lautende Urkunde auszustellen, aus der sich der Übergang des Nutzungsrechts ergibt.

§ 290 Entzug des Nutzungsrechts. (1) Wird das volkseigene Grundstück nicht bestimmungsgemäß genutzt, kann das zuständige staatliche Organ das Nutzungsrecht entziehen.

(2) Bei Entzug des Nutzungsrechts gehen Gebäude, Anlagen und Anpflanzungen in Volkseigentum über. Die Entschädigung erfolgt nach den dafür geltenden Rechtsvorschriften. Für Gebäude wird eine Entschädigung gewährt, wenn sie mit staatlicher Genehmigung auf dem volkseigenen Grundstück errichtet wurden.

Drittes Kapitel. Persönliche Nutzung genossenschaftlich genutzten Bodens

§ 291 Entstehen des Nutzungsrechts. Landwirtschaftliche Produktionsgenossenschaften und andere sozialistische Genossenschaften können, soweit Rechtsvorschriften das vorsehen, Bürgern genossenschaftlich genutzten Boden zum Bau von Eigenheimen oder anderen persönlichen Bedürfnissen dienenden Gebäuden zuweisen.

§ 292 Inhalt des Nutzungsrechts. (1) Der Nutzungsberechtigte ist berechtigt und verpflichtet, die zugewiesene Bodenfläche bestimmungsgemäß zu nutzen.

(2) Das Nutzungsrecht an der zugewiesenen Bodenfläche ist unbefristet. In Ausnahmefällen kann das Nutzungsrecht befristet werden.

(3) Die auf der zugewiesenen Bodenfläche errichteten Gebäude, Anlagen und Anpflanzungen sind unabhängig vom Eigentum an der Bodenfläche persönliches Eigentum des Nutzungsberechtigten.

§ 293 Übergang des Nutzungsrechts. (1) Die errichteten Gebäude können an Bürger, denen nach § 291 Boden zugewiesen werden kann, veräußert werden. Mit Zustimmung der Genossenschaft ist eine Veräußerung an andere Bürger zulässig, wenn das Gebäude persönlichen Wohnbedürfnissen dienen soll.

(2) Die errichteten Gebäude können vererbt werden.

(3) Mit dem Übergang des Eigentums am Gebäude geht auch das Nutzungsrecht an der zugewiesenen Bodenfläche auf den neuen Eigentümer über.

§ 294 Entzug des Nutzungsrechts. (1) Wird die zugewiesene Bodenfläche nicht bestimmungsgemäß genutzt, kann das zuständige staatliche Organ das Nutzungsrecht entziehen.

(2) Nach Entzug des Nutzungsrechts ist der Gebäudeeigentümer verpflichtet, das Gebäude nach § 293 Abs. 1 zu veräußern.

Viertes Kapitel. Persönliches Eigentum an Grundstücken und Gebäuden

Erster Abschnitt. Eigentums- und Nutzungsrechte

§ 295 Umfang der Eigentums- und Nutzungsrechte. (1) Das Eigentum am Grundstück umfaßt den Boden und die mit dem Boden fest verbundenen Gebäude und Anlagen sowie die Anpflanzungen.

(2) Durch Rechtsvorschriften kann festgelegt werden, daß selbständiges Eigentum an Gebäuden und Anlagen unabhängig vom Eigentum am Boden bestehen kann. Für die Rechte an solchen Gebäuden und Anlagen sind die Bestimmungen über Grundstücke entsprechend anzuwenden, soweit nichts anderes festgelegt ist.

(3) Das Recht zur Nutzung eines Grundstücks umfaßt das Recht, Anpflanzungen vorzunehmen und sich den Ertrag anzueignen, soweit sich aus dem Zweck der Nutzung nichts anderes ergibt oder nichts anderes vereinbart wurde.

(4) Die in besonderen Rechtsvorschriften getroffenen Regelungen über die Ausübung der Eigentums- und Nutzungsrechte an Grundstücken bleiben unberührt.

§ 296[1] **Eigentum an Wochenendhäusern und anderen Baulichkeiten auf vertraglich genutzten Bodenflächen.** (1) Wochenendhäuser sowie andere Baulichkeiten, die der Erholung, Freizeitgestaltung oder ähnlichen persönlichen Bedürfnissen der Bürger dienen und in Ausübung eines vertraglich vereinbarten Nutzungsrechts errichtet werden, sind unabhängig vom Eigentum am Boden Eigentum des Nutzungsberechtigten, soweit nichts anderes vereinbart ist. Für das Eigentum an diesen Baulichkeiten gelten die Bestimmungen über das Eigentum an beweglichen Sachen entsprechend.

(2) Endet das Nutzungsverhältnis und wird ein neues Nutzungsverhältnis vertraglich vereinbart, kann das Eigentum an der Baulichkeit durch schriftlichen Vertrag auf den nachfolgenden Nutzungsberechtigten übertragen werden. Der Vertrag über die Begründung des neuen Nutzungsverhältnisses bedarf der Schriftform *und der staatlichen Genehmigung*.

Zweiter Abschnitt. Erwerb des Eigentums an Grundstücken

§ 297 Inhalt des Vertrages und Eigentumsübergang. (1) Verträge, durch die Eigentum an Grundstücken übertragen werden soll, müssen die unbedingte und unbefristete Erklärung des Veräußerers und des Erwerbers enthalten, daß das Eigentum an dem Grundstück auf den Erwerber übergehen soll. Sie bedürfen der Beurkundung und der staatlichen Genehmigung.

(2) Das Eigentum geht mit Eintragung im Grundbuch auf den Erwerber über. Mit dem Eigentumswechsel gehen auch die Verpflichtungen aus den im Grundbuch eingetragenen Rechten und anderen zur Nutzung berechtigenden Verträgen auf den Erwerber über, soweit nichts anderes vereinbart ist.

(3) Der Eigentumswechsel erstreckt sich auch auf das Grundstückszubehör, soweit nichts anderes vereinbart ist.

§ 298 Vereinfachtes Verfahren. Für den Erwerb von Grundstücken oder Grundstücksteilen, die zum Bau oder Ausbau von Verkehrswegen, Wasserläufen oder zu ähnlichen Zwecken in Anspruch genommen werden müssen, kann durch besondere Rechtsvorschriften ein vereinfachtes Verfahren geregelt werden.

§ 299 Erwerb von Grundstücken durch Ehegatten. (1) Ein Grundstück, das ein verheirateter Bürger aus Mitteln erwirbt, die persönliches Eigentum nach § 23 Abs. 1 sind, wird gemeinschaftliches Eigentum der Ehegatten.

(2) Das Grundstück wird Alleineigentum des Erwerbers, wenn

---

[1] § 296 Abs. 2 Satz 2 neu gefaßt durch Gesetz vom 28. 6. 1990 (GBl. I S. 524).

1. der andere Ehegatte durch beglaubigte Erklärung bestätigt, daß die familienrechtlichen Voraussetzungen für den Erwerb von Alleineigentum erfüllt sind; liegen diese Voraussetzungen vor, ist der andere Ehegatte zur Abgabe der Erklärung verpflichtet; oder
2. die eheliche Vermögensgemeinschaft rechtskräftig aufgehoben ist.

§ 300 Auskunftspflicht des Veräußerers. (1) Der Veräußerer eines Grundstücks ist verpflichtet, den Erwerber über Größe und Grenzen des Grundstücks, die darauf ruhenden Lasten und Abgaben, über bestehende Mitbenutzungsrechte, über Nutzungsverhältnisse und über die zum Grundstück gehörenden Gebäude zu unterrichten. Er hat dem Erwerber die in seinem Besitz befindlichen Urkunden auszuhändigen, die zum Beweis von Rechten am Grundstück oder Mitbenutzungsrechten dienen.

(2) Der Veräußerer ist weiter verpflichtet, den Erwerber über die Beschaffenheit des Grundstücks, insbesondere über den tatsächlichen Zustand der Gebäude, nach bestem Wissen zu unterrichten.

§ 301 Garantie. Erfolgt die Veräußerung eines Grundstücks entgeltlich, garantiert der Veräußerer, daß Begrenzung und Beschaffenheit des Grundstücks dem Vertrag oder den nach den Umständen vorauszusetzenden Nutzungsmöglichkeiten entsprechen. Die Garantie umfaßt auch zugesicherte Eigenschaften des Grundstücks.

§ 302 Garantieansprüche. (1) Zeigen sich an dem Grundstück Mängel, welche die vereinbarten oder nach den Umständen vorauszusetzenden Nutzungsmöglichkeiten beeinträchtigen, oder fehlen zugesicherte Eigenschaften, kann der Erwerber verlangen, daß
1. der volle Kaufpreis gegen Rückübertragung des Eigentums am Grundstück zurückgezahlt wird (Preisrückzahlung) oder
2. der Kaufpreis angemessen herabgesetzt wird (Preisminderung).

(2) Kannte der Erwerber die Mängel bei Vertragsabschluß, stehen ihm die im Abs. 1 genannten Ansprüche nicht zu.

§ 303 Garantiezeit. Die Garantiezeit beträgt 1 Jahr. Sie kann durch Vertrag verlängert werden. Die Frist beginnt mit der Übergabe des Grundstücks an den Erwerber oder, wenn diese bereits vor Vertragsabschluß erfolgte, mit dem Tage des Vertragsabschlusses.

§ 304 Kosten des Eigentumswechsels. Die mit dem Eigentumswechsel verbundenen Kosten hat der Erwerber zu tragen, soweit nichts anderes vereinbart ist.

§ 305 Kaufpreis. (1) Der im Vertrag vereinbarte Kaufpreis muß den gesetzlichen Preisvorschriften entsprechen.

(2) Wird ein vereinbarter Kaufpreis vom zuständigen staatlichen Organ nicht genehmigt, kommt der Vertrag nicht zustande. Hat das

zuständige staatliche Organ einen niedrigeren Kaufpreis als zulässig bezeichnet, kommt der Vertrag zustande, wenn der Veräußerer gegenüber dem Erwerber die beglaubigte Erklärung abgibt, daß er damit einverstanden ist.

(3) Wird im Grundstückskaufvertrag zur Täuschung ein niedrigerer Kaufpreis als der vereinbarte beurkundet, gilt der beurkundete Kaufpreis.

§ 306 Vorkaufsrecht. (1) Der Eigentümer eines Grundstücks kann durch Vertrag einem anderen das Vorkaufsrecht an seinem Grundstück einräumen. Der Vertrag bedarf der Beglaubigung und der staatlichen Genehmigung. Das Vorkaufsrecht entsteht mit Eintragung im Grundbuch. Es ist nicht übertragbar und geht nicht auf die Erben des Vorkaufsberechtigten über.

(2) Das staatliche Vorerwerbsrecht wird durch die Bestimmungen über das Vorkaufsrecht nicht ausgeschlossen.

Ausübung des Vorkaufsrechts

§ 307 (1) Will der Eigentümer sein Grundstück verkaufen, hat er das dem Vorkaufsberechtigten schriftlich mitzuteilen und ihm die Verkaufsbedingungen bekanntzugeben. Der Vorkaufsberechtigte hat dem Eigentümer innerhalb von 2 Monaten schriftlich zu erklären, ob er von seinem Vorkaufsrecht Gebrauch macht.

(2) Erklärt der Vorkaufsberechtigte, daß er sein Vorkaufsrecht ausübt, darf der Eigentümer den Kaufvertrag nur mit ihm abschließen.

(3) Das Vorkaufsrecht erlischt, wenn der Vorkaufsberechtigte die staatliche Genehmigung zum Erwerb des Grundstücks nicht erhält oder wenn er erklärt, daß er auf sein Vorkaufsrecht verzichtet, oder wenn er innerhalb von 2 Monaten keine Erklärung abgibt. Auf Verlangen des Eigentümers ist der Vorkaufsberechtigte verpflichtet, die Löschung des Vorkaufsrechts im Grundbuch zu bewilligen.

§ 308 Das Vorkaufsrecht darf nicht ausgeübt werden, wenn der Verkauf zugunsten sozialistischen Eigentums erfolgt. In diesem Falle erlischt das Vorkaufsrecht.

§ 309 (1) Ist ein anderer unter Nichtbeachtung eines Vorkaufsrechts als Eigentümer im Grundbuch eingetragen worden, kann der Vorkaufsberechtigte von ihm die Übertragung des Eigentums verlangen. Ein bereits gezahlter Kaufpreis ist vom Vorkaufsberechtigten zu erstatten.

(2) Die im Abs. 1 genannten Rechtsfolgen treten auch ein, wenn das Grundstück nach Verzicht des Vorkaufsberechtigten einem anderen zu günstigeren Bedingungen verkauft worden ist, als sie dem Vorkaufsberechtigten mitgeteilt worden waren.

(3) Der Vorkaufsberechtigte kann die Übertragung des Eigentums nicht mehr verlangen, wenn nach Kenntnisnahme vom Verkauf 1 Monat oder seit dem Verkauf 1 Jahr vergangen ist.

Verzicht auf das Eigentum an Grundstücken

§ 310 (1) Das Eigentum an einem Grundstück kann dadurch aufgegeben werden, daß der Eigentümer den Verzicht gegenüber dem zuständigen staatlichen Organ in beglaubigter Form oder zu Protokoll erklärt und die Verzichtserklärung staatlich genehmigt wird.

(2) Mit der staatlichen Genehmigung der Verzichtserklärung und der Eintragung des Verzichts im Grundbuch entsteht Volkseigentum. Belastungen des Grundstücks erlöschen. Forderungen von Gläubigern, deren Rechte am Grundstück erloschen sind, werden bis zur Höhe des Grundstückswertes beglichen. Das Auszahlungsverfahren regelt sich nach besonderen Rechtsvorschriften.

(3) Der Verzicht auf das Eigentum erstreckt sich auch auf andere im Grundbuch eingetragene Rechte des Eigentümers am Grundstück.

§ 311 Der Verzicht auf im Grundbuch eingetragene Rechte erfolgt durch Verzichtserklärung des Berechtigten und durch Löschung des Rechts im Grundbuch. Die Verzichtserklärung bedarf der gleichen Form, die für das Entstehen des Rechts vorgesehen ist.

Fünftes Kapitel. Nutzung von Bodenflächen zur Erholung

§ 312 Abschluß des Vertrages. (1) Land- und forstwirtschaftlich nicht genutzte Bodenflächen können Bürgern zum Zwecke der kleingärtnerischen Nutzung, Erholung und Freizeitgestaltung überlassen werden. Der Vertrag über die Nutzung ist schriftlich abzuschließen und bedarf der staatlichen Genehmigung, soweit das in Rechtsvorschriften vorgesehen ist.

(2) Der Vertrag kann unbefristet oder befristet abgeschlossen werden. Ein Vertrag darf nur befristet abgeschlossen werden, wenn dafür gesellschaftlich gerechtfertigte Gründe vorliegen. Sie sind im Vertrag anzugeben.

§ 313 Rechte und Pflichten des Nutzungsberechtigten. (1) Der Nutzungsberechtigte ist berechtigt und verpflichtet, die ihm überlassene Bodenfläche bestimmungsgemäß zu nutzen. Er kann insbesondere Anpflanzungen vornehmen und sich den Ertrag aneignen.

(2) Zwischen den Vertragspartnern kann vereinbart werden, daß der Nutzungsberechtigte auf der Bodenfläche ein Wochenendhaus oder andere Baulichkeiten errichtet, die der Erholung, Freizeitgestaltung oder ähnlichen persönlichen Bedürfnissen dienen.

Anh I   Zivilgesetzbuch

(3) Der Nutzungsberechtigte ist verpflichtet, das Entgelt für die Nutzung termingemäß zu zahlen. Die Übertragung der Nutzung an andere Bürger ist nicht zulässig.

§ 314 Beendigung des Nutzungsverhältnisses. (1) Das Nutzungsverhältnis kann durch Vereinbarung der Vertragspartner beendet werden.

(2) Der Nutzungsberechtigte kann unter Einhaltung einer Frist von 3 Monaten zum 31. Oktober des laufenden Jahres kündigen. Aus gesellschaftlich gerechtfertigten Gründen kann zum Ende eines Quartals mit einer Frist von einem Monat gekündigt werden.

(3) Der Überlassende kann mit einer Frist von 3 Monaten zum 31. Oktober des laufenden Jahres kündigen, wenn dafür gesellschaftlich gerechtfertigte Gründe vorliegen, insbesondere dann, wenn der Nutzungsberechtigte seine Pflichten wiederholt gröblich verletzt, andere Nutzungsberechtigte erheblich belästigt oder sich auf andere Weise gemeinschaftsstörend verhält. Bei besonders schwerwiegendem vertragswidrigem Verhalten kann auch zum Ende des Quartals mit einer Frist von einem Monat gekündigt werden. Erfolgt die Nutzung außerhalb einer Kleingartenanlage, kann das Nutzungsverhältnis auch bei Vorliegen von dringendem Eigenbedarf gekündigt werden.

(4) Die Kündigung des Nutzungsverhältnisses durch einen Vertragspartner bedarf der Schriftform. Hat der Nutzungsberechtigte in Ausübung des Nutzungsrechts auf der Bodenfläche ein Wochenendhaus oder eine Garage errichtet, kann das Nutzungsverhältnis gegen seinen Willen nur durch gerichtliche Entscheidung aufgehoben werden.

(5) Endet das Nutzungsverhältnis, hat der Nutzungsberechtigte die Bodenfläche in einem ordnungsgemäßen Zustand zurückzugeben. Wertverbesserungen sind dem Nutzungsberechtigten zu entschädigen.

(6) Im Falle der Kündigung nach Abs. 3 aus dringendem Eigenbedarf ist der Überlassende verpflichtet, auf Verlangen des Nutzungsberechtigten von ihm errichtete Baulichkeiten oder Anpflanzungen durch Kauf zu erwerben.

§ 315 Besonderheiten bei der Nutzung von Bodenflächen in einer Kleingartenanlage. (1) Erfolgt die Nutzung innerhalb einer Kleingartenanlage, ist der Nutzungsberechtigte berechtigt, die gemeinschaftlichen Einrichtungen zu nutzen. Er hat die sich daraus ergebenden Pflichten zu erfüllen.

(2) Endet das Nutzungsverhältnis, ist der Nutzungsberechtigte auf Verlangen des Vorstandes verpflichtet, die von ihm errichteten Gebäude, Anlagen und Anpflanzungen auf dem Grundstück zu belassen, soweit das zur weiteren kleingärtnerischen Nutzung des Grund-

stücks erforderlich ist. Die auf dem Grundstück verbleibenden Gebäude, Anlagen und Anpflanzungen sind den Nutzungsberechtigten von dem nachfolgenden Nutzer zu vergüten, soweit nichts anderes vereinbart ist.

Sechstes Kapitel. Beziehungen zwischen benachbarten Grundstücksnutzern

§ 316 Grundsatz. Die Grundstücksnachbarn haben ihre nachbarlichen Beziehungen so zu gestalten, daß ihre individuellen und kollektiven Interessen mit den gesellschaftlichen Erfordernissen übereinstimmen und gegenseitig keine Nachteile oder Belästigungen aus der Nutzung der Grundstücke und Gebäude entstehen. Zur Beilegung von Konflikten haben sie verantwortungsbewußt zusammenzuwirken.

§ 317 Einzäunung von Grundstücken. (1) Nutzungsberechtigte von Grundstücken sind verpflichtet, ihre Grundstücke ganz oder teilweise einzuzäunen, wenn die Art und Weise der Nutzung des Grundstücks oder die berechtigten Interessen der Grundstücksnachbarn, die Verkehrssicherheit oder andere gesellschaftliche Interessen das erfordern.

(2) Die Einzäunung muß derjenige instandhalten, der zu ihrer Errichtung verpflichtet ist.

(3) Sind benachbarte Nutzungsberechtigte zur Einzäunung verpflichtet, haben sie die Kosten der Einzäunung und Instandhaltung je zur Hälfte zu tragen.

§ 318 Kennzeichnung der Grundstücksgrenzen. (1) Nutzungsberechtigte von Grundstücken sind verpflichtet, die Grenzen ihrer Grundstücke feststellen und kennzeichnen zu lassen, wenn gesellschaftliche Interessen das erfordern.

(2) Die beteiligten Grundstücksnachbarn sind verpflichtet, bei der Wiederherstellung eines verlorengegangenen, schadhaften, nicht mehr erkennbaren oder unrichtig gewordenen Grenzzeichens mitzuwirken, wenn die Wiederherstellung aus gesellschaftlichen Interessen erforderlich ist oder im Interesse der beteiligten Grundstücksnachbarn liegt.

(3) Die Kosten der Kennzeichnung sind von dem Grundstücksnachbar zu tragen, in dessen Interesse sie vorgenommen wird, soweit nichts anderes vereinbart ist.

§ 319 Überhang. (1) Der Nutzungsberechtigte eines Grundstücks hat Wurzeln und herüberragende Zweige von Bäumen oder Sträuchern eines angrenzenden Grundstücks zu dulden, wenn dadurch die Nutzung des Grundstücks nicht wesentlich beeinträchtigt wird.

Anh I   Zivilgesetzbuch

(2) Wird die Nutzung des Grundstücks wesentlich beeinträchtigt, soll der Nutzungsberechtigte mit dem Grundstücksnachbar vereinbaren, wie die Beeinträchtigung beseitigt oder gemindert werden kann. Einigen sie sich nicht, kann der Nutzungsberechtigte die Beeinträchtigung auf seinem Grundstück selbst beseitigen oder mindern.

§ 320 Überbau. (1) Hat der Nutzungsberechtigte eines Grundstücks ohne Einverständnis des Grundstücksnachbars über die Grundstücksgrenze gebaut, kann der Grundstücksnachbar verlangen, daß der Überbau beseitigt wird, soweit das nicht gesellschaftlichen Interessen widerspricht.

(2) Kann die Beseitigung des Überbaus nicht verlangt werden, hat der Grundstücksnachbar Anspruch auf angemessene Entschädigung in dem Umfang, in dem sein Nutzungsrecht beeinträchtigt ist.

Mitbenutzungsrecht an Grundstücken

§ 321 (1) Die Begründung eines Rechts zur vorübergehenden oder dauernden Mitbenutzung eines Grundstücks in bestimmter Weise (wie Lagerung von Baumaterial, Aufstellen von Gerüsten, Einräumen von Wegerechten und Überfahrtrechten) bedarf der Vereinbarung zwischen den Nutzungsberechtigten. Die Mitbenutzung kann auch das Unterlassen bestimmter Handlungen durch den Nutzungsberechtigten des Grundstücks zum Inhalt haben. Dauernde Mitbenutzung bedarf eines schriftlichen Vertrages und der Zustimmung des Eigentümers des betroffenen Grundstücks. Vorübergehende Mitbenutzung bedarf der Zustimmung des Eigentümers des betroffenen Grundstücks nur dann, wenn dessen Rechte durch die Mitbenutzung beeinträchtigt würden.

(2) Kommt eine Vereinbarung über die Mitbenutzung nicht zustande, kann die Einräumung des Rechts auf Mitbenutzung gefordert werden, wenn das im Interesse der ordnungsgemäßen Nutzung benachbarter Grundstücke erforderlich ist. Der Anspruch ist gegen den Nutzungsberechtigten und, soweit die Zustimmung des Eigentümers des betroffenen Grundstücks erforderlich ist, auch gegen diesen geltend zu machen.

(3) Der Eigentümer oder der Nutzungsberechtigte kann eine angemessene Entschädigung verlangen, soweit seine Rechte durch die Mitbenutzung wesentlich beeinträchtigt werden. Weitere Ansprüche bleiben unberührt.

(4) Für die Mitbenutzung von Grundstücken zum Zwecke der Durchführung staatlicher oder wirtschaftlicher Maßnahmen, insbesondere der Nachrichtenübermittlung sowie der Energie- und Wasserwirtschaft, gelten die dafür bestehenden besonderen Rechtsvorschriften.

§ 322 (1) Wird ein Wege- oder Überfahrtrecht eingeräumt, kann mit dem Eigentümer des betroffenen Grundstücks vereinbart werden, daß das Recht im Grundbuch eingetragen wird. Der Vertrag bedarf der Beglaubigung und der staatlichen Genehmigung. Durch Rechtsvorschriften kann die Eintragung weiterer Mitbenutzungsrechte im Grundbuch vorgesehen werden.

(2) Das Recht auf Mitbenutzung geht auf den jeweiligen Rechtsnachfolger des berechtigten Nachbars über, wenn es im Grundbuch eingetragen ist oder wenn der Übergang zwischen den beteiligten Eigentümern oder mit Zustimmung des Eigentümers des betroffenen Grundstücks vereinbart wurde.

(3) Das Recht auf Mitbenutzung erlischt, wenn die Voraussetzungen für seine Begründung weggefallen sind oder wenn es länger als 4 Jahre nicht ausgeübt wurde, soweit nichts anderes vereinbart ist. Das gilt auch, wenn das Mitbenutzungsrecht im Grundbuch eingetragen ist.

Fünfter Teil. Schutz des Lebens, der Gesundheit und des Eigentums vor Schadenszufügung

§§ 323–361 *(Vom Abdruck wurde abgesehen)*

Sechster Teil. Erbrecht

§§ 362–427 *(Vom Abdruck wurde abgesehen)*

Siebenter Teil. Besondere Bestimmungen für einzelne Zivilrechtsverhältnisse

Erstes Kapitel. Besonderheiten der Erfüllung vertraglicher Verpflichtungen

§§ 428–432 *(Vom Abdruck wurde abgesehen)*

Zweites Kapitel. Beteiligung mehrerer Partner an einem Vertrag

§§ 433–435 *(Vom Abdruck wurde abgesehen)*

Drittes Kapitel. Sicherung von Forderungen

§ 442[1]) **Grundsatz.** *(1) Zur Sicherung von Forderungen können die Partner eines Vertrages die in diesem Gesetz vorgesehenen Sicherheiten vereinbaren. Die Vereinbarung von Sicherheiten dient dazu, insbesondere Kredite und andere Forderungen sowie ihre Rückzahlung durch den Schuldner zu sichern.*

(2) Begründung, Ausübung und Verwertung der Sicherungsrechte haben in Übereinstimmung mit den Grundsätzen der sozialistischen Moral zu erfolgen und dürfen den gesellschaftlichen Interessen und den berechtigten Interessen des Schuldners nicht zuwiderlaufen.

Erster Abschnitt. Pfandrecht

§ 443[2]) **Übergabe einer Sache als Pfand.** (1) Eine Forderung kann dadurch gesichert werden, daß der Schuldner dem Gläubiger eine bewegliche Sache als Pfand übergibt. Das Pfandrecht entsteht durch Vereinbarung und Übergabe der Sache.

(2) Das Pfandrecht sichert die Forderung in ihrer jeweiligen Höhe einschließlich der Zinsen sowie der Kosten der Geltendmachung der Forderung und der Verwertung des Pfandes.

(3) Das Pfandrecht kann auch für künftige oder bedingte Forderungen bestellt werden.

(4) Gehört eine Sache nicht dem Schuldner, wird ein Pfandrecht an ihr erworben, wenn der Gläubiger zu dem Zeitpunkt, in dem die Voraussetzungen nach Abs. 1 Satz 2 erfüllt sind, im Hinblick auf das Eigentum in gutem Glauben war. Der Gläubiger ist nicht in gutem Glauben, wenn ihm bekannt oder infolge grober Fahrlässigkeit unbekannt ist, daß die Sache nicht dem Schuldner gehört. Ein gutgläubiger Erwerb ist ausgeschlossen, wenn die Sache dem Eigentümer abhanden gekommen war, es sei denn, es handelt sich um Geld oder Wertpapiere.

§ 444[2]) **Rechte und Pflichten des Pfandgläubigers.** Der Pfandgläubiger ist verpflichtet, die Pfandsache sorgfältig zu verwahren oder verwahren zu lassen und in ihrem Wert zu erhalten. Eine Nutzung der Pfandsache bedarf der Vereinbarung. Der Schuldner kann über den Umfang der Nutzung Rechenschaft fordern. Erlischt die Forderung, ist der Pfandgläubiger zur Rückgabe der Pfandsache verpflichtet.

---

[1]) § 442 aufgehoben durch Gesetz vom 22. 7. 1990 (GBl. I S. 903).
[2]) § 443 Abs. 3 und 4 angefügt, § 444 Satz 1 neu gefaßt durch Gesetz vom 22. 7. 1990 (GBl. I S. 903).

§ 445 Verwertung der Pfandsache. Ist die gesicherte Forderung fällig und leistet der Schuldner nicht, kann der Pfandgläubiger die Pfandsache verkaufen oder in anderer Weise verwerten und aus dem Erlös seine Forderung begleichen. Er hat das dem Schuldner vorher anzukündigen. Zwischen Ankündigung und Verwertung muß mindestens 1 Monat liegen.

§ 446 Erlöschen des Pfandrechts. Das Pfandrecht erlischt, wenn die Forderung erlischt oder wenn die Pfandsache verwertet oder zurückgegeben wird.

§ 447 Verpfändung von Wertpapieren und gesetzliche Pfandrechte. Für die Verpfändung von Wertpapieren und für gesetzliche Pfandrechte gelten die §§ 442 bis 446 entsprechend.

Fassung des § 448 Abs. 1 bis zum 27. 6. 1990:

§ 448[1] *Pfandrecht ohne Übergabe der Sache. (1) Forderungen der Kreditinstitute, volkseigener Betriebe, staatlicher Organe und Einrichtungen sowie sozialistischer Genossenschaften können durch Pfandrecht in der Weise gesichert werden, daß der Schuldner im Besitz der verpfändeten Sache bleibt und berechtigt ist, sie zu nutzen.*

Fassung des § 448 Abs. 1 ab dem 28. 6. 1990:

§ 448 Pfandrecht ohne Übergabe der Sache. (1) Forderungen können durch Pfandrecht in der Weise gesichert werden, daß der Schuldner im Besitz der verpfändeten Sache bleibt und berechtigt ist, sie zu nutzen.

(2) Das Pfandrecht entsteht durch schriftliche Vereinbarung.

(3) Eine Veräußerung oder wesentliche Veränderung der Pfandsache durch den Schuldner ist nur mit Einwilligung des Gläubigers zulässig.

(4) Ist die gesicherte Forderung fällig und leistet der Schuldner nicht, kann der Pfandgläubiger die Herausgabe der verpfändeten Sache verlangen, sie verkaufen oder in anderer Weise verwerten und aus dem Erlös seine Forderung begleichen.

Fassung des § 449 Abs. 1 und 2 bis zum 21. 7. 1990:

§ 449[2] *Verpfändung von Forderungen. (1) Eine Forderung kann dadurch gesichert werden, daß der Schuldner dem Gläubiger ein Pfandrecht an einer Forderung einräumt, die der Schuldner gegen einen Dritten hat. Das Pfandrecht entsteht durch Vertrag zwischen dem Schuldner und dem Gläubiger. Die Erklärung des Schuldners bedarf der Schriftform. Die Verpfändung wird erst wirksam, wenn sie dem Dritten schriftlich mitgeteilt*

---

[1] § 448 Abs. 1 geändert durch Gesetz vom 28. 6. 1990 (GBl. I S. 524).
[2] § 449 Abs. 1 und 2 neu gefaßt durch Gesetz vom 23. 7. 1990 (GBl. I S. 903).

worden ist. Wird eine Geldforderung verpfändet, muß ihre Höhe im Vertrag genannt werden.

(2) Eine Forderung, die nicht übertragbar ist, darf nicht verpfändet werden.

Fassung des § 449 Abs. 1 und 2 ab dem 22. 7. 1990:

§ 449 Verpfändung von Forderungen. (1) Eine Forderung kann dadurch gesichert werden, daß der Schuldner dem Gläubiger ein Pfandrecht an einer Forderung einräumt, die der Schuldner gegen einen anderen hat. Das Pfandrecht entsteht durch Vertrag zwischen dem Schuldner und dem Gläubiger. Die Verpfändung wird erst wirksam, wenn sie dem anderen schriftlich mitgeteilt worden ist.

(2) Eine Forderung, die nicht übertragen ist, darf nicht verpfändet werden. Die Verpfändung einer künftigen oder bedingten Forderung ist möglich.

(3) Der Dritte darf nur an den Pfandgläubiger leisten. Ist die gesicherte Forderung fällig und leistet der Schuldner nicht, kann der Pfandgläubiger aus der verpfändeten Forderung Erfüllung verlangen.

§ 449 a[1] Verpfändung sonstiger Rechte. Auf die Verpfändung sonstiger Rechte findet § 449 entsprechende Anwendung.

Zweiter Abschnitt. Bürgschaft

§ 450 Entstehen und Inhalt der Bürgschaft. (1) Eine Forderung kann dadurch gesichert werden, daß sich ein Dritter dem Gläubiger gegenüber als Bürge schriftlich verpflichtet, die Forderung zu erfüllen, wenn nach deren Fälligkeit der Schuldner nicht leistet und eine Vollstreckung gegen ihn erfolglos war (Bürgschaft).

(2) Die Bürgschaft sichert die Forderung in ihrer jeweiligen Höhe einschließlich der Zinsen sowie der Kosten der Geltendmachung der Forderung.

(3) Der Bürge kann sich schriftlich auch damit einverstanden erklären, daß der Gläubiger berechtigt ist, die Erfüllung der fälligen Forderung nach seiner Wahl vom Schuldner oder vom Bürgen zu verlangen.

§ 451 Rechte des Bürgen. (1) Der Bürge kann gegen die Forderung des Gläubigers alle Einwendungen geltend machen, die auch dem Schuldner zustehen.

(2) Soweit ein Bürge die Forderung des Gläubigers erfüllt hat, geht die Forderung auf ihn über.

---

[1] § 449a eingefügt durch Gesetz vom 23. 7. 1990 (GBl. I S. 903).

Dritter Abschnitt. Hypothek

§ 452[1] Inhalt der Hypothek. (1) Ein Grundstück kann zur Sicherung einer Geldforderung mit einer Hypothek belastet werden. Das gleiche gilt für Gebäude, an denen auf Grund von Rechtsvorschriften unabhängig vom Eigentum am Boden selbständiges Eigentum besteht. Eine Hypothek kann auch zur Sicherung einer künftigen Forderung bestellt werden. Für eine Forderung können mehrere Grundstücke mit einer Hypothek belastet werden (Gesamthypothek).

(2) Die Hypothek erstreckt sich auch auf das Grundstückszubehör, soweit es Eigentum des Grundstückseigentümers ist, auf die Mieteinnahmen, Nutzungsentgelte sowie auf Forderungen aus Versicherungen des Grundstücks.

(3) Ein Grundstück, das persönliches Eigentum ist, kann mit einer Hypothek nur zur Sicherung einer Forderung belastet werden, die im wirtschaftlichen Zusammenhang mit dem Grundstück steht und sich gegen den Grundstückseigentümer richtet. Das gilt nicht für Forderungen von Kreditinstituten, volkseigenen Betrieben, staatlichen Organen und Einrichtungen.

Fassung des § 453 Abs. 1 bis zum 27. 6. 1990:

§ 453[2] Entstehen der Hypothek. *(1) Die Hypothek wird durch schriftlichen Vertrag zwischen Grundstückseigentümer und Gläubiger vereinbart. Der Vertrag bedarf der Beglaubigung und der staatlichen Genehmigung, soweit es sich nicht um eine Hypothek zugunsten eines Kreditinstitutes handelt. Die Hypothek entsteht mit der Eintragung im Grundbuch.*

Fassung des § 453 Abs. 1 ab dem 28. 6. 1990:

§ 453 Entstehen der Hypothek. (1) Die Hypothek wir durch schriftlichen Vertrag zwischen Grundstückseigentümer und Gläubiger vereinbart. Der Vertrag bedarf der Beglaubigung, soweit es sich nicht um eine Hypothek zugunsten eines Kreditinstitutes handelt; in diesen Fällen genügt die Beglaubigung oder Beurkundung der Erklärung des Grundstückseigentümers. Die Hypothek entsteht mit der Eintragung im Grundbuch.

(2) Der Rang einer Hypothek bestimmt sich nach dem Zeitpunkt ihres Entstehens.

Fassung des § 454 bis zum 27. 6. 1990:

§ 454[2] Abhängigkeit der Hypothek von der Forderung. *(1) Die Hypothek ist mit der gesicherten Forderung untrennbar verbunden. Sie be-*

---

[1] § 452 Abs. 1 Satz 3 eingefügt, bisheriger Satz 3 wird Satz 4 durch Gesetz vom 22. 7. 1990 (GBl. I S. 903) und Abs. 3 aufgehoben durch Gesetz vom 28. 6. 1990 (GBl. I S. 524).
[2] § 453 Abs. 1 und § 454 neu gefaßt durch Gesetz vom 28. 6. 1990 (GBl. I S. 524).

Anh I

Zivilgesetzbuch

steht nur in der jeweiligen Höhe der Forderung einschließlich Zinsen und Nebenforderungen.

(2) Erlischt die Forderung, erlischt auch die Hypothek.

(3) Wird die Forderung an einen neuen Gläubiger abgetreten, geht auch die Hypothek auf ihn über. Der Vertrag über die Abtretung bedarf der Beglaubigung und der staatlichen Genehmigung. Die Abtretung der Forderung und der Übergang der Hypothek werden mit Eintragung des neuen Gläubigers im Grundbuch wirksam.

Fassung des § 454 ab dem 28. 6. 1990:

§ 454 Abhängigkeit der Hypothek von der Forderung. (1) Die Hypothek ist mit der gesicherten Forderung untrennbar verbunden. Sie besteht nur in der jeweiligen Höhe der Forderung einschließlich Zinsen und Nebenforderungen. Als Inhalt der Hypothek kann auch vereinbart werden, daß diese einen veränderten Zinssatz bis zu einem bestimmten Höchstsatz sichert; die Vereinbarung bedarf der Eintragung in das Grundbuch.

(2) Erlischt die Forderung, erlischt auch die Hypothek. Die Bestimmung des § 454a bleibt unberührt.

(3) Wird die Forderung durch Vertrag an einen neuen Gläubiger abgetreten, geht auch die Hypothek auf ihn über. Die Abtretung der Forderung und der Übergang der Hypothek werden mit Eintragung des neuen Gläubigers im Grundbuch wirksam.

§ 454a[1) Höchstbetragshypothek. (1) Eine Hypothek kann in der Weise bestellt werden, daß nur der Höchstbetrag, bis zu dem das Grundstück haften soll, bestimmt, im übrigen die Feststellung der Forderung vorbehalten wird. Der Höchstbetrag muß in das Grundbuch eingetragen werden.

(2) Ist die Forderung verzinslich, so werden die Zinsen in den Höchstbetrag eingerechnet.

(3) Die Forderung kann nach den für die Übertragung von Forderungen geltenden allgemeinen Vorschriften übertragen werden. Wird sie nach diesen Vorschriften übertragen, so ist der Übergang der Hypothek ausgeschlossen.

§ 455 Rechtswirkung der Hypothek. (1) Erfüllt der Grundstückseigentümer die Forderung nicht, ist der Gläubiger der Hypothek berechtigt, wegen der Forderung sowie der Kosten der Rechtsverfolgung die Vollstreckung in das Grundstück und in die Gegenstände zu betreiben, auf die sich die Hypothek erstreckt. Der Gläubiger einer Gesamthypothek hat die Wahl, in jedes der Grundstücke ganz oder zu einem Teil zu vollstrecken.

[1)] § 454a eingefügt durch Gesetz vom 28. 6. 1990 (GBl. I S. 524).

§ 456[1] **Aufbauhypothek.** (1) Ein Grundstück kann zur Sicherung von Krediten, die von Kreditinstituten für Baumaßnahmen gegeben werden, mit einer Aufbauhypothek belastet werden.

(2) Für die Aufbauhypothek gelten die Bestimmungen über die Hypothek entsprechend, soweit im folgenden nichts anderes bestimmt ist.

(3) Eine Aufbauhypothek hat Vorrang vor anderen Hypotheken. Mehrere Aufbauhypotheken haben gleichen Rang.

§ 457 Aufbauhypothek durch staatliche Anordnung. Für staatlich angeordnete Baumaßnahmen kann die Aufnahme eines Kredites und die Belastung des Grundstücks mit einer Aufbauhypothek auf Antrag des zuständigen staatlichen Organs veranlaßt werden. Hierfür gelten besondere Rechtsvorschriften.

§ 458[2] *Stundung von Hypotheken. Ist ein Grundstück mit einer Aufbauhypothek belastet und deshalb eine Zinszahlung und Tilgung bereits bestehender Hypothekenforderungen nur teilweise oder nicht möglich, sind diese einschließlich der Zinsen insoweit gestundet. Während der Stundung dürfen die Hypothekenforderungen nicht gekündigt werden.*

Vierter Abschnitt. Sicherung des sozialistischen Eigentums bei Baumaßnahmen auf vertraglich genutzten Grundstücken

§ 459[3] *(1) Die von volkseigenen Betrieben, staatlichen Organen oder Einrichtungen auf vertraglich genutzten Grundstücken errichteten Gebäude und Anlagen sind unabhängig vom Eigentum am Boden Volkseigentum. Sind bedeutende Erweiterungs- und Erhaltungsmaßnahmen an vertraglich genutzten Grundstücken durchgeführt worden, besteht entsprechend der Werterhöhung ein volkseigener Miteigentumsanteil.*

(2) Jeder Vertragspartner kann verlangen, daß die Rechte und Pflichten festgelegt werden, die sich aus den baulichen Maßnahmen ergeben, und daß die Rechtsänderung im Grundbuch eingetragen wird.

(3) Bestehende und künftige Belastungen des Grundstücks erstrecken sich nicht auf das nach Abs. 1 entstandene Volkseigentum.

(4) Sind von sozialistischen Genossenschaften oder gesellschaftlichen Organisationen bedeutende Erweiterungs- und Erhaltungsmaßnahmen an vertraglich genutzten Grundstücken durchgeführt worden, besteht entsprechend der Werterhöhung ein Miteigentumsanteil zugunsten der sozialistischen Genossenschaft oder gesellschaftlichen Organisation. Die Bestimmungen der Absätze 2 und 3 gelten entsprechend.

---

[1] § 456 Abs. 3 aufgehoben durch Gesetz vom 28. 6. 1990 (GBl. I S. 524).
[2] § 458 aufgehoben durch Gesetz vom 28. 6. 1990 (GBl. I S. 524).
[3] § 459 aufgehoben durch Gesetz vom 22. 7. 1990 (GBl. I S. 903).

Anh I Zivilgesetzbuch

(5) Für landwirtschaftliche Produktionsgenossenschaften gelten die genossenschaftsrechtlichen Bestimmungen.

Viertes Kapitel

§§ 460–465 *(Vom Abdruck wurde abgesehen)*

Fünftes Kapitel

§§ 466–471 *(Vom Abdruck wurde abgesehen)*

Sechstes Kapitel

§§ 472–480 *(Vom Abdruck wurde abgesehen)*

Anh II

II. Einführungsgesetz zum Zivilgesetzbuch der Deutschen Demokratischen Republik[1]

Vom 19. Juni 1975 (GBl. I S. 517)

– Auszug –

Geändert durch Gesetz vom 22. 7. 1990 (GBl. I S. 903) und Gesetz vom 13. 9. 1990 (GBl. I S. 1483)

I. Anwendungsbestimmungen

§ 1 Inkrafttreten des Zivilgesetzbuches. Das Zivilgesetzbuch tritt am 1. Januar 1976 in Kraft.

§ 2 Anwendung des Zivilgesetzbuches. (1) Das Zivilgesetzbuch ist auf alle nach seinem Inkrafttreten begründeten Zivilrechtsverhältnisse anzuwenden.

(2) Das Zivilgesetzbuch ist auch auf alle bei seinem Inkrafttreten bestehenden Zivilrechtsverhältnisse anzuwenden, soweit in diesem Gesetz nichts anderes bestimmt ist. Für das Bestehen der vor Inkrafttreten des Zivilgesetzbuches begründeten Rechte und Pflichten ist das bis zu diesem Zeitpunkt geltende Recht maßgebend.

§ 3 Anwendung auf andere Eigentumsformen. Die Bestimmungen des Zivilgesetzbuches sind auf andere Eigentumsformen entsprechend anzuwenden, soweit dafür besondere Rechtsvorschriften nicht bestehen.

§ 4 Versicherungsverhältnisse. Die Bestimmungen des Zivilgesetzbuchs über Versicherungsverhältnisse sind auch auf die Versicherungsbeziehungen von Betrieben und Organisationen mit Versicherungseinrichtungen der Deutschen Demokratischen Republik anzuwenden, soweit dafür besondere Rechtsvorschriften nicht bestehen.

§ 5 Nutzung von Grundstücken und Gebäuden. (1) Sind vor Inkrafttreten des Zivilgesetzbuches in Ausübung eines vertraglich vereinbarten Nutzungsrechts auf Bodenflächen Wochenendhäuser oder andere Baulichkeiten entsprechend den Rechtsvorschriften errichtet worden, die der Erholung, Freizeitgestaltung oder ähnlichen Bedürfnissen der Bürger dienen, bestimmt sich das Eigentum nach dem Zivilgesetzbuch.

(2) Erbbaurechte, die für eine bestimmte Zeit bestellt sind, bestehen nach Ablauf dieser Zeit mit dem gleichen Inhalt weiter, wenn das Grundstück nicht an den Erbbauberechtigten verkauft wird. Mit

---

[1] Aufgrund von Art. 8 Einigungsvertrag vom 31. 8. 1990 (BGBl. II S. 889) ist dieses Gesetz mit Wirkung vom 2. 10. 1990 außer Kraft getreten.

dem Verkauf des Grundstücks erlischt das Erbbaurecht. Dem Grundstückseigentümer steht ein Heimfallrecht nicht zu. Im Falle des Verkaufs des Grundstücks steht dem Erbbauberechtigten gegenüber dem Grundstückseigentümer ein Vorkaufsrecht zu. Besteht ein Erbbaurecht an einem volkseigenen Grundstück und wurde in Ausübung dieses Rechts ein Eigenheim errichtet, kann dem Berechtigten nach den dafür geltenden Rechtsvorschriften das Nutzungsrecht an dem volkseigenen Grundstück verliehen werden. Mit der Verleihung des Nutzungsrechts erlischt das Erbbaurecht.

(3) Für die bei seinem Inkrafttreten bestehenden Heimstätten gelten die Bestimmungen des Zivilgesetzbuches über das persönliche Eigentum.

§ 6 Grundstücksbelastungen. (1) Auf Rechte, die als Grundstücksbelastungen vor Inkrafttreten des Zivilgesetzbuches begründet wurden, ist das vor Inkrafttreten des Zivilgesetzbuches geltende Recht anzuwenden.

(2) Für die Ausübung dieser Rechte gelten die allgemeinen Bestimmungen des Zivilgesetzbuches. Wird nach Inkrafttreten des Zivilgesetzbuches durch Vertrag ein solches Recht übertragen, oder wird darüber in anderer Weise durch Rechtsgeschäft verfügt, ist das Zivilgesetzbuch anzuwenden.

§ 7[1] *(aufgehoben)*

§ 8 Erbrecht. (1) Die Regelung erbrechtlicher Verhältnisse bestimmt sich nach dem vor Inkrafttreten des Zivilgesetzbuches geltenden Recht, wenn der Erbfall vor diesem Zeitpunkt eingetreten ist.

(2) Die Wirksamkeit eines Testaments bestimmt sich nach dem vor Inkrafttreten des Zivilgesetzbuches geltenden Recht, wenn es vor diesem Zeitpunkt errichtet wurde. Das gleiche gilt für eine im Testament angeordnete Vor- und Nacherbfolge; die sich daraus für den Erben ergebenden Beschränkungen der Verfügungsbefugnis bestehen nicht, wenn der Erbfall nach Inkrafttreten des Zivilgesetzbuches eintritt.

§ 9[2] *(aufgehoben)*

---

[1] § 7 aufgehoben durch Gesetz vom 22. 7. 1990 (GBl. I S. 903). Diese Vorschrift lautete:
„**§ 7 Pfandrechte.** Sicherungsübereignungen, die vor Inkrafttreten des Zivilgesetzbuches begründet wurden, gelten als Pfandrechte ohne Übergabe der Sache nach dem Zivilgesetzbuch."
[2] § 9 aufgehoben durch Stiftungsgesetz vom 13. 9. 1990 (GBl. I S. 1483). Diese Vorschrift lautete:
„**§ 9 Stiftungen.** (1) Die rechtliche Stellung der bei Inkrafttreten des Zivilgesetzbuches bestehenden Stiftungen wird durch das bis zu diesem Zeitpunkt geltende Recht bestimmt.

zum ZGB der DDR   **Anh II**

§ 10 Warenzeichenverbände. Die rechtliche Stellung der bei Inkrafttreten des Zivilgesetzbuches bestehenden Warenzeichenverbände wird durch das bis zu diesem Zeitpunkt geltende Recht bestimmt. Die Register werden vom Amt für Erfindungs- und Patentwesen geführt.

§ 11 Verjährung. (1) Das Zivilgesetzbuch ist auf die Verjährung aller Ansprüche anzuwenden, die bei seinem Inkrafttreten noch nicht verjährt sind. Endet eine vor Inkrafttreten des Zivilgesetzbuches begonnene Verjährungsfrist früher als die im Zivilgesetzbuch bestimmte Frist, tritt die Verjährung zu diesem Zeitpunkt, frühestens jedoch 6 Monate nach Inkrafttreten des Zivilgesetzbuches ein.

(2) Die Bestimmung des Abs. 1 ist entsprechend auf Fristen anzuwenden, die für die Geltendmachung, den Erwerb oder den Verlust eines Rechts maßgebend sind.

II. Änderung von Gesetzen

§ 12 *(Vom Abdruck wurde abgesehen)*

III. Schlußbestimmungen

§ 13 Verweisung auf Bestimmungen, die durch das Zivilgesetzbuch aufgehoben oder geändert werden. (1) Wird in Rechtsvorschriften auf Bestimmungen verwiesen, die durch das Zivilgesetzbuch oder durch dieses Gesetz aufgehoben oder geändert werden, treten an deren Stelle die Bestimmungen des Zivilgesetzbuches oder dieses Gesetzes, soweit durch besondere Rechtsvorschriften nichts anderes bestimmt wird.

(2) Sind in Rechtsvorschriften zivilrechtliche Regelungen enthalten, die dem Zivilgesetzbuch widersprechen, sind an deren Stelle die Bestimmungen des Zivilgesetzbuches anzuwenden.

---

(2) Der Rat des Bezirkes führt die Aufsicht über alle Stiftungen, deren Sitz sich in seinem Bereich befindet. Er kontrolliert die Tätigkeit der Stiftungen und legt die zur Gewährleistung der ordnungsgemäßen Erfüllung des Stiftungszwecks erforderlichen Maßnahmen fest. Er ist berechtigt, Auflagen zu erteilen und, soweit es für die ordnungsgemäße Erfüllung des Stiftungszwecks erforderlich ist, einen Vorstand zu bestellen.

(3) Der Rat des Bezirkes entscheidet über Anträge auf Änderung der Satzung oder Aufhebung einer Stiftung.

(4) Ist der Zweck der Stiftung nicht zu verwirklichen oder steht er im Widerspruch zu den gesellschaftlichen Bedürfnissen, kann der Rat des Bezirkes der Stiftung eine andere Zweckbestimmung geben und insoweit ihre Satzung ändern oder die Stiftung auflösen. Das bei Auflösen einer Stiftung vorhandene Vermögen geht auf den in der Satzung vorgesehenen Berechtigten oder, wenn dieser in der Satzung nicht bestimmt ist, auf den Staat über."

§ 14 Durchführungsverordnungen und Durchführungsbestimmungen. (1) Durchführungsverordnungen zum Zivilgesetzbuch und zu diesem Einführungsgesetz erläßt der Ministerrat.

(2) Durchführungsbestimmungen zum Zivilgesetzbuch und zu diesem Einführungsgesetz erläßt der Minister der Justiz.

§ 15 Inkrafttreten. (1) Dieses Gesetz tritt am 1. Januar 1976 in Kraft.

(2) Gleichzeitig treten außer Kraft: ...

(Vom Abdruck wurde abgesehen)

Sachverzeichnis

Die fetten Ziffern bezeichnen die Gesetze, die mageren deren Paragraphen

Abbruchkosten 10 15
Ablösebetrag 15 18; dingliche Rechte 16 2; Hyothek 16 1
Ablöserecht bei Grundpfandrechten 6 10
Ablösung von Grundpfandrechten 6 10
Abnutzung der Mietsache 1 548
Abtretung des Rückübertragungsanspruchs 15 3
Änderungskündigung, Verbot der Ä. in der Wohnraummiete 14 1
Aneignung eines Grundstücks 1 928
Anfechtungsklage, Investitionsvorrangbescheid 22 12
Angemessene wirtschaftliche Verwertung der Mietsache 1 564b
Ankaufspflicht des Nutzers 3 61
Ankaufsrecht des Erbbauberechtigten 3 57; des Nutzers 3 61ff.
Anlagenrechte Inhalt 6a 4
Anlagenrechtsbescheinigung 6a 7
Anmelder, Anhörung 22 5; Investitionsantrag 22 21; Zustimmung zu Grundstücksverkehrsgenehmigung 17 1
Anpassung des Pachtvertrages 1 593
Anpassung an ortsübliche Miete 14 2
Anpflanzungen, Entschädigung 10 27
Antragsfrist, Schuldbuchforderungen 18 2; Vermögensübertragung 21a
Anzeigepflicht des Mieters 1 545
Aufgebot, Grundstück 1 927
Aufgebotsverfahren, Hypothek 1 1162; gegen Nutzer 3 18
Aufhebung des Erbbaurechts 4 26; von Grundstücksrechten 1 875
Auflagen zur Grundstücksverkehrsgenehmigung 17 4
Auflassung 1 925; Grundstücksverkehrsgenehmigung 17 2; Heilung des Formmangels durch A. 1 313
Auflösung, LPG 23 41ff.
Ausbesserungspflicht des Pächters 1 586
Ausgleichsleistung, Anspruch 20 1; Art 20 2; Flächenerwerb 20 3; Höhe 20 2

Ausgleichsleistungsgesetz (Auszug) 20
Ausgleichspflicht, Versorgungsunternehmen 6 9
Aushang bei Verkaufserlaubnis 6 7
Ausschlußurteil im Aufgebotsverfahren gegen Grundstückseigentümer 1 927

Baugesetzbuch (Auszug) 25
Baulichkeiten 2 Art. 231 § 5; Eigentumsübergang 10 11
Bauwerk, Abbruchkosten 10 15; Begriff 10 5; Beseitigung 10 15; Entschädigung 10 12
Bebauung, Begriff 3 12
Begründung des Mieterhöhungsverlangens 14 2
Bekanntmachung der Verkaufserlaubnis 6 7
Beleihung des Erbbaurechts 4 18
Berechtigtes Interesse der Vermieters 1 564b
Beregnungsanlagen 12
Bereicherungsausgleich bei Sonderung 5 14
Beschränkt persönliche Dienstbarkeit 1 1090ff.; für Energieversorgungsunternehmen 6 9; Erlöschen 6 5; s. a. Dienstbarkeit
Beschwerde in Grundbuchsachen 28 144; gg. Verkaufserlaubnis 6 7
Besonderer Investitionszweck, Begriff 22 3; Feststellung 22 2
Bestandsschutz, Dienstbarkeiten 6a 5
Bestandteile eines Grundstücks oder Gebäudes 1 94; Rechte als B. 1 96; einer Sache 1 93ff.; Scheinbestandteile 1 95; vorübergehende Verbindung 1 95
Betriebsinventar, Verfügungsbeschränkung 1 583a
Betriebskosten, Ermäßigung 14 4; Mieterhöhung wg. gestiegener B. 14 4; Vorauszahlung 14 4
Beurkundung s. notarielle Beurkundung

Sachverzeichnis

fette Ziffern = Gesetze

Bewässerungsanlagen 12
Bezeichnung des Grundstücks **7** 2
Billigung staatlicher Stellen 3 10
Bodenflächen zur Erholung 2 Art. 232 § 4
Bodenneuordnung 5 5
Bodenreform, Abwicklung **2** Art. 233 §§ 11ff.; Berechtigter **2** Art. 233 § 12; Eigentümer **2** Art. 233 § 11
Bodensonderungsgesetz 5
Bodenwertermittlung 3 19ff.
Briefhypothek 1 1116; Erwerb **1** 1117
Buchersitzung 1 900
Buchhypothek 1 1116
Bürgerliches Gesetzbuch, Einführungsgesetz **2**

Dingliche Rechte, Ablösebetrag **16** 1; im Flurneuordnungsverfahren **6** 12; nicht eingetragene **6** 8; Rangrücktritt **3** 33ff.; Umrechnung **16** 2
Dingliches Vorkaufsrecht 1 1094ff.
Dienstbarkeit 1 1018ff.; Beeinträchtigung **1** 1027; Belastung des Erbbaurechts **4** 35; Berechtigte unbekannten Aufenthalts **6** 6; Bestandsschutz **6a** 5; Erlöschen **3** 62, **6a** 9; herrschendes Grundstück **1** 1019; Inhalt **1** 1018; Meliorationsanlagen **12** 3; schonende Ausübung **1** 1020; überholte **6** 5; Unterhaltspflicht **1** 1021; Wohnungsrecht **1** 1093
Dienstmietwohnung 1 565b ff.
Dringlichkeitsbescheinigung, Grundbuchsachen **29** 2
Duldungspflicht des Mieters, Härtefälle **1** 541b; bei Instandhaltung/Instandsetzung **1** 541a; bei Modernisierung **1** 541b

Ehegatte, Rücktritt in Mietverhältnis **1** 569a
Eigenbedarf des Erwerbers **1** 564b; Kündigungsbeschränkung in neuen Bundesländern **2** Art. 232 § 2; des Vermieters **1** 564b
Eigenbedarfskündigung 1 564b
Eigenheim, Begriff **3** 5
Eigentümergrundpfandrecht 1 1163
Eigentümergrundschuld 1 1196
Eigentümervertreter, Verkaufserlaubnis **6** 7

Eigentumsübergang, Baulichkeiten **10** 11; bei Rückübertragung **15** 34
Einfamilienhaus, Rückübertragung **15** 20; Vorkaufsrecht **15** 20
Einheitswertbescheid, Hofraum **7** 1
Einigung bei Grundstückserwerb **1** 873
Einsicht in Grundbuch **28** 12
Eintragungsbewilligung, Bezugnahme **1** 874
Eintragungsgrundsatz 1 873
Entschädigung, Abzug von Lastenausgleich **19** 8; für Anpflanzungen **10** 27; Anrechnung **19** 6; für Bauwerk **10** 12; Bemessungsgrundlage **19** 3; Berechnung **19** 2; bei Erbbaurecht **4** 27; Kürzungsbeträge **19** 7; statt Rückgabe **15** 8; Schuldverschreibungen **19** 1
Entschädigungsfonds 19 9; Schuldverschreibungen **19** 1
Entschädigungsgesetz (Auszug) **19**
Entschädigungsvereinbarungen, Abwicklung **21** 1b
Entwässerungsanlagen 12
Erbbauberechtigter, Ankaufsrecht **3** 57
Erbbaugrundbuch 4 14
Erbbaurecht, Ankaufsrecht **3** 57; Aufhebung **4** 26; Bauwerk **4** 12; Beendigung **4** 26ff.; Begriff **4** 1; Belastung **4** 35; Belastungsbeschränkung **4** 5; Beleihung **4** 18; Beschränkung **4** 1; Bestellung **3** 32; Dauer **3** 33; Entschädigung **4** 27; Erbbaugrundbuch **4** 14; Erbbaurechtsvertrag **4** 2; Erbbauzins **4** 9; Erlöschen **4** 12; Erneuerung **4** 2, **4** 31; Feuerversicherung **4** 23; Grundbucheintragung **4** 15; Grundschuld **4** 29, 33; grundstücksgleiches Recht **4** 11; Grundstücksverkehrsgenehmigung **17** 2; Heimfall **3** 56, **4** 2, 32; Hypothek **4** 29, 33; Inhalt **3** 42, **4** 1; Löschung **4** 16; Mietverhältnisse **4** 30; für Nutzer **3** 15, 32; öffentliche Lasten **3** 58, **4** 2; Pacht **4** 30; Rang **4** 10; Rangrücktritt zugunsten E. **3** 33ff.; Übertragung **3** 14ff.; Untergang des Bauwerkes **4** 13; Veräußerungsbeschränkung **4** 5; Verlängerung **4** 27; Vertragsstrafen **4** 2; Versicherung **4** 2; Vertragsinhalt **4** 2; Vorkaufsrecht **4** 2; Wiederaufbau **4** 2; Wohnungserbbaurecht **4** 40; Zeitablauf **3** 27; Zwangsversteigerung **4** 24; Zwangsvollstreckung **4** 8

magere Ziffern = Paragraphen **Sachverzeichnis**

Erbbaurechtsverordnung 4
Erbbaurechtsvertrag 4 2
Erbbauzins 3 43 ff., 4 9
Erbe, Kündigungsrecht 1 569
Erbengemeinschaft, Rückübertragung 15 2a
Ergänzungspflicht der Verpächters 1 582
Erhöhungskündigung, Verbot der E. in der Wohnraummiete 14 1
Erhaltungspflichten der Vermieters 1 536; des Pächters 1 582
Erholung, Überlassungsvertrag 10 28
Erholungsnutzungsrechtsgesetz 11
Erlöschen von Dienstbarkeit 6 9; von überholten Dienstbarkeiten 6 6; des Erbbaurechts 4 12
Ermäßigung von Betriebskosten 14 4
Erneuerung des Erbbaurechts 4 31
Ersatzanspruch des Mieters 1 547
Ersatzgrundstück bei Rückübertragung 15 21
Ersitzung eines Grundstücks 1 900

Fälligkeit des Mietzinses 1 551
Familienangehörige, Eintritt in Mietverhältnis 1 569a
Ferienhaussiedlung, Zwischenpachtvertrag 10 29 ff.
Feuerversicherung, Erbbaurecht 4 23
Flächenerwerb nach AusgleichsleistungsG 20 3
Flurneuordnungsverfahren 6 13
Forstwirtschaft, Privateigentum an Grund und Boden 23 3
Fortsetzung, befristetes Mietverhältnis 1 564 c; des Mietverhältnisses 1 556a, 564 c, 569 ff.; des Pachtverhältnisses 1 595
Fristlose Kündigung, Gesundheitsgefährdung 1 544; Nichtgewährung des Gebrauchs 1 542; des Pachtverhältnisses 1 594c; schwerwiegende Vertragsverletzung 1 554a; Störung des Hausfriedens 1 554a; unzulässige Vereinbarung 1 554b; vertragswidriger Gebrauch der Mietsache 1 553; Zahlungsverzug 1 554
Früchte einer Sache oder eines Rechts 1 99

Gebäude, Ausschluß der Rückübertragung 15 5; Aussetzung der Verfügungsbeschränkung 22 2; Bestandteile 1 94; Bestandteil des Erbbaurechts 3 59; Errichtung durch Nutzer 10 43 ff.; Grundstücksbestandteil 2 Art. 231 § 5; Investitionsvorrang 22 1; Nutzung fremder Grundstücke durch Bau oder Erwerb von G. 3 3 ff.; Restnutzungsdauer 3 31; wesentliche Bestandteile 1 94; Zuweisung 21 9, 10
Gebäudeeigentum, Erlöschen 3 59; Fortbestehen 2 Art. 233 § 2c, Art. 231 § 5; Grundbucheintragung 2 Art. 233 § 2c
Gebäudegrundbuchblatt 17 3; 28 144
Gebäudesteuerbuch 7 1
Gebäudeversicherung, Hypothekenhaftung 1 1128
Gebrauchsgewährungspflicht des Vermieters 1 535
Gebühr, Grundstücksverkehrsgenehmigung 17 9
Gefahrtragung, Pächter 1 582a
Geldausgleich bei Ausschluß der Rückübertragung 21 13
Gemeinde Aufstellung von Mitspiegeln 14 2; Unterrichtung 22 6; Vorkaufsrecht bei Grundstücksteilung 25 24
Gemeingebrauch, Rückübertragung bei Widmung zum G. 15 5
Genossenschaften, Rechtsnachfolge 6 12
Geschäftsräume, Kündigungsfristen 1 565
Gesamthypothek 1 1132
Gesamtvollstreckung, Rückübertragung bei G. 15 3b
Gesundheitsgefährdung, fristlose Kündigung des Mieters 1 544
Gewerbliche Nutzung, Rückübertragung bei g. N. 15 5
Gläubigerausschluß, Hypothek 1 1170 f.
Grundakten, vernichtete 6 6
Grundbuch, Bekanntmachung 4 17; Berichtigung 1 894 ff.; 6 9; Einsicht 28 12; Eintragungsgrundsatz 1 873; Erbbaugrundbuch 4 14; Fiktion der Richtigkeit 1 892; Gebäudegrundbuchblatt 28 144; Grundstücksbezeichnung 7 2; Löschungsbewilligung 1 875; öffentlicher Glaube 1 892; nicht eingetragene Rechte 6 8; Rangänderung 1 880; Rangverhältnis 1 879; Rangvorbehalt 1 881; Rechtsmittel 28 144; Rechts-

Sachverzeichnis
fette Ziffern = Gesetze

nachfolge bei Genossenschaften **6** 12; überholte Dienstbarkeiten **6** 5; Unrichtigkeit **1** 894 ff.; Vermutung der Richtigkeit **1** 891; keine Voreintragung **6** 11; Vormerkung **1** 883 ff.; wertbeständige Rechte **6** 4; Widerspruch gegen Richtigkeit **1** 899; Zuständigkeit **28** 144

Grundbuchamt, Grundstücksverkehrsgenehmigung **17** 2

Grundbuchbereinigungsgesetz 6

Grundbuchberichtigung 1 894 ff.; aufgrund Leitungs- und Anlagenrechtsbescheinigung **6a** 7; bei Rückübertragung **15** 34; aufgrund Sonderungsbescheid **5a** 6; auf Antrag von Versorgungsunternehmen **6** 9

Grundbucheinsicht 28 12

Grundbucheintragung 1 925 a; Bezugnahme **1** 874; Briefausschluß **1** 1116; bei Erbbaurecht **4** 15; Erfordernis **1** 873; Gebäudeeigentum **2** Art. 233 § 2 c; Heilung des Formmangels durch G. **1** 313; Hypothek **1** 1115; Löschung **1** 875; Rang **1** 879; Rangänderung **1** 880; Vermögensübergang **21** 3

Grundbuchnachricht, Erbbaurecht **4** 17

Grundbuchordnung (Auszug) **28**

Grundbuchsachen, Dringlichkeitsbescheinigung **29** 2; Vorrang für investive G. **29** 1

Grundbuchvorrrangverordnung 29

Grunddienstbarkeit, Berechtigte unbekannten Aufenthalts **6** 6; s. Dienstbarkeit

Grundeigentum Aufgabe **1** 928

Grundpfandrechte 1 1113 ff.; Ablöserecht **6** 10; Ablösung **6** 10; Eigentümergrundpfandrecht **1** 1163; Hypothek **1** 1113 ff.; Grundschuld **1** 1191 ff.; Kraftloswerden des Briefes **6** 10; Rentenschuld **1** 1199 ff.

Grundschuld 1 1191 ff.; Ablösung **6** 10; Anwendung des Hypothekenrechts **1** 1192; bei Erbbaurecht **4** 29; Umstellung **6;** Verzicht **3** 63; wertbeständiges Recht **6;** s. Hypothek

Grundschuldbrief, Kraftloswerden **6** 10

Grundstück, Aneignung **1** 928; Aufgabe des Eigentums **1** 928; Aufgebotsverfahren **1** 927; Aufhebung von Rechten **1** 875; Auflassung **1** 925; Ausschluß der Rückübertragung **15** 5; Ausschlußurteil **1** 927; Aussetzung der Verfügungsbeschränkung **22** 2; Baulichkeiten **2** Art. 231 § 5; Begriff **17** 3; beschränkt persönliche Dienstbarkeit **1** 1090 ff.; Bestandteile **1** 94, **2** Art. 231 § 5; Bezeichnung **7** 2; Eigentümergrundpfandrecht **1** 1163; Entschädigung **19;** Erbbaurecht **4;** erlaubte Veräußerungen **15** 3 c; Ersitzung **1** 900; Fälligkeit des Mietzinses **1** 551; Gebäudegrundbuchblatt **17** 3; Inventar **1** 582 ff.; Investitionsvorrang **22** 1; Kündigung des Pachtverhältnisses **1** 584; lastenfreie Übertragung **3** 64; Mitbenutzungsrecht **2** Art. 233 § 5; Miteigentumsanteil **17** 3; nicht eingetragene Rechte **6** 8; Nießbrauch **1** 1030 ff.; Nutzungsrecht **2** Art. 231 § 5; Reallast **1** 1105 ff.; Rechte am G. **1** 873 ff.; Rechte als Bestandteile **1** 96; Rückübertragung **15** 3 ff.; Scheinbestandteile **1** 95; Sonderung **5;** Teilflächen **3** 13, 66; Teilung **25** 19 ff., s. a. Grundstücksteilung; überholte Dienstbarkeit **6** 5; Überlassungsvertrag **2** Art. 232 § 1 a; unredlicher Erwerb **3** 30; Vereinigung **1** 890; Verfügung **1** 873 ff.; Verkaufserlaubnis **6** 7; Verpachtung **1** 581 ff.; Vorkaufsrecht **1** 1094 ff.; wertbeständige Rechte **6;** wesentliche Bestandteile **1** 94; Wohnungsrecht **1** 1093; Zuschreibung **1** 890; Zuweisung **21** 9, 10

Grundstücksbelastungen, Ablöserecht **6** 10; bei Rückübertragung **15** 18

Grundstücksbezeichnung 7 2

Grundstückseigentümer, Eintritt in Nutzungsvertrag **10** 8

Grundstückserwerb Auflassung **1** 925; Einigung **1** 873; Eintritt in Mietverhältnis **1** 571; Grundstücksverkehrsgenehmigung **17;** Kaufgegenstand **3** 65; Kauf bricht nicht Miete **1** 571; notarielle Beurkundung **1** 313; öffentlicher Glaube des Grundbuchs **1** 892; Rechtsnachfolge bei Sicherheitsleistung **1** 572; Teilflächen **3** 66; unredlicher **3** 30; Unrichtigkeit des Grundbuchs **1** 892; Zubehör **1** 926

Grundstückskarte 5 8, **5a** 3

magere Ziffern = Paragraphen **Sachverzeichnis**

Grundstückskaufvertrag, notarielle Beurkundung **1** 313
Grundstücksliste 5 8, **5a** 3
Grundstückspacht 1 581 ff.
Grundstücksteilung, Begriff **25** 19; Genehmigung **25** 19; Vorkaufsrecht der Gemeinde **25** 24
Grundstücksverkehrsgenehmigung 17 1; vor Abschluß des Rechtsgeschäfts **17** 1; Antrag **17** 1; Auflagen **17** 4; Auflassung **17** 2; Erbbaurecht **17** 2; Erfordernis **17** 2; Gebühren **17** 9; genehmigungsfreie Geschäfte **17** 2; keine Grundbucheintragung ohne G. **17** 1; Inhalt **17** 4; Investitionsvorrangbescheid **22** 11; Miteigentumsanteil **17** 3; Rechtsmittel **17** 6; Rücknahme **17** 5; Voraussetzungen **17** 1; Widerruf **17** 5; Wirksamkeit des Rechtsgeschäfts bei Aufhebung der G. **17** 7; Zuständigkeit **17** 8; Zustimmung des Anmelders **17** 1
Grundstücksverkehrsordnung 17

Instandhaltung der Mietsache **1** 536, 541 a
Instandhaltungspflicht des Vermieters **1** 536; des Verpächters **1** 586
Instandsetzung der Mietsache **1** 536, 541 a
Instandsetzungspflicht des Vermieters **1** 536; des Verpächters **1** 586
Inventar, Ablehnung der Übernahme **1** 582a; Betriebsinventar **1** 583a; Einverleibung in I. **1** 582a; Ergänzung **1** 582; Erhaltung **1** 582; Pächterpfandrecht **1** 583; Verpachtung mit I. **1** 582 ff.
Investitionsantrag des Anmelders **22** 21
Investitionsvorrang, Aussetzung der Verfügungsbeschränkung **22** 2; besonderer Investitionszweck **22** 2; fehlgeschlagene Vorhaben **22** 13; Gebäude **22** 1; Grundstücke **22** 1; öffentliches Bietverfahren **22** 19; Sicherung von Investitionen **22** 12; Unternehmen **22** 1; Vorhabenplan **22** 4; Vorhaben- und Erschließungsplan **22** 18; Wertausgleich für Berechtigten **22** 16
Investitionsvorrangbescheid, Anfechtungsklage **22** 12; Anhörung des Anmelders **22** 5; Bekanntgabe **22** 9; Erteilung **22** 4ff.; Inhalt **22** 8; Unterrichtung der Gemeinde **22** 6; Vollziehung **22** 10; Widerruf **22** 15; Widerspruch **22** 12; Wirkung **22** 11
Investive Vorhaben, Zuweisung volkseigener Grundstücke **21** 9

Hausfrieden, Störung **1** 554a
Heimfall des Erbbaurechts **3** 56, **4** 2, 32
Hinterlegung aus Schuldbuchforderungen **18** 4
Höchstbetragshypothek 1 1190
Hofraum, Einheitswertbescheid **7** 1; Gebäudesteuerbuch **7** 1
Hofraumverordnung 7
Hypothek 1 1113 ff.; Ablösebetrag **16** 1; Ablösung **6** 10; Anspruch des Schuldners auf Berichtigungsurkunden **1** 1167; Aufgebotsverfahren **1** 1162; Aufhebung **1** 1183; Briefhypothek **1** 1116; Buchhypothek **1** 1116; bei Erbbaurecht **4** 19, 29, 33; Gesamthypothek **1** 1132; Gläubigerausschluß **1** 1170 f.; Gläubigervermutung **1** 1117; Grundbucheintragung **1** 1115; Haftung für Nebenforderungen **1** 1118; Höchstbetragshypothek **1** 1190; Inhalt **1** 1113; auf Miteigentumsanteil **1** 1114; Sicherungshypothek **1** 1184; Umrechnung **16** 2; Umstellung **6**; Verzicht **3** 63; wertbeständiges Recht **6**
Hypothekenablöseverordnung 16
Hypothekenbrief, Aufgebotsverfahren **1** 1162; Ausschluß **1** 1116; Besitz **1** 1117; Erteilung **1** 1116; Kraftloswerden **6** 10; Übergabe **1** 1117
Hypothekenforderung, Übertragung **2** Art. 233 § 6
Hypothekenhaftung, Änderung der Zins- u. Zahlungsbedingungen **1** 1119; Bestandteile **1** 1120 ff.; Erzeugnisse **1** 1120 ff.; Gebäudeversicherung **1** 1128; Kosten der Kündigung **1** 1118; Mietzins **1** 1123; Pachtzins **1** 1123; Rechtsverfolgungskosten **1** 1118; bei Veräußerung **1** 1121; Zubehör **1** 1120 ff.

Kapitalgesellschaften, Grundvermögen **21** 4
Kapitalkosten, Mieterhöhung wg. erhöhter K. **14** 5

495

Sachverzeichnis

fette Ziffern = Gesetze

Kaufvertrag notarielle Beurkundung **1** 313

„Kauf bricht nicht Miete" **1** 571

Kaution, Rechtsnachfolge des Grundstückserwerbers **1** 572

Klage, Anpassung an ortsübliche Miete **14** 2

Kommunale Vorhaben, Zuweisung von Grundstücken und Gebäuden **21** 10

Komplexer Wohnungsbau, Begriff **10** 11

Konsensprinzip **1** 873

Kraftloswerden, Grundschuldbrief **6** 10; Hypothekenbrief **6** 10

Kündigung, angemessene wirtschaftliche Verwertung der Mietsache **1** 564b; Begründung **1** 564a, 564b; berechtigtes Interesse des Vermieters **1** 564b; Eigenbedarf **1** 564b; Hinweis auf Widerspruchsrecht **1** 564a; wg. Mieterhöhung **14** 9; Nutzungsvertrag **10** 16, 17, 52; des Pachtverhältnisses **1** 594a; Schriftform **1** 564a, 594f; schuldhafte Pflichtverletzung des Mieters **1** 564b; selbstgenutztes Zweifamilienhaus **1** 564b, **2** Art. 232 § 2; Sonderregelungen f. neue Bundesländer **2** Art. 232 § 2; Sozialklausel **1** 556a; Tod des Nutzers **10** 16; Umwandlung in Wohnungseigentum **1** 564b; bei verweigerter Untermieterlaubnis **1** 549; Verwertungskündigung **1** 564b; keine Verwertungskündigung in neuen Bundesländern **2** Art. 232 § 2; Widerspruch des Mieters **1** 556a, **2** Art. 232 § 2; zur Schaffung neuen Wohnraumes **1** 564b

Kündigungsfristen, Mietverhältnis **1** 565

Kündigungsrecht des Erben **1** 569; Gesundheitsgefährdung **1** 544; Nichtgewährung des Gebrauchs **1** 542; des Mieters **1** 542, 544, 549, 554a; des Vermieters **1** 553, 554, 554a, 564b, 569; bei verweigerter Untermieterlaubnis **1** 549

Kürzungsbeträge bei Entschädigung **19** 7

Landpacht **1** 585 ff.

Landpachtvertrag, Anpassung **1** 593; Fortsetzung **1** 595; Gegenstand **1** 585; Inhalt **1** 585; Kündigung **1** 594a ff.; vorzeitige Kündigung **1** 595a

Landwirtschaft, Eigentumsformen **23** 2; Privateigentum an Grund und Boden **23** 1

Landwirtschaftsanpassungsgesetz **23**

Landwirtschaftsgericht, Mehrwertersatz **1** 591

Lasten der Mietsache **1** 546

Lastenausgleich, Abzug von Entschädigung **19** 8

Leitungsrechte, Erstreckung auf wasserwirtschaftliche Anlagen **6a** 1; Inhalt **6a** 6; öffentliche Bekanntmachung **6** 9; Wertausgleich **6** 9

Leistungsrechtsbescheinigung **6a** 7

Löschung der Grundbucheintragung **1** 875

Löschungsbewilligung **1** 875

LPG, Auflösung **23** 41 ff.; Ausscheiden **23** 43 ff.; Teilung **23** 4 ff.; Umwandlung **23** 23 ff.; Zusammenschluß **23** 14 ff.

Mängel der Mietsache **1** 537 ff.; der Pachtsache **1** 586

Mängelanzeige **1** 545

Mängel der Mietsache, Anzeigepflicht des Mieters **1** 545; arglistiges Verschweigen **1** 540; Ersatzpflicht des Mieters **1** 545; Ersatzvornahme **1** 538; Kenntnis des Mieters **1** 539; Mietminderung **1** 537; Schadensersatz **1** 538; Selbsthilferecht des Mieters **1** 538

Mehrwert der Pachtsache **1** 591

Meliorationsanlagen Begriff **12** 2; Dienstbarkeit **12** 3

Meliorationsanlagengesetz **12**

Mietanpassungsvereinbarung **14** 10a

Miete, Sondervorschriften f. neue Bundesländer **2** Art. 232 § 2

Mieter, Anzeigepflicht **1** 545; Duldungspflicht bei Instandhaltung/Instandsetzung **1** 541a; Duldungspflicht bei Modernisierung **1** 541b; Ersatzanspruch **1** 541b, 547; fristlose Kündigung wg. Gesundheitsgefährdung **1** 544; fristlose Kündigung wg. Nichtgewährung des Gebrauchs **1** 542; fristlose Kündigung bei unzumutbarem Mietverhältnis **1** 554a; Gesundheitsgefährdung **1** 544; Kaution **1** 550b; Kündigungsrecht **1** 542, 544, 554a;

magere Ziffern = Paragraphen **Sachverzeichnis**

Kündigungsrecht bei Mieterhöhung **14** 9; Mängelanzeige **1** 545; Nutzungsentschädigung **1** 557; Pflichtverletzung **1** 564 b; Rückgabe der Mietsache **1** 556, 557; Rücktrittsrecht **1** 570 a; Sicherheitsleistung **1** 550 b; Strafversprechen **1** 550 a; Tod **1** 569 ff.; Überlegungsfrist bei Mieterhöhung **14** 2; Untervermietung **1** 549; Versetzung **1** 570; vertragsmäßiger Gebrauch **1** 541; vertragswidriger Gebrauch der Mietsache **1** 550, 553; Verwendungsersatz **1** 547; Vorkaufsrecht **1** 570 b; Wegnahmerecht **1** 547 a; Weitervermietung **1** 549, 549 a; Widerspruch gegen Kündigung **1** 556 a, **2** Art. 232 § 2; Zahlungspflicht **1** 535, 551; Zahlungsverzug **1** 554; Zustimmung zur Anpassung an die ortsübliche Miete **14** 2; s. a. Mieterhöhung

Mieterdarlehen, Berücksichtigung bei Mieterhöhung **14** 3

Mieterhöhung, Anpassung an ortsübliche Miete **14** 2; bauliche Maßnahmen **14** 3; Begründung **14** 2; Betriebskostenerhöhung **14** 4; Bezugnahme auf Mietspiegel **14** 2; Erhöhung der Kapitalkosten **14** 5; Erhöhungsvereinbarung **14** 10; Erhöhungsverlangen **14** 2; Form **14** 2, 8; Kappungsgrenze **14** 2; Kündigungsrecht des Mieters **14** 9; Kündigungsverbot **14** 1; Mietanpassungsvereinbarung **14** 10a; Mieterdarlehen **14** 3; Mitteilung der voraussichtlichen M. **1** 541 b; bei Modernisierung **1** 541 b, **14** 3; öffentliche Mittel **14** 3; ortsübliche Miete **14** 2; Sachverständigengutachten **14** 2; Schriftform **14** 2, 8; Sonderregelung f. neue Bundesländer **14,** 11; Staffelmiete **14** 10; Überlegungsfrist für Mieter **14** 2; Vergleichswohnungen **14** 2; Wartefrist **14** 2; Wohnraum **14**

Mieterhöhungsklage 14 2

Miethöhegesetz 14

Mietkaution 1 550 b

Mietminderung 1 537 ff.; Kenntnis des Mieters von Mangel **1** 539; Minderungsrecht **1** 537; bei Rechtsmängel **1** 541; Schadensersatzanspruch des Mieters **1** 538; bei unterlassener Mängelanzeige **1** 545

Mietsache, Abnutzung **1** 548; angemessene wirtschaftliche Verwertung **1** 564 b; Erhaltung **1** 536, 541 a; Gefährdung **1** 545; Instandhaltung **1** 536, 541 a; Instandsetzung **1** 536, 541 a; Lastentragung **1** 546; Mängel **1** 537 ff., 545; Modernisierung **1** 541 b; Nichtgewährung des Gebrauchs **1** 542; Nutzungsentschädigung **1** 557; Rechtsmängel **1** 541; Rückgabe **1** 556, 557; Überlassung **1** 536; verspätete Rückgabe **1** 557; vertragsgemäßer Gebrauch **1** 548; vertragswidriger Gebrauch **1** 550, 553; Verwendungen **1** 547; Wegnahme von Einrichtungen **1** 547 a

Mietspiegel, Bezugnahme in Erhöhungsverlangen **14** 2

Mietverhältnis, befristetes **1** 564 c; Eintritt des Ehegatten **1** 569 a; Eintritt von Familienangehörigen **1** 569 a; Eintritt des Grundstückerwerbers **1** 571; Erbbaurecht **4** 30; Fortbestehen bei Rückübertragung **15** 17; Forsetzung **1** 556 a ff., 564 c, 569 ff.; stillschweigende Verlängerung **1** 568; unzumutbares **1** 554 a; Zeitablauf **1** 564

Mietvertrag, Hauptpflichten **1** 535; Schriftform **1** 566

Mietvorauszahlung, Berücksichtigung bei Mieterhöhung **14** 3

Mietzins, Befreiung **1** 537; Erhöhungsvereinbarung **14** 10; Fälligkeit **1** 551; hypothekarische Haftung **1** 1123; Minderung **1** 537 ff.; Nutzungsentschädigung **1** 557; Staffelmiete **14** 10; bei Überlassungsvertrag **10** 35; Wertsicherungsklausel **14** 10a

Minderung s. Mietminderung

Miteigentumsanteil, Grundstücksverkehrsgenehmigung **17** 3

Mitbenutzungsrecht 2 Art. 233 § 5; nicht eingetragenes **6** 8

Mitteilungspflicht bei Modernisierung **1** 541b

Modernisierung, Ankündigung **1** 541 b; Begriff **14** 3; Duldungspflicht des Mieters **1** 541 b; Ersatzanspruch des Mieters **1** 541 b; Härte für Mieter **1** 541 b; Kostenumlage **14** 3; Mieterhöhung **14** 3

Negativattest s. Grundstücksverkehrsgenehmigung

Sachverzeichnis

fette Ziffern = Gesetze

Neueinrichter, Flächenerwerb **20** 3
Nichtgewährung des Gebrauchs, fristlose Kündigung durch Mieter **1** 542
Nießbrauch 1 1030 ff.; Belastung des Erbbaurechts **3** 35; Erlöschen **3** 62, 6 5
Notarielle Beurkundung, Auflassung **1** 925; Grundstückserwerb **1** 313
Nutzer, Abbruchkosten **10** 15; Ankaufspflicht **3** 61; Ankaufsrecht **3** 61 ff.; Aufgebotsverfahren **3** 18; bauliche Maßnahmen **10** 45, 50; Begriff **3** 9, **10** 4; Beseitigung des Bauwerks **10** 15; Erbbaurecht **3** 15, 32; Kaufpreis des Grundstücks **3** 68; Teileigentum **3** 67; Tod **10** 16; unredlicher **10** 17; Vorkaufsrecht **10** 57; Wahlrecht **3** 15; Wohnungseigentum **3** 67
Nutzungen einer Sache oder eines Rechts **1** 100
Nutzungsänderung, Ausschluß der Rückübertragung **15** 5
Nutzungsentgelt 10 20; bei Errichtung von Gebäuden **10** 47, 51
Nutzungsentgeltverordnung 14
Nutzungsentschädigung 1 557
Nutzungsrecht, Billigung staatlicher Stellen **3** 10; Bodenflächen zur Erholung **2** Art. 232 § 4; Entgelt **14**; Entgelterhöhung **14** 3 ff.; Entgeltvereinbarungen **14** 2; zu Erholungszwecken **11**; Erlöschen **3** 60; Fortbestehen **2** Art. 231 § 5; Mitbenutzungsrecht **6** 8; nicht eingetragenes **6** 8; bei Rückübertragung **15** 17; Sonderung **5**; unredlicher Erwerb **10** 17; unvermessenes **5** 3; zu anderen als Wohnzwecken **10** 18 ff.
Nutzungsvertrag, Eintritt des Grundstückseigentümers **10** 8; Kündigung **10** 16, 17, 52; Kündigungsschutz **10** 7; Umwandlung **10** 6

Offene Vermögensfragen 15; Ausgleichsleistung **20;** Berechtigte **15** 2; Entschädigung **19;** Vermögenswerte **15** 3 ff.; s. a. Rückübertragung
Öffentliche Bekanntmachung, Leitungsrechte **6** 9; Verkaufserlaubnis **6** 7
Öffentliche Lasten bei Erbbaurecht **3** 58, 3 2; Übernahme durch Nutzer **10** 36

Öffentliche Mittel, Berücksichtigung bei Mieterhöhung **14** 3
Öffentlicher Glaube des Grundbuchs **1** 892
Öffentliches Briefverfahren, Investitionsangebote **22** 19
Öffentliches Interesse, Ausschluß der Rückübertragung **15** 5
Ortsübliche Miete, Anpassung **14** 2

Pacht 1 581 ff.; Erbbaurecht **4** 30
Pachtsache, verspätete Rückgabe **1** 597
Pachtverhältnis, Fortsetzung **1** 595; fristlose Kündigung **1** 594e; Geltung des Bürgerlichen Gesetzbuches **2** Art. 232 § 3; Inhalt **1** 581; Kündigung **1** 584, 594a; Landpacht **1** 585 ff.; Zeitablauf **1** 594
Pachtvertrag, Anpassung **1** 593
Pachtzins, hypothekarische Haftung **1** 1123
Pächter, Ausbesserungspflicht **1** 586; Erhaltungspflicht **1** 582; Gefahrtragung **1** 582a; kein Kündigungsrecht bei Untersagung der Unterverpachtung **1** 584a; Pflichten **1** 581; Rückgewährpflicht **1** 582a; Tod **1** 584a; Verfügungsbeschränkung bei Betriebsinventar **1** 583a; verspätete Rückgabe der Pachtsache **1** 597; Wegnahmerecht **1** 591a; Wertersatz **1** 590b, 591; Zahlungsverzug **1** 594e
Pächterpfandrecht 1 583
Pfandrecht des Pächters **1** 583; des Vermieters **1** 559; des Verpächters **1** 592
Pfleger für Grundstückseigentümer **3** 17; Verkaufserlaubnis **6** 7
Privateigentum an Grund und Boden **23** 1

Rang des Erbbaurechts **4** 10
Rangänderung im Grundbuch **1** 880
Rangverhältnis, im Grundbuch **1** 879
Rangvorbehalt 1 881
Reallast 1 1105 ff.; Verzicht **3** 63
Rechte als Bestandteile eines Grundstücks **1** 96; Früchte **1** 99 ff.; Nutzungen **1** 100
Rechtsmängel der Mietsache **1** 541
Rechtsmittel, Grundbuchsachen **28** 144
Rechtsnachfolge bei Genossenschaften **6** 12
Rechtsverfolgungskosten, Hypothekenhaftung **1** 1118

magere Ziffern = Paragraphen **Sachverzeichnis**

Rentenschuld 1 1199ff.
Restitution 21 11; Schiedsgericht 21 14; vorläufige Einweisung 21 15
Restnutzungsdauer, geringe 3 31
Richtigkeit des Grundbuchs 1 891, 892, 894
Rückgabe der Mietsache 1 556; der Sicherheitsleistung 1 572
„Rückgabe vor Entschädigung" 15 3
Rückgewährpflicht des Pächters 1 582a
Rücknahme der Grundstücksverkaufsgenehmigung 17 5
Rücktrittsrecht des Mieters 1 570a
Rückübertragung, Ablösebetrag 15 18; Abtretung des Anspruches 15 3; Ausschluß 15 4, 5, 21 11; Beeinträchtigung des Unternehmens 15 5; Berechtigte 15 2; dingliche Rechte 15 3; Eigentumsübergang 15 34, 18a; Einfamilienhaus 15 20; Entschädigung statt R. 19 1; an Erbengemeinschaft 15 2a; erlaubte Veräußerungen 15 3c; Ersatzgrundstück 15 21; Geldausgleich 21 13; Grundbuchberichtigung 15 34; Grundstücksbelastungen 15 18; bei Gesamtvollstreckung 15 3b; bei gewerblicher Nutzung 15 5; mehrere Anspruchsteller 15 3; Mietverhältnisse 15 17; bei Nutzungsänderung 15 5; Nutzungsrechte 15 17; öffentliches Interesse an Nutzungsänderung 15 5; Schuldbuchforderungen 18 5; Sicherheitsleistung 15 18, 16, 6; Siedlungsbau 15 5; Übernahme von Rechten und Pflichten 15 16; Umfang 21 11; unredlicher Erwerb 15 4, Verfügungsberechtigter 15 2; Vermögenswerte 15 2, 3ff.; volkseigene Grundstücke 16 4; Vorkaufsrecht von Mietern und Nutzern 15 4; Wahlrecht 15 8; Wertausgleich 15 7; bei Widmung zum Gemeingebrauch 15 5; Wohnungsbau 15 5; bei Zwangsversteigerung 15 3b; Zweifamilienhaus 15 20

Sachen, Begriff 1 90; Bestandteile 1 93ff.; Früchte 1 99ff.; als Grundstücksbestandteile 2 Art. 231 § 5; Nutzungen 1 100; verbrauchbare 1 92; vertretbare 1 91; wesentliche Bestandteile 1 93ff.; Zubehör 1 97

Sachenrechtsbereinigungsgesetz 3
Sachenrechtsdurchführungsverordnung 6a
Sachverständigengutachten zur Begründung des Mieterhöhungsverlangens 14 2
Scheinbestandteile 1 95
Schiedsgericht, Entscheidung über Restitutionsanspruch 21 14
Schriftform der Kündigung 1 564a, 594f.; des Landespachtvertrages 1 585a; des Mieterhöhungsverlangens 14 2; des Mietvertrages 1 566
Schuldbuchbereinigungsgesetz 18
Schuldbuchforderungen 18; Antragsfrist 18 2; Auszahlung 18 2; Hinterlegung 18 4; bei Rückübertragung 18 5
Schuldbücher, Schließung 18 6
Schuldrechtsanpassungsgesetz 10
Schuldverschreibungen des Entschädigungsfonds 19 1
Selbstgenutztes Zweifamilienhaus, Kündigung des Mietverhältnisses 1 564b, 2 Art. 232 § 2
Selbsthilferecht des Mieters 1 538; des Vermieters 1 561
Sicherheitsleistung des Mieters 1 550b, 572; Rechtsnachfolger des Grundstückserwerbers 1 572; bei Rückübertragung 15 18, 16 6
Sicherheitsleistung, s. a. Mietkaution
Sicherungshypothek 1 1184
Siedlungsbau, Begriff 3 11; Rückübertragung 15 5
Sonderkündigungsrecht bei verweigerter Untermieterlaubnis 1 549
Sonderung, Begriff 5 1; Bereicherungsausgleich 5 14; Durchführung 5 6ff.; gerichtliche Entscheidung 5 18ff.; Grundbuchberichtigung 5 a 6; Grundstückskarte 5 8, 5a 3; Grundstückliste 5 8, 5a 3; Plangebiet 5 6, 5a 1; Wirkung 5 13ff.; Zuständigkeit 5 10
Sonderungsbehörde 5 10
Sonderungsbescheid 5 1, 9, 5a 6; Inhalt 5 7
Sonderungsgebiet 5 13
Sonderungsplan 5a 2; Aufstellung 5 8; Inhalt 5 1, 7; Plangebiet 5 6, 5a 1
Sonderungsplanverordnung 5a
Sonderungsverfahren 5 6
„Sozialklausel" 1 556a

Sachverzeichnis

fette Ziffern = Gesetze

Staatliche Verwaltung von Vermögenswerten **15** 11ff.
Staffelmietvertrag 14 10
Strafversprechen bei Wohnraummiete **1** 550a

Teileigentum für Nutzer **3** 67
Teilflächen, Abtrennung **3** 13; von Grundstücken **3** 66
Teilung, LPG **23** 4ff.
Teilungsgenehmigung 25 19
Tod des Mieters **1** 569ff.; des Nutzers **10** 16; des Pächters **1** 584a
Überholte Dienstbarkeiten, Erlöschen **6** 5
Überlassungspflicht des Vermieters **1** 536; der Verpächters **1** 586
Überlassungsvertrag 2 Art. 232 § 1a; zu Erholungszwecken **10** 28; zu Wohnzwecken **10** 34
Überlegungsfrist bei Mieterhöhung **14** 2
Umlage, Betriebskosten **14** 4; Kapitalkosten **14** 5; Modernisierungskosten **14** 3
Umrechnung, dingliche Rechte **16** 2; Hypothek **16** 2
Umwandlung, LPG **23** 23ff.
Unredlicher Erwerb 15 4, **3** 30
Unrichtigkeit des Grundbuchs **1** 892, 894ff.
Unterlassungsklage des Verpächters **1** 590a; bei vertragswidrigen Gebrauch der Mietsache **1** 550
Unternehmen, Ausschluß der Rückübertragung **15** 4; Beeinträchtigung durch Rückübertragung **15** 5; Investitionsvorrang **22** 1
Untervermietung 1 549; fristlose Kündigung **1** 553; Unterlassungsklage **1** 550
Unvermessenes Eigentum 5 2
Unvermessene Nutzungsrechte 5 3

Verbrauchbare Sachen 1 92
Vereinigung von Grundstücken **1** 890
Verfügungsberechtigter, Begriff **15** 2
Vergleichswohnungen zur Begründung des Mieterhöhungsverlangens **14** 2
Verjährung, Ersatzansprüche des Verpächters **1** 591b; Schadensersatzansprüche des Vermieters **1** 558

Verkaufserlaubnis für Grundstücke **6** 7
Verlängerung des Erbbaurechts **4** 27
Vermieter, Ankündigung der Modernisierung **1** 541b; berechtigtes Interesse **1** 564b; Eigenbedarf **1** 564b; Erhaltungspflichten **1** 536; fristlose Kündigung **1** 553, 554, 554a; Gebrauchsgewährungspflicht **1** 535; Haftung für Rechtsmängel **1** 541; Instandhaltungspflicht **1** 536; Instandsetzungspflicht **1** 536; Kündigungsrecht **1** 553, 554, 554a, 564b, 569; Lastentragung **1** 546; Mieterhöhung **14**; Mieterhöhungsklage **14** 2; Mitteilungspflicht bei Modernisierung **1** 541b; ordentliche Kündigung **1** 564b; Schadensersatzansprüche **1** 558; Selbsthilferecht **1** 561; Überlassungspflicht **1** 536; Unterlassungsklage bei vertragswidrigem Gebrauch **1** 550; Verjährung von Schadensersatzansprüchen **1** 558; Verschweigen von Mängeln der Mietsache **1** 540; Verwertungskündigung **1** 564b
Vermieterpfandrecht 1 559
Vermögen, Begriff **21** 1a
Vermögensgegenstände, Begriff **21** 1a; Rückübertragung **21** 11
Vermögensgesetz (Auszug) **15**
Vermögensübergang, Bescheid **21** 2; Grundbuchvollzug **21** 3
Vermögensübertragung, Antragsfrist **21** a; Bescheid **21** 2; Grundbuchvollzug **21** 3
Vermögenswerte, Ausschluß der Rückübertragung **15** 4; Begriff **15** 2; Geldausgleich **21** 13; Rückübertragung **15** 3ff.; staatliche Verwaltung **15** 11ff.; unredlicher Erwerb **15** 4
Vermögenszuordnungsgesetz 21
Verpächter, Ablehnung der Inventarübernahme **1** 582a; Ergänzungspflicht **1** 582; Mehrwertersatz **1** 591; Pflichten **1** 581; Unterlassungsklage **1** 590a; Wertersatz **1** 590b, 591
Verpächterpfandrecht 1 592
Verschweigen von Mängeln der Mietsache **1** 540
Versetzung, keine Kündigung des Pachtvertrages **1** 584a; des Mieters **1** 570
Versicherung bei Erbbaurecht **4** 2, 23
Versorgungsunternehmen, Aus-

magere Ziffern = Paragraphen **Sachverzeichnis**

gleichspflicht **6** 9; Dienstbarkeiten **6a** 5
Vertragsgemäßer Gebrauch der Mietsache **1** 548
Vertragsstrafe bei Erbbaurecht **4** 2; keine V. bei Wohnraummiete **1** 550a
Vertragswidriger Gebrauch, fristlose Kündigung **1** 553; Landpacht **1** 590a, der Mietsache **1** 550, 553; durch Pächter **1** 590a; Unterlassungsklage **1** 550
Vertretbare Sachen 1 91
Vertreter des Eigentümers, Verkaufserlaubnis **6** 7
Verwendungsersatz, Mieter **1** 547
Verwertungskündigung 1 564b; keine V. in neuen Bundesländern **2** Art. 232 § 2
Volkseigene Grundstücke für investive Vorhaben **21** 9; Veräußerung **16** 4; Verfügungsbefugnis **21** 8 ff.; Zuweisung **21** 9
Vorauszahlung, Betriebskosten **14** 4
Vorhabenplan 22 4
Vorkaufsrecht, dingliches **1** 1094 ff.; bei Erbbaurecht **4** 2; der Gemeinde **25** 24; des Mieters **1** 570b; des Nutzers **10** 57
Vorläufige Einweisung des Restitutionsberechtigten **21** 15
Vormerkung 1 883 ff.
Vorrang für investive Grundbuchsachen **29** 1

Wahlrecht des Nutzers **3** 15
Wegnahmerecht des Mieters **1** 547a; des Pächters **1** 591a
Weitervermietung 1 549; gewerbliche **1** 549a
Wertausgleich bei Investitionsvorrang **22** 16; für Leitungsrechte **6** 9; bei Rückübertragung **15** 7; Versorgungsunternehmen **6** 9
Wertbeständige Rechte, Umstellung **6**
Wertsicherungsklausel, Wohnraummiete **14** 10a
Wesentliche Bestandteile eines Grundstücks oder Gebäudes **1** 94; einer Sache **1** 93
Wiederaufbau bei Erbbaurecht **4** 2
Wiedereinrichter, Flächenerwerb **20** 3
Widerruf der Grundstücksverkehrsgenehmigung **17** 5; des Investitionsvorrangbescheides **22** 15

Widerspruch gg. Investitionsvorrangbescheid **22** 12; gg. Kündigung **1** 556a, **2** Art. 232 § 2
Wochenendhaussiedlung, Zwischenpachtvertrag **10** 29 ff.
Wohnraum, Änderungskündigung **14** 1; Kündigung zur Schaffung neuen W. **1** 564b; Kündigungsfristen **1** 565; Mieterhöhung **14;** ordentliche Kündigung **1** 564b
Wohnraummiete, Fälligkeit des Mietzinses **1** 551; Sicherheitsleistung **1** 550b; Strafversprechen **1** 550a; keine Vertragsstrafe **1** 550a
Wohnungsbau, Rückübertragung **15** 5
Wohnungseigentum Eigenbedarf des Erwerbers **1** 564b; Kündigungsrecht bei Umwandlung **1** 564b; für Nutzer **3** 67; Vorkaufsrecht des Mieters bei Umwandlung in W. **1** 570b
Wohnungserbbaurecht 3 40
Wohnungsrecht, Belastung des Erbbaurechts **3** 35; beschränkt persönliche Dienstbarkeit **1** 1093; Erlöschen **3** 62, **6** 5

Zahlungsverzug des Mieters **1** 554; des Pächters **1** 594e
Zahlungspflicht des Mieters **1** 535, 551
Zeitablauf des Erbbaurechts **4** 27; des Pachtverhältnisses **1** 594
Zubehör, Begriff **1** 97; Gerätschaften **1** 98; gewerbliches und landwirtschaftliches Inventar **1** 98; bei Grundstückserwerb **1** 926; hypothekarische Haftung **1** 1120 ff.; Maschinen **1** 98
Zusammenschluß, LPG **23** 14 ff.
Zuschreibung eines Grundstücks **1** 890
Zuständigkeit, Grundbuch **28** 144
Zustimmung des Erbbaurechtsausgebers **4** 5; des Mieters zu Mieterhöhung **14** 2
Zwangsversteigerung, Benachrichtigung des Schuldners **1** 1166; Erbbaurecht **4** 24; Rückübertragung bei Z. **15** 3b
Zwangsvollstreckung im Erbbaurecht **4** 8
Zweifamilienhaus Rückübertragung **15** 20; selbstgenutztes **1** 564b, **2** Art. 232 § 2; Vorkausrecht **15** 20
Zwischenpachtvertrag, Ferienhaus- und Wochenendhaussiedlung **10** 29 ff.

STEUERRECHT im

Textausgaben

SteuerG 1 · Steuergesetze I
Einkommensteuer einschließlich Nebenbestimmungen sowie Einkommensteuer-Tabellen, Gewerbesteuer, Körperschaftsteuer, Umwandlungssteuer.
(dtv-Band 5549, Beck-Texte)

SteuerG 2 · Steuergesetze II
Außensteuer, Berlinförderung, Bewertungsrecht, Erbschaft- und Schenkungsteuer, Grunderwerbsteuer, Grundsteuer, Umsatzsteuer, Sonstige Verkehrsteuern.
(dtv-Band 5550, Beck-Texte)

LStRecht
Lohnsteuerrecht
Lohnsteuer-Durchführungsverordnung, Lohnsteuer-Richtlinien.
(dtv-Band 5540, Beck-Texte)

Lohnsteuer-Tabellen 1993
Lohnsteuer-Tabellen Tag, Woche, Monat, Jahr mit Vorbemerkungen, Zusatztabellen und Berechnungsanleitungen.
Einkommensteuer-Tabellen 1993:
Grund- und Splittingtabelle mit Vorbemerkungen.
(dtv-Band 5541, Beck-Texte)

EStRecht
Einkommensteuerrecht
Einkommensteuergesetz mit Einkommensteuer-Grund- und -Splittingtabelle, Einkommensteuer-Durchführungsverordnung, Einkommensteuer-Richtlinien.
(dtv-Band 5542, Beck-Texte)

KStRecht
Körperschaftsteuerrecht
Körperschaftsteuergesetz mit Körperschaftsteuer-Durchführungsverordnung und Körperschaftsteuer-Richtlinien.
(dtv-Band 5544, Beck-Texte)

GewStRecht
Gewerbesteuerrecht
Gewerbesteuergesetz mit Gewerbesteuer-Durchführungsverordnung und Gewerbesteuer-Richtlinien.
(dtv-Band 5545, Beck-Texte)

UStRecht · Umsatzsteuerrecht
Umsatzsteuerrecht mit Umsatzsteuer-Durchführungsverordnung und Umsatzsteuer-Richtlinien 1992.
(dtv-Band 5546, Beck-Texte)

VStRecht · Vermögensteuer- und Bewertungsrecht
Bewertungsgesetz, Vermögensteuergesetz, Anteilsbewertungsverordnung, Vermögensteuer-Richtlinien, Richtlinien für die Bewertung des Grundvermögens.
(dtv-Band 5547, Beck-Texte)

AO · FGO · Abgabenordnung
mit Finanzgerichtsordnung und Nebengesetzen.
(dtv-Band 5548, Beck-Texte)

Rechtsberater

Schneidewind/Schiml
Alles über Steuern von A–Z
Einkommensteuer, Lohnsteuer, Mehrwertsteuer, Gewerbesteuer, Grundsteuer, Körperschaftsteuer, Vermögensteuer, Zinsabschlag, Verfahrensrecht und EG-Binnenmarkt 1993.
(dtv-Band 5049, Beck-Rechtsberater)

Bunjes
Steuer-ABC für Freiberufler
(dtv-Band 5065, Beck-Rechtsberater)

Würdinger
Wegweiser durch das Einkommen- und Lohnsteuerrecht
Einkünfte, abzugsfähige Ausgaben, Son-

derausgaben, Sparförderung, Veranlagungsverfahren, Lohnsteuerverfahren, Rechtsbehelfe nach der Steuerreform 1990.
(dtv-Band 5100, Beck-Rechtsberater)

Dornbusch/Jasper/Piltz
Steuervorteile durch Haus- und Wohnbesitz

Optimale Steuergestaltung beim Ansparen, Bauen, Kaufen, Bewohnen, Vermieten, Veräußern, Verschenken und Vererben
(dtv-Band 5240, Beck-Rechtsberater)

Schreyer
Der Lohn-Steuersparer 1994

Lohnsteuer-Ausgleichsveranlagung 1993, Lohnsteuer-Ermäßigung 1994.
(dtv-Band 5260, Beck-Rechtsberater)

Schreyer · Der Einkommen-Steuersparer 1994

Einkommensteuer-Erklärung 1993.
(dtv-Band 5261, Beck-Rechtsberater)

Schiederer · Reisekosten 1993
Für Selbständige und Arbeitnehmer
(dtv-Band 5282, Beck-Rechtsberater)

Hoffmann/Ruff/Schurwanz
Steuerratgeber für Behinderte
(dtv-Band 5284, Beck-Rechtsberater)

Sauer · Das Lohnsteuerabzugsverfahren

Eine Anleitung für den Arbeitgeber.
(dtv-Band 5295, Beck-Rechtsberater)

Dornbusch/Jasper
Steuern sparen von A–Z

Tips und Tricks für Arbeitnehmer, Beamte, Unternehmer, Freiberufler, Haus-, Wohnungseigentümer, Rentner zur Lohnsteuer, Einkommensteuer, Körperschaftsteuer, Vermögensteuer, Erbschaftsteuer u. v. a.
(dtv-Band 5602, Beck-Rechtsberater)

Neubert · Ihre Waffen gegen die Finanzverwaltung
(dtv-Band 5610, Beck-Rechtsberater)

Neubert · Ihre Chancen bei der Betriebsprüfung
(dtv-Band 5611, Beck-Rechtsberater)

Neubert · Ihre Kapitaleinkünfte – wie anlegen, was versteuern
(dtv-Band 5612, Beck-Rechtsberater)

Software – Steuerrecht

Schreyer/Uranic/Spriesterbach
Einkommensteuer-Berechnungs-Programm

zur Einkommensteuer-Erklärung 1993.
(dtv-Band 5607, Beck-Rechtsberater)

Jungbeck/Zeitlhöfler
Lohnsteuer-Tabellen 1994 für PC

46 Seiten Programmanleitung mit 9 cm (3½")- und 13 cm (5¼")-Diskette.
(dtv-Band 50551, Beck Software)

Uranic/Spriesterbach · ELSTER
Einkommensteuer 1994 am PC

zur Steuererklärung 1993. Erfassung, Beratung, Berechnung. Mit 88 Seiten Programmanleitung, zwei 9 cm (3½")- und vier 13 cm (5¼")-Disketten.
(dtv-Band 50562, Beck Software)

Jungbeck/Zeitlhöfler
Lohnberechnung 1994 am PC

Programm zur Lohn- und Gehaltsabrechnung 1994. Mit 104 Seiten Programmanleitung, 9 cm (3½")- und 13 cm (5¼")-Diskette.
(dtv-Band 50563, Beck Software)

Deutscher Taschenbuch Verlag

ARBEITSRECHT/

Textausgaben

ArbG · Arbeitsgesetze
mit den wichtigsten Bestimmungen zum Arbeitsverhältnis, Kündigungsrecht, Arbeitsschutzrecht, Berufsbildungsrecht, Tarifrecht, Betriebsverfassungsrecht, Mitbestimmungsrecht und Verfahrensrecht.
(dtv-Band 5006, Beck-Texte)

JugR · Jugendrecht
Sozialgesetzbuch – Allgemeiner Teil (Auszug), Kinder- und Jugendhilfegesetz, Adoptionsvermittlungsgesetz, Bürgerliches Gesetzbuch (Auszug), Haager Minderjährigenschutz-Übereinkommen (Auszug), Regelunterhalt-Verordnung, Unterhaltsvorschußgesetz, Gesetz zum Schutze der Jugend in der Öffentlichkeit, Gesetz über die Verbreitung jugendgefährdender Schriften, Jugendarbeitsschutzgesetz, Berufsbildungsgesetz (Auszug), Berufsbildungsförderungsgesetz, Bundesausbildungsförderungsgesetz, Jugendgerichtsgesetz und andere Gesetze und Verordnungen.
(dtv-Band 5008, Beck-Texte)

SGB · RVO – Sozialgesetzbuch · Reichsversicherungsordnung
mit den besonderen Bestimmungen für das Beitrittsgebiet.
(dtv-Band 5024, Beck-Texte)

BAföG · Bildungsförderung
Bundesausbildungsförderungsgesetz mit Durchführungsverordnungen und Ausbildungsförderungsgesetzen der Länder, Berufsbildungsgesetz, Berufsbildungsförderungsgesetz, Arbeitsförderungsgesetz (Auszug) mit Anordnungen der Bundesanstalt für Arbeit.
(dtv-Band 5033, Beck-Texte)

SchwbG · BVG Schwerbehindertengesetz, Bundesversorgungsgesetz
Durchführungsverordnungen z. Schwerbehindertengesetz, Opferentschädigungsgesetz, Sozialgerichtsgesetz, Sozialgesetzbuch – Allg. Teil, Steuervergünstigungen für Behinderte.
(dtv-Band 5035, Beck-Texte)

AFG · Arbeitsförderungsgesetz
mit AFG-LeistungsVO, ArbeitslosenhilfeVO, ZumutbarkeitsAO, MeldeAO, ArbeitnehmerüberlassungsG.
(dtv-Band 5037, Beck-Texte)

MitbestG · Mitbestimmungsgesetze
in den Unternehmen mit allen Wahlordnungen.
(dtv-Band 5524, Beck-Texte)

BeamtenR · Beamtenrecht
Bundesbeamtengesetz, Beamtenrechtsrahmengesetz, Bundesbesoldungsgesetz mit Anlagen, Beamtenversorgungsgesetz, Bundesdisziplinarordnung, Beihilfevorschriften und weitere Vorschriften des Beamtenrechts.
(dtv-Band 5529, Beck-Texte)

SGB V · Gesetzliche Krankenversicherung
mit Gesundheits-Reformgesetz (Auszug), Gesundheitsstrukturgesetz (Auszug), Sozialgesetzbuch Allgemeiner Teil, Gemeinsame Vorschriften für die Sozialversicherung.
(dtv-Band 5559, Beck-Texte)

SGB VI · Gesetzliche Rentenversicherung
mit Fremdrentengesetz, Fremdrenten- und Auslandsrenten-Neuregelungsgesetz.
(dtv-Band 5561, Beck-Texte)

BAT-O · Bundes-Angestelltentarifvertrag-Ost
Tarifverträge für Angestellte, Arbeiter und Auszubildende des Bundes, der Länder und der Gemeinden mit den wichtigsten Sonderregelungen.
(dtv-Band 5565, Beck-Texte)

SOZIALRECHT im

BSHG · Bundessozialhilfegesetz
(dtv-Band 5567, Beck-Texte)

**MTL II
Mantel-Tarifvertrag für Arbeiter der Länder**
Tarifverträge für Arbeiter bei Verwaltungen und Betrieben der Länder mit den wichtigsten Sonderregelungen und Lohngruppenverzeichnis.
(dtv-Band 5571, Beck-Texte)

Rechtsberater

Schaub · Arbeitsrecht von A–Z
Aussperrung, Betriebsrat, Gewerkschaften, Gleichbehandlung, Jugendarbeitsschutz, Kündigung, Mitbestimmung, Mutterschaftsurlaub, Ruhegeld, Streik, Tarifvertrag, Zeugnis u. a. m.
(dtv-Band 5041, Beck-Rechtsberater)

**Spinnarke
Arbeitssicherheit von A–Z**
(dtv-Band 5055, Beck-Rechtsberater)

Brühl · Sozialhilfe für Betroffene von A–Z
Alleinerziehende, Arbeitslose, Ausländer, Aussiedler, Behinderte, Ehegatten, Frauen, Heimbewohner, Kinder, Kranke, Nichtseßhafte, Pflegebedürftige, Studierende, Wohnungssuchende.
(dtv-Band 5060, Beck-Rechtsberater)

Schulz · Kündigungsschutz im Arbeitsrecht von A–Z
(dtv-Band 5070, Beck-Rechtsberater)

Ströer · Meine soziale Rentenversicherung
Neue Bemessungsgrundlagen, Versicherungspflicht, Freiwillige Versicherung, Höherversicherung, Anrechnungsfähige Zeiten, Renten, Rentenformel, Rentenantrag, Kuren.
(dtv-Band 5085, Beck-Rechtsberater)

**Schaub · Der Betriebsrat
Aufgaben, Rechte, Pflichten**
Wahl und Organisation des Betriebsrats, Mitbestimmung in sozialen und personellen Angelegenheiten, Beteiligung des Betriebsrates in wirtschaftlichen Angelegenheiten, Verfahren nach dem BetrVG.
(dtv-Band 5202, Beck-Rechtsberater)

**Schaub
Meine Rechte und Pflichten im Arbeitsgerichtsverfahren**
(dtv-Band 5205, Beck-Rechtsberater)

**Schaub/Schusinski/Ströer
Erfolgreiche Altersversorgung**
Alles Wichtige zur Rentenversicherung, zur betrieblichen Altersversorgung, zur Alterssicherung im öffentlichen Dienst.
(dtv-Band 5207, Beck-Rechtsberater)

**Wolber
Gesetzliche Unfallversicherung**
Alles über Arbeitsunfälle.
(dtv-Band 5223, Beck-Rechtsberater)

**Francke
Berufsausbildung von A–Z**
Alles Wissenswerte über die Rechte und Pflichten der Auszubildenden, Ausbilder und Ausbildenden.
(dtv-Band 5228, Beck-Rechtsberater)

Schaub · Meine Rechte und Pflichten als Arbeitnehmer
Anbahnung und Abschluß des Arbeitsvertrages sowie seine Beendigung, Rechte und Pflichten, der Einfluß des Betriebsrats, Betriebsnachfolge, Sonderrechte und Berücksichtigung der Rechtseinheit.
(dtv-Band 5229, Beck-Rechtsberater)

WIRTSCHAFT UND

Käßl · Das Wechsel-ABC
(dtv-Band 5800)

Herrling
Der Kredit-Ratgeber
(dtv-Band 5801)

Herrling
Der Wertpapier- und Anlage-Ratgeber
(dtv-Band 5802)

Bestmann
Börsen und Effekten von A–Z
(dtv-Band 5803)

Schäfer · Financial Dictionary
Teil I: Englisch–Deutsch
(dtv-Band 5804)
Teil II: Deutsch–Englisch
(dtv-Band 5805)

Perk · Professionelle
Aktienanalyse für jedermann
(dtv-Band 5806)

Dichtl (Hrsg.) · Schritte zum
Europäischen Binnenmarkt
(dtv-Band 5807)

Uszczapowski · Optionen und
Futures verstehen
(dtv-Band 5808)

Wicke/de Maizière/de Maizière
Öko-Soziale Marktwirtschaft
für Ost und West
(dtv-Band 5809)

Schneck
Lexikon der Betriebswirtschaft
(dtv-Band 5810)

Risse · Ratgeber für
Unternehmerfrauen
(dtv-Band 5811)

Horváth
Das Controllingkonzept
(dtv-Band 5812)

Dieterle/Winckler
Gründungsfinanzierung
(dtv-Band 5813)

Rota · PR- und Medien-
arbeit im Unternehmen
(dtv-Band 5814)

Schäfer · Management
& Marketing Dictionary
Teil I: Englisch-Deutsch
(dtv-Band 5815)
Teil II: Deutsch-Englisch
(dtv-Band 5816)

Thieme
Soziale Marktwirtschaft
(dtv-Band 5817)

Göpfert
Die argumentative Bewerbung
(dtv-Band 5818)

Herrling
Der Zahlungsmittel-Ratgeber
dtv-Band 5819

Müller · Konsument und
Marktwirtschaft
(dtv-Band 5820)

Dichtl · Der Weg zum Käufer
(dtv-Band 5821)

Wagner
Volkswirtschaft für jedermann
(dtv-Band 5822)

Mol · Investmentfonds-ABC
(dtv-Band 5823)

Siebers/Siebers
Das Anleihen-Seminar
(dtv-Band 5824)

Gerke/Kölbl
Alles über Bankgeschäfte
(dtv-Band 5825)

Kiehling · Kursstürze am
Aktienmarkt
(dtv-Band 5826)

Scheffler
Bilanzen richtig lesen
(dtv-Band 5827)

Wicke · Umweltökonomie
und Umweltpolitik
(dtv-Band 5828)

FINANZEN im dtv

Hugo-Becker/Becker
Psychologisches Konfliktmanagement
(dtv-Band 5829)

Arnold · Das Franchise-Seminar
(dtv-Band 5831)

Thome · Informationsverarbeitung von A–Z
(dtv-Band 5832)

Reichmann/Voßschulte (Hrsg.)
Europa ohne Grenzen
(dtv-Band 5833)

Herrling/Federspiel
Wege zum Wohneigentum
(dtv-Band 5834)

Dichtl/Eggers (Hrsg.)
Marke und Markenartikel
(dtv-Band 5835)

Herrling/Mathes
Der Buchführungs-Ratgeber
(dtv-Band 5836)

Becker · Leitfaden zur Hardware- und Softwarebeschaffung
(dtv-Band 5837)

Weber · Kosten- und Finanzplanung
(dtv-Band 5838)

Thomas
Praxis der Betriebsorganisation
(dtv-Band 5839)

Eller · So gestalte ich meine Altersvorsorge
(dtv-Band 5843)

Kühlmann/Blumenstein/Dietrich
Die Lebensversicherung zur Altersvorsorge
(dtv-Band 5844)

Weisbach · Professionelle Gesprächsführung
(dtv-Band 5845)

Gramlich
Geldanlage in Fremdwährungen
(dtv-Band 5847)

Kuntz · Die private Rente
(dtv-Band 5849)

Knapp · Strategie und Taktik bei der Geldanlage
(dtv-Band 5850)

Kiehling · Finanzplatz Europa
(dtv-Band 5852)

Hammer
Soll ich mich selbständig machen?
(dtv-Band 5853)

Schmitt · Streß erkennen und bewältigen
(dtv-Band 5855)

Sinn/Sinn · Kaltstart
(dtv-Band 5856)

Pauk/Lüdecke
Schlüsselfertiges Bauen
(dtv-Band 5857)

Witt/Witt · Controlling für Mittel- und Kleinbetriebe
(dtv-Band 5858)

Wilkening
Rezessionsmanagement
(dtv-Band 5859)

Deuker · Kostenrechnung für Praktiker
(dtv-Band 5860)

Kleine-Doepke
Management-Basiswissen
(dtv-Band 5861)

Hauptmann
Die gesetzlichen Renten
(dtv-Band 5864)

Diwald
Zinsfutures und Zinsoptionen
(dtv-Band 5866)

Mehrmann/Plaetrich
Der Veranstaltungs-Manager
(dtv-Band 5867)

Pauli · Leitfaden für die Pressearbeit
(dtv-Band 5868)

Neuhäuser-Metternich
Kommunikation im Berufsalltag
(dtv-Band 5869)

Vertrauen ist gut – Rechnen ist klüger

Przysiecki
BauWin - Baufinanzierung am PC

Bauen/Kaufen * Finanzieren * Steuern sparen

Beck-Software im dtv, Band 50557, 1995

Originalsoftware. 116 Seiten Programmanleitung und 9 cm (3,5˝)-Diskette in Faltschachtel für IBM-kompatible PC mit Betriebssystem MS-DOS ab Version 3.1, Windows Version 3.1, Arbeitsspeicher (RAM) 1 MB und 2 MB freie Festplattenkapazität.
DM 98,– (unverbindliche Preisempfehlung).

Das leistet BauWin:
– Automatische Installation unter Windows
– Erfassung, Berechnung und Auswertung beliebig vieler Projekte
– Berücksichtigung aller steuerlichen Rahmenbedingungen, egal, ob selbstbewohnt, fremdbewohnt, sozialgebunden, gemischt genutzt, mit oder ohne Mieteinkünfte, mit oder ohne Vorkosten usw. ...
– Erfassung und Berücksichtigung von bis zu 9 Finanzierungsmöglichkeiten für jedes Projekt
– Automatische Berücksichtigung von Einkommenssteigerungen, Mietänderungen, Sondertilgungen und Zuschüssen
– Tabellarische oder grafische Aufbereitung der Ergebnisse
– Export der Ergebnisse über die Zwischenablage von Windows, und damit komfortable Weiterverarbeitung der Ergebnisse in einem Textprogramm
– Einzelauswertung aller Finanzierungsalternativen über die Gesamtlaufzeit des Projekts
– Bis zu sieben Auswertungsmöglichkeiten:
  * Projektdaten (Karteikarte)
  * Kreditdaten (**alle** Einzelkredite)
  * Annuitätentabellen (über die gesamte Laufzeit)
  * Steuerliche Förderungstabellen (über die gesamte Laufzeit)
  * Werbungskostentabelle (steuerliche Abzugsbeträge über die Gesamtlaufzeit)
  * Steuerliche Be- und Entlastungstabelle (alle Steuerentlastungen auf einen Blick)
  * Belastungstabelle (liquiditätsmäßige Belastung über die Gesamtlaufzeit) pro Jahr und Monat

Benutzerhandbuch: Neben Grundlagen und Bedienung des Programms werden anhand eines Beispiel-Projekts alle Programmeingabemöglichkeiten und -auswertungen ausführlich erklärt. Ein Überblick über die steuerrechtlichen Grundlagen der Wohnungsbauförderung rundet das Handbuch ab.

Beck-Software im dtv Deutscher Taschenbuch Verlag